개정판

한국유학통사

上

개정판

한국유학통사 上

초판 1쇄 발행 2016년 11월 15일

지은이 | 최영성
발행인 | 최원필
발행처 | 심산출판사
주 소 | 서울시 은평구 불광동 219-7 예은 101호
전 화 | 02-357-0633
팩시밀리 | 02-357-0631
E-mail | simsan@korea.com
등록번호 | 제1-2114호(1996년 11월 28일)

ISBN 978-89-94844-44-2 94150
978-89-94844-43-5(세트)

* 책값은 뒤표지에 표시되어 있습니다.

개정판

한국유학통사 上

최영성 지음

심산

개정증판 서문

한국유학에 대한 연구는 해마다 쌓이고 있다. 그것을 이미 나온 통사에 반영하는 일은 생각처럼 쉽지 않다. 어떤 면에서는 책을 새로 쓰는 편이 나을 수 있다. 그럼에도 해야만 하는 것은 나 자신과의 굳은 약속 때문이다.

『한국유학통사』 개정증판을 세상에 낸다. 초판(1994~1997), 개정판(2006), 개정증판(2016)으로 이어졌으니 10년 주기로 개정판이 나오는 셈이다. 앞으로 두 번 정도는 개정판을 더 낼 생각이다.

개정증판을 내면서 내용을 보완하고 편차를 다시 짰다. 필요한 대목에는 화보를 넣었다. 원고지 분량이 1만 매나 되다 보니 면모를 일신하기에는 어려움이 많았다. 또 서술의 기조와 관점을 유지하면서 새로운 연구 결과를 모두 아우르기에는 벅찬 점이 있었다. 판을 거듭할 때마다 표나지 않으면서도 새롭게 고쳐나갈까 한다.

나는 이 책으로 이름을 다시 얻었다. 나의 얼굴을 모르는 사람도 이 책 이름은 안다고 하였다. 규모가 방대하여 한 번 통독하기도 쉽지 않지만, 보는 사람의 관점이나 필요에 따라 어떤 사람은 소스 북으로, 어떤 사람은 사전(事典)으로, 어떤 사람은 이 분야의 내비게이션으로 알고 있다 하니, 내가 헛수고는 하지 않은 것 같다. 이 책은 나의 분신과 같다. 나의 생명이 다하는 날 이 통사가 나와 함께 순장되기를 바란다. 삼가 독자 제현의 권면에 감사한다.

나의 도반(道伴)들이 인후장(麟厚莊) 연구총서를 기획하고, 이 책을 '총서 1' 로 할 것을 강권하여 이를 수용하였다. 인후장은 우리가 늘 만나는 공간 이름이다.

2016년 10월 15일

백마강변 언저리 우거(寓居)에서 저자 씀

序

『당서(唐書)』「유지기전(劉知幾傳)」에 ‘사유삼장(史有三長)’이란 말이 있다. 역사를 서술하는 사람은 재(才)·학(學)·식(識) 세 가지 특장을 겸비하여야 한다는 의미다. ‘삼장’에 선·후나 경·중의 구별이 있다는 말은 아닐 것이다. 다만 ‘재’를 앞세운 것은 역사를 체계 있고 요령 있게 서술하는 일이 그만큼 어렵다는 의미일 것이요, 다음에 ‘학’을 든 것은 박학다식해야 한다는 점에서 일 것이다. 이어 ‘식’을 말한 것은 역사를 올바르게 보는 식견이 있어야 한다는 의미에서 일 듯하다. 그렇다면 삼장의 요체는 ‘박이약(博而約)’이 아닐 수 없다.

유학통사도 역사 서술이기 때문에 이 삼장을 갖춘 사람이 서술하는 것이 바람직할 것이다. 특히 역사학 이론으로 체계와 요령을 얻는 일이야말로 중요한 일이라 하겠다. 이는 유학사상의 흐름과 경향, 다양한 학설에서 제기되는 문제의식 등을 분석 요약하면서 아울러 그 전개 과정을 시대적으로 구성하는 유학사 서술에서 무엇보다도 그 방법적 기초가 요구되기 때문이다. 그러나 이것은 이상적인 조건을 말한 것뿐이요, 그 조건을 갖춘 뒤라야 역사를 서술할 수 있다는 것은 아니다. 누구라도 그러한 조건을 갖추기란 어려운 일이다. 유학사 서술에 뜻을 둔 이들이 계속 추구해 나가야 할 문제라고 생각된다.

1980년대 초반 학부생 시절에 천태산인(天台山人) 김태준(金台俊: 1905~1949) 선생의 『조선한문학사』(1931)를 통독하고 나서, '나도 저처럼 통사 하나를 내리 꿰리라' 다짐했던 것이 엊그제 같은데 세월은 벌써 20년이 지났다. 『한국유학사상사』 5권을 세상에 물은 지도 10년이 되었다. 지금 와서 솔직히 고백하건대, 20대의 패기 발랄한 시기에 200자 원고지 1만 매의 대분량을 기획할 수 있었던 데는 영웅심과 공명심(功名心) 같은 치기(稚氣)가 없지는 않았다. 게다가 한국유학사 정리는 정통 유학의 본산인 성균관대학교 유학대학 출신이 해야 한다는 긍지와 의욕이 컸다. 해동공자(海東孔子) 문헌공(文憲公) 휘(諱) 충(冲)의 후손이라는 자부심도 작용하였던 것 같다.

일찍이 사마광(司馬光)은 『자치통감(資治通鑑)』 294권을 찬진(撰進)하면서 "평생의 정력이 이 책에 다 들어 있다"(平生精力, 盡在此書)고 자부심을 토로한 바 있다. 이 말은 모든 저술가들이 한결같이 바라는 평일 것이다. 선유들의 저술을 보면 마치 어떤 책 한 권을 남기기 위해 이 세상에 왔다간 것 같은 가슴 뭉클한 감동을 주는 것들이 적지 않다. 또 자신의 저술이 당대에 평가받지 못할 경우 '뒤에 올 양자운(揚子雲: 揚雄)이나 소요부(邵堯夫: 邵雍)를 기다린다'는 말로 후세를 기약하기도 했다.

배움의 길에서 학문을 평생의 업으로 하는 사람들은 누구나 자기의 전공과 관련하여 통사 한 권쯤은 남기고 싶어 할 것이다. 특히 인문학의 근본인 문(文)·사(史)·철(哲)에 종사하는 학인일수록 통사에 대한 미련은 더욱 간절하리라고 본다. '통사'라는 두 글자에는 어떤 한 분야의 학문을 종합하고 결산한다는 매력적인 의미가 담겨 있는 것 같다. 내가 비교적 이른 나이에 한국유학사 저술에 유념한 것도 이 점 때문이라고

나 할까.

요즈음 '종이 공해' 라는 말이 나올 정도로 무수한 책들이 세상에 선을 보인다. 그렇지만 정작 제대로 된 통사 한 권을 손에 넣기가 어려운 실정이다. 이러한 때 필자 역시 종이 공해를 가중시키지나 않을지 저어된다. "눈이 온 들판을 함부로 걷지 말라! 발자국이 뒷사람의 길잡이가 되리라"(踏雪野中去, 不須胡亂行. 今日我行跡, 遂作後人程)고 한 이양연(李亮淵: 1771～1853)의 시구가 이 유학사를 쓰는 나의 가슴에 무겁게 남아 있다.

무엇이든 옛 스타일과 달리 '참신한 것' 을 좋아하는 세상이지만, 나는 전통적 관점과 시각에서 벗어나는 것을 능사로 하지는 않는다. 지금은 명맥이 시든 전통 학문이지만 이를 역사적으로 정리하고 결산한다는 의미에서, 새로운 관점과 해석보다는 선유(先儒)들의 평을 중시하여 조심스럽게 논하고자 했다. 선유의 구투(舊套)를 즐겨 썼다는 비평을 듣더라도 달게 받아들이겠다. 다만 곰곰이 뜯어보면 깊은 맛이 우러나는 격언 몇 가지쯤은 있을 것이다.

1994년～1997년에 펴낸『한국유학사상사』5권을 고쳐 쓰면서 많은 곳을 손질하였다. 원편(原篇)과는 여러 면으로 차이가 적지 않다. 다른 부분이 많은 것은 그동안 나의 학문과 식견이 진보한 것일 수도 있지만, 한편으로는 지난날 덜 익은 학식과 서투른 솜씨로 저술에 임하였음을 자인하는 것이기도 하다. 어찌 되었든지 '과즉물탄개(過則勿憚改)' 라는 성훈에 따라 고치는 것을 주저하지 않았다. 독자 여러분께서는 이 개정판을 통해 취정(取正)하시기 바란다.

원저에서는 '한국유학사상사' 라 하였다가 '한국유학통사' 로 개제(改題)하였다. 초고를 집필할 당시 나는 종래의 유학사에다 사상사의 기능을 보탠 '한국유학사상사' 를 가장 이상적인 것으로 생각하였다. 그래서 이를 시도해 보았던 것이 원저다. 이번에 주묵(朱墨)을 대면서 다시 생각해보니 의욕은 있었지만 결과적으로 성공하지 못한 것으로 판단되었다. 아직은 학설사로서의 기능이 큰 흐름을 이룬다고 자평한다. 명실(名實)이 서로 부합되지 않은 것을 그대로 두는 것은 학자로서 양심에 가책을 느끼게 하는 일이다. '유학사상사' 라는 제목에 걸맞은 저술은 언젠가 다시 선을 보이겠지만, 아직은 정해지지 않은 후일의 과제로 남겨두고 서명을 '한국유학통사' 로 고치고자 한다. 이 점 양해해 주시기를 바란다. 이 책이 10년 뒤 또다시 새로운 모습으로 태어날 것을 독자 여러분께 약속한다.

나의 이 고독한 작업이 더욱 빛을 발할 수 있도록 늘 격려와 가편(加鞭)을 아끼지 않은 여러 은사님, 선후배 동학들에게 감사한다. 또 부모님께도 연년익수(延年益壽)하시어 오래도록 자손의 효도 받으시기를 빌어 마지않는다. 내조에 힘쓴 아내(任安淳)와 원(元)·형(亨)·이(利)·정(貞) 네 아들놈에게 지아비로서, 아비로서 의미 있는 선물이라 생각하며 이 책을 선사한다. 또한 민족문화추진회에서 육속(陸續) 출간되고 있는 '표점영인 한국문집총간' 에 대해 그 고마움을 표하지 않을 수 없다. 총간은 이 저술을 할 때 자료 수집의 수고를 크게 덜어주었다. 끝으로 교정에 심혈을 기울여주신 윤태욱 선생에게도 깊은 감사를 드리는 바이다.

2006년 7월 12일, 생일을 맞아

백마강변 晩翠精舍에서

著 者 識

차례

제3부 南北國時代의 儒敎思想

제4부 고려 초기의 정치적 동향과 유학사상

제5부 고려유학의 형성과 유교문화의 발달

제6부 官學의 振興과 儒學의 興盛

제7부 武人의 執政과 유학의 쇠퇴

제8부 程朱學의 受容과 發展

제9부 조선의 건국과 창업기의 유학

제10부 世祖 · 成宗代의 학계와 정계의 동향

제11部　至治主義 儒學과 道學政治

제12部　性理學의 발전과 이론적 체계화

제13部　穆陵盛世의 文運과 성리학의 융성

전체 차례

상권

중권

하권

일러두기

一. 학계의 연구 성과를 반영하고 논문체 서술방식을 가미하였다.

一. 평이하게 서술하고 한자의 사용을 줄이고자 했다. 전문용어의 경우는 원의(原義)를 잃지 않도록 그대로 두었다.

一. 한문으로 된 인용문은 모두 번역하였고, 원문은 각주로 처리하였으며, 출전을 정확하게 밝혔다. 자료의 접근성에 비추어 원문을 생략해도 무방할 경우는 출전만 밝혔으며, 원문을 강조할 필요가 있을 때는 각주로 처리하지 않고 번역된 인용문 밑에 실었다.

一. 문집의 인용은 특별한 부기(附記)가 없는 한 모두 한국고전번역원에서 펴낸 '한국문집총간'을 기본 자료로 하였다.

一. 출전을 밝힐 때 한적(漢籍)일 경우는 ① 판본 ② 제○권 ③ 제○엽(葉) ④ 전후면(前後面)의 순서대로 하되, 엽수(葉數)와 전후면의 표기는 다음의 예와 같이 하였다.

〔예〕 제5엽 전면 → 5a

제3엽 후면부터 제7엽 전면까지 → 3b～7a

一. 인명은 직서(直書)하여 존칭을 붙이지 않았다. 필요에 따라 자·호 또는 생존연대를 괄호 안에 병기하였다.

一. 연호의 경우, 조선왕조 멸망 이전까지는 역대 군주의 재위 연차(在位年次)에 따라 표기하되 괄호 안에 서기를 병기하였다. 그 이후부터는 서기로만 표기하였다.

一. 모든 숫자는 아라비아 숫자로 표기하였다. 고유명사이거나 한자 표기가 불가피한 경우에는 한글 또는 한자를 사용하였다.

一. 본서에서는 다음과 같은 부호를 사용하였다.

“ ” 독립적 인용 또는 대화를 묶을 때

‘ ’ 부분적 인용이나 중복 인용 또는 강조를 나타낼 때

( ) 부연이나 생각한 내용을 나타낼 때

〔 〕 같은 의미의 낱말이나 문장을 한자·한문으로 나타낼 때

『 』 저서명을 나타낼 때

「 」 논문이나 작품 또는 기사의 제목을 나타낼 때

《 》 신문이나 잡지명을 나타낼 때

〈 〉 논문·기사의 한 편명(篇名)을 나타낼 때

· 동격의 개념을 가진 명사를 나열할 때

一. 서술상 주로 기존에 발표된 논문이나 저서에 의거하였을 경우, 각주에서 일일이 인용하는 혼잡을 피하기 위해 장 · 절의 말미에 참고 사실을 명기하였다.

제1부

序說

제1장

한국유학의 본질과 특성

유교는 중국 고대 요·순·우·탕·문·무·주공으로 이어져 내려온 사상적 전통을 공자(孔子: 기원전 552~479)가 이어받아 집대성한 교학사상(教學思想)이다. 일반적으로 사상이자 학문으로, 윤리 또는 도덕으로 규정되고 있지만 '종합학문'이라는 특성상 어느 한 분야로 규정하기는 어렵다. 유교는 역사적으로 동아시아의 한자문화권 여러 나라의 사회 문화와 가치관의 형성에 지대한 영향을 끼쳤다. 특히 우리나라는 중국과 인접하여 최근세에 이르기까지 여러 면에서 유교와 불가분의 관계를 맺어왔다. 그 어느 나라보다도 유교문화의 영향을 많이 받아왔다고 할 수 있다.

우리나라에 유교사상이 언제 전래하였는지 정확하게 고증할 수는 없다. 다만 공자의 사상으로 '집대성'된 유교사상이 전래하기 시작한 것은 대개 3세기 무렵의 위만조선(衛滿朝鮮) 시기부터라고 할 것이다. 이후 삼국시대에는 공자의 경학 사상이 본격적으로 수용되고 활용되었다.

거시적 관점에서 한국 유교사의 흐름을 보면, 걸출한 유학자들이 출현하여 시대를 능동적으로 선도했다. 그들은 불변의 가치를 확고하게 지키는 가운데 시대의 변화와 요구를 명확하게 파악하여 따를 것〔因〕은 따르고 고칠 것〔革〕은 고쳐서 알맞게 대처하였다. 이런 점에서 한국 유교사는 '이론 보완의 역사' 였다고 말할 수 있다. 유학의 정신을 늘 새롭게 해석하여 새 시대의 가치관 모색으로 이끌었던 선유(先儒)들의 자취는 후대에 많은 시사를 던진다. 그들은 '유교에 대한 재해석' 을 통해 유학사상이 결코 정체된 사상이 아니라 어느 시대라도 적응될 수 있는 역동적인 것이었음을 증명하였다. 한 예로 송대에 성리학이 왜 일어났으며, 또 조선 후기에 실학사상이 왜 대두하였는지를 절실히 인식한다면, 현대 유교의 살길은 다른 데 있지 않다고 본다. 유교의 재해석을 통한 현대화에 있는 것이다.

유학사상의 특징 가운데 두드러진 것이 인도주의 사상이다. 그 밖의 특징들도 이 인도주의 사상과 연결되어 있다. 고대 한민족은 본디 서로 양보하고 다투지 않는〔互讓不爭〕 인도주의 정신이 농후하였고 평화를 애호하였다. 저들이 그리는 이상적 인간상은 유학에서 말하는 '군자(君子)' 바로 그것이었다. 공맹(孔孟)의 유학사상이 한반도에 들어오기 이전에 이미 군자국(君子國)이란 이름이 붙여진 것은 우연이 아니었다.

인도주의는 인간의 생명과 인권을 존중하고 평화를 사랑하는 것이다. 이 인도주의 사상은 인본주의와는 의미가 다르다. 공자가 "하늘이 나에게 덕을 부여하였다"[1]고 하였듯이, 천도(天道)가 나에게 내재한다는 의미에서의 인도이다. 천 · 지 · 인 삼재(三才) 가운데 인간을 중심으로 천도와 지도를 인도 속에 수렴하여 일원화하는 것이 유학의 본령이다. 이와 함께 현실에 발을 딛고 만물을 명석하게 합리적으로 처리하는

1) 『논어』, 「述而」 "子曰 天生德於予."

능력을 갖추는 것을 이상으로 한다. 다만, 중국의 유교가 합리주의를 중시한 나머지 죄의식 · 내세관 · 구제의식이 희박한 경향이 있음에 비해, 한국의 유교는 한국적 신비성과 신성성(神聖性), 고매한 영명성(靈明性)을 유교의 인도주의 사상 속에 내재시켜 중국 유교보다 한 단계 더 높고 폭이 넓은 방향으로 학술사상을 이끌었다.

인도주의는 인간을 존중하고 사랑하는 한편으로 비인도적인 요소를 배제하려는 정의감 · 의리감을 수반한다. 참된 자기를 위하여〔爲己〕 비본래적인 자기를 극복하는〔克己〕 것으로부터 정치 · 사회적으로 의리사상을 요구하게 된다. 중국의 유교가 '인(仁)' 을 강조하여 포용적 성격이 강한 반면에, 한국의 유교는 '의(義)' 를 강조하여 수백 년 동안 중요한 특징이 되어 왔다. 중국은 다른 민족을 지배하는 처지에 있음에 반하여 한국은 정치적으로 타의 침략이나 지배를 받는 경우가 많았으므로 의리사상이 그 중핵을 이루었으며, 의사, 열사, 선비 등이 한국인에게 바람직한 인간상으로 여겨졌다. 따라서 한국유교의 인간상은 인자하고 온후하면서도 날카롭고 매운 기질을 동시에 가졌다. 일본의 무사도(武士道)와 같이 의협적 성격만 부각한다든지, 승부만 따지는 것이 아니라, 매사에 시비와 의리를 따져 행동하면서도 슬픈 일에 눈물 흘릴 줄 아는, 덕성 있는 문사적 기질이 요구되었다. 한국의 근세사상사에서 외세의 침략에 대항하여 자주정신을 고취하였던 춘추의리학과 의병정신은 이를 증명한다.

조선조 500년간 지도이념 구실을 하였던 유학은 여러 학파를 통해 300년 이상 학술적 발전을 이루었다. 조선의 학문과 정치의 뒤에 이른바 4대 학파가 있었다. 4대 학파는 학술상의 차이점이 뚜렷하였다. 여기에는 정치적, 이념적 지향의 차이가 크게 작용하였다. 겉으로 보기에는 상호 대립적인 양상이었으나 대국적 관점에서 보면 상호 보완적 관계에 있었다. 4대 학파는 세계관 · 인간관 · 학문관에서는 큰 차이가 없었으며, 큰 틀에서는 유학사상으로 귀결되었다. 현실관과 시국관의 차이 때문에 학파가 갈라진 것이다.

4대 학파는 당파와 연결되었고 자당(自黨)의 이념과 노선을 학문적으로 뒷받침하였다. 표면상으로는 비타협적 성격이 두드러지고 역기능이 큰 것처럼 비쳤다. 그러나 철학과 사상을 기본으로 현실 문제를 해결하고자 했던 점에서는 공통적이다. 또 상대 학파의 한계와 폐단을 비판하고 이것의 극복을 위해 학파가 이루어졌기 때문에, 학술상의 발전을 유도하였을 뿐만 아니라 정국의 합리적인 운영에도 도움이 되었다. 여기서 그 긍정적 기능을 찾을 수 있다.

조선의 유학—특히 성리학은 철학적 측면에서 많은 자산을 남겼다. 중국의 유학은 우주론 또는 본체론에 대한 관심이 많았고, 연구 역시 원심적 방향으로 발전해온 경향이 있었다. 이에 비해 조선의 유학은 인간학 중심으로 전개되었고, 구심적, 향내적(向內的) 성격이 강하였다. 중국 성리학이 주로 리기론(理氣論)을 주제로 하였다면, 조선의 성리학은 사단칠정론(四端七情論), 인물성동이론(人物性同異論)과 같은 인성론이 그 주제를 이루었으며, 16세기 이래 조선 말기까지 수세기에 걸쳐 논쟁을 거듭하였다. 이것은 세계 철학사에 비추어 보아도 그 유례가 드물다. 인간 문제, 인간의 존엄성과 인간의 심성수양 문제를 중점적인 연구 과제로 삼아 수백 년 동안 논쟁을 계속하였던 것은 한국인의 철학적 두뇌와 강인한 사색(思索)의 정도를 잘 보여준 것이라고 하겠다.

조선의 유교는 정통(正統)과 정맥(正脈)을 자부하였다. 여말선초 이래 주자학이 뿌리를 내리면서 이러한 경향이 한층 강렬하였다. 조선시대의 학문은 시대에 따라 기복은 있었지만 한결같이 주자학을 정통으로 하였다. 불교나 노장학 등은 당연히 이단시되었으며, 유학 안에서도 육왕학파(陸王學派)나 기학파(氣學派) 같은 것은 비정통으로 배척되었다. 유학자들의 정통의식은 대단하였으며 그에 대한 자부심이 컸다. 정통 유학을 계승했다는 자부심은 소중화(小中華) 또는 조선중화주의(朝鮮中華主義)로 발전하는 등 문화의식의 측면에서 실로 볼만한 것이 많았다.

한편, 조선 전 시기에 걸쳐 주류를 이루었던 성리학은 주리론(主理論)이 정통으로 받들어져 성리학계의 주류를 형성하였다. 이는 가치론적으로 리보다 기를 우위에 놓았을 때, 온 세상에서 너나없이 본능적인 욕망만을 끝없이 추구한 나머지 천리(天理)와 인욕(人欲)이 뒤바뀌어 멸륜난상(滅倫亂常)의 세상이 된다는 우환의식(憂患意識)에서 나온 것이라 할 수 있다. 이와 같은 강렬한 가치론적 사고 역시 중국유학사와 비교해 볼 때 색다른 점이다. 이는 조선 전 시기에 걸쳐 실리론보다 명분론이 강했던 것과 직결된다. 조선시대 성리학은 왕조의 개창에 주도적으로 참여하여 변절한이라는 비난을 받았던 정도전(鄭道傳)이나, 나중에 훈구파의 선하(先河)를 이루었던 권근(權近) 같은 이가 주리론을 제창했던 데서도 볼 수 있듯이 그 출발부터 주리적 경향이 강하였다. 그러나 주리론이 정통이자 대세인 추세 속에서도 시대에 따라 '기' 중시적 경향을 지닌 학자들이 등장하여, 주리론 중심의 학문 풍토에서 파생되거나 수반되는 한계성과 폐단을 시정하는 데 중요한 철학적 기반을 제공하였다.[2)]

조선의 성리학은 주리론이 정통이었지만 철학적 역동성은 기론자들이 이끌었다. 서경덕-이이-임성주-최한기로 이어지는 기학(氣學)의 계보는 유학사보다 철학사에서 더 평가를 받는다. 이언적-이황-이진

2) 16세기 이후 기 중시적 경향을 지닌 율곡학파에서는 기를 현실의 변화와 연관 지어 變法更張論을 이끌어내기도 하였다.

상-기정진은 주리철학의 정상급이다. 리발일로(理發一路)를 주장했던 이진상이나 유리론(唯理論)에 가까운 논리를 폈던 기정진은 19세기 시대 배경 속에서 조선 성리학의 특수성을 잘 발휘한 학자들이다. 필자는 이들을 '조선 성리학의 팔대가(八大家)'로 꼽는다.

성리학은 인간의 본성과 천리에 대한 문제(性理)가 주된 과제이지만 결국은 선악·정사(正邪)와 같은 가치의 문제(義理)에 직결된다.[3] 조선의 성리학은 내면적 성실성을 추구하는 인성론적 측면과 함께 역사적, 사회적 현실에서 인간 행위의 준칙과 규범을 실행에 옮기는 실천적 측면을 동시에 잘 발휘하였다. 이것은 주리론적 사고가 주류를 형성하여 정통으로 인식되었던 것과 맥락을 같이한다. 강한 보수성은 조선 성리학파(의리학파)의 특성이다. 국난의 위기가 닥쳤을 때마다 강인한 주체성과 불굴의 투지로 민족의 자존과 정통성을 수호하는 데 앞장섰던 열사·지사가 성리학자들 중에서 많이 배출되었던 것은 이를 증명한다. 다만 말기에 가서 리존기비(理尊氣卑)라는 성리학의 가치론과 중국 중심의 세계관에 집착한 나머지 수구적(守舊的) 경향을 보였던 것은 분명 문제가 있었다.

성리학은 전체와 개체, 보편과 특수를 균형 있게 보고 양자를 조화시키는 데 특징이 있다. 그런데 조선의 성리학은 보편보다도 특수, 전체보다 개체 쪽에 무게를 두어 이론을 전개했다. 주자학의 리일분수론(理一分殊論)[4]에 바탕을 두는 '분(分)' 사상은 신분 질서를 합리화하는 데 밑바탕이 되었다. 사회적, 윤리적 측면에서 '분'을 중시한 것은 유가의 전통이요 특징의 하나라 할 수 있다.[5] 유교에서는 본질적으로 명분, 즉 도

3) 『近思錄』 권1, 제15칙 "在物爲理, 處物爲義."

4) 『孟子集註』, 「盡心章句(上)」, 〈親親而仁民, 仁民而愛物〉의 註 "楊氏曰, 其分不同, 故所施不能無差等, 所謂理一而分殊者也."

덕상으로 구별된 명의(名義)에 따라 서로 마땅히 지켜야 할 도리가 있어야 한다고 한다. 이에 따라 사회 질서를 유지하기 위해 서열(序列)·서계(序階)를 인정하고, 엄격한 구별에 따라 차이를 두거나 차별을 인정하였다. 성리학에서도 사회적으로 다양한 인간관계를 설명하면서 방법적 차등과 차별을 인정하였는데, 이는 본말(本末)과 체용(體用)·내외(內外)·선후(先後)·친소(親疎)·후박(厚薄)에 따른 경중을 중시한 데서 비롯한다. 이러한 차별은 조선시대의 변질된 세습적 계급(신분계급)과는 본질적으로 다른 것이었다. 인간의 존엄성을 무시하지 않는 가운데 원활한 통치를 위해 마련한 부득이한 차별이었다. 그러나 인간의 존엄성과 인권을 말하는 유교의 근본정신에 배치될 뿐만 아니라 오늘날의 민주사회에 적합하지 않은 전근대적 논리라 하겠다.

조선 말기까지 유학사상은 '억음존양(抑陰尊陽)'이 강조되었다. 전근대적 신분사회의 논리를 뒷받침한 측면이 있었음을 부인하지 못한다. 현대의 유학사상은 '조양율음(調陽律陰)'[6]의 조화 원리를 가지고 개개의 독립과 자존(自尊)과 성숙을 전제로 한 인간 완성과 세계 완성을 추구하는 방향으로 나가야 할 것이다. 궁극적으로 인간의 존엄성과 인권, 그리고 평등, 화해, 상생(相生) 등으로 요약되는 인도주의 정신을 구현함으로써 동방 군자국의 전통을 잘 드러내는 것이 한국 유학사상의 역사적 사명이라 하겠다.[7]

---

5) 儒家에서 '分'을 철학 개념으로 사용한 최초의 인물은 荀子다. 『荀子』「王制」·「富國」편 등을 보면, 인간이 사회적 생활을 영위할 수 있는 것은 '分'이 있기 때문이며, 分이 없으면 무질서에 빠지게 된다고 전제하고, '分이 없는 것은 천하의 큰 害惡이요, 分이 있는 것은 천하의 큰 이익이라'고 강조하였다.

6) 金恒, 『正易』, 8면 "抑陰尊陽, 先天心法之學, 調陽律陰, 后天性理之道."

7) 류승국, 『한국유학사』, 성균관대학교출판부, 2009, 321쪽.

제2장

유교사상의 연원과 君子國의 전통

한국은 유교사상과의 관련성이 매우 많은 나라다. 한국 고유사상인 '풍류(風流)' 에는 유교사상의 핵심 요소가 담겨 있다고 한다. 신라 말의 명유(名儒) 최치원(崔致遠: 855~?)은 「난랑비서(鸞郞碑序)」 첫머리에서

> 우리나라에 현묘(玄妙)한 도가 있다. 이를 '풍류(風流)' 라고 한다. 교의(教義)를 세운 근원은 선사(仙史)에 자세히 실려 있는데, 내용은 곧 삼교(三教)를 포함한 것으로서 군생(群生)과 교접〔接〕하여 변화〔化〕하도록 한다. 이를테면 집에 들어와 부모에게 효도하고 나아가 나라에 충성하는 것은 노사구(魯司寇: 孔子)의 주지(主旨)요, 무위(無爲)의 일에 처하고 불언(不言)의 가르침을 행하는 것은 주주사(周柱史: 老子)의 종요(宗要)이며, 모든 악한 일을 짓지 않고 모든 착한 일을 받들어 행하는 것은 축건태자(竺乾太子: 釋迦)의 교화다.[1]

1) 『삼국사기』 권4, 「신라본기」 眞興王 37년조.

고 하여, 우리나라 고유사상이며 신라 화랑도의 지도이념이었던 풍류도(風流道)의 실체에 대하여 밝힌 바 있다. 「난랑비서」의 해석에서 주의를 요하는 것이 '포함삼교(包含三敎)' 넉 자다. 풍류도에 삼교사상의 요소가 본래부터 내포되어 있다는 의미다. 최치원은 풍류도의 3대 강령을 삼교사상과 관련지어 해석하였다. 즉 3대 실천 강령을 ① 충효(忠孝)의 요소, ② 무위불언(無爲不言)의 요소, ③ 위선거악(爲善去惡)의 요소로 파악한 것은, 삼교사상의 핵심적 요소를 가지고 풍류도의 실체를 해석한 것이 아니라 화랑도의 3대 강령이 삼교사상의 핵심과 부합한다고 본 것이다. 여기서 최치원이 애써 강조하고자 했던 바는 삼교사상의 요소가 풍류도에 고유(固有)하면서도 풍류도 그 자체는 유교나 불교, 도교와 구별된다는 사실이었을 것이다.

최치원은 「지증대사비명」에서도 매우 중요한 말을 하였다.

鷄林地在鰲山側	계림의 땅은 오산 곁에 있는데
仙儒自古多奇特	예부터 '선' 과 '유' 에 기특한 사람이 많았네.
可憐羲仲不曠職	어여쁠손, 희중(신라 임금을 지칭)이여! 직무에 태만하지 않고
更迎佛日辨空色	다시금 불일(佛日)을 맞아 공과 색을 분별하였네.[2]

위에서 말한 '선' 과 '유' 는 중국에서 전래한 신선사상과 유교사상이 아니다. 우리나라 고유의 '선' 사상의 맥락, 그리고 유교사상과 부합되는 사상적 맥락을 가리킨다. 그 실체를 뭐라 이름할 수 없어 '선' 이라 하고 '유' 라 한 것이다. 이 '선' 과 '유' 의 고유한 전통이 있는데다가 뒤

2) 『최문창후전집』(성균관대 대동문화연구원, 1972), 197쪽.

미처 불교가 전래함으로써 삼대 교문(三大敎門)이 정립되었다는 것이다. 여기서 기이하고 특별하다는 의미의 '기특'은 '현묘'라는 말과 함께 우리 고유사상의 특이성을 말한 것으로 이해해도 좋을 듯하다.

최치원은 불교와 관련한 다수의 문자를 남겼다. 그는 여러 글에서 우리나라 사람들의 성품을 주로 불교와 관련하여 서술하고, 불교가 이 땅에서 성행하는 것이 필연의 형세라고 하였다.

> (A) 오상(五常)을 다섯 방위로 나누어 동방(動方)에 짝지어진 것을 인심(仁心)이라 하고, 삼교에 명호(名號)를 세우되 정역(淨域)을 나타낸 것을 불(佛)이라고 한다. '인심'이 곧 부처이니 부처를 능인(能仁)이라 일컬음은 이를 본받은 것이다. 욱이(郁夷: 우리나라)의 유순한 성원(性源)을 인도하여 가비라위(迦毘羅衛: 釋迦)의 자비(慈悲)의 교해(敎海)에 닿도록 하니, 이는 돌을 물에 던져 물결이 퍼져 나가는〔石投水〕 듯하고, 빗물이 모래를 모으는〔雨聚沙〕 것 같이 쉬웠다.[3)]

> (B) 우리 태평국의 승지(勝地)는 사람들의 성품이 매우 유순하고, 대지의 정기(精氣)가 만물을 생성하게 하는 데 합한다. …… 선(善)을 따르는 것이 물 흐르는 듯하다. 이런 까닭에 군자의 기풍을 드날리고 부처의 도에 감화되어 젖는 것이 마치 붉은 인니(印泥)가 옥새(玉璽)를 따르고 쇠가 거푸집 안에 들어 있는 것과 같아서, ……[4)]

---

3) 『최문창후전집』, 168-169쪽, 「智證大師碑銘」 "五常分位, 配動方者曰仁心, 三敎立名, 顯淨域者曰佛. 仁心卽佛, 佛目能仁則也. 道郁夷柔順性源, 達迦衛慈悲敎海. 寔猶石投水, 雨聚沙然. …… 姓參釋種, 遍頭居寐錦之尊, 語襲梵音, 彈舌足多羅之字. …… 宜君子之鄕也, 法王之道, 日日深又日深矣."

4) 『최문창후전집』, 142쪽, 「大崇福寺碑銘」 "我太平勝地也, 性滋柔順, 氣合發生. …… 從善如流. 是故, 激揚君子之風, 薰漬梵王之道, 猶若泥從璽, 金在鎔. ……"

(A)에서 우리나라 사람들의 어진 성품과 불교의 자비를 동일시하여 '인심즉불(仁心卽佛)'이라 하고, 또 만물시생지방(萬物始生之方)이라는 의미에서 동방을 '동방(動方)'이라 한 것이 이채롭다. 우리에게는 애초부터 어진 마음과 호생지덕(好生之德)이 갖추어져 있으니, 물이 반드시 바다에 이르는 것과 마찬가지로, 유순한 동방 사람들은 애써 이끌지 않아도 불교의 자비의 교해(敎海)에 귀의하게 된다는 것이다. (B)는 동방이 오상으로 '인'에 배합되기 때문에 우리나라 사람들의 성품은 어질고 유순할 수밖에 없으며, 또 주형(鑄型)대로 주물이 만들어지듯이, 우리나라에서 불도가 성행하는 것은 그 틀이 본래부터 그러하다는 것이다. 글의 목적상 동인의 성품을 불교의 관점에서 논하였지만, 다른 글에서는 불교가 아닌 여타 종교나 사상과 관련지어 해석할 수 있었을 것이다.

위 인용문 (A)와 (B)의 내용은 중국 고대의 역사서와 경서(經書)에 근거한다. '인이호생(仁而好生)'은 『풍속통(風俗通)』에, '천성유순(天性柔順)', '호양부쟁(好讓不爭)'은 『산해경』에 나오는 말이다. 예부터 우리 민족의 특성을 잘 나타내는 것으로 이해되어 왔다. 『산해경』은 그 내용을 전적으로 신빙하기는 어렵다. 다만, 군자국(君子國)과 청구국(靑丘國)이 나오는 '해외동경(海外東經)' 조와 '대황동경(大荒東經)' 조는 대개 갑골문의 내용과 합치되어 신빙성이 있다. 『산해경』 고증에 이용되는 갑골복사(甲骨卜辭)는 은(殷)나라 무정(武丁) 때의 것이다. 이에 따르면 군자국과 청구국은 최소한 기원전 1400년 이전에 존재하였던 고국(故國)이라 할 수 있다.[5] 여기서 군자국에 대한 기록을 보기로 한다.

(A) 군자국 사람들은 의관을 갖추고 칼을 찼으며, 짐승을 사육하고, 두 마

---

5) 류승국, 『한국사상의 연원과 역사적 전망』, 성균관대학교출판부, 2008, 71-72쪽.

리의 큰 호랑이를 곁에 있도록 한다. 그 나라 사람들은 사양하기를 좋아하고 다투지를 않는다.[6)]

(B) 군자의 나라가 있다. 그 나라 사람들은 의관을 갖추고 칼을 찼다.[7)]

이를 보면 군자국 사람들의 성품은 유순하고 겸양의 덕이 있었다. "衣冠帶劍, 食獸, 使二大虎在旁" 이라는 말에서 엿볼 수 있듯이 유순하고 겸양의 덕이 있으면서도 위의(威儀)와 의용(義勇)을 갖추었다. 이런 까닭에 풍속이 순량(醇良), 온후(溫厚)하고 호양(好讓)의 풍도가 있는 이 나라에 '군자국' 이라는 칭호가 붙여진 것이다. 여기서 이른바 '군자' 니 '호양부쟁' 이니 하는 말은 유교와 관련이 깊다고 하지 않을 수 없다.

한편, 청구국의 '청' 이 동방을 의미하고 동방이 '인(仁)' 을 뜻하는 바와 같이 동방은 여러 가지 중요한 의미를 지닌다. 『이아(爾雅)』에서는 "동쪽으로 해 뜨는 곳에 '태평(太平)' 이란 나라가 있다. 태평국의 사람은 어질다"[8)]고 하였고, 『회남자(淮南子)』에서는 "동방에 군자국이 있다"[9)]고 하였다. 한편 『논어』에 보면 다음과 같은 대목이 있다.

(A) 공자가 말하기를 "도가 행해지지 않으니 뗏목이라도 타고 바다에 뜨고 싶다" 고 하였다.[10)]

---

6) 『山海經』 第九, 「海外東經」 "君子國在其北, 衣冠帶劍, 食獸, 使二大虎在旁, 其人好讓不爭."

7) 『山海經』 第十四, 「大荒東經」 "有東口之山, 有君子之國, 其人衣冠帶劍."

8) 『爾雅』 「釋地」 "東至日所出爲太平." ; "太平之人仁."

9) 『淮南子』 「墬形訓」 "東方有君子國."

10) 『논어』, 「公冶長」 "子曰, 道不行, 乘桴游於海, 從我者, ……"

(B) 공자가 구이(九夷)에 거(居)하고자 하니, 어떤 사람이 말하기를 "누추한 곳에서 어떻게 거하시렵니까?" 하였다. 이에 공자가 "군자가 사는 곳이거늘 무슨 누추함이 있겠는가"라고 하였다.[11)]

공자가 당시 중국에 도가 행해지지 않자 '구이'[12)]에 가서 살고 싶어 했다는 것이다. 구이에는 군자의 풍도가 남아 있어 도를 행할 만하다고 여겼기 때문일 것이다. 『후한서』「동이열전」에서는

『예기』「왕제(王制)」에 "동방을 이(夷)라 한다" 하였다. '이(夷)'란 '저(柢)'이다. 어질고 살리기를 좋아해서 만물이 땅에 뿌리박고 생겨남을 말한다. 그러므로 그들은 천성이 유순하여 올바른 도리로 인도하기가 쉬운지라, 군자가 죽지 않는 나라가 있기에 이르렀다. …… 그런 까닭에 공자도 구이에 가서 살고 싶어 했다.[13)]

고 하였다. 여기서 '군자불사지국(君子不死之國)'을 거론한 것은 우리나라 사람들에게 군자의 풍도가 있음을 확인해준 것이라 하겠다. 이를 볼 때 우리 겨레는 나무의 뿌리가 새싹을 돋아나게 하는 것과 같이 어진 성품을 지녔던 것 같다. 군자국 사람들의 온후(溫厚), 순량(醇良)한 풍속과 양보하기를 좋아하는 풍도는 유교에서 이상시하는 것들이다. 특히 '호양'의 미덕이야말로 '군자국'이라는 일컬음을 얻는 데 적절한 것이라 하겠다.

---

11) 『논어』, 「子罕」 "子欲居九夷, 或曰, 陋如之何. 子曰, 君子居之, 何陋之有."

12) '구이'나 '군자국'이 오늘의 우리나라를 가리키는 것인가? 단정할 수는 없다. 다만 최치원을 비롯한 선유들이 그 개연성을 높이 인정했던 것만은 사실이다.

13) 『後漢書』 권85, 「東夷列傳」 "王制云, 東方曰夷. 夷者, 柢也, 言仁而好生, 萬物柢地而出. 故天性柔順, 易以道御, 至有君子不死之國焉. …… 故孔子欲居九夷也."

군자국의 유풍(遺風)은 기자(箕子)가 동래(東來)한 이후에도 뿌리 깊게 남아 있었던 것 같다. 『한서』「지리지」에 의하면 당시 조선 사회에서는

> (8조의 범금을 위반한 자가) 형벌을 면제받아 보통 백성이 되었어도 시속에서는 그래도 그것을 수치로 여겨 시집가고 장가가는 데 짝이 없었다. 이런 까닭에 그 백성들은 종시 도둑질을 하지 않아 대문을 닫고 사는 일이 없었다. 부인들은 정신(貞信)하여 음란하고 괴벽한 짓을 하지 않았다.[14)]

고 한다. 이것은 기자의 교화에 의한 공효(功效)라기보다, 우리 민족이 본디 예의를 숭상하고 염치(廉恥)를 중히 여겼으며, 또한 그 유풍이 오래 지속되었음을 잘 보여준다고 하겠다. 박혁거세 재위 시에 낙랑 지역 사람들이 신라에 쳐들어 왔다가, 신라인들이 밤중에도 대문을 닫아걸지 않고 또 노적가리를 들판에 그대로 쌓아둔 것을 보고는 "이곳 사람들은 서로 도둑질을 하지 않으니 참으로 도가 있는 나라다. 우리가 몰래 군사를 이끌고 와서 습격하는 것은 도적과 다름이 없다. 어찌 부끄럽지 않겠는가"라 하고 이내 돌아갔다는 고사[15)]에서 단적인 예를 볼 수 있다. 이러한 우리 겨레의 기질과 성품을 최치원이 이른바 "땅이 그렇게 시킨 것이다"〔地之使然〕고 한 말과 연관 지어 볼 때, 순(舜)과 같은 대성(大聖)이라든지[16)] 대련(大連)·소련(小連)과 같은 사람들[17)]이 동이 땅에

---

14) 『한서』 권28(下), 「地理志」 "殷道衰, 箕子去之朝鮮, 教其民以禮義, 田蠶織作, 樂浪朝鮮民犯禁八條, …… 雖免爲民, 俗猶羞之, 嫁取(娶)無所讐. 是以其民終不相盜, 無門戶之閉, 婦人貞信不淫辟."

15) 『삼국사기』 권1, 「新羅本紀」, 始祖 30년조.

16) 『맹자』, 「離婁(下)」 "舜東夷之人也."

17) 『예기』, 「雜記(下)」 "孔子曰: 小連大連, 善居喪, 三日不怠, 三月不解, 期悲哀, 三年憂,

서 출생한 것은 우연이 아닐 것이다.

중국인들은 예부터 우리 한민족의 성품이 어질고 예절이 바르며 풍속이 아름답다고 하여 군자국이라고 일컬었다. 신라 때에는 국호를 군자국이라 하기도 하였다. 우리의 고대 금석문 자료에 의하면, 우리나라를 군자국, 군자지향(君子之鄕) · 인역(仁域) · 태평승지 · 근화향(槿花鄕) 등으로 일컬었으며, 동방예의지국이니 삼한예의지국이니 하는 명칭을 사용하였음도 볼 수 있다. 신라 후기에 이르면 당시의 난숙한 문화수준과 병행하여, 지식인들 사이에서 '동인의식(東人意識)' 이 하나의 시대 풍조를 이루게 된다. 특히 나말의 석학 최치원에 이르면 동인의식이 최고조에 달해, 언뜻 보면 동방 군자국 사람으로서의 선민의식(選民意識)마저 느껴질 정도다. 강렬한 자부심이 예사롭지 않다.

우리 겨레의 성품과 기질이 이러하였던 만큼, 기자가 동래하여 홍범구주(洪範九疇)를 바탕으로 교화를 펴기에 충분하였을 것이고, 군자국으로서의 면모가 새로워졌을 것이다. 그리고 공자가 유교를 집대성한 이후 오경(五經) 중심의 유교사상이 우리나라에 폭넓게 전해져 유교가 성행하였을 것으로 짐작된다.

류승국(柳承國: 1923~2011) 교수는 갑골문 자료에 대한 연찬(硏鑽)을 바탕으로, 유교사상이 역사적으로 인방족(人方族)과의 관계에서 이루어졌음을 주장하였다. 그는 유교사상의 형성은 여러 가지 측면에서 동이족과의 관계를 떼어놓고 설명할 수 없다고 강조하였다.[18] 역사적으로 주나라 이전 은나라 · 하나라 · 요순(堯舜) 등으로 소급할수록 동이문화권이 문화적 선진으로서 중국에 영향을 끼쳤다는 것이다. 류 교수는 공자사상의 중심인 '인' 사상은 '인(人)' 에서 유래하였다고 주장하였다.

東夷之子也."

18) 류승국, 『한국사상의 연원과 역사적 전망』, 24-90쪽 참조.

갑골문을 보면 '동인(東人)' 이라는 말이 많이 나온다. 지금으로부터 3천여 년 전 중국 청동기시대 금문(金文)에서는 '동이(東夷)' 라 하지 않고 '동인(東人)' 이라 표기하였다. '이(夷)' 란 명칭은 주(周)나라 후기 이후에야 나온다. 본래는 '인(人)' 이었다. 기원전 1330년 무렵의 갑골문을 보면 동방족을 의미하는 인방을 '인(人)' 한 글자로 표시하였다. 갑골학 또는 문자학을 전공하는 중국의 학자들에 의하면, '인' 은 사람이라는 의미가 아니라, '인방족' 이라는 고유명사라 한다. 인방족은 예의와 교양 있는 부족으로서 문화적으로 중국보다 선진이었으므로, 중국에서 뒷날 '인(人)' 자를 차용하여 인류라고 했다는 것이 통설로 되어 있다.[19] 갑골학자 동작빈(董作賓)은 '인(人)' 자와 '인(仁)' 자, '이(夷)' 자는 연원적으로 같은 글자이며, 동부족에서 유래한다고 하였다.[20] '인(仁)' 보다 '인(人)' 이 선행하였고, 또 인방(人方) 문화가 유교사상의 선하(先河)를 이루었다고 할 때, '인(仁)' 사상의 원류를 인방 문화와 연결지어 보는 것은 무리가 아니라고 생각한다.

최치원은 유교의 근본사상을 '인(仁)' 으로 보고 '인' 을 동방 사람들의 유순한 성품에 견주었다. 이것은 우리나라가 유교의 근원이었음을 시사하는 바라 이해할 수 있다. 그가 「지증대사비」에서 "동방의 제후국으로 우리보다 위대한 나라는 없다. 지령(地靈)이 이미 살리기를 좋아하는 것〔好生〕으로 근본을 삼았을 뿐만 아니라, 풍속 또한 서로 양보하는 것〔互讓〕을 우선으로 삼았음에야 더 말할 나위가 없다" 고 한 것은 인간존중의 사상, 더 나아가 인도주의 사상의 원류와 '군자' 라고 하는 이상

19) 勞榦, 『中國文化論集』 제2권, 臺灣: 中華大典編印會, 1965, 394쪽 "我們常常把東方的人稱爲東夷, 而夷字和仁字是通用的, 仁字和人字也是出於一源. 那麼漢語中 '人' 的稱謂, 甚至於還有出於東方的可能. …… 假若夷人先成文化的先進, 夷人先用了人字, 作爲全人類的名類, 西方後起的部族, 可能再爲借用的."

20) 董作賓, 『甲骨文斷代硏究例』, 1932, 51쪽.

적인 인간상의 원형이 동방 군자국에서 유래함을 강조한 것이라고 할 수 있겠다.

이처럼 한국은 유교의 연원이 되는 나라로, 중국에서 유교가 집대성되기 이전부터 유교적 토양이 마련되어 있었다. 이런 바탕이 있었기 때문에 공자가 유교를 집대성한 이후에는 오경 중심의 유학사상이 다시 우리나라에 역수입되어 성행하였던 것이다.

제3장

유교의 전래와 수용, 섭취

〔1〕 유교는 중국에서 전래하였다는 것이 학계의 정설이다. 은(殷)·주(周) 이래의 중국 상고사상(上古思想)이 유교의 형성에 지대한 영향을 끼쳤으며, 공자에 이르러 하나의 사상 체계로 성립된 것이다.

한국유학사를 서술하면서 선결해야 할 문제는 유교의 전래와 수용 시기를 밝혀내고, 또 그것을 구분하는 일이다. 그러나 이것을 해결하는 데 필요한 문헌이 퍽 영성(零星)하다. 단지 고구려 소수림왕 2년(372)에 유교를 교육하는 태학(太學)이 설립된 것을 수용과 관련한 주요 사실로 받아들이면서, 중국과의 오랜 교섭에 비추어 이보다 훨씬 앞서 전래되었을 것이라고 추측하는 실정에 있다. 전래 시기에 대해 논급한 학설이 더러 있기는 하지만, 그를 뒷받침해줄 만한 증거가 충분하거나 확실하지 못하기 때문에 정론(定論)은 유보하지 않을 수 없다. 또 수용 시기를 논하는 것 역시 이와 다를 바 없다.

유교의 한국 전래 및 수용 시기에 대해서는 대부분 중국 측의 사료에 의지하고 있다. 그 밖의 여러 측면에서도 거의 전적으로 중국 측의 사료에 매달리는 형편이다. 이러한 경향은 삼국시대의 역사적 사실을 연구하는 데서도 예외가 아니다. 그런데 중국 측의 사료는 대개 자존자대(自尊自大)한 것들이 많다. 중국의 역사가들이 주변 여러 나라에 관한 사실을 서술하면서 계통적으로 다루지 않았을 뿐만 아니라, 화이관(華夷觀)에 비추어 자국에 유리한 사실만을 서술하였다. 심한 경우 사실을 왜곡함으로써 마침내 자국에 정치적 또는 문화적으로 예속되어 있는 양 과장함이 허다하다. 이것은 고대로 올라갈수록 두드러진다.

따라서 사료의 선택과 진위(眞僞) 변별이 선행되어야 한다. 단재(丹齋) 신채호(申采浩: 1880~1936)가 지적한 것처럼, 사료에서 ① 위중(僞中)의 위(僞), ② 진중(眞中)의 위(僞), ③ 위중(僞中)의 진(眞)을 밝혀내는 형안(炯眼)이 필요하다.[1] 사료 비판이란 기본적으로 증거 내용을 복원하는 데 그 목적이 있다. 몇 가지 문제점이 있다고 하여 사료 전체를 버려서는 안 될 것이요, 몇 가지 주목할 만한 내용이 있다고 해서 사료 전체를 신뢰해서도 곤란하다.

이제 전래와 수용, 섭취에 대하여 이미 제기된 몇 가지 설을 소개하고, 그에 대한 필자의 견해를 표한 뒤, 한국유학통사의 기점을 어느 때로부터 설정해야 하는가에 대하여 나름의 결론을 내리고자 한다.

〔2〕 한국유교의 연원, 그리고 유교의 전래(또는 유입)와 관련된 대표적 견해들은 다음과 같다.

첫째, 공자에 의해 유교가 집대성되기 이전에 이미 유교사상의 형성에 지대한 영향을 끼쳤던 중국 상고사상이 우리나라에 들어왔다는 설이다. '기자동래설' 이 바로 그것이다. 이 설은 종래 선유들이 거의 의심

1) 『단재 신채호 전집』(개정판) 상권, 『朝鮮上古史(上)』, 형설출판사, 1995, 55-58쪽 참조.

없이 받아들였다. 장지연의 『유교연원』에 잘 나타나 있다. 장지연에 의하면

> 단군 말엽에 은(殷)의 태사(太師)인 기자(箕子)가 주나라를 피해 들어와 홍범구주의 도로써 동방을 교화했다. 홍범은 곧 역상(易象)의 원리요, 유교의 근본이다. …… 기자가 이를 무왕(武王)에게 전하였고, 또 친히 조선에 와서 팔조의 가르침을 베풀어 우리를 가르쳤다. 그 팔조가 비록 유결(遺缺)되어 다 전하지는 않는다 하더라도, 공자가 역(易)을 찬(贊)하되 '기자지명이(箕子之明夷)' 라고 한 것처럼 '명이(明夷)' 란 그 도가 동방에 밝았다는 뜻이다. 그런즉 조선을 유교의 조종(祖宗)이 되는 나라라고 하여도 좋을 것이다. 『논어』에서 공자가 "뗏목을 타고 바다를 건너련다"는 뜻을 비친 것이나 "구이(九夷)에 가서 살고 싶다"는 말을 한 것도, 대개 우리가 유교의 구방(舊邦)이기 때문에 저 기자가 포교행도(布敎行道)한 것과 같이 해보려고 함이리라.[2]

고 하였다. 유교가 공자에 이르러 집대성되긴 했지만, 그 이전에 유교의 근본이 되는 홍범구주가 기자에 의해 전해졌으니, 우리나라를 유교의 종조국(宗祖國)이라고 할 수 있다는 것이다.[3] 그가 기자를 우리나라 문명의 조종으로 보는 관점은 확고하다. 그러나 여기에서 그치지 않고 덧붙이기를

> 기자 이후로 삼한 제국(諸國)의 시대를 거치면서, 증거될 만한 문헌이 없어 유교의 홍하고 쇠함을 계고(稽考)하지 못한다. 그러나 사리에 따라 추측

2) 장지연, 『유교연원』 권1, 1쪽, 〈序章〉

3) 이러한 견해는 『韋庵文稿』에서도 거론되었다. 『위암문고』 권7, 「漫筆」 "箕子, 朝鮮文明之祖宗也."

해 본다면, 우리나라가 제(齊) · 노(魯)와 더불어 왕래가 빈번하였으니, 공자의 문도(門徒)로서 도를 전하기 위해 우리나라에 온 사람과 우리나라 사람으로서 도를 배워 가지고 돌아온 사람이 응당 적지 않았을 것이다.[4)]

고 하였다. 이는 곧 기자가 동래하여 교화를 편 뒤에 공자에 의해 집대성된 유교까지 받아들였을 것이라는 추측이다. 그런데 위의 말로 미루어 보아 공자교를 다시 받아들인 것은 우리나라와 중국이 지역적으로 가까운 까닭에 상호 교섭하는 사이에 자연스럽게 이루어졌을 것이요, 반드시 기자에 의한 유교 교화가 그 이후로 더 발전하지 못했기 때문만은 아닐 것이다.

한편 장지연의 설과 대략 같은 선에서 이해될 만한 설이 있다. 바로 류승국 교수의 주장이다. 그는 「한국유학사상사 서설」이라는 논문에서, 중국의 갑골학자인 왕국유(王國維: 1877～1927), 호후선(胡厚宣: 1896～1950), 동작빈(董作賓: 1895～1963), 진몽가(陳夢家: 1911～1966) 등의 고고학적 연구성과를 대폭 수용하여 유학사상의 형성을 연원적으로 탐구하였다. 『산해경』에 보이는 '군자국' 의 존재를 중시하면서 동이족과 한족(漢族)의 민족적, 문화적 관계에 대하여 구명(究明)한 결과, 중국 유교사상이 동이족과의 관계에서 형성되었음을 밝혔다.

유학이 중국에서 발생하여 한국에 전래하고 영향을 준 것이라 할 때, 한국유학을 중국유학의 일부분으로 생각하기 쉽다. 그러나 중국 상고대 유교의 형성과 연원을 고찰하면, 그 형성 과정이 역사적으로 동이와의 관계에서 이루어졌음을 주의해야 할 것이다. 그 후 주대(周代) 이래 공자 시대에 이르러

4) 『유교연원』 권1, 1쪽, 〈序章〉

중국유학이 확립되고, 한국에 전래하여 영향을 주었다 하더라도, 한국에 수용되어 한국의 입장에서 섭취 · 발전된 것이기 때문에 중국유학과 한국유학이 일치할 수는 없는 것이다.[5)]

그리고 중국 문화의 전래가 한국 유학사상의 변천사에 큰 영향을 준 것을 크게 4기로 분류하였다.

첫째는, 은말주초(殷末周初)에 전래한 고대사상
둘째는, 진한(秦漢) 시대에 들어온 공자사상(孔子思想)
셋째는, 여말선초에 들어온 주자사상(朱子思想)
넷째는, 조선 후반기의 실학사상[6)]

여기서 한국유학의 독자성과 중국사상이 끼친 영향에 대해서는 논외로 치더라도, 위에서 든 사상의 전래 과정에서 은말주초의 고대사상이 진한 시대의 공자사상에 앞서 꼽힌 것은 장지연이 논한 것과 거의 같은 맥락이다. 그가 기자동래설을 허구가 아닌 역사적 사실로 받아들인 것도 그런 연유에서인 듯하다.

다음은 진한(秦漢) 시대에 유입되었다는 설이다. 이병도는 진인(秦人)들이 진역(秦役)을 피해 진한(辰韓)에 들어옴으로써 유교 예속이 광범하게 전해졌을 것이라고 보고, 특히 유학사상이 우리나라에 전해진 것은 한사군(漢四郡)이 설치되면서부터라고 주장하였다.[7)] 또한 중국의

---

5) 류승국, 「한국유학사상사 서설」, 『한국민족사상사대계(1)』, 〈개설편〉, 아세아학술연구회, 1979, 205쪽.
6) 류승국, 앞의 책, 267쪽.
7) 이병도, 『한국유학사』, 아세아문화사, 1987, 6-13쪽.

춘추전국시대에 해당하는 고조선을 본토인에 의한 자치국으로 추정하면서, 기자조선설은 물론 기자동래설까지도 부정하였다. 장지연이 주장한 은말주초의 기자동래설과는 대조를 이룬다. 그러나 고조선이 시기적으로 중국 춘추전국시대에 해당한 만큼, 공맹(孔孟)의 출생지인 추로(鄒魯)와 가까운 북방 조선에서 유교사상 및 그 문화의 영향을 받았을 것이라는 가능성을 배제하지 않으면서, 다만 문헌이 무징(無徵)하여 고증할 수 없다고 하였다.

다음은 삼국시대에 전래하였다는 설이다. 이는 기자동래설을 부정하고 '개아지조선' 설을 내세우는 육당 최남선(1890~1957)에 의해 제기되었다. 그는 『조선상식문답』에서 유교의 전래를 논하면서,

> 어디서든지 지나(支那)의 문화와 학술이 들어갈 때에는 유교가 따라 들어갔다고 볼 수 있으니까, 유교의 조선 전래가 전국(戰國) · 진한(秦漢)의 간(間)에 있을 것을 추상(推想)치 못할 것 아니로되, 만일 유학 기관(機關)의 설립을 표준으로 한다 하면, 유교의 전래 연대는 매우 강하(降下)될 수밖에 없다.[8)]

고 하였다. 고구려에 태학(太學)이 설립된 것을 표준으로 삼으려는 의도를 내비친 것이다.

그밖에 전래가 아닌 기원을 논한 것으로서, 현상윤과 이기백(李基白: 1924~2004)의 견해를 들 수 있다. 여기서 '기원' 이라고 함은 곧 우리가 주체적 시각에서 유교를 수용 섭취했느냐에 초점을 맞춘 것으로서, 두 사람의 주장이 대체로 일치한다. 현상윤은 『조선유학사』에서

8) 『육당 최남선 전집』 제3권, 63쪽.

> 조선에 유학이 전래한 지 그 연대가 심히 오랠 것이다. 그러나 문헌이 민몰(泯沒)하여 오늘에 이것을 계고(稽考)할 길이 없고, 오직 당나라에 유학생을 보내며, 우리나라에 국자학(國子學: 유교대학)을 건설한 것이 조선유학의 기원이 될 뿐이다.[9)]

고 하여, 고구려 소수림왕 2년(372)에 태학을 세워 유학을 교육하였던 사실로부터, 신라 선덕여왕 9년(640)에 당태종이 경학을 장려하기 위해 국학을 크게 증축하고 해내·해외의 학생을 널리 모집할 때, 고구려·신라·백제가 다 같이 당나라에 유학생을 보내 입학케 했다는 사실까지를 들었다. 현상윤이 4세기부터 7세기까지를 기원으로 삼은 데 비해, 이기백은 다음과 같이 주장하였다.

> 문화에 있어서는 접촉이 반드시 수용을 뜻하는 것은 아니며, 일정한 사회적 기능을 발휘해야 비로소 수용이라고 말할 수가 있는 것이다. …… 이러한 기준을 세워놓고 생각한다면, 어느 정도 해결의 실마리를 잡을 수 있는 게 아닌가 한다. 그것은 유교의 사회적 기능을 말해주는 예는 아무래도 학교에서 찾아야 할 것이기 때문이다. 반드시 학교가 아니더라도 화랑도와 같은 일정한 조직에서 유교적인 정신을 받들었다면, 그것은 물론 충분히 고려에 넣을 수가 있는 일이다. 이렇게 생각하고 보면, 한국 유교의 기원은 삼국시대로 잡는 것이 옳겠고, 고구려에서 태학을 설립했던 소수림왕 2년(372)을 중요한, 기념할 만한 연도로 보아서 좋을 것이다. 이것은 그 이전에 유교가 전래했을 가능성을 부정하는 것이 아니다. 다만, 유교가 유교로서의 사회적 기능을 발휘하기에 이르지 못하고 있었다고 판단하는 것이다.[10)]

---

9) 현상윤, 『조선유학사』, 민중서관, 1977, 12쪽.

10) 이기백, 「유교 수용의 초기 형태」, 『한국민족사상사대계(2)』〈고대편〉, 아세아학

그리고 한국유학사에서 이른바 초기를 대체로 삼국시대로 설정하는 게 좋을 것이라고 하였다.

〔3〕 위에 소개한 여러 학설을 크게 두 가지로 압축하면, 한국유교의 기원을 유교의 전래로부터 보느냐, 아니면 주체적으로 수용 섭취한 때로부터 설정하느냐 하는 것이다. 먼저 전래를 기원으로 할 경우, 이를 뒷받침할 문헌이 부족하여 분명하게 제시할 수 없을 뿐 아니라 전래하였다는 사실만으로 유교의 기원이 될 수 있느냐는 반론이 제기될 수 있다. 이와 반면에 수용 시기라고 공감되는 때, 즉 삼국시대를 기원으로 할 경우, 문헌상 확증을 기할 수 있다는 점이 가장 용이하다. 이런 이유로 한국유학사를 연구하는 대부분의 학자들이 사실상 삼국시대를 기원으로 설정하고 있다. 또한 전래와 수용에 대한 주장을 따로 펴면서도 서술상의 기점을 삼국시대로 설정하는 경우가 대부분이다.

그러나 사료가 없다고 해서 곧 사실(史實)이 없는 것은 아니므로, 사료 발굴 여하에 따라 수용 시기가 훨씬 위로 올라갈 수 있다. 특히 우리나라가 유교의 발생지인 중국과 인접하였고 우리의 역사가 중국과의 부단한 접촉으로 점철되었음을 생각할 때, 그럴 가능성을 배제할 수 없다. 따라서 유교의 교육기관이 설립된 것을 수용이 아닌 전래 시기의 표준으로 삼는다는 것은 더욱 받아들이기 어렵다.

필자는 본 장에서 '유교의 전래와 수용, 섭취'라는 제목으로 한국유학통사를 연원적으로 다루어 보고자 했다. 먼저 문제가 되는 것은 유교의 전래 시기가 언제인가 하는 점이다. 공자에 의해 유교가 집대성되기 이전까지 소급할 수 있느냐, 아니면 그 이후로 보아야 하느냐 하는 학설

술연구회, 1979, 145쪽.

상의 대립이 있다.

그러나 유교는 분명 공자에 의해서 종합 정리된 학문이며, 그의 인격과 이상 그리고 안목을 통해 재구성된 사상이다. 은주지제(殷周之際)의 중국 상고사상과 유교를 동일시할 수 없을 뿐 아니라, 주초(周初)에 교육을 담당하던 학술지사(學術之士)로서의 '유(儒)'를 유교라 단정하기도 어렵다. 다만 유교는 공자에 의해 집대성된 것이요 독창적으로 이루어진 것이 아니므로 그 연원을 살피고자 할 때는 공자 이전까지 올라가야 함은 말할 필요도 없다.[11] 더욱이 유교의 전래를 논하면서 기자동래설까지 대두되었던 우리의 경우 이를 간과할 수만은 없다. 다시 말해서 은주사상(殷周思想)이 유교의 형성에 지대한 영향을 끼쳤고, 또 그러한 은주사상이 고조선에 들어왔으리라고 추정되는 만큼 그 관계를 논하지 않을 수 없는 것이다.

주나라 무왕(武王)이 기자를 조선후(朝鮮侯)에 봉했다는 것은 허구임이 거의 명백하다. 다만 기자동래설은 아직도 미해결의 문제로 남아 있다. 돌이켜 보건대, 과거 우리 선학들 중에는 기자의 동래설까지 부정할 뿐 아니라 '기자'에 대한 어원학적 연구를 시도하여, 이른바 기자조선이 은인(殷人) 기자와 관계없는 것임을 밝히고자 노력한 분들이 있었다. 그 논지들을 보면 대개 한결같다. '기자'란 우리의 고유한 이름을 한자로 옮겨 쓴 데 불과하다는 것이다. 그러나 어원학적 고증은 자칫하면 견강부회의 억설로 흐를 위험성이 적지 않다. 언어가 유사하다고 해서 그 속에 담긴 내용이 같을 수도 없다. 설령 같은 말이라 하더라도 그것이

11) 『中庸』 제13장에서 "仲尼祖述堯舜, 憲章文武"라고 한 것이나, 『논어』, 「述而」에서 "子曰, 述而不作, 信而好古"라고 한 사실만 보더라도, 유교의 집대성자로서의 공자가 전통을 중시했음은 말할 것도 없다. 朱子가 말한 대로 '繼往聖, 開來學'(「中庸章句序」)이 바로 공자의 위치이다.

본래 갖는 어원학적 의미와 역사 문화 속에서 변화한 의미가 서로 다를 수 있기 때문이다. 종래 제기되었던 설들이 하나의 가설로 인식되는 것은 이런 이유에서다.

이병도가 말한 '한씨조선(韓氏朝鮮)'이라는 것도, 따지고 보면 후한 때 왕부(王符)가 찬(撰)한 『잠부론(潛夫論)』의 몇 줄 기사[12]를 부각시킨 것에 불과하다. 먼저 이병도가 기자조선설 및 동래설에 관한 기존의 많은 기록을 거의 부정하면서도, 『잠부론』의 기록은 결정적으로 신빙하는가 하는 점이 의문이다. 논거로 내세운 그 사료 역시 달리 해석할 수도 있다. 과연 기자조선설을 부정하는 유력한 증거로 삼을 수 있는가. 이런 점에 대한 뚜렷한 논증이 없이는 쉽게 공감을 얻지 못할 것이다.

기자조선설은 필자 역시 인정하지 않지만, 동래설의 경우 전적으로 긍정하거나 부정할 수 없는 형편이다. 사학상(史學上) 논란이 많은 것에 대해서는, 앞으로 자료 보완에 더 많은 노력을 기울임과 동시에 더욱 신중을 기해야 할 것으로 생각한다. 다만 한 가지 분명한 것은, 기자동래설에 근거한 기자사상은 삼국시대 이래로 우리 선유들의 의식 세계에 엄연히 살아 있어서 역사적으로 지대한 영향을 끼쳤으며, 한국사상 또는 한국철학을 생육(生育)하는 하나의 모태(母胎)로서의 구실을 착실히 수행하였다는 점이다. 이 점은 기자조선설 또는 기자동래설의 사실 여부를 떠나 부인하기 어렵다.

진한시대에 유교사상이 우리나라에 유입되었고, 특히 한사군의 설치 이래 경학(經學)이 전파되었을 것이라는 설은 당시의 정황으로 미루어 짐작할 수 있다. 그러나 이것 역시 뒷받침해줄 만한 증거가 충분하지 못하여 정론으로 채택하기가 어렵다. 설령 사실로 받아들인다 하더라도,

---

12) 『潛夫論』 권9, 「志氏姓 第三十五」 "昔周宣王(時), 亦有韓侯, 其國也近燕. 故詩云: 普彼韓城, 燕師所完. 其後韓西亦姓韓, 爲衛滿所伐, 遷居海中."

과연 전래가 아닌 수용, 섭취의 단계에까지 이르렀는가에 대하여는 의문이 없지 않다.

이에 비해 삼국시대라고 한다면, 전래와 수용이라는 두 가지 측면에서 큰 문제없이 받아들일 수 있다. 물론 전래 시기를 태학의 설립 연대에 맞추는 것은 인정할 수 없지만, 그 사건이 서기 372년에 있었던 일이고 보면 적어도 그 이전에 전래했을 것만은 틀림없는 사실이다. 또한 학교가 세워진 것이니만큼 사회적 기능을 발휘하였을 것으로 보아, 수용시기를 논함에 특기할 만한 역사적 사실로 받아들일 수 있다. 이에 본서에서는 서술 기점을 삼국시대로 설정할 것이다. 이것은 곧 '한국유학의 기원' 이라는 것과 다름없는 말이다.

제4장

'한국유학통사' 서술을 위한 구상

유학사상사는 우리 역사의 한 부분이다. 전공학자들의 전유물이 아니라, 모든 국민에게 관심의 대상이 되어야 한다. 그러기 위해서는 유학사상의 본질을 바르게 이해하고 그것이 어떻게 발전해왔는가를 주지시키는 노력이 필요할 것이다. 그러한 노력이 충족될 때 유학사상에 대한 몰이해에서 벗어나게 되고, 더 나아가 그것이 현시대에 새롭게 조명될 수 있으리라고 생각한다.

위대한 사상이나 철학은 국가와 민족의 차원을 넘어 전 인류의 귀중한 자산이다. 유교사상이 세계의 위대한 사상 가운데 하나이고, 그 근본정신과 지향하는 이념이 현대에서 제기되고 있는 여러 가지 문제점을 해결하는 데 좋은 길잡이가 되고 도움이 되리라는 긍정적인 인식이 필요하다.

본 장에서는 현재까지 나온 유학사 관련 대표적인 연구 업적을 살펴보려고 한다. 이는 연구사적 위치와 의의를 부여함과 동시에 그로부터 특장과 한계성을 추출하여, 더 발전적인 한국유학통사를 서술하는 데 길잡이로 삼으려는 것이다.

1. 한국유학통사 선행 업적의 검토

한국의 유학사상에 관한 연구는 괄목할 정도로 축척되었다. 전통사상 가운데서도 가장 활발하게 연구가 이루어져 왔다. 이는 1970년대 이래 고조되어 온 국학 연구의 붐을 탄 데서 그 한 원인을 찾을 수 있겠지만, 그보다도 유교에 대한 인식이 전과 달라졌다는 데서 더 큰 의미를 찾을 수 있을 것 같다. 그러나 연구가 많이 축적되었음에도 통사적 체계를 갖춘 저서는 적다. 통사는 학술적 이론과 역사적 현상을 씨줄과 날줄처럼 종횡으로 엮어내는 것이다. 서술상의 어려움이 많다 보니 앞으로도 많이 나오리라는 기대나 예상을 하기가 쉽지 않다. 어려운 통사를 저술하는 것보다 이미 발표된 논문 등을 모아 책으로 엮어내는 것을 선호하는 학계의 경향도 이와 무관하지 않다고 본다. 지금까지 나온 통사적 체계의 한국유학사 관련 논저를 연대순으로 소개하면 다음과 같다.

장지연, 『(조선)유교연원』, 경성: 滙東書館, 1922.
하겸진, 『동유학안』, 1943년 완성, 1970년 출간.
현상윤, 『조선유학사』, 민중서관, 1949.
배종호, 『한국유학사』, 연세대학교출판부, 1974.
김충렬, 『고려유학사』, 고려대학교출판부, 1984.
성균관대학교 대동문화연구원(편), 『韓國思想大系 Ⅳ-성리사상편』, 1985.
이병도, 『韓國儒學史略』, 아세아문화사, 1986.

이병도, 『한국유학사』, 아세아문화사, 1987.
금장태, 『한국유학사의 이해』, 민족문화사, 1994.
최영성, 『한국유학사상사』(전5권), 아세아문화사, 1994~1997.
黃義東, 『한국의 유학사상』, 서광사, 1995.
한국인물유학사 편찬위원회(편), 『한국인물유학사』(전4권), 한길사, 1996.
한국국학진흥원, 『한국유학사상사 대계』(II, III), 2005.
류승국, 『한국유학사』, 성균관대학교출판부, 2009.
윤사순, 『한국유학사』, 지식산업사, 2012.

이제 대표적 저서 몇 가지를 들어 소개하고, 필자 나름의 논평을 덧붙이고자 한다.[1)]

『(조선)유교연원』 ― 위암(韋庵) 장지연(張志淵: 1864~1921)의 저술로, 1922년 경성 회동서관(滙東書館)에서 3권 1책으로 간행하였다. 저술 연대는 분명하지 않다. 이 책은 '유교연원' 이라는 표제가 시사하듯 학적(學的) 연원에 따라 200명에 가까운 유학자를 소개하였다. 전반적으로 학설보다는 행적을 위주로 기술하였으나, 사단칠정론(四端七情論)이나 인물성동이론(人物性同異論) 같은 철학적으로 심도 있는 문제를 상세하게 다루기도 했다. 한국유교의 기원을 논하는 서장(序章)이나 「유교자변(儒教者辨)」 등 몇 군데를 제외한 나머지 부분은 주관 개입 없이 사실을 객관적으로 서술하는 데 그쳤다.

1) 금장태, 「한국유학사 연구자료의 분석」(『한국유교의 이해』, 민족문화사, 1989)과 금장태, 「한국유교사 연구의 현황과 방향」(『종교학연구』 제12집, 서울대학교 종교학연구회, 1993) 참조.

최남선은 『유교연원』에 대하여 다음과 같이 평하였다.

> 『유교연원』은 기자(箕子)의 범주(範疇) 이래로 근방문화(槿邦文化)의 중요한 일면을 이룬 조선유교의 흥폐(興廢), 원위(源委)를 역대의 통사와 제가(諸家)의 별집(別集)으로부터 다방면의 재료를 박채(博採), 종핵(綜核)하여 수천재일관(數千載一貫)의 유가학안(儒家學案)을 이룬 것이다.[2)]

체계와 구성을 보면, 기자(箕子)의 동래(東來)를 우리나라 유교의 기원으로 보면서 삼국시대 이후의 역사적 사실을 들어 서술하였다. 불교문화 속에서 유술(儒術) · 문장으로 명맥을 유지하였던 고려까지는 순유(醇儒)라고 보기 어려웠음인지 간략하게 처리하고, 조선조부터 본격적으로 다루었다. 조선시대 유교의 주된 학풍인 성리학을 중심으로 서술하면서도, 종래 동국도통(東國道統)에서 소외되었던 장유(張維) · 정제두(鄭齊斗) 등 양명학의 선구자 및 윤휴(尹鑴) · 박세당(朴世堂) 등 주자교조주의에 반대했던 학자들도 포함시켰다. 지역 안배의 차원에서 선우협(鮮于浹) · 최신(崔愼) 등 관서 · 관북 출신 유학자를 소개하였으며, 기호와 영남의 유학을 비교적 공정하게 다루었다. 또한 이익에서 정약용에 이르는 근기(近畿) 남인학파의 일군(一群)에다 홍대용 · 박지원 등 노론계 학자들까지 경세학자(실학자)의 범주에 포함시킴으로써, 실학을 당파적 시각에서 접근하는 편향성을 은연중 경계하였다.

종래 도학 중심의 도통론적 체계에서 탈피하지 못한 것이 약점이다. 연원에 따라 인물 중심으로 서술하여 유교사의 변천 과정을 쉽게 파악할 수 없는 점이라든지, 전기 자료의 나열과 같은 행적 위주의 서술 방

---

2) 『육당 최남선 전집』 제9권, 현암사, 1974, 618쪽.

식 또한 학술사적 측면에서 거리감이 없지 않다. 게다가 특별한 경우를 제외하고는 유학자 개인별로 그 학설의 전모를 제대로 파악할 수 없고, 또 인물 소개에서 번간(煩簡)의 정도차가 심하다.

『유교연원』은 종래의 학안적(學案的) 성격에서 벗어나지는 못했지만, 우리나라 최초의 유교사로서 선구적 위치를 차지한다. 본서가 나옴으로써 한국유교사 서술의 기본 틀이 갖추어졌다고 평가할 수 있다.

『동유학안』 – 회봉(晦峯) 하겸진(河謙鎭: 1870～1946)이 지은 학안이다. 한국 유교학파의 원류 및 그 학설을 23편에 담았다(3책, 한문본). 장지연의 『유교연원』이 나온 데 발분하여 착수한 지 5년만인 1943년에 완성하였고, 1970년에 간행되었다.

서명에서도 엿볼 수 있듯이 중국 명말청초 황종희(黃宗羲)의 『명유학안(明儒學案)』과 『송원학안(宋元學案)』을 본받았다. 이황(李滉)의 『송계원명리학통록(宋季元明理學通錄)』과 박세채(朴世采)의 『동유사우록(東儒師友錄)』의 체제도 참고한 듯하다. 이 학안은 정통 성리학자에 의해 이루어졌고 또 선유들의 서술 방식과 체제를 따랐다. 근대적 안목에 따라 꾸며진 것은 아니다. 이미 '학안'이라 명명하여 학파적 계보에 따른 정리임을 밝혔고 또 자료집의 성격을 띤 이상, 통사적 차원에서 문제 삼을 수는 없다. 다만, 학안의 본령에 충실을 기하여 우리나라 유학사에서 저명한 학자 151명의 행적과 중요한 학설들을 풍부하게 실어 유

〈회봉 하겸진〉

학사로서의 가치가 상당하다. 종래의 이른바 '동국도통' 만을 고집하는 시각에서 어느 정도 탈피한 것이라든지 '경세제유학안(經世諸儒學案)'을 베푼 것은 장지연의 『유교연원』에서 영향을 받은 것으로 보인다. 그러나 『유교연원』과 마찬가지로 한국 유학의 주류인 성리학에 집중되었으며, 그것도 리기심성론에 치우쳐 있어 한국 유학사상사의 이모저모를 살피기는 어렵다. 그리고 찬자(撰者)가 영남학파 학인이라서 그런지, 퇴계 이황 계열과 남명 조식의 연원에 특별한 관심을 기울여 자세히 다루었고, 또 객관적 공정성에 의문이 있는 부분도 더러 있다.

『조선유학사』 — 기당(幾堂) 현상윤(玄相允: 1893～1950)의 저술로 1949년 민중서관에서 출판되었다. 국한문으로 정리한 최초의 통사다. 전편을 17장으로 나누어 유학사상의 흐름과 경향을 인물 중심으로 서술하였다. 유학의 철학적 문제의식에 초점을 맞춘 것이 특징이다. 장지연의 『유교연원』에서처럼 통일신라시대와 고려시대의 유학을 '나려시대(羅麗時代)의 유학' 이라는 항목으로 간단히 서술하고 조선시대의 유학사상을 집중적으로 다루었다. 이전까지 체계적으로 정리되지 않았던 예학 · 양명학 · 경제학(經濟學: 實學) 등의 학파적 영역과 모화사상(慕華思想) · 서학(西學) · 척사위정 등의 문제까지 포괄하였다. 서술의 중심이 된 조선시대 유학의 여러 문제를 거의 빠짐없이 다룬 조직적인 구성이라 할 수 있다. 또 압축된 자료집의 성격에다 인물 중심의 서술 방식을 취하면서도, 시대적 흐름과 학문상의 특징 또는 요점 · 쟁점 등이 드러날 수 있도록 배열에 힘쓴 것도 큰 장점이라 하겠다.

다만, 복합적 체계를 갖추었지만 성리학에 치중하여 그 밖의 여러 측면과의 유기적인 연결이 아쉽다. 성리학 서술에서 이황과 이이 이후의 성리학을 크게 주리 · 주기파로 나누어 서술한 것은 다카하시 도오루의 논문 「이조유학사에 있어서 주리파(主理派)·주기파(主氣派)의 발달」(1929)과 기본 구도가 같다. 이에 대해서는 면밀한 검토가 필요하다. 또한 간결한 서술이 특징이긴 하지만 지나치게 소략한 부분도 있다. 다카하시는 이 『조선유학사』에 대하여 '계몽개도(啓蒙開導)' 적 차원에서의 의미를 부여하였으며, "착상에서 의연히 종래 유학자의 구투(舊套)에서 탈피하지 못한 것이 유감이다"고 평하였다.[3] 이는 자신의 논문 수준에 못 미친다는 의미일 것이다.

가장 문제가 되는 것은 서론에서 제시한 '유교공죄론(儒敎功罪論)' 이다. 이는 전통사상에 대한 반성적 성찰을 통해 올바른 계승을 추구하려는 의도에서 제기된 것이다. 그러나 유교의 본질과 응용을 혼동한 면이 지배적이어서 타당성에는 문제가 적지 않다.[4] 저자의 본의와 달리 일본인 관학자들이 내세운 주장과 비슷한 일면이 있음도 간과할 수 없다. 또한 유교에 대한 반성적 성찰을 추구하려던 본래의 취지와 다르게 다른 교파에서 유교의 폐단을 공격하는 데 이용되었던 것도 사실이다. 유교의 본질과 그것이 응용되어 나타난 현상을 엄정하게 재검토할 필요가 있다. 이야말로 유교의 본질을 정확히 이해함과 동시에 근본적이거나 변질된 폐단을 청산할 수 있는 길이기 때문이다.

『한국유학사』 — 두계(斗溪) 이병도(李丙燾: 1896~1989)의 저술로, 1987년 아세아문화사에서 출판되었다. 1937년에 한문으로 서술한 초고가 이룩되었으나 공간(公刊)하지 않은 채로 있다가, 1959년에 이르러

3) 高橋亨, 「朝鮮儒學史書評」, 『조선학보』 제3집, 1952, 188쪽 ; 다카하시 도루, 이형성 역, 『다카하시 도루의 조선유학사』, 예문서원, 2001, 355-356쪽.

4) 이상은, 「한국에 있어서의 유교의 공죄론」, 『이상은전집』(한국철학 I), 예문서원, 1998, 11-42쪽 참조.

『자료 한국유학사초고』라는 제목의 등사본을 펴내 학계에 선을 보였다. 『한국유학사』는 등사된 초고를 바탕으로 국역에 충실을 기하면서, 그간 저자의 의견이 달라진 부분과 증보가 필요한 부분을 보완한 것이다. 아울러 1986년에 나온 한문본 『한국유학사략(韓國儒學史略)』은 외국의 학자들에게 우리의 유학사를 알리는 데 큰 역할을 담당해 왔다.

저자는 장년기부터 한국유학사를 강의하였고, 선유에 대한 개인별 연구를 비롯하여 유학사상사에 관한 논문을 다수 발표한 바 있다. 그것이 초고를 거쳐 체계적으로 재정리되었다. 그와 같은 일련의 연구는 한국유학사 서술이란 목표에서 비롯된 것으로 짐작된다.

본서는 자료를 풍부하게 제시함으로써 자료집의 역할도 해낼 수 있도록 하였다. 학설 중심인 현상윤 『조선유학사』의 간결한 서술에 비해, 정치사 · 교육사 · 과거사(科擧史) 등 문화사적 측면을 가미하여 폭넓고 상세하게 다룬 것이라든지, 기존의 유학사에서 간단히 다루어 왔던 조선시대 이전의 유학에 대해서 짜임새 있게 구성한 점이 큰 특징이다. 본서 이전에 한국유학사 서술의 미비점으로 지적된 것들을 보충한 셈이다.

그러나 사상사로서의 기능까지 발휘하기에는 역시 미흡함이 있다. 유학사상의 흐름과 경향을 서술하면서도, 원인과 배경에 대한 탐색이라든지 저자 나름의 평가를 결여하였으며, 학설에 대한 분석이 눈에 띄지 않는다. '평면적(平面的)' 이라는 평가는 이런 이유에서 나온 것이다. 이 책에서는 조선 후기, 경세치용학파(經世致用學派)와 함께 실학의 양대 산맥을 이루었던 북학파 학인들, 그리고 조선 말기에 중요한 문제였던 척사위정론에 대해서도 논급이 없다. 또 양명학의 전개와 발전에 대해 서술하면서 정제두에 이르러 그침으로써 강화학파(江華學派)의 전승에 대해 간과해버린 결과를 초래하였다. 이 밖에 조선의 유학사를 필요이상으로 당파와 연결시켜 서술한 것도 문제라 할 수 있겠다.

『한국유학사』 — 지산(智山) 배종호(裵宗鎬: 1919~1990)의 저술로 1974년 연세대학교출판부에서 출판되었다. 한국유학사에서 주종을 이루어 왔던 성리학—그것도 리기심성론—에 대해서만, 문헌에 충실하면서 체계 있게 서술하였다. 유교철학에서 큰 문제라고 할 수 있는 리기심성론의 이해 발전 과정을 논쟁사적 측면에 초점을 맞추어 쉽게 파악할 수 있도록 했다는 점에 의의가 있다. 서문에 의하면 "유교의 실천적 조목은 우리에게 있어 이미 생활화되어진 지 오래이므로, 이에 형이상학적 근거 탐구의 과제만이 남았을 따름이다"고 하면서 "한국유학 본질로서의 사단칠정론과 인심도심설, 인물성동이론 및 그 철학적, 형이상학적 근저(根柢)로서의 리와 기의 문제만을 주로 다루었다"고 밝혔다. 성리학 수용 이전의 유학에 관한 것과 성리학 이외의 양명학 · 실학 · 예학 등에 대해서는 아예 논급하지 않았다. 여기서 저자가 유학사를 '유교철학사'로 인식하였음을 엿볼 수 있다.

그러나 '유교철학사'라는 제목을 달았다 하더라도 문제는 남는다. 한국유학은 매우 복합적인 요소를 지니고 있다. 게다가 발전하는 과정에서 여러 학파와 학설로 갈라졌다. 저자의 시각과 관점을 감안한다 하더라도, 철학적 체계를 갖춘 양명학만이라도 정주학과 함께 다루어 주었더라면 하는 아쉬움이 남는다. 양명학이 조선조 학계에서 이단시되어 활발히 전개되지는 못했지만, 조선 후기의 사상사에 끼친 영향은 소홀히 보아 넘길 수 없다. 유학사의 서술에서는 더욱 그러한 점들에 세심한 배려를 했어야 한다.

본서는 원래 '조선 성리학의 특징과 전개'라는 제목으로 기획되었다고 한다. 리기심성론의 여러 문제를 시대적 흐름을 주로 하면서 논점에 따라 학파별로 다룬 것이 특징이다. 그러나 리기심성론을 다루면서도 학설만 해설하거나 분석하였을 뿐, 학설이 지닌 의미라든지 현실에 끼친 영향에 대해서는 거의 논급하지 않았다. '유학의 형이상학적 근거 탐구'라는 기본 방침이 심화되지 못한 느낌이 있다. 그의 연구가 '훈고학적'이라는 지적은 이러한 이유에서다. 그리고 리기론·심성론 등과 함께 다루어져야 할 수양론(誠·敬 등)이 약간 논급된 것뿐이라든지, 성리학의 전래와 수용 과정마저 간략히 처리된 것도 아쉬운 점이다. 게다가 전편에 일관된 논쟁 중심의 서술 방법은 일인 학자 다카하시 도오루의 서술 방법을 연상케 한다. 서양철학의 개념을 원용하여 성리학의 학설을 설명한 것은 이 책의 특징이자 강점이지만,[5] 그것이 보편적으로 통할지는 의문이라 하겠다.

『한국유학사』 — 도원(道原) 류승국(柳承國: 1923~2011)의 저술로 2009년 성균관대학교출판부에서 출판되었다. 1976년에 세종대왕기념사업회 교양총서의 하나로 나온 『한국의 유교』(문고본, 295면)를 보완, 증보한 것이다. 교양서이면서도 학술성과 통사의 체계를 갖춘 고급 개설서이다. 전반적으로 거시적인 안목이 돋보인다. 삼국시대와 고려시대의 유학사를 기술하는 데 절반에 가까운 지면을 할애하였고 문헌 고증에도 소홀하지 않았다. 유학의 전성기인 조선시대 유학과 그 이전의 유학을 균형 있게 다루고자 한 것은 이전에 없었던 시도다.

저자는 한국유학사를 재정립하는 데 뜻을 두었다. 그의 중요한 관점은, 한국의 역사와 사회 변동에 따라 유학사상이 어떻게 응용되어 왔는가 하는 점과 한국유학 연구의 초점을 시대에 따라 어떻게 달리 볼 것인

5) 윤사순, 『한국유학사』 하권, 지식산업사, 2012, 425쪽.

가 하는 원리적 해명에 있었다.[6] 이에 대한 연구의 일단으로 선을 보인 것이 『한국의 유교』다. 저자는 한국유학사에서 제대로 다루어지지 못한 연구 영역에 대해 많은 관심을 가지고 자료의 발굴과 소개 등 개척적인 연구에 힘써왔다. 양명학과 관련하여, 1965년 한일청구권협정으로 한국에 반환된 『하곡집(霞谷集)』의 해제를 써서 학계에 소개하였으며, 『한국의 인간상(人間像)』에 하곡 정제두의 전기를 실었다(1965). 한국의 양명학자에 대한 개별적 연구로 정인보의 『양명학연론』 이후 처음 있었던 일이다. 「한국근대사상사에 있어서 양명학의 역할」(1979)은 한국 근세사상사에서 양명학이 담당한 역할을 매우 광범위하게 파악하여 해명한 논문으로 연구사적 의의가 크다. 이밖에 「삼국시대의 유가철학」(1976)은 그동안 미개척지나 다름없이 내려왔던 삼국시대 유학에 대해 심도 있게 접근한 논구로, 『한국의 유교』에 잘 반영되었다.

『한국유학사』 — 천원(天原) 윤사순(尹絲淳: 1936~)의 저술로 2012년 지식산업사에서 출판되었다. 상·하 2권이며 총 9편 50장으로 구성되었다. 서술 범위는 유학의 전래와 수용으로부터 20세기까지이다. 철학사로서의 기능이 주를 이루지만 정치·사회·문화 등과의 유기적인 관계를 고려하여 사상사로서의 기능을 겸한 것이 특징이다. 전반적으로 한국 유학에 대한 긍정적 관점과 미래 지향적 시각이 돋보인다. 부제를 '한국유학의 특수성 탐구' 라고 한 바와 같이, 한국유학의 특성을 부각시키는 데 역점을 두었다. 특수성으로 제시된 12가지 문제는 이 책의 눈동자라 하겠다. 50장의 내용은 모두 논문 수준이다. 이 몇 가지만으로도 기존 유학사류와의 차별화에 성공했다고 평가할 수 있다.

---

6) 이동준, 「광복 50년, 한국유학의 사상사적 위상과 전망」, 『광복 50주년 전국국학자대회 발표논문집』(한국정신문화연구원, 1995) 참조.

이 책은 저자가 1960년대부터 발표한 수다한 논문을 재정리하여 엮은 것이다. 저자가 완정된 '한국유학사' 를 저술하기 위해 얼마나 공을 들였는지 짐작하게 한다. 저자는 한국유학사를 저술하기 위해 역사가로서의 소양까지 갖추었다. 서론에서 유학의 정체성(正體性) 문제, 한국유학의 독자성 문제, 서술 방법, 시대 구분, 사관(史觀) 등에 관해 저자의 견해를 분명하게 밝힌 것은 이 분야에서 선례가 드물다. 유학사의 하한선을 현대까지 내려 잡은 것 또한 평가받을 만한 대목이다.

이 책은 원로학자의 오랜 온축(蘊蓄)이 이루어낸 결과물이다. 현대적 관점에서 유학사를 재조명하고, 한국유학의 특수성을 뽑아 제시했다는 점에서 새 지평을 연 것이라 할 수 있다. 아쉬운 점도 없지는 않다. 고려 이전까지의 고대 부분과 척사위정운동 이후의 근 · 현대 부분은 통사로서 흠잡을 데 없는 탄탄한 구성을 보였지만, 집중적으로 다루어야 할 조선시대 부분은 유학사의 거봉(巨峯)으로 꼽히는 저명한 학자의 철학사상을 탐구하는 것으로 대신하여, 조선시대 유학사의 역동적인 흐름이 제대로 드러나지 못하였다. 특히 학술사상의 분화가 심했던 조선 후기의 성리학이 단조롭게 다루어져 사대학파(四大學派)의 철학과 현실인식이 선명하게 제시되지 못하였다. 또한 철학사의 기능이 주라고 하더라도 조선시대에 도학이 지닌 위상과 기능을 생각할 때 정몽주 · 조광조 · 김장생 · 송시열 등이 빠진 것은 유감이다. 아마도 뜻은 있었지만 새로 착수하는 데 어려움이 컸을 것이다. 종래 발표했던 논문들을 요약하여 인물 중심으로 얼개를 짜야 했던 고충을 짐작할 만하다.

이밖에 김충렬(金忠烈: 1931~2008)의 『고려유학사』(고려대학교출판부, 1984)를 빼놓을 수 없다. 이 책은 삼국시대부터 고려시대까지의 유학사를 많은 자료에 의거하여 충실히 다룬 것이다. 발표한 논문을 모아 엮은 것이기는 하지만 기획된 저술과 차이가 없을 정도로 면밀한 구성을 보였다. 다만 통사로서의 완결을 보지 못했다는 점에서 논평은 유보한다. 이 뿐만 아니라 성균관대학교 대동문화연구원 편 『한국사상대계 Ⅳ-성리사상편』(1984), 한국국학진흥원 편 『한국유학사상대계』 전12권(2005~2014), 유명종(劉明鍾)의 『한국사상사』(以文出版社, 1981)·『조선후기 성리학』(이문출판사, 1985), 한국철학회에서 펴낸 『한국철학사-상·중·하』(東明社, 1987) 등 여러 호저(好著)가 있어, 우리 유학사 이해에 도움이 되고 있음을 덧붙여 둔다.

이상 소개한 업적들을 보면, '유학사' 라는 제목이 말해주듯이 학술사적 관점에서 이루어진 연구 성과가 대부분이다. 그런 만큼 포괄적인 내용을 담을 수 없는 한계를 안고 있다. 공통적인 문제점으로는, 한국사와의 연관성에 소홀한 데다 역사적 맥락이 분명하지 않은 점, 체계와 구성이 눈에 잘 들어오지 않는다는 점, 유학의 사회적 기능과 역할을 등한시한 점, 현실감이 결여된 관념의 세계에서 유학사상을 논함으로써 현대적 유용성에 의문을 갖게 한 점 등을 꼽을 수 있다. 이것은 인물 중심의 서술 체계 및 '술이부작' 에 가까운 서술 방법과 직결된 문제라고 할 수 있다.

한국유학사를 체계 있고 요령 있게 서술하기란 쉽지 않다. 더욱이 흠 없는 서술은 없다. 선학들이 이룩한 업적들을 존중하지 않는 것은 학적 은의(恩義)를 저버리는 행위다. 다만 새로운 유학통사의 탄생을 위해, 위에서 지적한 문제점들을 보완함으로써 발전된 성과를 기대하자는 것일 뿐이다.

2. 서술 방법과 범위

역사 서술은 일반사와 분류사로 대별된다. 일반사와 분류사는 다루는 대상과 사람, 그 기능에 차이가 있다. 일반사가 한 사회에서 일어난 변화 및 그 성격을 비롯하여 모든 양상을 구명하는 것이라면, 분류사는 일종의 특수사로서 한 사회 또는 그것을 초월하여 발생하고 변화한 특정한 문화적 양상을 구명하는 것이라 하겠다. 유학사는 분류사에 속한다. 그러나 엄격한 의미에서 분류사이긴 하지만, 유교사상 자체가 지닌 성격이라든지 역사적으로 사회의 각 영역에 지대한 영향을 끼쳤던 사실을 고려할 때 다른 분류사에 비해 다루어야 할 범위가 넓고 서술 체계가 복잡하다. 관점에 따라 서술 방법 또한 여러 가지가 있을 것으로 생각된다. 이런 까닭에 유학사의 서술이 간단하지 않다는 것이다.

본서는 기본적으로 종래의 유학사와 크게 다를 바 없이 학술적 발전에 주안을 두었다. 다만, 영역이 넓은 유학의 특성에 비추어, 유학사상이 우리 역사의 여러 방면에 어떻게 기능하였는가 하는 점을 중시하고 이를 부차적으로 구명하려 했다. 유학사상이 아무리 이지적(理知的)인 성향을 강하게 지녔다고 할지라도, 오랫동안 우리의 현실 생활과 불가분의 긴밀한 관계를 가졌던 것이 사실인 만큼, 문화 전반에 걸친 연구는 그만두더라도 그 사회적 기능과 현상에 대해서도 밝힘으로써, 궁극적으로 유교의 본질과 응용을 올바르게 이해하자는 것이다. 아울러 학구적이고 이지적인 색채를 강하게 풍겼던 유학사의 서술 방법에서 탈피하여 폭넓게 다룸으로써, 사회사상사로서의 기능과 역할까지도 모색해 보려는 것이다.

유학사가 학술사에 그칠 때 제 기능을 발휘하지 못함은 물론이다. 예를 들면, 우리 유학사에서 유명한 사단칠정론과 인물성동이론의 논변에 대해 학설 그 자체의 소개와 평가로만 매듭지었다면 그 논변 내용과 의의가 독자들에게 잘 이해되지 못함은 물론이요, 자칫하면 지리(支離)한 논쟁이나 공리공담으로 받아들여지기 쉽다. 그 사상 구조와 체계, 학설의 추이(推移)와 전개가 지니는 학파적, 사회적 기능, 즉 사상과 사회와의 상호 연계성을 밝혀낸다면, 그와 같은 논변들이 한갓 대립적이고 분파적인 것으로만 인식되지 않을 것이요, 나아가 조선유학사에서 조선 성리학이 갖는 특질을 잘 보여주는 것으로 인식될 것이다.

필자는 이와 같은 기본 방향 아래, 한국유학통사를 한국사와의 긴밀한 연관성 속에서 이해하고자 한다. 한국사는 무엇보다도 유학사상사에서 중심이 되는 유학자들의 의식 구조 및 사유 세계를 형성하는 시대적 배경을 이해하는 데 그 바탕이 되기 때문에, 그 중요성은 새삼 강조할 필요가 없다. 아울러 본서에서는 현재까지 한국 사학계에서 축적한 연구 성과를 폭넓게 섭취하고 수용하여, 한국사상사 또는 한국사의 부분적인 역할을 담당하는데 자족하지 않고 한국유학사의 흐름을 통해서 한국사를 조명하는 시도를 해보고자 한다.

본서에서는 위와 같은 점에 유의하면서 되도록 포괄적이고 자세하게 다루려 했다. 자칫하면 체계를 잃고 지리멸렬에 빠질 위험성이 많지만, 그것의 극복을 위해 최대한 힘쓸 것이다. 특히 유교사상의 본질과 현상의 유기적인 연관성을 찾기 위해 순수 학문의 범주 이외까지도 간예(干預)하는 경우가 있을 터이지만, 유교와 직접 관계가 없는 것은 되도록 자제함으로써 흔히 범하기 쉬운 논리의 혼선이나 비약을 방지하도록 하겠다. 서술의 하한선을 현대까지 연장한 것은 유학사가 오늘에도 단절되지 않았음을 애써 강조하려는 고심의 발로다. 앞으로 유학사 분야가 하나의 독립된 전공분야로 자리잡아 여러 각도에서 깊이 있는 연구가 이루어지기를 기대한다.

제2부

三國時代의 儒敎思想

삼국시대는 고구려·백제·신라 세 나라가 왕권을 수립하는 기원전 1세기 후반부터 신라에 의해 삼국이 통일되는 7세기 중엽까지 약 700년 동안을 말한다. 세 나라의 건국 연대는 신라(기원전 57년), 고구려(기원전 37년), 백제(기원전 18년)의 순이지만, 국가 체계를 갖춘 것은 신라가 가장 늦었을 것으로 추측된다.

고구려는 한반도 북부에 위치하여 중국과 인접하였고, 백제는 서남부에 자리잡아 서해(西海)를 사이에 두고 중국과 마주함으로써 일찍부터 중국의 문화를 수입하여 발전시킬 수 있었다. 이에 비해 신라는 지정학적 위치 때문에 문화가 뒤늦게 발달하였다. 그러나 신라는 주어진 조건이 불리한 것을 지혜롭게 잘 극복하였다. 중국의 선진 문화를 속도감 있게 수용하지는 못했지만, 고유의 사상과 문화를 잘 지켜내는 데서 특성을 발휘하였다. 그것은 어쩔 수 없는 선택이 아니요 신라인들 특유의 주체의식이 투영된 것이었다. 이점은 삼국통일 이전 신라 문화의 방향성을 가늠할 수 있는 기반으로 작용했다. 신라는 통삼(統三) 이후 중국 문화의 수용이 두드러진 가운데서도 민족 주체의식이 시들지 않아 한 시기를 풍미(風靡)하는 정신적 자산이 되었다. 신라 유교는 중국과의 관계 속에서 보편성의 측면만 강조할 것은 아니다. 신라의 특수성까지 아울러 탐색되어야 진면목이 드러날 수 있을 것이다.

유교사상은 한문의 전래와 밀접한 관계가 있다. 문자는 물론 문자에 담긴 사상과 감정까지 함께 전해졌을 것이 분명하기 때문이다. 우리 민족이 일찍부터 한문을 사용했음은 충분히 추측되지만 언제부터 사용했는지는 고증하기 어렵다. 『삼국사기』에 의하면 고구려는 건국 초기부터 문자를 사용하였다고 한다. 여기서 말하는 문자는 한자였을 것이다.

한편 진한시대(秦漢時代) 이래로 중국의 문물제도와 학술 사상이 한반도에 대거 이식(移植)되었다. 특히 421년간 존속하였던 한(漢)의 군현(郡縣)[1)]은 우리 민족사에서 정치 · 경제 · 사회 · 문화 등 각 방면으로 커다란 영향을 끼쳤다. 그것은 한인(漢人)이 직접 지배하였던 지역에 더욱 역력했다. 먼저 낙랑(樂浪)을 통해 대량 보급된 철기문화가 한반도 전역에 확대되어, 아직 철기시대 초기 단계에 머물던 우리 문화가 급속도로 발전하였다. 저들의 고분에서 발견된 칠기(漆器) · 옥기(玉器) · 동경(銅鏡) · 명도전(明刀錢) 등 부장품을 보면, 문화 수준이 얼마나 높고 화려했는가를 알 수 있다. 이러한 한문화(漢文化)가 우리 민족문화에도 영향을 끼쳐 과거 어느 때보다 문화가 향상되었다. 그러나 한편으로 중국문화를 동경하고 숭배하려는 경향이 간혹 엿보였다. 이때부터 모화사상(慕華思想)이 싹텄음도 사실이다.

철제 농기구의 보급은 농업 생산력의 급속한 증대를 가져왔다. 생산력의 증대와 물질문명의 발달은 사회적 기능의 분화를 촉진했고 사회조직도 더욱 복잡해졌다. 여기에 한나라 사람들의 화려하고 사치스러운 풍습이 일부 세력에 침염(浸染)되면서 토착사회의 풍속이 각박해지기에 이르렀다. 고조선 당시의 팔조금법(八條禁法)이 60여 조로 늘어난

---

1) 현재 학계의 통설을 따라 한사군의 존재를 인정하되, 유교사상의 수용, 섭취에 초점을 맞추어 평양 등지에서 발견된 낙랑시대의 유물을 중심으로 논술하고자 한다.

것은 이러한 사정을 뒷받침한다. 한편으로 오랫동안 이민족(異民族)의 정치적 압박과 경제적 수탈을 당한 끝에 토착민이 분연히 저항함으로써 민족의식의 각성을 보게 되었다. 게다가 중국 정치제도의 영향으로 여러 지방에서 독자적인 정치 집단이 생겨 고구려 · 백제 · 신라와 같은 고대국가가 성립하기에 이르렀다.

한(漢)의 군현이 설치된 뒤로 한반도에 이식된 중국문화는 유교사상을 밑바탕에 깔았던 것으로 보인다. 한 예로, 전한의 학자인 왕중(王仲)은 내란을 피해 바다를 건너와 낙랑의 산중에 은거하였다고 한다. 그는 도술(道術)을 좋아하고 천문(天文)에 밝았다. 그의 8대손인 왕경(王景: 字는 仲通)은 어려서부터 『주역』을 배우고 군서(群書)를 섭렵하여 천문과 기예(技藝)에 능하였다. 후한 영평(永平) 12년(69)에는 명제(明帝)의 초빙으로 변량(卞梁) 지방의 큰 수리공사(水利工事)를 지도하여 성과를 올림으로써 이름을 날렸다고 한다.[2] 낙랑에만 하더라도 이미 유교 경전 및 중국의 고전에 능통한 이들이 많았으리라 짐작된다. 특히 유교의 경전을 통하여 유학사상이 당시 사회에 끼친 영향은 자못 컸던 것 같다.

1931년 평안남도 대동(大同)의 낙랑채협총(樂浪彩篋塚)에서 발굴된 여러 유물 가운데 채협칠기(彩篋漆器)는 유교사상과 관련하여 중요성을 지닌다. 길이 40cm, 나비 18cm, 높이 17cm 가량인 이 대나무 상자는, 네 귀와 뚜껑물림에 상산사호(商山四皓), 대리황공(大里黃公), 고사(高士) 정자진(鄭子眞) 등 중국 고대 인물 1백여 명을 그려 넣고 각종 문양으로 아름답게 채색한 것이다. 이 가운데는 효자 정란(丁蘭), 의복(義僕) 이차손(李次孫)을 비롯해서 충(忠) · 효(孝) · 의(義) · 열(烈)과 관련된 인물들이 상당수에 이른다.[3] 발굴된 무덤은 중국인 관리와 그 가족의

---

2) 『후한서』 권76, 循吏列傳, 〈王景〉 "景少學易, 遂廣闚衆書. 又好天文術數之事, 沈深多伎藝. 時有薦景能理水者."

〈채협칠기〉

묘일 것으로 추정된다. 다만 이를 통해 유교의 중심사상이 이 땅에 들어온 것이 분명하다는 점과 토착사회에서도 충·효·의·열을 사람의 도리로 여기게 되었음을 엿볼 수 있다. 우리 민족이 당시에 여러 집단으로 나누어 있으면서도, 침략자인 한(漢)에 대하여 자주정신과 저항의식으로 맞설 수 있었던 것은, 기실 중국에서 전래된 유교의 충의정신에 힘입은 바 컸다고 본다. 유교사상을 주체적 관점에서 받아들여 구체적으로 발휘하였던 것이다.

이상의 몇 가지 사례를 통해 유교사상의 전래 시기 및 수용 양상의 일모(一貌)에 대하여 간단히 살펴보았다. 이제 삼국시대의 유교사상을 고찰하되 문화 발전의 순서에 따라 고구려·백제·신라의 순으로 다루고자 한다.

3) 조선고적연구회 편, 『樂浪彩篋塚』(조선고적조사보고 제1), 경성: 조선고적연구회, 1934 참조.

제1장

高句麗의 儒敎思想

고구려에서 유교사상은 학술 · 사상적 측면은 물론이고 정치 · 윤리 · 교육 · 법제 · 풍속 등에도 광범하게 영향을 끼쳤다. 정치 · 사회의 측면에서는 국가 체제와 사회 규범의 확립에 기여하였고, 일반에게 막연하게 느껴지던 윤리관 · 국가관 · 인생관 등을 확고하게 정립토록 하였다. 대내적으로는 주체의식과 국가공동체 의식을 길러주었고, 대외적으로는 자주독립의 정신과 외세의 침략에 대한 저항의식을 고취함으로써, 국가 발전에 기능적 역할을 하였다.[1)]

1. 정치이념상으로 본 유교사상

고구려는 지리적으로 중국과 인접하고, 또 한사군(漢四郡)의 문화적

1) 천인석, 「고구려의 유학사상 연구」, 『동양철학연구』 제8집, 동양철학연구회, 1987, 159-160쪽.

영향을 받았던 관계로, 초기부터 한문을 사용하고 유교의 정치이념을 응용하여 국가를 경영하였다. 고구려의 정치이념에는 고유의 전통사상과 함께 신정적(神政的) 요소, 주술기복적(呪術祈福的) 요소, 재이사상적(災異思想的) 요소 등이 복합적으로 혼재하였으나, 후대로 내려올수록 유학사상이 그 주류를 이루었다. 특히 고대국가로서의 면모를 갖추기 위해 체제를 정비하는 과정에서 선진 문물제도를 적극 수용한 것이라든지, 대외적인 항쟁이 계속되던 때에 '국가보위'와 '자주정신'의 차원에서 유학사상을 활용하여 공동체 의식을 고취했던 것은, 시대적 요구임과 동시에 유학사상의 가치를 발휘한 것으로 평가된다.

고구려 시조 동명왕(東明王)은 승천(昇天)에 임하여 세자 유류왕(儒留王)에게 "도로써 여지(輿地: 대지)를 다스리라!"고 고명(顧命)하였다. '이도여치(以道輿治)'는 동명왕의 정치철학의 요체다. 동명왕은 무예에 뛰어나 '무(武)의 화신(化身)'이라 일컬어진다. 무용(武勇)과 관련한 많은 신화적 사실들이 이를 뒷받침한다. 동명왕에 대해서는 무인(武人)으로 생각하기 쉽고 또 그러한 경향이 많다. 그러나 그는 위력(威力)에 의한 정치를 배격하고 도에 입각한 정치를 주장하였다. 물론 이때의 '도'를 유학에서 말하는 도라고 단언할 수는 없다. 다만 정치사상의 관점에서 좀 더 적극적인 의미로 이해한다면, 역시 제왕학으로서의 공맹지도(孔孟之道)와 연결 짓지 않을 수 없다.

광개토태왕비에는 유교적 세계관이 전반적으로 깔려 있다. 또 왕도정치의 구현을 추구하면서 광개토태왕을 유교적 성왕(聖王)으로 그렸다. 이 비문에 나오는 '백잔(百殘)'이라는 표현에서 인의(仁義)를 중시하는 고구려인들의 사고를 엿볼 수 있다. '백잔'은 단순한 멸칭(蔑稱)이 아니다. 비문 안에 있는 '잔불복의(殘不服義)' 넉 자는 멸칭의 근거다. '백제가 의에 복종하지 않았다'고 함은 '의로운 군대(고구려 군대)에 복종하지 않았다'[2]는 의미만은 아니다. 이것은 『맹자』에 이른바 "인을 해치는 자를 적(賊)이라 하고, 의를 해치는 자를 잔(殘)이라고 한다"[3]는 말과 연결시켜 보아야 한다. 이 '잔'의 의미를 제대로 파악해야 고구려가 백제 정벌을 의전(義戰)이요 성전(聖戰)으로 여겼음을 알 수 있다.

고구려는 백제가 의를 저버린 세력이라 하여 '백잔'이라 하고, 왜에 대해서는 인을 해치는 무도(無道)한 집단이라 하여 '왜적(倭賊)'이라 하였다.[4] 고구려는 '잔(殘)'과 '적(賊)'을 구별하여 썼다. 백잔을 '백적(百賊)'이라 하거나 왜적을 '왜잔(倭殘)'이라 하지는 않았다. 다만 용어의 구별에도 불구하고 '잔'이나 '적'은 정도(正道)로써 상대할 대상이 아니라는 점에서는 같다. 저들은 그저 인간 이하의 집단일 뿐이다. 고구려가 백제와 왜에 대하여 멸칭을 사용한 근거가 『맹자』에 있다는 사실은 고구려인들의 유학사상의 이해 정도를 다시 생각하게 한다.

한편 동명왕이 세자에게 고명(顧命)한 격식은 『서경』에서 태갑(太甲: 殷王)이 태자에게 "이 하늘의 밝은 명령을 돌아보라!"(顧諟天之明命)[5]고 분부한 것과 흡사하다. 부왕(父王)이 임종 시에 세자에게 정치의 도리를 신중히 부탁하는 형식이 같은 것으로 볼 때, 후기의 제왕들이 이를 모방한 것이라 하겠다.[6]

동명왕의 예에서 볼 수 있는, '내무내문(乃武乃文)'[7]하는 제왕상(帝王

---

2) 왕건군 저, 임동석 역, 『광개토왕비연구』, 역민사, 1985, 303쪽.

3) 『맹자』, 「梁惠王 下」 "齊宣王問曰: 湯放桀, 武王伐紂, 有諸? 孟子對曰: 於傳有之. 曰: 臣弑其君, 可乎? 曰: 賊仁者, 謂之賊; 賊義者, 謂之殘. 殘賊之人, 謂之一夫. 聞誅一夫紂矣. 未聞弑君也."

4) '倭賊'이란 말은 광개토태왕릉비 '영락 10년 庚子條'에 "官軍方至, 倭賊退"라 하여 처음 보인다. 우리나라 역대 문헌 가운데 '倭賊'이란 용어가 사용된 최초의 사례라고 생각한다.

5) 『書經』 商書, 「太甲(上)」

6) 류승국, 『한국유학사』, 성균관대학교출판부, 2009, 52쪽.

像)을 유교에서는 이상적인 것으로 여긴다. 덕치(德治)와 위무(威武)를 겸비하는 이러한 정치이념은 고구려 전 시기를 통하여 끊임없이 계승되었다. 한 예로 태조왕은 아우인 수성(遂成: 후일 次大王)에게 선양(禪讓)하면서 "너는 안으로 국정에 참여하고 밖으로 군사(軍事)를 총괄, 오랫동안 사직에 공이 있어 신민(臣民)의 기대를 충족시킬 수 있다"[8]고 하여, 수성이 문무를 겸비한 인물임을 높이 평가하였다. 이것은 고구려에서 이상적인 제왕상이 어떤 것이었는지 시사하는 바라 하겠다. 광개토대왕비문에서도 문무를 겸한 대왕의 정치적 이상에 대해 "대왕의 은택(恩澤)이 황천(皇天)에까지 사무치고 위무(威武)는 사해(四海)에 떨쳤으니 구이(九夷)를 평정하여 서민들이 각자의 직업에 안주토록 하였다"[9]고 서술하였다. '문무겸비'는 유교의 중용사상(中庸思想)과 함께 고유의 전통사상에서 비롯된 것이라 할 수 있다. 여기서의 '무(武)'는 문자 그대로 '전쟁의 종식'〔止戈〕을 위한 것이다.

고구려의 위정자들은 인정(仁政)·덕치와 관련하여 혁명사상을 깊이 인식하였다. 태조왕이 수성에게 "하늘의 역수(曆數)가 네 몸에 있다"고 한 것은 천명(天命)에 의해 덕 있는 사람이 왕위에 올라야 함을 시사한 것이다. 또 모본왕(慕本王)·차대왕(次大王) 시해 사건과 봉상왕(烽上王) 폐출 사건 등은 왕의 부덕(不德) 때문에 일어난 것으로 혁명사상과 관련이 깊다. 모본왕 때의 두노(杜魯)가 포악무도한 임금을 시해하려고 할 때, 한 측근 인사가 중국 고대의 무왕(武王)이 주(紂)를 정벌할 때 "나를 무휼(撫恤)하면 임금이요, 나를 학대하면 원수다"[10]고 한 말을 인용

7) 『서경』, 「大禹謨」 "益曰: 都! 帝德廣運, 乃聖乃神, 乃武乃文, 皇天眷命, 奄有四海, 爲天下君."

8) 『삼국사기』 권15, 고구려본기, 太祖王 94년조.

9) 『광개토대왕비문』 "大王恩澤, 洽于皇天, 威武振柳被四海, 掃除□□, 庶寧其業."

10) 『書經』, 「泰誓(下)」 "撫我則后, 虐我則讐."

하면서 "모본왕은 포악한 짓을 하여 사람을 죽이니 백성의 원수다. 그대는 도모할지어다!" 고 하여 마침내 일을 감행하였다고 한다.[11] 이것은 유교의 민본주의적 정치 원리를 원용하여 역위(易位: 왕권 교체)의 논리를 편 것이다. 차대왕의 경우와 함께 혁명사상이 그 바탕에 깔린 것이라 하겠다.

봉상왕(재위: 292～300) 때 국상(國相)이었던 창조리(倉助利)는 지진과 흉년으로 백성이 도탄에 빠졌는데도 왕이 궁실(宮室)을 치장하려고 토목공사를 벌이자 "임금이 백성을 사랑하지 않으면 인(仁)이 아니요, 신하가 임금에게 간하지 않으면 충(忠)이 아닙니다" 고 극간(極諫)하여 중지토록 하였으나,[12] 왕이 이를 듣지 않자 여러 신하들과 공모하여 왕을 폐출하였다. 여기서 창조리가 '인' 과 '충' 으로써 임금과 신하의 도리(본분)를 밝힘과 동시에 신하된 자가 취해야 될 충간(忠諫)의 도리를 발휘하였음을 볼 수 있다. 그가 봉상왕을 쫓아낸 것은 역시 혁명사상에 입각하여 행한 일이라고 생각할 수 있다. 역시 유교적 정치사상의 심화를 나타내는 것이라 하겠다.

유교에서 정치의 요체는 인정(仁政)에 있고 인정의 요체는 안민(安民)에 있으며, 안민의 요체는 민폐(民弊)를 제거하는 데 있다. 위에서 말한 '휼민(恤民)' 은 인정에서 우러나온 것이다. 고국천왕(故國天王)은 일찍이 백성의 곤궁한 사정을 듣고 "아! 내가 백성의 부모가 되어 백성이 이러한 최악의 경우에 이르게 하니 나〔孤〕의 죄라"[13]고 하여 백성의 곤궁함을 모두 자신의 부덕과 무능의 소치로 돌렸다 한다. 백성에 대한 죄의식을 통해 유교적 제왕상의 한 단면을 볼 수 있다.

---

11) 『삼국사기』 권14, 고구려본기, 慕本王 6년조.
12) 『삼국사기』 권17, 고구려본기, 烽上王 9년조.
13) 『삼국사기』 권16, 고구려본기, 故國天王 16년조.

『삼국사기』「고구려본기」나 「열전」 등에는 국왕이 구민(救民)에 유의하여 환(鰥)·과(寡)·고(孤)·독(獨)과 자활 능력이 없는 궁핍한 자에게 의식(衣食)을 지급하는 등 정책적으로 구휼에 노력한 사례가 종종 보인다. 또한 국가에 큰 변고나 재앙이 있을 때는 임금 스스로 상선(常膳)을 감하고 일락(逸樂)을 멀리하여 백성과 괴로움을 같이하려 했던 사례가 적지 않게 보인다. 이처럼 위민(爲民)·휼민·안민에 힘쓰며, 모든 책임을 최고 통치자인 임금 자신에게 돌리고 계신공구(戒愼恐懼) 했던 것은 유교사상에 의한 치자(治者)의 윤리가 확립된 증거다.

그러나 영명(英明)한 임금이라 하더라도 어진 정치를 펴기 위해서는 임금을 바르게 보필할 현량방정(賢良方正)한 인재가 필요한 법이다. 고구려에서는 초기부터 현량한 인재의 선발에 유의하여, 수차에 걸쳐 이들을 천거하도록 하였다. 이것은 『서경』「대우모(大禹謨)」에서 말하는 "초야에 묻혀 있는 현자가 없도록 하라!"(野無遺賢)고 한 이상을 실현하려는 것이라 할 수 있다. 또 충신(忠臣)이나 현신(賢臣)이 세상을 떠났을 때에는 조회(朝會)를 파하고 애도하는 등 예우에 소홀함이 없게 하였다 한다.[14] 소수림왕 2년(372)에 이르러 조직적으로 인재를 양성하기 위해 국립대학인 태학을 건립했던 사실은 만시지탄의 감이 없지 않다.

이처럼 유현(儒賢)을 존중하고 우대하는 풍토에서는 자연히 신하된 자의 존심(存心)과 율신(律身)이 무겁게 요구되었다. 일찍이 태조왕의 아우 수성이 자주 사냥을 나가 며칠씩 희락(戲樂)을 일삼자, 그의 아우 백고(伯固)가 "지금 그대는 왕의 친아우로서 백료(百寮)의 으뜸이 되어 위(位)와 공(功)이 이미 극성합니다. 마땅히 충의(忠義)로써 존심하고 예양(禮讓)으로써 사욕을 극복하여, 위로는 왕덕(王德)과 같이 하고 아래

14) 『삼국사기』 권16, 고구려본기, 新大王 15년조.

로는 민심을 얻은 후에야 부귀가 몸에서 떠나지 않고 화란(禍亂)이 일어나지 않을 것입니다"[15]고 간하였다. 여기서 말하는 '충의존심(忠義存心), 예양극기(禮讓克己), 상동왕덕(上同王德), 하득민심(下得民心)'의 구절은 유교의 윤리의식에서 나온 것이다. 신하된 자의 본분을 나타낸 강령이라 해도 과언이 아니다.

임금이 덕망 있는 인재를 발탁, 등용하지 않고 권세 있는 가문 자제나 총애하는 이에게 벼슬을 주어 국정을 맡겼을 때, 국정이 문란해지고 나라의 기틀이 뒤흔들릴 것은 자명한 일이다. 고국천왕 같은 현명한 임금은 왕후의 인척인 좌가려(左可慮) 등의 난을 평정한 뒤 중외(中外)에 영을 내리되 "근자에 권총(眷寵)으로 관직을 주고 덕으로써 직위를 승진시키지 않아서, 그 해독이 백성에게 미치고 우리 왕가를 경동(驚動)케 하였다. 이는 모두 과인(寡人)이 현명하지 못한 소치다. 너희 사부(四部)는 각기 재야(在野)의 현량한 인물들을 천거하라!"[16]고 하였다. 이것은 전형적인 '명덕신벌(明德愼罰)', '존현사능(尊賢使能)' 사상을 표현한 것이다.

이때 을파소(乙巴素)가 천거를 받았다. 그런데 을파소는, 자신에게 맡겨진 직책이 국정을 원활히 처리하기에는 좀 낮다고 여긴 나머지 "노둔한 신(臣)으로서는 감히 지엄한 명령을 감당하기 어렵습니다. 원컨대 대왕께서는 현량한 사람을 발탁, 그에게 높은 관직을 주어 대업을 이루게 하소서"[17]라고 하니, 왕은 그의 뜻을 짐작하고 국상에 임명하여 정사를 맡겼다. 여기서 을파소가 '불감당엄명(不敢當嚴命)'이라고 한 것은 『논어』「태백(泰伯)」에서 "그 지위에 있지 아니하면 그 정사를 도모

---

15) 『삼국사기』 권15, 고구려본기, 太祖王 86년조.
16) 『삼국사기』 권16, 고구려본기, 故國天王 13년조.
17) 『삼국사기』 권16, 고구려본기, 고국천왕 13년조.

하지 않는다"(不在其位, 不謀其政)는 말과 관련이 있다. 즉, 소직(小職)으로서는 그 직분을 벗어나 대사(大事)에 간예(干預)할 수 없으므로, 그만한 지위에 있어야 정사를 도모할 수 있다고 하는 공자의 직분사상(職分思想)에서 비롯되었다고 하겠다.

뒤에 조신(朝臣)과 국척(國戚)들은 신진인 을파소가 왕과 구신(舊臣)들을 이간시킨다면서 미워하였다. 이에 왕은 "귀천을 막론하고 국상에게 복종하지 않는 자가 있다면 그 일족을 멸하리라"고 엄명하였다. 을파소는 물러가 사람들에게 "때를 만나지 못하면 은거하고, 때를 만나면 나아가 벼슬하는 것이 선비의 상사(常事)다. 지금 주상(主上)께서 후의(厚意)로써 나를 대우하시니, 어찌 다시 전일의 은거(隱居)를 생각하랴"고 하여 선비의 출처관(出處觀)과 자신의 초지를 밝히고, 이에 지성으로 나라에 봉사하여 정교(政敎)를 밝히고 상과 벌을 삼가니, 인민이 편안하고 중외가 무사하였다고 한다.[18]

여기서 을파소가 '때를 만나지 못하면' 운운한 것은 『논어』「태백」에서 "천하에 도가 있으면 나아가고 도가 없으면 숨는다"(天下有道則見, 無道則隱)는 선비의 출처관을 말한다. 을파소는 이윤(伊尹)을 연상케 하는 정치가다. 왕이 조신(朝臣)과 척신(戚臣)들의 시기·혐오를 물리치고 을파소를 더욱 신임하였던 것은 『서경』「대우모」에서 "유능한 인재를 등용했으면 의심하지 말라!"(任賢勿貳)고 한 도리를 다한 것이라 할 수 있다. 을파소나 왕 모두 군신(君臣)은 본분에 충실해야 한다는 유교의 직분윤리에 근거하여 행동하였음을 나타낸 것이라 하겠다. 이러한 사실로 미루어 볼 때, 고구려에서는 태학이 성립되기 이전에 이미 유현(儒賢) 존중의 기풍과 선비정신이 군신 상하 간에 뿌리를 내렸을 것이

18) 위와 같음.

다. 유학사상에 대한 이해 수준 역시 상당하였으리라고 생각된다.

한편, 고구려에서는 일찍부터 천인감응설(天人感應說), 또는 음양오행설에 의한 재이사상(災異思想)을 정치에 연계시켜 활용하였다. 중국 한대 이래 유가 정치사상에서 빼놓을 수 없는 천인감응설이 고구려에 영향을 끼쳤음을 엿보게 한다.[19] 한 예로, 유리왕 29년(10)에 모천(矛川) 위에 살던 검은 개구리들이 붉은 개구리와 무리로 싸움을 하여 검은 개구리들이 떼죽음을 당한 일이 있었다. 이 일을 두고 왕과 신하들이 논하기를 "검은 것은 북방을 가리키는 색이니 이는 북부여가 망할 징조라"고 하였다 한다. 이것은 오행사상을 원용한 해석이다. 재이사상이 활용되었던 것은 삼국이 공통적이지만 고구려에서 두드러진다. 대체로 유가사상의 본질에서 벗어나지 않으면서 합리적으로 대응하는 것이 특색이다.

2. 정치체제 및 교육제도의 정비와 유교사상

고구려는 태조왕 때 고대국가로서 면모를 갖춘 이래 하대로 내려갈수록 사회가 분화되고 정치가 발전하였다. 이에 국가체제의 재정비가 시급히 요청되었다. 학술이 발달함에 따라 국가에서 필요로 하는 인재의 조직적인 양성이 요구되어, 소수림왕 2년(372)에는 최고 학부(學府)인 태학이 건립되고 그 이듬해에는 율령이 반포되기에 이르렀다. 이처럼 정치체제 및 교육제도가 거의 동시에 정비된 것은 상호 표리관계를 이룬다. 이것은 우선 선진 중국과의 정치적 사상적 교류에 의한 영향도

19) 곽신환, 「삼국시대 유학의 災異思想」, 『동방철학사상연구』(1992), 133쪽.

켰지만, 그보다는 고구려가 내적으로 성숙 발전함에 따라 정비의 필요성을 자각한 결과라 할 것이다. 이보다 훨씬 이전에 이미 정비 태세 및 수용 능력을 갖추었음을 의미한다.

특히 태학의 설립은 때늦은 감이 적지 않다. 이것은 고구려의 정치가 유교의 이념에 입각하여 고도로 발휘되고, 또한 군신 상하 간에 유교의 정치윤리가 지배적이었던 사실만 보더라도 알 수 있다. 『문헌비고(文獻備考)』에서 "고구려가 나라를 세운 지 400여 년이다. 이때에 이르러 태학을 세워 자제(子弟)를 교육했다고 하니 어찌 그리 늦었는가"[20]라고 하여 태학의 설립이 늦음을 의아하게 여겼던 것은 저간의 사정을 잘 인식한 것이라 하겠다.

당시 반포되었던 율령의 내용은 전하지 않는다. 아마도 전통적 가치관에 근거한 관습법을 기본으로 하면서, 윤리적이고 합리적인 유교사상의 영향 아래 한대(漢代) 이래로 내려오던 중국의 법제를 수용하여 이전 시기의 전장(典章)을 대폭 정비, 그 면모를 일신한 것이라 생각된다. 중국 예제(禮制)의 수용은 사회가 분화 발전함에 따라 불가피한 결과다. 우리의 필요에 의해 개인의 도덕적 행위나 규범으로부터 사회 제도, 정부 조직에 이르기까지 구체적으로 유교의 삼례(三禮: 『周禮』·『儀禮』·『禮記』)에 의거한 넓은 의미의 예를 확립한 것은 유학사에서 중요한 의미를 지닌다.

태학은 전진(前秦)으로부터 불교가 전래된 해에 건립되었다. 『삼국사기』에 의하면, 소수림왕 2년(372)에 전진의 왕 부견(苻堅)이 순도(順道)라는 승려 편에 불상과 불경을 보내왔다. 이것이 우리나라에 불법이 전래한 시초라고 한다. 고구려와 전진 사이의 교류는 매우 밀접하였다.

---

20) 『증보문헌비고』 권202, 「學校考(一)」, 〈太學(一)〉

『진서(晉書)』에 의하면 전진의 왕 부견은 이보다 앞서 학궁(學宮)을 널리 수축(修築)하고 군국(郡國)의 학생들을 모집하여 유풍(儒風)을 진작시켰다고 한다. 태학의 건립 역시 전진의 영향이라고 볼 수 있을 것이다.[21]

태학은 우리나라 대학의 효시다. 태학의 건립은 대학 교육사의 시작이다. 태학은 유학 교육을 중심으로 한 고급 인재 양성소다. 『맹자』에서 "천하의 영재를 얻어 교육한다"[22]고 한 교육의 이념을 실천하는 국가의 중추적 기관이었다. 그 제도에 대해서는 구체적으로 전하는 바가 없다. 대체로 중국의 태학 제도를 모방하여 유교 경전을 중심으로 역사학과 문학을 곁들여 가르쳤으리라고 짐작된다. 경학은 철학인 동시에 윤리·종교와 같은 영역에 속한 것으로서 사학과 문학에 우선한다. 교과 내용을 보면, 유교의 오경(五經) 이외에도 삼사(三史: 『史記』·『漢書』·『後漢書』), 『삼국지(三國志)』·『진양추(晉陽秋)』·『옥편(玉篇)』·『자통(字統)』·『자림(字林)』 등이 있었다. 특히 『문선(文選)』을 애중하였다고 한다.[23] 유교 경전과 역사서는 물론 각종 자전류 및 문학서 등 한학(漢學) 전반에 걸쳐 널리 익혔음을 알 수 있다. 영양왕 때 『신집(新集)』이라는 역사서를 편찬한 이문진(李文眞)이 태학박사(太學博士)였던 점을 미루어 보면, 한무제(漢武帝) 때 신설된 오경박사 제도가 고구려에도 모방되었고, 이들 박사들이 각기 전공 경전을 교수하여 그 학파가 계승되었을 것으로 추측된다.

오경 중심의 교육제도는 고구려의 통치이념이 유학사상에 입각하였

---

21) 이병도, 『한국유학사』, 아세아문화사, 1987, 18쪽.

22) 『맹자』, 「盡心(上)」 "孟子曰: 君子有三樂, 而王天下, 不與存焉. 父母俱存, 兄弟無故, 一樂也. 仰不愧於天, 俯不怍於人, 二樂也. 得天下英才, 而教育之, 三樂也."

23) 『周書』 권49, 「高麗傳」; 『北史』 권94, 「高麗傳」; 『舊唐書』 권199(上), 「高麗傳」 등 참조.

고, 또 국가가 요구하는 인재 역시 유교 경전에 소양이 깊은 지식인이라야 된다는 점을 시사한다고 하겠다. 고구려의 지식인 계층은 각자의 사상이나 종교의 차이를 떠나 모두 오경에 통달하였다. 한 예로, 영양왕 때 일본에 건너가 종이 · 먹 · 맷돌 등을 전하고 법륭사(法隆寺)의 금당벽화(金堂壁畵)를 그렸던 담징(曇徵) 같은 이는 승려이면서도 유가의 오경에 통달했다고 한다. 고구려의 식자층에서는 학문을 하는 데 사실상 오경이 필수과목이었음을 알 수 있다.

한편, 『삼국사기』 영양왕 11년(600)조에 기록된 바와 같이 고구려는 국초부터 한문을 사용하였고, 『유기(留記)』 100권을 저술하는 등 수사사업(修史事業)을 소홀히 하지 않았다. 이는 전진(前秦)의 문운 진흥책과 대응되는 것이며 육조문화(六朝文化)와도 병행되는 것이다. 자의식의 성장을 엿볼 수 있게 한다.

태학의 교육은 점차 발전을 거듭하여, 영류왕 23년(640)에는 왕이 청년 자제를 당나라에 보내 국학에 입학하기를 청하기에 이르렀다. 이런 추세는 당시 백제나 신라도 다를 바 없었다. 이는 오늘날의 국비유학생과 그 성격이 비슷하다. 국제적 안목에서 우리의 우수한 인재들을 선진 중국에 파견, 유학케 함으로써 고급인력으로 양성하기 위함이었으리라고 생각된다.

하급 귀족, 일반 서민들의 교육은 어떻게 행해졌을까. 『구당서』와 『신당서』에 의하면, 고구려 사람들은 배우기를 좋아하고 서적을 아껴서 궁벽한 시골 마을이나 누추하고 천한 집에 이르기까지 서로 권면(勸勉)하였다 한다. 또 거리마다 큰 집을 지어놓고 이를 경당(扃堂)이라고 불렀으며, 미혼의 자제들을 모아 글을 읽고 활쏘기를 익히도록 하였다 한다.[24] 경당은 하급 귀족으로부터 일반 서민, 나아가 천민의 교육까지 담당하였던 지방 사립학교였을 것으로 추측된다. 교과 내용 가운데 일부는 태학과 같았다. 습사(習射) 등을 통해 정신을 수양함과 동시에 비상시를 대비하여 무예를 단련토록 한 것이 돋보인다. 이처럼 고구려 후기에는 교육이 민간에까지 보급된 까닭에, 국립대학인 태학 이외에도 사립학교들이 경향(京鄕) 각지에 설립되었음을 짐작할 수 있다.

경당의 교과 내용을 보면, 태학에서와 마찬가지로 유교 경전을 중심으로 역사학과 문학 서적을 익혔으며 동시에 무술을 훈련하였다. 이러한 교육정책은 문무를 겸수(兼修)하는 전통사상에서 말미암은 것이면서 유교의 중용사상에서도 영향을 받은 바 크다고 본다. 즉, 평상시에는 각자 생업에 종사하면서 문무를 겸수하고, 유사시에는 모든 국민이 전장(戰場)에 나설 수 있도록 한 상비군(常備軍) 제도였다. 공자는 "선한 사람이 인민을 교화함에 7년이면 그들이 전쟁에 나가도록 할 수 있다"[25]고 하고, 또 "가르치지 않은 백성을 거느리고 싸운다면 이것은 백성을 버리는 것이다"[26]고 하였다. 선인(善人)의 교화로 인민이 나라를 위하여 목숨을 바치는 효과가 나타나며, 또한 효제충신(孝悌忠信)의 도로써 사명감을 깨닫도록 가르치지 아니하고 강제적으로 목숨을 바치게 하면 이는 백성을 버리는 것이나 다름이 없다는 것이다. 경당의 교육은 이러한 공자의 가르침을 잘 실천한 것이다. 또한 천민의 자제에 이르기까지 모두 배우도록 한 것은 『논어』「위령공(衛靈公)」에서 이른바 "가르침이 있으면 유별(類別)이 없게 된다"(有教無類)고 한 공자의 교육사상을 구현한 것이라 하겠다.

---

24) 『舊唐書』 권199(上), 「高麗傳」 "俗愛書籍, 至於衡門厮養之家, 各於街衢造大屋, 謂之扃堂, 子弟未婚之前, 晝夜於此讀書習射." ; 『唐書』 권220, 「高麗傳」 "人喜學, 至窮里厮家, 亦相矜勉, 衢側悉構嚴屋, 號局堂, 子弟未婚者曹處, 誦經習射."
『구당서』에서는 '扃堂' 으로, 『신당서』에서는 '局堂' 으로 표기하였다.

25) 『논어』, 「子路」 "子曰: 善人教民七年, 亦可以卽戎矣."

26) 『논어』, 「子路」 "子曰: 以不教民戰, 是謂棄之."

태학과 경당에서의 교과 내용이 유교 경전 위주였음은, 오경을 습득하고 이를 잘 실천하는 사람이 이상적인 인간상이었음을 의미한다. 그러므로 고구려 학술사상의 주류를 형성하였던 것은 유교사상이라 하지 않을 수 없다. 아울러 이러한 오경 중심의 유학풍은 한대의 경학을 수용한 데서 비롯되었다고 할 수 있겠다.[27]

중국의 역사서 『한원(翰苑)』에 의하면 고구려에 '국자박사(國子博士)'가 있었다고 한다.[28] 국자학의 설립은 당나라의 영향일 터이지만 그 설립 시기는 분명하지 않다. 대개 고구려가 멸망하기 100년 이내일 것으로 짐작된다. 국자학이 설립됨에 따라 국자학-태학의 국학 체계가 정착되었다. 국자학에서는 상류층 귀족 자제들의 교육을 담당하였고 태학은 유교를 전문적으로 교육하는 기관으로 변모하였을 것이다.

고구려 유학의 수준과 관련하여 빼놓을 수 없는 것으로 길림성(吉林省) 집안(集安)의 오회분(五盔墳) 4호묘에서 발견한 팔괘도(八卦圖) 벽화가 있다. 이는 『주역』에 대한 고구려인의 이해 수준과 도상사적(圖像史的) 발전 과정 등을 살피는 데 도움이 된다. 이 벽화의 내용을 보면, 승려 모습을 한 사람이 오른쪽 무릎을 세우고 왼쪽 무릎을 뉜 채 화염 모양의 연화좌대(蓮花座臺)에 앉아, 왼손에 막대기를 집고 좌대 오른쪽 옆에 그려진 팔괘를 가리키면서 사색에 잠긴 모습이다.[29] 벽화에 그려진 팔괘도는 문왕팔괘도다. 막대기로 가리키는 괘는 감괘(坎卦)다.

이 문왕팔괘도에서 한대(漢代)에 그 기초가 놓이고 이론이 계발되었던 상수역학(象數易學)에 대한 이해 수준을 엿볼 수 있어 역학사(易學

27) 천인석, 「고구려의 유학사상 연구」, 148쪽.

28) 『翰苑』 권30, 蕃夷部, 〈高麗〉 "又有國子博士, 大學士, 舍人, 通事, 典容, 皆以小兄以上爲之."

29) 吉林省文化工作隊, 「吉林集安五盔墳四號墓」, 『考古學報』 1984-1, 北京: 科學出版社, 67쪽 ; 『조선유물유적도감』 제6권, 평양: 외국문종합출판사, 1990, 218쪽 참조.

史) 측면에서 의의가 적지 않다. 또 승려가 관심을 기울였다는 점에서 당시 불교의 경향과 관련지어 볼 수 있다. 이는 곧 밀교적(密敎的)인 것과 연결될 가능성이 크다는 것이다.[30] 그리고 감괘(重水坎)는 수(水: ☵)가 위 아래로 겹쳐 있는 형상이다. 양이 음 가운데 있어 바깥은 허하고 속은 실한 것〔外虛而中實〕을 의미한다. 『주역본의(周易本義)』에서는 "괘상(卦象)을 가지고 '믿음이 있다'〔有孚〕는 뜻으로 풀이를 했으니, 속이 실해서 일을 행함에 변치 않음〔常〕이 있음을 말한 것이다"고 하였다. 괘의 뜻이 이러하다면 수행자에게는 중요한 의미를 지니는 괘라 하겠다.

〈오회분 팔괘도 벽화〉

3. 생활 속의 유교사상

고구려는 고유한 풍속과 기질을 잘 지키면서 중국의 선진 문화를 수용하여 성장, 발전한 대국이었다. 중국 측의 기록에 의하면, "고구려 사람들은 성질이 흉급(凶急)하고 다른 나라에 쳐들어가 노략질〔寇鈔〕하기를 좋아하며", "나라 사람들이 기력(氣力)이 있고 전투에 익숙하다"고 한다.[31] 고구려 사람들의 감투적(敢鬪的) 기질을 짐작하게 한다. 또 고구려 사람들은 귀신을 공경하여 음사(淫祠)가 많았다고 한다.[32] 이는 고

30) 김일권, 『고대 중국과 한국의 天文思想 연구』, 서울대학교 박사학위논문, 1999, 345-350쪽 참조.

31) 『삼국지』 권30, 〈魏書, 高句麗傳〉 "國人有氣力, 習戰鬪. 其人性凶急, 喜寇鈔."

32) 『隋書』 권81, 「高麗傳」 "敬鬼神, 多淫祠."

구려 초기의 습속이 미신을 숭상하여 개명되지 못한 면을 가리킨 것이라 하겠다.

고구려 사람들은 후기로 내려오면서 유교사상에 입각한 정치 제도 아래서 생활하고, 또한 태학과 경당 등에서 오경 중심의 교육을 받음으로써, 일상생활 여러 가지 면에서 유교사상이 폭넓게 자리를 잡았다. 예속과 생활의식의 변모는 주목할만 하였다. 먼저 혼인 습속을 보자.

> 두 집안의 의논이 정해지면 신부의 집에서 집 뒤에 조그마한 집 한 채를 짓는다. 이것을 서옥(婿屋)이라고 한다. 사위될 사람이 저녁에 신붓집에 와서, 문밖에서 자기의 이름을 대고 꿇어앉아 신부와 함께 자겠다고 간청한다. 간청하기를 두세 번 하고 나면, 부모가 비로소 승낙하고 서옥에서 자게 한다. 이때 신랑은 돈과 비단을 내놓는다. 이렇게 해서 혼인을 하고 아이를 낳아 장성하게 되면 데리고 신랑의 집으로 돌아간다.[33]

그런데 이보다 후대의 기록에 의하면

> 고구려에서는 혼인을 할 때 …… 폐백을 보내는 예법이 없다. 만일 폐백을 받는 경우가 있으면 사람들이 모두 부끄럽게 여긴다. 신부 측에서 폐백을 받았을 경우 모두들 딸을 종으로 팔았다고 여긴다.[34]

고 한다. 이는 유교사상의 영향으로 매매혼과 같은 유풍(遺風)이 이미

---

33) 『삼국지』 권30, 〈魏書, 高句麗傳〉 "其俗作婚姻, 言語已定, 女家作小屋於大屋後, 名婿屋. 婿暮之女家戶外, 自名跪拜, 乞得就女宿, 如是者再三, 女父母乃聽, 使就小屋中宿. 傍頓錢帛, 至生子已長大, 乃將婦歸家."

34) 『北史』 권94, 「高麗傳」 "有婚嫁, …… 無財聘之禮. 或有受財者, 人共恥之, 以爲賣婢."

사라졌음을 나타내는 증거라 할 수 있다.

후장(厚葬)과 구상(久喪)의 풍습 역시 유교와 관련성이 많은 것으로 보아도 좋을 것이다. '후장' 과 관련한 기록 한 대목을 보기로 하자.

> 남자와 여자가 혼인만 하면 벌써 송장지의(送葬之衣: 壽衣)를 장만한다. 장사는 후하게 지낸다. 금은재폐(金銀財幣)를 장사 지내는 데 모두 쓴다. 돌을 쌓고 봉분을 만들며 송백(松柏)을 열 지어 심는다.[35)]

한편, 부모와 남편이 죽었을 때는 모두 3년복을 입었다고 한다. 예부터 고구려에서 복상(服喪)을 오래 하는 풍습이 있었다고는 하지만, 천하의 통상(通喪)이라는 3년상이 민간에서 행해졌다는 것은 유교 예법의 영향이 상당하였음을 시사한다.

장례와 관련하여 순장(殉葬)을 금지하도록 한 것 역시 눈여겨 볼 대목이다. 일찍이 동천왕이 세상을 떠나자 백성들이 임금의 은덕을 생각하여 서러워하지 않은 이가 없었다. 가까운 신하 중에는 순사(殉死)하여 같이 묻히기를 원하는 사람이 많았다. 그러나 사왕(嗣王)인 중천왕(中川王)은 이를 예가 아니라 하여 금지토록 하였다.[36)] 일찍이 공자는 "처음으로 용(俑)을 만든 사람은 그 후손이 없을 것이다"[37)]고 하여, 장례 때 용(순장 당하는 사람을 대신하여 쓰이는 木偶)을 함께 묻는 것조차 절대 용납할 수 없는 처사라고 극언하였다. 중천왕의 순장 금지 처분은 분명 유교의 인도주의 사상에 입각한 것이라고 하겠다.

---

35) 『삼국지』 권30, 魏書 東夷傳, 〈고구려〉조 "男女已嫁娶, 便稍作送葬之衣. 厚葬, 金銀財幣, 盡於送死, 積石爲封, 列種松柏."

36) 『삼국사기』 권17, 고구려본기, 東川王 22년조.

37) 『맹자』, 「梁惠王(上)」 "仲尼曰: 始作俑者, 其無後乎."

고구려 사람의 생활 속에서 유교사상의 영향이 가장 뚜렷한 것으로는 '효'의 윤리를 들 수 있다. 물론 부모에게 효도하는 것을 유교사상의 영향으로 돌릴 수는 없지만, 유교사상의 수용으로 효 관념이 더욱 확대되고 굳어졌을 것임은 부인하기 어렵다. 효에 대한 관념은 조상 숭배를 더욱 성하게 하였다. 한 예로, 대무신왕 3년(20)에 시조 동명왕의 사당을 세운 이래, 역대 국왕들이 시조묘(始祖廟)에서 친히 제사를 지냈다. 고국양왕 8년(391)에는 국사(國社)를 세우고 종묘를 수리하였다. '국사'란 천지와 사직에 제사 드리는 곳이니, 『예기』「왕제(王制)」에 나오는 제도를 수용한 것으로 보인다. 종묘 역시 왕의 조상을 모시는 사당이니만큼 유교의 예법에 따랐을 것으로 짐작된다.

묘제(墓制) 역시 유교의 영향을 받아 변화하였음을 볼 수 있다. 본디 한반도에서의 묘제는 동향과 남향이 기본 침향(枕向)이었다. 특히 동향이 압도적이었다.[38] 이것은 대개 '해 뜨는 방향'이야말로 모든 생명을 소생, 부활토록 한다는 소박한 관념에서 나왔다. 그러나 후기로 오면서 당시 한나라에서 널리 행해지던 북침(北枕)의 영향을 받아 고구려·백제의 침향이 차츰 북향으로 바뀌어갔다. 이것은 단순한 중국식 예법에 따른 변화가 아니다. 『예기』에서 이른바 "머리를 북쪽으로 향하게 하는 것은 삼대(三代)의 통례다. 저승〔幽界〕으로 가기 때문이다"[39]고 한 것과 같이, 전통 묘제가 유교사상에 의한 예법으로 변화한 것이라 하겠다. 광개토태왕 영락 18년(408)에 축조된 덕흥리(德興里) 고분에서는 "주공 같은 분이 땅을 잡고 공자 같은 분이 날을 가렸으며 무왕 같은 분이 시간을 선택했다"[40]고 하여, 무덤을 쓰는 일에서조차 유교 성현의 권위를

38) 김원룡, 『한국의 고분』, 세종대왕기념사업회, 1974, 43쪽.

39) 『禮記』, 「檀弓(下)」 "北首三代之達禮也, 之幽界之故也."

40) 「高句麗鎭墓北壁墨書」 "周公相地, 孔子擇日, 武王選時."

이끌어 쓰고 있어 주목된다.

고구려 고분에서 발견되는 사신도(四神圖)는 청룡(青龍)·백호(白虎)·주작(朱雀)·현무(玄武) 등 사방을 수호하는 네 신수(神獸)를 말한다. 이것 자체가 유교와 밀접한 관련이 있다고 단언하기는 어렵지만, 네 방위로 나누어 배열한 것은 본디 군대의 행렬을 본뜬 것이다. 『예기』에 나온 그대로다.[41] 또한 당시의 벽화를 보면, 포(袍)를 여미는 방법이 초기에는 북방계의 특징인 좌포(左袍)였을 것으로 짐작되나 나중에는 통구(通溝) 지방의 벽화에서 나타난 것처럼 우포(右袍)도 같이 쓰였다. 복제(服制) 역시 중국의 유교적 복식문화에서 영향을 받았을 것으로 추정된다.

유교사상은 유희(遊戲) 면에까지 영향을 끼쳤다. 『예기』「투호(投壺)」에 나오는 '투호'가 그 한 예다. 중국의 고대 유희 가운데 하나인 투호는 연회 때 큰 병 하나를 적당한 거리에 놓고 주빈(主賓)이 각기 화살을 던져 병 속으로 들어가게 하여 승부를 정하는 놀이다. 이긴 사람이 진 사람에게 술을 권하게 되어 있다. 이 투호놀이는 고구려뿐만 아니라 백제나 신라에도 전해져 문사(文士)들의 유희가 되었다. 고려·조선시대를 거쳐 최근까지도 행해지고 있다.

---

41) 『예기』, 「曲禮(上)」 "行, 前朱鳥而後玄武, 左青龍而右白虎."

제2장

百濟의 儒敎思想

1. 초기 생활 형태와 유교사상의 응용

고구려 · 백제는 그 출자(出自)가 부여(夫餘)다. 고구려 시조 주몽이 맏아들 유리(琉璃: 類利)를 태자로 삼아 왕위를 잇게 하자, 다른 두 아들인 비류(沸流)와 온조(溫祚)가 백성을 이끌고 남하하여, 온조는 하남(河南) 위례성(慰禮城)에, 비류는 미추홀(彌鄒忽: 지금의 인천) 부근에 정착하여 부족국가를 세웠다. 그러나 얼마 있지 않아 비류백제의 신민(臣民)이 모두 위례성에 귀부(歸附)하여 온조백제의 일류(一流)만이 고구려 · 신라와 함께 정립(鼎立)하면서 내려왔다.[1] 이후로 고이왕(재위 234~286) 때에 이르러 한강 유역을 통일하고 율령을 반포하는 등 고대국가 체계를 수립하였다. 근초고왕(재위 346~375) 때에는 마한과 대방(帶方)을 병합, 강력한 고대국가의 기반을 마련하였다.

---

1) 『삼국사기』 권23, 백제본기, 溫祚王 즉위조 참조.

백제는 본디 부여족 계통의 유이민(流移民)이 세운 나라였으나, 기층 사회의 구성원은 마한 계통이었다. 중국 측 역사서에서는 그 선대가 마한(馬韓)의 속국이었다고 서술되어 있다.[2] 마한 사회에서는 재래 고유의 생활 습속과 신앙, 의례 등을 그대로 지키고 있었다.

> 그곳 풍속을 보면 기강이 서 있지 않아서, 국읍(國邑)에 주수(主帥)가 있어도 이 부락 저 부락으로 옮겨 다니면서 섞여 살아 서로 잘 제어하지 못하였다. 그들은 꿇어앉아 절하는 법이 없다. 거처로는 초막이나 움집을 만들어 살았다. 그 모양이 무덤과 같았다. 문을 맨 위로 내고 온 집안 식구가 그 속에 함께 있어서, 어른과 어린이 또는 남자와 여자의 구별이 없었다.[3]

이를 보면, 백제의 뿌리인 마한은 사회 기강이 확립되지 못하고 예법이 마련되지 못했던 원시적 사회였음을 알 수 있다. 마한 사회에서는 귀신과 같은 초월적 존재를 신성시하여 받들었다. 소도(蘇塗)는 그 대표적인 예다.

> 귀신을 믿기 때문에 국읍(國邑)마다 한 사람을 뽑아 천신(天神)을 주제(主祭)하였다. 이 사람을 천군(天君)이라 하였다. 또한 여러 나라에 각기 별읍(別邑)이 있다. 이를 '소도' 라고 한다. 큰 나무를 세우고 거기에 방울과 북을 매달아 놓고 귀신을 섬긴다. 사방에서 도망해 온 사람들이 모두 여기에 모여 돌아가지 않는다. 그들은 도둑질하기를 좋아한다. 그들이 소도를 둔 이유는

---

2) 『魏書』 권100, 「百濟傳」 "百濟國, 其先出自夫餘." ; 『주서』 권49, 「百濟傳」 "百濟者, 其先蓋馬韓之屬國, 夫餘之別種."

3) 『삼국지』 권30, 「韓傳」 "其俗少綱紀, 國邑雖有主帥, 邑落雜居, 不能善相制御. 無跪拜之禮. 居處作草屋土室, 形如冢, 其戶在上, 擧家共在中, 無長幼男女之別." ; 『晉書』 권97, 四夷傳 「馬韓傳」 참조.

불교와 유사함이 있지만 선악을 행하는 바에는 차이가 있다.[4]

그러다가 한반도 북부에 한사군이 설치되면서부터 중국과의 접촉을 통해 점차 그들의 영향을 받았다. 특히 낙랑·대방과의 교섭이 잦았다. 『삼국지』「위서 동이전」에서는 "그 북쪽의 군(한사군)에 가까운 여러 나라에서는 약간 예절에 밝았으나, 이와 반대로 먼 곳에 사는 백성들은 바로 옥에 갇힌 사람이나 노비와 같이 한데 모여 있어 남녀, 상하의 구별이 없었다"[5]고 하여, 중국문화와의 접촉이 예속에 끼친 영향을 시사하였다. 또 『진서(晉書)』에서는 "그들의 성질은 몹시 용맹스럽고 사납다. …… 활과 창을 잘 쓸 줄 안다. 다만 싸우고 공격하는 일이 있더라도 또한 서로 굴복하는 것을 귀중하게 여긴다"[6]고 하여, 약육강식의 생존경쟁에서도 정정당당한 승부와 의리를 중시했음을 밝혔다.

백제가 건국된 뒤 고대국가로서의 체제가 정비되면서 재래의 국속(國俗)이 점차 바뀌어 갔다. 대륙문화의 영향, 특히 유교사상의 영향은 여러 가지 변화를 가져왔다. 우선 생활 습속에서 나름대로 정제된 예법이 갖추어졌다. 의·식·주의 측면에서 남녀·장유(長幼) 등의 구별이 있었음이 여러 기록에 나타난다. 습속 또한 삼한시대와는 대조적인 면모를 보였다. 혼인 예법은 대개 중국과 비슷하였고 상제(喪制)는 고구려와 같았다. 부모나 남편이 죽으면 3년복을 입었고 나머지 친족은 장례

---

4) 『삼국지』 권30, 「韓傳」 "信鬼神, 國邑各立一人, 主祭天神, 名之天君. 又諸國各有別邑, 名之爲蘇塗. 立大木, 縣鈴鼓, 事鬼神. 諸亡逃至其中, 皆不還之. 好作賊. 其立蘇塗之義, 有似浮屠, 而所行善惡有異." ; 『晉書』 권97, 「馬韓傳」 참조.
崔致遠, 「智證大師碑序」 "昔當東表鼎峙之秋, 有百濟蘇塗之儀, 若甘泉金人之祀." (『최문창후전집』, 168쪽)

5) 『삼국지』 권30, 「韓傳」 "其北方近郡諸國, 差曉禮俗, 其遠處直, 如囚徒奴婢相聚."

6) 『晉書』 권97, 「馬韓傳」 "性勇悍. …… 善用弓楯矛櫓. 雖有鬪爭攻戰, 而貴相屈服."

를 치른 뒤 곧장 복을 벗었다.[7] 주목할 만한 변화다.

국가의 체제와 법령이 정비됨에 따라 예속이 확고하게 성립되기에 이르렀다. 백제의 형법을 보면 반역을 일으킨 사람, 전쟁에서 물러난 사람, 남을 죽인 사람은 목을 베고, 도둑질을 한 사람은 귀양을 보냄과 동시에 훔친 물건의 2배를 추징하였다. 간음한 여자는 몰입(沒入)하여 남편 집의 종으로 삼았다.[8] 이것은 국가적 불충(不忠), 인도적 불인(不仁), 사회적 불의(不義), 윤리적 부정(不貞) 등을 제거하는 데 중점을 둔 것이다. 기자(箕子)의 팔조법금을 연상케 한다.

이와 같은 예속으로 말미암아 백제에서는 충 · 효 · 열의 유교적 윤리사상이 고조되었다. 특히 충의(忠義)의 측면에서 자못 볼 만하였다. 백제가 멸망하려 할 무렵, 좌평(佐平) 성충(成忠)은 의자왕이 정사를 돌보지 않자 죽음을 무릅쓰고 이를 극력으로 간하다가 하옥되어 옥사하였다. 죽음에 임해서까지 '충신은 죽더라도 임금을 잊지 않는 법이다' 고 하면서 적병이 쳐들어 왔을 때 대적할 계책을 건의하였다.[9] 장군 계백(階伯) 역시 5천 명의 결사대를 이끌고 김유신(金庾信)의 5만 군사와 대적, 전후 4회에 걸쳐 신라군의 공격을 막아내다가 끝내 사직과 함께 장렬하게 전사하였다.[10] 이 두 사례는 '사생취의(捨生取義)' 의 정신을 보여준 본보기라 하겠다.

백제가 멸망한 뒤에는 복신(福信) · 흑치상지(黑齒常之) 등의 주도로 부흥운동이 치열하게 전개되었다. 유민(遺民)들에 의해 전개된 독립운

---

7) 『주서』 권49, 「百濟傳」 "婚聚之禮, 略同華俗. 父母及夫死者, 三年治服, 餘親則葬訖除之." ; 『隋書』 권81, 「百濟傳」 "婚聚之禮, 略同於華, 喪制如高麗."

8) 『주서』 권49, 「百濟傳」 "其刑罰, 反叛退軍及殺人者斬, 盜者流, 其贓兩倍徵之, 婦人犯姦者, 沒入夫家爲婢."

9) 『삼국사기』 권28, 백제본기, 義慈王 16년조.

10) 『삼국사기』 권47, 「階伯傳」

동은 고구려나 신라가 멸망한 뒤에는 볼 수 없었던 일이다. 이는 '충신은 두 임금을 섬기지 않는다' (忠臣不事二君)는 유교적 대의명분과 불의에 저항하는 춘추정신(春秋精神)의 소산이다. 유교정신이 지배 계층의 이념으로 정착되었음을 보여주는 예라 하겠다.

한편, 백제에서는 온조왕 원년에 동명왕묘(東明王廟)를 세우고 이래로 역대 여러 임금들이 제사를 드렸으며, 또 해마다 네 번씩 그 시조 구태(仇台: 古爾王으로 추정)의 사당에 제사를 드렸다고 한다.[11] 이는 유교에서의 조상숭배정신과 종묘(宗廟) 제도를 일치시킨 것이라 할 수 있다. 백제의 마지막 임금인 의자왕은 황음(荒淫)과 탐락(耽樂)으로 나라를 망하게 하고 말았지만, 일찍이 부왕(父王)과 모후(母后)를 정성껏 섬기고 형제끼리 우애가 있어 당시 그를 해동증자(海東曾子)라고 일컬었다 한다.[12] 이를 보면, 당시 백제 사회에서 효사상이 정교(政敎)의 기본 원리로 받아들여졌고, 또한 제왕학(帝王學)의 근본이 되었음을 미루어 짐작할 수 있겠다.

다음 '열' 과 관련된 사실을 살펴보면, 백제에서는 부인들의 정절을 법적으로 요구하였던 만큼, 정절관념이 유달랐을 것으로 생각된다. 백제가 멸망한 직후 낙화암(落花巖)에서 뛰어내려 죽었다는 삼천궁녀의 전설은 그 사실 여부를 떠나 백제 여인들의 순절정신(殉節精神)을 단적으로 보여준 예다. 또한 지존인 임금의 요구를 끝내 뿌리치고 몸을 온전히 지킨 도미처(都彌妻)의 정절[13]은 유가에서 말하는 열녀의 표본이었다.

백제에서는 관리로서 뇌물을 받은 자나 도둑질을 한 자는 3배를 징수

11) 『주서』 권49, 「백제전」
12) 『唐書』 권220, 「백제전」
13) 『삼국사기』 권48, 「都彌傳」

하고 종신토록 금고(禁錮)에 처하도록 하였다.[14] 공직자의 부정과 부패를 배격하고 정의사회의 구현을 부르짖는 것은 고금이 다를 바 없다. 다만 유교에서 가장 적극적으로 강조하는 것이 사실이다. 유교의 전통에서는 관리들이 지켜야 할 세 가지 일로 청렴 · 근신(謹愼) · 근면을 꼽는다. 이 가운데 청렴이 가장 무겁게 요구되었다.

이 밖에 백제에서 유교가 유희(遊戲)의 측면에까지 영향을 끼쳤음은 투호(投壺) 놀이를 통해서 알 수 있다. 『주서』에 의하면 "백제에서는 투호와 저포(樗蒲) 등 잡희(雜戲)가 있으나 바둑과 장기를 더욱 숭상한다"[15]고 하였다. 투호는 『예기』 「투호」편에 자세히 보이는 중국 고대 유희 가운데 하나다. 유교의 오례(五禮) 가운데 빈례(賓禮: 또는 嘉禮)에 속하며, 또한 사례(射禮) 가운데 하나다. 이 놀이가 백제의 일부 문사(文士)들 사이에서 행해졌던 것으로 보인다. 위와 같은 사실들은 유교를 중심으로 한 중국문화가 백제에 들어와 어떻게 뿌리를 내렸는지 증명하는 것이라 하겠다.

2. 정치체제의 정비와 유교사상

백제는 초기 단계에서는 좌보(左輔)와 우보(右輔)를 두어 군국기무(軍國機務)를 관장하게 하였다. 이후 고이왕 27년(260), 육좌평(六佐平)을 비롯하여 솔계(率系) · 덕계(德系) 등 16관등이 설치되고 공복제(公服制)가 정해짐으로써 백제 관제의 기본 토대가 마련되었다. 웅진시대(熊津時代: 문주왕 1년~성왕 16년, 475~538)에는 중앙 관제뿐만 아니라

14) 『당서』 권220, 「백제전」; 『삼국사기』 권24, 백제본기, 古爾王 29년조 참조.

15) 『주서』 권49, 「백제전」

지방의 군현제도 정비되기에 이르렀다.

육좌평은 내신(內臣) · 내두(內頭) · 내법(內法) · 위사(衛士) · 병관(兵官) · 조정(朝廷) 좌평을 말한다. 대신급으로 16관등 가운데 1품에 해당하였으며, 국가의 행정사무를 분장(分掌)하였다. 내신좌평은 왕명의 출납을, 내두좌평은 국가의 재정을, 내법좌평은 전례(典禮)를, 위사좌평은 왕궁의 숙위(宿衛)를, 병관좌평은 형옥(刑獄)을, 조정좌평은 외병마사(外兵馬事)를 맡았다. 내신좌평은 수상격이었다. 이 육좌평 제도는 『주례(周禮)』의 육관(六官)에서 연유하는 중국의 육전(六典) 조직을 수용한 것으로 보인다. 이후 전지왕 4년(408)에 육좌평을 통괄하는 상좌평(上佐平)을 신설하여 군국정사(軍國政事)를 맡겼다.[16] 이는 총재(冢宰: 首相)에 해당하였다. 이러한 체제는 뒷날 조선시대에 의정부 아래 육조(六曹)가 있었던 것과 비슷하였다.

공복(公服)의 복색을 살펴보면 관등에 따라 크게 3분되었다. 자색(紫色)의 공복을 입는 1품에서 6품까지는 조정의 중신급(重臣級)이고, 비색(緋色: 赤色)을 입는 7품에서 11품까지는 문반(文班) 관료, 청색을 입는 12품부터 16품까지는 무반(武班) 관료임을 알 수 있다. 여기서 '자색'은 극귀(極貴)의 의미가 있지만[17] '중심'을 의미하기도 한다. 자색은 비색과 청색을 혼합할 때 생기는 간색(間色)이다. 이는 곧 문 · 무의 중심이 되어 양자를 통괄한다는 의미를 지닌다. 한편 7품부터 11품까지의 관등에는 모두 '덕(德)' 자가 들어 있어서 문관임을 쉽게 짐작할 수 있게 하고, 12품부터 16품까지의 관등에는 독(督) · 군(軍) · 무(武) · 우(虞) 등

16) 『삼국사기』 권25, 백제본기, 전지왕 4년조. 『日本書紀』 권19, 欽明紀 4년 11월조에는 上佐平과 함께 中佐平 · 下佐平의 관직명이 보인다. 중좌평 · 하좌평 역시 재상으로서 상좌평을 보좌하는 직책으로 짐작된다.

17) 紫宮(皇宮), 紫禁城(皇城), 紫陌(皇城 거리), 紫誥(皇帝의 詔書), 紫宸(천자의 正殿 및 便殿) 등 '紫' 자와 관련된 말들이 많다.

의 글자를 사용하여 무관임을 시사하였다. 또한 1품부터 6품 가운데서도 은솔(恩率)·덕솔(德率)은 문반, 한솔(扞率)·내솔(奈率)은 무반을 상징하는 것으로 보인다. 문무를 가르는 법은 고대 중국에서부터 이미 시행되어 왔다. 이후에는 동반(東班)과 서반(西班), 내관(內官)과 외관(外官)의 양반으로 구분하여 왔다. 음양사상의 사고 유형이 밑바탕에 깔려있다.

중앙에는 각기 부서가 있어 사무를 분장하였다. 궁중 사무를 관장하는 내관(內官: 宮內部) 12부와 일반 행정 사무를 담당하는 외관 10부의 22부로 조직되어 있었다.[18] 여기서 '내'와 '외'로 나눈 것이라든지, 10부와 12부로 나눈 배경에는 중국 고대부터 내려온 십간, 십이지의 관념과 음양사상이 작용한 듯하다. 특히 외관 10부 가운데 사군부(司軍部)·사도부(司徒部)·사공부(司空部)·사구부(司寇部)는 국가 행정의 중추기관으로서 군사·토목·교육·형벌 관계의 업무를 관장하였다. 부서명칭은 『주례』에 나오는 육관의 명칭을 모방한 것이다.

또한 고대국가의 성장에 따라 왕도(王都: 京畿)와 지방에까지 행정구역이 설정되었다. 왕도의 행정구획은 한성시대(漢城時代)에 이미 이루어졌고 이후 웅진시대에 5부제로 재편되었다. 5부는 상부·전부·중부·하부·후부를 가리킨다. 각 부는 다시 5항(巷)으로 나누어졌다.[19] 지방행정 제도는 웅진시대까지 담로제(擔魯制: 22담로)가 실시되었으나 사비시대에 와서는 방(方)·군(郡)·성(城: 縣)의 체제로 개편되었다. '방'은 동·서·중·남·북의 5방으로 구성되었으며, 방에는 방령(方領)을 두어 다스리도록 했다.[20] 행정구역을 나누면서 오분법을 적용한

18) 『주서』 권49, 「百濟傳」

19) 위와 같음.

20) 『北史』 권94, 「百濟傳」

것은 오행사상의 반영으로 보인다.

백제의 정치기구 가운데 중요한 의미를 지닌 것의 하나가 남당(南堂)이다. 남당은 삼국시대 부족집회소가 발전한 중앙정치기구로서 '도당(都堂)' 이라고도 한다. 백제뿐만 아니라 신라에도 이 기구가 있었다.[21)]백제에서는 고이왕 28년(261), 왕이 남당에 임석하여 대신들로부터 정사를 들었다고 한다. 이것이 백제 남당제도의 시초로 보인다.[22)] 초기에는 왕과 대신들이 모여 국가의 정사를 논의하고 집행하는 정청(政廳)의 구실을 하였으나, 후일 정치기구가 복잡해지고 행정 부문이 분리되면서부터 중대한 회의나 연회(宴會), 그 밖의 의식을 행하는 의례적인 것으로 변모하였다.[23)]

이 남당은 『예기』에 나오는 '명당(明堂)' 에서 비롯되었을 것으로 본다. 『예기』 「명당위(明堂位)」 편을 보면 "옛날 주공(周公)이 제후들을 명당의 위(位)에 입조(立朝)시켰을 때, 천자(成王)는 부의(斧依: 도끼무늬 병풍)를 뒤로 하고 명당 중앙에 남쪽으로 향하여 섰다" 고 하였다. 또 "명당이라는 것은 제후의 존비(尊卑)를 밝히는 곳이다" 고 하였다.[24)] 명당은 본디 천자가 남면(南面)하여 제후들의 조회를 받는 곳이었다. 그러다가 후일 천자가 정사를 논의 집행하는 정청(政廳)으로 발전하였을 것이다. 『예기』의 명당에 대한 주석을 보면, '남면지실(南面之室)' 을 의미한다고 하여 '남당' 이라고 한 예가 많다. 중국 고전에서는 '남면' 이라는 용어가 제왕이 만민을 다스리는 것의 대명사로 쓰여 왔다. 임금을

---

21) 『삼국사기』 권2, 신라본기 沾解尼師今 3년 7월조 ; 同 5년 1월조, 味鄒尼師今 7년조, 訥祗麻立干 7년 4월조, 眞平王 7년 3월조 등에 남당에 관한 기사가 보인다.

22) 『삼국사기』 권24, 백제본기, 고이왕 28년조.

23) 이병도, 「古代南堂考」, 『서울대학교논문집』 인문사회과학 제1집, 1954.

24) 『예기』, 「明堂位」 "昔者, 周公朝諸侯于明堂之位, 天子負斧依南鄕而立. …… 明堂也者, 明諸侯之尊卑也."

'남(南)' 이라 표현한 고전까지 있다.[25] 특히 『주역』을 보면 '남면' 을 향명(嚮明: 向明)으로 해석하였다.

> 이(離)는 불을 상징한다. 밝은 것이어서 만물이 모두 서로 볼 수 있다. 이(離)는 남방을 표현하는 괘다. 성인은 남쪽을 향하여 천하의 사정을 듣는다. 밝은 곳을 향하여 정치하는 일은 대개 이괘(離卦)에서 본받은 것이다.[26]

여기서 명당이 곧 남당임을 알 수 있게 된다. 이 제도는 후대까지 계속되었다. 고이왕 때로부터 200여 년이 지난 동성왕 때에도 그에 관한 기록이 보인다.[27] 이후 고려시대의 도당회의(都堂會議)인 도병마사(都兵馬使: 후일 都評議使司)나 조선시대의 비변사(備邊司) 등 국가의 중추 기구로 그 맥이 이어졌다.

백성을 통치하고 국가 체제를 정비하면서 빼놓을 수 없는 것이 역법이다. 『주서(周書)』에 의하면, 백제에서는 송(宋)의 원가력(元嘉曆)을 채용하여 인월(寅月)을 세수(歲首)로 삼았다고 한다.[28] 일찍이 안연(顏淵)이 공자에게 나라를 다스리는 방법을 물었을 때, 공자는 먼저 역법을 꼽으면서 하나라의 것을 쓰는 것이 좋다고 하였다.[29] 인월이 한 해의 시작

---

25) 『논어』, 「雍也」 "雍也, 可使南面." ; 『논어』, 「衛靈公」 "無爲而治者, 其舜也與. 夫何爲哉, 恭己正南面而已矣." ; 『예기』, 「郊特牲」 "君之南鄉, 答陽之義也, 臣之北面, 答君也." ; 『國語』, 「周語(中)」 "鄭伯, 南也."

26) 『주역』, 「說卦傳」 "離也者明也, 萬物皆相見, 南方之卦也. 聖人南面而聽天下, 嚮明而治, 蓋取諸此也."

27) 『삼국사기』 권26, 백제본기, 東成王 11년 11월조.

28) 『주서』 권49, 「百濟傳」 "用宋元嘉曆, 以建寅月爲歲首."

29) 『논어』, 「衛靈公」 "顏淵問爲邦, 子曰: 行夏之時, 乘殷之輅, 服周之冕, 樂則韶舞." 인월(1월)을 1년의 시작으로 한 것은 중국 하나라 때의 역법이며, 은나라 때는 丑月(12월), 주나라 때는 子月(11월)을 한 해의 첫머리로 하였다.

으로 정착된 것은 대개 공자 이후부터다. 역법은 국가의 기원과 직결되는 것일 뿐 아니라, 농사와 해양 생활에 없어서는 안 될 중요한 것이다. 고대 농경사회부터 매우 중시되어 왔으며, 특히 유교문화권인 중국의 주변 국가에서 이를 중요시하였다. 중국에서는 전통적으로 왕자(王者)가 새로 나라를 세우면 반드시 달력을 고쳐 그 달력이 통치권이 행해지는 영역에서 사용되도록 하여 왔다. 중국의 주변 국가에서는 중국의 역법을 사용하여 왔다. 이를 '정삭을 받든다'〔奉正朔〕고 한다. 신속(臣屬)을 의미하는 사대적(事大的)인 정치 행위다.

백제에서 채용한 원가력은 원래 중국 남조(南朝) 송나라 원가(元嘉) 22년(445)에 사용되어 65년간 계속되었다. 백제에서도 비슷한 무렵에 채용되어 멸망 때까지 200여 년간 시행된 것으로 짐작된다.[30] 원가력은 큰 달과 작은 달을 안배하는 평삭법(平朔法)과 1년을 24등분하여 절기(節氣)를 정하는 평기법(平氣法)을 썼다. 우수(雨水)를 기수(氣首)로 하였으며, 19년에 윤달을 일곱 번 두는 칠윤법(七閏法)을 채택하는 등 당시로써는 비교적 우수한 역법이었다. 백제에서 원가력을 채용한 데에는 외교 관계상 송나라에 대해 사대(事大)의 형식을 취한 측면이 있지만, 그보다는 기년(紀年)에서 역법이 갖는 중요성과 농경사회에서의 필요성에 따라 우수한 역법이 요청되었기 때문이라고 본다. 백제에서 역법의 중요성과 필요성을 인식한 것은 유교의 왕도정치사상과 관련하여 주목할 만한 사실이다. 이 역법은 다시 일본으로 건너가 일본 고대의 문화 발전에 기여하였다.

이밖에 유교의 정치이념과 관련된 것으로, 먼저 양민지정(養民之政)에 유의했던 것을 들 수 있다. 『삼국사기』에 의하면, 비류왕 9년(312)에

---

30) 李殷晟, 「무령왕릉의 誌石과 元嘉曆法」, 『동방학지』 제43집, 연세대학교, 1984, 64-65쪽.

왕이 사람을 보내 백성의 질고(疾苦)를 순문(巡問)케 하여, 홀아비 · 과부 · 고아 및 자식 없는 사람으로 자활(自活)할 수 없는 자에게 곡식 3석씩을 주도록 했다고 한다. 천하에 의지할 곳 없는 사궁민(四窮民)을 우선적으로 보살피는 것은 『맹자』에서 말한 바다.[31] 인정(仁政)의 시작으로서 오늘의 복지 정책과도 통한다. 『주서』에 의하면, 백제에서는 풍년과 흉년에 따라 차등을 두어 세금을 징수하였다고 한다.[32] 형벌을 덜고 세렴(稅斂)을 적게 하는 것은 인정의 양대 덕목이다.[33] 풍흉에 따라 세금에 차등을 두는 제도는 조선 세종 때 실시한 연분구등법(年分九等法)의 선하(先河)를 이루는 것으로서, 그 바탕에는 애민 · 휼민의 사상이 깔려 있다.

3. 학술문화의 발달과 유교사상

백제는 한문화(漢文化)의 영향을 깊이 받은 북방 부여계의 일족이 남하하여 세운 나라다. 개국 이전부터 이미 지도층에서는 한문을 습득하였던 것으로 보인다. 중국 측 역사서에 다음과 같은 기록이 보인다.

> 진한(辰韓)의 언어는 마한과 다르다. 나라를 방(邦)이라 하고 활을 호(弧)라 하고, 도적을 구(寇), 술잔 돌리는 것을 행상(行觴)이라 한다.[34]

---

31) 『맹자』, 「梁惠王(下)」 "鰥寡孤獨, 此四者, 天下之窮民而無告者, 文王發政施仁, 必先斯四者."

32) 『주서』 권49, 「百濟傳」 "賦稅以布絹絲麻及米等, 量歲豊儉, 差等輸之."

33) 『맹자』, 「梁惠王(上)」 "王如施仁政於民, 省刑罰, 薄稅斂, 深耕易耨."

34) 『삼국지』 권30, 「辰韓傳」 "其言語不與馬韓同, 名國爲邦, 弓爲弧, 賊爲寇, 行酒爲行觴."

> 모자를 관(冠)이라 하고 저고리를 복삼(複衫)이라 하며 바지를 곤(褌)이라 한다. 그들의 말은 중국과 같다. 이것은 역시 진한(秦韓) 때의 유습이다.[35)]

진한시대부터 이미 중국문화의 영향이 어느 정도였는지 짐작할 수 있게 한다. 이러한 문화적 전통을 계승한 백제에서는 근초고왕 · 근구수왕 때, 즉 4세기 후반에 이르러 아직기(阿直岐) · 왕인(王仁) 등을 일본에 보내 한학(漢學)을 전하였으며, 박사 고흥(高興)에 의해 국사(國史)인 『서기(書記)』가 편찬되는 등 한학에서 큰 발전을 보기에 이르렀다.

『구당서』「동이열전」에 의하면 "그들의 서적에 오경 · 자(子) · 사(史)가 있다. 또 표(表) · 소(疏)는 모두 중화(中華)의 법을 따랐다"[36)]고 하였다. 당시 지식인 계층에서 유교 경전을 비롯하여 제자백가서 · 역사서 등이 폭넓게 읽혔으며, 한학의 수준 역시 상당한 경지에 이르렀음을 짐작케 한다. 특히 표 · 소 등 외교 문서가 중국과 겨룰 만큼 국제적 수준에 도달하였음은 개로왕 18년(472)에 북위(北魏)에 보낸 국서(國書)[37)]를 통해 엿볼 수 있다. 문체와 내용 등에서 국제적 감각을 갖추었다. 또 654년에 세워진 것으로 추정되는 사택지적비(砂宅智積碑)는 사륙변려체(四六騈儷體)의 화려하고 세련된 문장으로 되어 있다. 백제인의 정서와 지적 수준, 문학적 경지 등을 엿볼 수 있다.

한학의 발달은 여러 가지 편찬 사업을 가능하게 하였다. 근초고왕 때 박사 고흥에 의해 편찬된 『서기』가 잘 알려진 예다.

---

35) 『梁書』 권54, 「百濟傳」 "呼帽曰冠, 襦曰複衫, 袴曰褌, 其言參諸夏, 亦秦韓之遺俗云."

36) 『舊唐書』 권199(上), 「百濟傳」 "其書籍有五經子史, 又表疏竝依中華之法."

37) 『魏書』 「百濟傳」에 실린 것을 『삼국사기』 권25, 백제본기 개로왕 18년조에 전재하였다.

고기(古記)에 이르기를 "백제는 개국한 이래 아직 문자로 사실을 기록함이 없었다. 이때에 이르러 박사 고흥을 얻어 비로소 『서기(書記)』를 갖게 되었다"고 했다. 그러나 고흥은 다른 사서에 나타난 적이 없으므로 어떤 사람인지는 알지 못하겠다.[38)]

여기서 '아직 문자로 사실을 기록함이 없었는데' 운운한 것은, 당시까지 한문으로 기사(記事)한 것이 없었다는 말이 아니라, 국사를 편찬한 일이 없었다는 말이다. 『일본서기』에 『백제기(百濟記)』·『백제본기(百濟本紀)』·『백제신찬(百濟新撰)』 등의 역사서가 인용되어 있음을 볼 때 『서기』 이외에도 여러 종류의 사서가 편찬되었음을 알 수 있겠다.[39)]

학술문화 발전의 진원지 구실을 하는 것은 교육기관이다. 백제의 교육기관에 관한 기록은 사서에 나타나지 않는다. 다만 박사 왕인의 예에서 볼 수 있듯이 근초고왕 때 이미 전문가의 칭호를 가진 박사가 있었다. 특히 무령왕·성왕 연간에는 오경박사라는 관직이 있었음이 일본측 사서에 보인다. 또 오경박사 이외에 역박사(曆博士)·와박사(瓦博士) 등 여러 부문의 박사가 있었음도 확인된다.[40)] 여러 박사 중에서도 오경박사가 가장 중시되었다. 오경박사를 비롯한 여러 부문의 박사들이 일본에 초빙되어 일본 고대 문화의 계발에 크게 공헌하였다.

오경박사 제도로 미루어 볼 때, 백제에서 국립대학을 설립하여 박사를 두고 자제(子弟)를 교육하였음이 분명하다.[41)] 중국 시안(西安)의 대

---

38) 『삼국사기』 권24, 백제본기, 근초고왕 30년조.

39) 이 역사서들은 모두 전하지 않는다. 편찬 연대와 편찬자에 대해 알 수 없다.

40) 초기에는 박사라는 명칭만 등장하다가 후기로 가면서 오경박사 및 醫·易·曆 등 여러 분야의 專業博士로 세분화하는 것을 보면, 백제 교육제도의 분화와 정착과정을 짐작할 수 있다.

41) 대만의 학자 高明士는 백제에도 학교(태학)가 있었다고 주장하면서, 그와 관련된

당서시박물관(大唐西市博物館)에 소장된 백제 유민 진법자(陳法子) 묘지명은 백제에도 국립대학인 태학이 있었음을 증명한다. 진법자(615~691)는 본디 웅진도독부 서부 출신으로, 관등이 은솔(恩率)에 이르렀다. 660년 백제 멸망 당시 당나라 군대에 투항, 입당(入唐)한 뒤 30여 년을 더 살다가 시안에서 죽었다. 진법자의 묘지명에는 묘주(墓主)의 가계가 증조부터 기록되어 있다. 이에 따르면 증조 진춘(陳春)은 백제에서 태학(太學)의 정(正)을 지냈으며 관등은 은솔이었다고 한다. '정' 은 태학의 최고 책임자로 추정된다.[42)]

한편, 백제에서는 무왕 41년(640)에 자제들을 당나라에 보내 국학(國學)에 입학시켰다. 당시 당나라의 국학이 대성황을 이루었기 때문에 고구려 · 신라 등과 같이 경쟁적으로 유학생을 파견한 것이었다.[43)] 이해에는 고구려 · 백제 · 신라뿐만 아니라 고창(高昌) · 해(奚) · 토번(吐蕃) 등에서도 당나라 국학에 유학생을 파견하였다고 한다. 『삼국사기』에서는 그 이유에 대해

> 이때 당나라 태종은 천하의 명유(名儒)들을 많이 불러들여 학관(學官)을 삼고 자주 국자감에 거둥하여 그들로 하여금 강론케 하였다. 학생으로 능히 대경(大經: 『예기』, 『춘추좌씨전』) 하나 이상에 통달한 자는 다 관리에 보(補)함을 얻었다. 학사(學舍) 1,200칸을 증축하고 학생 수를 늘려 3,260인에

사실로 박사제도, 經史 등 교재의 유입, 국내외 정세 등을 들었다. 그는 동진과의 교류, 그리고 고구려로부터의 문화적 충격이 백제가 학교를 설립하는 계기로 작용하였다고 주장한 바 있다. 高明士, 「백제 학교 교육의 발전」, 『백제연구』 제11집, 충남대학교 백제연구소, 1982 참조.

42) 김영관, 「百濟遺民 陳法子 묘지명 연구」, 『백제문화』 50, 공주대학교, 2014 참조.

43) 『삼국사기』 권5, 신라본기, 善德王 9년조 및 권18 고구려본기 榮留王 23년조, 권27 백제본기 武王 41년조 참조.

> 이르게 하니, 이에 사방의 학자가 구름과 같이 경사(京師: 長安)에 모여들었다.[44]

고 하는 사관(史官)의 설명을 실었다.

중국 양나라 무제 때에는 백제에서 사신을 보내 강례박사(講禮博士)를 구하여 양나라에서 육후(陸詡)를 보낸 일이 있었다.[45] 또 성왕 12년(534)과 19년(541)에도 양나라에 사신을 보내『열반경(涅槃經)』등 경의(經義)와 모시박사(毛詩博士)를 구빙(求聘)한 일이 있었다.[46] 당시 양나라와 백제는 외교상으로뿐만 아니라 문화적으로 깊은 유대 관계를 맺고 있어, 여러 부문에 걸쳐 선진 문물을 단시일에 용이하게 수용할 수 있었다. 특히 모시박사나 강례박사를 초빙한 사실로 미루어 백제에서 오경에 대한 연구가 더욱 활기를 띠어 유학의 중심을 이루었을 것으로 보인다. 오경박사를 청한 데에는 일본에 유학을 전하기 위한 목적도 있었던 듯하다. 이는 백제에서 그만큼 유학에 대한 연구가 심화되었음을 증명한다.

---

44)『삼국사기』권5, 신라본기, 善德王 9년조.

45)『陳書』권33,「儒林傳 - 鄭灼」"陸詡少習崔靈恩三禮義宗, 梁世百濟國表求講禮博士, 詔令詡行." ;『南史』권71,「鄭灼傳」참조.
양나라에서 육후를 백제에 파견한 일과 관련하여 조선 후기 실학자 李德懋는 다음과 같이 말하였다. "상고하건대, 양무제 天監 11년(512)은 곧 백제 무령왕 12년이다. 이해에 백제가 양나라에 사신을 보내 入朝하였으니, 육후가 백제에 온 연도는 혹 이해이거나, 아니면 그 이듬해일 것이다. 대개 백제의 王號는 方言을 많이 채택해 오다가, 성왕 1년(523)에 비로소 謚法을 제정하여 그 父王에게 '무령'이라는 시호를 올렸고, 그 이후로 계속 시호를 사용하여 聖王·威德王·惠王·法王·武王이라 하였다. 이는 다 육후가 예를 강론해 준 결과다. 자세한 것은 상고할 수 없으니 안타까운 일이다"(『靑莊館全書』권60,「盎葉記(七)」〈陸詡〉)

46)『梁書』권54,「百濟傳」"中大通六年, 大同七年, 累遣使獻方物, 幷請涅槃經等經義, 毛詩博士·幷工匠·畵師等, 敕竝給之."

백제는 초기에는 한(漢)·고구려 등 북방문화의 영향을 받다가, 근초고왕 때 전진(前秦)·고구려·신라의 삼국 연맹에 대항, 남중국의 동진(東晉)과 통교(通交)한 이후부터는 중국의 남조문화를 수용하여 문화상의 단조로운 성향을 극복하고, 다양하고 세련된 문화를 이룩해 나갔다. 『주서』에 의하면

(백제 사람들은) 고서(古書)와 역사서를 좋아한다. 그 가운데 좀 뛰어난 자는 자못 글을 지을 줄 안다. 또 음양과 오행을 터득하고, 송나라의 원가력을 사용하여 인월(寅月)을 세수(歲首)로 삼았다. 또한 의약(醫藥)과 복서(卜筮)·관상(觀相)하는 방법을 알았다. …… 승니(僧尼)와 절·탑이 몹시 많았으나 도사(道士)는 없다.[47]

〈백제금동대향로〉

고 하였다. 백제의 학술 문화는 개방성과 다양성이 특징이다. 유교·불교 등 여러 가지 철학·종교·사상과 역사·문학, 그리고 음양·오행·역법·의술·복서·서화 등에 이르기까지 폭넓고 수준 높은 학술 문화를 발전시킬 수 있었다. 또 이를 일본에 전하여 문화적 종주국의 지위를 누렸다.

1993년 부여군 부여읍 능산리(陵山里)에서 발굴된 백제금동대향로(百濟金銅大香爐)는 조형미라든지 예술성 등에서 백제 최고의 걸작이라 할 만하다. 더욱이 그에 담긴 우주관·자연관·삼교사상(三敎思想) 등 조형적 배경은 실로 백제 인문정신의 총화

47) 『주서』 권49, 「百濟傳」 "俗重騎射, 兼愛墳史. 其秀異者, 頗解屬文. 又解陰陽五行, 用宋元嘉曆, 以建寅月爲歲首. 亦解醫藥卜筮占相之術. …… 僧尼寺塔甚多, 而無道士."

(叢花)라 할 수 있다. 높이 64cm에 달하는 이 금동향로는 크게 뚜껑과 몸통 두 부분으로 나누어진다. 뚜껑 위에는 힘차게 날갯짓하는 천계(天雞)[48]를, 몸통 아래 좌대(座臺) 부분에는 역동적인 모습의 용틀임을 조각하여 양과 음의 세계를 상징하였다. 몸통에는 불교의 연화화생관(蓮花化生觀)을 시사한듯 만개한 연화(蓮花)를 새겨 놓았다. 뚜껑에 열 지어 서 있는 심산유곡(深山幽谷)은 중국 한대(漢代) 박산향로(博山香爐)의 영향을 느낄 수 있지만, 백제 산수문전(山水文塼)의 평면적인 산들을 입체화시켜 놓은 듯하며, 산과 폭포와 시냇물 사이에서 악기를 연주를 하거나 명상에 잠긴 모습의 신선들, 불로장생하는 삼라만상 등은 백제의 도선사상(道仙思想)을 엿보게 하는 중요한 시사점이다. 이 향로는 유·불·선 삼교의 종합적인 모형도다. 이를 통해 백제에서의 '삼교합일(三教合一)'의 경지와 삼교 각각의 사상적 종교적 수준을 엿볼 수 있다고 본다.[49]

이 향로는 유학사상과 관련하여 중요성을 띤다. 유교의 정치이념을 형상화하여 '신인상화(神人相和)'의 이상적인 경지를 지향하였다는 점에서 그렇다. 천계 바로 아래에서 다섯 명의 악사가 음악을 연주하고, 범·사슴·멧돼지 등이 즐겁게 춤을 추며, 물속에서 물고기가 노니는 모습은, 곧 『서경』에 "팔음의 악기가 잘 어울려 서로 차례를 빼앗음이 없어야 신과 사람이 화합할 것이다"[50]고 한 것이라든지 "석경(石磬)을

48) 종래에는 뚜껑 위의 새를 봉황 또는 朱雀이라 하였고, 深山을 蓬萊山이라 하여 '金銅龍鳳蓬萊山香爐'라 명명한 바 있다. 그러나 봉황이 아니라 天雞(수탉)이고, 봉래산이 아니라 博山(곤륜산)이라는 설이 제기되면서 논란을 피해 명칭을 '백제금동대향로'로 바꾸었다. 봉황이냐 천계냐에 대해서는 더 논의가 있어야 되겠지만, 백제권에 있는 명산 '雞龍山'의 이름과 무관하지 않은 듯하다.

49) 權寧遠, 「백제의 崇文精神으로 본 扶餘世家와 儒·佛·仙 삼교사상」, 『백제의 종교와 사상』, 충청남도, 1994, 63-67쪽 참조.

치고 어루만지자 온갖 짐승이 따라서 춤을 추었다"[51]고 한 것을 형상화 한 것으로, 궁극적으로는 『주역』 중부괘(中孚卦)에 이른바 '믿음이 돼지와 물고기에까지 미친다'는 신급돈어(信及豚魚)의 경지를 지향한 것이라 하겠다. 상하의 믿음이 지극하면 무지한 사물까지도 감통시킬 수 있다는 이상적인 정치이념의 제시다. 여기서 다시금 '접화군생(接化群生)'의 풍류사상을 되새기게 된다.

4. 백제유학의 일본전파

일본은 예부터 한국의 고대문화를 받아들여 저들의 아스카시대(飛鳥時代)의 문화적 기반을 이룩하였다. 특히 백제의 영향은 지대한 것이었다. 백제의 학술 문화가 성했다는 사실은 『일본서기』·『고사기』·『속일본기(續日本記)』·『화한삼재도회(和漢三才圖會)』 등 일본의 고대 역사서가 전한다. 아직기·왕인에 의해 처음 전해졌고 이어 오경박사의 파견으로 계속 전파되었던 백제의 유학은 불교와 함께 일본의 문화를 선도하는 밑바탕이 되었다. 일본에서는 백제에서 건너와 유학사상과 한학을 전한 박사 왕인을 일본문화의 비조(鼻祖)로 받들고 있다.[52] 여기서는 유학을 비롯한 유교문화의 일본전파에 대하여 살펴보고자 한다.

---

50) 『서경』, 「舜典」 "八音克諧, 無相奪倫, 神人相和."

51) 『서경』, 「益稷」 "夔曰: 於! 予擊石拊石, 百獸率舞."

52) 일본에는 왕인에 관한 사적과 문헌이 많이 남아 있다. 그러나 한국에는 왕인에 관한 제1차 기록이 없으며, 일본 측의 문헌을 인용한 제2차 자료들이 있을 뿐이다. 왕인이 태어나 생활했다고 하는 전라남도 영암에는 유적비와 사당이 세워져 있을 뿐 별다른 것이 없다. 다만 『동국여지승람』 권35, 靈巖郡 月出山條에 고려 명종 때의 시인 金克己가 박사 왕인의 일생을 추모하면서 지은 七言排律이 실려 있는 것으로 보아, 당시까지 왕인의 유적과 옛 문헌들이 전해졌음을 짐작할 수 있다.

먼저 한 가지 문제가 되는 점이 있다. 그것은 곧 백제의 유학이 일본에 전파되었다고 하는, 근초고왕대로부터 아신왕대(阿莘王代)에 걸친 약 60년간(일본 神功皇后~應神天皇)의 기록에서, 일본 측의 역사서 자체에 불일치가 있을 뿐 아니라, 한・일 양측의 사서 간에 2주갑(二周甲: 120년)의 연대 차이를 보인다는 점이다. 한・일 학자들의 연구 결과, 일본 사서 가운데 표준으로 삼을 만한 『일본서기』의 기년(紀年)이 『삼국사기』의 기년보다 120년 정도 올라가 있으므로, 문제가 되는 120년의 차는 이를 전부 깎아내려야 한다는 데 의견 접근을 보이고 있다.

먼저 아직기와 왕인에 대한 일본 측 사서의 기록을 살펴보면 다음과 같다.

> ① 응신천왕(應神天皇) 15년 8월 정묘일에 백제왕이 아직기를 파견하여 양마(良馬) 2필을 보내왔다. …… 아직기는 경전을 잘 읽었으므로 태자 토도치랑자(菟道稚郞子)의 스승으로 삼았다. 천황이 아직기에게 "혹시 (백제에) 너보다 나은 박사가 있느냐?" 고 물으니 "왕인이라는 분이 있는데 이분이 우수하다" 고 대답하였다. 그래서 상모야군(上毛野君)의 조(祖)인 황전별(荒田別)과 무별(巫別)을 백제에 보내 왕인을 모셔왔다. 그 아직기는 아직기사(阿直岐史)의 시조다.[53]
>
> 16년 2월에 왕인이 왔다. 태자 토도치랑자가 그를 스승으로 삼아 여러 전적(典籍)을 학습하였는데, 통달하지 않음이 없었다. 이른바 왕인은 서수(書首) 등의 시조다. 이해에 백제의 아화왕(阿花王: 阿莘王)이 죽었다. 천황은 직

53) 『일본서기』 권10, 應神天皇條 "十五年秋八月壬戌朔丁卯, 百濟王遣阿直岐, 貢良馬二匹. …… 阿直岐亦能讀經典, 卽太子菟道稚郞子師焉. 於是, 天皇問阿直岐曰: 如勝汝博士亦有耶. 對曰: 有王仁者, 是秀也. 時遣上毛野君祖荒田別・巫別於百濟, 仍徵王仁也. 其阿直岐者, 阿直岐史之始祖也."

지왕(直支王)을 불러 말하기를 "그대가 본국으로 돌아가서 왕위를 계승하라!" 고 하였다.[54)]

② 백제 임금 조고왕(照古王: 근초고왕)이 수말과 암말 각 1필을 아지길사(阿知吉師)에게 부쳐 보내고, 또한 횡도(橫刀) 및 대경(大鏡)을 보내왔다. 또 백제에 현인(賢人)이 있거든 보내달라고 하니, 명을 받고 화이길사(和邇吉師)라고 하는 이를 보내왔다. 이 사람이 『논어』 10권과 『천자문』 1권을 가지고 와서 바쳤다.[55)]

두 역사서 모두 응신조(應神朝)의 일이라고 기록되어 있다.[56)] 그런데 이를 백제의 연대와 비추어 보면 차이가 있다. 전자는 아신왕(재위 392~405) 때, 후자는 근초고왕(재위 346~375) 때에 해당한다. 어느 쪽의 연대를 믿고 따라야 할지 의문이나, 이 무렵의 『일본서기』의 기년이 한국의 그것과 120년의 일정한 차가 있으므로 『일본서기』의 연대를 따르는 편이 옳다고 본다. 그렇다면 아직기와 왕인의 도일(渡日) 연대는 일단 아신왕 13년(404)과 14년(405)으로 각각 볼 수 있겠다.

『일본서기』에 보이는 아직기는 『고사기』에 보이는 아지길사(阿知吉師)요, 왕인은 화이길사(和邇吉師)이다. 길사(吉師: キシ)란 백제에서 귀인(貴人)이나 대인(大人)을 의미하는 존칭인 듯하다. 이는 백제에서 왕

54) 『일본서기』 권10, 應神天皇條 "十六年春三月, 王仁來之, 則太子菟道稚郎子師之, 習諸典籍於王仁, 莫不通達. 所謂王仁者, 是書首等之始祖也. 是歲, 百濟阿花王薨, 天皇召直支王謂之曰: 汝返於國以嗣位. 仍且賜東韓之地而遣之."

55) 『古事記』 중권, 應神 20년조 "百濟國主照古王, 以牡馬一疋牝馬一疋, 付阿知吉師以貢上, 亦貢上横刀及大鏡. 又科賜百濟國若有賢人者貢上, 故受命以貢上人, 名和邇吉師. 卽論語十卷, 千字文一卷, 幷十一卷, 付是人卽貢進"

56) 『續日本記』 권40, 桓武紀, 延曆 10년조에서는 왕인의 渡日年代를 久爾辛王(재위 420-427) 때라고 하였다.

을 '건길지(鞬吉支)' (『周書』, 百濟傳)라 한 데서 연유한 것으로 보인다. 즉, 『일본서기』에서 백제왕을 'コニキシ' (konikisi) 또는 'コキシ' (kokisi)라고 훈독(訓讀)한 것은 『주서』에 보이는 '건길지' 와 음이 같음을 알 수 있다. '건' 은 'コニ' 또는 'コ' 로 훈독되니 이는 우리말로 '큰' 〔大〕의 사음(寫音)이고, '길지(吉支)' 는 '길사(吉師)' 와 같이 'キシ' 로 발음되며 귀인을 의미한다.[57] 그들의 원래 이름은 '아지' 와 '화이' 요, '길사' 는 존칭인 것이다.

아직기가 전지왕(腆支王: 直支王)이라는 설이 있다.[58] 그러나 이를 뒷받침할 만한 방증이 충분하지 않고, 단지 백제에서 파견된 사신으로 보는 것이 일반적 견해다. 왕인의 경우, 순수한 백제 학자라는 설과 중국계 후예라는 설이 대립된다. 전자는 주로 한국 학자가, 후자는 일본 학자가 제기하였다. 중국계 후예라고 한 설은 주로 『속일본기』에서 "왕인은 한고조(漢高祖)의 후예로 백제에 귀화한 왕표(王狗)의 후손이다"[59]고 한 데 근거한다. 사실 낙랑문화의 역사적 위치에 비추어 볼 때, 왕인이

57) 이병도, 『한국 고대사회와 그 문화』, 서문당, 1984, 193쪽.

58) 柳承國·佐伯省義의 설이 대표적이다. 류승국은 『일본서기』 應神天皇 16년조에서 "이 해에 백제 阿花王(阿莘王)이 돌아가니 천황이 直支王을 불러, 백제로 돌아가 嗣位하도록 했다" 고 한 것과 『삼국사기』에서 腆支王을 '一云 直支王' 이라고 한 것을 근거로 하면서, 直支의 支와 阿直岐의 岐가 모두 'ki' 로 발음되며 또 漢字가 서로 통용된다는 점에 착안, 아직기가 곧 直支王이라고 주장하였다. 즉, 일본 측 舊說로 응신천황 16년은 서기 285년에 해당한다. 이를 백제의 紀年에 따라 120년을 낮추면 서기 405년이 되므로, 前年인 응신천황 15년에 渡日한 아직기가 그 이듬해 환국하여 왕위를 계승하였다는 것이다(류승국, 『한국유학사』, 82쪽). 그러나 腆支가 백제·倭와의 結好에 의해 왜국에 볼모로 간 해는 서기 397년이고, 아직기가 처음으로 왜국에 온 것은 404년으로 도왜 연대가 다르다. 또한 아직기가 왕족이라는 사실을 증명할 만한 문헌은 없다. 아직기와 전지왕이 서로 다른 사람이라는 추정이 가능하다. 더욱이 아직기가 阿直岐史의 시조라고 한 것으로 보면, 그는 백제로 돌아가지 않고 왜국에 남아 뿌리를 내렸을 가능성이 높다.

59) 『續日本記』 권40, 桓武紀 延曆 10년 4월조.

낙랑시대에 한반도에 들어와 많이 살았던 중국계 왕씨 일문일 가능성이 없지는 않다.[60] 낙랑시대의 고분을 비롯한 여러 유적에서 출토된 벽돌〔塼〕에는 왕씨·한씨(韓氏) 등의 씨성(氏姓)이 가장 많이 나타난다. 이들 씨성을 가진 사람들 중에는 중국계 후예들이 많았다. 한 예로 낙랑 때의 학자인 왕경(王景)도 그 조상이 중국인이었다.[61]

그러나 중국식 성씨를 가진 사람이라고 해서 중국계로 볼 수는 없다. 한사군의 설치 전후로 토착 조선인 사회에서도 중국식 성씨를 모방한 예가 더러 있었다. 한씨의 경우 낙랑 이전 조선왕실에서도 칭성(稱姓)하여 왔다. 『고사기』에서는 아직기와 왕인의 본래 이름을 '아지'와 '화이'로 적고 있다. 고려 명종 때의 시인 김극기(金克己)는 왕인을 '이옹(邇翁)'이라 하여 이를 뒷받침한다.[62] 이를 볼 때 왕인은 순수한 백제인임이 분명하다. 다만 본명인 화이를 왕인이라 서칭(書稱)한 것은, 그가 왜국에 귀화한 뒤 그의 자손들이 본명과 가까운 음을 취해 중국식 씨성으로 고쳤거나,[63] 아니면 왜인들이 화이를 왕인으로 바꿔 읽은 뒤 왕씨가 중국계라고 부회(附會)하였을 것이다.[64] 일본어로 화이나 왕인은 모두 'ワニ'(wani)로 발음된다.

왕인이 가지고 간 『논어』 10권과 『천자문』 1권이 어떤 종류의 것인가. 『논어』의 경우, 한위(漢魏) 이래로 집해본(集解本)이 두 종 있었다. 하나는 후한 때 정현(鄭玄)이 주해(注解)한 것(10권)이고 다른 하나는 삼국시대 위(魏)나라 정시(正始) 연간(240~249)에 하안(何晏)이 집해한 것(10권)이다. 근초고왕 때로부터 아신왕 때에 이르는 시기에는 백제가

60) 金元龍, 「三國과 中日間의 문화교류」, 『한국사의 재조명』, 독서신문사, 1977, 136쪽.
61) 『후한서』 권76, 「循吏列傳」 참조.
62) 『신증동국여지승람』 권35, 靈巖郡, 〈月出山〉조 "邇翁貿貿忽訪我, ……"
63) 이병도, 『내가 본 어제와 오늘』, 박영사, 1975, 198쪽.
64) 류승국, 『한국유학사』, 79쪽.

중국 동진(東晉)과 매우 활발한 교류를 하였고, 당시 동진에서는 『하안집해』가 한창 유행하였다. 이러한 관계로 미루어 볼 때 백제에서 『하안집해』를 일종의 신서(新書)로 수입했을 가능성이 많다. 이 『하안집해』가 양서(良書)로 채택된 나머지 왕인에 의해 일본에 전해졌던 것이 아닌가 한다.[65] 『천자문』 역시 삼국시대 위나라 종요(鍾繇: 151～230)가 찬(撰)한 것과 남조 양(梁)나라 무제(武帝: 재위 502～549) 때 주흥사(周興嗣)가 찬한 것 두 종류가 있다.[66] 연대상으로 볼 때 종요의 것임에 이설(異說)이 있을 수 없다.

한편, 아직기와 왕인이 일본에 건너가 유학과 한학을 전한 이래 백제에서 많은 학자들이 일본으로 건너가 학술을 진흥시킴으로써, 왜인들을 개명(開明)시키는 데 중요한 구실을 하였다. 근구수왕(재위 375～384) 때에는 왜국이 사신을 보내 학자를 구빙(求聘)하므로, 왕이 종친 중에서 사람을 가리되, 특히 왕의 손자인 진손(辰孫: 일명 智宗)을 보내 유학사상을 천명하고 문교를 흥륭(興隆)케 하였다.[67] 또 남으로 천도(遷都)한 뒤에는 오경박사 · 역박사(易博士) · 역박사(曆博士) · 의박사(醫博士) · 와박사(瓦博士) 등 백제의 우수한 학자 · 문인 · 기술자, 그리고 승려 등의 왕래가 빈번하였다. 『일본서기』에 의하면 무령왕 13년(513)에 백제에서 오경박사 단양이(段楊爾)를 보내왔고, 동 16년(516)에도 오경박사 고안무(高安茂)를 보내 먼저 와 있던 단양이와 교대하게 하였다.[68]

---

65) 이병도, 『한국 고대사회와 그 문화』, 194-196쪽.
그러나 근자에 일본에서 唐抄本 鄭玄注 『논어』가 발견된 것을 보면, 전통적으로 『何晏集解』보다 더 권위가 있었던 鄭玄注 『논어』가 전해졌을 가능성도 적지 않다.

66) 전자는 "二儀日月, 雲露嚴霜"으로 시작되고 후자는 "天地玄黃, 宇宙洪荒"으로 시작되어 내용이 다르다.

67) 『속일본기』 권40, 桓武紀 延曆 9년 7월조.

68) 『일본서기』 권17, 繼體天皇 7년 6월조 "…… 貢五經博士段楊爾." ; 동 권17, 繼體天

성왕 32년(554)에도 오경박사 왕유귀(王柳貴)를 보내 마정안(馬丁安)과 교대하게 하였다.[69] 교대제는 이후에도 계속되었다. 이는 백제의 인재들이 일본으로 건너간 뒤 저들로부터 우대를 받아 본국에 귀환하지 않고 영주(永住)함에 따라, 본국이 문화적으로 상당한 손실을 보게 되므로 부득이 마련한 듯하다.

백제에서 교대제에 따라 파견되는 학자 · 문인 · 기술자뿐만 아니라, 왜국에 귀화 영주한 백제인의 자손으로서 문사직(文史職)과 기술직을 세습하여[70] 왜국의 문화 발전에 이바지한 사람이 많았다. 이 가운데 진손(辰孫: 근수구왕의 후손)의 후예라고 하는 왕진이(王辰爾: 일명 智仁)는 유학과 한문학에서 으뜸가는 명성을 떨쳤다. 그는 민달천황(敏達天皇: 재위 572~585) 때 사람이다. 유학과 한문학에 특출하여 당대 제일의 학자로 꼽혔는데, 불법을 믿지 않고 문사(文史)를 좋아하는 천황의 각별한 애중(愛重)을 받았다. 일본 최고(最古)의 한시 선집으로 751년에 편찬된 『회풍조(懷風藻)』의 서(序)에서는 왕인과 왕진이가 선후로 계기(繼起)하여 유학을 천명함으로써 사람들이 공맹지학(孔孟之學)에 추향(趨向)하게 되었다고 평하였다.

> 백제가 입조(入朝)하여 용편(龍編: 經籍)을 마구(馬廐)에 펼치고 고려(高麗: 고구려)가 표문을 올려 오책(烏册: 表文)을 조문(鳥文: 文字)에 그렸다. 왕인이 처음으로 경도(輕島: 應神天皇의 都)에서 몽매한 자들을 인도하고, 진이(辰爾)가 역전(譯田: 敏達天皇의 都)에서 가르침을 행하므로, 마침내 사람들

皇 10년 9월조 "別貢五經博士漢高安茂, 請代博士段楊爾, 依請代之."

69) 『일본서기』 권9, 欽明天皇 15년 2월조 "貢五經博士王柳貴, 代固德馬丁安."

70) 당시 倭人 사회에서는 문인이나 학자를 史(フヒト)라 하고, 수공기술자를 手人(テヒト)라 하였다.

로 하여금 점점 수사(洙泗)의 풍(風)에 들게 하였으며 사람들이 제로(齊魯)의 학문을 좇게 되었다.[71)]

이 밖에도 백제에서 위덕왕 1년(554)에 역박사(曆博士)를 파견하고, 무왕 3년(602)에 승(僧) 관륵(觀勒)이 일본으로 건너가 역본(曆本)과 천문 · 지리서를 전함으로써, 마침내 왜국에서 추고(推古) 12년(604) 1월, 송(宋)의 원가력(元嘉曆)을 채용하기에 이르렀다. 역법은 유교(특히 『서경』)에서 특별히 중시하는 것이다. 원가력의 채용은 일본의 역사 편찬, 가령 『일본서기』 기년 등에도 큰 영향을 주었다.

그러나 보다 더 획기적인 일은, 추고시대의 섭정이었던 구호(廐戶: 聖德)태자가 백제에서 전래된 유학사상을 바탕으로 관제와 헌법(憲法) 17조를 제정하였다는 점이다. 성덕태자는 고구려 승려 혜자(慧慈)에게 불교를 배우고 백제에서 파견된 것으로 보이는 박사 각가(覺哿)에게 유학을 배워 내 · 외전(內外典)에 통달하였다.[72)] 그는 추고 11년(603)에 처음으로 대덕(大德) · 소덕(小德) · 대인(大仁) · 소인(小仁) · 대례(大禮) · 소례(小禮) · 대신(大信) · 소신(小信) · 대의(大義) · 소의(小義) · 대지(大智) · 소지(小智) 등 12단계의 관위(官位)를 제정했다.[73)] 이는 유교의 기본 덕목인 오상(五常)에다 오행사상을 가미한 것이다. 오행의 순위에 따라 오상을 배치하되, 다만 '덕' 은 오행을 총섭(總攝)한다는 의미에서 수위(首位)에 둔 것이다.[74)] 이듬해 제정한 헌법 17조 역시 제2조의 '독경

---

71) 『懷風藻』, 〈序〉 "百濟入朝, 啓龍編於馬廐, 高麗上表, 圖烏册於鳥文, 王仁始導蒙於輕島, 辰爾終敷教於譯田, 遂使俗漸洙泗之風, 人趨齊魯之學."

72) 『일본서기』 권22, 推古天皇 원년 "且習內教於高麗僧慧慈, 學外典於博士覺哿, 竝悉達矣."

73) 『일본서기』 권22, 推古天皇 11년 12월조.

74) 『聖德太子傳曆』 "太子始製五行位, 德仁義禮智信, 各有大小, 德攝五行也, 故置頭首."

삼보(篤敬三寶)'라고 특거(特擧)한 것을 제외하고는 대부분 유학사상에 입각하여 통치 원리를 규정하였다.[75] 그 가운데서도 제1조의 '이화위귀(以和爲貴)', 제4조의 '이례위본(以禮爲本)', 제9조의 '신시의본(信是義本)', 제11조의 '상벌필당(賞罰必當)', 제15조의 '배사향공(背私向公)', 제16조의 '사민이시(使民以時)' 등은 유교 경전에서 특히 강조되는 사항들이기도 하다.

백제의 역사서와 그 유전(流傳)에 관한 사실도 빼놓을 수 없다. 근초고왕 때 박사 고흥의 『서기』를 효시로 하는 백제의 역사서는 일본의 고대 역사서를 대표하는 『일본서기』·『고사기』 등의 편찬에 지대한 영향을 끼쳤을 것으로 추정된다. 특히 『일본서기』의 주에 인용된 『백제기』·『백제본기』·『백제신찬』 등은 모두 백제인이 찬한 것으로 저들의 사서 편찬에 중요한 자료가 되었다.

이상과 같이 백제문화는 여러 부문에 걸쳐 왜국에 전파되어 저들의 정신문화와 물질문명을 계발하는 데 지대한 공헌을 함으로써, 마침내 아스카(飛鳥)시대의 다채롭고 수준 높은 문화를 탄생하게 하였다. 아스카시대의 문화는 백제문화의 이식이요 연장이나 다름없다. 백제야말로 고대 일본에게는 '은사(恩師: 師傅)의 나라'인 것이다. 특히 유학사상을 전수하여 저들의 문물제도 정비에 막대한 영향을 끼치고 나아가 정신적 측면에까지 상당한 영향을 끼쳤음은 간단히 평가할 수 없을 것이다.

〔주요 참고논문〕

이병도, 「백제학술 및 기술의 일본전파」, 『백제연구』 제2집, 충남대학교, 1971.

75) 『일본서기』 권22, 推古天皇 12년 4월조.

제3장

新羅의 儒教思想

1. 신라유교의 발전 양상과 한계

신라에도 한학(漢學)이 수입됨과 동시에 유교사상이 전래하여 보급되었을 것이다. 한학이 수입된 시기는 문헌이 없어 잘 알 수는 없으나, 대개 건국 이전에 이미 진역(秦役)을 피해 망명한 중국인들에 의해 한자가 전래하였으며, 이후 4세기 후반 선진 고구려와 교섭이 잦았던 내물왕 때를 전후로 한학이 차츰 보급되었을 것으로 추정된다. 다만 한학의 소양을 갖춘 부류가 상류 지배층에 국한되어 있었고, 한학 수준 역시 대체로 유치하였던 것이 4~5세기의 실정이었다. 『양서』에 의하면 "(신라에는) 문자가 없어서 나무에다 (부호를) 새겨, 이것으로 남과 약속을 했으며, (중국인과의) 언어 소통에는 백제 사람을 중간에 놓아야만 했다"[1]고 하였다. 그러나 이것을 근거로 신라에 한문의 전래가 늦은

---

1) 『梁書』 권54, 「新羅傳」 "無文字, 刻木爲信, 言語待百濟而後通焉."

것으로 보기는 어렵다. 아마도 신라인이 상거래(商去來)를 할 때 후세의 '어음대' 처럼 나무에 새겨 신표로 삼은 것을 백제인의 선전에 의하여 그대로 기록한 것이 아닌가 한다.[2)]

『삼국사기』「신라본기」 유리이사금 5년조(28)에 다음과 같은 대목이 있다.

> 왕이 국내를 순행하다가 한 노파가 주리고 얼어 거의 죽어감을 보고 "내가 왕위에 있으면서 능히 백성을 기르지 못하고 노유(老幼)로 하여금 이러한 지경에 이르게 하였다. 이는 나의 죄다"라 하고는, 옷을 벗어 덮어주고 음식을 먹인 뒤, 이내 유사(有司)에게 명하여 곳곳마다 홀아비, 홀어미, 아들 없는 이, 병든 이로서 자활할 수 없는 자를 위문하여, 식료(食料)를 주고 부양케 하였다.

환(鰥)·과(寡)·고(孤)·독(獨)에게 자인(慈仁)을 베푸는 것은, 중국 고대 문왕(文王) 이래로 옛 성왕(聖王)들이 인정(仁政)을 베풀 때 가장 먼저 유의했던 사항이다. 『맹자』「양혜왕(하)」에 그 사실이 보인다. 위의 기사는 후세 역사가에 의해 유교적으로 수식된 기미가 있는 듯하나, 어찌 되었든 한학이 전래되지 않는 상태에서 이와 같은 유교의 정치사상이 원용되기란 불가능한 일이 아닐 수 없다. 이를 볼 때, 유리이사금(재위 24~57) 당시에 유교사상이나 한학이 민간에까지 보급되었는지 여부는 논외로 치더라도, 유교사상이 이미 위정자들에게 국가의 통치이념으로 받아들여졌던 것만은 확실하다고 하겠다. 따라서 인(仁)·효(孝)·충(忠)·신(信) 등 유교에서 강조하는 윤리적 덕목들이 위정자들

2) 이병도, 『한국사 - 고대편』, 을유문화사, 1959, 573쪽.

에게 폭넓게 요구되었다. 한 예로 눌지마립간(재위 417~458) 때 "내 차라리 신라의 개나 돼지가 될지언정 왜국의 신하는 되지 않겠노라" 외치고는 나라를 위해 분연히 죽음을 택했던 박제상(朴堤上)의 절사(節死)에서 볼 수 있듯이, 이미 '충'을 백성된 사람의 도리로 여기게 되었다.

한편, 최치원의 「지증대사비명(智證大師碑銘)」에는 다음과 같은 대목이 있다.

> 계림(鷄林)의 지경은 금오산(金鰲山) 곁에 있는데
> 예부터 선(仙)과 유(儒)에 기특(奇特)한 이가 많았네.
> 어여쁠손, 희중(羲仲: 신라 왕을 비유)이여! 직무에 태만하지 않고,
> 다시금 불일(佛日)을 맞아 공(空)과 색(色)을 분별하였구나.[3)]

위에서 말한 '선'과 '유'는 중국으로부터 전래한 신선사상과 유교사상이 아니다. 뭐라 이름할 수 없어 '선'이라 하고 '유'라 하였지만, 「난랑비서」에서 말한 바와 같이 우리나라에는 '선(仙: 僊)' 사상의 맥락과 유교사상에 부합되는 사상적 맥락이 본래부터 있었다는 말이다. 이 증언은 역사상 초유의 것이다. 이 증언을 「난랑비서」의 내용, 즉 우리의 고유사상인 풍류도에 유교적 요소가 포함되어 있다는 사실과 연관 지어 이해할 수도 있다고 본다.

신라에서는 지증마립간 이래로 법흥왕 · 진흥왕 시대를 거치면서 유교사상이 사회 전반에 전파되고 뿌리를 내려 상당한 실효를 나타내기도 하였다. 선덕여왕 9년(640)에는 왕공자제(王公子弟)들을 당나라에 보내 국자감에서 경서를 배우도록 하였다.[4)] 진덕여왕 2년(648)에는 김춘

---

3) 『최문창후전집』, 197쪽 "鷄林地在鰲山側, 仙儒自古多奇特. 可憐羲仲不曠職, 更迎佛日辨空色."

추(金春秋)가 당나라에 들어가 석전(釋奠)과 강론(講論)을 참관하는 등 교육제도를 시찰하고 돌아왔다.[5] 이와 같은 예는 신라에서 선진 중국의 학술문화 수용과 교육제도의 도입에 주목하였던 증거라 하겠다.

그러나 이와 같은 관심과 노력에도 뚜렷한 성과를 거두지는 못하였다. 삼국통일 이전의 신라에서 화랑도의 활동 등을 통해 유교사상이 사회 저변에 활발하게 전파되었다고는 하지만, 국가 차원의 지원을 받는 제도적 교육을 통해 착실히 보급되지 못했으므로, 학술적 측면에서는 높은 수준으로 끌어올릴 수 없었다. 이것이 신라의 유교가 갖는 한계성이다. 이러한 한계성은 삼국통일 이후 선진 문물제도의 폭넓은 수용과 도당유학생(渡唐留學生)의 증가, 교육제도의 정비 등을 통해 점차 해소되어 갔다.

2. 정치이념으로서의 유교사상

신라는 지증마립간(재위 500~514) 시대를 기점으로 법흥왕과 진흥왕 시대를 거치면서 급속히 발전하였다. 6세기에 이르러 고대국가의 체제가 확립되었다. 그 바탕이 되었던 유교사상과 한학 역시 괄목할 만한 발전을 보여 주었다. 지증마립간 3년(502)에는 일찍이 공자가 "처음으로 용(俑)을 만든 사람은 그 후손이 끊어지리라"[6]고까지 극언하면서 비인도적인 처사로 배격하였던 순장(殉葬)을 금지했고, 동 4년에는 '덕업일신(德業日新), 망라사방(網羅四方)' 이라는 유교적 색채가 농후한 뜻을

4) 『삼국사기』 권5, 신라본기, 선덕여왕 9년조.
5) 『삼국사기』 권5, 신라본기, 진덕여왕 2년조.
6) 『맹자』, 「梁惠王(上)」 "仲尼曰: 始作俑者, 其無後乎."

취해 '신라(新羅)'라고 국호를 정하였다. 동시에 거서간(居西干)·차차웅(次次雄)·이사금(尼師今)·마립간(麻立干) 등의 방언(方言)으로 일컬어져 왔던 왕칭을 유교식으로 '왕'이라 일컬었다. 또 동 5년, 6년에는 중국류(中國流)의 상복제(喪服制)와 주(州)·군(郡)·현(縣)의 제도를 정하였으며, 동 15년(514)에는 유교식 시호법(諡號法)이 처음으로 시행되었다. 이어 법흥왕 7년(520)에는 율령을 반포하고 백관의 공복(公服)을 제정하였으며, 동 23년(536)에는 유교식의 연호를 사용하기 시작하였다. 지증·법흥왕 양대(兩代)는 국가체제를 정비하느라고 분주 다망하였던 시기라 하겠다.

이로부터 신라에서는 국가 체제와 사회 질서를 유지하는 기본 이념으로서 유교사상이 확고하게 뿌리를 내리게 되었다. 다음 진흥왕대에는 유교사상에 입각한 왕도정치, 즉 덕치(德治)를 내외에 표방함과 동시에 제도의 정비에 박차를 가하였으며, 당시까지 축적된 문화 역량을 발휘하여 『국사(國史)』를 편찬하였다. 또한 화랑제도를 창설하는 등 일련의 국력강화 시책을 전개하고 국토확장을 지속적으로 도모해 나감으로써, 삼국통일의 기반을 조성하였다. 이후 진평왕으로부터 선덕·진덕왕의 시기를 거치면서 유교의 정치사상에 대한 이해가 한층 심화되었다. 무열왕 때에 이르러서는 중국문화에 대한 향모(向慕)의 열기로 모화사상이 고조되기도 하였다. 아울러 중국 수(隋)·당(唐)과 직접 교통함으로써, 그간 고구려·백제 두 나라에 의지하던 문화적 부용성(附庸性)에서 탈피함과 동시에 신라문화의 대전환을 가져오는 계기를 마련하였다.[7]

진흥왕은 어려서 즉위하여 일심(一心)으로 불교를 받들었다. 말년에

7) 이병도, 『韓國史-고대편』, 을유문화사, 1959, 574-575쪽.

는 머리를 깎고 부처에 귀의하여 생애를 마쳤다. 그러나 그는 불교를 독실하게 믿으면서도 정치이념 또는 제왕학(帝王學)으로서 유교사상을 매우 중시하였다. 재위 기간에 국토의 확장에 진력하여 변경을 순시하면서 요처에 순수관경비(巡狩管境碑)를 세웠다. 비문에는 국왕으로서 통치의 정당성을 천명함과 아울러 자신이 행할 본분을 유교의 왕도사상에 입각하여 밝히고 유교 윤리를 백성에게 널리 권장하는 내용이 들어 있다. 진흥왕 29년(568) 무렵에 세운 것으로 추정되는 황초령비(黃草嶺碑)·마운령비(磨雲嶺碑)에서는 다음과 같이 말하였다.

(A) 순풍(純風)이 불지 않으면 세도(世道)가 참된 것에서 어긋나고, 현화(玄化)가 펴지지 못하면 사특한 것이 서로 다투게 된다. 이런 까닭에 제왕(帝王)이 명호(名號)를 세움에 자기 몸을 닦아 백성을 편안케 하고자 하지 않음이 없다.

(B) 짐(朕)은 역수(曆數)가 내게 돌아와, 위로 태조 이래의 기틀을 이어 왕위를 계승하였다. 몸을 조심하고 스스로 삼가 천도에 어긋날까 두려워한다. 또 하늘의 은혜를 입어 운명의 기록〔運紀〕[8]을 열어서 보임에, 그윽한 가운데 천신(天神), 지기(地祇)와 통하였으며, 부록(符籙)[9]에 응하고 '천산(天筭)'[10]에 합치되었다. 이에 따라 사방에서 자기 나라의 국경(國境)을 들어 맡겨옴으로써 백성과 영토를 널리 얻게 되었고, 이웃 나라가 신의(信義)를 맹세함으로써 화호(和好)의 사절이 서로 통하게 되었다. ……

(C) 이에 무자년(568) 8월에 변경을 순수(巡狩)하고 민심을 살펴 노고에 보

---

8) 연호 '太昌'(크게 창성하리라는 뜻)을 가리킨다. '帝王建號'와 조응되는 말이다.
9) 뒷날 일어날 일을 미리 알아서 몰래 적어 놓은 글.
10) 하늘이 점지한 운명.

> 답하고자 한다. 만일 충신정성(忠信精誠)한 인물이나, 재주가 뛰어나고 명찰(明察) 신속한 인물이나, 적과 싸움에서 용감한 인물이나, 나라를 위해 절개를 다하고 공로가 있는 무리들은 벼슬과 재물로 포상하여 빛나는 공적을 표장(表章)하는 바이다.[11]

위의 중심 내용인 '수기이안백성(修己以安百姓)' 은 유교 정치이념의 기본으로 『논어』「헌문(憲問)」편에 나오는 말이다. 이웃 나라와의 교제에서 신(信)과 화(和)를 강조한 것도 유교사상에 바탕을 둔 것이다.[12] (A)단에서는 세도인심(世道人心)에 제왕(帝王)의 치화(治化)가 중요함을 강조하고 '수기안인(修己安人)' 이 제왕의 본분임을 밝혔다. 민족 고유의 순풍을 닦아 현화를 펴는 것이 유교에서 말하는 '수기치인' 의 이념과 다르지 않다는 논리가 이채롭다. (B)단에서는 진흥왕 자신의 즉위가 하늘의 뜻에 의한 것인 만큼, 하늘의 뜻을 위임받은 임금으로서 나라를 다스리면서, 천도에 어긋나지 않도록 끊임없이 노력하겠노라고 다짐하였다. (C)단에서는 유교 윤리에 입각한 여러 덕목을 권장함과 동시에 신상필벌(信賞必罰)의 원칙을 뚜렷이 하여 백성의 나갈 바를 확연히 제시하였다. 왕자(王者)의 통치 의지를 충실하게 표현한 것이라 하겠다. 진흥왕대의 이러한 정치 이념은 화랑도 정신의 한 갈래를 이루었을 뿐 아니라, 이후 문무왕의 통치 이념으로도 이어져 삼국통일의 정신적 기반이 되었다. 여기서 진흥왕이 자신의 즉위를 말하면서 '하늘의 신, 땅

---

11) 『조선금석총람』 상권, 9쪽 "純風不扇, 則世道乖眞, 玄化不敷, 則邪爲交競. 是以, 帝王建號, 莫不修己以安百姓. 然朕曆數當躬, 仰紹太祖之基, 纂承王位, 兢身自愼, 恐違乾道. 又蒙天恩, 開示運紀, 冥感神祇, 應符合算. 因斯四方託境, 廣獲民土, 隣國誓信, 和使交通. …… 於是, 歲次戊子秋八月, 巡狩管境, 訪採民心. 以欲勞賚. 如有忠信精誠, 才超察厲, 勇敵强戰, 爲國盡節, 有功之徒, 可加賞爵物, 以章勳效."

12) 『대학』, 傳三章 "與國人交, 止於信."

의 신과 은밀하게 통한다' 고 하거나 '부록(符籙)의 내용에 부응하고 천산(天算)에 합치된다' 고 한 것은 전통사상의 특성 가운데 신비적 측면이 강조된 것으로 볼 수 있다.

진흥왕의 업적 가운데 빼놓을 수 없는 것의 하나가 『국사』를 편찬한 일이다. 『삼국사기』에 의하면, 진흥왕 6년(545) 이찬(伊飡) 이사부(異斯夫)가 "국사란 군신(君臣)의 선악(善惡)을 기록하여 만대에 포폄(褒貶)을 보이는 것입니다. 이를 기록하여 놓지 않으면 후세에 무엇을 볼 수 있겠습니까"[13]라고 아뢰니, 왕이 이 말을 받아들여 대아찬(大阿飡) 거칠부(居柒夫)에게 문사(文士)를 널리 모아 국사를 수찬(修撰)하도록 했다 한다. 이사부가 상주한 내용에 나타난 유교의 수훈사관(垂訓史觀)은 춘추사관에 바탕을 두며, 춘추사관은 '포폄정신(褒貶精神)' 을 기본으로 한다. 유교에서 역사 서술은 '옛일을 거울삼아 오늘의 일을 경계한다' 는 '감고계금(鑑古戒今)' 에 근본 취지가 있으며, 전통적으로 왕도정치를 구현하는 한 방편으로 여겨져 왔다. 대개 국가적 사업의 일환으로 착수된 국사 편찬에는 여러 가지 지원이 필요하지만, 무엇보다도 성숙한 문화 역량의 축적이 요구된다. 당시 신라에서 정사(正史) 성격을 지닌 『국사』를 편찬했다는 것은 그만큼 문화 역량이 성숙하였음을 의미한다. 여기에 유교사상이 지대한 영향을 끼쳤음은 재언의 여지가 없다.

덕치를 이룩하려는 노력은 임금 자신뿐만 아니라, 임금을 보필하는 신하들에 의해서도 지속되었다. 한 예로 김후직(金后稷)의 충간(忠諫)을 들 수 있다. 김후직은 진평왕이 사냥을 즐겨 정사를 소홀히 하자 다음과 같이 충간하였다.

---

13) 『삼국사기』 권4, 신라본기, 진흥왕 6년조.

옛날의 임금은 하루에도 만 가지 정사를 보살피되, 심사원려(深思遠慮)하였고 바른 선비들의 직간(直諫)을 받아들였으며, 부지런하여 감히 편안하고 방심하지 않았습니다. 그런 까닭에 덕정(德政)이 순미(純美)하여 국가를 보전할 수 있었던 것입니다. 그런데 지금 전하께서는 날마다 광부(狂夫), 엽사(獵師)와 함께 매와 사냥개를 풀어 꿩과 토끼를 쫓아 산과 들로 달리면서 그만두시지를 않습니다. 『노자(老子)』에 이르기를 "말 달리며 날마다 사냥하는 것은 사람의 마음을 미치게 한다"(馳騁田獵, 令人心狂)하였고, 『서경(書經)』에서는 "안으로 여색에 빠지고 밖으로 사냥을 일삼으면, 그중의 하나가 있어도 혹 망하지 아니함이 없다"(內作色荒, 外作禽荒, 有一于此, 未或不亡)고 하였습니다. 이를 볼 때, 안으로 마음을 방탕히 하면 밖으로 나라를 망하게 하는 것이니 반성하지 않을 수 없습니다. 전하께서는 유념하십시오.

왕이 끝내 따르지 않자 김후직은 임종 시에 유언을 남겨 왕이 사냥 다니는 길가에 묻어달라고 청하였다. 어느 날 왕이 사냥을 가는 도중에 무덤 곁을 지나자 "가지 마시오!"라는 소리가 들리는 듯하므로, 어디서 소리가 나느냐고 묻자, 종자(從者)가 "김후직의 무덤입니다"고 하였다. 그제야 왕은 눈물을 흘리면서 "그대가 죽은 뒤에도 잊지 않고 나를 사랑함이 이토록 깊도다. 만일 내가 끝내 고치지 않으면, 무슨 면목으로 그대 혼령을 대하겠는가"라 하고는 이후 죽을 때까지 사냥을 하지 않았다고 한다.[14] 원래 간법(諫法)은 중국 고대부터 내려 온 전통으로서 유교에서 특히 중시하였다. 후일 간직(諫職)이 별도로 설치되고 상소제도(上疏制度)가 활성화되기도 하였다. 유교에서 말하는 '간법'은 아랫사람이 윗사람에게 올바른 도리를 건의하는 방법이다. 어떤 사실을 처리

14) 『삼국사기』 권45, 「金后稷傳」

할 때 합리적 타당성을 모색하려는 데 그 취지가 있다. 그러므로 임금과 신하 상호간에 신뢰와 은의(恩義)를 기본 전제로 한다.[15] 임금이 신하를 신뢰하지 못한다면, 신하가 죽음을 무릅쓰고 충직하게 간한다 하더라도 임금은 자신을 헐뜯는다고 생각하기 십상이다. 이는 『논어』에서 경계하는 바이기도 하다.[16]

임금의 통치 행위나 명령이라 하더라도 그것이 부당할 때는 맹종하는 것이 아니라 올바른 도리에 따르도록 온갖 방법으로 설득하는 것이 충간이다. 역사상 목숨을 걸고 간하는 경우가 적지 않았다. 충간은 정의와 인도를 중시하는 유교정신에 입각한 정치 행위의 하나다. 김후직의 충간은 간법의 전형을 따른 것이다. 당시 신라에서 간법이 정치적으로 보편화되었음을 알려주는 것이라 하겠다.

3. 花郞道와 유교사상

화랑도는 풍류도(風流徒)·풍월도(風月徒)·국선도(國仙徒) 등 여러 가지로 불렸다. 화랑도는 6세기 무렵 청소년으로 조직된 민간단체였다. 이는 도의(道義)를 닦고 교양을 쌓아 개인의 인격 완성을 도모하고 심신을 단련하여 유사시에는 전투원이 될 수도 있는, 국가에 유용한 인재를 양성하는 데 그 목적이 있었다. 단순한 수양단체가 아니고, 국가와 사회 발전에 여러 면에서 이바지하는 기능적인 단체였다.

이와 같은 성격을 지닌 단체는 신라뿐 아니라 고구려와 백제에도 있었다. 다만 신라에서 가장 활발한 활동을 전개하였던 것이 사실이다.

15) 류승국, 『한국유학사』, 95쪽.

16) 『논어』, 「子張」 "君子 …… 信而後諫, 未信則以爲謗己也."

『삼국사기』의 기록에 의하면, 신라에서 화랑도가 제도적으로 설치된 해가 진흥왕 37년(576)이다. 다른 기록에 의하면 그 기원은 이전으로 거슬러 올라간다. 진흥왕 초에 체계화된 것으로 보인다.[17] 따라서 종래부터 있어 왔던 민간단체를 국가적으로 편제한 것으로 이해함이 온당할 듯하다. 일찍이 진흥왕은 "나라를 흥하게 하려면 풍월도를 먼저 일으켜야 된다"[18]고 하였다. 화랑도가 창설된 발상에는 나라를 새롭게 일으킨다는 점이 전제되어 있었다.

화랑도와 유교사상의 관련성을 살필 때 중요한 것은 근본정신과 수양 방법이다. 신라 말의 명유(名儒) 최치원(崔致遠)은 「난랑비서」에서 다음과 같이 말하였다.

> 우리나라에 현묘한 도가 있다. 이를 풍류(風流)라고 한다. 설교(設教)한 근원은 『선사(仙史)』에 자세히 실려 있는데, 그 내용은 삼교를 포함한 것으로서 군생(群生)을 접(接)하여 변화하게 한다. 이를테면 집에 들어가 부모에게 효도하고 나와서 나라에 충성하는 것은 노사구(魯司寇: 孔子)의 취지이며, 무위(無爲)의 일에 처하고 불언(不言)의 가르침을 행하는 것은 주주사(周柱史: 老子)의 종지이며, 모든 악한 일을 하지 않고 착한 행실만 받들어 행하는 것은 축건태자(竺乾太子: 釋迦)의 교화다.[19]

17) 『삼국사기』 권44, 「斯多含傳」에 의하면 "당시 사람들이 그를 화랑으로 받들기를 청하므로 부득이 맡았다" 고 하였다. 사다함은 진흥왕 24년(563) 무렵에 이미 죽었다. 또한 『동국통감』에 의하면 "진흥왕 원년(540) 童男으로서 용모 단정한 자를 가려 風月主라 이름하고, 善士를 구해 그 무리를 삼았다" 고 기록되어 있다. 이를 볼 때 그 기원이 적어도 30여 년 정도 소급됨을 알 수 있다.

18) 『삼국유사』 권3, 「彌勒仙花 未尸郎 眞慈師」 "王又念欲興邦國, 須先風月道."

19) 『삼국사기』 권4, 신라본기, 진흥왕 37년조.

최치원이 던진 명제 '포함삼교(包含三敎)'는 화랑도의 핵심 강령을 말하는 과정에서 제기된 것이다. 어떤 이는 최치원이 유교의 핵심을 충·효로 파악한 것이라 보기도 한다. 또 어떤 이는 최치원이 유교의 핵심을 충·효로 파악했다면 그 수준이 의심스럽다고 비판하기도 한다. 위에서 말한 세 강령은 고유사상의 핵심 내용의 일부이면서 동시에 고대인들의 생활양식이었다. 생활양식, 실천 강령을 중심으로 설명하다 보니 세 가지 큰 줄거리만 말한 것이다.

최치원이 증언한 바와 같이 화랑도의 사상적 연원은 민족 고유의 전통과 사상에 있었고, 화랑도는 삼교의 사상적 요소를 갖춘 풍류도를 지도이념으로 받들었다. 다만 신라에 의한 삼국통일 이전에는 유교적 색채가 가장 강하였다고 할 수 있다.

> (진흥왕은) 천성이 멋스럽고 신선(風流)을 크게 숭상하였다. 민가의 아름다운 처녀를 가려 원화(原花)로 삼았다. 그것은 무리를 모아 (그 중에서) 인물을 선발하고, 또 그들에게 효제(孝悌)와 충신(忠信)의 도를 가르치려 함이었다. 역시 나라를 다스리는 대요(大要)였다.[20]

> (화랑제도가 확립되고부터) 사람에게 악(惡)을 고쳐 선(善)으로 옮기게 하고, 윗사람을 공경하고 아랫사람에게 순(順)하게 하니, 오상(五常)·육예(六藝)와 삼사(三師)·육정(六正)이 왕의 시대에 널리 행하여졌다.[21]

---

20) 『삼국유사』 권3, 「彌勒仙花 未尸郎 眞慈師」

21) 위와 같음 "…… 自此使人悛惡更善, 上敬下順, 五常六藝, 三師六正, 廣行於代."
五常은 仁·義·禮·智·信이고 六藝는 禮·樂·射·御·書·數이며, 三師는 太師·大傅·太保이고 六正은 聖臣·良臣·忠臣·智臣·貞臣·直臣이다.

삼국통일 이전 국가가 다사다난(多事多難)할 때는 충효(忠孝)의 도가 강조된 대신, 통일 이후의 태평시대에는 자못 도교적인 경향을 띠었다. 화랑을 국선(國仙) 또는 선랑(仙郞)이라고 일컬은 것은 이런 연유라고 본다.[22)]

화랑도의 교육 방법, 수련 방법은 단체생활에서 화목과 친밀감을 도모하는 데 초점을 맞추었으며, 인간의 정신 계발과 정서 함양을 중시한 것이 공통점이라 하겠다. 그 내면을 들여다보면 철저하게 조화적·중용적 인간상에 맞추어졌다. ① 서로 도의로써 연마하고(相磨以道義) ② 서로 노래와 음악으로써 즐기며(相悅以歌樂) ③ 산수에서 놀면서 즐겨 멀어도 가지 않은 곳이 없다(遊娛山水, 無遠不至)고 하였다. 삼교사상의 영향이 혼재함을 엿볼 수 있다. ①은 다분히 유교적이고 ②와 ③은 도(道)·불(佛)의 색채가 농후하다. 특히 ②와 ③의 수양 방법은 예술 방면에서 여러 자취를 남기게 하였고, 화랑도가 풍월도 또는 풍류도라는 별칭을 얻는 데 직접적인 구실을 하였다.

삼국 정립기(鼎立期)에 창설되고 조직화하였던 만큼 화랑도가 무(武)의 수련에 치중하였을 법하지만 그렇지 않았다. 무에 못지않게 문(文)을 중시하여 문무겸전한 인재를 길러냈다. 또 인간의 정신과 육신을 함께 건전하고 조화 있고 균형 있게 발전시켜 나가야 한다고 하는 영육쌍전의 정신을 이 땅에 뿌리내리게 하였다. 이성과 감성의 조화 문제도 화랑들의 교육에서 매우 중요한 문제였다.

도의로써 연마하는 것이 이성 쪽에 관계된 것이라면, 후자는 감성 쪽에 해당하는 것들이다. 신라 화랑들이 나라를 위해 전장(戰場)에 나가 목숨을 초개(草芥)처럼 버리면서도, 인간 본래의 정감과 순수성을 잘 갈

---

22) 이병도, 『한국유학사』, 40쪽.

고 닦았기 때문에 백성과 고락을 함께하는 지도자가 될 수 있었다. 화랑들은 산수간(山水間)에 놀면서 심신을 수련하고 가악으로써 정감을 발휘하였다. 국토를 순례(巡禮)하면서 애국심을 고취하고 개인의 정감을 문학과 예술로 승화시켰다. 낭도(郎徒)에 향가(鄕歌) 작가가 많은 것은 이유가 있다. 이성과 감성의 조화를 중시하여 이를 '인간의 사정(邪正)'과 직결시킨 것은 간단히 보아 넘기기 어렵다.

화랑도는 멋을 알았으며 늘 신명이 넘쳤다. 생동감 · 역동성이 있었다. 그들은 재래의 풍류 정신을 잘 구현하였다. 풍류란 말이 본디 '신명', '신바람' 등의 의미가 있는 우리말 '부루'를 음사(音寫)한 것이라는 주장도 이와 관련이 있다. 풍류도를 다른 말로 풍월도(風月道)라고도 한 것을 보면, 이를 실천 강령으로 하는 화랑들은 확실히 정감 넘치는 인간상이었다고 할 것이다.

그러나 '풍류'는 정감적 측면으로만 해석될 수 없다. 바람도 바람 나름이다. 『논어』에서는 바람을 군자의 덕에 비유하고 소인을 풀에 비유하였다.[23] 풀은 바람이 부는 대로 흔들거린다. 세게 불면 풀이 쓰러진다. 군자의 교화란 그런 것이다. 바람에는 '화(化)'의 의미가 내포되어 있다. 바람과 물은 모든 생명을 살리는 근원적 에너지다. 또한 자연의 순리를 의미하기도 한다. 최치원의 「난랑비서」에서 '접화군생'이라 한 것을 새겨볼 필요가 있다. 교화 · 감화 · 변화 · 동화 등의 무궁한 뜻을 가진 '화'가 단군신화에 나오는 '재세이화(在世理化)'에 직결되는 것이라 할 때, 풍류도의 이성적 측면은 소홀히 보아 넘겨서는 안 될 것이다.

화랑도를 다루면서 빼놓을 수 없는 것이 오계(五戒)와 삼이(三異)다. '오계'는 화랑도의 구체적 실천윤리이며, '삼이'는 경문왕의 고사에

---

23) 『논어』, 「顔淵」 "君子之德風, 小人之德草. 草上之風, 必偃."

관련된 것으로서 ① 겸손하고 ② 검소하며 ③ 방자하지 않는 것이 바람직한 인간상이라는 내용이다.[24] 모두 유교의 가르침과 밀접한 관련이 있는데, 후일 유교적 실천윤리가 사회 저변에 뿌리를 내리도록 하나의 계기를 이룩하였다. 오계는 '세속오계(世俗五戒)' 라고도 한다. 진평왕 때의 고승(高僧) 원광법사(圓光法師)가 화랑인 귀산과 추항(箒項)에게 전수한 것이다.

불교의 계율에 열 조목의 보살계가 있지만, 그대들이 남의 신하와 자식이 되었으니 이를 감당하지는 못할 것이다. 지금 세속에 알맞은 오계가 있다. 첫째 임금을 충성으로써 섬기고(事君以忠), 둘째 어버이를 효도로써 섬기며(事親以孝), 셋째 벗을 신의로써 사귀고(交友以信), 넷째 싸움에 임해서는 후퇴함이 없어야 하며(臨戰無退), 다섯째 산 것을 죽임에 가림이 있어야 한다(殺生有擇)는 것이다.[25]

여기서 '세속에 알맞은 오계' 를 강조하면서 불교에서의 보살계를 권하지 않는 것이 눈에 띈다. 불교의 보살계가 모두 금지조항으로 되어 있는 데 비해 이 세속오계는 속세에서 마땅히 실천해야 할 기본규범을 제시한 것으로서 적극성을 띤 것이 특색이다. 다섯 조목을 분석해보면 충 · 효 · 신(信) · 용(勇) · 인(仁)과 관련된 내용이다. 이는 분명히 유교적 실천윤리에 입각한 것이라 하지 않을 수 없다. '살생유택(殺生有擇)' 일계(一戒)에 대해서는, 이를 불교와 관련이 있는 것으로 보고, 또 그 근거까지 제시하는 학자도 있지만, 불살생(不殺生)이 아닌 살생유택이라는 점에서 의문이 없을 수 없다. 원광법사의 신분이 승려였기 때문에 더

24) 『삼국유사』 권2, 「四十八景文大王」

25) 『삼국사기』 권45, 「貴山傳」

욱 그러하다. 살생유택에 대해 재차 묻는 귀산과 추항에게 원광법사는 다시 다음과 같이 설명하였다.

> 대재일(大齋日)과 봄·여름철에는 살생을 하지 말라고 하였다. 이것은 때를 가리는 것이다. 기르고 부리는 것을 죽이지 않는다고 함은 말·소·닭·개와 같은 부류를 말하는 것이다. 미물(微物)을 죽이지 않는다 함은 고기〔肉〕가 한 점〔臠〕도 되지 못하는 것을 말함이니, 이를 두고 물건을 가린다는 것이다. 다만 꼭 필요한 것에만 한하고 많은 죽음을 요구하지 않으면, 이를 세속의 선계(善戒)라 할 수 있다.[26)]

위에서 말한 대재일이란 매월 8·14·15·23·29·30일이다. 이날은 불가에서 말하는 사천왕(四天王)이 인간 세상을 돌아보면서 인간의 선악을 살피기 때문에 재계해야 한다고 한다. 그러나 이날이 비록 불가에서 비롯된 것이기는 하지만, 이는 '때를 가린다'는 것을 강조하기 위해 이끌어 온 것뿐이다. 불교의 관점은 역시 불살생임에 틀림없다. 미물을 죽이지 말고 때를 가려서 잡아야 한다는 것은 유교 경전에서 자주 강조한다. 특히 『예기』나 『맹자』에서 강조하는 바다.[27)] 아무래도 마지막 일계(一戒)는 유교사상에 바탕을 두었다고 보는 것이 타당할 듯하다. 세속오계는 유교의 오륜(五倫)을 변형한 것으로도 볼 수 있는데, 전적으로 '신라적'이라는 데서 의미를 찾을 수 있다. 중국이나 일본에서는 그 예를 찾기 어렵다.

1934년 경주에서 발견된 '임신서기석(壬申誓記石)'에서는 당시의 시

---

26) 위와 같음.

27) 『禮記』의 「月令」「王制」와 『孟子』「梁惠王(上)」 등에 보인다. 이에 대해서는 이병도, 『한국유학사』, 40쪽 참조.

대정신을 대표할 만한 또 다른 젊은이들의 의식세계를 엿볼 수 있다.

(A) 임신년 6월 16일에 두 사람이 함께 맹세하고 기록한다. 하느님 앞에 맹세한다. 지금으로부터 3년 이후로 충도(忠道)를 집지(執持)하여 과실이 없기를 맹세한다. 만약 이 일을 잃으면 하느님께 큰 죄를 얻을 것이라고 맹세한다. 만약 나라가 불안하고 세상이 크게 어지러우면 모름지기 (충도를) 행할 것을 맹세한다.

(B) 또 따로 앞서 신미년 7월 22일에 크게 맹세하였다. 『시경』·『상서』, 그리고 예전(禮傳: 禮記)을 3년에 차례로 습득할 것을 맹세하였다.[28]

이 서기는 진흥왕 13년(552), 아니면 진평왕 34년(612)에 만들어진 것으로 추정된다. 두 젊은이가 화랑인지는 분명하지 않지만, 화랑과의 관련성을 추론해봄 직하다. (A)단은 충도를 굳게 지녀 그것을 실천에 옮긴다는 것이다. (B)단은 유교 경전의 습득을 통해 실천윤리를 체득한다는 것이다. 위 내용을 보면 당시 사회에서 유교 경전을 익혀 수양의 목표로 삼는 경향이 뚜렷하였음을 짐작할 수 있다.

이 기문(記文)은 한자를 빌려 쓰되 우리말식으로 지은 것이다.[29] 문투

---

28) "壬申年六月十六日, 二人幷誓記, 天前誓. 今自三年以後, 忠道執持. 過失无誓. 若此事失, 天大罪得誓. 若國不安大亂世, 可容行誓之. 又別先辛未年七月卄二日, 大誓. 詩尙書禮傳倫得, 誓三年."
재야 서지학자 박영돈(朴永弴)은, 학계에서 '可容行誓之'라 판독하는 것은 잘못이며 '容行'이 아닌 '密行'(持戒密行)이라야 옳다고 주장하였다. 그 근거로 『법화경』, 「人記品」에서 "羅睺羅密行, 唯我能知之"라고 한 대목을 들었다. 설득력이 있어 교시 내용을 덧붙여 적는다.

29) 이병도는 그 문투가 이두(吏讀)에 앞선 것에 주목, 鄕札文의 古形이라고 주장했다. 또 한자를 빌어 우리 말을 표현한 최초의 것이라고 하면서, 이와 같은 표현방식이 변하여 이두가 된 것이라고 주장하였다. 『한국유학사』, 45-46쪽 참조.

〈임신서기석〉

가 자못 고박(古樸)하다. 유교 경전을 습득한 사람의 글치고는 조야(粗野)한 감이 없지 않다. 먼저 기문의 내용 가운데 "나라가 불안하고 …… (충도를) 행할 것을 맹세한다" 고 한 대목이 있는 것으로 보아 통일 이전임을 짐작할 수 있다. 화랑을 비롯한 신라 젊은이들의 맹약은 단순한 윤리적 신약(信約)에 머무는 것이 아니었다. 하늘을 두고 맹세하여 죽을 때까지 어김이 없는 일종의 종교적 성격을 지닌 것이었다. 일찍이 사우(死友)를 맹세하여 그것을 그대로 실천했던 사다함(斯多含)과 무관랑(武官郎) 두 사람의 맹약이나, 원광법사에게 세속오계를 받은 귀산과 추항이 백제와의 싸움에서 분전하다가 함께 전사한 것 등은 서기(誓記)에 보이는 '이인병서(二人幷誓)' 와 비슷하다고 하겠다.

'효도' 란 말은 사용된 역사가 매우 오래지만 '충도' 란 말은 실로 생소하다. '충' 이란 말에 도덕적 당위를 의미하는 '도' 자를 붙이고, 이어 '꼭 붙잡아 지닌다' 는 집지(執持)란 말까지 사용한 것을 보면 신라 사회에서 '충' 의 윤리가 얼마나 중시되었는지를 엿보게 한다. 더욱이 치자(治者)의 생각을 일방적으로 늘어놓은 것이 아니라 신라 청년들의 자발적이고 순수한 맹세를 담은 기록이라는 점에서 의미가 있다.

또 위에 나오는 '과실무서(過失无誓)' 는 『신화엄경(新華嚴經)』 등에 나오는 불가의 '무과실계(無過失戒)' 를 연상하게 한다. 유 · 불의 만남으로 해석될 만한 여지를 남겼다. 그러나 필자는 이 '과실무서' 란 말은 '충' 에 대한 일반적 해석, 즉 "자신의 최선을 다하는 것이 충이다"(盡己之謂忠)고 하는 해석과 연결해 보는 것이 온당하다고 생각한다. 당시는 국가 존망이 달린 위급한 시기였다. 74자밖에 안 되는 짧은 맹세의 글 속에 '서' 자가 7회나 나오는 것을 보면 그 정황을 엿볼 수 있다. 이처럼 때가 때인 만큼 국민 개개인이 최선을 다하여 일호(一毫)의 과실도 없게 하겠다는 다짐이 필요했을 법하다.

『삼국사기』 열전을 보면 화랑도 정신에 입각하여 늠름한 기백과 진취적 기상으로 의연한 모습을 보여준 용장예졸(勇將銳卒)의 예가 많다. 몇 가지 예를 통해 화랑도의 기풍과 기질을 살펴보면 다음과 같다.

① 위로는 국가를 위하고 아래로는 자기를 알아주는 사람을 위해 죽는다(조寧子).

② 의가 없이 사는 것은 의롭게 죽는 것만 못하다(奚論).

③ 장부는 모름지기 싸움터에서 죽어야 한다. 어찌 침상에 누워 집안사람의 (간호하는) 손에 죽을 것이랴(素那).

④ 전진(戰陣)에 임하여 용맹이 없는 것은 예경(禮經)에서 경계하는 바이고, 나아감만 있고 물러섬이 없는 것은 사졸(士卒)의 떳떳한 일이다(金令胤).

삼국 통일 이전, 당시 사회 지도급 위치에 있는 사람들에게는 '충' 의 연장선에서 구체적으로 '의(義)' 와 '용(勇)' 의 덕목이 요구되었다. 『삼국사기』「열전」에 나오는 상당수 신라 인물들이 의 · 용의 화신이라는 점은 주목해야 할 바다. 의 · 용을 중시했던 신라인들은 충과 효를 함께 이룰 수 없을 경우에는 '충' 을 우선하는 것이 충효쌍전(忠孝雙全)의 길이라는 인식을 보이기도 하였다. 이렇게 본다면, 삼국 통일 이전의 '충'

의 윤리는 신라적 색채와 시대 상황을 잘 반영한 것이라 할 수 있다. 충효 중시의 기풍은 삼국통일 이후 신라 국학에서 『논어』와 『효경』을 필수 과목으로 정하여, 『논어』의 '인' 사상과 『효경』의 '효' 사상을 국가 통치 이념이자 국민의 정신적 지주로 삼기에 이르렀다.

김대문(金大問)은 『화랑세기(花郞世紀)』에서 신라의 화랑도에 대하여 "어진 재상과 충성스러운 신하가 여기에서 배출되었고, 뛰어난 장수와 용감한 군사가 여기에서 나왔다"[30]고 하였다. 무열왕 · 경문왕 그리고 김유신 등 역대 임금과 현사(賢士) · 충신(忠臣) · 용장(勇將) · 양졸(良卒)이 대부분 화랑 출신이었다. 화랑도는 신라 국력의 저장고 구실을 하였고, 삼국통일을 이룩하는 데 원동력이 되었다. 한 시대의 중추적 위치에서 자신들에게 부여된 막중한 소임을 저버리지 않았으며, 그 정신은 신라가 멸망한 뒤에도 사라지지 않고 후대에 계승되었다. 고려 때의 대몽(對蒙) 항쟁이나 조선시대의 의병운동, 일제강점기의 독립운동 등은 화랑도의 정신이 우리 민족의 핏줄 속에 고동쳐온 대표적인 예라 하겠다.

30) 『삼국사기』 권4, 신라본기, 진흥왕 37년 "賢佐忠臣, 從此而秀, 良將勇卒, 由是而生."

제3부

南北國時代의 儒教思想

제1장

統一新羅의 儒敎思想

신라 문무왕은 '보국안민(保國安民)'의 이념으로 삼국통일의 위업을 달성하였다. '문무' 두 글자가 의미하는 것과 같이 문덕(文德)과 무공(武功)을 겸비하여 원만한 정치를 수행하고, 불교의 호국(護國)·불국토사상(佛國土思想)과 유교의 위민(爲民)·안민(安民)·보민사상(保民思想)에 입각하여 통일정치의 초석을 다졌다. 그의 평생 업적은 임종 때의 유조(遺詔)에 잘 나타난다.[1] 문무왕의 삼국통일은 단순한 영토 확장이 아니라 만백성을 위해 영원한 평화를 추구한 것이었다. 문무왕이 베푼 치적은 유교의 왕도정치 사상과 인정(仁政)의 원리에서 나온 것이라 하겠다.

이와 같은 왕도정치사상은 성덕왕 21년(722)에 처음으로 백성에게 정전(丁田)을 나누어 줌으로써[2] 더욱 무르익어 갔다. 정전이란 노동력이 있는 사람 수에 따라 토지를 할당하는 구분전(口分田)을 말한다. 이

1) 『삼국사기』 권7, 신라본기, 문무왕 21년조 참조.

2) 『삼국사기』 권8, 신라본기, 성덕왕 21년조.

는 나라에서 18세 이상의 모든 성년 남자〔丁男〕에게 일정한 분량의 토지를 고루 나누어주는 것이다. 수(隋)·당(唐) 시대의 균전법(均田法)을 모방한 것으로서 왕토사상(王土思想)을 근간으로 한다.

일찍이 맹자는 토지를 균등하게 분배하여 백성의 생활 방편을 마련해주는 것이 인정(仁政)의 시작이라고 한 바 있다.[3] 중국 주(周)나라 때 정전법(井田法)이 시행된 이래 이를 근간으로 하는 많은 토지 제도가 제시되었다. 각 시대마다 토지 문제가 중시되지 않은 적이 없었다. 북송 때의 학자 장재(張載: 橫渠)는 "천하를 다스림에 정지(井地)가 아니면 끝내 공평할 수 없다. 주나라의 도는 단지 균평(均平)일 뿐이다"[4]고 하여, 토지겸병과 빈익빈(貧益貧) 부익부(富益富)의 불합리한 빈부 격차를 해결해야 한다고 주장하였다. 전제론(田制論)에 담긴 근본정신은 백성의 경제적 기반을 보장하는 것과 함께 모든 재물이 어느 한곳으로 몰리지 않도록 제도적으로 장치하는 균평정신이었다. 토지제도야말로 정치·경제·윤리를 하나로 연결하는 관건이었던 것이다. 8세기 초에 처음으로 정전(丁田)을 나누어 주었다는 것은 중요한 의미가 있는 것이다.

이제 통일신라 때의 유교사상이 여러 분야에서 어떻게 개화, 결실하였는지 몇 가지로 나누어 서술하기로 한다.

1. 교육제도의 정비와 유교사상의 확충

신라는 통일정치를 정비하는 과정에서 신문왕 2년(682)에 최고 교육

---

3) 『맹자』, 「滕文公(上)」 "夫仁政必自經界始, 經界不正, 井地不均, 穀祿不平. 是以暴君汚吏, 必慢其經界, 經界既正, 分田制祿, 可坐而定也."

4) 『經學理窟』, 「周禮」 "治天下, 不由井地, 終無由得平, 周道止是均平." (『張載集』)

기관이며 국립대학인 국학(國學)을 설립하였다. 고구려의 태학이 세워진 것에 비해 3세기나 뒤진다. 신라의 국학은 당나라의 국자감 제도를 모방한 것으로 보인다. 당시 국학의 설립에는 강수(强首)나 설총(薛聰)과 같은 당대의 걸출한 지식인 · 학자들이 주동이 되었으리라고 생각된다.[5)]

그런데 사실은 신문왕 이전에도 신라에 국학이 있었다. 『삼국사기』 「직관지(職官志)」에서 국학의 직원을 소개하는 가운데 '진덕왕 5년에 대사(大舍) 두 사람을 두었다'고 한 것이라든지,[6)] 또한 문무왕 때 국자박사(國子博士) 설인선(薛因宣)에게 김유신의 비문을 짓도록 했다는 기록[7)]이 이를 뒷받침한다. 진덕여왕 5년(651)이라면, 견당사(遣唐使) 김춘추가 당나라에서 석전(釋奠)을 참관하고 돌아온 지 4년 뒤다. 신라의 국학은 김춘추의 건의로 설립되었을 가능성이 있다. 신문왕 때 와서 설립되었다고 한 것은 '제도적으로 정비되었다'는 의미로 보아야 할 듯하다.

당시 국학에는 학장 격인 경(卿) 1인, 교수 격인 박사(博士)와 조교(助敎) 약간 명, 그리고 대사(大舍) · 사(史)라고 하는 사무직 요원을 두었다. 교과 내용을 살펴보면, 유교경전을 주로 하여 전공을 3과로 나누되 『논어』와 『효경』을 공통필수 과목으로 하였다.

(A) 『禮記』, 『周易』, 『論語』, 『孝經』 — 상급

---

5) 설총이 '方言으로 九經을 해독하여 후생을 훈도하였다'는 『삼국사기』 「설총전」의 기록으로 보아 더욱 그러하다. 그리고 강수가 스승으로부터 배웠다고 하는 학과목이 국학이나 독서삼품과에 반영된 것도 간과할 수 없는 사실이다.

6) 『삼국사기』 권38, 職官志(上), 〈國學〉조.

7) 閔周冕(編), 『東京雜記』 권1, 9면 "神文王二年, 始置太學, 而文武王時, 已令國子博士薛因宣, 撰金庾信墓碑, 何也."

(B)『左傳』,『毛詩』,『論語』,『孝經』 – 중급

(C)『尙書』,『文選』,『論語』,『孝經』 – 하급

삼분과제(三分科制)는 당나라 국자감의 제도를 모방한 것이다. 『논어』와 『효경』을 공통필수 과목으로 한 것은, 『논어』의 '인(仁)' 과 『효경』의 '효(孝)' 가 정치 · 예교(禮敎)에서 근본이 되기 때문이라 할 수 있다. 이것은 최치원이 「대숭복사비문(大崇福寺碑文)」에서 "정치는 '인' 으로써 근본을 삼고 예교는 '효' 로써 우선을 삼는다"[8]고 한 것으로 짐작할 수 있다. 다른 한편으로는 바람직한 인간교육에 필수적인 과목이었기 때문일 것이다. 『논어』를 읽어 인도주의 사상을 배움으로써 참된 인간성을 함양하는 본원을 알고, 『효경』을 읽어 부자(父子)를 위시한 인간관계에서 친애하는 정서를 기르게 하였던 것이다. 이를 볼 때, 당시 국학에서 유교적 정치관 · 윤리관을 집중적으로 교수하고 이를 보급하려 하였음을 알 수 있다.

국학의 입학 자격은 등위(等位)가 대사(大舍: 제12위) 이하로 무위(無位)에 이르기까지이고, 연령은 15세부터 30세까지였다. 재학 연한은 9년으로 하되, 만일 노둔(魯鈍)하여 교육을 감당하지 못하는 학생은 퇴학시키고, 학업을 성취할 만한 재주는 있으나 미숙한 학생의 경우는 비록 9년이 넘더라도 재학을 허락하며, 등위가 대나마(大奈麻: 제10위), 나마(奈麻: 제11위)에 이른 뒤에야 졸업시켰다.[9] 그러나 나마에 오를 수 없는 사두품은 국학의 학생에서 제외되었을 것이고, 대나마 이상 오를 수 없는 오두품에게도 큰 매력은 없었을 것이다. 또한 9년을 수학한 끝에 기껏 대나마가 보장되고 보면 진골 계층에서는 도외시했을 것이 분명

8)『최문창후전집』(1972), 141쪽 "王者之基祖德, 而峻孫謀也, 政以仁爲本, 禮以孝爲先."
9)『삼국사기』 권38, 職官志(上)「國學」조.

하다. 결국 육두품이 국학의 학생으로 가장 적합했고 대다수를 차지했을 것으로 짐작된다.[10)]

신라의 교육제도는 이후 약 1세기 동안 상당한 발전을 하였다. 성덕왕 16년(717)에는 숙위(宿衛)하러 당나라에 갔던 왕자 김수충(金守忠)이 귀국하면서 문선왕(文宣王: 孔子)과 공문십철(孔門十哲), 칠십이제자(七十二弟子)의 도상(圖像)을 가지고 왔으며 왕이 이를 국학에 봉안하였다. 이후로 역대의 왕들이 국학에 행차하여 박사들로 하여금 경의(經義)를 강론케 하는 등, 명실상부한 유교대학으로서의 면모를 갖추게 되었다.

국학은 유교사상에 입각한 교육을 통해 특정 관직을 담당하는 관리의 양성을 목표로 설립되었다. 원성왕 4년(788)에는 국학에서 '독서삼품과(讀書三品科)'를 처음으로 실시하였다. 이는 국학의 학생들을 상대로 국학에서 배운 교과목에 대하여 고사를 실시하고 그 성적을 3등급으로 분류, 일정한 관직에 임용하는 제도였다. 일종의 순위 고사와 같은 것이었다.

〔상품〕『춘추좌씨전』이나 『예기』, 『문선(文選)』을 읽고 그 뜻에 능통하며 겸하여 『논어』, 『효경』에 밝은 자.

〔중품〕『곡례(曲禮)』, 『논어』, 『효경』을 읽은 자.

〔하품〕『곡례』, 『효경』을 읽은 자.

이 밖에 오경(五經)과 삼사(三史) 및 제자백가의 서(書)에 널리 통달한 자는 특품(特品)으로 순서를 뛰어 넘어 특별 임용토록 하였다.[11)] 이러한 등용법은 인재를 궁술(弓術)로 선발하거나 추천을 통해 등용하던 전일

10) 이기백, 『신라사상사』, 일조각, 1986, 229쪽.
11) 『삼국사기』 권38, 職官志(上) 「國學」조.

에 비할 때 중요한 의미를 지닌다. 이 독서삼품과가 실시됨으로써 중·하위층의 관리 임용이나마 학력 또는 학벌 본위로 바뀌었다. 8세기 무렵부터 신라가 중대한 변화를 보이는 것이라 하겠다.

그러나 독서삼품과에서 『주역』·『상서(尙書)』·『모시(毛詩)』 등 국학의 교수과목 일부가 제외된 것은 간과할 수 없는 점이다. 더욱이 『곡례』나 『논어』·『효경』 등 유교경전 가운데 비교적 초급에 가까운 기초과목을 끝낸 사람이 관리에 임용될 수 있었음은 당시 국학생들의 유학에 대한 이해의 정도를 알 수 있는 단서다. 『곡례』나 『논어』·『효경』을 중요 과목으로 정한 것은 이론보다 실천에 치중하는 시대 풍조에 기인한다. 당시는 유교윤리의 실천에 근본이 되는 '효'와 일상적인 예의 규범을 습득하는 것이 더 중요한 관심사였다.

한편, 국학 출신 여부는 관리 임용에서 자격 기준의 하나가 되었던 것으로 보인다. 원성왕 5년(788)에 자옥(子玉)이란 사람이 양근현(楊根縣) 소수(小守)로 임명되자, 집사부(執事部)의 사(史)인 모초(毛肖)가 자옥이 문적(文籍) 출신이 아님을 이유로 임용을 반대하였다. 이에 시중(侍中)이 나서서 "자옥이 문적 출신은 아니지만, 일찍이 당나라에 가서 학생이 된 일이 있었으므로 기용할 수 있다"고 하여 왕이 이를 허락했다고 한다.[12] 여기서 '문적 출신'은 독서삼품과 또는 국학 출신을 말하는 것으로 보아도 좋을 듯하다. 이를 볼 때 인재를 등용하는 길이 종래의 문벌 본위, 인물 본위로부터 학벌 본위, 학력 본위로 변화하였음을 알겠다. 또한 적어도 지방의 수령(守令) 이상의 관직은 문적 출신이 임용되었음을 짐작할 수 있다. 유교에서 이른바 '문치(文治)'를 구현하는 데 한 걸음 다가섰던 것은 의미 있는 변화라 할 것이다.

12) 『삼국사기』 권10, 신라본기, 원성왕 5년조.

문적 출신의 진출은 문성왕대 이후 자못 활발하였으나, 도당유학생이 크게 증가하고 국학에 대한 인식이 퇴조함에 따라 점차 부진하게 되었다.

2. 渡唐留學生의 증가와 유교적 개혁사상 擡頭

8세기에 들어 신라는 바야흐로 문운(文運)이 융성하였다. 당나라와 교류가 활발하여 중국문화가 가속적으로 이식되기 시작하였다. 이에 신라에서는 마침내 국학의 교육에 만족하지 않거나 중국의 문물을 흠모하고 따르는 움직임이 일어났다. 당나라에 유학하는 학생들이 점차 늘어나 상당수에 이르렀다. 당시 입당유학생 중에는 문인들뿐만 아니라 구법승(求法僧)들도 많아서, 입당유학이 한 시대의 조류가 되다시피 하였다. 신라 말기의 학자 최치원은 이런 사정을 자신의 입당유학 체험에 비추어 다음과 같이 적었다.

> 대저 도는 사람에게서 멀지 않고 사람에게는 나라에 따른 차이가 없다. 이런 까닭에 우리나라 사람들이 불법이나 유학을 배우는 것은 필연적이다. 서쪽으로 큰 바다를 건너 통역을 거듭해가며 학문에 종사할 적에 목숨을 통나무배에 맡기면서도 마음은 보배의 섬에 달려 있다.[13)]

당시 신라 학인(學人)들의 사상적 개방성과 향학열을 잘 드러낸 것이다.

---

13) 『최문창후전집』, 123쪽, 「眞鑑禪師塔碑銘」 "夫道不遠人, 人無異國. 是以東人之子, 爲釋爲儒必也. 西浮大洋, 重譯從學, 命寄刳木, 心懸寶洲."

안정복(安鼎福)은 도당유학에 대하여 다음과 같이 말했다.

> 신라는 당나라와 정치적 교섭을 재개한 뒤, 왕자를 당나라에 보내 숙위(宿衛)로서 머물게 하였다. 또 학생을 당나라 국학에 입학시켜 공부하게 하였다. 10년의 기한이 차면 귀국시키고 또 다른 학생을 파견하여 많을 때는 1백여 명에 이르렀다. 서적 구입 등은 본국에서 부담하고 숙식은 홍려시(鴻臚寺)와 공동으로 부담하였으며, 학생들의 오고 감이 계속되었다.[14]

입당유학에는 국비유학과 사비유학이 있었다. 처음에는 숙위학생(宿衛學生) 등 국비유학생으로 시작하여 9세기에는 사비유학생이 크게 늘어났다. 국비유학의 경우 당나라 황제로부터 국학에 입학하는 것을 허가받아야 했으며, 일종의 볼모〔質子〕와 같은 성격을 띠었다. 명목상 당나라 황실에 대한 숙위의 형식을 취하였기 때문이다. 문성왕 2년(840)에 당나라 문종이 홍려시에 칙령을 내려 신라 질자(質子)의 체류 기간이 차서 귀국해야 될 학생 105인을 돌려보내도록 할 정도로 유학생이 많았다. 사비유학생의 경우는 그 수가 더욱 많았다. 당나라와의 원만한 교류로 진전된 신라의 유학생 파견은 당나라의 선진문물, 특히 난숙한 유교문화를 도입, 섭취하여 신라의 문화를 발달시키는 데 크게 기여하였다.

당시 구법승이 아닌 일반 유학생의 경우 "학문은 사술(四術: 詩·書·禮·樂)을 기약하고 기한은 10년으로 하였다"[15]고 한 최치원의 증언과 같이 국비와 사비를 막론하고 유학을 전공하는 것이 목적이었다. 이것은 당나라 국학의 교수과목이 모두 유교 경전이었던 것으로도 증명된다.[16] 이처럼 유교 공부를 목적으로 한 데에는 당나라에서 외국인을 대

14) 『東史綱目』 제5상, 진성여주 3년조.
15) 『최문창후전집』, 57쪽, 「遣宿衛學生首領等入朝狀」 "學期四術, 限以十冬."

상으로 하였던 빈공진사(賓貢進士) 시험에 급제하기 위한 필요성이 포함되어 있었다. 이와 아울러 국가적 차원에서 중국의 예악문물을 수입하는 것이 중요하였기 때문이었다. 이밖에 외교적 필요성도 절실한 문제로 제기되었다. 이와 관련하여 다음 두 인용문은 당시의 사정을 말해준다.

> 우리나라 사람이 중국에서 배우는 것은 예(禮)와 악(樂)이다. 여력(餘力)으로 문장을 공부하고 정음(正音)으로써 신라 말을 변화시키는데 이르렀으니, 문장으로는 표장(表章)을 지어 해외(海外: 신라)의 신절(臣節)을 아뢰게 하고, 언어로는 정의(情誼)와 예의를 통하게 하여 천상(天上: 중국)의 사행(使行)을 받들게 하였다. 직책을 '한림(翰林)' 이라 하여 종신토록 종사한다.[17]

> 문자는 겨우 결승(結繩)의 상태를 면했고 말은 진실로 기어(綺語)에서 괴리감이 있다. 모두 도역(導譯)을 통해야만 비로소 소통할 수 있다. 이 때문에 천조(天朝: 중국)에 주달(奏達)하거나 사행(使行)을 맞아들임에 있어, 반드시 서학(西學: 중국유학)의 통변(通辨)에 의지해야 바야흐로 동이(東夷)의 실정을 전달할 수 있다.[18]

이와 같이 신라의 말과 글이 중국과 달라, 동양권의 공통어문인 한어

16) 당나라 국자감에서는 『예기』와 『춘추좌씨전』을 大經, 『모시』·『주례』·『의례』를 中經, 『주역』·『상서』·『춘추공양전』·『춘추곡량전』을 小經으로 하였다. 『당서』, 「選擧志」 참조.

17) 『최문창후전집』, 58쪽, 「遣宿衛學生首領等入朝狀」 "東人西學, 惟禮與樂. 至使攻文以餘力, 變語以正音, 文則俾之修表章, 陳海外之臣節, 語則俾之達情禮, 奉天上之使車. 職曰翰林, 終身從事."

18) 『최문창후전집』, 61쪽, 「奏請宿衛學生還蕃狀」 "字纔免於結繩, 譚固乖於成綺. 皆因譯導, 始得通流. 以此數奏天朝, 祗迎星使, 須憑西學之辨, 方達東夷之情."

(漢語)와 한문(漢文)을 배우고 익혀야만 중국과 외교 관계를 유지할 수 있었다. 이런 의미에서 신라의 유학생이 중국에서 한어 · 한문을 익혀 '문장보국(文章輔國)' 하고자 했던 것은 당연한 일이었다. 신라에서 삼국통일 이후 여러 문한기구(文翰機構)를 확장하고 중국 유학에서 돌아온 문인 · 학자를 대거 기용한 것은 이러한 뜻에서라고 하겠다.[19)]

도당유학생 중에는 당나라에서 외국인에게 보이는 빈공진사 시험에 급제하여 그곳의 관리로 임용된 사람도 적지 않았다. 당나라 목종(穆宗) 때부터 당나라가 멸망할 때까지 빈공진사 시험에 급제한 신라인은 모두 58인이었다. 또 오대(五代)의 양(梁) · 후당(後唐)에서 32인이 급제하였는데, 여기에는 10여 인의 발해인이 포함되었다고 한다.[20)] 장경(長慶) 1년(821, 신라 헌덕왕 13년) 김운경(金雲卿)이 최초로 급제한 이래 특히 육두품 계열의 학자 상당수가 빈공진사 시험에 급제했다. 신라 말에 '일대삼최(一代三崔)' 로 불렸던 최치원 · 최인연(崔仁渷) · 최승우(崔承祐)도 육두품 출신이었다. 당시 신라에서는 도당유학생을 빈공진사 여부에 구애됨이 없이 국학(문적) 출신과 대등하게 대우하여 관리로 임용하는 경우가 많았다. 특히 문한기구와 근시기구(近侍機構)에 집중 포진하여 외교문서 작성과 국왕에 대한 정치적 조언자로서 보도(輔導)의 일을 담당하게 함으로써[21)] 국내의 문적 출신자들과 갈등을 빚었다.

도당유학생들이 크게 증가하여 한때의 풍조를 이루었던 원인과 배경은 무엇인가. 국학의 저급한 교육 수준과 학벌 본위의 등용 방법에 불만을 품고 유학한 경우가 있었지만, 골품제 때문에 출세에 제약을 받아 정치적 진출에 한계를 느낀 육두품 계층에서 유학하는 경우가 많았다. 당

19) 이기동, 「나말려초 近侍機構와 文翰機構의 확장」, 『역사학보』 제77집, 1980.
20) 『東文選』 권84, 「送奉使李仲父還朝序」(崔瀣) 참조.
21) 이기동, 「나말려초 근시기구와 문한기구의 확장」 참조.

나라의 권위와 학문의 힘으로써 골품의 열세를 만회하기 위함이었다. 당시 당나라는 개방주의적 태도를 취하였으므로 실력에 따라 출세할 수가 있었다.

돌이켜보면, 강수·설총이 활동했던 시기에는 유교사상이 육두품 계층에서 적극적으로 수용되었다. 골품제와의 일정한 타협 아래 그에 적응하면서, 왕권과 결탁하여 정치적 진출을 도모하기 위해 유교사상을 내세웠던 것이다. 그러나 신라 하대에 이르면 육두품 이하 계층에게 골품제는 커다란 불만이었다. 이는 『삼국사기』「설계두전」에 나오는 기록으로 알 수 있다.[22] 9세기 이후로 육두품 인사들은 골품제라는 낡은 질서를 깨고 새로운 질서를 수립하려는 움직임을 보였다. 이때 골품제 개혁의 원동력이 된 것은 바로 유교사상이었다.

본래 유교에서는 어떤 신분이든지, 또 정치적 지위가 어떠하든지 절대적인 도덕률의 지배를 받아야 했다. 제왕(帝王)이라도 도덕률의 지배에서 초연할 수 없었고 권력의 절대적 행사가 제한을 받았다. 이러한 유교사상이 육두품 계층에게 환영받았을 것임은 이치 있는 일이다.[23] 또한 유교의 합리주의적 정치사상을 체득한 지식인들이 폐쇄적인 골품사회에 대한 반발로 반체제적 경향을 띠게 되었음도 우연은 아니다. 그러나 반체제적 지식인의 대표라 할 수 있는 최치원·최인연·최승우의 말로에서 볼 수 있듯이, 이미 대하(大廈)가 기운 신라 조정에서는 이들의 개혁안을 수용할 여력이 없었다.

---

22) 『삼국사기』 권47, 「薛罽頭傳」 "新羅用人, 論骨品, 苟非其族, 雖有鴻才傑功, 不能踰越."
23) 이기백, 『신라사상사』, 228쪽.

3. 東人意識의 擡頭와 유교사상

신라 하대의 중요한 사상적 동향의 하나는 동인의식의 대두라 할 수 있다. 동인의식은 신라인으로서의 주체의식을 말한다. 통일신라 시기 문화의 흐름을 보면, 대개 7세기부터 성당문화(盛唐文化)에 대한 흠모와 동경의 풍조가 일어나 지식인들 사이에서 모화사상이 만연하였다. 모화사상이 만연할수록 존화자비(尊華自卑)의 풍조가 깊어져서 민족주체성의 고양에 큰 장애가 되었다. 그러다가 9세기로 접어들면서 도당유학생들 사이에서 새로운 움직임이 일었다. 중국에 대한 열등감으로부터 탈피하여 동인으로서 자부심과 긍지를 지니고 민족주체의식을 고양하려는 움직임이 그것이다.

대개 중국인은 화이의식(華夷意識)에 투철하다. 자기네를 '화하(華夏)'라 하여 높이고, 주위의 여러 나라에 대해서는 '오랑캐'라고 야만시하는 등 폄하하기를 주저하지 않는 습성이 있다. 그런데도 저들의 역사서에서는 동이(東夷)의 우수성과 특이성을 인정하고 다른 삼방(三方: 西戎 · 南蠻 · 北狄)과 차이가 있음을 지적하고 있다. 우리 민족의 우수성과 문화 창조의 역량을 그만큼 인정한 것이라고 하겠다. 그러므로 이러한 사실에 주목한 일부 선진적 지식인들은 동인에 대해 경외심과 매력을 느끼고 동국에 태어난 것에 대하여 자부심을 갖지 않을 수 없었으리라 생각된다.

동인의식이 대두하게 된 데에는 당시의 문화 수준도 작용하였던 것 같다. 특히 문화 발전의 원동력인 문운의 융성은 커다란 토대가 되었던 듯하다. 최치원이 찬한 비문을 보면, 경문왕 때 신라에 사신으로 왔던 당사(唐使) 호귀후(胡歸厚)가 귀국하여 복명(復命)하려 할 때 당시의 재상들에게

> 저로부터 이전의 무부(武夫) 출신은 해동에 사신으로 가서는 안 될 것입니다. 왜냐하면 계림(鷄林)에 경치 좋은 곳이 많은데, 그 나라 임금이 시로써 그 정경을 그대로 그려내어 저에게 주었을 때, 제가 일찍이 배웠던 것에 힘입어 운어(韻語)를 지음으로써, 억지로 부끄러움을 참아가며 화답했기에 망정이지, 그렇지 않았더라면 해외(海外)의 웃음거리가 됨이 틀림없었을 것입니다.[24)]

고 한 대목이 있다. 최치원은 여기에 덧붙여 "이것은 오로지 원성대왕께서 시(詩)·서(書)·예(禮)·악(樂) 사술(四術)로써 터전을 마련하시고 육경(六經)으로써 세속을 교화하셨기 때문이다"[25)]고 하면서, 신라의 문운이 당나라와 비등할 정도로 향상된 것을 자랑스럽게 기술하였다. 이것은 8세기부터 9세기에 걸쳐 신라에서 문운이 얼마나 창성하였는가를 짐작할 수 있는 단서다.

신라의 융성한 문운은 여러 경로를 통해 중국에 알려지게 되었다. 이에 중국에서는 신라의 문운이 융성함을 인정해 마지않으면서, 중국 고대 역사서에 나타나는 한민족의 우수성과 특수성에 결부시키기도 하였다. 「심원사 수철화상탑비(深源寺秀澈和尙塔碑)」(893)에 의하면, 일찍이 당태종은 신라에 대하여 "중화의 문화를 녹여 동이의 문화를 주조(鑄造)하고자 한다. 동방은 '인'을 근본으로 하므로 도로써 다스리기가 쉽다"[26)]고 하였다. 『삼국사기』를 보면 성덕왕 30년(731)에 당현종이 하정

---

24) 『최문창후전집』 162쪽, 「大崇福寺碑銘」 "抑又流聞, 漢使胡公歸厚之復命也, 飽採風謠, 白時相曰: 自愚以往, 出山西者, 不宜使海東矣. 何則, 鷄林多佳山水, 東王詩以印之而爲贈, 賴愚嘗學, 爲綴韻語, 强忍愧酬之, 不爾, 爲海外笑必矣. 君子以爲知言."

25) 『최문창후전집』 162쪽, 「大崇福寺碑銘」 "是惟烈祖(元聖王), 以四術開基, 先王以六經化俗, 豈非貽厥之力."

26) 『조선금석총람』 상권, 58쪽 "太宗文武聖皇帝, 詔曰: …… 我根儒幹釋, 鎔夏鑄夷. 其

사(賀正使) 김지량(金志良) 편에 조서를 보내 말하기를

> 삼한(신라)은 좋은 이웃이다. 때로 인의지향(仁義之鄕)이라 일컬었고 대대로 공훈(功勳)과 현덕(賢德)의 업(業)을 나타냈다. 그 문장과 예악은 군자의 풍도를 나타냈고, …… 참으로 번방(藩邦)의 중요한 땅이요 충의(忠義)의 의표(儀表)다. 어찌 다른 지방의 원속(遠俗)과 해〔年〕를 같이 하여 말하겠는가.[27)]

라고 하였다. 또한 효성왕 2년(738)에는 당나라 현종이 형숙(邢璹)을 신라에 사신으로 보내면서 당부하기를

> 신라는 예로부터 군자국이라 일컬어졌고, 자못 서기(書記)를 알아 중국과 유사하다. 경(卿)은 돈유(惇儒)인 까닭에 부절(符節)을 가지고 가게 하는 것이다. 마땅히 경의(經義)를 연술(演述)하여 대국 유교의 성함을 알게 하라.[28)]

고 하였다. 시기하는 듯한 기색마저 엿볼 수 있다. 특별히 돈유(惇儒)를 보내 자기 나라 유교의 성함을 알게 하려 했던 것은 신라와의 차별성을 부각시켜 자국의 우월성을 드러내려는 자존적(自尊的) 저의가 깔린 것이다. 이처럼 당나라 조정에서도 신라의 문화 수준을 공식 인정하였던 만큼, 신라의 지식인 계층에서 자기 성찰의 분위기가 조성되고, 나아가

方本仁, 易以道御."

27) 『삼국사기』 권8, 신라본기, 성덕왕 30년조.

28) 『삼국사기』 권9, 신라본기, 효성왕 2년조.
『唐書』 권220, 東夷傳, 「新羅」 "二十五年, (興光)死, 帝尤悼之, 贈太子太保, 命邢璹以鴻臚少卿弔祭, 子承慶襲王, 詔璹曰: 新羅號君子國, 知詩書. 以卿惇儒, 故持節往, 宜演經誼, 使知大國之盛."

주체성을 회복하려는 움직임이 일어났음은 우연이 아니라 할 것이다.

당시 지식인 계층에서는 주로 중국의 고전에 나오는 역사적 사실을 바탕으로 우리나라를 군자국 · 군자지향(君子之鄕) · 대인향(大人鄕) · 하루지향(何陋之鄕) · 인의지향(仁義之鄕) · 인역(仁域) · 태평승지(太平勝地) 등으로 일컬었다. 당시 군신(君臣) 상하 간에 동인으로서의 민족적 자부심이 상당히 넓은 공감대를 이루었음도 증명된다. 당시 학자 · 문인들의 이와 같은 인식에 대하여 "이것은 신라 하대의 문인들이 중국인의 동이문화관(東夷文化觀)이 어떻다는 것을 잘 알고 있어서, 그러한 중국인의 인식과 부합시키는 면에서 신라 문화의 전통을 내세우고자 한 데서 온 것이었다"[29]고 지적한 학자도 있다. 그러나 좀 더 확고한 주체의식을 가지고 동인의 무한한 가능성을 일깨우려 한 학자도 있었으니 그가 바로 최치원이다.

최치원은 진성여왕을 대신하여 찬한 글에서 다음과 같이 말하였다.

> 신(臣)의 본국은 바로 울루신(鬱壘神)이 있는 반도국(蟠桃國)의 접경이오나, 위력(威力)으로 군림하는 것을 숭상하지 않습니다. 또 백이(伯夷) · 숙제(叔齊)의 고죽국(孤竹國)과 이웃이 되어, 본래 청렴과 겸양을 바탕으로 하였습니다. 더구나 홍범구주(洪範九疇)의 남긴 규범을 빌리고, 진작부터 법금팔조(法禁八條)의 교훈을 계승하여, 말을 하면 반드시 하늘을 경외한다 하고, 다닐 적에는 모두 길을 양보하였으니, 대개 인현(仁賢)의 교화를 받아 '군자'란 이름에 부합되었던 것이옵니다. 그러므로 변두(籩豆)를 갖추어 들밥을 내가면서도 집집마다 단창(短槍)을 가졌사옵니다. 동속(東俗)은 비록 칼차기를 숭상하나 '무(武)'는 진실로 전쟁의 종식〔止戈〕을 귀하게 여기옵니

29) 김철준, 「신라하대 한문학의 경향과 최치원」, 『韓國史』 제3권, 탐구당, 1980, 262쪽.

다. 이에 나라를 세운 이래 내란〔反城〕을 일으킨 잘못은 드물었습니다. 교화를 추향(趨向)하는 것으로 말하자면 (濊의 임금) 남려(南閭)처럼 월등한 바가 있사오며, '인(仁)' 에 안주하는 것으로 말하자면 옛날의 성군(聖君)인 동호계자(東戶季子)의 시대인들 무엇이 부끄럽겠습니까.[30]

이것은 당시 지식인 계층의 일반적인 인식을 바탕으로 최치원 자신의 확고한 주견을 실은 것이라고 볼 수 있다. 이 글에서 최치원은 우리 민족의 본래 기질이 예의를 숭상하면서도 문약(文弱)에 빠지지 않고 문무를 겸비하였음을 자랑스럽게 생각하였다. 특히 " '인' 에 안주하면 동호계자의 시대인들 무엇이 부끄럽겠는가"라고 하여, 은연중 '인에 안주함' 을 강조함으로써 중국과 대등한 위치에서 보고자 했던 것이다.

동인으로서의 최치원의 주체의식이 집약된 것은 「신라 가야산 해인사 선안주원벽기(新羅迦耶山海印寺善安住院壁記)」 첫머리 부분이다.

(『예기』) 「왕제」에 말하기를 '동방을 이(夷)라 한다' 고 하였다. 범엽(范曄)은 말하기를 "이(夷)는 뿌리이다. 어질고 살리기를 좋아하며, 마치 만물이 땅에 뿌리를 박고 나오는 것과 같다는 말이다. 그런 까닭에 그들은 천성이 유순(柔順)하여 올바른 도리로 인도하기가 쉽다"(『후한서』, 「東夷傳序」)고 하였다. 이것은 '이' 의 의미를 '평이(平易)' 와 같이 해석하여 교육과 감화의 방법을 말한 것이다. 또 『이아』를 보면 "동쪽으로 해 뜨는 곳에 이르면 그곳이 태평이다. 태평의 사람은 어질다"고 하였고, 『상서』(堯典)에서는 "희중

30) 『최문창후전집』, 35-36쪽, 「讓位表」 "臣以當國, 雖鬱壘之蟠桃接境, 不尙威臨. 且夷齊之孤竹連疆, 本資廉退. 矧假九疇之餘範, 早襲八條之敎源; 言必畏天, 行皆讓路, 蓋稟仁賢之化, 得符君子之名. 故邊豆饁田, 鍦矛寄戶. 俗雖崇於帶劍, 武誠貴於止戈. 爰從建國而來, 罕致反城之釁. 嚮化則南閭是絶, 安仁則東戶何慙."

(羲仲)에게 명하여 우이(嵎夷)에 자리 잡게 하시니 이곳이 양곡(暘谷)인데, 뜨는 해를 공경하여 인도하고〔寅賓〕 농사짓는 일을 고르게 보살펴라!" 고 하였다. 그러므로 우리 대왕의 나라(신라)는 태양같이 상승하고 달처럼 왕성하며, 물은 순조롭고 바람은 온화하다. 어찌 다만 깊이 움츠렸던 것이 다시 살아나는 것뿐이겠는가. 또한 새로운 싹이 무성하게 뻗어나서 생성 변화하는 것이, 동쪽〔震〕을 터전으로 하여 출발하는 것이다.[31]

최치원은 「지증대사비문」과 「대숭복사비문」에서도 다음과 같이 말하였다.

동방의 제후(諸侯)가 외방(外方)을 다스리는 것으로 우리처럼 위대함이 없다. 산천이 영수(靈秀)하여 이미 '살리기를 좋아하는 것'〔好生〕으로써 근본을 삼고 풍속 역시 '서로 사양하는 것'〔交讓〕으로써 주를 삼았으니, 화락한 태평국의 봄이요, 은은한 상고의 교화라.[32]

우리 태평국 승지(勝地)로 말하자면 사람들의 성질이 매우 유순하고 지기(地氣)는 만물을 생기게 하는 데 합한다. 산림(山林)에는 고요하게 수도하는 무리들이 많아 인(仁)으로써 벗을 모으고, 강과 바다의 물은 더 큰 곳으로 흐르고자 하는 것〔朝宗〕을 좇으니 선(善)을 따름이 물 흐르는 듯하였다.[33]

---

31) 『최문창후전집』, 76-77쪽 "王制, 東方曰夷. 范曄云: 夷者柢也, 言仁也而好生, 萬物柢地而出. 故天性柔順, 易以道御. 愚也夷訓齊平易, 言敎濟化之方. 按爾雅云: 東至日所出, 爲太平. 太平之人仁. 尙書曰: 命羲仲宅嵎夷, 曰暘谷, 平秩東作. 故我大王之國也. 日昇月盛, 水順風和. 豈惟幽蟄振蘇, 抑亦句萌醫懋, 生化生化, 出震爲基."

32) 『최문창후전집』, 168쪽, 「智證大師寂照塔碑銘」 "東諸侯之外守者, 莫我大. 而地靈旣好生爲本, 風俗亦交讓爲主, 熙熙太平之春, 隱隱上古之化."

33) 『최문창후전집』, 142쪽, 「大崇福寺碑銘」 "我太平勝地也, 性滋柔順, 氣合發生. 山林多靜默之徒, 以仁會友, 江海協朝宗之勢, 從善如流"

대부분 중국의 경서(經書) 및 사서(史書)에서 인용하였다. '인이호생(仁而好生)' (『風俗通』), '천성유순(天性柔順)' '호양부쟁(互讓不爭)' (『山海經』) 등은 우리 동방 사람의 성질을 뚜렷이 말해주는 것으로서, 유교적 성격이 강한 것으로 평가할 수 있다. 여기에서 동인의식이 지닌 유교적 배경을 짐작할 수 있다. 「원측화상휘일문(圓測和尙諱日文)」에 의하면

> 새벽 해가 우니(嵎尼)에서 떠오름에 광명이 만상(萬像)에 다 통하고, 봄바람이 동방에서 생겨남에 기운이 팔방의 끝까지 흡족하여, 마침내 천하의 어둠을 깨뜨리고 지상의 열매를 맺게 한다. 그런 뒤에 금오(金烏)가 나는 빠른 그림자(햇살: 필자주)는 매곡(昧谷)의 깊숙한 곳까지 끝없이 돌고 돌며, 범이 휘파람 부는 웅장한 위엄(바람: 필자주)은 상교(商郊)의 먼 데까지 부채질을 하고서야 그만둔다. 이로써 의(義)는 인(仁)에 말미암아 발(發)하게 되고, 서쪽은 동쪽으로부터 밝아진다는 사실을 알겠다. 시험 삼아 인재(人材)에 비유해보더라도 어찌 (이러한) 사물의 성질과 다르겠는가.[34]

고 하였다. 여기서 '의인인발(義因仁發)' 이라 함은 동인의식과 관련하여 중요한 의미가 있다. 동방은 오상(五常)으로 '인(仁)' 에 해당되는데, 이는 우리 동인들의 '천성이 어질다' 는 것과 부합되며, 동방과 동인은 만사와 만물의 원천이 된다는 것이다. 이와 같은 동방에 대한 확고한 의식은 다음 글에도 나타난다.

> 빛이 왕성하고 온 누리를 비출 바탕이 있는 것으로는 새벽 해보다 고른 것

34) 『최문창후전집』, 230쪽 "觀夫曉日出乎嵎尼, 光融萬像, 春風生乎震位, 氣浹八埏, 遂能破天下之冥, 成地上之實. 然後鳥飛迅影, 廻輪昧谷之深, 虎嘯雄威, 輟扇商郊之遠. 是知義因仁發, 西自東明. 嘗譬人材, 何殊物性."

> 이 없고, 기(氣)가 온화하고 무르녹아 만물을 기르는 데 공효가 있는 것으로는 봄바람보다 넓은 것이 없다. 생각건대 큰 바람과 아침 해는 모두 동방으로부터 나온 것이다.[35)]

즉, 새벽 해와 봄바람은 모두 동방으로부터 나와 온 누리에 광명을 비춰주고 만물이 생장하도록 최촉(催促)한다는 것이다. 동방에 대한 이러한 예찬은 동방의 태평국이 천하문물(세계문화)의 중심이 된다는 뜻을 시사하는 것이라 하겠다. 동방 군자국 사람이라는 선민의식(選民意識)의 일단마저 느끼게 한다.

최치원의 문집을 보면 불교와 관련된 원문(願文)·찬문(讚文)·비문(碑文)·기문(記文) 등이 많다. 이들 글에서는 한국사상의 원형이라 할 수 있는 것에 대해 논급하면서 글의 목적상 주로 불교적 관점에서 그와 관련지어 해석한 것이 주목된다. 그는 불교가 우리나라에서 융성한 이유에 대해 '금지재용(金之在鎔)' 이라 하여, 모든 주물(鑄物)이 거푸집〔鑄型〕대로 만들어지듯 그 틀이 본래부터 짜여 있는 것이라 하고, 또 땅이 그렇게 시킨 것〔地之使然〕이라고까지 하였다. 근본적으로는 동방 사람의 어진 성품에서 비롯된다고 하면서 '인' 과 부처의 '자비' 를 같은 것으로 보았다. 이것은 다른 금석문에서 "우리 동방의 '인' 이 심은 바는 서교(西敎: 불교)에서 본받았다"[36)]고 한 데서도 명확히 나타난다. 즉, 유순한 동방 사람들은 성품이 어질기 때문에 애써 이끌자 않아도 결국 자비라는 부처의 가르침에 귀의하게 된다는 것이다. 이처럼 그는 동방과 '인' 을 결부시켰고, 또 '인' 과 부처의 '자비' 를 동일시하였다. 여기

35) 『최문창후전집』, 95쪽, 「大朗慧和尙白月葆光塔碑銘」 "光盛且實, 而有暉八紘之質者, 莫均乎曉日. 氣和且融, 而孚萬物之功者, 莫溥乎春風. 惟俊風與旭日, 俱東方自出也."

36) 『조선금석총람』 상권, 60쪽, 「深源寺秀澈和尙塔碑」 "東仁所植, 西敎是則."

에서 동인의식이 대두하게 된 사상적 이면에 불교사상의 요소가 크게 개재함을 짐작할 수 있다. 이것은 다음과 같은 인식에서 강렬하게 표출되었다.

> 가비라위(迦毗羅衛)의 자왕(慈王: 부처님)은 동이(東夷)의 태양이시라. 서토(西土)에 나타나시되 동방으로부터 솟으셨구려.[37)]

즉, 불교가 서방에서 종교적 형태로 종합, 완성되었으나 불교의 사상적 근간이 되는 자비는 동방 사람들의 어진 성품으로부터 비롯되었다는 것이다. 불교의 근원을 살펴보면 그 묘맥(苗脈)이 동방에 있다는 주장이다.

그러나 위의 불가(佛家)와 관련된 문자에서, 동방을 '인' 에 결부시키고 인을 다시 자비와 동일시하여 논리를 전개하는데 동원된 자료들은 대부분 유교와 관련된 것들이다. 따라서 동방과 결부된 '인' 을 유교적 관점에서 해석, 이해할 수 있음은 당연하다. 『산해경』에서 우리 한민족에 대하여 '君子國, 其人好讓不爭' 이라 하고, 또 『후한서』에서 "東方曰夷, 夷者柢也, 言仁而好生, …… 有君子不死之國焉" 이라 한 것 등만 보더라도 우리나라에 유교가 수용되기 이전부터 유교에서 강조하고 있는 덕목이 보편적으로 행해지고 있었음을 알게 한다. 그리고 이것은 앞에서 말한 '의가 인으로 말미암아 발하게 된다' 고 한 것과 견주어 볼 때 시사하는 바 있다. 즉, 빛이 동방으로부터 밝아지듯 유교사상 역시 불교와 마찬가지로 우리 동방에서 비롯되었다고 해석할 수 있는 것이다. 이런 까닭에 최치원이 "동방 사람의 높은 경지는 그 의의를 극히 일부분

---

37) 『최문창후전집』, 165쪽, 「대숭복사비명」 "迦衛慈王, 嵎夷太陽, 顯于西土, 出自東方."

만 취했을 뿐이다"[38]고 한 것은 동인의식의 극치를 드러낸 것이라 이해해도 좋다.

동인의식은 우리 민족의 주체 역량을 자각함과 동시에 밑뿌리를 확인하고자 한 것이었다. 중국에 대한 열등감이 있었던 당시의 시대 분위기 속에서도 우리는 문화 민족이고 나아가 세계 문화의 밑바탕이 된다고 외쳤던 것은 후일 고려 · 조선시대로 내려오면서 민족주체의식의 한 원동력이 되었다. 특히 사대 · 모화사상이 하나의 시대사조로 굳어져 자비(自卑)의 경향이 심각하였을 때에도 민족의 자존심과 우월감을 드러내는 '소중화(小中華)' 의식이 형성되는 데 밑바탕이 되어 연면히 이어졌다.

4. 유교 질서와 윤리의식의 정착

삼국통일 이후 유교는 통치수단으로서 중요한 기능을 하였다. 그 주요 원인으로는 교육제도의 정비와 유학생의 증가에 따라 유교적 지식인들이 계속 양성되었던 점을 들 수 있다. 또 유교는 사회의 저변에까지 점차 확대 보급되었다. 유교문화가 신라에 끼친 영향은 기층사회의 복색(服色) · 거기(車騎) · 기용(器用) 등에 이르기까지 광범하였다. 흥덕왕 9년(834)에 왕이 내린 교서를 보면

> 사람은 상하가 있고 지위는 존비(尊卑)가 있어 명칭과 법식이 같지 않고 의복이 다르다. 그런데 풍속이 점차 각박하고 백성들이 다투어 사치와 호화

---

38) 『최문창후전집』, 78쪽, 「新羅迦耶山海印寺善安住院壁記」 "東人峻堦, 義取窺豹."

> 로움을 일삼아, 단지 외래품의 진기한 것만을 숭상하고, 도리어 국산품의 야비한 것을 싫어하니, 예절이 천박해지고 풍속이 파괴되는 데까지 이르렀다. 이에 옛 법률에 따라 엄명을 베푸는 것이다. 그래도 일부러 어기는 자가 있으면 국법으로 다스릴 것이다.[39]

고 하였다. 유교에서 중시하는 명분(名分)과 절용(節用)이 강조되고 있는 것이다. 이 가운데서 의복의 경우, 법흥왕 때 백관 공복제도(公服制度)를 실시하고 이후 김춘추가 중국의 복제를 들여옴으로써, 점차로 유교적 색채가 짙은 중국식 복제로 바뀌어 갔다. 『삼국사기』「잡지(雜志)」에 의하면

> 법흥왕 때 처음으로 서울 안 육부(六部) 사람들 복색의 존비제도(尊卑制度)를 정하였지만, 여전히 동이(東夷)의 풍속 그대로였다. 진덕왕 2년(648)에 김춘추가 당나라에 들어가 당나라 의식에 따를 것을 청하니, 현종황제가 허락하고 겸하여 의대(衣帶)를 급여하였다. 돌아와서 이를 시행하여, 우리 풍속을 중국 풍속으로 바꾸었다. 그리고 문무왕 4년(664)에는 또 부인(婦人)의 의복을 개혁하니, 그 뒤로부터 의관(衣冠)이 중국과 같게 되었다. 고려가 건국한 뒤에도 모든 국가제도는 신라의 옛 것을 많이 인습(因襲)하였다. 지금 조정 사녀(士女)의 의상(衣裳)이 대개는 김춘추가 청하여 온 그 유제(遺制)일 것이다.[40]

고 하여, 신라 의복의 유제가 고려로 계승되어 우리의 전통 복제(服制)를 이루었음을 밝혔다.

---

39) 『삼국사기』 권10, 신라본기, 홍덕왕 9년조.
40) 『삼국사기』 권33, 雜志, 「色服」

유교사상이 신라인의 윤리의식 형성에 끼친 영향은 실로 컸다. 경덕왕 때의 승려 충담사(忠談師)는 향가 「안민가(安民歌)」에서, 임금은 아비요 신하는 어미요 백성은 어린아이라고 비유하고 군(君)·신(臣)·민(民)이 각기 자기 본분을 다하면 나라와 백성이 편안하다고 읊었다. 유교의 정명사상(正名思想)에 근거하여, 국가윤리를 유교의 가부장적(家父長的) 윤리관으로 표현한 것이다. 유교윤리를 대표하는 것으로 국가윤리인 '충'과 가족윤리인 '효'를 들 수 있다. 대개 삼국통일 이전에는 충이 강조되고 요구된 데 비해 이후에는 효가 실천윤리로서 더 심화되었다. 이것은 『삼국사기』·『삼국유사』에 실린 효행담을 통해 엿볼 수 있다. 『효경(孝經)』에서는 '효'가 모든 덕의 근본이고 교화가 생겨나는 바탕이다(夫孝德之本也, 教化之所由生也)고 하였다. 이에 따라 신라에서는 국학에서 『효경』을 필수과목으로 교육하고 효행으로 모범이 되는 사람에 대해서 여러 가지 융숭한 포상을 하여 효를 장려하였다.

대개 '효' 하면 유교의 전유물인 양 생각하는 경향이 없지 않다. 그런데 당시에는 『효자경(孝子經)』·『우란분경(盂蘭盆經)』·『부모은난보경(父母恩難報經)』·『부모은중경(父母恩重經)』 등 효를 주제로 한 많은 불교경전들이 광범하게 유포되었고, 이에 따라 불교적 효사상이 민간에 보급되었다. 본래 불교에서 효를 강조하는 경전들이 나오게 된 것은 후대의 일이다. 그 주된 원인은 유교의 효사상과 영합하려는 데 있었다. 즉 불교를 널리 전파하는 데 가장 큰 장애 요소가 되는 유교적 사상체계를 염두에 두고, 그에 영합함으로써 그 장애 요소를 해소하려는 데 있었다. 어찌 되었든지 신라에서 불교가 성행함에 따라 불가의 효사(孝事)가 세간에서 실행에 옮겨진 것이 사실이다. 또 효사상의 보급에 기여하였던 것도 부인할 수 없는 일이다.

그러나 불교에서는 구도(求道)를 위해 출가할 때 세상을 등지고 육친과 이별해야 하는 모진 아픔을 감수해야만 한다. 이것을 유교의 현실적인 사친이효(事親以孝)의 관점에서 보면, 비록 구도를 위한 것이라 해도 부모를 유기(遺棄)하는 것은 있을 수 없는 불효로 단죄된다. 따라서 불교의 비현세적인 성격은 유가로부터 끊임없는 비난과 공격의 표적이 되어 왔다. 신문왕 때의 유학자 강수는 불교를 '세상 밖의 교' 〔世外教〕라 하여 배격하였다. 이것은 불교가 현세의 가정 문제, 효도 문제를 도외시하는 것에 대한 비판이다.

이에 대하여 불교 측에서는 효선쌍미(孝善雙美)의 논리로 항변한다. 즉, 「동산양개화상 사친서(洞山良价和尙辭親書)」(初書)에서

> 한없는 은혜를 갚고자 한다면 출가하여 공덕을 쌓는 것 만한 것이 없습니다. 생사의 애하(愛河)를 끊고 번뇌의 고해(苦海)를 건너 천생(千生)의 부모와 만겁(萬劫)의 자친(慈親)에게 보답하여 삼유사은(三有四恩)을 갚지 않음이 없습니다. 그러므로 한 자식이 출가하면 구족(九族)이 생천(生天)한다고 하는 것입니다.[41)]

고한 것처럼, 자신이 출가하여 부모를 성불득탈(成佛得脫)케 하는 것이 참된 효라는 것이다. 『삼국유사』의 「효선(孝善)」 편에 나타난 효행담도 '효선쌍미' 라는 불교의 효사상을 반영한 것이다.

그러나 이와 같은 불교의 효사상은 현실적으로 민중에게 널리 받아들여지지 못했다. 비록 신라에서 효사상이 의식화되는 과정에서 불교의 효사상이 일찍 수용되었다고 하더라도, 필경에는 유교의 효사상에 영합

---

41) 『曹洞錄』 "欲報罔極之恩, 未若出家功德. 截生死之愛河, 越煩惱之苦海, 報千生之父母, 答萬劫之慈親, 三有四恩, 無不報矣. 故云: 一子出家, 九族生天." (『동산양개화상어록』, 동국역경원, 2004)

하지 않을 수 없었던 것이 사실이다. 왜냐하면, 일반 민중으로서는 현실의 가정생활과 수도생활, 즉 '효' 와 '선' 을 갈등 없이 원만하게 조화하기란 어려운 일이었기 때문이다. 『삼국사기』·『삼국유사』에 나타난 효행 사례를 종합해 볼 때, 불교에서의 효보다도 유교사상에 바탕을 둔 중국의 효행 사례를 모방한 예가 월등하게 많은 것은 이를 뒷받침한다.

그리고 유교문화의 전반적인 수용에 따라 중국의 묘제(廟制)가 들어와 정착되었던 점을 들지 않을 수 없다. 비록 왕실에 국한된 문제이기는 하지만 사회적으로 끼친 영향이 적지 않았다. 삼국통일 이후 신라에 중국의 오묘제(五廟制)가 수용되었다. 이것은 『예기』「왕제(王制)」에서 "천자는 칠묘(七廟)요 제후는 오묘(五廟)이다"고 한 데서 유래한다. 이소(二昭)·이목(二穆)에다 태조(太祖)의 묘를 합하여 오묘가 된다. 신라는 오묘제 수용 이전부터 나름대로 묘제를 시행하였다. 남해차차웅 3년(6)에 시조 박혁거세를 모시는 시조묘를 처음 세웠다. 소지마립간 9년(487)에는 시조의 탄생지인 나을(奈乙)에 신궁(神宮)을 세우고 제사하였다. 오묘제는 이러한 전통의 연장선에서 성립한 것이다.

오묘제가 처음으로 정해진 것은 혜공왕(재위 765~780) 때이지만[42] 그 시원은 신문왕 때로 거슬러 올라간다. 즉, 신문왕 7년(687)에 왕이 조묘(祖廟: 종묘)에 치제(致祭)하면서 그 제문에서 "왕 모(某)는 삼가 태조대왕(味鄒尼師今)·진지대왕(眞智大王)·문흥대왕(文興大王: 武烈王父龍春)·태종대왕·문무대왕의 영령께 아뢰나이다"라고 하였다. 이는 왕의 직계 사조(四祖)와 최초의 김씨 왕인 태조대왕을 합한 것이다. 『예기』에 나오는 오묘제의 원칙에 부합된다.

삼국통일 직후부터 오묘제가 성립할 수 있었던 이유로, 당나라의 문

---

42) 『삼국사기』 권32, 雜志, 「祭祀」

물제도를 수입하여 각종 제도를 정비하려 했던 당시의 시대 상황을 우선 들 수 있다. 즉, 신문왕 2년(682)에 국학을 설치하고 『예기』를 필수 교과목으로 한 것이나 동 6년(686)에 당나라에 사신을 보내 『예기』와 관련된 책[43]을 청하여 『길흉요례(吉凶要禮)』를 받았던 것[44] 등은 이를 뒷받침한다. 그리고 본질적으로는 신라의 발전에 따른 족(族)의 분화와 가의식(家意識)의 성장이란 측면이 묘제에 반영된 것이라 할 수 있다.[45]

다만 애장왕 2년(801) 이전에는 유교의 묘제를 변형시킨 특이한 오묘제를 시행하여 왔다. 원성왕 1년(785)에 성덕대왕(聖德大王)·개성대왕(開聖大王: 宣德王의 父)의 이묘(二廟)를 철훼하고 시조대왕·태종대왕·문무대왕과 조(祖) 홍평대왕(興平大王: 追尊), 고(考) 명덕대왕(明德大王: 追尊)을 오묘로 하였다. 이처럼 직계 사조(四祖)가 다 모셔지지 못한 것은 역대 왕들이 중대(中代) 왕실의 시조 격인 태종무열왕과 삼국통일의 영주(英主)인 문무왕을 불천위(不遷位)로 받듦으로써 왕위 계승상의 정통성을 확보하고 무열왕계의 반발을 사전에 막기 위한 것이었다. 그러다가 애장왕 2년에는 마침내 무열왕과 문무왕 이묘(二廟)를 별도로 세우고, 왕의 직계 사조와 김성(金姓)의 시조인 미추이사금으로 오묘를 삼기에 이르렀다. 이로써 유교적 오묘제가 확립되어 신라 말까지 계속 시행되었다.

선덕왕(宣德王) 때에는 토지신을 제사하기 위해 사직단(社稷壇)이 건

---

43) 『구당서』 「신라전」과 『신당서』 「신라전」에는 『唐禮』를 청했다고 되어 있다. 『당례』란 어떤 책인가. 杜佑의 『通典』에 의하면, "太宗踐祚, 詔禮官學士, 修撰舊儀. 賓禮四篇, 軍禮十二篇, 嘉禮四十二篇, 凶禮六篇, 國恤五篇, 總百三十篇爲百卷. 貞觀七年始令頒示"라 하였으니, 국가 典章에 관계되는 五禮에다 國恤이 첨가되었음을 알겠다.

44) 『구당서』 권199(上), 「新羅傳」 "壽拱二年, 政明遣使來朝, 因上表請唐禮一部幷雜文章, 則天令所司寫吉凶要禮."

45) 변태섭, 「廟制의 변천을 통하여 본 신라사회의 발전과정」, 『역사교육』 제8집, 역사교육학회, 1964.

립되었다. 신라의 사전(祀典)을 상고할 때 사직과 국내의 산천에 관한 것만 있을 뿐 천신(天神) · 지기(地祇)에 관련된 것은 없다. 이것도 『예기』「왕제」에서 "천자는 천신 · 지기와 천하의 명산대천을 제사하고, 제후는 사직과 자기 영지(領地) 안에 있는 명산대천에만 제사한다"고 한 제후의 예를 실행한 것으로 보인다.

5. 신라의 儒學者像

1) 文章輔國의 詞章儒 – 强首

강수(?~효소왕 1년, 692)의 초명은 우두(牛頭)이며 강수는 무열왕이 지어준 이름이다. 무열 · 문무 · 신문왕 3대에 걸쳐 문장으로 보국(輔國)하고, 유학을 독실하게 받들어 신라 통일 초기에 유학의 시단(始端)을 연 인물이다.

어려서부터 독서에 힘써 의리(義理)에 정통하였다. 그의 아버지가 아들의 포부를 살피고자 "불교를 배우겠느냐, 유도(儒道)를 배우겠느냐?"라고 묻자 "제가 듣건대 불교는 세상 밖의 가르침이라고 합니다. 저는 이 세상 사람이온데 어찌 불교를 배우겠습니까? 원컨대 유자(儒者)의 도를 배우고자 합니다"라고 대답하였다고 한다. 그로부터 스승에게 나아가 『효경』 · 『곡례』 · 『이아(爾雅)』 · 『문선』 등 도의와 예법 그리고 문자학 · 문장학을 배웠다. '들은 바는 비록 천근(淺近)했지만 얻은 바는 더욱 고원(高遠)하였다' 고 한 기록으로 보아 그의 학문은 사실상 자득이라 할 만하다. 그는 남다른 실력으로 당대의 대학자로 평가받기에 이르렀고, 드디어 벼슬길에 나아가 여러 관직을 역임하였다. 세상에서 온통 불교를 숭상하던 시기에, 불교를 세외교(世外敎)라 하여 비판하고 '학공자(學孔子)' 의 기치를 높이 들어 유학을 창도한 공은 설총에 뒤지지 않는다고 하겠다.

그는 문장으로 큰 공을 세웠다고 한다. 당나라는 물론 고구려 · 백제 등에서 보내온 외교 문서를 해석하는 일과 또 저들 나라에 보내는 국서(國書)를 혼자서 작성하였다고 한다. 더욱이 당시는 무열왕과 문무왕 같은 영주(英主)가 삼국을 통일하려 했던 시기이므로, 대당(對唐) 문장 외교는 전공(戰功)에 못지않은 중요한 역할이라고 할 수 있다. 이러한 즈음에 강수가 능란한 글 솜씨로 당나라 원병을 끌어들여 '통삼(統三)의 대업' 을 이룩하는 데 큰 공을 세운 것이다. 그 공이 무공(武功)에 뒤질 수 없다고 한 문무왕의 찬사[46]가 지나치지 않다. 무열왕이 당나라 고종(高宗)에게 보낸 회신과 문무왕이 총관(摠管) 설인귀(薛仁貴)에게 보낸 「답설인귀서(答薛仁貴書)」는 그가 지은 것으로 보인다.

강수는 젊어서 자기보다 신분이 훨씬 낮은 대장간 집 딸과 야합(野合)하여 정의가 자못 돈독하였다. 스무 살이 되자 부모가 지체 높은 집 규수와 혼인시키려 하였다. 이때 그는 다음과 같은 대답으로 사절하였다.

> 가난하고 천한 것은 수치가 아니요, 도를 배우고도 실행하지 못하는 것이 진실로 수치입니다. 일찍이 들으니 옛사람의 말에 "가난을 같이 했던 아내는 내쫓을 수 없고, 빈천할 때 사귄 친구는 잊을 수 없다"(『후한서』, 「宋弘傳」)고 하였사오니, 천한 신분의 아내라고 해서 차마 버릴 수는 없습니다.

이를 보면 강수는 '학도역행(學道力行)' 하는 유자였음을 짐작케 한

46) 『삼국사기』 권46, 「强首傳」

다. 그러므로 한당유학(漢唐儒學)의 실용성에 힘입어 문장으로 명성을 떨쳤다고 하더라도, 그 학문적 바탕은 곧 의리를 중시하고 지행일치를 강조하는 유가의 기본정신에 입각한 것이라 하지 않을 수 없다. 그는 한국유학사에서 처음으로 불교에 대한 유학의 우위를 강조하여, 유교가 학술로서 기능할 뿐만 아니라 학문적으로도 발전할 수 있는 서장(序章)을 연 학자다. 도의와 문장을 겸전(兼全)한 통일신라 초기의 거유(巨儒)로서 손색이 없다. 이러한 위치와 명망으로 미루어 볼 때, 신문왕 2년(682)에 국학을 설립할 당시 그 추진자로서 상당한 구실을 하였고, 또한 이후로 설총 등과 함께 국학의 교수로 재직하였을 가능성이 높다.

2) 한국경학의 효시 – 薛聰

자는 총지(聰智), 시호는 홍유후(弘儒侯)다. 고승 원효(元曉)의 아들이다. 신문왕 때 사람으로 경술(經術)과 문장에 뛰어나 일세의 유종(儒宗)이 되었다. 특히 방언(方言)으로 내려오던 이두(吏讀)를 정리하여 집대성하고, 이로써 구경(九經)[47]을 해독하여 국학의 후생을 가르쳤다.[48] 설총의 훈도를 계기로 유학이 점차 흥기(興起)하였으므로 유자들이 설총을 사표(師表)로 삼았으며, 후세에도 그 덕을 칭송하게 되었다. 후일 고려 현종 13년(1022)에 홍유후라 추시(追諡)하고 공자묘(孔子廟)에 종사(從祀)하였다. 이는 대개 이두로써 유교경전을 해독하여 우리나라 유학

---

47) 구경에 대해서는 종래 학자들 사이에 설이 구구하였다. 三經(『시경』·『서경』·『역경』), 三禮(『예기』·『의례』·『주례』), 三傳(『춘추좌씨전』·『곡량전』·『곡양전』)을 가리킨다는 주장이 있다. 趙駿河, 「설총과 九經에 관한 고찰」, 『한국사상과 문화』 제17집, 한국사상문화학회, 2002 참조.

48) 당시엔 이미 국학이 설치되었으므로 후생이란 국학의 諸生으로 보아도 무방할 것이다.

의 발전에 지대한 공을 세웠기 때문이다. 훗날 순암 안정복은 "설총은 원효의 아들이나 능히 방언으로써 구경을 해독하여 후생을 훈도하였다. 이는 곧 (『논어』에서) '얼룩소의 새끼가 색깔이 붉고 뿔이 제대로 났다(犂牛之子, 騂且角)' 는 것이니 어찌 그 소생을 논하겠는가"[49]라고 하였다.

그는 문장에도 탁월하여 비명(碑銘)을 비롯한 여러 문자를 남겼다고 한다. 지금에는 거의 인멸되고 신문왕에게 지어 올렸다는 「화왕계(花王戒)」(일명 諷王書)와 성덕왕 18년(719)에 찬술한 「감산사 아미타여래 조상기(甘山寺阿彌陀如來造像記)」와 「감산사 미륵보살 조상기(甘山寺彌勒菩薩造像記)」[50]가 전한다. 그의 고결한 인품과 함께 유 · 불 · 도 삼교를 자유자재로 넘나드는 뛰어난 문장 실력을 엿볼 수 있다.

「화왕계」는 꽃을 의인화(擬人化)하여 대화체로 엮은 것이다. '군자를 가까이하고 소인을 멀리하라' (親正直 遠佞邪)는 유교적 정치 윤리를 담았다. 『삼국사기』에 전하는 내용이 원형 그대로인지 아니면 사관(史官)이 수략(修略)한 것인지 분명하지는 않다.

> 옛날 화왕(花王: 모란)이 처음으로 왔을 때, 이를 향기로운 정원에 심고 푸른 장막으로 보호하였다. 삼춘(三春)을 만나자 예쁜 꽃송이를 피워서 모든 꽃 중에서 홀로 빼어났다. 이에 멀고 가까운 곳에서 곱고 어여쁜 꽃들이 분주히 와서 뵈려고 애를 쓰던 차에, 홀연히 한 가인(佳人)이 주안옥치(朱顔玉齒)에 곱게 화장하고 맵시 있게 옷을 입고 아장걸음으로 나와서 "첩(妾)은

49) 『順菴集』 권13, 18b, 「橡軒隨筆(下)」

50) 「造像記」의 後記에 '開元七年歲在己未二月十五日奈麻聰撰' 이라는 구절이 있다. 여기서 '奈麻聰' 은 설총임에 분명하다고 본다. 원효를 따라 俗姓을 사용하지 않은 것으로 보인다.

백설 같은 모래밭을 밟고, 거울처럼 맑은 바닷물을 대하고, 봄비에 목욕하여 때를 씻고, 맑은 바람을 쐬며 유유히 사는 자로서, 이름은 장미라고 합니다. 왕의 어진 덕망을 듣고 향기로운 장막에서 하룻밤 모시고자 하여 왔습니다. 왕께서는 저를 받아들이시겠습니까?" 라고 말하였다.

또 한 장부(丈夫)가 있어, 베옷에 가죽띠를 띠고 흰머리에 지팡이를 짚고 천천히 걸어 구부리고 와서 말하기를 "저는 도성 밖 큰 길가에 살고 있습니다. 아래로는 푸르고 넓은 야경(野景)을 내려다보고 위로는 드높은 산색(山色)을 의지하고 있습니다. 이름은 백두옹(白頭翁: 할미꽃)이라고 합니다. 생각건대, 좌우의 봉공(奉供)이 넉넉하여 고량진미(膏粱珍味)로 배를 채우고 차〔茶酒〕로 정신을 맑게 할지라도, 상자 속에는 기운을 보(補)할 좋은 약과 독을 제거하는 악석(惡石: 針)이 있어야 하겠습니다. 그러므로 옛말에 '비록 사마(絲痲)와 같이 정(精)한 것이 있더라도 거친 풀인 관괴(管蒯)를 버리지 말라' (『춘추좌씨전』 成公 9년조)고 하였거니와, 모든 군자가 결핍(缺乏)을 대비하지 않음이 없으니, 왕께서도 여기에 뜻을 두시겠습니까?" 라고 하였다.

그러자 어떤 이가 말하기를 "이렇게 두 사람이 왔는데 그중 누구를 취하고 누구를 버리시겠습니까?" 라고 하니, 화왕이 말하기를 "장부의 말에도 도리가 있지만 가인(佳人)도 얻기 어려우니 장차 어찌할꼬?" 라고 하였다. 이에 장부가 나와 말하기를 "저는 왕께서 총명하여 도리를 아실 것으로 믿고 왔더니, 이제 보니 그렇지가 않군요. 무릇 임금된 사람은 간사하고 아첨하는 자를 가까이하여, 정직한 자를 멀리하지 않는 이가 드뭅니다. 이로 말미암아 맹가(孟軻)는 때를 만나지 못하고 일생을 마쳤으며, 풍당(馮唐)은 머리가 희도록 미관말직에 잠겨 있었습니다. 예부터 이러하였으니 저인들 어찌하겠습니까?" 라고 하니, 이에 화왕이 "내가 잘못하였다, 내가 잘못하였다" 고 하였다.

『장자(莊子)』·『열자(列子)』 등에 보이는 의인법과 우언(寓言)을 바탕으로 하면서, 중국 육조시대의 화려하고 전아한 변려문(騈儷文)을 본받은 글이다. 신문왕도 이 풍간(諷諫)에 깊은 의미가 담겨 있다고 하여 왕자(王者)의 감계(鑑戒)를 삼도록 했으며, 설총을 발탁하여 높은 관직에 임명하였다고 한다. 설총 역시 강수와 마찬가지로 경술·문장가이면서도 유교의 '인정', '덕치' 의 사상에 입각하여 이를 실제 정치에 응용하려 했음을 알 수 있다. 당시에는 설총을 비롯한 육두품 출신 유학자들이 국학을 무대로 국왕에 대한 조언자 또는 충고자로서 중요한 기능을 담당하는 기운이 조성되어 왔다. 이러한 유학자의 정치적 역할을 말해주는 좋은 예가 설총의 「화왕계」다. 「화왕계」는 우리나라 최초의 의인작품(擬人作品)이다. 이후에 나온 『화사(花史)』·『화왕전(花王傳)』 등 의인소설과 가전체(假傳體) 소설에 직·간접으로 큰 영향을 끼쳤다고 한다.

3) 국제적 지성 – 崔致遠

〔1〕 최치원(헌안왕 17년, 855~?)의 자는 고운(孤雲), 시호는 문창후(文昌侯). 12세 때 당나라에 유학하여 20세 때(874) 빈공진사에 급제한 뒤 동방문인(同榜文人)인 고운(顧雲)의 추천으로 고병(高騈)의 문객(門客)이 되고, 879년에 황소(黃巢)의 난(亂)이 일어나자 제도행영병마도통(諸道行營兵馬都統)인 고병의 종사관(從事官)으로서 그의 필연(筆硯)을 맡았다. 황소에게 보내는 격서(檄書)로 문명을 중원에 떨쳤다.

885년 귀국하여 포부와 경륜을 펼쳐보려고 하였고, 헌강왕도 이를 알고 그에게 시독(侍讀) 겸 한림학사(翰林學士)의 벼슬을 내렸다. 그러나 말세인지라 그의 뜻과 행동은 용납되지 못하였다. 이에 오래지 않아 외직을 자청하여 나가기도 하고 견당사(遣唐使)로서 당나라에 다녀오기도 하였다. 당나라에 다녀온 뒤 진성여왕에게 '시무책(時務策)' 십여 조를 올려 국정을 바로잡고자 했다.

〈고운 최치원〉

그러나 대하(大廈)가 이미 기운 마당에 최치원의 이상이 실현될 가능성은 없었다. 게다가 효공왕 2년(898)에 국정의 실책을 극론(極論)한 상소문 가운데 '계림은 누런 잎이요, 곡령은 푸른 솔이라' (鷄林黃葉, 鵠嶺靑松)고 간한 대목이 임금의 노여움을 사서 아찬(阿飡)에서 면직되었다.[51] 이에 정치 현실에 절망한 나머지 세상에 나오지 않을 것을 다짐하고 전국 각지를 돌아다니다가 가야산 해인사에서 여생을 마쳤다고 한다. 후일 고려 현종 때 '동국문학(東國文學)의 개산조(開山祖)' 로서의 그의 공을 높이 평가하여 문창후라 추시(追諡)하고 문묘(文廟)에 종사(從祀)하였다. 문묘종사의 영전(榮典)을 받은 것은 우리나라 선유(先儒)들 가운데 처음이었다.

저술로 『사륙집(四六集)』·『계원필경집(桂苑筆耕集)』·『중산복궤집(中山覆簣集)』·『제왕연대력(帝王年代曆)』과 문집 등이 있었으나 오늘에는 『계원필경집』(20권)만이 온전히 전한다. 그 밖에 약간의 시문이 『동문선』 등에 산견(散見)되며, 『사산비명』을 비롯한 금석문 역시 몇 편 남아 있다. 『계원필경집』은 우리나라에서 가장 오래된 문집이요, 『사산비명』은 우리나라 금석문의 백미(白眉)라고 할 수 있다.

51) 최영성, 『최치원의 철학사상』, 아세아문화사, 2001, 45-48쪽 참조.

〔2〕 최치원은 난세의 사상가요 문장가다. 당시를 대표하는 최고 지성인의 한 사람이었지만, 골품제에 얽매여 경륜과 포부를 펴지 못한 채 시대의 불우(不遇)를 한탄하며 은거해야만 했던 불행한 학자였다.

그는 개방적인 학문 풍토와 자율을 중시하는 가정 분위기를 배경으로 남다른 학구적 노력을 기울여 학자로서 대성하였다. 이뿐만 아니라 우리나라 사상사 · 정치사 · 문학사 등에서 불후의 업적을 남겼다. 그는 유교사상에 입각하여 유자(儒者)로 자처하면서도 불교 및 도가사상에 정통하였으며, 우리나라 고유사상의 존재와 그 원형에 대해 지대한 관심을 가졌던 천재적인 학자였다.

최치원의 철학사상은 차원이 높고 체계와 구조가 정연하다. 다만 사변적이거나 논리적인 이론가가 아니었고 삶을 통해 도를 실현하고자 했다. 그의 사상에서 중핵이요 원천이라 할 만한 것이 '동인의식' 이다. 동인의식은 그의 사상적 원천이자 절정이요, 또한 그의 사상 전체의 체계와 구조를 파악할 수 있는 관건이라고 할 것이다. 그의 사상은 민족주체의식을 바탕으로 민족적 자존심을 고양하는 데 초점이 맞추어져 있다.

그는 「진감선사비(眞鑑禪師碑)」에서 "대저 도는 사람에게서 멀리 있지 않고 사람에게는 나라에 따른 차이가 없다. 이런 까닭에 우리나라 사람들이 불법이나 유학을 배우는 것은 필연적이다"[52]고 하였다. 인간이 진리의 주체라는 점과 아울러 진리의 보편성을 설파한 것이라 하겠다. 여기에는 당시 주변의 여러 나라를 야만시하는 당나라의 배타적이고 독존적(獨尊的)인 태도를 비판하고 우리나라의 문화적 자주성을 강조하려는 뜻이 담겨 있다.

---

52) 『최문창후전집』, 123쪽, 「眞鑑禪師塔碑銘」.

그는 유·불·도 삼교사상에 대하여 각자의 주체성을 인정하면서도 상호 조화와 융합을 외쳤다. 삼교 상호 간의 관계성을 토대로 이를 전체적 관점에서 통찰하여, 이들 사상이 근본적으로 상통한다는 결론을 내렸다.[53] 이는 궁극적으로 모든 사상과 종교가 대립과 갈등을 해소하고 이질감을 극복함으로써 서로 화합과 조화를 이루어야 한다는 염원과 소신에서 비롯된 것이라 할 수 있다.

삼교가 일원상(一圓相)에서 회통하는 최치원의 삼교관(三敎觀)은 우리의 고유사상을 탐구하는 데 잘 반영되었다. 그는 우리 고유사상의 위대함과 현묘(玄妙)함에 심복(心服)하였고, 우리 민족에 대하여 무한한 경외와 자부심을 가졌다. 확고한 동인의식을 바탕으로 우리 고유사상인 '풍류도'에 대하여 깊이 탐구하고 해석을 내리는 등 그 원형에 접근하고자 했다. 이것은 한국사상에 대한 역사상 초유의 관심이자 정의라고 할 수 있다. 최치원의 사상은 삼교의 회통에서 얻어진 나름대로의 사상을 바탕으로 우리 민족의 밑뿌리를 탐구하여 이를 확인하려는 데 초점이 맞추어져 있다. 여기서 통일성 또는 정합성(整合性)을 찾을 수 있다.

최치원의 철학사상은 '동인의식'과 '동문의식(同文意識)'의 두 축으로 구현되었다. 전자는 민족주체의식이요 후자는 문명지향의식이다. 이는 문화의 특수성과 보편성 차원에서 말할 수 있다. 그에게서 민족주체의식과 문명지향의식은 일체양면(一體兩面)으로 피어났다. 분열과 갈등으로 난마(亂麻)처럼 뒤얽힌 당시의 어지러운 현실을 극복하기 위해서는 사회통합의 원동력으로서 민족의식의 고양이 필요하였고, 우리의 문화적 긍지와 문화 창조의 역량을 최고도로 발휘시켜 국제적 수준으

53) 위의 책, 124쪽, 「眞鑑禪師塔碑銘」 "廬峯慧遠著論, 謂如來之與周孔, 發致雖殊, 所歸一揆. 體極不兼應者, 物不能兼受故也. 沈約有云: 孔發其端, 釋窮其致, 眞可謂識其大者, 始可與言至道矣."

로 끌어올리기 위해서는 문명의식을 고취시켜야만 했던 것이다.

〔3〕 최치원은 유교의 테두리 안에서 보면 신라 유학의 연구 수준을 높이 끌어올린 학자, 나아가 신라 유교의 집성자로 평가된다. 그는 「대낭혜화상비명」에서 심학(心學)과 구학(口學: 문장)의 겸전을 주장하였다. 이러한 학문관은 '문이재도(文以載道)'를 부르짖는 고문운동(古文運動)에서 상당한 영향을 받았을 것으로 짐작된다. 그가 저명한 문장가이면서 그릇이 큰 사상가로 활약할 수 있었던 까닭이 여기에 있다.

최치원의 학문 경향은 인(仁)·효(孝) 중심의 주공(周公)·공자지학(孔子之學)에 바탕을 둔 한당풍(漢唐風)이었다. 그러나 그 이면(裏面)을 살펴보면, 도의(道義)의 연마와 심성문제(心性問題)에도 관심이 적지 않았다. 송나라 때 발흥한 '도학(道學)'의 묘맥이 보이기도 한다. 그는 당나라에 있을 때 자신의 좌주(座主)였던 배찬(裵瓚)에게 보낸 서한에서, 유교의 심오한 철학적 경지에도 관심을 기울이겠노라고 한 바 있다.

> 옛적에 자공이 말하기를, "부자(夫子: 孔子)의 문장은 들을 수가 있거니와, 부자께서 성(性)과 천도(天道)에 대하여 말씀하신 것은 들을 수 없다"고 하였습니다. 사과(四科: 덕행·언어·문학·정사)에 이른 제자로도 엿보아 헤아리기가 어려웠거늘, 더구나 만 리 먼 나라 사람이 찬앙(鑽仰: 성인의 도를 우러러보며 진리를 연구함)한들 어떻게 미치겠나이까? 그렇지만 진실로 조충전각(彫蟲篆刻)하는 것을 흉내 내지 않고 탁마(琢磨)하는 것을 청익(請益)하나이다.[54)]

---

54) 『계원필경집』 권19, 「賀除禮部尙書別紙」

자공의 말을 인용한 것을 통해 최치원이 역설적으로 '천도'와 '인성' 문제에 관심이 적지 않았음을 짐작할 수 있다.

최치원은 당나라에 있을 때 자신을 보살펴 준 고병(高駢)을 위해 '칠언기덕시(七言紀德詩)' 30수를 지어 바친 적이 있다. 이 가운데 '성잠(性箴)'은 '천도'와 '인성' 문제와 관련하여 주목을 끌기에 족하다.

波澄性海見深源　성해에 물결 맑아 깊은 근원을 보았고
理究希夷闢道門　도체(道體)를 궁리하고 연구하여 진리의 문을 여셨네.[55)]

'성해(性海)' 즉 '인간 본성의 심원(深源)'이란 무엇을 말함인가. '천도' 바로 그것이다. 위 시의 내용은 비록 상대방의 덕을 기리는 것으로 되어 있지만, 최치원 자신의 인격적 자각과 체득이 담긴 것으로 보아야 할 것 같다. 심성 문제에 대한 일정한 연마가 있었음을 엿보게 한다.

최치원이 특별히 '성'과 '천도'의 문제를 이끌어 온 것은, 유교에도 노불(老佛)에 못지않은 형이상학적 경지가 있음을 강조하려는 의도라고 본다. 최치원의 사상 형성의 과정을 살펴보면, 그는 9세기 초부터 대두되었던 고문운동으로부터 적지 않은 영향을 받았던 것 같다. 유교사상에 대한 그의 이해 정도는 단순히 훈고(訓詁)와 주소(注疏)를 중심으로 하는 한당유학(漢唐儒學)의 단계에 머무는 것은 아니었다. 송대 유학으로 가는 중간적 위치에 있었다고 본다.

최치원이 상품(上品)의 유교를 지향하였음은 「진감선사비문」에 나오는 다음과 같은 대목이 시사한다.

55) 『계원필경집』 권17, 「性箴」

> 불어(佛語)의 심법(心法) 같은 것으로 말하면 현묘하고 현묘하다. 이름하려 해도 이름할 수 없고 설명하려 해도 설명할 수 없다. …… 그러나 먼 곳에 이르는 것도 가까운 곳에서부터 시작되는 것이다. 비유를 취한들 무엇이 해로우랴? 공자가 문제자(門弟子)에게 일러 말하기를, "내 말하지 않으련다. 하늘이 무슨 말을 하더냐?" 고 하였으니, 저 유마거사(維摩居士)가 침묵으로써 문수보살(文殊菩薩)을 대한 것이나, 석가(釋迦)가 가섭존자(迦葉尊者)에게 은밀히 전한 것은, 혀끝도 움직이지 않고 능히 마음을 전하는 데 들어맞은 것이다. (공자가) 하늘이 말하지 않음을 말하였으니, 이를 버리고 어디 가서 얻을 것인가.[56]

문수보살(文殊菩薩)이 유마거사(維摩居士)에게 '입불이법문(入不二法門)' 에 대하여 물었을 때 유마거사가 '묵연무언(默然無言)' 으로 응대하였던 사실을 공자의 이른바 '천하언재(天何言哉)' 운운한 말에 비유한 것이다.

> 공자가 말하기를 "내 말하지 않으련다" 고 하니, 자공(子貢)이 말하기를 "선생님께서 말씀하지 않으시면, 저희들이 어떻게 도를 전하겠습니까?" 라고 하였다. 이에 공자가 말하기를 "하늘이 무슨 말을 하더냐? 사시(四時)가 운행되고 백물(百物)이 생장하거늘 하늘이 무슨 말을 하더냐?" 고 하였다. (『논어』, 「陽貨」)

최치원이 도체(道體)의 활발발(活潑潑)한 유행처(流行處)를 묵지(默

56) 『최문창후전전집』 124-125쪽, 「眞鑒禪師碑銘」 "至若佛語心法, 玄之又玄, 名不可名, 說無可說. …… 昔尼父謂門弟子曰: 「予欲無言, 天何言哉?」 則彼淨名之默對文殊, 善逝之密傳迦葉, 不勞鼓舌, 能叶印心."

識)하라는 말을 이끌어 언어도단(言語道斷)의 경지에 있는 선(禪)에 비유한 것은 문장가의 상투적인 수식에서 나온 단순한 비교가 아니다. 그가 불비(佛碑) 속에서도 유교의 '극고명(極高明)' 한 상달처(上達處)를 부각하려 했음을 알게 한다. 최치원은 위의 문장 말미에서 "(공자가) 하늘이 말하지 않음을 말하였으니, 이를 버리고 어디 가서 얻을 것인가" 라고 하였다. 고차원에 있는 선(禪)의 경지에 비할 수 있는 것으로는 공자가 '천하언재(天何言哉)' 라고 한 것이 가장 높은 경지에 있음을 강조한 것이다. 최치원이 유교에서 드물게 말하는 형이상학의 경지를 인용하여 선(禪)과 비교한 것은, 유교에도 노·불에서 말하는 초월계(超越界)가 있음을 은연중 부각시켜, 유교의 수준을 끌어올리고, 이를 통해 삼교의 회통을 꾀하려 했던 것이라 할 수 있다.

유교에 대한 최치원의 체계적인 논술은 많지 않다. 다만 편린만으로도 그가 유교를 상당히 높은 수준에서 이해하였음을 짐작하게 한다. 그가 지향하였던 유교는 윤리 도덕적 차원에 머무는 것이 아니었다. 보다 차원이 높은 '상품(上品)의 유교' 였다. 수당(隋唐) 시대 사상계·학계의 일반적 분위기가 불교와 노장을 고차원의 것으로 보고 유교를 비하하였던 것임에 비추어 볼 때, 최치원의 유교 이해는 가장 낮은 위치에 있었던 유교를 노·불과 대등한 단계로 끌어올려 유교의 실상(實相)을 재인식도록 했다는 데서 중요한 의의를 지닌다.

최치원은 유학사상을 바탕으로 '주체' 의 문제를 선명하게 부각시켰다. 그에게서 주체의 문제는 인간주체와 민족주체 양면으로 드러난다. 후자의 경우 동인의식으로 집약되었다. 근세의 학자 일부(一夫) 김항(金恒: 1826~1898)은 『정역(正易)』에서 "천지가 일월이 없으면 빈껍데기요, 일월은 지인(至人)이 없으면 빈 그림자다"[57]고 하였다. 세상만사가 주체가 없으면 공각(空殼)이나 허영(虛影)에 불과하다는 말이다. 주체는 여러 측면에서 논의되지만, 그 가운데서도 가장 중심에 있는 것은 '인간주체' 다.

최치원은 「진감선사비문」 첫머리에서, 진리의 보편성 앞에서 출신국에 따른 차이가 있을 수 없다고 설파하였다. 이 '도불원인(道不遠人), 인무이국(人無異國)' 의 팔자입언(八字立言)을 통해, 진리의 보편성은 인간주체를 바탕으로 한다고 선언하였다. 여기서 '인간주체' 란 구체적으로 말하면 바로 '나' 요 '우리' 다. 주체를 주체 스스로가 파악하려는 것이 자각이요, 이 자각을 통해 주체적 파악을 추구하는 것이 철학이다. 최치원이 인간주체를 강조한 것은 철학하는 태도의 소산(所産)이라 하겠다.

최치원은 「지증대사비문」의 첫머리에서도 인간의 본질을 바탕으로 진리가 하나로 통할 수 있음을 시사적으로 서술하였다.

> 오상(五常)을 다섯 방위로 나눔에 동방(動方: 東方)에 짝지어진 것을 '인(仁)' 이라 한다. …… 인심(仁心)이 곧 부처〔仁心卽佛〕인 바, …… 욱이(郁夷: 東夷)의 유순한 성원(性源)을 인도하여, 가비라위(迦毘羅衛)의 자비로운 교해(敎海)에 이르도록 하니, 이는 돌을 물에 던지는 것 같고, 빗물이 모래를 모으는 듯하였다.[58)]

우리나라 사람들의 유순한 성품, 어진 마음은 애써 이끌지 않아도 불교와 자연스럽게 통할 수 있다는 것이다. '성원(性源)' 이란 표현에서 '본성의 근원' 이 무엇인지를 짐작하게 한다. 최치원은 인간주체가 바로 진리라고 보았다. 인간본질의 심층에는 너와 내가 통할 수 있고, 각

---

57) 『正易』, 18b "天地匪日月空殼, 日月匪至人虛影."

58) 『최문창후전집』, 168쪽, 「智證大師碑銘」 "五常分位, 配動方者曰仁心, …… 仁心卽佛, …… 道郁夷柔順性源, 達迦衛慈悲敎海; 寔猶石投水, 雨聚沙然."

종교와 사상이 하나로 만날 수 있는 광장이 있다는 것이다. 여기서 진리의 보편성과 인간 본질이 일치한다는 논리가 성립된다.

최치원이 말한 진리와 인간의 관계론은 공자가 말한 '도불원인(道不遠人)' 과 '인능홍도(人能弘道)' 에 기초한다. 인간주체를 강조하는 최치원의 철학사상은 필연적으로 인간의 심성 문제에 관심을 기울이지 않을 수 없었다. 인간주체의 문제는 곧 천도(天道)와 인성(人性)의 문제, 나아가 '심' 과 '성' 의 문제로 구체화되기 때문이다. 최치원은 송대(宋代) 성리학에서처럼 '심' 과 '성' 을 구분하여 본격적으로 다루는 단계까지는 도달하지 못하였지만, '심' 의 문제에 대해서는 일정한 경지까지 이르렀다고 할 수 있다. '심' 을 통해 유 · 불 · 도 삼교사상을 하나로 회통시킬 수 있는 사상적 근거를 마련하였다. 이런 맥락에서 볼 때, 최치원은 상대의 유교와 고려 말기에 본격적으로 수용되는 주자학과의 사상적 거리를 좁히는데 기여를 하였던 인물이라 할 수 있다.

인간을 중시하고 인간주체를 강조하는 것은 유교사상의 근본이요 한국사상의 일관된 맥락이다. 최치원은 상고대의 홍익인간(弘益人間) 이념을 계승하여 '도불원인' 의 인간주체적 진리관을 확립하였다. 이 인간주체의 문제를 통해 유교사상의 본령과 한국사상의 특성을 잘 드러냈다는 점에서 최치원의 철학사상은 의의가 크다.

제2장

渤海의 儒教思想

발해는 고구려 유민(遺民)들과 말갈계(靺鞨系) 일족이 연합하여 세워진 나라다. 건국 초기부터 고구려계 유민들이 지배권을 차지하면서 성당문화(盛唐文化)를 수용, '해동성국(海東盛國)' 이라는 칭호를 들을 정도로 높은 문화 수준을 이룩하였다. 발해는 고구려의 문화를 계승하면서 당나라의 예악제도를 다수 수용, 섭취하였다. 발해에 끼친 성당문화의 영향은 각 분야에 걸쳐 광범한 것이었다.

건국 이후 한동안 당나라와 불편한 관계에 있었으나 외교 관계를 맺은 이후 당나라와의 교류에 적극적이었다. 자주 사신을 보내고 유학생을 파견하였다. 당나라에서는 발해를 문화 선진국으로 인정하여, 산동반도의 등주(登州)에 신라관(新羅館)과 함께 발해관(渤海館)을 설치하는 등 양국을 대등하게 대우하느라고 상당한 배려를 하였다.

고구려의 후신임을 자칭하는 발해는 태조 고왕(高王) 때부터 옛 고구려 계통의 학자를 결집하여 학문과 사상을 부흥시켰다. 『구당서』「발해전」에 의하면 "자못 문자(文字) 및 서기(書記)가 있었다"[1]고 하여, 한문학에 능한 이와 역사서가 꽤 많이 있었음을 시사하였다. 몇 편 안 되는 발해 한문학 유산이 주로 일본 쪽 문헌에 전해지고 있는 현실에서,[2] 1949년과 1980년에 각각 발굴된 정혜공주(貞惠公主: 737～777), 정효공주(貞孝公主: 757～792) 자매(文王의 제2녀와 제4녀)의 묘지(墓誌)는 전형적인 변려체(騈儷體) 문장으로서 발해 한문학의 소중한 유산이다.[3]

제3대 문왕(재위 737～793)은 그의 시호가 말해주듯 문치(文治)를 통해 유신(維新)을 추구하였다.[4] 이로 말미암아 발해의 문화 수준은 상당한 경지에 이르렀다. 상류층에서는 한문학에 능통한 이들이 많아 당나라의 빈공진사 선발에서 십수 인이 뽑혔다. 나중에는 급제 서열을 놓고 신라와 쟁장사건(爭長事件)을 벌이기도 하였다. 이처럼 당나라를 매개로 신라와 대립 양상을 보인 것은 다름 아닌 문화적 우열을 다투는 데서 비롯된 것이다. 문화적 전통에서 신라와 비교가 안 되는 발해로서는 대단한 자부심이 아닐 수 없다. 그러나 중기 이후로는 한문학이 융성한 나머지 문약(文弱)에 빠져 상무적(尙武的) 기풍이 쇠퇴하였다. 이것은 마침내 발해 멸망의 주요 원인이 되기도 했다.

종교 · 사상의 측면을 보면, 당시 기층사회(基層社會)에서는 여전히

---

1) 『구당서』 권199(下), 「渤海靺鞨傳」 "風俗與高麗及契丹同, 頗有文字及書記."

2) 발해와 일본 두 나라의 문학적 교류에 대해서는 일본의 『懷風藻』 · 『文華秀麗集』 등 여러 문헌들에 전한다. 일본 쪽 문헌을 통한 발해 한문학의 우회적 접근은 시도해볼 만하다.

3) 이 두 묘지는 개인의 신상에 관한 부분을 제외하면 전체적으로 같다. 아마도 당시에는 묘지문의 典範이 될 만한 것을 지어놓고 필요에 따라 일부분만 수정하여 묘지를 작성하였던 것 같다.

4) 문왕의 유신정치가 당나라 開元禮를 바탕으로 하였을 것이라는 주장이 있다. 천인석, 「발해의 유학사상 연구」, 『동양철학연구』 제16집, 1996, 148쪽.
문왕 大興 2년(738), 당나라 현종 26년에 발해가 당나라에 사신을 보내 『唐禮』(大唐開元禮) · 『三國志』 · 『晉書』 · 『三十六國春秋』 등을 필사하여 오도록 한 바 있다. 『册府元龜』 권999, 外臣部, 〈請求〉

샤머니즘 등 원시종교와 함께 고구려 때부터 일반화한 불교가 성행하였던 것으로 추정된다. 반면에 상층사회와 학계에서는 한문학의 발전과 성당문화의 영향 등으로 유교사상이 상당한 수준에 이를 정도로 보급, 발전된 것으로 보인다. 발해의 유교가 구체적으로 어떤 성격이었으며 어느 수준이었는지 자세히 알 수는 없지만, 당시의 국가체제라든지 사회제도 등을 통해 간접적으로 유추할 수는 있다.

교육제도 및 교육기관을 보면, 당시 중앙에는 문왕 때 설치된 국립유학대학 주자감(胄子監)이 있었다. 주자감은 당나라 관제를 모방한 것이다. 여기서 교수하는 교과 과목은 주로 유교경전이었으며, 이 밖에 역사 및 문학을 비롯하여 율학(律學) · 서학(書學) · 산학(算學) 등에 이르기까지 범위가 넓었다. 당시 주자감 경내에 세워졌던 것으로 추정되는 국학비(國學碑)의 비편(碑片)을 보면 "동관(東觀)에 유생들의 수가 성하고"(儒生盛於東觀) 운운하는 등의 문구가 있어[5] 당시 유학이 성하였음을 엿보게 한다.

발해에서 유교의 왕도정치 사상과 성왕관(聖王觀)을 잘 드러낸 것으로는 시조 고왕(高王) 때부터 제11대 이진(彝震) 때까지(699~858) 독자적으로 사용했던 연호를 들 수 있다. 인안(仁安) · 정력(正曆) · 영덕(永德) · 주작(朱雀) · 함화(咸和) 등 역대 임금들이 일세일원(一世一元)의 원칙에 따라 사용했던 이들 연호는 발해의 주체성과 유교적 통치 이념을 담은 것으로 생각된다. 정혜 · 정효공주의 묘비에서도 그 일면을 볼 수 있다. 비록 부화무실(浮華無實)한 느낌이 없지는 않지만 유교적 정치 이념의 지향점만은 뚜렷한 것 같다.

---

5) 한국고대사회연구소, 『역주 한국고대금석문』 제3권, 1995, 472쪽 참조.

부조(父祖)께서 임금의 덕화를 일으키셨거니와, 그 성대하고 열렬한 무공(武功)은 논할 수 있다고 본다. 좋은 기회를 얻고 정사를 잘 처리하심은, 그 밝음이 일월이 위에서 내리비치는 것과 같고, 황극(皇極)을 세우고 만기(萬機) 장악하심은 그 어지심이 천지가 만물을 덮어주고 태워주는 것과 같았으니, 중화(重華: 虞舜)에 짝할 만하고, 우임금(夏禹)과 닮았으며, 은탕(殷湯)처럼 심신을 도야하고, 주문왕(周文王) 같이 도략(韜略)을 갖추시었네. 하늘로부터 돕는 분위기인지라 위엄이 여전히 길할 것이로다.[6]

발해국의 중앙 관제를 보면, 당나라의 삼성(三省) 육부제(六部制)를 도입하여 기본 골격으로 삼았다. 이것은 발해 나름의 필요성에 따른 것이었다. 고구려의 후신으로 고대국가의 전통을 잘 계승하였다고 자처하는 발해 지배 세력으로서도 상대적으로 문화 수준이 낮은 말갈족과 연합하여 국가를 건설하는 과정에서, 새로운 정치 체제의 완비와 빈약한 정치 이념을 극복하기 위해 고대의 정치 체제에서 탈피하여야 했고, 선진 당나라의 제도를 도입하지 않을 수 없었다.

발해는 당나라 제도를 도입하면서도 실제 운용에서는 당나라 제도와 약간 달리하여 주체성을 나타내려고 애썼다. '삼성' 이란 정당성(政堂省) · 선조성(宣詔省) · 중대성(中臺省)으로 당나라의 상서성(尙書省) · 문하성(門下省) · 중서성(中書省)에 비정(比定)된다. '육부' 란 충(忠) · 인(仁) · 의(義) · 지(智) · 예(禮) · 신부(信部)로 당나라의 이(吏) · 호(戶) · 예(禮) · 병(兵) · 형(刑) · 공부(工部)에 비정된다. 정당성을 중심으로 운영되던 발해의 삼성은 엄격한 의미에서 최고 의정기구(議政機

6) 「정효공주묘비명」 "惟祖惟父, 王化所興, 盛烈戎功, 可得而論焉. 若乃乘時御辨, 明齊日月之照臨, 立極握機, 仁均乾坤之覆載. 配重華而肖夏禹, 陶殷湯而韜周文. 自天祐之, 威如之吉."

構)였던 당나라의 삼성과 성격상 차이가 있었다. 육부의 명칭은 관장하는 사무를 나타내지 않고 유교에서 말하는 오상(五常) 등의 덕목으로 표현하였다. 이는 발해 정치사상의 단적인 표현임과 동시에, 유학사상이 관제에 깊이 반영되었음을 알게 하는 것이다. 더욱이 인사 행정을 담당하는 부서를 충부(忠部)라 하여, 국왕에 대한 충성의 의미를 담은 것은 한대(漢代) 이후의 유학사상과 관련하여 시사하는 바 크다.

이상의 관제 이외에도 공(公)·후(侯)·백(伯)·자(子)·남(男)의 오작(五爵)을 두었다. 또 형식상으로 삼성의 상(相)보다 높은 위치에서 국정에 참여하였던 삼사(三師)·삼공(三公)의 직책을 두었다. '삼사' 는 태사(太師)·태부(太傅)·태보(太保)를, '삼공' 은 태위(太尉)·사도(司徒)·사공(司空)을 가리킨다. 삼사는 국왕이 신하로 대우하지 않고 스승으로 예우한다는 최고의 벼슬로서 맡은 직무는 국왕에게 충고를 하는 것이었다. 삼공은 삼사 다음가는 벼슬로서 국왕을 도와 나라를 다스리며 어느 부서, 어느 일이나 할 것 없이 통괄하는 직책이었다. 이들은 국가의 최고 지위에 해당하였으나, 그 직책에 해당될 만한 학식과 덕망을 갖춘 사람이 없을 때는 빈자리로 남겨 두었다고 한다. 이를 '직궐지관(職闕之官)' 이라 하였다.[7]

이 밖에 장자상속제가 확립되어 왕위계승 등에 지대한 역할을 하였다.[8] 이 역시 유교사상과 밀접한 관계에 있는 것이라 하겠다.

---

7) 朴時亨, 『발해사』, 이론과 실천, 1987, 245쪽.

8) 酒寄雅志, 「渤海王權の一考察 - 東宮制を中心として」, 『朝鮮歷史論集(上)』, 東京: 龍溪書舍, 1979 참조.

제4부

고려 초기의 정치적 동향과 유학사상

제1장

羅末麗初 유교계의 동향과 태조의 통치이념

신라 하대의 유교적 지향은 국학(國學)을 정비하고 독서삼품과를 설치(788)하였던 것이나, 일시에 105인의 도당유학생(渡唐留學生)이 귀국(840)하였던 것으로 그 정황을 짐작할 수 있다. 그러나 독서삼품과는 골품제 때문에 실효를 거둘 수 없었고, 상당수에 달하던 육두품 계층의 유교적 지성인들은 능력 본위의 개방적인 사회를 추구하였다. 당시 육두품 계층의 학자들은, 거듭된 실정(失政)에 대한 백성들의 공감대가 무르익어 감에 따라 반신라적 지성으로 변모하여 갔다. 나중에는 일종의 혁명사상까지도 품었던 것으로 보인다.[1] 가야산의 은사(隱士) 왕거인(王巨仁)이 시정(時政)을 비판했다는 이유로 투옥된 것이라든가, 최치원(崔致遠)이 가야산에 은둔한 것은 골품제에 대한 반발이자 유교적 왕도정

---

1) 최치원이 효공왕을 대신해서 撰한 表에서 "불은 나무에서 생기나 불이 사나우면 나무를 태우고, 물은 배를 뜨게 하나 물이 성나면 배를 뒤엎는다"(火生於木, 而火猛則木焚, 水泛其舟, 而水狂則舟覆)고 하였다. 소박하나마 유교적 지식인들이 품었던 혁명적 발상의 편린을 엿볼 수 있겠다. 『최문창후전집』, 40쪽, 「謝嗣位表」 참조.

치를 추구하는 강력한 의지의 표현이었을 것이다.

고려 건국 초기에는 신라 말 육두품 계층의 문인·학자 상당수가 여조(麗朝)에 귀화하여 새로운 문화의 건설에 공헌하였다. 이들은 대체로 유학에 밝았으며 유교적 정치 이념을 정립하는 데 힘썼다. 이들 학자 가운데 나·려 학계의 가교적 구실을 담당했던 학자는 최언위(崔彦撝)다. 여초의 문인들 중에는 신라에서 벼슬하다가 온 사람보다 태조 왕건과 함께 태봉(泰封)에서 궁예를 섬기다가 내조(來朝)한 문신이 더 많았으니 홍유(洪儒)·박유(朴儒)·최응(崔凝)·윤봉(尹逢) 등이 그들이다. 이 밖에 최지몽(崔知夢)과 같은 반견훤적(反甄萱的) 인사와, 추언유(酋彦猶)·박엄(朴嚴) 등 귀화한 문사들도 있었다. 신라에서 귀부(歸附)한 학자들은 정치적 활약보다도 문교 면에서 공헌이 더 컸다.

최언위(868~944)의 초명은 인연(仁渷)[2]이다. 대낭혜화상(大朗慧和尙) 무염(無染: 800~888)의 종제(從弟)[3]이기도 하다. 18세(혹은 30세) 때 당나라에 들어가 빈공진사(賓貢進士) 시험에 급제하였다. 이때 발해의 재상 오소도(烏炤度)의 아들 광찬(光贊)보다 석차가 위에 있어 신라와 발해 사이에 쟁장사건(爭長事件)이 일어나기도 하였다. 42세 때(909) 귀국하여 수집사시랑(守執事侍郞)·서서원학사(瑞書院學士) 등을 지내다가 신라가 망한 뒤 고려에 귀부하니 태조가 태자사(太子師)로 삼고 문한(文翰)의 임무를 맡겼다. 이후 한림원대학사(翰林院大學士)·평장사(平章事) 등의 요직을 역임하였다. 당시 귀인들이 모두 그를 스승으로 섬겼다고 한다.

---

2) 管野銀八, 「新羅興寧寺澄曉大師碑の撰者に就て」, 『東洋學報』 13-2, 1923 참조.
3) 현재 학계에서는 대낭혜화상비 말미에 '從弟崔仁渷書'라고 한 대목을 인증, 최인연이 비문의 찬자인 최치원의 從弟인 양 단정하고 있으나, 비문의 성격상 주인공이 아닌 찬자와의 관계를 나타냈을 리 없다. 종제는 親從弟만을 가리키는 것이 아니다. 부계로 姑從弟가 있고 모계로 外從弟 및 姨從弟가 있다.

최언위는 최치원 · 최승우(崔承祐)와 함께 신라 말에 '일대삼최(一代三崔)' 로 꼽혔다. 당시 중국인들이 '군자국(君子國)의 군자요 대인향(大人鄕)의 대인' 이라고 칭송을 하였다.[4] '삼최' 는 모두 육두품 계열의 학자들이다. 최언위를 비롯한 육두품 계열의 학자 상당수가 고려에 귀부하여 최고 지배층으로서 당당한 위치를 차지함과 동시에, 중국 유학 등을 통해 온축(蘊蓄)하였던 유교적 지식을 정치에 반영시켜 평소 갈망하던 정치적 이상을 실현하고자 하였다. 최언위가 남긴 글로는 나말여초에 활약했던 고승들의 탑비문(塔碑文) 9편(?)이 현재 전한다. 그는 고려 개국 초에 고승들의 비문을 전담하다시피 하였다. 모두 왕명을 받아 찬술한 것들로, 자신의 학문적 역량을 총결집하여 이룩하였을 것이다. 다만 자기의 사상을 오롯하게 담은 것이라고 보기는 어렵다. 더욱이 선승(禪僧)들에 관한 내용이고 보면, 이 비문들을 통해 그의 유학사상을 살펴보기란 어려운 일이라 하겠다. 그는 법경대사(法鏡大師) 현휘(玄暉)의 탑비에서 다음과 같이 말하였다.

> 유풍(儒風)은 시(詩) 삼백 편에 담겨 있고 노교(老敎)는 오천 언의 『도덕경』에 실려 있다. 공자는 인의(仁義)의 근원을 말하고 노담(老聃)은 현허(玄虛)의 이치를 연술(演述)하였다. 그러나 비록 망정(忘情)을 염(念)하기는 하지만 감히 득리(得理)를 말하랴. 이는 역중(域中)의 가르침이요 방내(方內)의 말이다. 어찌 정각도(正覺道)를 이루어 일심(一心)을 얻을 수 있음을 알고, 진여성(眞如性)의 청정(淸淨)함이 삼세(三世)에 걸쳐 있으나 다르지 않다는 데 있음과 같겠는가.[5]

---

4) 『조선금석총람』 상권, 188쪽, 「太子寺朗空大師白月栖雲塔碑後記」 "其仁渷者, 辰韓茂族人也. □所謂一代三崔, 金牓題迴, 曰崔致遠, 曰崔仁渷, 曰崔承祐, 於中中人也, …… 實君子國之君子, 亦大人鄕之大人也."

변려문으로 된 그의 금석문은 글자 수와 대우(對偶)가 엄정하고 전고가 쉬우면서도 적절하여 신라 말기 변려문의 진면목을 엿볼 수 있다. 이를 통해 그의 문학적 면목과 함께 신라 한문학과 고려 한문학의 가교자로서의 위치를 짐작할 수 있겠다.

위 비문의 내용을 보면, 최언위는 유 · 불 · 도 삼교 가운데 불교를 가장 높은 위치에 놓았다. 그는 실제 무염국사의 종제일 뿐만 아니라, 여러 탑비에서 진경대사(眞鏡大師) 등의 '문인(門人)' 임을 자처하기도 하였다. 그러나 이러한 사정을 그대로 받아들여 그가 불자(佛者)였다고 단정하기는 어려울 듯하다. 고승의 탑비라는 특성을 감안하지 않을 수 없다. 그리고 그의 집안이 대대로 유학을 업으로 삼아 왔음은 역사서가 증명한다.[6] 그가 지은 금석문을 보면 고승의 탑비임에도 유학사상의 편린을 적지 않게 발견할 수 있다. 비록 최치원의 『사산비명』에는 비할 바 아니지만 불교를 순수하게 불교로만 받아들이거나 평가한 것은 아니다. 그는 지불유자(知佛儒者) 또는 친불유자(親佛儒者)라기보다 유자(儒者)의 시각에서 삼교, 특히 불교를 조화 또는 절충하려 했던 학자라고 할 수 있겠다.

박유(朴儒)는 광해주(光海州: 春川) 출신으로, 경서와 사서(史書)에 통달하였다. 일찍이 궁예에게 벼슬하였으나, 궁예의 정치가 문란하자 숨었다가 태조가 창업했다는 말을 듣고 귀부하였다. 태조는 그를 예로써 접대하면서 "다스림을 이룩하는 도리는 오직 현인(賢人)을 구함에 있

5) 『조선금석총람』 상권, 150쪽, 「淨土寺法鏡大師慈燈塔碑」 "儒風則詩惟三百, 老教則經乃五千. 孔譚仁義之源, 聃演玄虛之理. 然而雖念忘□, 敢言得理. 此則域中之教, 方內之譚, 曷若正覺道成, 知一心之可得, 眞如性淨, 在三際之非殊."

6) 『고려사절요』 권3, 현종 15년 甲子 6월조 "門下侍郎平章事崔沆卒. 沆彦撝之孫, …… 業世儒, 以淸儉持家."
아들 光胤 · 光贊과 손자 沆이 유학과 문장으로 저명하였다.

다. 지금 경(卿)이 오니 부암(傅巖)에서 부열(傅說)을 얻고 위수(渭水) 가에서 태공망(太公望)을 얻은 것과 같다"라 하고, 관대(冠帶)를 내려주고 그에게 기무(機務)를 맡아보게 하였으며, '왕(王)' 이라는 성을 내려 주었다 한다.[7)]

최응(崔凝: 898~932)은 오경에 통달하고 글을 잘 지었으므로, 궁예 밑에서 한림(翰林)이 되어 존경을 받았다. 궁예가 왕건에게 반역죄를 뒤집어씌워 죽이려 할 때 왕건이 화를 면하게 해줌으로써 왕건과 사이가 가까워져, 고려가 개국한 뒤 지원봉성사(知元鳳省事) · 광평랑중(廣評郎中) · 내봉경(內奉卿) 등을 역임하였다. 관리의 사무에 능통하여 당시 사람들의 칭찬이 자자하였다. 현종 18년(1027)에 태조의 묘정(廟庭)에 배향되었다.[8)]

후삼국 시기 유교적 지식인들은 왕도사상에 기초한 인정론(仁政論)과 천명사상(天命思想) · 혁명론 등 유교의 정치 이념과 위민사상(爲民思想)에 입각하여, 신라의 지배 체제가 지니는 모순성과 불교 일색의 종교적 편향성 그리고 후삼국의 호족 정권의 수탈성을 강력히 비판하였다. 궁예의 휘하에 있다가 왕건의 추대에 앞장섰던 홍유(洪儒: ?~936)는 배현경(裵玄慶) · 신숭겸(申崇謙) · 복지겸(卜智謙) 등과 함께 왕건을 추대하면서 "폭군을 폐하고 현인(賢人)을 세우는 것은 천하의 대의(大義)이다"[9)]고 하여 혁명론을 명분으로 신왕조의 건설을 추진하였다. 이러한 시대 조류를 타고 건국된 고려왕조가 중앙집권적 관료제와 그에 대응하는 문치주의를 채택한 것은 실로 당연하였다.

고려시대는 고대의 남북국시대와 근세의 조선시대를 이어주는 과도

---

7) 『고려사』 권92, 「王儒傳」; 『고려사절요』 권1, 태조 1년 戊寅條 참조.

8) 『고려사』 권92, 「崔凝傳」 참조.

9) 『고려사』 권92, 「洪儒傳」

기로서, 사상사에서의 일대 전환기요 시련기였다. 민족의 예지(叡智)와 독창성이 외래사상의 강력한 영향에 부딪쳐 큰 진통을 겪어야만 했다. 고려 건국으로부터 후삼국 통일(936)에 이르는 시기에 태조 왕건은 호족 연합정책을 취하였다. 따라서 포용과 회유가 주를 이루었고 개혁도 점진적이고 온건한 방법을 채택하였다. 국가의 명맥은 고구려 계승자임을 표방하면서도, 문물·제도는 물론 종교·사상·풍속 등 문화 전반에 걸쳐 신라의 전통을 답습 또는 절충하는 정책을 취하였다.

일찍이 태조 왕건의 참모 최응이 "비록 전시(戰時)를 당하더라도 임금은 반드시 문덕(文德)을 닦아야 하며, 불교나 음양(陰陽)으로 나라를 얻었다는 말은 듣지 못하였습니다"고 간(諫)하자, 태조는 "난이 진정되고 편안하게 사는 때를 기다려 풍속을 바꾸고 교화를 아름답게 할 수 있을 것이다"[10]라 하고, 또 "지금 삼한이 갓 통일되어 인심이 아직 안정되지 않았다. 만약 갑자기 불교를 없애면 반드시 동요가 생길 것이다"[11]라고 하며, 안정 후의 이풍역속(移風易俗)을 다짐하며 문치적 방향을 제시하였다. 태조의 호불신참(好佛信讖)은 건국 전후의 불안정한 인심을 잠재워 왕권의 안정을 기하려는 현실적 차원에서의 고식지계(姑息之計)요 종교적, 사상적 측면에서의 각별한 배려였다. 태조는 치국이민(治國理民)하는 데 대체로 유교의 이념에 입각하였다. 그러나 불교를 숭상하고 지리도참설을 중시하였던 태조의 영향력은 과소평가할 수 없다. '서경수덕순조설(西京水德順調說)'이 끊임없이 제기되었던 것도 이와 무관하지 않다.[12]

---

10) 崔滋, 『補閑集』 권상, 제1칙.
11) 『고려사』 권120, 「尹紹宗傳」; 『고려사』 권120, 「金子粹傳」 참조.
12) 지리 도참설의 경우, 문종 때의 문신 이의(李顗) 같은 이가 적극 반대한 일이 있었지만 큰 물줄기를 바꾸어 놓기에는 미미하였다. 『보한집』 권상, 제9칙 참조.

태조 왕건이 26년(942) 4월에 내린 훈요십조(訓要十條)는 고려의 건국 정신 또는 치국 이념을 담은 대경대법(大經大法)이라 할 수 있다. 훈요의 특성 가운데 두드러진 것으로 다음을 들 수 있다. 첫째, 왕조의 중요한 정치 에너지의 하나를 불교 및 도참사상과 연결함으로써 정치 속에 종교가 파고들어 상호 작용하는 중세적 교화정치사상을 낳았다. 둘째, 그러한 교화적 정치사상은 단순히 고대적 정교일치(政敎一致)의 정치사상이 아니고 '호국불교' '위국기복(爲國祈福)'과 같이 중세적 통일국가를 이룩하기 위한 현실적인 에너지의 하나로 활용되었다. 거기에는 민족주의사상이 담겨 있었다.

훈요 제3조에서는 유교의 종법사상(宗法思想)을 바탕으로 '적자전국(嫡子傳國)'을 원칙으로 하면서도 부득이한 경우 현불초(賢不肖)에 따른 형제간의 선양(禪讓)을 유교(遺敎)하였다. 제4조에서는 당나라 예악의 수용을 전제로 하고 문화가 저열한 거란을 금수(禽獸)라 하여 배척하는 등 화이론적(華夷論的) 문화관에 입각하면서도 '수방이토(殊方異土)'에 따른 민족문화의 주체성과 특수성을 역설하였다.[13)]

제7조에서는 유교문화의 근간인 농본의식(農本意識)을 바탕으로 하여 '사민이시(使民以時)' '경부박렴(輕賦薄斂)'을 다짐하는 인정(仁政)을 말하였다. 태조는 즉위한 지 34일 만에 백성에게 3년 동안 조세를 감면해주는 조치를 단행하였다. 후삼국이 대치하고 군웅(群雄)이 승부를 겨루는 상황에서 재정의 용도가 급하였을 것임에도, 전공(戰功)보다 백성 구제를 우선으로 하였던 것이다.

제10조에서는 『서경』「무일(無逸)」편을 이끌어 "국가를 가진 자는 항상 우환이 없을 때〔無虞〕를 미리 경계해야 하며, 널리 경사(經史)를

13) 중국의 풍속을 즐겨 사모함으로써 백성들의 반감을 샀던 성종의 경우와 대비가 된다. 『고려사절요』 권2, 성종 12년 癸巳 윤10월조 "王樂慕華風, 國民不喜"

읽어 옛일을 거울로 삼아 지금을 경계하라"고 하였다. 이 제10조는 앞의 9개조를 마무리한 듯 함축적이고 집약적인 성격을 띤다.

태조가 훈요십조에서 표면적으로 불교호지(佛敎護持), 풍수신앙(風水信仰), 연등·팔관회의 준행(遵行) 등 불교신앙이나 전통 사상·예속 등을 강조한 듯하지만, 기본적인 정책 방향에서는 유교적 통치 이념을 확고하게 지니고 있었다.[14] 이것은 『정계(政誡)』나 『계백요서(戒百寮書)』에도 그대로 반영되었으리라고 생각된다. 최승로의 「오조치적평(五朝治績評)」에 실린 태조에 대한 평을 보면, 실로 '유교에서 이상으로 여기는 제왕상' 바로 그것이다.[15] 태조가 비록 후대의 성종과 같이 숭유(崇儒)에 입각하여 제도 정비와 정치를 활발히 전개하거나 많은 업적을 쌓지는 못했지만, 이는 창업 직후였기 때문에 불가피했으리라고 본다. 요컨대 태조는 단일 민족국가와 북진정책을 표방한 강력한 국가주의자였고, 정치에서는 치국의 이념으로서 유학사상을 표방하고 유교의 왕도정치와 예교주의를 현실 속에 구현해 보려던 이상주의자였다고 하겠다.

---

14) 김충렬, 『고려유학사』, 고려대학교출판부, 1984, 66쪽.

15) 『고려사절요』 권2, 성종 원년 壬午 6월조 참조.

제2장

광종의 왕권강화와 科擧制 실시

고려 제4대 임금인 광종(재위 949~975)은 호족들에게 짓눌려왔던 왕권을 확립하기 위하여 과감한 정책을 실행하였다. 『고려사절요』의 사신평(史臣評)에 의하면, 즉위 초에는 유학을 중히 여기고 예로써 신하를 대우하며 송사를 결단하는 데 밝고 빈민을 구휼하는 등 밤낮으로 부지런하여 거의 태평의 정치를 이루었지만, 중반 이후로는 시기함이 심하고 참소를 믿어 사람을 많이 죽이는 한편, 불법(佛法)을 매우 좋아하며 연회와 놀음에서 사치함이 한도가 없었다고 한다. 최승로는 「오조치적평」에서 "아아! 어찌 처음에는 정치를 잘하여 좋은 평을 얻다가 나중에는 잘못하여 이 지경에 이르렀는지 매우 통탄한 일이다"고 하였다.

광종은 불교와 고대적 사유가 정교(政教)에 막강한 영향력을 끼쳤던 고려 초기에 유학에 대해 상당한 관심과 열의를 가지고 유교적 합리주의와 문치주의에 걸맞은 여러 가지 시책을 펴기도 하였다. 물론 불교에 대해 깊은 관심을 가지고 열렬히 받들기도 하였다.[1] 그러나 전대의 정종(定宗)이 의장(儀仗)을 갖추어 불사리(佛舍利)를 받들고 10리쯤 떨어진 개국사(開國寺)까지 걸어가서 봉안하고, 또 7만 석의 곡식을 여러 큰 사원에 바쳐 불명경보(佛名經寶)와 광학보(廣學寶)를 설치하는 등 불교를 혹신하였던 것[2]에 비하면, 광종의 유학에 대한 숭상은 이채라 하지 않을 수 없다. 이것은 왕 자신의 관심과 의지도 있었겠지만, 쌍기(雙冀)・왕융(王融)・서희(徐熙)・조익(趙翼)과 같이 주위에서 보필하는 신하들의 교계(教誡)가 적지 않았던 것으로 보인다.

광종 7년(956), 후주(後周)에서 쌍기가 사신으로 왔다. 쌍기가 자못 문명이 있었으므로 광종은 그를 요속(僚屬)으로 삼으려고 후주에 청하여 허락을 얻었다. 광종은 쌍기를 무척 신임하여, 등용한 지 1년도 지나지 않아 문병(文柄)을 맡길 정도였다. 동 9년(958)에는 쌍기의 건의를 받아들여 그의 주관으로 과거를 실시, 시(詩)・부(賦)・송(頌) 및 시무책(時務策)으로 진사를 선발하였다. 과거를 실시한 이해 검은 학〔玄鶴〕이 함덕전(含德殿)에 날아들었는데, 이를 복조(福祚)・길상(吉祥)이라 하여, 문사들이 모두 찬송(贊頌)을 지어 임금의 문덕(文德) 있음을 칭송하였다.[3] 이때 학사 조익은 송을 지어,

> 匪白匪黃　'백' 도 아니요 '황' 도 아닌
> 玄乃衣裳　검은 것이 바로 의상인데
> 之禽之色　이 새의 빛이

---

1) 최승로에 의하면, 광종은 만년에 자신이 많은 사람을 죽인 것에 대해 마음속으로 두려움을 품은 나머지 '인과응보' 의 죄업을 씻고자 여러 절을 세우고 齋會를 널리 베풀어 백성에게 큰 폐와 고통을 끼쳤으며, 태조가 주창한 호국불교의 염원을 저버리고 불교를 '私宗教' 로 전락시키고 말았다고 한다.

2) 『고려사』 권2, 定宗 원년 丙午條.

3) 이를 중국 고대 순임금의 '簫韶九成, 鳳凰來儀' 의 故事에 견주어 태평성대의 상징으로 칭송하였다.

厥表何祥 어떤 상서를 크게 나타냈구나.

惟我后德 오직 우리 임금의 덕이

過百皇王 여러 임금보다 뛰어나시니

崇文重道 문을 높이고 도를 중히 여기시어

急用賢良 현량을 시급하게 등용하시네.

……

覽文德輝 문덕의 빛난 것을 보니

豈周鳳凰 그것은 주나라의 봉황이로다.[4)]

라고 하였다.

광종은 종래의 정치 체질을 일신하고 유교적 정치 이념을 확립하기 위해 쌍기를 비롯한 중국인의 귀화를 장려하고 그들을 지나칠 정도로 우대하면서 중국 제도를 적극적으로 수용하기 시작하였다. 최승로는 「시무이십팔조」의 서두 '오조치적평'에서 광종의 치세(治世) 26년을 3단계로 나누었다.[5)] 왕권 강화와 직접 관련된 시책을 단행하지 않아 정국이 평온한 상태를 유지하였다는 첫 단계 8년 동안에 대해 최승로는 "광종의 처음 8년 동안의 다스림은 중국 삼대(三代)에 견줄 만하였다"고 평하였다.

그러나 왕권 안정의 기반이 어느 정도 다져지자, 광종은 노비안검법(奴婢按檢法)과 과거 제도를 실시하고 백관의 공복을 제정하는 등 왕권 강화에 필수적인 일련의 제도를 시행하였다. 이러한 조치들은 필연적

---

4) 『보한집』 권상, 제1칙.

5) 『고려사절요』 권2, 성종 원년 壬午 4월조. 첫 단계는 원년(949)부터 7년(956)까지, 둘째 단계는 7년(956)부터 11년(960)까지, 셋째 단계는 11년(960)부터 26년(975)까지이다.

으로 호족 세력의 반발을 초래하였고, 광종은 이들을 숙청하는 데 주저하지 않았다. 왕권 강화에 반발하거나 장애가 되는 세력은 무자비할 정도로 과감히 처단하였다. 왕권 안정에 대한 광종의 집념은 강렬하여, 호족 세력은 물론 골육과 친 · 인척에 대해서도 항상 감시하였다. 한번 의심이 가면 살육도 주저하지 않았다. 종족(宗族)들 가운데 몸을 보전하지 못한 이가 많았으며, 심지어 태자 주(伷)까지도 매양 불안에 떨곤 하였다. "광종 연간에는 역대의 훈신(勳臣) · 숙장(宿將)들도 모두 죽음을 면치 못하였으니, 경종이 즉위할 때까지 남은 옛 신하는 40여 명뿐이었다"고 한 최승로의 증언을 통해, 개국공신들에 대한 숙청의 정도를 짐작할 수 있다.

왕권의 확립과 중앙집권화는 광종에게 가장 시급한 현실적 과제였다. 그가 왕권 강화에 집착한 데는 그럴 만한 이유가 있었다. 그는 재위 2년 만에 왕권 쟁탈로 비명횡사한 혜종과 재위 4년 만에 스스로 물러난 정종의 뒤를 이어 왕위에 올랐다. 전대의 두 임금은 모두 태조의 정략적인 혼인정책의 희생자였다. 외척 간의 왕권 쟁탈 때문에 혜종 · 정종이 희생되는 등 왕실의 숱한 비극을 뼈저리게 느낀 광종은 그 전철을 다시 밟지 않기 위해서 왕권 강화의 의지를 불태웠다. 왕권 확립을 위해서는 외척 세력 및 외척 세력과 연결된 종실(宗室), 또 종실과 연결된 구신(舊臣) 세력을 도태하려고 하였다. 그는 태조의 구신 세력을 일거에 도태하고 호족 세력을 억누르고자 노비안검법을 실시하였으며, 또 족적(族的) 유대 관계와는 관련이 없는 '과거제도'라는 새로운 기준을 세웠다.[6]

광종은 독자적인 세력 기반을 쌓아 왕권을 확보하는 데 가장 끈기 있고 정력적으로 노력하여 큰 성과를 거둔 임금으로 평가된다. 그의 과단

6) 김철준, 「나말여초의 사회전환과 중세지성」, 『한국사의 반성』, 신구문화사, 1973, 130쪽.

성 있는 정치는 신 · 구의 세대교체, 세력 교체를 이루어 놓았으며, 왕권을 안정시키고 국가 기반을 확립하는 새로운 기틀을 마련하였다. 광종의 치적으로 돋보이는 것은 유교적 흥학책(興學策)이요, 또 흥학책 중에서 으뜸가는 것은 과거제도의 실시라 할 것이다. 유교적 정치 이념의 확립이라는 측면에서 볼 때 과거제는 문치주의의 핵심이었다. 과거제가 실시됨으로부터 문풍이 진작되었다는 말이 과언은 아니다. 과거제는 중앙집권적 관료제를 확립하기 위한 정치적 목적으로도 추진되었다. 이는 상당히 강대한 세력을 구축하고 있던 지방호족의 중앙관료화를 겨냥, 이를 제도적으로 추진하는 데 주안점이 있었다.

최승로는 「시무이십팔조」에서 광종의 중반 이후의 정치를 '불선(不善)의 표본' 인 양 비판하면서, 광종이 실정(失政)으로 빠져들게 된 근본 원인을 쌍기에 대한 중용(重用)과 총애에서 찾았다.

쌍기가 귀화한 뒤부터 임금이 문사(文士)를 존중한 나머지 은례(恩禮)가 지나치게 융숭하니, 변변치 못한 재주(쌍기)가 외람되이 진출하여 한 해 안에 바로 경상(卿相)이 되었다. 임금은 무시로 쌍기를 접견하여 많은 시간을 소비함으로써 정사(政事)를 게을리하고 연희와 놀음을 그치지 않았다. 이에 남 · 북의 변변치 않은 사람〔庸人〕들까지도 모두 특수한 예로써 대접하니, 이 때문에 후생들이 진출하기를 다투고〔後生競進〕 덕망 있는 장로들이 점차 시들해졌다〔舊德漸衰〕. 비록 중국의 풍속은 존중하였으나 중국의 좋은 법은 취하지 못했으며, 중국의 선비는 예로써 대접하였으나 중국의 어진 인재는 얻지 못하였다. …… 정무를 게을리한 까닭에 빈료(賓僚)를 접견하지 않았다. 임금과 신하 사이의 의견 교환이 막혀서 정치가 잘되고 못 되는 점을 감히 말하는 신하가 없었다. 그러니 임금은 임금대로 신하를 시기하고 의심함이 날로 심해지게 되었다.[7)]

최승로는 호족 세력을 무시하고 신흥 지식층과 연결하여 전제정치를 자행하는 광종의 정치 행태를 비판해 마지않았다. 이것은 그 자신이 호족 세력과 연결된 데서 오는 것일 수도 있다.[8] 최승로는 당시의 '위계질서 문란'을 심각하게 인식하였다. 「시무이십팔조」에서 이른바 '후생들이 진출하기를 다투고 덕망 있는 장로들이 점차 시들해졌다'고 한 것은 곧 세대교체를 의미한다. 최승로가 비록 과거제도에 대해 직접적인 비평은 하지 않았지만, 그는 귀화한 중국인이나 새로 대두하는 후생들에 대해 본능적인 경계심을 가졌던 것 같다.

광종이 죽은 뒤 잔존한 구세력의 반격으로 적지 않은 정치적 혼란이 있었다. 광종이 왕권의 확립과 강화를 위해 무단정치를 자행, 그 한계를 드러냈던 만큼, 이후에는 무단정치를 대신할 유교적 정치 이념의 확립이 절실히 요구되었다. 다만 광종이 왕권 안정의 기반을 확립함으로써 그 후계자들이 왕권 중심의 정치 시스템을 비교적 순조롭게 마련하여 갈 수 있게 되었던 것은 사실이다. 경종(景宗)이 전시과(田柴科) 제도를 제정, 시행함으로써(975) 호족 세력을 제도권 안에 묶어 놓을 수 있었던 것이라든지, 경종의 뒤를 이은 성종이 정치 제도의 정비를 더욱 순조롭게 진행시켜 나갈 수 있었던 것은 그 여택(餘澤)이라 할 것이다.

---

7) 『고려사절요』 권2, 성종 원년 壬午 6월조 참조.

8) 김철준, 앞의 논문, 133-134쪽.

제3장

교육제도 및 과거제도

문헌상 고려에 처음으로 학교가 창설된 것은 태조 13년(930)이다. 그해 태조가 서경에 나아가 학교를 세우고 박사관(博士官)을 두어 관장케 했다는 기록이 보인다.[1] 서경에 학교가 있었다면 수도인 개경에도 이러한 교육기관이 있었을 것임은 물론이다. 수도의 관학(官學)은 성종 때에 이르러 종합대학으로 발전하였다. 성종은 학교와 교육 문제에 가장 많은 힘을 쏟았다. 성종 11년(992)에는 서재와 학사 등 대규모의 교사(校舍)를 짓고 국자감(國子監)을 창설하였다. 또한 전장(田庄)을 두어 학사 운영에 충당케 하였다. 이 밖에 도서(圖書)의 수장(收藏)에도 유의하여 개경에는 비서성(秘書省), 서경에는 수서원(修書院)을 세워 많은 전적을 수집, 소장케 하였다.

이에 앞서 동 2년(983)에는 여러 주 · 군 · 현에서 뽑힌 학생을 경사(京師)에 와서 배우게 하였다. 동 6년에는 지방 관리의 자제들을 개경으

1) 『고려사절요』 권1, 태조 13년 庚寅 9월조 ; 『고려사』 권74 「選擧志(二)」 〈學校〉 참조.

로 불러 학문을 장려하였으나 이에 대한 인식이 부족하였으므로 지방 12목에 경학박사(經學博士)를 파견하여 학생과 자제를 가르치게 하였고, 경의(經義)와 효제(孝悌)로 이름 있는 사람을 특별히 천거토록 했다. 이어 중앙집권체제를 운영하기 위해서는 유교 교육을 받은 관리들이 필요하였으므로 국립대학인 국자감[2]을 설치하기에 이르렀다.

이 국자감은 당나라 제도를 본뜬 것이다. 인종 때에 이르러 제도적으로 정비되었다. 여기에는 몇 개의 학부(단과대학)가 소속되어 있었다. 인종 때 이른바 '경사육학(京師六學)'이라 하여 크게는 유학을 공부하는 국자학(國子學)·대학(大學)·사문학(四門學)—이른바 三學—및 기술학을 공부하는 율학(律學)·서학(書學)·산학(算學)으로 정비되었다.[3] 이 가운데 유학을 공부하는 '삼학'이 특히 중시되었는데, 이는 신분 차이에 따라 입학생을 구분한 것에 불과할 뿐, 교육 내용이나 조직은 국자학과 동일하였다. 모두 박사와 조교를 두고 경서를 분담하여 학생들을 가르치되, 반드시 전공하는 과목을 완전히 이수해야만 다른 경서로 옮길 수 있도록 하였다.[4] 당시 국자감의 교수 과정을 보면, 과거 시험 과목과 밀접한 관련이 있었다. 학식(學式)에 의하면 삼학의 3부 학생 정원이 각 300명씩이라고 되어 있으나, 이는 당나라의 제도를 그대로 옮겨놓은 것일 뿐, 실제는 이에 훨씬 못 미친 듯하다.[5]

---

2) 국자감은 충렬왕 1년(1275)에 이르러 국학으로, 동 24년(1298)에 成均監으로 개칭되었으며 동 34년(1308)에 성균관으로 고정되어 조선시대에까지 이르렀다.

3) 처음에는 국자학 내에 부수적으로 설치된 것 같다. 고려 말에 가서는 율학·서학·산학 등의 교육은 해당 부서에서 담당하였다.

4) 『고려사』 권74, 「선거지(二)」 〈학교〉 仁宗條.

5) 『宋史』 권487, 「고려전」에서는 국자감·사문학의 학자가 6천 명에 달하였다고 하지만 잘못된 傳聞에 따른 것으로 보인다. 인종 8년(1130) 7월에 당시 국자생을 감축하려는 데 대한 국학 諸生들의 반대 상소를 보면 '국학의 생도 수가 200명에 불과하다'고 한 대목이 있어 주목된다.

교수 과목 및 수업 연한을 보면, 경(經)은 『주역』·『상서』·『주례』·『예기』·『모시』·『춘추좌씨전』·『춘추공양전』·『춘추곡량전』 등 구경(九經)을 각각 일경(一經)으로 하고, 『효경』과 『논어』를 공통 선수과목(先修科目)으로 하여 겸통(兼通)케 하였다. 이는 신라의 국학에서 분반(分班)의 공통필수과목으로 한 것과 비슷하니, 인(仁)과 효(孝)를 정치 이념과 교육 이념으로 확고히 채택한 것이라 하겠다. 각 경전의 수업 연한은, 『효경』과 『논어』를 합쳐 1년으로 하고, 선택 과목으로는 경전의 권질(卷帙)에 따라 대경(大經)·중경(中經)·소경(小經)으로 나누고 아래와 같이 수학토록 하였다.[6]

소경: 『상서』·『춘추공양전』·『춘추곡량전』 중 1과목을 2년 반 내에 수료하고

중경: 『주역』·『모시』·『주례』·『의례』 중 1과목을 2년 내에 수료하고

대경: 『예기』·『춘추좌씨전』 중 1과목을 3년 내에 수료하도록 하였다.[7]

재학 연수는 통틀어 8년 반이다. 신라 국학의 예를 본뜬 것 같다. 『예기』가 당나라와 신라 그리고 고려의 국학에서 대경에 배정된 것은 『예기』 속에 담긴 예의 근본 원리가 정치·사회의 모든 제도 등 치국(治國)의 기본 바탕을 이루고 있기 때문일 것이다. 따라서 『예기』의 세목(細

6) 대경·중경·소경으로 나누는 것과 『효경』·『논어』를 旁經으로 한 것은 당나라의 제도를 모방한 것으로 보이나 선택 과목에서는 약간의 차이가 있었다. 『唐書』, 「選擧志(一)」 참조.

7) 『고려사』 권74, 「선거지(二)」 〈학교〉 仁宗條.

目)을 이루는 『주례』·『의례』가 중경에 배정된 것이 아닌가 한다. 한편 『효경』·『논어』 및 여러 경전을 공부하면서 아울러 공부하는 겸수(兼修) 과목이 있으니, 시무책·산술·습자(習字) 및 『국어(國語)』·『설문(說文)』·『자림(字林)』·『삼창(三倉)』·『이아(爾雅)』 등을 익히도록 하였다.[8)]

지방교육은 성종 당시까지 제대로 정비되지 못한 것 같다. 성종 11년(992)에 내린 교서에서 "서울에는 상(庠)·서(序)를 열어 유술(儒術)을 높이고, 지방에는 학교를 설치하여 생도를 권과(勸課)하였다"고 하였다. 이때의 지방학교는 향교의 효시이거나, 아니면 향교의 선구가 되는 것이라 할 수 있다. 이후 목종 6년(1003)에 삼경십도(三京十道)에 영을 내려 박사·사장(師長)의 교학(教學)을 장려한 사실로 미루어, 이때 이미 삼경에 경학(京學)이 서고 지방에는 국자감을 축소한 향교가 상당수 건립되었던 것 같다. 그러다가 인종 5년(1127)에 경사육학이 정비됨과 아울러 지방에도 향교가 점차 보급되어, 지방 자제(子弟)의 교육을 더욱 보강하고 지방문화의 향상을 기할 수 있었다.

한편, 과거는 관리를 선발하는 고시이다. 이는 유학과 불가분의 관계에 있다. 우리나라 과거제도는 신라 때의 독서출신과(독서삼품과)가 효시라고 할 수 있지만, 국학의 학생만을 관리임용의 대상으로 하였기 때문에 성격상의 차이는 있다. 광종 9년(958)에 쌍기의 건의에 따라 처음 실시된 과거는 당나라의 제도를 많이 모방하였다. 이때 진사과(進士科: 製述科)·명경과(明經科)·의과(醫科)·복과(卜科)를 두었다. 진사과는 시·부(賦)·송(頌)·논(論)·시무책 등으로,[9)] 명경과는 유교의 오경

8) 『說文』·『三倉』·『字林』·『爾雅』 등은 모두 문자학에 관계된 책들이다.
9) 제술과의 고시과목은 수시로 바뀌었다. 대개 시·부는 필수이고 때에 따라 송·책·논이 더해지거나 감해지기도 하였다.

(五經)으로, 의과는 의학, 복과는 천문 · 지리 · 음양에 관한 것으로써 고시하였다.

과거는 선비들의 등용문이었다. 과거를 통하지 않고 등용되는 경우도 적지 않았으나, 일반 사자(士子)들의 경우 대개 과거를 통해 벼슬길에 나아갔으므로 과거에 대한 관심은 비상하였다. 또한 등과자(登科者)에 대한 국가의 대우는 융숭하였으니 이는 과거를 통해 학문을 권장하려는 의도에서 나온 것이다. 관학 · 사학을 막론하고 교과 과정은 대개 과거의 준비에 불과하였다. 이러한 결과로 시문학이 크게 발달하고 경전의 기송(記誦)도 활기를 띠었으니, 과거의 실시로 문풍이 크게 일어났다는 말이 과언은 아니라 하겠다.

그 뒤 과거제는 더욱 발전하여 명법(明法) · 명산(明算) · 명서(明書) · 삼례삼전업(三禮三傳業)[10] 등 여러 과가 정비되었다. 여러 과 가운데 제술과와 명경과가 핵심이었지만, 특히 제술과가 압도적 비중을 차지하였다. 명경과 출신의 사회적 대우가 제술과에 미치지 못한 데다가,[11] 어려운 오경에 두루 통해야 했고 시험 방법 역시 까다로웠기 때문이다. 명경과에 지원자가 적을 수밖에 없었다. 고려 전 시기에 걸쳐 명경과 합격자 총수는 449명으로서 제술과 합격자 총수 6,188명의 7%에

10) 三禮와 春秋三傳을 帖經과 讀經으로 선발하였다. 실시 시기는 분명하지 않지만 국초부터 있었던 것 같다. 삼례가 중시되었던 것은 유교적 예치주의의 표방에 따른 예학 전문가의 필요성 때문이었으리라고 생각된다. 이것은 성종 9년 9월 병자일의 교서에서 "법칙은 육경에서 취하고 규범은 삼례에서 취한다"(取則六經, 依規三禮)고 한 것으로도 짐작할 수 있다. 『춘추』 삼전이 중시되었던 이유는 잘 알 수 없으나, 경학 연구에서 『춘추』가 갖는 특수성에서 기인한 것으로 보인다. 이 삼례삼전업은 유교경전의 내용을 가지고 시험을 치르며, 시험 역시 매우 어렵고 까다로운데도 잡과에 속하게 하였다. 결국 명경과도 아닌 잡과였기 때문에 인기를 끌지 못한 채 뒤에는 사실상 폐지되고 말았다.

11) 曺佐鎬, 「麗代의 과거제도」, 『역사학보』 제10집, 1958, 135쪽.

불과하였다. 후기로 내려올수록 제술과와 명경과의 합격자 수 비율에서 격차가 커져만 갔다.[12] 따라서 '과거' 하면 통상 제술과를 일컫게 되었다. 이는 경학보다도 사장(詞章)을 중시했던 시대 풍조를 대변한다고 하겠다. 제술을 중시하는 풍조는 부화(浮華)한 폐단과 문약(文弱)의 기풍을 더욱 짙게 하였다. 후일 몇몇 임금과 뜻있는 학자들이 경전 중심의 강학풍을 진작하고자 하였으나 번번이 제대로 결실을 보지 못하였다.

참고로 제술과와 명경과의 고시 방법을 소개하여 두기로 한다.

> 제술과는 경의(經義)와 시·부를 잇대어 시취(試取)한다. 명경과의 고시방법은 첩경(貼經: 帖經)으로 하되 (첩경을) 이틀 안에 실시한다. 첫날에는 『상서』를 전공〔偏業〕으로 하는 사람의 경우 『주역』을, 『주역』을 전공하는 사람의 경우에는 『상서』를 첨가하되, 각각 10조씩 뽑아 시험을 치른다. 이튿날에는 『모시』에서 10조를 뽑아 시험을 치되 6조 이상 통과하여야 한다. 제3일 이후에는 대경·소경을 각각 10궤(机)씩 읽히는데, 문장을 분석하고〔破文〕 아울러 글의 뜻〔義理〕에 통하는 것이 6궤가 되어야 한다. 비록 의(義)는 여섯을 묻지만 문장의 분석은 4궤를 통하여야 한다. 또 『주역』이 전공일 때는 『상서』·『모시』·『춘추』를 각 차례대로 한 궤씩 읽히는데, 차례에 따라 삽주(插籌) 방법으로 시험을 치는 것을 예규(例規)로 한다. 여기서 소경은 업경(業經: 전공하는 經)을, 대경은 『예기』를 말한다.[13]

여기서 '첩경'이란 당나라 때 경서를 시험하는 방법의 하나다. 당나

12) 윤남한 교수의 조사에 의하면, 광종·목종 연간(949~1009)에는 제술과와 명경과의 합격자 비율이 137: 97, 현종·숙종 연간(1010~1105)에는 658: 150, 예종·의종 연간(1105~1170)에는 1,169: 32의 비율을 보인다. 윤남한, 「유학의 성격」, 『한국사』 제6권, 국사편찬위원회, 1975, 235쪽.

13) 『고려사』 권73, 「선거지(一)」, 〈科目(一)〉, 인종 14년 丙辰 11월조 참조.

라 때는 첩경(貼經: 암기 시험)·묵의(墨義: 필기시험)·구의(口義: 구술 시험)의 세 가지 방법으로 시험을 치렀다. 첩경은 경서에서 출제하는 쪽의 수미(首尾) 양 끝을 덮고 임의의 한 행만 내놓은 뒤, 그 행 위에 보통 석 자(글자 수는 가감할 수 있다) 정도 길이의 종이 표찰〔帖〕을 놓아 글자를 가리고 이를 알아맞히게 하는 것이었다.[14] 또 '삽주'란 일종의 추첨 방식으로 '강첨(講籤)'이라고도 한다. 각 경서마다 출제할 대목을 적당히 가른 뒤 대 토막에 같은 번호 두 개를 써서 하나는 경서에 꽂고 하나는 통에 넣었다가, 응시자가 통에서 제비를 뽑으면 시험관은 제비의 번호에 해당하는 대목을 경서에서 뽑아내 응시자에게 독해하도록 하는 것이다. 이때 제비로 사용되는 대 토막을 '궤(机)' 또는 '기(機)'라 하였다.[15] 이로써 명경과에서 글의 뜻보다 문단의 분석을 우선시하였음을 알 수 있다.

한편, 중기 이후 전시(殿試)가 폐지되고 고시관의 권한이 한층 강화됨에 따라 당대(唐代) 이래의 유풍(遺風)을 본받은 좌주문생제(座主門生制)가 등장하였다. 좌주란 과거에 급제한 사람이 고시관이었던 지공거(知貢擧)·동지공거(同知貢擧)를 일컫는 말로 '은문(恩門)' 또는 '학사(學士)'라고도 하였으며, 문생이란 급제자가 자신을 일컫는 말이었다. 이제현(李齊賢)의 『역옹패설』에 의하면, 시관(試官)인 학사에게 부모나 좌주가 있으면 성적이 발표된〔放榜〕 다음 반드시 공복(公服)을 갖추고 가서 뵈었는데, 이때 문생들이 줄을 지어 수행하되 학사는 앞에서 배례하고 문생은 뒤에서 배례하였다고 한다.[16] 이처럼 새 좌주가 문생을 이

---

14) 杜佑, 『通典』 권15, 「選擧(三)」 "帖經者, 以所習經, 掩其兩端, 中間惟開一行, 裁紙爲帖. 凡帖三字, 隨時增損."

15) 조좌호, 「麗代의 과거제도」 참조.

16) 『역옹패설』 後集(二), 9a-9b, "我國掌試者, 謂之學士, 其門生稱之, 則曰恩門. 門生座主之禮, 比古尤重. 學士有父母, 若座主在, 旣放牓, 必具公服往謁."

끌고 옛 좌주를 찾아뵙는 것은 당나라 배호(裵皥)의 고사와 같은 것이었다.[17)]

문생들은 자기를 선발해준 고시관을 스승처럼 여겨 사제(師弟) 관계를 맺었다. 양자 사이의 예가 엄하고 중하였다. 또한 같은 과거에 급제한 사람들끼리 '동년(同年)'이라 하여 고시관을 중심으로 뭉치는 것이 관례가 되었다. 좌주와 문생의 밀접한 관계는 후기로 갈수록 중시되어, 사제의 관계를 맺는 데서 그치는 것이 아니라, 학벌의 권위를 조장하고 정치 세력화하는 등 여러 폐단을 초래하기도 하였다. 공민왕 때의 요승(妖僧) 신돈(辛旽)이 이제현을 헐뜯는 가운데

> 유자(儒者)들은 좌주니 문생이니 하면서 서울과 지방에 포열(布列)하여 서로 청탁하면서 하고 싶은 대로 한다. 이제현이 말한 대로 '문생의 문하에서 문생을 보게 되어'(門生門下見門生), 드디어 온 나라에 가득 찬 도적이 되었으니, 유자의 해로움이 이와 같다.[18)]

고 함은 저간의 사정을 엿보게 하는 바라 하겠다.

---

17) 중국 五代 때에 掌試官이었던 馬裔孫이 문생을 이끌고 좌주 배호의 집에 가서 뵈니, 배호가 시를 지어 "세 번 시관을 맡았던 팔십 늙은이가 門生의 문하에서 문생을 보는구나"라고 읊었다 한다. 『역옹패설』, 「後集(二)」, 9a-9b 참조.

18) 『고려사절요』 권28, 공민왕 17년 戊申 4월조.

제4장

고려 전기의 儒佛關係

고려시대에는 유·불·도 삼교와 재래의 민족 고유사상이 서로 교섭하고 융합되어 갈등을 일으키지 않았다. 유·불의 조화·융합은 채충순(蔡忠順: ?~1036)이 찬한 「현화사비음기(玄化寺碑陰記)」에 잘 나타나 있다. 이 글에서는 유교와 불교가 다 같이 효를 종지로 하기 때문에 결국 다를 바 없다고 하였다.

> 성인의 지감(至鑑)이란 유서(儒書)를 마음에 간직하고 부지런히 수양하면 정교(政敎)가 일어나게 되고, 불법(佛法)은 마음에 두고 경건히 하면 복록(福祿)이 성취되어, 이른바 비록 삼교를 각각 주로 하여도 일원(一源)에 공재(共在)하니, 진리가 안에서 융화되고 화문(化門)은 밖으로 나타난다는 것이다. 유교에서 인·효보다 앞설 것이 없다. 그러므로 선생(공자)이 (『효경』에서) "효는 덕의 근본인저, 교(敎)의 말미암는 바이다" 고 하였다. 이리하여 선왕이 효로써 천하를 다스리니, 그 교화는 숙연하게 하지 않아도 이루어지고, 그 정치는 엄하게 하지 않아도 다스려져, 천하가 화평하고 재해도 생기지 않

> 는다. 불교에서 또한 『부모은중경(父母恩重經)』을 설하여 경권(經卷) 속의 뜻을 갖추었으니 다시 수고롭게 더 이야기 할 것 없다. 유(儒)·석(釋) 이문(二門)이 모두 효를 종(宗)으로 삼았으니 효의 지극함은 덕의 두터운 바라 하겠다. …… 높이 만승(萬乘)에 거함에 성품은 모든 것을 다 듣고, 삼교지종(三敎至宗)에 일심(一心)은 밝게 빛나, 인(仁)이 베풀어짐에 도가 드러나고 효로 다스려 교화가 이루어지니 팔방 백성이 기꺼이 추대한다. 이미 안으로 불교를 준행하고 밖으로 유풍(儒風)으로 교화하여 내외가 함융(含融)되고 고금에 통효(洞曉)하니, 이른바 성감(聖鑑)이 선왕·제불(諸佛)의 도를 합한 것은 곧 우리 임금을 이르는 것이다.[1]

'효' 로써 유·불의 융합을 논한 예는 불가에서도 볼 수 있다. 고려 중기의 유명한 고승인 의천(義天: 1055～1101)은

> 오형(五刑)에 속한 것이 삼천 가지이나 불효보다 더 큰 죄는 없고, 육도(六度)에 돌아감이 팔만이나 효를 행하는 것보다 더 큰 복은 없다. 석문(釋門)은 오시(五時)에 주편(周遍)하며 유전(儒典)은 육경(六經)에 통달하여 대소(大小)를 휩싸고 존비(尊卑)를 통관하는 것인데, 비록 설교(設敎)함은 다르더라도 효를 숭상함은 다르지 않다.[2]

라고 하였다. 효로써 유·불의 융합을 논한 예는 이미 중국에서 매거

---

1) 『조선금석총람』 상권, 247쪽, 「高麗國靈鷲山大慈恩玄化寺碑陰記」

2) 『大覺國師文集』 권3, 「講蘭盆經發辭」 "五刑之屬三千, 而罪莫大於不孝, 六度之歸八萬, 而福莫大於行孝. □□釋門遍於五時, 儒典通乎六稽, 包羅大小□貫尊卑, 雖設敎有殊, 而崇孝無有別."
대각국사는 儒·佛의 조화론을 전개하였으나 불교 우위적인 시각이었음은 물론이다. 『대각국사문집』 권13, 「與文內侍冠書」 참조.

〈현화사비 탁본첩〉

(枚擧)할 수 없을 정도로 많이 있었으니, 우리나라에도 큰 영향을 끼친 듯하다.

고려 중기의 문인 임춘(林椿)은 "불교는 자인(慈仁) · 광박(廣博) · 적멸(寂滅) · 무위(無爲)로 도를 삼아 대역(大易)과 그 지취(旨趣)에 합치되는 점이 있다. 비록 우리 성인(孔子)이 다시 나신다 해도 배척하지는 않을 것이다"[3]라 하고, 또 유종원(柳宗元)이 "불교의 학설은 공자와 도를 달리하지 않는다", "진승(眞乘)의 법인(法印)을 유교의 경전과 같이 사용해야 사람이 향하는 길을 알게 될 것이다"고 한 말을 이끌어 "만일 유 · 불을 통합하여 섞는다면 본시 그 귀취(歸趣)에 다를 것이 없다"고 하였다.[4] 다만, 유 · 불의 요체가 상통한다 하더라도 양교(兩敎)가 활용

---

3)『西河集』권5,「送李眉叟序」"釋氏以慈仁廣博寂滅無爲爲道, 與大易有合其旨者. 苟統而和融, 本無異歸, 雖吾聖人復生, 不得而斥也. 若救世之搏鬪攘奪殘生害命者, 惟釋氏有可助夫敎化焉. 故雖儒家者流, 亦將悅其風而趨之, 唯韓退之, 乃力排而急與之角. 盖不如是, 學者不可救, 而遂無孔氏耳."

되는 측면은 서로 다르게 나타난다고 하였다.

고려에서는 역대로 유교 진흥책을 실시한 임금이 많았지만, 대개가 불교를 신봉하는 가운데 유학을 숭상하였다. 문종이 봉은사(奉恩寺)에 갔다가 곧 국자감에 나아가서 시신(侍臣)에게 "중니(仲尼)는 백왕(百王)의 스승이니 감히 공경하지 않으랴"라 하고 두 번 절하였다는 기록[5]은 유·불의 공존을 상징적으로 보여준다. 역대로 유교를 적극적으로 장려하였던 임금들이 호불지주(好佛之主)이기도 했다. 한 예로 고려 중흥의 기틀을 다진 문종은, 인품과 행적에서 유자(儒者)들의 칭송을 받으면서도 2,800여 칸에 달하는 흥왕사(興王寺)를 12년 만에 완공하고 초대형 연등회를 갖는 등 불사(佛事)에 치력, 양무제(梁武帝)에 견줄 만하다는 비평을 받기도 했다.[6] 또 국학을 중흥시켜 고려 유교의 중흥을 도모했던 예종 역시 안화사(安和寺)를 국가적 대사찰로 중창한 바 있다.

고려 때에는 유·불·도 삼교가 반목하는 일이 별로 없었다. 유자가 불교와 노장사상을 겸섭하는 것이 다반사였다. '해동공자'라 일컬어지던 최충(崔冲)은 고승의 탑비와 사갈(寺碣), 「현화사진전찬시도서(玄化寺眞殿讚詩都序)」 등을 지었고, 그의 후손인 최윤인(崔允仁: 1112~1161)은 아들 정사(正思)·문열(文悅)·도추(道樞) 3형제가 불문에 출가하였다.[7] 또 『삼국사기』의 찬자(撰者) 김부식이 「대각국사비문」이라든지 도교의 초례청사(醮禮青詞)를 짓는 등 유사한 사례가 비일비재하다.

---

4) 『서하집』 권5, 「小林寺重修記」 "柳子以爲浮屠之說, 不與孔子異道. 又曰: 眞乘法印, 與儒典竝用, 而人知嚮方矣. 然則苟統而混之, 儒釋二教, 本無異歸焉. 是以, 自晉宋以來, 賢士大夫, 有聞其風, 而悅之者, 若白居易, 有唐巨儒也."

5) 『고려사』 권8, 문종 15년 辛丑 6월 癸丑條.

6) 『고려사절요』 권5, 문종 21년 丁未 1월조.

7) 『조선금석총람』 상권, 387쪽, 「崔允仁墓誌」 "…… 娶國子祭酒翰林學士寶文閣學士知制誥權迪女, 生六男二女, 男曰: 正思·文悅·道樞三人, 前此皆剃度."

또 이규보의 경우와 같이 불교를 종교로서 독실하게 믿고 숭상하였던 이도 적지 않았다. 승려의 경우, 문종대의 혜덕왕사(慧德王師) 소현(韶顯), 대각국사 의천, 예종조의 대감국사(大鑑國師) 탄연(坦然), 인종조의 광지선사(廣知禪師) 지인(之印), 고종 초의 진각국사(眞覺國師) 혜심(慧諶) 등은 모두 유가의 경사(經史)와 시문에 능통하였다고 한다.

한편, 고려 중기 이후로 귀족문화가 융성, 난숙해짐에 따라 사치 · 부화(浮華)하고 퇴폐적인 기풍이 대두하자, 유자들 가운데 은둔을 즐기는 기풍이 일어났다. 이자현(李資玄: 1061~1125) · 곽여(郭輿: 1058~1130) 같은 이른바 '처사방(處士牓)' 에 속하는 이들이 대표적인 인물이다. 이들은 노장사상이나 불교사상을 서로 모순 없이 융해시켜 수양에 힘썼다. 이자현이 유가에서 불가로 들어갔다면, 곽여는 유가에서 도가로 들어간 대표적인 경우다.

고려 전기, 특히 고려 중기의 유 · 불 관계에서 주목되는 것이 이른바 '거사불교(居士佛敎)' 와 같은 형태의 불교가 성행하였다는 점이다. '거사' 란 불문(佛門)에 들어온 사대부를 말한다. 중국에서는 오대(五代)와 송대(宋代)로부터 이 거사들을 중심으로 한 거사불교가 일어나 상당히 성행하였으며, 또 선종이 성행하면서 송학에 큰 영향을 끼쳐 많은 유자가 불교와 관련을 맺게 되었다. 양억(楊億) · 소식(蘇軾) · 양걸(楊傑) · 왕안석(王安石) 등은 유자이면서 동시에 독실한 불교 신자이기도 했다.

고려 중기의 묘지(墓誌)를 보면, 당시의 많은 유자들이 평소 불경을 외우고 염불하며 불사에 적극적으로 참여하였다. 자식을 승려로 바치거나 사찰에서 임종을 맞이하며 장례에 다비(茶毘)를 쓰는 것이 항식(恒式)처럼 되었다. 당시의 유명한 거사들은 대개 '처사방' 을 전후로 속출하기에 이르렀다. 처사방이란 곧 과거에 급제하여 벼슬길에 나아갔다가 사직하고 처사가 되는 것을 말한다.[8] 세속의 기욕(嗜慾)을 멀리하고 수도 생활을 즐기는 새로운 경향이었다. 고려 중기 유교의 변화는 처사방에서 비롯되었다고 할 수 있다.

거사불교에서 중요한 이들을 살펴보면, 일찍이 이자현의 종부(從父)인 이오(李頫)는 여러 불경의 장소(章疏)를 편람하고 『금강경』을 더욱 좋아하여 '금강거사(金剛居士)'라 자호(自號)하였다 하며,[9] 김부식도 자칭 '거사'라 하였다 한다. 또 윤언이(尹彦頤)는 만년에 불법을 몹시 좋아하여 파평(坡平)에 물러가 살면서 금강거사(金剛居士)라 자호하고 석(釋) 관승(貫乘)을 공문(空門)의 벗으로 삼았다 한다.[10] 또 중기 후반으로 말하더라도 벽송거사(碧松居士) 윤위(尹威), 회곡거사(檜谷居士) 박인석(朴仁碩), 기암거사(棄庵居士) 안치민(安置民), 백운거사(白雲居士) 이규보(李奎報), 일암거사(逸庵居士) 정분(鄭奮), 참선거사(參禪居士) 백분화(白賁華) 등 외에도 수많은 거사가 있었을 것으로 생각된다. 유·불이 이와 같이 밀착된 때는 아마도 고려 역사상 전무후무할 것이다.[11]

그러다가 주자학이 전래된 이후로 불교 배척의 기운이 점차 무르익었다. 유자들은 불교를 '멸륜해국(滅倫害國)의 도'요 '이단'이라 하여 배척하였다. 고려 말기 유·불의 대립은 정치적으로 지배 계층 안에서 보수 세력과 신흥 세력의 대립으로도 이어졌다.

---

8) 『補閑集』 권상, 제10칙 "崔文憲公典試, 所貢十四人, 乙科三人, 金無滯·李從現·洪德成, 同拜尙書, 李象廷·崔尙·崔有孚, 相繼爲參政, 金淑昌·金正·金良贄·吳學麟, 竝爲學士, 世號尙書牓. 大康九年癸亥, 同牓無達官, 李資玄·郭輿, 皆棄官爲處士, 時號處士牓. 有一滑稽僧戱擧子云: 須占尙書牓, 休登處士科"

9) 『고려사』 권95, 「李子淵傳 附」

10) 『고려사』 권96, 「尹彦頤傳」; 『櫟翁稗說』, 「後集(二)」 8a "尹政堂彦頤有禪學, 其作雲門圓應國師碑, 深造理窟"

11) 魯平奎, 『이규보 철학사상 연구』, 성균관대학교 박사학위 논문, 1990, 14쪽.

제5부

고려유학의 형성과 유교문화의 발달

제1장

成宗의 右文政策과 유교적 정치이념의 定礎

성종은 고려의 문물제도를 완성하고, 유교적 문치주의의 기반을 확립하며, 문운(文運)을 개척하여 고려를 중흥기에 접어들도록 한 임금이다. 문약(文弱)의 병통이 없지 않지만,[1] 거란의 침략과 같은 정치적 시련과 전통적 사유(思惟)의 반발을 겪으면서도, 광종 이래 배출된 신진관료를 기반으로 문치 정책을 계속 추진함으로써 고려적 문치주의를 정립하였다.[2]

"주공(周公) · 공자(孔子)의 풍교(風敎)를 일으켜 요순(堯舜)의 치화(治化)를 이룩하고자 한다"[3]고 한 교서의 내용에는 유교에 대한 성종의

---

1) 성종 12년(993) 윤10월, 거란이 고려에 쳐들어왔을 때, 서경 이북 땅을 떼어 거란에게 주고 黃州에서 절령(岊嶺)까지를 국경으로 삼는 것이 좋겠다는 조정의 의논을 따르고자 했다가 徐熙 장군의 반대에 부딪혀 중지시킨 일이 있다. 李齊賢은 성종에 대한 史讚에서 그에 대해 상당히 부정적인 평가를 하고 있으며, 최승로의 시무책이 성종에 의해 완벽하게 시행되지 못한 것을 아쉽게 여겼다. 『고려사절요』 권2, 성종 16년조 참조.

2) 윤남한, 「한국유학사」, 『한국문화사신론』(1975), 463쪽.

3) 『고려사절요』 권2, 성종 5년 丙戌 7월조.

집념과 열정이 배어 있다. 그는 재위 17년(981~997) 동안 한결같이 유교를 정치이념으로 삼아 고려에서 유학이 뿌리를 내릴 수 있도록 하였다. 고려유학사 또는 정치사에서 한 획을 그은 인물이다.

성종은 유교를 정교의 이념으로 삼고 불교 행사를 억제하는 정책을 썼다.[4] 성종 4년(985) 10월에는 거처하는 집을 절로 삼는 것을 금지하였으며, 6년에는 개경과 서경의 팔관회(八關會)를 폐지하였다.[5] 그러나, 「훈요십조」에서 받들라고 유계(遺戒)한 팔관회를 폐지하였던 만큼 반발이 적지 않았던 듯하다. 동 12년(993) 거란군이 쳐들어 왔을 때, 이지백(李知白)은 고려의 풍속을 개혁하지 않는 것으로써 적을 물리칠 계책이라고 아뢰었다.

> 전 관민어사(民官御事) 이지백이 아뢰기를 "…… 가벼이 땅을 떼어 적국에 버리는 것보다, 다시 선왕(先王)의 연등(燃燈)·팔관(八關)·선랑(仙郞) 등의 일을 행하고, 다른 나라의 이법(異法)을 쓰지 않아 국가를 보전하고 태평을 이루는 것이 옳지 않겠습니까. ……"라고 하였다. 이때 왕이 중국의 풍속을 즐겨 본받으니〔樂慕華風〕, 백성이 기뻐하지 않으므로 이지백이 이렇게 말한 것이다.[6]

성종이 국가와 왕실의 안녕을 기원하기 위해 베풀었던 전통적 행사인 팔관회를 폐지하였기 때문에 거란이 침입하였다는 뜻이 내포되어

---

4) 불교를 근본적으로 부정하거나 배척했던 것은 아니다. 그는 개인의 신앙 차원에서 정신적 위안을 위해 불교를 받아들여 신봉하였다. 종종 절에 나아가 부처 앞에 향을 사르고 경배하였으며, 태조와 先考·先妣의 忌辰을 당하면 몸소 절에 나아가 焚修念佛하는 것을 상례로 삼았다고 한다(『고려사절요』, 성종 8년 己丑 12월조).

5) 『고려사절요』 권2, 성종 6년 丁亥 10월조.

6) 『고려사절요』 권2, 성종 12년 癸巳 윤10월조.

있다. 고려의 현실 사회와 성종의 유교주의 사이에 상당한 갈등이 있었음을 시사한다.

성종은 유교의 덕치를 기본으로 하였다. 언로(言路)를 개방하고 여론과 학문에 의한 정치를 추구하였다. 이런 분위기 속에서 최승로가 「시무이십팔조」를 올렸다. 성종은 평소 하늘의 뜻에 맞게 치국이민(治國理民)해야 한다는 생각에서 천문(天文) · 지변(地變) 등 자연현상에도 민감하게 반응하여 자신의 부덕(不德)을 자책하고 행실을 닦는 데 힘썼다.

이런 그가 유교 윤리의 기본인 효사상을 크게 장려하였던 것은 당연한 일이다. 성종 9년에 내린 교서에서는 "무릇 나라를 다스리는 근본은 효도보다 더한 것이 없다" 고 전제하고, 6도에 사자(使者)를 보내 효자 · 순손(順孫) · 의부(義夫) · 절부(節婦)를 찾아 포상하고 장려하였다.[7] 또 애민(愛民) · 휼민(恤民) 등 위민 사업에 혼신의 힘을 쏟았으며, 지방 관제의 정비와 함께 목민관의 책임과 의무를 크게 강조하였던 것도 빼놓을 수 없다.

유교사상은 농경 사회의 소산이요, 중농(重農)은 왕정(王政)의 근본이다. 성종은 권농(勸農) 정책을 더욱 확고하게 다져 나갔다. 성종은 동 5년에 다음과 같은 교서를 반포한 바 있다.

> 나라는 백성을 근본으로 삼고 백성은 먹을 것을 하늘로 삼는다. 만약 모든 백성의 마음을 기쁘게 하려면 다만 삼농(三農 : 봄 · 여름 · 가을)의 일할 시기를 빼앗지 않아야 될 것이다. 12목과 여러 주(州) · 진(鎭)의 사(使)는 지금부터 가을까지는 모든 잡무를 정지하고 오로지 농사를 장려하는 데만 힘쓸지어다! 내가 앞으로 사자(使者)를 보내 전야(田野)의 황폐하고 개간된 것과,

7) 『고려사절요』, 成宗 9년 庚寅 9월조.

목민관의 근태(勤怠)를 조사하여 포상하거나 폄출하도록 하겠다.

한편, 성종은 동 2년(983)에 친히 원구(圜丘)에 나아가 풍년을 빌고 태조를 배향했으며, 또 적전(籍田)을 갈고 신농씨(神農氏)를 제사하며 후직(后稷)을 배향하였다. '적전' 은 고려 때부터 임금이 농경의 시범을 보여 백성에게 농사의 어려움과 중요함을 일깨우고 장려하기 위하여 의례용으로 설정한 토지다.[8] 태조가 농상(農桑)을 권장하라고 조서를 발표한 이후 이때에 와서 농업을 중시하는 정책적 전통이 수립된 것이다.

성종은 동 7년 2월에 『예기』「월령(月令)」편에 따라 농사와 농사일의 조만(早晩)을 알리고 제때에 맞추어 농사를 짓도록 교서를 반포하였다. 『예기』「월령」편은 천인합일설(天人合一說)에 바탕을 둔 재이관(災異觀) 및 자연관, 그리고 정치 운영 및 중농정책과 관련하여 중요한 해결책을 담은 것으로 인식되어 일찍부터 군신(君臣) 사이에서 매우 중시되었다. 법천순시(法天順時)하는 왕도정치의 완성을 위해 기여한 바 컸다.[9]

성종은 사전(祀典)과 의례(儀禮)를 정비하는 데서도 소홀함이 없었다. 종묘·사직·원구(圜丘)·적전 등 국가 제도를 마련하였으며, 최고 교육기관인 국자감을 설치하였다. 이것은 유교의 국가의례와 교화기구가 체제를 갖추었음을 의미한다. 성종은 유교식 의례가 널리 행해질 수 있도록 힘을 썼다. 관리들에게 오복(五服)에 휴가 주는 법식을 새로 정하였고(985), 이어 조관(朝官)이 부모상을 당했을 때 휴가 주는 규칙을

8) 韓政洙,「고려시대 籍田儀禮의 도입과 운영」,『역사교육』제83집, 역사교육연구회, 2002 참조.

9) 李熙德,『고려 유교정치사상의 연구』, 일조각, 1984 ; 한정수,「고려 전기 유교적 重農理念과 月令」,『역사교육』제74집, 역사교육연구회, 2000 ; 한정수,「고려시대 '예기' 月令思想의 도입」,『사학연구』제66호, 한국사학회, 2002 참조.

새로 정하였다(996). 이것은 상·제례를 유교식으로 여행(勵行)하였음을 의미한다. 성종 7년(988)에 고려에서 처음으로 오묘제(五廟制)를 실시한 것도 간과할 수 없다. 오묘는 제후에게 해당하는 묘제(廟制)로, 태조와 이소(二昭)·이목(二穆)—위로 직계 4대—을 말한다. 그러나 당시에는 이와 달리 변형된 묘제를 택하였던 것 같다. 동 12년(993) 3월에 내린 교서를 보면

> 천자는 칠묘(七廟)를 세우고 제후는 오묘를 세운다. 공로가 있는 이는 조(祖)라 하고 덕이 있는 이는 종(宗)이라 하며, 왼편에 모시는 이는 소(昭)라 하고 오른편에 모시는 이는 목(穆)이라 한다. …… 은(殷)나라에서는 열두 임금으로써 6대(代)를 삼았고 당나라는 열 황제로써 9실(室)을 삼았다. 『진서(晉書)』에 이른바 "형제간에 왕위를 전하는 것은 예의 권변(權變)이다"고 하였으니, 마땅히 신주를 위하여 실(室)을 세울 것이요, 실에 구애되어 신주를 제한해서는 안 될 것이다. 형제가 같은 항렬임은 예문(禮文)에도 있다. 받들어 혜종·정종·광종·경종 네 분 임금을 통틀어 한 묘(廟)로 삼아 태묘(太廟)에 부사(祔祀)토록 할지어다.[10]

라고 하였다. 이어 이듬해 4월에는 왕의 생부인 대종(戴宗: 追尊)까지 태묘에 부사하기에 이르렀다. 이는 형제간의 전위(傳位)에 따른 부득이한 조치였다고 본다.[11] 소목(昭穆)의 제도는 왕실의 권위뿐만 아니라 왕위의 계승 문제와도 관련이 있는 중요한 사전(祀典)의 하나다.

성종의 치적 가운데 빼놓을 수 없는 것이 바로 숭유흥학(崇儒興學)에

---

10) 『고려사절요』 권2, 성종 12년 癸巳 3월조.

11) 혜종·정종·광종은 형제 항렬이지만 광종과 경종은 父子 관계이다. 부자간임에도 같은 室에 모셔진 것은 이례적이다.

대한 시책이다. 그가 숭유흥학에 힘쓰게 된 이유는 11년에 내린 교서에 잘 나타나 있다.

> 왕자(王者)가 천하를 화성(化成)함에는 학교를 우선으로 삼아 요·순의 풍(風)을 조술(祖述)하고 주공지도(周孔之道)를 잘 닦아서 국가 헌장(憲章)의 제도를 베풀며, 군신상하(君臣上下)의 예의를 분별하는 것이다. 현유(賢儒)에게 맡기지 않는다면 어찌 궤범(軌範)을 이룰 수 있겠는가. 하늘을 헤아리고 땅을 개척하여 대통(大統)을 보전하고 공덕을 이루려면 진실로 장차 숭상하고 장려해서 잠깐이라도 폐해서는 안 될 것이다.[12)]

성종의 숭유정책은 최승로의 「시무이십팔조」를 실현하면서 북송 유학의 수용을 기본으로 삼아 대송(對宋) 문화 외교를 적극적으로 강화하는 것이었다. 성종 13년(994) 6월 송나라와 국교를 단절[13)]하기 이전까지 송나라의 새로운 학문과 문물을 받아들여 유학을 일으키는 시책을 지속해서 전개하였다.

성종은 동 5년에 내린 교서에서 "학교로써 선비를 기르고(庠序以養之) 과거로써 선비를 뽑으려 한다(科目以取之)" 고 하여 흥학(興學)의 2대 방침을 천명하고, 국학과 과거제를 정비하였다. 유교 정치이념을 수립하는 데 교육제도와 과거제도가 그 중추적 구실을 하였기 때문이다. 각 주·군·현에 경학박사를 파견하여 지방교육에 힘쓰는 한편, 한나라 때의 현량방정과(賢良方正科)를 본떠서 경명행수(經明行修)로 이름난 사람을 관리에 임명하는 일을 게을리 하지 않았다.

---

12) 『고려사』 권3, 성종 11년 壬辰 12월 丙寅條.

13) 고려에 침입한 거란에 복수하기 위해 송나라에 出兵을 요청하였다가 거절당하자 국교를 단절하였다.

성종은 흥학취재(興學取才)에 남다른 집념을 가져, 문관과 경학박사에게 교학(教學)의 책임을 지워 그 성적을 관급(官級)에 반영하겠노라고 하였다.

> 이제부터 문관으로서 10명 이하의 제자가 있는 자는, 유사(有司)가 임기가 차서 자리를 옮길 때 보고하여 포상 폄출하게 할 것이다. 또 12목에 파견된 경학박사의 문생 가운데 한 사람도 과거에 응시하는 자가 없을 때는, 비록 임기가 찼더라도 다시 유임시켜 효과를 내도록 책임 지우고, 그 성적에 따라 관계(官階)를 주는 것을 일정한 법식(法式)으로 삼을 것이다.[14]

또 관리들이 공무에 이끌려 학문을 소홀히 하는 것을 예방하고 학문을 계속 연마토록 하기 위해 '문신월과법(文臣月課法)'을 실시하였다.[15] 여기서 성종의 확고한 호문(好文) · 근학(勤學) 의지와 유학 진흥에 대한 열의를 엿볼 수 있다. 이러한 일련의 숭유흥학(崇儒興學) 조치는 고려를 도덕국가, 문명국가로 발전시키는 데 주효하여, 후일 중국이 고려를 '소중화(小中華)'라고 일컫는 데 바탕이 되었다.

14) 『고려사절요』 권2, 성종 8년 己丑 4월조.

15) 『고려사』 권2, 성종 14년 乙未 2월조.

제2장

崔承老의 時務策과 유교적 정치이념의 확립

최승로(崔承老: 927~989)는 고려 초기 경주계(慶州系) 구유신(舊儒臣)을 대표하는 학자 가운데 한 사람이다. 성종 원년, 왕이 당면한 여러 정책에 관해 고견을 물었을 때 최승로는 새 임금이 유위(有爲)의 사업을 할 수 있다고 판단하고 「시무이십팔조」를 올렸다. 현종 1년, 거란의 제2차 침입 때 6조가 없어지고[1] 22조만 전해오는 이 시무책은 유교적 예교주의(禮敎主義)를 정치적 이상으로 하면서도, 현실적으로 태조의 조훈(祖訓)과 정치 업적을 크게 중시한 것이 특징이다.

그는 시무책과는 별도로 태조 이래 경종 때까지의 「오조치적평」을 덧붙여 성종이 정치하는 데 거울로 삼도록 하였다.[2] 이는 사론(史論)으

1) 김철준 교수는 6개조가 兵亂에 없어진 것이 아니라, 왕실 또는 집권세력의 忌諱에 저촉된 까닭에 없어졌을 가능성이 있음을 시사하였다. 『한국고대사회연구』, 지식산업사, 1976, 359-360쪽.

2) 조선 연산군 때의 학자 최보(崔溥)는 최승로의 상소는 중국에서 直言으로 유명했던 사람들의 至言이나 對策보다 낫다고 평하였다. 『錦南集』 권2, 「東國通鑑論」, 〈成宗時崔承老上書〉 "賈山至言, 劉蕡對策, 時稱直言. 然不若承老論列祖宗行事之美惡, 以及時

로도 훌륭한 것이며, 고려 초기의 정치사와 사회상 연구에 귀중한 자료이다. 특히 광종에 대한 부정적인 평을 통해 신라 출신 경주계 문신인 최승로의 위치와 성격을 엿볼 수도 있다.

「시무이십팔조」에서는 유교의 오경이 자주 인용되었다. 오경 중에서도 그의 정치사상의 근본이 된 것은 『주역』의 이론과 『예기』·『춘추좌씨전』의 규범이었다. 그는 항상 득중론(得中論)을 강조하였다. 28조 가운데 제15조의 득중, 제20조의 작중(酌中), 제22조의 집중(執中) 등은 모두 유교의 시중정신(時中精神)을 잘 발휘한 것이라 하겠다.

「시무이십팔조」를 보면 대내외적으로 국가 전반에 걸친 많은 시책이 개진되어 있다. 불교의 폐단에 대한 비판과 유교의 중요성 그리고 사회 문제에 대해 가장 많은 관심을 보였다. 각 조마다 모두 애민·휼민의 사상이 바탕을 이루고 있으며, 민생 문제에 근원을 두고 시정책을 제시한 것이 특징이다. 제7조에서는 이상적인 정치를 중앙집권적인 정치 형태에서 구하여, 지방 제도의 정비를 통해 왕의 통치가 일반 백성에게 고루 미쳐야 함을 주장하였다. 제11조에서는 중국 문물의 맹목적인 수용을 삼가고 우리의 현실에 알맞게 받아들여야 할 것을 강조하였다.

> 중국의 제도는 따르지 않을 수 없지만, 사방의 습속이 각기 그 토성(土性)에 따르게 되니, 모두 고치기는 어려울 것 같습니다. 예악(禮樂)·시서(詩書)의 가르침과 군신(君臣)·부자(父子)의 도리는 마땅히 중국을 본받아 비루한 풍속을 고쳐야겠지만, 그 밖의 거마(車馬)·의복의 제도는 지방의 풍속대로 하여 사치함과 검소함을 알맞게 할 것이며, 구태여 중국과 같이 할 필요는 없습니다.

君政治之得失, 抗疏切直之爲也. 疏中數千百言, 皆指斥無隱, 觸雷霆而不怵, 批逆鱗而不畏, 眞古之遺直也."

그가 '모화(慕華)' 일변도의 태도에서 탈피하여, 민족문화의 특성과 주체성을 살리려 한 것은 지나친 모화적 시책으로 혼란이 빚어졌던 광종대의 전례를 경계한 데서 비롯되지만, 성종이 추진한 모화적 시책에 대해 백성들의 반응이 좋지 않았던 점을 반영한 것이기도 하다. 그는 유교와 전통문화 사이의 갈등을 해소해야 하는 역사적 과제를 명확히 인식하였던 듯하다. 유교문화의 주체적 수용과 토착화로 요약되는 그의 견해는 여기에서 비롯되었다고 하겠다.

다음, 불교의 폐단을 비판한 조목을 들어보면 모두 9조(2·4·6·8·10·13·16·18·20)에 달한다. 단일 부문으로는 조목이 가장 많고 상세한데, 현실적으로 불교 행사가 과다한 데서 파생되는 사회적 폐단과 경제적 낭비를 겨냥, 비판한 것이었다. 불교 일색이나 다름없었던 당시에 이처럼 불교의 폐단을 과감하게 비판한 것은 쉬운 일은 아니었을 것이다. 그러나 불교 자체는 물론 불교 행사까지 근본적으로 거부하거나 반대했던 것은 아니었다.

제20조에서는 불교를 수신지본(修身之本)으로, 유교를 이국지원(理國之源)으로 보았다. 이에 대해 유교에 대한 최승로의 이해가 수준 이하라고 평하는 이도 있다.[3] 그러나 이것은 개인적인 신앙의 문제와 정치의 문제를 구분하던 당시의 일반적인 관점을 대변한 것이다. 또 유·불의 기능적 분화와 구실, 영향력 등을 논한 것뿐이다.

제21조에서는 음사(淫祀)를 타파할 것을 주장하였다. 그는 불교를 비판하면서 불교의 행사 규모가 지나치게 커서 민폐를 가중시킨다는 것을 가장 큰 이유로 든 것과 마찬가지의 논리를 폈다. "만약 백성을 쉬게 하여 그들에게 환심을 얻는다면 그 복이 기원한 복보다 많을 것이다"고

3) 李乙浩, 「고려의 유가철학」, 『한국철학연구』 상권, 동명사, 1987, 463-465쪽.

하여, 민생의 안정이 정치・사회적 안정과 발전을 가져올 수 있다고 강조하였다. 한편, 음사와 관련하여 제13조에서 우상(偶像)을 폐할 것을 논하였다. 고대 유속(遺俗)의 잔재를 유교적 이념에 비추어 제거하고자 하는 의도가 엿보인다.

제14조에서는 만기(萬機)가 임금의 일심(一心)에 의해 좌우되므로 임금의 수양이 무엇보다도 중요하다고 하였다.

> 『주역』에 이르기를 "성인이 사람의 마음을 감동시켜 천하가 화평하다"라고 하였으며, 『논어』에 이르기를 "무위(無爲)하면서 정치를 잘한 사람은 순임금이다"고 하였습니다. 어떻게 하여 그렇게 정치를 잘 할 수 있었던가. 그것은 자신을 스스로 자중자애하여 통치자로서 하여야 할 정치를 바르게 한 것에 불과할 뿐이었습니다. …… 성인이 천인(天人)을 감동시킨 것은 순일(純一)한 덕과 사(私)가 없는 마음이 있기 때문입니다. 성상께서 마음을 겸손하게 가지고 항상 공경하고 두려워하는〔敬畏〕 마음을 지녀 신하를 예절로써 대우한다면, 누가 마음과 힘을 다하여 나와서는 좋은 계책을 말씀드리고 물러가서는 임금을 바로잡고 도울 것을 생각하지 않겠습니까. 이것이 이른바 임금이 신하를 예절로써 대우한다면 신하는 임금을 충경(忠敬)으로 섬긴다는 것입니다.

궁극적으로 제왕학(帝王學)의 관점에서 개혁의 성공 여부가 임금의 마음 씀과 태도에 달려 있다는 점을 강조한 것이다. 그의 시무책 28조 가운데 결론격에 해당하는 것으로서, 유교적 정치이념과 관련하여 주목되는 대목이라 하겠다.

최승로는 성종이 일련의 정책과 문화 시책을 펴는 데 통치 이념과 원리를 제시하고 뒷받침한 학자로 평가된다. 그의 「시무이십팔조」는 고려 창업 이후 고대사회, 중세사회로 넘어가는 과정에서 드러난 여러 가지 진통과 모순, 전대부터 이어져 내려온 숙폐(宿弊), 문물제도의 미비에서 오는 여러 혼란 등에 대하여 깊이 성찰하고 절실하게 인식한 것으로서, 이후 성종에 의해 추진된 일련의 국가체제 정비에 정신적 기준을 제공하여 적극적으로 반영되기에 이르렀다. 이것은 통일신라 이후로 최치원을 비롯한 육두품 출신 유학자들에 의해 꾸준히 추진된 유교적 정치이념이 이때에 와서 일단의 결실을 본 것이라고 하겠다. 최승로의 시무책은 고려 일대에 걸쳐 두고두고 정책이론으로 재음미되는 등 지대한 영향을 끼쳤다. 고려시대에 하나의 개혁안이 왕을 비롯한 당시의 지배층에게 채택되어 실천을 본 점과, 그 당시의 시대정신과 후세 유교 정치이념의 수립에 큰 영향을 준 점에서는 최승로의 시무책만 한 것이 없다고 할 수 있다.

최승로와 함께 고려 초기 유교적 정치이념의 구현·확립에 크게 기여한 학자로 김심언(金審言: ?~1018)이 있다. 최승로가 경주계 구유신(舊儒臣)인 데 비해 김심언은 신유신(新儒臣)을 대표하는 학자의 한 사람이었다. 성종 9년(990) 봉사(封事)를 올려 성종의 각별한 주목을 받았는데, 중국 한(漢) 나라 때 학자 유향(劉向)의 『설원(說苑)』에서 '육정(六正)'과 '육사(六邪)'[4]를 이끌어 신술(臣術)을 논하였으며,[5] 또 『한서(漢書)』에 나오는 '자사육조정(刺史六條政)'을 이끌어 이도(吏道)를 말한 바 있다. 김심언은 이 육정·육사와 자사육조정을 서울과 지방의 각급 관청에 반포하여 관리들이 귀감으로 삼도록 할 것을 청하여 윤허를 얻

4) '육정'은 聖臣·良臣·忠臣·智臣·貞臣·直臣이요, '육사'는 구신(具臣: 머릿수나 채운 신하)·諛臣·姦臣·讒臣·賊臣·亡國之臣을 가리킨다.

5) 『說苑』 권2, 「臣術」(『漢魏叢書』 참조). 六正·六邪論은 『貞觀政要』 권3, 「擇官 第七」에도 인용되어 있다.

었다. 김심언의 봉사는 성종이 확립하고자 했던 중앙집권적 관료제의 기능 면에서 상당한 기여를 하였을 것으로 짐작된다.

제3장

私學의 勃興과 崔冲의 儒學史上 공적

〔1〕 고려 문종 연간(1046~1083)에 동아시아에 평화가 정착되고 국내적으로 귀족사회의 안정이 이루어지자 문치주의에 대한 시대적 요청이 증대되었다. 그러나 성종 11년(992) 국자감이 창설된 이후, 고려는 3차에 걸쳐 거란의 침입을 받는 등 잇단 국가적 변란으로 관학의 교육이 부진을 면치 못하였다. 상무(尙武) 세력의 일시적 득세도 한 원인으로 작용하였지만, 전란으로 많은 전적이 소실된 데다 재정난까지 가중된 것이 더 큰 원인이었다. 전쟁이 끝난 뒤에도 문교를 회복할 겨를이 없었다. 국학은 유명무실이요, 향학(鄕學)은 아직 갖추어지지 못하였다. 최충(崔冲)의 구재학당(九齋學堂)을 비롯한 사학십이도(私學十二徒)는 이러한 시대적 요청에 부응하여 생겨난 것이다. 최충이 사학을 일으킨 것은 북송 초기 각처에서 사학(私學)이 발흥하고 이것이 나중에 서원(書院)으로 발전하였던 것에서 자극받은 바가 적지 않았을 것이다.

최충은 당시 유학계의 최고 권위자요 정계의 대원로였다. 그가 사숙(私塾)을 열자 학생들이 운집하였다. 최충의 사숙에서는 낙성(樂聖)·대중(大中) · 성명(誠明) · 경업(敬業) · 조도(造道) · 솔성(率性) · 진덕(進德) · 태화(大和) · 대빙(待聘) 등 9개의 전문강좌로 나누어 교육을 하였다. 세상에서는 최충의 사숙을 '구재학당' 또는 '시중최공도(侍中崔公徒)' '문헌공도(文憲公徒)' 라고 불렀다. 귀족의 자제로서 과거에 응시하려는 자들은 반드시 먼저 이 단체〔徒中〕에 소속하여 공부하였으므로 자연스럽게 과거 급제를 위한 예비학교의 성격을 띠게 되었다.

그러나 통속적인 강습소는 아니었다. 해마다 여름철에는 귀법사(歸法寺)의 승방(僧房)을 빌어서 특별강습회인 하과(夏課)[1)]를 열고, 과거에 급제한 자로 학업 성적이 우수하고 재능이 많으나 아직 벼슬하지 못한 사람을 도중(徒中)에서 선발하여 교도(敎導)로 삼고, 구경(九經)과 삼사(三史)를 교수케 하는 한편 제술(製述)도 곁들이게 하였다. 또 간혹 선진(先進)이 오면 촛불에 금을 긋고 정한 시간에 따라 시를 짓는 '각촉부시회(刻燭賦試會)' 를 열어 시문의 우열을 가렸다. 이어서 글의 등급에 따라 차례로 이름을 불러서 작은 술자리를 베풀었는데, 진퇴의 절도와 장유(長幼)의 차서(次序)가 있었다. 이렇게 서로 시를 읊으며 그 날을 즐겁게 보내고 해가 저물면 일동이 모두 낙생영(洛生詠)을 읊으며 파하니, 보는 사람들 모두 아름답게 여기고 찬탄해 마지않았다.

구재의 교과 내용은 경사(經史)를 중심으로 하는 강학풍(講學風)에다 문한풍(文翰風)을 곁들인 것이었다. 하과와 시회(詩會)의 풍은 일찍이 공자가 제자들에게 각자 자기의 뜻을 말해보라고 했을 때 증점(曾點: 曾晳)이

1) '夏天都會' 라고도 하였다. 이규보의 『東國李相國全集』 後集 권7, 「次韻金學士敞見和夏課詩」에서는 하과에 대하여 '과거를 대비하여 시부를 공부하는 것' (夏課習赴擧詩賦)이라 설명하였다.

> 늦은 봄철에 봄옷이 이루어지면 어른 5, 6인과 어린아이들 6, 7인과 함께 교외로 나아가 기수(沂水)에서 목욕하고, 무우(舞雩)에 이르러 바람을 쐬다가 시나 읊으면서 돌아오고 싶습니다.

고 하니, 공자가 "나는 증점을 인정한다"라고 하여 낙도(樂道)의 기풍을 함양했던 것을 방불하게 한다.[2] 일찍이 이규보가 73세 때 강도(江都)에 있으면서 이미 단절되다시피 한 하과의 전통, 특히 자신이 속했던 성명재(誠明齋)의 전통이 계승되고 있음을 기뻐하면서 읊었던 고율시 가운데서

> 遙知林林白面生　멀리서도 알겠노라, 흰 얼굴의 서생들
> 夫子影前成拜起　공부자의 영정 앞에 절하고 일어났음을.
> 有川能似歸法無　시내는 비슷해도 귀법사는 없구나.
> 想見冠童浴沂水　관동들이 기수에서 목욕함을 생각해본다.[3]

라고 한 대목은 이를 방증한다. 이와 같은 학풍은 관학에도 영향을 끼친 듯하니, 다음의 기술을 보면 이를 짐작할 수 있다.

> …… 옛날에 시내를 건너서 학사(學舍) 동쪽에 작은 정자가 있었는데, 매

---

2) 『논어』, 「先進」 "子曰: 何傷乎, 亦各言其志也. 曰: 莫春者, 春服既成, 冠者五六人, 童子六七人, 浴乎沂, 風乎舞雩, 詠而歸. 夫子喟然嘆曰: 吾與點也."

3) 『동국이상국전집』 後集 권7, 1a-1b, 「寄金學士敞幷序」 "愚聞先賢於儒門, 制十二徒, 徒各置齋, 有多有少. 每夏一集肄業, 名曰夏天都會. 近因國家多梗, 此風幾絶. 今聞我齋, 得成夏課, 何喜如之. 雖他齋未尒, 是迺儒風復盛之漸, 他齋亦從而興矣. 何必憂哉. 此皆尙書學士指麾之力也, 豈不慶幸哉. …… 自卜新京今幾年, 吾徒舊範危墮地. 賴予不死餘喘存. 得聞夏課群學子."

년 여름 공부할 때면 빈객(賓客)들이 와서, 여러 생도를 그 아래에 앉히고 초에 금을 그어서 그 금이 타기 전에 시를 짓게 하였다.[4)]

한편, 당시 관학인 국자감이 부진한 데다 구재학당의 교육 성과가 이처럼 좋자, 과거에 응시하려는 사람들이 구재에 모여들어 적을 두게 되었다. 이에 이를 본받아 당시의 이름난 여러 유신(儒臣)들이 다투어 학당을 짓고 학도를 모아 교학(敎學)에 힘썼는데, 모두 11도에 이르렀다.

弘文公徒	侍中	鄭倍傑	匡憲公徒	參政	盧 旦
南 山 徒	祭酒	金尙賓	西 園 徒	僕射	金無滯
文忠公徒	侍中	殷 鼎	良愼公徒	平章	金義珍[5)]
貞敬公徒	平章	黃 瑩	忠平公徒		柳 監
貞憲公徒	侍中	文 正	徐侍郎徒	侍郎	徐 碩
龜 山 徒		未 詳			

이에 최충의 도(徒)를 합하여 세상에서 십이공도라고 일컬었는데, 그 중에서도 최충의 문헌공도가 가장 홍성하고 권위가 있었다. 그 까닭은 최충이 여러 차례 지공거(知貢擧: 考試官)를 맡아 많은 인재를 선발하였을 뿐 아니라, 선발된 사람들 대부분이 현직(顯職) 달관(達官)에 올랐으며,[6)] 또 시중최공도에서 유교의 이념과 정신에 따라 사제예경(師弟禮

4) 李穀, 『稼亭集』 권2, 4a, 「金海府鄕校水軒記」 "舊有跨溪小亭在學舍東, 每夏課時, 賓客之來坐, 諸生其下, 刻燭賦詩."

5) 혹은 郎中 朴明保가 세웠다고도 한다.

6) 당시 최충의 主試下에 급제한 사람들 중에는 顯職 · 達官이 많아서 '尙書牓' 이라는 일컬음이 있었다. 그러나 뒤에 와서 李資玄 · 郭輿와 같이 벼슬을 버리고 處士가 되어 산림에서 종교생활에 전념하던 사람들도 있어 '處士牓' 이라는 일컬음도 생기게

敬)・도의연마(道義磨鍊)와 같은 건실한 학풍을 확립하였기 때문이다. 창설자들은 거의 개경(開京)과 근기지방(近畿地方)을 중심으로 한 신지식층 또는 관료층으로서, 학식과 덕망이 높았으며 대부분 문종 연간에 지공거를 역임한 사람들이었다. 최충의 후배가 주를 이루었으며 개중에는 문인(門人)도 있었다. 서원도(西園徒)의 김무체(金無滯)는 최충과 좌주(座主)・문생(門生)의 관계였다.[7] 이와 같이 십이도가 속출하게 된 데에는 문벌을 존중하는 당시의 풍조가 적지 않은 영향을 끼쳤던 것으로 보인다. 유명한 이규보는 문헌공도의 성명재(誠明齋)에서, 그리고 이승장(李勝章: 1138~1192)은 어렸을 때 솔성재(率性齋)에서 수학하였다고 한다.[8] 이 밖에 함순(咸淳)・이담지(李湛之)・옥화우(玉和遇) 등도 십이도에서 공부했던 인물이었다.[9]

십이도의 교육 수준은 대체로 국자감과 비슷하였지만 비중은 훨씬 컸다. 국학이 부실하던 차에 과거 출신의 지도자이며 지공거를 맡아 실제로 인재를 선발한 적이 있는 경력자들이 사학을 세우고 인재를 양성하자, 과거 지망생들이 사학으로 몰리게 되었다. 이에 십이도는 대성황을 이루었지만, 관학은 더욱 위축되어 유명무실해졌다. 특히 시중최공도를 비롯한 권위 있는 사학의 융성으로 말미암아 국자감의 생도 중에는 아예 학업을 폐하는 자가 많았다.

문종은 국학 부진의 책임이 학관(學官)에게 있다고 전제하고, 적극 권면하여 국립대학의 질적 향상을 기하도록 하였으나[10] 별로 효과가 없

되었다. 최자, 『보한집』 권상 제10칙 참조.

7) 『보한집』 권상, 제10칙 참조.

8) 『조선금석총람』 상권, 418쪽, 「李勝章墓誌」 참조.

9) 『보한집』 권중, 제36칙 "十二徒冠童, 每夏會山林肄業, 及秋而罷, 多寓龍興歸法兩寺. 一夕秋空月朗, 爽氣襲人, 咸司直淳, 李先達湛之, 玉先達和遇, 率冠童六七人, 會歸法石橋開小飲, 用前人韻賦詩."

었다. 그러다가 예종 · 인종 때 일련의 국학진흥책이 효과 있게 추진되었고, 특히 인종 때에는 국학 재생(齋生)에게 고예시(考藝試)를 보여 과거 응시에 특전을 부여함으로써 위축되었던 국학의 위상이 신장되었다. 이후 무신의 집정으로 관학 · 사학을 불문하고 침체를 면치 못하다가, 충렬왕 이후 성균관(종래의 국자감)이 기능을 되찾음에 따라 사학은 쇠퇴일로를 걷게 되었다. 사학십이도는 점차 국학의 예비 과정으로 약화되었다가,[11] 공양왕 3년(1391) 6월 마침내 교육제도를 정비하는 과정에서 폐지되기에 이르렀다.

사학십이도는 300년이 넘도록 부진한 관학을 대신하여 문운의 융성과 유학 발전에 기여한 바 컸다. 고려 후기 신흥사족층(新興士族層)의 대두에도 크게 이바지하였다. 그러나 발전을 거듭하는 과정에서 여러 폐단과 역기능을 초래하였다. 좌주와 문생의 관계로 과거 급제를 좌지우지하는 등 부작용을 낳았으며, 학벌을 형성하여 서로 알력과 마찰을 일으키기도 하였다. 또 당시 각 도(徒) 사이에 학연 · 지연 · 혈연 등을 따라 무단히 도를 옮기는 학생들의 수가 많아 문제가 된 바 있다.

〔2〕 고려에 사학(私學)을 처음으로 개설한 최충(984~1068)은 벼슬이 수상에 이르고 현종 · 덕종 · 정종 · 문종 네 조정에 역사(歷仕)하였다. 치사(致仕) 뒤에도 군국(軍國)에 관한 큰일은 그에게 자문할 정도로 신임이 지대하였다. 문종 9년(1055) 벼슬을 떠난 뒤 구재학당을 세우고 학도를 가르쳤다. 최충이 세상을 떠난 뒤에도 '문헌공도'라 하여 사학의 전통이 고려 사직과 함께 지속되었다. 국정을 이끌었던 조정 원로의 처

---

10) 『고려사절요』 권5, 문종 17년 癸卯 8월조.

11) 이는 공민왕 1년(1352) 4월에 목은 이색이 상소한 것으로 짐작할 수 있다. 『고려사』 권74, 「選擧志(二)」, 〈學校〉 공민왕 원년 壬辰 4월조 참조.

지에서 국학이 아닌 사학을 통해 유학과 문교를 진흥시키려 한 것은 국학을 진흥시킬 수 있는 여건이 조성되지 못했기 때문일 것이다.

최충이 죽은 뒤 후세 사람들은 그에 의해 고려의 학교가 흥기되었음을 찬양하여 그를 '해동공자' 로 추앙하였다. 장지연(張志淵)은 『조선유교연원』에서 교육자로서의 최충의 인품과 업적을 같은 시대의 중국 학자 호원(胡瑗: 安定先生)에 비유하였다. 호원은 범중엄(范仲淹) · 손복(孫復) · 석개(石介)와 함께 북송 도학의 발흥에 지대한 영향을 끼쳐, 신유학(新儒學)이 배양될 수 있는 토양을 마련한 학자다. 그는 일찍이 호주(湖州)의 교수(教授)로서 학생들을 교육하였는데 당시 사람들이 '호학(湖學)' 으로 불렀다. 장지연이 최충을 호원에 비유한 것은 최충의 구재학당이 '사학(私學)의 진산(鎭山)' 으로 일컬어졌던 호원에게서 영향을 받았을 것이라는 점 때문일 것이다.

최충은 정계의 원훈(元勳)으로 큰 정치적 업적을 남겼으며 교육가로서의 공헌은 더욱 컸다. 경학과 유술(儒術)로 한 시대의 종장(宗匠)이 되어 후세에 모범을 드리웠으니, 그의 후손 최자(崔滋)는 『보한집(補閑集)』 서문에서 "문헌공은 일세에 뛰어나게 유학을 일으켜 우리의 도가 크게 행해졌다"〔命世興儒, 吾道大行〕고 칭송하였다. 또 조선 후기의 학자 홍양호(洪良浩)는 "선생은 염락(濂洛)의 제현보다 시기적으로 먼저 태어나 홀로 성학(聖學)을 주창하여, 동방 사람들이 비로소 유도(儒道)의 중함을 알게 되었으니, 그 공이 크다"[12]고 평가하였다.

그러나 '흥기사문(興起斯文)' 의 큰 공을 세웠음에도 조선시대에 들어 성리학자들은 그를 높이 평가하지 않았을 뿐 아니라 도리어 폄하하였다. 그 이유는 학문이 순정(醇正)하지 않고, 또 구재의 후진교육이 과거

12) 『耳溪集』 권12, 1a, 「文憲書院九齋記」 "先生生先於濂洛諸賢之世, 而獨倡聖學, 東方之人, 始知儒道之重, 其功大矣." (한국문집총간 241)

준비에 치중되었다는 점 때문이었다. 여러 차례 문묘종사의 건의가 있었으나 종사의 영광이 끝내 주어지지 않았다. 후일 조선양명학의 대성자로서 많은 비판과 공격을 받으면서도 홀로 양명학의 등불을 외롭게 지켰던 하곡(霞谷) 정제두(鄭齊斗)가 최충과 안향(安珦)의 업적에 대해 논평한 것은 적절한 바 있다.

> 안문성(安文成: 珦)과 최문헌(崔文憲: 冲)은 호걸지사인가 한다. 당시에는 불교가 세상을 뒤덮었는데도 외로이 홀로 유학의 교화를 부르짖어 유풍(儒風)을 일으켰으니, 우뚝한 선비가 아니고서야 그러하겠는가. 그 공적은 크다 할 것이다. 어찌 후세 사람들이 그들의 도가 순수하지 못하다는 것으로써 훼방(毁謗)할 수 있겠는가. 그 시대에는 이것도 매우 어렵고 지극히 현명한 일이었다. 이분들이 시작한 그 단서를 바탕으로 근원을 추구하여 얻은 뒤에, 도리어 그 단서를 훼방하는 것이 옳겠는가.[13)]

최충이 이끌다시피 했던 고려 중기의 유학은 최승로 · 김심언으로 대표되는 초기 유학의 자주적이고 진취적인 학풍과는 달리, 집권층의 안전을 도모하고 현실에 안주하는 소극적이고 보수적인 경향을 보였다. 이는 최충에 의해서 선도되었던 것만은 아니다. 3차에 걸친 거란의 침입으로 북진정책이 결정적인 타격을 받은 데다가 덕종 말년 왕가도(王可道)를 비롯한 북진파(北進派)가 물러나고 이자연(李子淵)의 인주이씨(仁州李氏)가 집권하면서 유학의 보수화 경향이 한층 가속화하였다.

최충의 자손 중에는 문장과 덕행으로 재상의 지위에 오른 자가 여러 사람이 있었다. 문화공(文和公) 최유선(崔惟善: ?~1075)은 최충의 장자

13) 『霞谷集』 권9, 「存言(下)」 제24칙(문집총간 160, 264쪽).

로 현종 때 과거에 급제하여 벼슬이 상서령(尙書令)에 이르렀다. 대를 이어 유종(儒宗)이었으며, 비록 혁혁한 공훈은 없었으나 사람들이 모두 존중하였다.[14) 『보한집』에 의하면 왕좌지재(王佐之才)로서 저술에 정묘(精妙)하였다고 하는데, 오늘에 전하는 저술은 없다. 후일 선종 때 문종의 묘정에 배향되었다. 일찍이 지중추원사(知中樞院事)로 있을 때 문종이 덕수현(德水縣)에 거찰(巨刹) 흥왕사(興王寺)를 짓게 하였는데, 최유선은 다음과 같이 간쟁(諫諍)하였다.

> 옛날 당나라 태종은 백성에게 도첩(度牒)을 주어 중이 되는 것을 허락하지 않고, 사관(寺觀)을 짓지 못하게 하여 선왕인 고조(高祖)의 뜻을 따랐으므로 사전(史傳)에서 찬양하였습니다. 우리 태조의 십훈요에 이르기를 "국사(國師) 도선(道詵)이 국내 산천 지세의 순역(順逆)을 살펴서 절을 지을 만한 곳에는 짓지 않은 곳이 없으므로, 후대의 사왕(嗣王) 및 공후(公侯)·귀척(貴戚)·후비(后妃)·신료(臣僚)는 다투어 원찰(願刹)을 지어 지덕(地德)을 손상시키지 말지어다!"라고 하였습니다. 지금 전하께서는 마땅히 절약해 쓰고 백성을 사랑하며, 능히 조심하고 지켜서 후사에게 물려주어야 하겠거늘, 어찌하여 백성의 재물을 없애고 백성의 노력을 허비하면서 급하지도 않는 일에 비용을 지출하여 나라의 근본을 위태롭게 하십니까?

이에 문종이 만족하게 답하였다. 그 뒤 어느 날 그가 왕을 모시고 한담을 나눌 때, 문종이 조용히 위로하고 격려하기를 "간쟁하는 것은 충성이며 (임금의) 말씀대로 따르는 것은 아첨이다"고 하니, 최유선이 "창업하기는 쉬워도 수성(守成)하기는 어렵습니다"고 대답하였다 한

14) 이하 『고려사』 권95, 「崔沖傳附」; 『고려사절요』 권4, 문종 10년 丙申 2월조 참조.

다. 최유선의 후손인 최자는 이를 두고 "비록 우하(虞夏)의 갱재가(賡載歌)라도 어찌 이보다 더하겠는가"[15]라고 하여, 현명한 임금에 충성스런 신하의 제회(際會)라고 칭송하였다.

태조가 내린 훈요십조 제7조를 보면, 군왕은 간언(諫言)을 따르고 참소(讒訴)를 경계하라고 하였다. 최유선과 같은 신하가 '창수유이수성난(創垂猶易守成難)'이라고 교계(敎誡)하였기 때문에 문종 때 수성(守成)의 꽃을 활짝 피울 수 있었으리라고 생각된다. 최유선의 간쟁정신은 후일 후손에게 계승되었다. 예종 때 지제고(知制誥)로 있던 최약(崔瀹: 최유선의 손자)은 왕에게 부화(浮華)한 문풍을 멀리하고 경사(經史)에 힘써야 한다고 간언하였다가 좌천당하기도 하였다.

15) 『보한집』 권상, 제14칙.

제4장

北宋 道學의 수용과 그 영향

고려의 유학은 경사(經史)·사장(詞章) 중심의 유학으로부터 북송 성리학의 도입을 거쳐 주자학의 수용에 이르기까지 삼변(三變)을 거쳤다고 할 수 있다. 고려 유학사를 전·후기로 가를 만큼의 사상사적 변화는 12세기 예종·인종대의 북송 학술의 수용에서 그 시단을 열었다고 하겠다. 이 시기에는 북송의 도학뿐만 아니라 왕안석(王安石) 일파의 신학(新學)까지 수용하였으며, 문학 면에서도 정취(情趣)를 중시하는 당대문풍(唐代文風)을 대신하여 철학적 이취(理趣)를 중시하는 송대문풍(宋代文風)을 수용하였다. 주자에 의해 집대성되기 이전의 북송 도학이 12세기 초를 전후한 시기에 우리 학계에 도입되었다는 것은, 후일 13세기 말에서 14세기 초에 걸쳐 원나라로부터 주자학이 도입된 사실과 관련하여 중요한 의의를 가진다.

북송 도학의 도입과 관련한 단서로는, 최충이 세운 구재학당의 명칭 대부분이 『중용』·『대학』 및 『주역』에 나오는 용어이거나 그와 유사하다는 점을 들 수 있다.[1] 이에 대해서는 홍양호의 다음과 같은 지적이 참고된다.

> 수도(修道)·솔성(率性)·성명(誠明) 등의 말은 『중용』에 나오는데, 『중용』을 표장(表章)하는 것은 정자(程子)에게서 시작되었다. 선생께서는 이것을 가지고 재(齋)의 이름을 짓고 배우는 사람들을 가르쳤으니, 그 성인전도(聖人傳道)의 미언(微言)을 깊이 체득하고, 정주(程朱)의 뜻과 은밀히 합치되는 것이 이와 같다.[2)]

이것은 당시 『주역』·『중용』을 중시했던 북송 성리학자들의 학문 경향과의 연관성을 시사하는 단서다. 최충 당시에도 초기 성리학 내용이 고려의 학계에 알려져 어느 정도 이해하고 있었음을 짐작하게 한다.

다음, 요·순과 주공(周公)·공자를 중심으로 하여 인(仁)·효(孝)를 유학의 근본사상이라고 여기는 고려 초기까지의 고대 유학이 예종·인종·의종대를 고비로 인(仁)·의(義)를 부르짖는 공맹학(孔孟學)으로 서서히 변화한 점을 들 수 있다. 고려 현종 때의 학자인 채충순(蔡忠順)은 「현화사비명(玄化寺碑銘)」에서 "옛날의 성군은 요·순이 그 사람이니, 도덕으로 나라를 다스리고 인·효로써 인민을 교화했네. 순임금은 효로써 다스리고 요임금은 인으로써 다스리니"[3)] 운운하였고, 또 "유학에서는 인·효보다 앞서는 것이 없다"[4)]고 하였다. 이는 유학의 핵심을 인·효로 파악한 것임이 분명하다.

---

1) 이에 대해 耳溪 洪良浩(1724~1802)도 정주학의 영향과 결부시킨 바 있다. 『耳溪集』 권12, 1b, 「文憲書院九齋記」(문집총간 241) 참조.

2) 『이계집』 권12, 1b, 「文憲書院九齋記」

3) 『조선금석총람』 상권, 246쪽, 「靈鷲山大慈恩玄化寺之碑銘」 "古之聖君, 堯舜其人, 道德理國, 仁孝化民. 舜理以孝, 堯理以仁"

4) 『조선금석총람』 상권, 247쪽, 同碑陰記 "…… 所以於儒, 則無先其仁孝"

그런데 예종 이후로 학풍이 변화하였다니, 특기할 만한 일이 아닐 수 없다. 이것은 분명 북송 도학의 수용으로 인한 학문적 사상적 변화의 일단으로서, 금석문을 비롯한 당시의 여러 가지 자료에서 폭넓게 증명된다.[5] 인종 때 학자인 문공유(文公裕)의 묘지(墓誌)에 의하면, 일찍이 임금에게 『논어』와 함께 『맹자』를 진강(進講)하였다는 기록이 있어[6] 이 시기 학문 변화의 일단을 엿볼 수 있게 한다. 참고로 중국의 학자 모종삼(牟宗三: 1909~1996)의 말을 소개한다.

> 흔히 송명리학(宋明理學)을 논할 때는 모두가 공자를 추대하여 유가(儒家)의 대종사(大宗師)로 모셨다. 당·송 이전에는 모두가 주공(周公)과 공자를 함께 불렀다. 이를 '주공병칭(周孔竝稱)' 이라고 한다. 그러나 공자는 요·순·우·탕·문·무·주공의 계통 안에서 그들의 꼬리노릇을 한 것이 아니다. 송대의 유학자들에 이르러 비로소 공자의 독립적인 가치를 이해하고 그가 문화발전상에 독특한 지위가 있음을 이해하였다. 송대 유학자들의 공헌은 여기에 있는 것이다. 송대의 유학은 그 시초부터 주공과 공자가 아닌, 공자와 맹자를 함께 불렀다. 이는 매우 다른 것이다. 이 시대가 한 발 앞섰음을 나타내며, 이것은 하나의 전환의 관건이 되는 것이다.[7]

북송과의 친교를 통한 학술 교류 역시 빼놓을 수 없다. 학술 교류에는 학술 서적의 유통과 학자 간의 접촉이 있었다. 후자의 경우 주로 사행(使行)을 통한 예가 많았다. 신빙성에 의심의 여지가 없지는 않지만, 『화해사전(華海師全)』·『동국명현언행록(東國名賢言行錄)』을 보면 김

---

5) 유명종, 「高麗儒學序說」, 『石堂論叢』 제10집, 동아대학교, 1985 참조.

6) 『韓國金石全文』(中世上), 768쪽 "以論語孟子尙書進讀, 幷進書法."

7) 모종삼, 鄭仁在·鄭炳碩 공역, 『중국철학특강』, 형설출판사, 1991, 433쪽.

양감(金良鑑)·윤관(尹瓘)·윤언이(尹彦頤) 등이 송나라에 사신으로 가서 이정(二程) 또는 그의 문인들과 학문적으로 교유했던 사례가 구체적으로 실려 있다.[8] 이것은 인종 1년(1123)에 고려에 온 송사(宋使) 노윤적(路允迪)과 부묵경(傅墨卿)에게 인종이 구산(龜山) 양시(楊時: 1053~1135)의 안부를 물었던 사실[9]로도 증명된다. 양시는 이정(二程)의 문인으로 당시 무명의 선비에 불과하였다.

다음, 예종·인종·의종 삼대를 고비로 강경풍(講經風)이 고조되었던 사실과의 연관성을 들 수 있다. 당시 강론에서 『예기』의 한 편인 『중용』이 『주역』과 함께 중시되었다는 사실은 성리학의 학문 경향과 상통하는 바 있다. 또 유학을 철학적으로 이해하기 시작했다는 증거로 볼 수 있다. 당시 청연각(淸讌閣)에서의 강경 내용이 성리학적 색채를 띤 것이었음을 밝힌 자료도 있다.

> 한 곳(청연각)에 주공·공자·맹자·양웅(揚雄) 이래의 고금 서적을 모아 놓고, 날마다 노사 숙유(老師宿儒)와 함께 토론하시고 선왕의 도를 천명하시었다. 서적을 수장(收藏)하고, 학문을 닦고, 쉬고, 놀고 하는 것이 이 한 건물에서 벗어나지 않았으나, 삼강오상지교(三綱五常之教)와 성명도덕지리(性命道德之理)가 사방에 충만하였다.[10]

8) 李炳觀(편), 『東國名賢言行錄』, 京城: 大成學會, 1927 참조.

9) 『宋史』 권428, 「道學列傳(二)」 "會有使高麗者, 國主問龜山安在. 使回以聞, 召爲秘書郎." ; 『宋元學案』 권25, 「文靖楊龜山先生時」 "會傅國華使高麗, 高麗王問, 龜山先生今在何處. 國華還以聞, 召爲秘書郎, 還著作郎." ; 『고려사절요』 권9, 인종 1년 癸卯條 "宋遣禮部侍郎路允迪, 中書舍人傅墨卿."

10) 『동문선』 권64, 金緣, 「清讌閣記」 "藏焉修焉息焉游焉, 不出一堂之上, 而三綱五常之教, 性命道德之理, 充溢乎四履之間."

이것은 단순히 문사(文辭)의 수식에서 비롯된 것은 아니고 이 밖의 여러 자료들이 방증하기도 한다.[11)]

한편, 11세기 후반 무렵, 당시 북송의 학계와 정계를 이끌던 사마광(司馬光) · 왕안석 · 문언박(文彦博) 등 구법 · 신법당 학자들이 모두 고려 학인들에게 관심의 대상이 되었다.[12)] 북송 학술의 수용은 도학뿐만 아니라 도학과 대립하였던 신학(新學) 등에 이르기까지 폭이 넓었다. 왕안석(1021~1086)의 신학이 고려에 전래되었다는 이제현의 기록을 보기로 한다.

(A) 신효사(神孝寺)의 당두(堂頭: 주지) 정문(正文)은 나이 여든 살로 『논어』 · 『맹자』 · 『시경』 · 『서경』을 잘 강론하였는데, 유자(儒者)인 안사준(安社俊)에게 배웠다고 한다. 전에 한 선비가 송나라에 들어갔다가 형공(荊公: 왕안석)이 금릉(金陵)으로 물러갔다는 말을 듣고 그곳을 찾아가 『모시(毛詩)』를 배웠는데, 7대를 전하여 사준에게 이르렀다. 그러므로 『시경』은 오로지 왕씨의 해설을 썼다.

(B) 그런데 『논어』 · 『맹자』 · 『서경』의 해설은 모두 주자장구(朱子章句)나 채씨전(蔡氏傳)과 합치되는 것이었다. 당시에는 주자장구와 채씨전이 우리나라에 들어오기 이전이었는데, 사준은 그 해설을 어디서 얻었는지 알 수 없다.[13)]

---

11) 『동문선』 권42, 「辭知貢擧表」 "伏遇睿宗大王, …… 作新一代, 風動三韓, …… 奮筆者爭欲性命道德之妙." ; 『韓國金石全文』(中世上), 554쪽, 「崔思諏墓誌銘」 "公幼而入學, 博通經史子集, 而爲文必本於仁義性命之說." ; 『한국금석전문』(中世上), 694쪽, 「尹彦頤墓誌銘」 "性命之理, 道德之原, 孰如我公, 無所不通."

12) 『고려사』 권97, 「金富佾傳」 ; 同 권98, 「金富軾傳」 참조.

13) 『역옹패설』 「前集(二)」, 10a-10b.

왕안석이 희령(熙寧) 9년(1076) 중용된 지 9년 만에 보수파의 반대로 하야하여 이후 10년간 금릉에 은거하면서 저술에만 힘썼던 것을 염두에 두면, 고려의 문종 30년(1076)으로부터 선종 2년(1085)에 이르는 10년 사이에 한 선비〔一士人〕에 의해 왕안석의 신학이 전래되고, 이후 7대를 전수하여 약 2백 년 뒤 안사준에게까지 전해졌다는 말이 된다. 남송 이래 청말에 이르기까지 비난과 악평의 대상이 되었던 왕안석의 신학이 수용되었던 것을 보면, 그 정심(精深)의 정도는 그만두더라도 북송의 학문이 고려 학계에서 폭넓게 이해되었음은 의심의 여지가 없다고 하겠다.

북송 도학의 수용에 따른 성리학의 이해는 무신 집권기에도 일부 학자들에 의해 전승되어, 마침내 리기론(理氣論)이 전개되기에 이른다. 고종 때의 학자 정의(鄭義)[14]의 '도(道)가 일화(一和)를 거느리니 홰나무와 귤나무가 합하여 하나로 된다'는 제목의 부(賦)를 보면, '부'라는 문체에 리기론이 등장한다.

> 논하건대, 기(氣)가 모인 것은 같거나 다름이 있지마는, 이(理)의 주관하는 바는 비록 (物이) 다르더라도 반드시 같은지라, 저 두 가지(槐橘)의 것이 합하여 일화(一化)의 혼융한 상태로 돌아감이 마땅하리라.[15]

조정에서 성인의 지극한 도를 밝혀 백성을 순화시킴으로써 모두 화합을 이루게 한 것을, 마치 개개의 생령(生靈)들이 도의 지대한 조화에

---

14) 현재 『동문선』에 賦 1편, 冊 2편, 批答 2편이 실려 전해 오는데, 고려 고종을 대신하여 任景肅과 崔滋에게 보낸 批答 2편으로 미루어 그가 고종 때 활약했던 학자라는 것을 알 수 있을 뿐, 그 밖의 전기 자료는 없는 듯하다.

15) 『동문선』 권2, 「道閱一和槐橘合爲兄弟賦」 "…… 議夫氣之所鍾, 有同而異, 理之所管, 雖異必同, 宜彼二般之合, 歸于一化之融."

서 벗어나지 않은 것에 비유한 내용이다. 성리학에서 말하는 '리일분수(理一分殊)' 에서 '리일' 의 측면과 상통한다. 당시 성리학의 이해 수준과 정도를 짐작할 수 있는 자료라 하겠다.

또 이제현의 증언 (B)단에서, 이제현보다 약 1세기 정도 앞서 살았던 안사준이 '주자장구' 와 '채씨전' 에 의거하여 경전을 해석하였다는 것은 이미 13세기 초를 전후하여 정주 성리학이 전래되었음을 알리는 중요한 단서라 할 수 있다. 이를 볼 때 경사 · 사장 중심의 유학이 주자학의 도입에 앞서 고려 중기 예종 · 인종대를 전후로 서서히 종언을 고하였음을 알 수 있겠다. 이덕무(李德懋)의 다음과 같은 말은 북송 도학의 고려 전래와 관련하여 음미할 필요가 있을 듯하다.

> 대개 우리나라의 문교(文敎)를 중국과 비교하면, 매양 계수(計數)를 뒤로 물려 수백 년이 지난 뒤에야 조금 진보한다. 우리나라에서 처음으로 성황을 이룰 때 중국에서는 이미 쇠퇴기에 접어들어 염증을 느낀다. 비유하자면, 새벽닭이 울고 아침 해가 떠올라도 하계(下界)의 사람이 아직 꿈속에 있는 것과 같으며, 또 아미산(峨眉山)의 눈이 5월이 되어서야 녹는 것과 같다.[16]

그러나 북송 성리학의 학풍은 이후로 지속되지 못하였다. 공교롭게도 고려의 무신집정기(1170～1270)와 남송(1127～1279)이 비슷한 처지에 놓였다. 고려에서는 안팎의 여러 가지 좋지 않은 사정으로 말미암아 북송시대의 성리학이나 주자에 의해 집대성된 남송 성리학의 내용이 임춘 · 권돈례(權敦禮) · 정의 등 일부 소수의 학자들에 의해 전해졌을

16) 『靑莊館全書』 권68, 「寒竹堂涉筆(上)」 〈孤雲論儒釋〉 "大抵東國文敎, 較中國, 每退計數, 百年後始少進. 東國始初之所嗜, 卽中國衰晩之所厭也. 如岱峯觀日, 鷄初鳴, 日輪已騰躍, 而下界之人, 尙在夢中, 又如峨眉山雪, 五月始消." (문집총간 259, 245쪽)

뿐이었다.[17] 무신란 이후, 문치를 베풀 만한 여건이 다소 갖추어진 12세기 말에도 삼별초의 난 평정과 원나라의 강요에 의한 두 차례의 일본정벌(1274 · 1281), 원나라 내안대왕(乃顔大王)의 난 때 군사 파견(1287) 등 군사력의 과도한 징발로 여건이 별로 호전되지 못하였다.

이 시기에는 북방 이민족(異民族)에 의해 남방으로 쫓긴 중국의 남송과 고려 사이의 교류가 침체 상태에 있었다. 남송이나 고려 모두 학술을 적극적으로 전파하거나 수용할 만한 처지에 있지 못하였다. 정국 불안정으로 인한 내부적 요인이 주된 이유였지만, 금나라와 몽고의 강성으로 인한 국제적 역학(力學) 관계도 크게 작용하였다.

17) 鄭海尙의 「西河集序」(1865년)를 보면, 林椿의 저술 중에 『性理宗會』 10편과 『三才象數』 20여 편이 있는데, 정해상 자신이 『성리종회』를 직접 보고 考究한 적이 있다고 하였다. 그렇다면 이 시기에 성리학이 일부 학자들 사이에서 상당히 심도 있게 연구되었다는 말이 된다. 다만 『성리종회』가 후인의 위작일 가능성이 적지 않다. 임춘이 李湛之를 대신하여 御史 권돈례(자는 不華)에게 보낸 편지에서 "窮理盡性의 묘를 체득하고 행하는 분이 閤下가 아니고 누구이겠습니까"(『서하집』 권4, 5b, 「代李湛之寄權御史敦禮書 - 答同前書」)라고 한 대목이 있는데, 여기서 '궁리진성' 이란 『주역』에 나오는 말로 성리학에서 중시하는 명제이다. 이로써 권돈례와 성리학의 연관성을 추론해 볼 수도 있겠다.

제6부

官學의 振興과 儒學의 興盛

제1장

예종 · 인종 연간의 官學振興策

문종의 시대(1047～1082)는 예악과 문물이 성하여 '태평성대'로 일컬어졌다. 그런데 문교 면에서는 사학(私學)이 융성한 반면, 전대부터 위축되어 오던 관학은 이때에도 부진을 면치 못하였다. 사학의 융성뿐 아니라 거란의 침입, 교육시책의 부재, 재정 지원의 부실 등 여러 이유가 복합적으로 작용하였다. 돌이켜보면, 관학 진흥을 위한 노력은 국초부터 꾸준히 계속되었으나 별 성과를 거두지 못하였다. 국가에서 과거를 통해 인재를 선발하는 것에만 치중하고 국학을 효과적으로 일으킬 대책을 수립, 시행하지 못했기 때문에, 과거 응시생들이 여러 면에서 유리한 사학으로 몰려들었다. 숙종 때에는 국학 혁파론까지 제기되기도 하였다.[1] 관학 진흥의 필요성은 문종대에 이르러 더욱 절실해졌으나, 역시 별 성과가 없었던 듯하다.

이후로 예종은 즉위 초에 삼경(三京)과 팔목(八牧)에 재직하는 통판

---

1) 『고려사절요』 권6, 숙종 7년 壬午 윤6월조 참조.

(通判) 이상 및 지주사(知州事)와 현령(縣令)으로서 문과 출신이었던 사람에게 학사(學事)의 감독을 겸하도록 하였다.[2] 그리고 예종 2년(1107)에는 '학교를 세우고 현재(賢材)를 양성하는 것은 삼대(三代) 이래 정치의 근본이다' 고 하여 '치학양현(置學養賢)' 과 '방향문학(方嚮文學)' 의 의지를 밝히고 국학 교육의 개선을 시도하였으나, 당시 대신 중에서 이를 받드는 사람이 없어 실패하고 말았다.[3] 그러다가 동 4년(1109) 7월에는 마침내 사류(士類)들의 호응을 받아 국학 내에 칠재(七齋)를 설치함으로써 관학을 진흥시키는 계기로 삼았다. 칠재는 최충의 구재(九齋)를 모방한 것으로서, 이택재(麗澤齋: 周易)·대빙재(待聘齋: 尙書)·경덕재(經德齋: 毛詩)·구인재(求仁齋: 周禮)·복응재(服膺齋: 大戴禮)·양정재(養正齋: 春秋)·강예재(講藝齋: 武學)라는 7개의 전문 강좌이다. 예종은 이를 설치하여 각기 전문 분야의 탁월한 학자에게 강좌를 담당하도록 하고, 학생들에게 필요한 과목을 선택하여 차례대로 공부하도록 하였다. 이때 최민용(崔敏庸) 등 70명의 유학생(儒學生)과 한자순(韓自純) 등 8명의 무학생(武學生)을 수용, 실현을 보게 되었다. 칠재는 종래의 국학 교과내용을 한층 강화하여 고려 관학의 골격을 이룬 것이다. 문치주의를 제도적으로 추구한 것이라 할 수 있다. 이 제도는 공민왕 16년(1367) 오경재(五經齋)·사서재(四書齋)의 구재가 마련되기까지 강좌 운영의 기본이 되었다.

또 동 14년(1119)에는 양현고(養賢庫)라는 장학재단을 설치하여 사류(士類) 양성에 대한 경제적 기반을 마련하기도 하였다. 양현고는 칠재가 설치된 이후 10년이 경과하면서 그 재정적 뒷받침의 필요성을 절감한

---

2) 『고려사』 권74, 「選擧志(二)」, 〈學校〉 睿宗條.

3) 『고려사절요』 권7, 예종 2년 丁亥 정월조 "制曰: 置學養賢, 三代以降, 致治之本也. 而有司議論, 有所未定, 宜令疾速施行. 王方嚮文學, 遂下此制. 大臣無一人奉承, 時議惜之."

데서 비롯된 것이라 할 수 있다. 예종 이후로 관학이 점점 진흥되어 한 때 사학과 대립할 만한 궤도에까지 오르게 되었음은 특기할 만한 사실이다. 특히 인종 14년(1136) 이후 국학진흥책의 일환으로 국자감의 여러 생도에게 과거 응시의 특전을 부여함으로써 사학의 위세가 차츰 꺾이기 시작했다는 것은 의미하는 바 크다.

예종이 전통적 정책 기조인 우문주의(右文主義)와 달리 문 · 무 양재를 두게 된 이유와 목적, 역사적 배경 등은 동 11년 4월과 8월에 내린 조서를 통해 짐작할 수 있다.

> 문 · 무 두 가지 학문은 국가 교화의 근원이므로, 일찍이 지시하여 그 양학(兩學)을 세우고 제생(諸生)을 양육하여 장래의 장수와 재상의 등용에 대비코자 하였다.[4]

> 문 · 무의 도는 어느 하나라도 폐지할 수 없는 것이다. 근래 번적(蕃賊: 女眞)이 점점 성하기 때문에 모신(謀臣)이나 무장(武將)이 모두 병기를 수선하고 군사를 훈련하는 것으로 급무를 삼고 있으나, 무사(武事)만 전용(專用)할 수는 없다.[5]

예종의 정책 기조는 문무양립(文武兩立)의 구현에 있었다. 혹자는 칠재가 유학재 6개, 무학재 1개라는 점을 들어 무학을 유명무실한 것으로 보기도 한다. 그러나 문신 중심의 고려 귀족 사회에서 무학재의 존치가 갖는 의의는 적지 않다. 무예와 관련된 전문 강좌를 국학에 설치한 것은 우리 교육사에서 전무후무한 일이다.

---

4) 『고려사』 권74, 「選擧志(二)」 〈學校〉 예종 11년 4월조.

5) 『고려사절요』 권8, 예종 11년 丙申 8월조.

예종의 뒤를 이은 인종도 선왕의 유지를 이어받아 '경사육학(京師六學)' 의 제도를 마련하였다. 경사육학이란 개경의 국자감에 설치한 국자학(國子學)·대학(大學)·사문학(四門學)의 유학부(儒學部)와 율학(律學)·산학(算學)·서학(書學)의 기술학부를 말한다. 국자학 등 유학부는 경학을 전공하고 과목과 수업 연한이 같았으며, 그에 소속된 학생들의 신분은 기술학부에 속한 학생들보다 높았다.

인종 5년(1127)에는 이자겸의 난으로 흐트러진 민심을 수습하고 국정을 쇄신하기 위해 유신지교(惟新之教) 15조[6]를 반포하면서, 제14조에서 '여러 고을에 학교를 세워 가르침의 도리〔教道〕를 넓히라' 고 하였다.[7] 여기서 '가르침의 도리' 란 공자의 이른바 '유교무류(有教無類)' 의 가르침을 말하는 것으로 보인다. 결국 이는 주학(州學)·부학(府學)·현학(縣學) 등 향학(鄕學)을 제도적으로 완비하고 소수이던 향교를 증설 보급하여, 중앙뿐만 아니라 지방까지도 교육의 문호를 넓히고 교육시설을 확충하겠다는 의지로 풀이할 수 있다. 인종은 또한 식목도감(式目都監)에 명하여 국자감의 학식(學式: 學則)을 상정(詳定)하는 등 국가의 모든 교육 기관을 정비하도록 하였다.[8] 고려의 관학은 이때 와서 일단 제도적 완비를 보았다고 해도 과언이 아닐 것이다.

인종은 국자감의 모든 학생에게 노장학(老莊學)을 공부하는 것을 금지해[9] 국자감을 명실공히 유학의 전당으로 만들고자 시도하였다. 이어

6) 관계 논문으로 金楨權, 「고려 인종 5년 詔書에 보이는 '維新之敎'」, 『湖西史學』 제38집, 호서사학회, 2004 참조.

7) 『고려사절요』 권9, 인종 5년 丁未 3월조 "諸州立學, 以廣教道." ; 『고려사』 권74, 「選擧志(二)」 〈學校〉

8) 이에 앞서 예종은 동 12년(1117)에 權適이 송나라에서 유학하고 돌아오자, 그에게 國子博士를 제수, 국학의 禮儀規式과 書簿를 撰定케 한 바 있다.

9) 『고려사절요』 예종 13년(1118) 戊戌 윤9월조에 의하면, 韓安仁이 청연각에서 『老子』를 강론하였다고 한다. 이를 미루어 보면 기성학자들에게까지 노장학을 금지시킨

12년에는 『효경』과 『논어』를 대량으로 인쇄하여 민간에까지 보급함으로써 유학을 정치 이념으로뿐만 아니라 윤리 교육에도 적극적으로 활용하였다.

이러는 사이 문치주의의 기운이 한층 고조되었고, 마침내 인종 11년(1133)에는 무인관료군의 양성을 목적으로 설치하였던 무학재(武學齋)와 무학을 폐지하기에 이르렀다. 그 쟁점이 되는 것은 다음과 같다.

> 무학재생은 과거 응시자가 적다. 그러므로 비록 책(策) · 논(論)에 불합격해도 점수에 따라 선발하니 합격하기가 매우 쉽다. 모든 학생이 경쟁적으로 무학에 적을 두어 본(本)을 버리고 말(末)을 따르니, 한갓 사풍(士風)이 요행을 바라게 될 뿐만 아니라, 거의 다 재기(才器)가 노둔하고 졸렬하여 혹 병무(兵務)를 맡겨도 유명무실하다. 또 무학이 점차 성해진다면 앞으로 문학인과 각립(角立)하여 불화를 초래할 것이니, 매우 온당치 않다.[10]

무학을 폐하게 된 이면에는 당시 유행하던 숭문천무(崇文賤武)의 기풍이 주요한 배경을 이룬다. 결국 무학의 혁파는 곧 문치주의의 승리라 할 수 있다.[11]

국자감을 감축하려는 기도는 칠재를 설치한 이후에도 여전하였던 것으로 보인다. 인종 8년(1130), 국자생(國子生)을 감축하려는 당국자의 기도에 맞서 국학의 생도들이

것 같지는 않다.

10) 『고려사』 권74, 「選擧志(二)」, 〈學校〉, 인종 11년 정월조.

11) 그러나 북방 금나라에 대한 사대적 외교정책의 시행으로 무인관료군의 필요성이 없어졌다는 데서 이유를 찾을 수 있다는 견해도 있다. 申千湜, 『한국 교육사 연구』, 재동문화사, 1969 참조.

> 저희들이 듣건대 어사대(御史臺)에서 청하기를 "국학에서 선비를 너무 많이 기르기 때문에 비용이 많이 드니, 행실이 단정하고 학업이 우수한 사람 약간만 남기고 나머지는 다 내보내소서"라고 하였다 합니다. 저희들은 국가를 위하여 안타깝게 생각합니다. 무릇 '숭학육재(崇學育才)'는 곧 치국의 근본이므로 삼대(三代)로부터 선왕의 정치에는 반드시 이것을 선무(先務)로 삼았습니다. 대개 근본 되는 바를 알았기 때문입니다. 옛날에 공자는 비록 지위를 얻지 못하고 사방으로 주유(周遊)하였으나 3천 명의 학도를 길렀고, 당나라 한문공(韓文公: 愈)은 문화 수준이 저급한 조주(潮州)의 태수(太守)로 좌천되어서도 폐교된 학교를 다시 일으키고 학생을 모아 학문을 성취시키는데 열성을 다하였다고 합니다. …… 지금 국가의 생도가 2백 명을 넘지 못하온데, 유사(有司)가 '재물을 소비한다' 하여 이를 깎으려 한다 하니, 어찌 존도숭유(尊道崇儒)하는 우리 주상 전하의 뜻이겠습니까. 불교의 사찰은 중외(中外)에 널려 있어 일반 백성으로 병역을 피하여 배불리 먹고 편안히 사는 자가 몇천인지 몇만인지 모릅니다. 유사가 이런 것은 한 번도 생각하지 않고 도리어 국학의 비용을 문제 삼고 있으니, 이는 공언(公言)이나 지론(至論)이 아닙니다. 주상께서는 이를 물리치시고 좇지 마옵소서.

라고 상소하니 임금이 이에 따랐다고 한다.[12] 이처럼 국학 진흥에 역행하는 요구가 만만치 않은 가운데, 국학의 진흥을 위한 의욕은 위뿐만 아니라 아래에서도 자못 왕성하였다. 이는 중기 이후로 베풀어진 일련의 숭유적(崇儒的) 정책 방향과 관학 진흥에 대한 국학생의 의욕이 한데 어우러진 결과라 할 수 있겠다.

칠재의 내용을 살펴보면 그 특징을 몇 가지로 요약할 수 있다. 첫째,

12) 『고려사절요』 권9, 인종 8년 庚戌 7월조 참조.

사학(私學)에서 구경삼사(九經三史)를 교수한 데 비해 관학은 십일경(十一經)을 과하였고, 또 시무책(時務策) · 서학(書學) · 설문학(說文學) 등을 겸수하게 함으로써 경학이 존중되는 가운데 시무 쪽을 강조하였다. 관학의 교과 과목에 삼사(三史)가 들어있지 않은 것은 교과 내용이 경학 중심이었음을 증명하는 것이라 하겠다.

둘째, 7개의 전문 강좌를 설치한 것은 국학의 교육을 조직화, 전문화하려는 것이었다. 즉 『효경』 · 『논어』로부터 시작하여 『예기』 · 『춘추』에 이르는 유교경전을 체계적으로 전문화하려는 것이라 할 수 있다. 인종 15년(1137)에는 국학 육재(六齋: 유학재)에서 박사(博士) · 학유(學諭: 助教)가 여러 생도를 교수하되, 매일 5명 이상의 학생을 가르치지 못하게 하고 한 사람마다 질문도 두 문제를 넘지 못하도록 하여, 조용히 논난(論難)하여 의혹을 깨닫고 분변하게 하였다.[13] 이는 교수가 강의 준비를 철저히 하고 또 집중적인 토론을 이끌어내도록 하려는 의도라 생각된다. 항례(恒例)로 보기는 어렵지만 교수 대상을 소수화하고 집중식 강의와 토론을 중시하였던 일면이 엿보인다. 이 역시 전문성을 중시했던 국학의 교육 방침이 강의와 토론에 잘 반영되었음을 보여주는 것이라 하겠다.

그런데 『논어』와 『효경』을 공통 필수과목으로 한 것이라든지 『맹자』가 제외된 것을 보면, 당시의 유학은 인의(仁義) 중심의 '공맹유학'이 아니고 아직 인효지도(仁孝之道)인 주공 · 공자 유학의 단계에 머물렀던 것 같다.[14] 특히 『효경』을 중시한 것은 일찍이 성종이 내린 교서에서

13) 『고려사』 권74, 「選擧志(二)」, 〈學校〉 "門下省奏: 國學六齋諸生, 各持所講大小經升堂, 博士學諭執經升講, 每日不過五人, 每人不過二問, 從容論難悟疑辨惑."

14) 『맹자』가 제외된 것은 『맹자』를 疑難, 비판하였던 북송 명분론자들의 학풍과도 연관이 있는 듯하다. 『맹자』 비판의 선봉에 섰던 학자와 논문으로는 司馬光의 「疑孟」, 李覯(이구)의 「常語」, 鄭厚(叔友)의 「藝圃折衷」 등을 들 수 있다.

'효치(孝治)'를 강조한 것[15]과 같은 맥락에서, 윤리교육 또는 전인교육을 확립하기 위한 것으로 이해된다.

셋째, 칠재의 명칭을 살펴볼 때, 사학(私學) 구재(九齋)의 명칭이 심성학(心性學) 수용의 전조(前兆)를 보인 데 비해 아직 경학적인 데 머물러 있다. 물론 예종·인종대의 강경풍(講經風)을 통해서 북송 성리학 도입의 편린을 엿볼 수 있기는 하나, 당시 관료층의 사상적 기반은 역시 경서 중심의 훈고학풍이 주조를 이루었다. 관학에서는 성명도덕(性命道德)·리기심성(理氣心性)의 학문이 아직 본격적으로 논의되기 이전이었다. 여기서 훈고학풍의 경학에 의지하였던 관료적 성격을 짐작할 수 있다.

넷째, 무학을 설치하였다가 혁파한 것을 비롯하여 기술학을 유학재로부터 분리하는 등 이들 교과를 소홀히 하거나 또는 과소평가하였던 것은 고려 중기 이후의 우문적(右文的) 경향을 반영한 것이라 할 수 있다. 즉, 중앙집권적 문인 관료체제가 완성됨에 따라, 문인을 중심으로 한 치자(治者) 계층의 교양과 특히 왕도정치를 구현하기 위한 이념의 구축이 강조되었던 만큼, 무예나 기술직에 종사하는 자들을 피치자적(被治者的)인 대상으로 묶어놓고 그들이 습득하는 기술 과목과의 차별화를 강화함으로써, 정신·지식 면에서 치자의 특권과 우월성을 보장하고자 했음을 알 수 있다.

고려의 관학은 예종 이후 인종대에 걸쳐 중앙의 국자감을 정비하고 지방에 향학을 설치하여 향교를 확대 보급하며, 학식(學式)을 상정(詳定)한 데서 일단 완비되었다고 본다. 고려 중기의 관학 체제를 살펴보면, 첫째 국자학·대학·사문학과 같은 유학교육뿐만 아니라 율학·산

15) 『고려사』 권3, 성종 9년 庚寅 9월 丙子條 "敎曰: 凡理國家, 必先務本, 務本莫過於孝."

학 · 서학과 같은 기술교육을 두어 교육의 기회를 확대하였으나, 신분에 따라 유학교육과 기술교육을 달리하였다. 유학교육을 상위에 놓아 중시하였음은 물론이다. 둘째, 국자학 · 대학 · 사문학 등 유학 3부 역시 입학 자격이 학과별로 정해진 것이 아니라 신분에 따라 규제되었다. 이는 고려 사회가 관료 체제에 따른 사회적 계층성을 반영한 것이라 할 수 있다. 다만 기술교육에서는 교육 범위가 일반 백성〔庶人〕에까지 확대되고 있어, 고려 사회의 신분제가 신라 때의 골품제적 폐쇄성에서 점차 탈피하고 있음을 엿볼 수 있다.

제2장

典籍의 교류 및 출판의 활기

고려는 건국 초부터 문치주의를 지향하고 수문(修文) · 홍학(興學)을 표방했던 만큼, 전기의 유학은 낮은 수준이 아니었다. 태조 이래의 존경적(尊經的) 유학풍과 당 · 송 문화에 민감하게 반응했던 높은 문화의식은 고려 초의 문운을 자극했을 것이다.

고려의 문운 융성과 학문 발전에 중요한 요인의 하나가 된 것은 바로 문적(文籍)의 교류가 활발하고 수장(收藏)이 풍부했다는 점이다. 고려는 국초부터 송나라와 사행(使行) 혹은 상인들을 통해서 유서(儒書) · 불전(佛典) · 사적(史籍) · 문집 · 유서(類書) · 의약(醫藥) · 방술(方術) 등 여러 분야에 걸쳐 많은 전적(典籍)의 교류가 있었다. 고려는 대개 중국으로부터 전적을 받아들이는 위치에 있었는데, 서적의 수입은 특히 북송의 신종 · 철종대(1068~1100)를 중심으로 성행하였다. 이미 성종 때 북송에서 구경(九經)이 들어왔고,[1] 현종 이후에는 송나라 상인 이문통(李

1) 『宋史』 권487, 「外國列傳(三)」, 〈高麗〉 "…… 又上言願賜板本九經, 用敦儒敎, 許之."

文通) 등이 597권의 서책을 바친 것[2]을 비롯하여 여러 차례의 전적 헌상(獻上)이 있었으며, 선종 · 숙종 연간에는 사행을 통해 『문원영화(文苑英華)』 · 『책부원구(册府元龜)』 · 『태평어람(太平御覽)』 등 이른바 '송(宋)의 삼대서(三大書)' [3] 및 『개원통례(開元通禮)』 · 『자치통감(資治通鑑)』 등의 구입 및 재래(齎來)가 있었다. 이러한 단편적인 기록으로도 송대의 중요한 문적이 대부분 수집되었음을 알 수 있다.

당시 고려에서는 문적 수집에 힘을 기울여 송나라에 사신을 자주 보내 서적을 수방(搜訪)하거나 주문하였다. 『문헌통고』에서는 "고려가 중국 조정에 신사(臣事)하는 것은 대개 화풍(華風)을 흠모하고 세사(歲賜)의 이익을 얻고자 함이었다" [4]고 하였다. 고려에서는 송나라에 사신을 보내 반사품(頒賜品)을 얻고, 또 무역을 통해 실질적인 이득을 많이 취하였다. 평소 이것을 못마땅하게 생각한 소식(蘇軾)은 "우리는 조금의 이익도 없는데, 고려는 큰 이익을 얻습니다. 만일 우리 편에서 조금 후하게 대접하면 저들의 탐심(貪心)이 다시 열려 조공(朝貢)이 어지럽게 될 것이요, 한없는 두통거리가 될 것입니다" [5]고 하여 고려와 통교하지 말 것을 강력히 주청하였으며, 고려에 전적을 내려주지 말도록 3차에 걸쳐 청하기도 하였다.[6] 고려의 문교가 발달한 것을 시기한 듯한 감이

---

2) 『고려사절요』 권3, 顯宗 18년 丁卯 8월조.

3) 이상 三書는 모두 1천 권에 달하는 서적으로서, 송나라 초기에 중국 역대의 문헌을 최초로 집대성한 것이다.

4) 『文獻通考』 권325, 「四裔考」, 〈高麗〉 "按高麗之臣事于中朝也, 盖欲慕華風而利歲賜耳."

5) 『東坡全集』 권32, 「論高麗進奉狀」 참조.

6) 『동파전집』 권34, 「論高麗買書利害箚子」 참조.

『송사』 권17, 「本紀(十七)」, 哲宗 元祐 8년 2월 辛亥條 "蘇軾言: 高麗使乞買歷代史, 及策府元龜, 書宜却其請不許. 省臣許之. 軾又疏陳五害, 極論其不可, 有旨曾經買者聽." ; 『송사』 권338, 「蘇軾傳」 "高麗遣使請書, 朝廷以故事盡許之, 軾曰: 漢東平王請諸子及太史公書, 猶不肯予. 今高麗所請, 有甚於此, 其可予乎. 不聽."

있다.[7] 당시 고려에서 전적 등의 주문이 있으면 송나라 조정에서 반사(頒賜)하는 것이 거의 통례로 되어 있었다. 송나라에서 내린 책 가운데 유명한 것으로는 고려 유학계에 상당한 영향을 끼쳤던 왕안석의 『삼경신의(三經新義)』를 들 수 있다.[8]

고려의 역대 군주들은 호문(好文) 정책을 펴면서 줄곧 서적의 수집에 노력하였다. 이것은 수서원(修書院)·비서성(秘書省)·서적포(書籍鋪) 및 청연각(淸讌閣)·보문각(寶文閣)·임천각(臨川閣) 등의 직제를 통해서도 알 수 있다.[9] 여기에 송상(宋商)의 왕래가 큰 구실을 하였음은 물론이다. 특히 비서성·어서각(御書閣)·서적포·보문각 등은 수서(蒐書)는 물론 중요한 문적의 수장(收藏)과 조판(雕板)을 담당하였다.

당시 고려에 문적이 풍부했음은 서긍(徐兢)의 『고려도경(高麗圖經)』이나 『증보문헌비고(增補文獻備考)』의 기록을 통해 엿볼 수 있다.[10] 이러한 연유로 고려에 진귀한 일서(逸書) 호본(好本)이 풍부하고, 특히 선진(先秦)의 고경(古經)·고서(古書)가 상당수 비장되어 있다는 것이 중국에 알려져,[11] 송나라가 고려 소장의 일서 호본을 필사하여 보내도록

---

7) 소식이 고려를 배척한 이유를 정치적으로 해석할 수도 있다. 즉, 고려와 연합하여 북방 요나라 세력을 억제하려 했던 신법당의 정책을 극력 반대했던 데서 하나의 이유를 찾을 수 있다. 李範學, 「蘇軾의 高麗排斥論과 그 배경」, 『한국학논총』 제15집, 국민대학교, 1992 참조.

8) 『朱子語類』 권133, 「本朝(七)」, 〈夷狄〉條에 의하면, 1117년에 朱子의 부친 朱松(1097~1143)과 同榜인 고려의 權適 등이 上舍及第하고 귀국할 때 宋의 徽宗이 『삼경신의』를 하사했다고 하였으나, 『高麗圖經』 卷40, 同文, 〈儒學〉條에서는 "神宗皇帝憫俗學之弊, 命訓釋三經(三經新義를 지칭)以發天下蔽蒙, 特詔賜其書本, 俾之獲見大道之純全"이라고 하여, 신종 때 하사한 것으로 되어 있다.

9) 『高麗圖經』 권40, 「同文」, 〈儒學〉 "比者使人到彼, 詢知臨川閣藏書至數萬卷, 又有淸讌閣, 亦實以經史子集四部之書."

10) 『증보문헌비고』 권242, 「藝文考」 고려 숙종 7년 壬午條 "自先秦以後, 晉唐隋梁之書, 皆有之, 不知幾千家幾千集."

공식으로 요청하기도 하였다. 이는 중국에서 당말 · 오대에 전란 때문에 많은 전적이 흩어지거나 없어졌기 때문일 것이다. 당시 고려에는 중국에 없던 이본(異本)이 적지 않게 있었던 것 같다. 이는 이미 광종 10년(959)에 후주(後周)의 요청으로 『별서효경(別序孝經)』 1권과 『월왕효경신의(越王孝經新義)』 8권, 『황령효경(皇靈孝經)』 1권 및 『효경자웅도(孝經雌雄圖)』 3권을 후주에 보낸 사실로 알 수 있다.[12] 또 당시 송나라가 공식 경로를 통해서 고려가 소장하는 이본 및 호본의 전사(傳寫)를 청했던 기록이 『고려사』에 보인다.

> 이자의(李資義) 등이 송나라에서 돌아와 아뢰기를 "송제(宋帝)가 우리나라 서적 가운데 호본이 많음을 듣고 관반(館伴)에게 명하여 구서(求書) 목록을 주면서 '비록 권질(卷帙)에 부족한 것이 있더라도 또한 모름지기 베껴 써서라도 부쳐 보내라!' 고 하였다" 했다.[13]

이때의 구서 목록에는 백편상서(百篇尙書)를 비롯하여 『순상주역(荀爽周易)』 · 『경방역(京房易)』 · 『정강성주역(鄭康成周易)』 · 『육적주역

---

11) 歐陽修의 「日本刀歌」는 일본에 先秦古經이 있다는 말을 듣고 안타까운 심정으로 읊은 것이다. 『구양수전집』 권2, 「居士外集(一)」 "…… 傳聞其國居大海, 土壤沃饒風俗好. 前朝貢獻屢往來, 士人往往工詞藻. 徐福行時書未焚, 逸書百篇今尙存. 令嚴不許傳中國, 擧世無人識古文. 先王大典藏夷貊, 蒼波浩蕩無通津. 令人感激坐流涕, 鏽澁短刀何足云."
그러나 張維는 『谿谷漫筆』 권1 제1칙에서 "設令日本果有之, 彼將誇衒之不暇, 何至諱藏乃爾? 此殆好事者倆其說, 而博雅如歐陽公, 亦不能無疑何也"라 하고, 또 安鼎福도 『星湖僿說類選』 六(上) 「高麗古經」 夾註에서 "逸書百篇今尙存之語, 此恐傳聞之誤也"라 하여, 다같이 傳聞의 잘못임을 지적하였다.

12) 『고려사』 권2, 광종 10년 己未條 ; 『舊五代史』 권120, 周書, 「恭帝本紀」, 顯德 6년 8월 壬寅條.

13) 『고려사』 권10, 宣宗 8년 辛未 6월 丙午條.

(陸績周易)』·『우번주주역(虞飜注周易)』·『공양묵수(公羊墨守)』(何休撰) 등 120여 종 약 5천 권(5,099권)에 달하는 각종 서적이 나열되어 있다. 당시 송나라에서 산일되거나 권질이 부족한 책들이 얼마나 많았는지 짐작케 한다. 고려에서 송의 요구에 어느 정도 수응(酬應)하였는지는 정확히 알 수 없으나, 여러 기록을 종합해보면, 고려에서 『황제침경(黃帝鍼經)』·『설원(說苑)』·『동관한기(東觀漢記)』 등 상당수의 이본 및 완본을 송나라에 보냈던 것 같다.[14] 그 가운데서 고려본 『상서(尙書)』와 『맹자(孟子)』가 주목된다. 고려본 『맹자』의 일부 내용은 주자(朱子)의 『맹자집주(孟子集註)』에 소개되기도 하였다.[15] 나중에 조선 후기에 들어 성호 이익은 고려에서 송나라에 많은 문적을 바쳤다고 하는 기록들에 대하여 "그것이 꼭 있었는지는 알 수 없으나, 또한 어찌 꼭 없었다고만 할 수 있겠는가. 본국의 역사는 사실을 잃은 예가 많으니 상고하지 않으면 안 된다"고 하였다.[16]

목판 인쇄는 고려에 들어 대규모로 발전하였다. 그것은 과거제도의 시행으로 유서(儒書)의 수요가 증가함에 따른 자연스러운 현상이었다. '인쇄문화' 하면 대장경과 금속활자가 상징적인 대명사로 되어 있지

---

14) 金庠基, 「송대에 있어서 고려본의 유통에 대하여」, 『아세아연구』 제18집, 고려대학교, 1965, 275-276쪽.

15) 『朱子語類』 권133, 本朝(七), 〈夷狄〉 "嘗見韓無咎說, 高麗入貢時, 神宗喩其進先秦古書, 及進來, 內有六經不曾焚者. 神宗喜卽欲頒行天下, 王介甫恐壞他新經, 遂奏云: 眞僞未可知, 萬一刊行後, 爲他所欺, 豈不傳笑夷夏. 神宗遂止, 本亦不傳. 以某觀之, 未必有是事. 蓋招徠高麗時, 介甫已不在相位. 且神宗是甚次第剛明, 設使所進, 眞有契于上心, 亦豈介甫所能止之. 又記文昌雜錄中說, 高麗所進孝經門緯經, 只是讖緯之書, 必無進先秦古書之事. 但嘗聞尤延之云: 孟子仁也者人也章下, 高麗本云, 義也者宜也, 禮也者履也, 智也者知也, 信也者實也, 合而言之道也, 此說近是"; 『孟子集註』, 「盡心章句(下)」 〈仁也者人也〉 "或曰: 外國本, 人也之下, 有義也者宜也, …… 凡二十字. 今按如此則理極分明, 然未詳其是否也."

16) 『星湖僿說』 권18, 「經史門」, 〈高麗貢獻〉 참조.

만, 정종(靖宗) 때 이후로 대장경이 중심인 불전(佛典) 이외에도 유서(儒書)·사적(史籍)·문집·의서(醫書) 등의 조판(雕板)이 많이 행해졌다. 이는 우리나라 인쇄문화사에서 주목할 만한 사실이다. 여기에는 송나라와 요(遼: 거란)의 영향이 적지 않았던 것으로 보인다.

정종 8년(1042)에는 동경부유수(東京副留守) 최호(崔顥) 등이 왕명을 받들어 『한서』·『후한서』·『당서(唐書)』 등을 간행하여 바쳤다. 불전 이외의 전적이 간행된 것으로는 현존 문헌상 우리나라 초유의 일이다. 또 정종 11년(1045)에 왕명으로 비서성에서 『예기정의(禮記正義)』 70본, 『모시정의』 40본을 간행하여 각 1본씩을 어서각(御書閣)에 비장하고 나머지를 문신에게 나눠주었으며,[17] 문종 10년(1056)에는 "경내(京內)의 진사(進士)·명경업(明經業) 등을 준비하는 거인(擧人)들이 대부분 베껴 쓴 서적으로 공부하고 있다. 글자가 잘못된 것이 많으니 비서성에 간직한 구경과 『논어』·『효경』·『한서』·『진서(晉書)』·『당서』 및 자(子)·사(史) 등 제서(諸書)를 나눠주어 여러 학원에 비치토록 해달라"는 서경유수의 청으로 인본(印本) 각 1질씩을 보내주었다.[18] 이 밖에 지방에서도 행정 관서를 중심으로 불전·유서(儒書)·의서를 비롯한 각종 서적의 조판과 간행이 이루어져 문운 계발의 의욕이 넘쳤음을 짐작케 한다.[19]

한편 숙종(재위 1096~1105)은 박문호학(博學好文)의 군주로서 고려의 역대 임금 가운데 전적 수집에 가장 관심이 많았던 듯하다. 동 1년

---

17) 고려 때 비서성은 經籍과 祝疏에 관한 일을 담당하던 중앙관서였다. 정종 11년(1045)에 『예기정의』·『모시정의』를 간행한 것이 문헌상 官版本 간행의 시초라 할 수 있다.

18) 『고려사절요』 권4, 문종 10년 丙申 8월조.

19) 그 뒤에는 지방 행정관서에서 판각하고 그 册板을 중앙의 비서성에 올려보내, 비서성에서 이를 보관하면서 책을 인쇄, 보급하는 정책을 썼던 것으로 보인다.

(1096)에는 문덕전(文德殿)에 나아가 역대로 비장해온 문서들을 열람하고, 부질(部帙)이 완전한 것은 문덕전 어서방(御書房)과 장령전(長齡殿) 비서각(秘書閣)에 나누어 간직하게 하였다. 또 양부(兩府)의 재신(宰臣) 및 고원(誥院)·사한(史翰)·내시문신(內侍文臣)에게 차등 있게 나누어 주었다. 이것은 당시 궁중에 많은 서적을 소장하고 있음을 시사한다. 또한 동 6년(1101)에는 비서성에 수많은 관판본이 쌓여 이용에 불편하고 훼손된 것이 많아지자 국자감 안에 서적포를 별도로 설치, 비서성에 수장된 판본을 옮겨 보관하고 전적을 인출(印出)하여 보급하게 하였다. 이후 교수(校讐)·주해(註解)·신저(新著) 등의 간행이 많았다. 당시에 나온 대표적인 저술로 『해동비록(海東秘錄)』·『논어신의(論語新義)』·『시정책요(時政策要)』·『정관정요주해(貞觀政要註解)』·『속편년통재(續編年通載)』·『역해(易解)』·『삼국사기』·『김문열공집(金文烈公集)』·『상정고금예문(詳定古今禮文)』 등을 들 수 있다.[20] 또한 인종 12년(1134)에 『논어』와 『효경』을 대량으로 간행, 민간의 아동들에게까지 반포한 것으로 보아, 유교 교양서의 보급 상황을 잠작하게 한다.

『고려도경』에서는 "사민(四民)의 업(業)은 유업(儒業)을 소중히 하고 글을 모르는 것을 부끄럽게 여긴다"[21]라 하였고, 또 "보통 민중들 사이에도 경관(經館)과 서사(書社)가 두세 집 건너 서로 바라본다. 미혼의 자제(子弟)는 무리를 지어 살면서 모이면 스승을 좇아 경(經)을 배우고 …… 병졸이나 어린아이도 향선생(鄉先生)을 따라 배운다"[22]고 하였다.

---

20) 金仁存의 위치와 역할은 단연 독보적이었다. 그는 『논어신의』와 『정관정요주해』를 이룩하였고, 朴昇中 등과 함께 『해동비록』·『시정책요』를 편찬하였다.

21) 『고려도경』 권19, 「民庶」 "四民之業, 以儒爲貴, 故其國以不知書爲恥."

22) 『고려도경』 권40, 「同文」, 〈儒學〉 "…… 下而閭閻陋巷間, 經館書社三兩相望, 其民之子弟未婚者, 則群居而從師授經, 旣稍長則擇友, 各以其類講習於寺觀, 下逮卒伍童稚, 亦從鄉先生學."

예종 · 인종대에 경학이 높은 수준으로 발전하였던 것은 이러한 문적의 보급과 교육에 대한 열의가 밑바탕이 되었기 때문이라 하겠다.

제3장

尊經的 학풍의 高調

고려 중기의 학풍은 예종 · 인종대에 들어 사장적(詞章的) 분위기 속에서 존경적(尊經的) 경향이 한층 뚜렷이 부각되기 시작하였다. 사실 존경적 기풍은 태조 이래의 문치주의와 교육 발달에서 이미 시작되었다고 할 수 있다. 태조의 십훈요에서 『서경』「무일」편을 읽도록 권장한 이래, 경전은 물론 유향(劉向)의 『설원(說苑)』과 같은 유서(儒書)들까지도 궁중 관아에 도게(圖揭), 관성(觀省)하도록 강조되었기 때문이다. 이러한 고려 초 · 중기의 유학은 대체로 고문경학(古文經學)을 주로 했다. 이는 국학의 교과나 과거 과목의 내용으로 알 수 있다. 앞서 말한 『예기정의』나 『모시정의』를 조판, 인출(印出)한 것은 고려유학의 학풍이 당나라 『오경정의』를 기준으로 하였음을 말하는 것이다.

그러나 고려유학이 오경 중심으로 단조로웠던 것만은 아니다. 구경 이외에도 삼사(三史) 및 제자서(諸子書)를 읽혀서 그 범위가 자못 넓었다. 이러한 존경적 기풍은 유교 서적의 수장(收藏) · 교수(校讐) · 조판 및 인출 보급과 병행하여 진전되었을 것이며, 경학에 대한 지식도 학자 · 문인들 사이에 일반화되었고, 드디어 예종대에는 사장적 학풍을 비판하는 하나의 뚜렷한 기풍을 형성할 수 있었을 것이다. 즉, 예종대에 최약(崔瀹)이 사장 중시의 기풍을 비판하였던 것도 예종 · 인종 연간에 활발했던 경학 강론이나 경학과 관련된 논저 등의 간행과 아울러 위와 같은 존경적인 유풍(儒風) 아래서 가능하였을 것으로 보인다.

예종 · 인종대의 문운은 청연각 · 보문각을 중심으로 한 경학 강론과 문한풍(文翰風)으로 대별할 수 있다. 예종은 사장을 중시하였지만, 한편으로는 고려의 유풍을 진작 홍성시켜 유학의 융성기를 연 호학의 군주였다. 평소 성품이 침착하고 도량이 있었다. 중국의 문물을 사모하고 유학을 좋아하였으며, 불교와 선풍(仙風)에도 관심이 많았다. 왕과 태자(인종)가 학문을 좋아하고 선비를 아꼈으므로, 조정에는 윤관(尹瓘) · 오연총(吳延寵) · 이오(李頫) · 이예(李預) · 박호(朴浩) · 김연(金緣) · 김부일(金富佾) · 김부식 · 김부의(金富儀) · 홍관(洪灌) · 인빈(印份) · 권적(權適) · 윤언이(尹彦頤) · 이지저(李之氐) · 최유청(崔惟淸) · 정지상 · 곽동순(郭東珣) · 임완(林完) · 호종단(胡宗旦) 등 현사(賢士)와 명신들이 포진하여 중화(中華)의 풍도가 있었으니,[1] 마치 조선의 선조 때와 방불하였다. 유학에 대한 이들의 열의는, 일찍이 도원수로서 여진을 정벌했던(1102) 윤관이 군중(軍中)에 있으면서도 언제나 오경을 지니고 다녔다는 일화를 통해 대강을 엿볼 수 있다.[2]

예종은 평소 '학교를 두어 어진 선비를 길러내는 것은 선정(善政)을 일으키는 근본이다' 고 하는 신념 아래 국학을 중흥시켰다. 국학에 자주 행행(行幸)하여 경학을 강론하기도 했다. 이것은 신라 때부터 있었던 전례를 다시 활용한 것이다.[3] 예종 1년(1106) 12월에는 문덕전(文德殿)에

1) 『櫟翁稗說』, 「後集(一)」 참조.

2) 『고려사』 권96, 「尹瓘傳」

나아가 윤관에게 『서경』「무일」편을, 오연총에게 『예기』를 강론하게 하였고, 또 9년(1114) 8월에는 국학에 나아가 한림학사 박승중(朴昇中)에게 『서경』「열명(說命)」편을 강의하게 하였다. 이때 백관과 생원(生員) 700여 명이 청강하였다고 한다. 고려에 국학이 설치된 이래 처음 있는 성사(盛事)라 하겠다. 이와 같은 강경의 기풍은 청연각·보문각 설치 이후 경학의 발달에 선구를 이루는 것이라 할 수 있다.

한편, 동 11년(1116) 8월에는 대궐 안에 청연각을 짓고 명사 중에서 학사(學士)·직학사(直學士)·직각(直閣) 각 1명씩을 선발, 배치하여 아침저녁으로 경서를 강론하게 하였다. 이것은 우리나라에서 경연제도(經筵制度)가 실시된 시초라 할 수 있다.[4] 그러나 청연각이 궐내에 있어 학사들이 숙직과 출입에 불편하다고 하여, 그해 11월에 따로 보문각을 두어 경사자집(經史子集)의 사부서(四部書)를 수장(收藏)하고[5] 학사들을 옮겨가도록 하였으며, 또 학사들이 회강(會講)하는 장소를 열고 '정의당(精義堂)' 이라 이름하였다. 왕실아카데미의 구실을 하였던 청연각이 3개월 만에 보문각으로 옮긴 것이다. 이로써 십수 년에 걸친 예종의 관학 진흥책은 일단 성취를 보게 되었다.

『고려사』에 의하면, 예종·인종·의종 연간에 있었던 강경(講經)은 40여 회에 달하였다. 예종 때가 24회, 인종 때가 15회로 기록되었다. 이때의 강경은 경서에 대한 분과적 강학풍이었으며, 같은 경서라도 주제에 따라 세분하여 이루어졌다. 『시경』·『서경』·『예기』·『주역』 가운

3) 국학에서 君臣이 경전을 강론한 예는, 멀리 신라 혜공왕 원년(765)에 왕이 大學에 거둥하여 박사로 하여금 『尙書』를 강의케 한 것이 효시로 보인다.

4) 權延雄은 예종 1년의 경전 강론을 경연의 효시라고 하였다. 그러나 제도로 정착된 것은 동 11년의 일이라 할 것이다. 권연웅, 「고려시대의 경연」, 『慶北史學』 제6집, 1963, 4~5쪽.

5) 『고려도경』 권40, 「同文」, 〈儒學〉 "又有淸燕閣, 亦實以經史子集四部之書."

데 『서경』이 24강으로 가장 많고, 이어 『예기』 12강, 『주역』 10강, 『시경』 5강 등의 순이었다. 특히 『서경』의 「홍범(洪範)」편과 「무일」편 강의가 가장 많았다. 『서경』은 유교경전 가운데 정치철학과 정사(政事)에 관련된 교훈이 많은 책이므로 당연한 일이라고 할 수 있다. 이 밖에 『중용』을 강의했던 것도 북송 성리학의 도입과 관련하여 주목할 만하다. 당시 유명했던 강관(講官)으로는 윤언이 · 김부식 · 김부일 · 김부철(金富轍) · 박승중 · 김인존(金仁存: 金緣) · 정항(鄭沆) · 한안인(韓安仁) 등을 들 수 있다.

강경풍은 인종대에도 이어졌다. 인종은 재위기간(1123~1146) 동안 15회의 강경을 가진 바 있다. 이것은 이자겸의 난(1126)과 묘청의 난(1135) 등 정국의 불안정 때문에 예종대(1105~1122)에 비해 적은 횟수이기는 하지만, 강경의 열기가 식지 않았음을 보여준다. 다만 강학에 시부회(詩賦會)를 병행함으로써, 모처럼 조성되었던 강경풍이 다시 위축되고 사장풍이 우세해지는 하나의 계기를 제공하였다.

당시 성행했던 강경풍은 김연의 「청연각기(淸讌閣記)」를 통해 엿볼 수 있다.

> (청연각에서는) 주공 · 공자 · 맹자 · 양웅(揚雄) 이래의 고금 서적을 모아 놓고 날마다 노사(老師) · 숙유(宿儒)와 더불어 토론하며 선왕의 도를 천명하였다. 수장(收藏)하고 공부하고 쉬고 놀고 하는 것이 한 건물을 벗어나지 않았으나, 삼강오상(三綱五常)의 도와 성명도덕(性命道德)의 리(理)가 사방에 충만하였다.[6]

---

6) 『東文選』 권64, 「淸讌閣記」 "一以集周孔軻雄已來古今文書, 日與老師宿儒討論, 敷暢先王之道, 藏焉修焉息焉游焉, 不出一堂之上, 而三綱五常之敎, 性命道德之理, 充溢乎四履之間."

이러한 경학 강론의 성행과 활기는 경학 논쟁을 불러일으킬 정도로 근엄하고도 진지하였다. 김수자(金守雌)의 「행학기(幸學記)」를 통해 그 면모를 생생히 엿볼 수 있다. 이에 의하면, 왕의 임석하(臨席下)에 왕의 주재로 강의와 토론을 벌였고 백관과 국학의 여러 생도가 참가하여 질문하였음을 알 수 있다.

> 임금께서 국학에 거둥하여 백관과 여러 학생을 거느리고 선성(先聖)·선사(先師)께 공경을 드리고, …… 대사성(大司成) 김부철에게 명하여 『서경』 「무일」편을 강하고 의미를 설명하게 하였다. 임금께서 경서를 가지고 성의 있게 듣고, 양부(兩府) 백관과 여러 생도에게 청강토록 하니, 우람한 임금의 용모가 백관·학생들의 얼굴과 지척도 떨어지지 않았다. 기거랑(起居郎) 윤언이로 하여금 뜻을 질문하게 하고, 다시 대빙재(待聘齋)·구인재(求仁齋) 학생에게 서로 질문하도록 하니, 사성(司成)이 묻는 데 따라 대답하기를 강물을 터놓은 것처럼 하였다.[7)]

이러한 강학풍 속에서 인종 11년(1133) 숭문전(崇文殿)에서 열렸던 강론에서는 김부식과 윤언이가 『주역』을 놓고 경학 논쟁을 벌이기도 하였다. 이때 김부식은 윤언이의 문난(問難)에 답변이 궁하여 진땀을 흘렸다고 한다.[8)] 당시의 강경(講經)과 문난변의(問難辨義)가 얼마나 진지하였고, 또 학자들의 경학 연구태도가 어느 정도 깊고 정밀하였는지 짐작하게 한다.[9)]

---

7) 『동문선』 권64, 「幸學記」 참조.

8) 『고려사』 권96, 「尹瓘傳附」 참조.

9) 한편, 이 경학논쟁에서 김부식을 중심으로 하는 慶州系와 정지상·윤언이 일파의 비경주계 문벌간의 정치적 대립이 경학 강론에까지 얽혀 있음을 엿볼 수 있어, 경학의 학풍과 이들 官人貴族과의 관련성을 짐작하게 된다.

경학 논쟁은 고려유학의 기풍에 생기를 불러일으키고 학문 수준을 높이며 이론적 심화를 가져왔다. 경학과 관련한 저술이 많이 나온 것도 이 무렵부터이다. 김부식의 『삼국사기』와 윤언이의 『역해(易解)』를 비롯하여, 김인존의 『논어신의』, 이인실(李仁實)의 『춘추강의(春秋講義)』,[10] 최윤의(崔允儀)의 『상정고금예문』 등이 이와 같은 경학의 수준 위에서 이루어졌을 것이다. 비록 『삼국사기』를 제외하고는 이들 저술이 현재 전하고 있지 않지만, 고려 유풍의 이론적 향상을 가늠할 수 있는 소중한 성과임에 틀림없을 것이다. 그리고 이러한 경학풍의 학문 경향은 당시 북송 성리학의 수용과도 무관하지 않은 것으로서, 신유학의 철학적 측면, 즉 성리학에 대한 이해가 점차 이루어지고 있었다고 하겠다.

10) 『조선금석총람』 상권, 368쪽, 「李仁實廟誌」

제4장

修史事業과 역사의식의 발달

고려 중기의 난숙한 문운(文運)은 역사학의 발전에 크게 기여하였다. 인종 때 정치가 · 학자 · 군략가(軍略家)로 당대를 대표하였던 김부식(金富軾: 1075～1151)은 인종 23년(1145) 무렵에 왕명을 받아 『삼국사기』 50권을 찬진(撰進)하였다. 이는 현존하는 우리나라 최고(最古)의 역사서이자 최초의 정사(正史)이기도 하다. 국초의 사관(史館) 설치나 역대의 실록 편찬 등의 선례를 이은 것으로서, 고려 중기 유교문화의 수준을 대변한다는 데서 역사적 의미를 찾을 수 있다.

김부식은 명실상부한 유교주의 학자요 정치가였다.[1] 현실성과 합리성을 중시하였고 보수적 기질이 농후하였으며 사대적 성향이 강했다. 이 때문에 현재까지 칭예보다 폄척(貶斥)을 당하는 일이 훨씬 많았다. 특히 신채호(申采浩: 1880～1936)와 같은 민족주의적 성향의 역사가들에 의해 김춘추(金春秋) · 최치원(崔致遠)과 함께 사대 모화주의의 화신

---

1) 金駿錫, 「김부식의 유교사상-삼국사기 論贊의 검토」, 『한남대논문집』 제14집, 1984 참조.

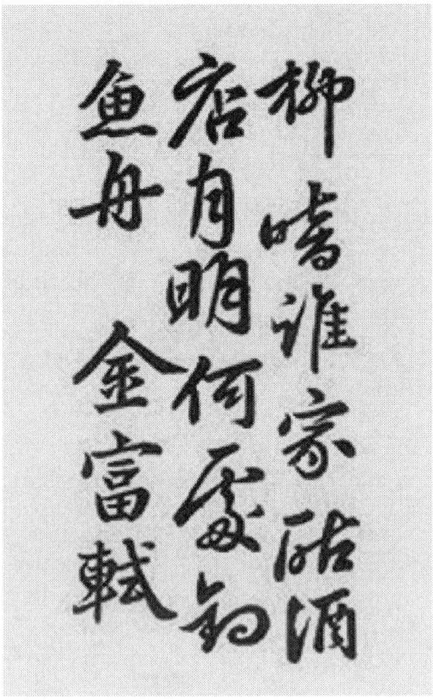

〈김부식의 글씨〉

(化身)으로 지목되었다. 신채호는 김부식의 사대·유교적 성향에 비판의 초점을 맞추어, 사실상 그에 의해 전대(前代)의 사료가 개작(改作), 분멸(焚滅)됨으로써 『삼국사기』가 유일한 고사(古史)가 되었다고 주장하였다.[2] 최남선(崔南善: 1890~1957) 역시 『삼국사기』 비판의 선봉에 서서 『삼국유사』의 가치 우위를 역설하였다. 그는 『삼국사기』가 외형과 문장 서술에 치중하여 원상(原相)을 주관에 따라 개작했다고 하면서, "만일 본사(本史)와 유사(遺事)의 양자 중에 어느 하나밖에 가지지 못할 경우가 있다면, 『삼국사기』를 내어놓고 『삼국유사』를 잡을 것이 고당(固當)하다"[3]고까지 혹평하였다.

이처럼 김부식의 사대·모화적 성향은 그의 업적과 인격을 손상시켜, 마침내 결점투성이의 인물로 깎아내리는 주요 단서가 되었다. 그러나 당시의 시대적 상황이나 풍조, 그의 역사의식을 고려하지 않은 채, 오늘의 관점에서 오늘의 잣대를 가지고 비판만 하는 것은 문제가 있다. 김부식은 분명 고려 중기에 문운을 흥성하게 하는 데 주된 역할을 했던 인물이었다. 고려시대 사상사에 대한 학계의 연구 성과가 다수 집적된 오늘에, 김부식과 『삼국사기』에 대해 재검토, 재평가하는 것은 의미 있

2) 신채호, 「조선역사상 一千年來 一大事件」, 『단재 신채호 전집』 중권, 형설출판사, 1995, 121~123쪽.

3) 최남선, 「삼국유사해제」, 『증보 삼국유사』, 민중서관, 1954.

는 일이라 하겠다.[4)]

『삼국사기』에 앞서 또 다른 삼국사(『舊三國史』로 불리고 있음)가 있었음은 잘 알려진 사실이다.[5)] 그렇다면 『삼국사기』를 중찬(重撰)하게 된 동기나 이유는 무엇일까. 『삼국사기』의 편수를 총재(總裁)했던 김부식은 「진삼국사기표(進三國史記表)」에서 인종의 유지(諭旨)를 이끌어 다음과 같이 말하였다.

(A) 오늘날 학사(學士)·대부(大夫)가 오경(五經)·제자(諸子)의 서(書)라든지 진한(秦漢) 역대의 역사에 대해서는 혹 널리 통하여 (그것을) 자세히 설명하는 사람이 있으나, 우리나라의 사적에 이르러서는 도리어 아득히 그 시말을 알지 못하니, 매우 한탄할 일이다. (B) 더구나, 신라·고구려·백제는 나라를 열고 정립(鼎立)하여 능히 예로써 중국에 통하였으므로, 범엽(范曄)의 『한서(漢書)』나 송기(宋祁)의 『당서(唐書)』에 모두 열전이 있다. 그러나 (그 역사서는) 자기 나라의 일은 상세히 다루고 외국에 관한 것은 간략히 다루었는지라 갖추어 실리지 아니하였고, 또 (삼국의) 고기(古記)로 말하자면 문자가 무졸(蕪拙)하고 사적도 빠진 것이 많다. (C) 이런 까닭에 군왕의 선악, 신자(臣子)의 충사(忠邪), 국가의 안위(安危), 인민의 치란(治亂)을 모두 드러내어 후세에 권계(勸戒)함을 드리우지 못하였으니, 마땅히 재(才)·학(學)·식(識)을 갖춘 삼장(三長)의 인재를 얻어 능히 일가(一家)의 역사를 이루고, 이를 만세에 물려주되 해와 달처럼 빛나게 해야겠다.[6)]

---

4) 『삼국사기』에 대한 긍정적 재인식의 계기를 마련한 것은 高柄翊의 「'삼국사기' 에 있어서의 역사서술」(『金載元博士回甲紀念論叢』, 을유문화사, 1969)이다.

5) 이규보, 『동국이상국전집』 권3, 「東明王篇序」 참조. 본래 명칭은 '三國史' 였으나 이규보가 『삼국사기』와 구별하기 위해 '舊' 자를 덧붙인 듯하다. 大覺國師 義天(1055~1101)의 『대각국사문집』에 보이는 '海東三國史' 와 같은 책인 것 같다.

6) 『동문선』 권44, 「進三國史記表」

비록 인종의 분부를 받든 것으로 되어 있으나, 실은 김부식 자신의 구상이라 해도 무방할 것이다. 이 글에서도 『삼국사기』를 중찬하게 된 동기 · 배경 등이 구체적으로 드러나 있지는 않지만, 역사 서술의 목적을 '후세에의 권계(勸戒)' 에 둔 것을 보면, 역시 『구삼국사』와 역사를 보는 시각을 달리하여 그 한계성을 극복하려 했다고 보아야 할 것 같다.

위의 내용을 보면, 역사의 편수에 임하는 역사가의 민족주체의식과 뚜렷한 역사관을 엿볼 수 있다. 특히 (C)단은 역사관과 관계가 있는 것으로서, 『삼국사기』에 나타난 역사의식과 당시 군신(君臣)들이 이상적인 것으로 공감하고 있던 역사관이 어떤 것인가를 알려준다. 한마디로 『삼국사기』의 편수 목적은 '감고계금(鑑古戒今)' 에 있으니, 이는 신라 진흥왕 때 이사부(異斯夫)가 진언했던 내용[7]과 다르지 않다.

『삼국사기』는 사마천(司馬遷)의 『사기(史記)』를 본보기로 하였다. 사마천은 「태사공자서(太史公自序)」에서, 주공(周公)으로부터 500년 뒤에 공자(孔子)가 나와 『춘추』를 지어 역사를 바로잡았고, 자신은 다시 공자로부터 500년 뒤에 『춘추』의 정통을 이어 『사기』를 저술한다고 밝혔다. 사마천의 이와 같은 강한 자부심과 원대한 포부는 김부식의 마음을 사로잡을 만하였을 것이다. 그러기에 책 이름도 삼국의 '사기' 라는 의미에서 '삼국사기' 라 하고, 체재 및 구성 방법 역시 『사기』에서 효시를 이룬 기전체(紀傳體)를 채택하였다. 김부식은 일찍이 여러 역사서의 사체(史體)를 충분히 비교 검토하였고, 그 결과 대부분의 정사(正史)에서 채택하였던 기전체가 유교 사관에서 표방하는 '감고계금' 의 목적을 달성하기에 가장 적합한 것으로 판단한 듯하다. 기전체는 그 중심이 되는 본기 이외에도 세가(世家)와 열전(列傳) 등이 있어, 무엇보다도 많은 인물

---

7) 『삼국사기』 권4, 신라본기, 진흥왕 6년조 "伊湌異斯夫奏曰: 國史者, 記君臣之善惡, 示褒貶於萬代, 不有修撰, 後代何觀? 王深然之, 命大阿湌居柒夫等, 廣集文士, 俾之修撰."

을 풍부하게 기록할 수 있다. 많은 인물에 대해 포폄을 가하고 그들의 인간성을 부각함으로써, '후세에의 감계' 라는 역사서의 궁극적 목적을 달성시킬 수 있다는 것이다.

『삼국사기』는 삼국시대의 역사를 다룬 정사로 단대사(斷代史)이다. 중국의 경우, 정사류(正史類)의 역사 편찬은 대부분 기전체의 단대사였다. 기전체의 효시인 『사기』와 『남사(南史)』·『북사(北史)』를 제외하고는 모두 직전 왕조 1대만을 서술 범위로 하였다. 역사의 발상(發祥)으로부터 당대까지를 그 시점을 통해 돌이켜보는 방식은, 정사에 관한 한 한대(漢代) 이후 송대(宋代)에 이르기까지 채택된 적이 없었다.[8] 종래 연구자들은 『삼국사기』가 단대사라는 사실을 간과한 채, 마치 김부식이 삼국시대 이전의 사실을 부정한 것처럼 속단하는 예가 적지 않았다. 『삼국사기』는 그 서술 기점과 범위에서 '단대사' 임을 분명히 밝혔다. 이것이 통사 형식을 취한 『사기』와 다른 점이다.

『삼국사기』에서 서술 기점을 삼국시대로 설정한 데는 이유가 있다. 사실 당시 삼국시대 이전의 사료는 체계적인 정리가 이루어지지 않고 흩어져 있는 상태였다. 또한 유교적 수사(修史) 전통에서 볼 때 황탄불경(荒誕不經)하다고 여겨지는 고기류(古記類)가 주를 이루었다. 따라서 사료가 상당수 전해 오고, 또 비교적 신빙성이 있다고 인정되는 삼국시대의 사실로부터 그 출발점으로 삼을 수밖에 없었다.[9] 『삼국사기』에서 단군조선은 물론, 중국의 역사서에 뚜렷하여 우리 선유(先儒)들이 거의 의심 없이 믿어 왔던 기자조선이나 그 밖의 삼국시대 이전의 여러 사실에 대해서도 다루지 않은 것은, 역사 서술의 기점과 범위를 충실하게 지

8) 三浦國雄, 「자치통감의 성격」, 민두기 편, 『중국의 역사인식』 상권, 창작과 비평사, 1985, 335쪽.
9) 『삼국사기』 권29, 「연표(上)」 서문 참조.

키고자 한 것이라 하겠다.

한편, 삼국시대 이전의 사료가 매우 적고 삼국시대 사료 역시 빈약하기 이를 데 없는 오늘에는, 현세적이고 합리적이며 수훈적(垂訓的)인 유교 사관으로 말미암아 사료로 채택되지 못했던 고기류가 인멸한 데 대하여 아쉬움이 큰 나머지, 그에 대한 책임의 태반을 김부식과 유교 사관에 지워 비난하기도 한다. 또 김부식이 유교적 가치관과 사대 사관에 젖어, 『삼국사기』가 기층 사회(基層社會)의 문화와 전통을 반영하지 못하고 반 전통적 성향을 띠게 되었다고 평가하는 이들도 있다.[10] 이밖에도 많은 것들이 문제시되거나 비난의 대상이 되어 혹독한 비판을 받았다.

그러나 모든 역사서는 '시대적 산물'이다. 어느 한 역사서가 기본 틀을 갖추는 데 그 바탕이 되는 것은 역사가의 역사관 · 역사의식이겠지만, 그 이면에는 역사가가 살았던 시대의 정치적 사상적 배경은 물론, 역사가 개인의 행동 양식이라든지 가치관 등이 복합적으로 반영되어 있다. 또한 『삼국사기』는 관찬사서의 특성 가운데 하나인 사관들의 공동분찬(共同分撰)으로 이루어졌다. 김부식이 당시 학계와 정계를 대표하는 최고 실력자의 한 사람으로서 『삼국사기』의 편찬을 주재하였지만, 역사의 공동 편찬이란 개인의 역사의식이나 취향만으로 가능한 것이 아니다. 사관들 사이에 역사의식의 공감대를 이루고, 게다가 유교 사관에 입각한 역사서의 출현을 뒷받침해 주는 시대적 분위기가 조성되어야 가능한 것이다. 김부식이 당시의 실력자였고 『삼국사기』 편찬의 주재자였다는 이유만으로, 역사 편찬의 책임을 전적으로 그에게 지울 수는 없다.

---

10) 대표적인 학자가 金哲埈이다. 그는 앞서 말한 최남선 등의 시각을 계승하였다. 김철준, 「고려중기의 문화의식과 사학의 성격」, 『한국사연구』 제9집, 국사편찬위원회, 1973 참조.

『삼국사기』는 역사가 정치의 거울이며 교화의 수단이라는 감계주의적(鑑戒主義的) 역사 인식 아래 이룩된 전대미유(前代未有)의 업적이다. 유교적 전통 수사법(修史法)을 수용하여, 상고주의적(尙古主義的) 역사의식을 주조(主調)로 하면서도 발전사관(發展史觀: 進步史觀)의 요소도 적극적으로 수용하였다. '전통문화'의 측면에서 찐덥지 못한 대목이 상당하고 사대주의적 성향이 농후한 점 등 결점이나 한계 그리고 부정적 평가를 받을 만한 요소가 적지 않음에도 고려 중기 유교적 문운(文運) 속에서 그 시대적 감각을 잘 반영한 것으로 평가할 수 있다.

『삼국사기』는 고려 전반기를 대표하는 기념비적 역사서이다. 단순히 질적, 양적으로 이전 역사서들의 한계를 극복한 것이 아니라, 유교 사관에 따라 역사학 발전의 전범(典範)과 방향을 제시했다는 데서 학술상의 획기적인 발전이라 할 수 있다. 12세기라는 시대적 분위기 속에서 성장한 유교적 역사의식은 치자(治者) 계층의 정치의식과 정치 수준을 끌어올리는 데 큰 역할을 함으로써 정치철학적 구실을 확실하게 담당하였다고 본다. 이는 유학사라든지 정치사에서 큰 의의를 지닌다고 할 것이다.

제7부

武人의 執政과 유학의 쇠퇴

제1장

詩文儒의 浮華와 무신의 난

무신의 난(1170)은 고려왕조의 일대 정변(政變)으로서, 고려유학사를 전·후기로 가르는 분기점이라 할 수 있다. 돌이켜 볼 때, 태조가 학교를 세워 인재를 양성코자 한 이래, 고려는 중앙집권적 귀족정치 체제를 갖추어 가면서 문치주의를 표방하여 문신 우대, 무신 경시의 풍조를 싹트게 하였다. 과거제를 실시한 광종의 숭유(崇儒)·숭문(崇文) 정책은 그 뒤 성종의 유교 정책으로 계승 발전되었고, 또 이후 문종·예종·인종과 같은 호학호문(好學好文)의 군주가 나와 유학이 발달하고 문교가 진흥되었으며, 난숙한 문화가 거의 절정에 달하였다. 이 시기는 실로 고려의 황금시대였다. 그러나 문종 때에 이르러 전성기를 구가하던 귀족정치도 결국 폐단과 모순을 드러내기 시작하였다. 또 예종 때부터 일기 시작한 시문유(詩文儒)의 부화(浮華)한 기풍은 더욱 전조(前兆)를 흐리게 하였다.

예종은 풍류호문(風流好文)의 군주로서 시문을 좋아하여 자주 연락(宴樂)을 벌여 문사(文士)들과 창수(唱酬)하기를 즐겨하였다. 사인(詞

人)・일사(逸士)들과 함께 창수한 시를 묶은 『예종창화집(睿宗唱和集)』을 남기기도 하였다.[1] 따라서 예종의 치세(治世)에는 문풍(文風)이 일변하여 모든 글이 화려하고 형식에 치우치게 되었다.[2] 당시 지제고(知制誥)로 있던 최약(崔瀹)은 임금에게 부박(浮薄)한 시문을 가까이하지 말고 경술(經術)에 힘쓰라고 건의하였다. 『보한집』에 의하면

> "옛적 당나라 문종이 시학사(詩學士)를 두고자 하니 재상이 아뢰기를 '시인은 경박하고 이치에 어두운 사람이 많습니다. 만약 그들을 고문(顧問)으로 삼는다면 성총(聖聰)이 흐려질까 두렵습니다' 고 하니 문종은 그만두었습니다. 임금께서는 마땅히 경술(經術)을 좋아하고 날마다 유아(儒雅)한 선비와 더불어 경사(經史)를 토론하고 정치의 도리를 물어 화민성속(化民成俗)을 이루기에 겨를이 없어야 할 것입니다. 그런데 어찌 아이들이나 하는 잔재주〔彫蟲〕를 일삼으며 자주 경박하고 방탕한 사신(詞臣)들과 더불어 풍월을 읊조려 천충(天衷)의 순정(淳正)함을 잃어서야 되겠습니까" 고 하니, 이에 임금이 그를 좋게 받아들였다.[3]

고 한다. 또 뒷날 인종 1년(1123) 송사(宋使) 노윤적(路允迪)을 따라 고려에 왔던 서긍(徐兢)도 당시 고려의 학풍에 대하여 "대개 시문을 숭상하고 경학에는 깊은 공부를 하지 않는다. 그 문장을 보면 당나라 때의 여폐(餘弊)를 방불케 한다"[4]고 평한 바 있다. 이는 부화한 문풍이 장차 국

---

1) 李仁老 같은 이는 자신이 불운한 시대에 태어나 인정을 받지 못했다고 통탄하면서, 예종 시절과 같은 시문의 전성기가 다시 오기를 간절히 바란다고 한 바 있다.

2) 『보한집』 권상, 제17칙.

3) 『보한집』 권상, 제17칙 ; 『고려사절요』 권8, 예종 11년 丙申 4월조 참조.

4) 『고려도경』 권40, 「同文」, 〈儒學〉 "大抵以聲律爲尙, 而於經學未甚工, 視其文章, 彷佛唐之餘弊云."

가에 환난을 초래할 것임을 예견한 선견지명이라고 하겠다. 이때 최약의 간언(諫言)이 제대로 반영되어 문풍이 다시 일전(一轉)되었더라면, 무신의 난 이후 약 1세기가량 전개되었던 문교의 쇠퇴기 대신 흥성기가 지속되었을 수도 있을 법하다. 후일 이제현도 광종의 찬(贊)을 지으면서 "과거제도가 시작됨으로 말미암아 부화한 문장은 후세에 그 폐단이 많을 것이다"[5]고 한 바 있다. 이러한 사습(士習)은 인종대를 거쳐 의종 때까지 지속되었다. 특히 '태평호문지주(太平好文之主)'로 일컬어졌던 의종은 재위 기간 내내 부화한 문풍에서 헤어나지 못하였다. 한 기록에 의하면 "왕(의종)이 풍월을 읊으며 여러 학사들과 부르고 화답하기를 그치지 않으므로, 호종한 대장군 정중부(鄭仲夫) 이하 모든 장수가 피로하여, 격분 한탄하며 반역할 마음을 갖게 되었다"[6]고 할 정도였다.

당시는 유교계나 불교계 할 것 없이 거의 부란(腐爛)의 위기에 직면하였다. 임춘(林椿)은 당시를 다음과 같이 증언하였다.

> 요새 유(儒)·불(佛)의 도를 배우는 무리를 보면, 모두 그 도를 해롭게 하지 않는 자가 없다. 대개 몸에 의관을 차리고 입으로는 인의(仁義)를 들먹이며 "나는 공자의 학도다"라고 한다. 그러나 천천히 들춰보면 그 도를 빙자하여 불의를 자행하되, 가다가다 어리석고 무식한 평민으로도 차마 하지 못할 바를 하고 있으니, 이는 진실로 시(詩)·서(書)의 기술을 구실로 무덤을 파헤치는(詩書發塚: 『莊子』 外物篇) 것이어서 우리 성인에게 죄를 진 것이 또한 크다. 머리 깎고 먹물 옷을 입은 중도 부부·부자가 없으며, 방탕·부허(浮

5) 『益齋亂藁』 권9(下), 「史讚」, 〈光王〉 "李齊賢贊曰: …… 若其設科取士, 有以見光宗之雅有用文化俗之意, 而冀亦將順以成其美, 不可謂無補也. 惟其倡以浮華之文, 後世不勝其弊云"

6) 『고려사절요』 권11, 의종 18년 甲申 3월조 참조.

> 虛)하여 거짓으로 빈말을 취하여 사람을 유혹하며, 자기만을 이롭게 하는 자가 많으니, 어찌 이와 서로 다르다 하겠는가.[7]

실로 사상계·종교계의 개혁이 절실한 때가 아닐 수 없다.

이러한 때에 의종의 문약(文弱)과 황음(荒淫)·향락으로 인한 실정(失政)이 극에 달하였다. 임금은 거의 매일같이 문사들과 잔치를 벌이고 시음(詩吟)을 일삼았다. 유행(遊幸)을 위해 이궁(離宮)과 누정(樓亭) 등을 남조(濫造)하는 대규모 토목공사를 벌임으로써 민폐를 가중했다. 또 승려와 도사(道士)를 좋아하여 그들을 무시로 불러 불공(佛供)과 초제(醮祭)를 올림으로써 국가재정을 좀먹었다. 이러는 사이 환시(宦寺)와 간신 소인배들이 국정을 농락하여 정치 기강은 극도로 문란해졌으며, 인민은 도탄에 빠져 지방에서 크고 작은 민요(民擾)가 일어났다.

게다가 문존무비(文尊武卑)의 풍토는 시정되지 않았다. 무인에 대한 모욕과 천대는 거의 극도에 이르렀다.[8] 이러한 경무(輕武) 풍조에는 무신을 위험시하였던 것도 한 원인이 되었다. 즉 현종 5년(1014)에 김훈(金訓)·최질(崔質) 등 무신들이 일으킨 쿠데타로 사실상 제1차 무신정권이 성립되었다가 곧 실패한 경험이 있었기 때문이었다. 현종 때에는 급증한 백관들의 녹봉을 지급하기 위해 무신의 영업전(永業田: 軍人田)을 폐지하였고, 인종 때에 와서는 국학 내의 무학재(武學齋)를 없앰과

---

7) 『西河集』 권5, 「送李眉叟序」 “儒釋之徒者, 不能無俱害於其道, 今夫身衣冠口仁義, 而曰我孔氏徒也. 徐而視則資其道以濟不義, 往往爲愚陋恒民, 所不忍爲者, 是固以詩書發塚, 而得罪於吾聖人也亦大矣. 至於髡而緇, 無夫婦父子, 縱誕浮虛, 妄取空語, 以誘乎人, 而利乎己者, 豈異夫是”

8) 일찍이 문신 金敦中이 촛불로 무신 정중부의 수염을 태운 일이 있었고, 또 대장군 李紹膺이 문신 韓賴에게 뺨을 맞은 사건이 발생하였다. 무신에 대한 멸시의 정도를 보여주는 한 예라 하겠다.

동시에 무관의 등용을 위한 과거마저 폐지하고 말았다. 무신의 위상은 말이 아니었다. 무관직도 문관이 거의 독점하고 군사 지휘권이나 최고 사령관 직도 문관에게 빼앗겨 마침내 문신의 호위병으로 전락하였다. 문신들은 득의(得意)하여 취포(醉飽)하는 반면, 무신들은 그야말로 헐벗고 굶주림을 면치 못하는 실정이었다. 이와 같은 무신에 대한 정치 · 경제적인 홀대는 무신의 난이 일어난 직접적인 원인이 되었다.

홀대와 천시를 참다못한 무신들은 오랫동안 축적되었던 불만과 울분을 일시에 폭발하였다. 이때 일어난 사건이 바로 의종 24년(1170)의 무신의 난(庚寅의 亂)이다. 정중부는 이의방(李義方) · 이고(李高) 등과 더불어 왕의 보현원(普賢院) 행차에 호종하는 것을 기회로 왕의 측근 문신들을 대거 살육하는 한편, 왕과 태자를 폐위하고 명종을 옹립, 정권을 장악하였다. 당시 정중부 등은 군인들에게 "문신의 관을 쓴 자는 비록 서리(胥吏)일지라도 씨를 남기지 말라!" 고 선동하여 문사(文士) · 유자(儒者)들을 대량 학살하였다. 『고려사』에서는 '죽은 사람의 시체가 산과 같이 쌓였다' 고 하였다.

그러나 이후 반대 세력의 저항도 없지는 않았다. 명종 3년(1173, 癸巳) 동북면 병마사(東北面兵馬使) 김보당(金甫當)이 중심이 되어 반정(反正)을 기도하다가 실패, 앞서 화를 면한 문신들이 대거 살육을 당하는 결과를 초래하였고, 그 이듬해 서경유수(西京留守) 조위총(趙位寵) 등이 무신정권의 타도를 외치며 3년간 항거하다가 토벌되었다. 그리고 무신들의 국정농락으로 인한 민생고와 신분 차별에 항거하여 고려조 최대의 농민전쟁이라 불리는 공주(公州) 명학소(鳴鶴所)의 망이(亡伊) · 망소이(亡所伊)의 난(1177) 등이 일어났으나 모두 평정되었다. 이로써 무신정권은 확고한 수립을 보게 되었으며, 문신 중심의 귀족정치는 완전히 막을 내리게 되었다.

한편, 무신들은 정권의 기반이 확고하게 조성되자 집단 합의제를 부정하고 서로 정권 다툼을 벌였는데, 이고는 이의방에게, 이의방은 정중부에게, 정중부는 경대승(慶大升)에게 각각 피살되었다. 경대승 역시 5년 만에 병사하자 천민 출신 이의민(李義旼)이 정권을 잡고 더욱 횡포를 부리다가, 그 역시 최충헌(崔忠獻) 형제에게 타도되었다. 이로써 무신간의 정권쟁탈전은 일단 그 종지부를 찍고 난세는 걷히었다. 그리고 최충헌에 의한 최씨정권이 성립되어, 4대 60여 년(1196~1258)에 걸친 무단독재정치가 지속되었다. 그 뒤 고려는 원종 11년(1270) 최후의 무신 집권자인 임유무(林惟茂)가 피살됨으로써 무신들에 의한 무단정치가 종말을 고하고 마침내 왕정이 복고(復古)되기에 이르렀다. 그러나 그사이 몽고와의 오랜 항전 끝에 강화가 성립되어 이제는 몽고의 내정 간섭이 기다리고 있었다.

무신의 난은 귀족정치를 부정하고 정권교체를 전제로 한 쿠데타였다. 무신들은 상대인 문신세력을 철저히 무너뜨려 무력화시켰으며, 정권을 장악한 직후에는 문무의 요직은 물론 말단에 이르기까지 거의 모든 관직을 독점하였다. 당시 무식한 무신들이 정승자리를 차지하고 서로 주먹자랑을 한 추태는 다음의 기록으로 엿볼 수 있다.

경인·계사년 이후로 재상 가운데 무인이 많았다. 이의민(李義旼)이 두경승(杜景升)과 함께 중서성(中書省)에 앉았는데, 이의민이 두경승에게 자랑하기를 "아무가 제 용력(勇力)을 자랑하기에 내가 한 번 쳐서 넘어뜨리기를 이와 같이 하였소"라고 하면서, 주먹으로 기둥을 치니 서까래가 다 흔들렸다. 이에 두경승이 대답하기를 "어느 때의 일인데 ……. 내가 맨주먹을 힘껏 쥐고 휘두르니 사람들이 다 흩어져 달아났소이다"고 하면서 주먹으로 벽을 치니 주먹이 벽을 뚫고 나갔다. 이리하여 당시 사람이 다음과 같은 시를 지었다. "내가 두려워하는 이씨와 두씨는(吾畏李與杜)/ 우뚝한 참 재상일세(屹然眞宰輔)/ 재상의 지위는 3, 4년이지만(黃閣三四年)/ 주먹바람은 만고에 떨치리(拳風一萬古)"[9]

한편, 지난날 문신 귀족에 의하여 독점되었던 경제적 부(富)를 이제는 무신들도 마음껏 누릴 수 있게 되었다. 무신들은 왕가(王家) 및 문신 귀족의 토지를 빼앗는가 하면 집과 노비도 탈취하는 등 갖은 횡포를 부렸다. 이러한 무신정권의 등장은 고려 사회의 많은 분야에 엄청난 변동을 가져왔다. 무신의 난 직후에는 문교(文敎)가 크게 쇠퇴하여 '문화의 암흑기'를 이루었고, 무신들의 토지겸병으로 전시과(田柴科) 제도가 무너지고 농장제(農莊制)[10]라는 대토지 사유제가 등장하여 조세 수입이 두절되는 등 많은 경제적 혼란을 초래하였다. 전시과 제도의 붕괴는 고려 멸망의 큰 원인이 되었다. 또한 신분 질서가 문란해져 천류(賤流) 출신으로 높은 지위에 오르는 일이 비일비재하였으며, 하극상의 풍조가 만연하였다.

그러나 무신정권은 몽고의 침입에 30여 년 동안 끈질기게 항쟁하는 등 대내외적으로 강렬한 민족주체성을 발휘하였다. 이와 같은 강한 주체성의 발휘는 학계와 사상계에 적지 않은 영향을 끼쳤다.

---

9) 『역옹패설』, 「前集(二)」

10) 농장이란 세계사적 의미가 있는 '莊園的 토지경영'의 한 유형이라 할 수 있다.

제2장

文人의 활동 및 學界의 動向

종래에는 무신의 난이 일어남으로써 유학의 발전에 치명적인 장애를 초래하였다는 것이 학계의 정설이었다. 즉, 무신의 난으로부터 충렬왕 이전까지(1170～1274)를 '유학의 암흑기' 또는 '문화의 말살기' 라고 보아왔던 것이다. 충렬왕 즉위 이후로 비록 문교 정책을 복구하기는 했지만, 오랜 무단정치로 침체의 늪에 빠져 있던 학계·사상계가 하루아침에 생기를 되찾을 수 없었다. 더욱이 무신의 난 때 문신들은 거의 주륙(誅戮)을 당하였고, 겨우 살아남은 자라 하더라도 잔명(殘命)을 부지하기 위해 산야(山野)로 깊이 숨어버렸다. 배우고자 해도 가르칠 사람이 없었다. 이에 대부분의 학자들이 승려를 좇아 배우게 되었으니 이것이 거의 한때의 풍조를 이루었다.[1] 이제현은 이때의 형편을 다음과 같이 증언한 바 있다.

1) 崔瀣의 『拙稿千百』 권2, 9b, 「故密直宰相閔公行狀」에서 "東方故俗, 男子幼年, 必從僧, 習句讀" 이라 한 것은 이를 뒷받침한다.

불행히 의종 말년에 무인의 변이 일어나 선악의 구별 없이 다 함께 화를 당하게 되자, 호구(虎口)에서 겨우 빠져나온 자는 깊은 산 속에 숨어 관대(冠帶)를 벗어놓고 대신 가사(袈裟)를 입고 중이 되어 일생을 마쳤습니다. 신준(神駿)·오생(悟生)과 같은 무리가 그들입니다. 그런 뒤로 국가에서 차츰 문치(文治)를 회복했지만, 비록 공부하고자 하는 선비가 있어도 배울 곳이 없으므로, 모두 이들 중을 좇아서 배우게 되었습니다. 이런 까닭에 신(臣)은 배우는 자들이 중을 좇아서 장구(章句)를 익히는 풍습은 그 근원이 여기에서 시작되었다고 봅니다.[2)]

한편 이 시기에는 남송(南宋)과의 교류도 아주 단절되었다. 『송사(宋史)』「고려전(高麗傳)」을 보면 북송과 고려의 관계만 기록되어 있을 뿐 남송과의 관계는 찾을 수 없다. 이런 까닭에 당시 남송에서 활발하게 전개되었던 성리학이 고려 학계에 수용될 수 없었고, 외견상 학문적인 교류가 거의 불가능하였던 것이다. 그러나 문제는 그렇게 단순하지 않다. 무신정권에서도 문인·학자들이 완전히 배제된 것은 아니었기 때문이다.

무신의 난 이후 시일이 흘러 난의 충격이 어느 정도 가시면서 고려의 문학계와 유교계는 그 면모를 일신할 수 있는 계기가 조성되었다. 사리상으로 보면 무신의 난 이후 고려의 문교는 일반적으로 회복하기 어려운 지경에 빠져든 것으로 생각할 수 있으나 그렇지만은 않았다. 일견 쇠퇴한 듯한 사상계의 저류(底流)에 유학사상이 미미하게나마 변화, 발전되어 갔던 일면이 없지 않았다. 김태준(金台俊: 1905~1949)은 이와 관련하여

---

2) 『고려사』 권110, 「이제현전」

> 당시 사림(士林)의 풍상(風尙)을 보면 사문(沙門)에 도닉(逃匿)하거나 산수(山水)에 방랑하여 세사(世事)를 망각코자 하면서도, 시인묵객(詩人墨客)은 도리어 이때 융성한 것은 이조의 선조 시대와 같다. 그러나 이는 전래(前來)부터 배양하여온 연원이 있을 것이며, 문화적으로는 암흑시대이면서도 청한(淸閑)한 문인이 많이 산출되었으니, 외적으로는 무사(武士)의 유린(蹂躪)하는 바가 되면서도 은연히 문화의 성숙한 바가 있음으로 인함이다.[3)]

고 평하였다. 당시 소동파(蘇東坡)의 시문이 일세를 풍미하여 문단에서 숭상되었던 것은 이를 뒷받침하는 한 증거라 하겠다.[4)]

그러나 무신정권 수립 이후 문인지식층은 자기의 역량을 긍정적이고 합당하게 발휘하지 못한 채 좌절감과 실의 속에 회한(悔恨)과 자조(自嘲)로 살아가야 했다. 당시 문인지식층에게는 정상적 권력이 아닌 무신정권에 협력하여 기능적인 관료지식인이 되느냐, 아니면 무신정권과 타협을 거부하고 방외(方外)를 떠돌아야 하느냐 하는 양극단의 뼈아픈 선택이 주어졌다. 당시 문인지식층의 동향은 그들의 처지 · 성격 · 사상 등에 따라 다음의 몇 갈래로 구분할 수 있다.

① 정중부의 난 초에 학살을 모면하기 위해 산림으로 도피하여 유관(儒冠)을 벗어 던진 뒤 머리를 깎고 중이 되어 명산을 두루 방랑하거나, 한곳에 정주(定住)하면서 세상이 달라진 뒤에도 끝내 환속하지 않고 '둔세무민(遯世無悶)'으로 일생을 마친 부류들이니, 신준 · 오생과 같은 이들이다.

---

3) 김태준, 『조선한문학사』, 조선어문학회, 1931, 67쪽.

4) 『西河集』 권4, 10b, 「與眉叟論東坡文書」 "僕觀近世東坡之文, 大行於時, 學者誰不伏膺呻吟?"

② 역시 정중부의 난 초에 멀리 피신했으나 유자(儒者)의 처지에서 처사(處士) 생활로 일생을 보내면서 지방의 후진들을 교도(敎導)한 사람들이니, 권돈례(權敦禮: 權適의 아들) 같은 사람을 들 수 있다.

③ 역시 정중부의 난 초에 피신했다가 세상이 약간 달라진 뒤에 개경(開京)에 돌아와 관직을 구했으나 철저히 소외당하고 불우하게 지내다가 일생을 마친 사람들이니, 오세재(吳世才) · 임춘(林椿) 같은 이들이다.

④ 정중부의 난 이후 얼마 안 되어 과거로 발신(發身)했거나 최씨정권에 등용되어 최씨의 문객(門客)이라는 평을 들은 사람들이니, 이인로(李仁老) · 이규보(李奎報) · 최자(崔滋) 등을 들 수 있다.[5]

이상 네 가지 유형에서, ①과 ②는 난세에 벼슬하는 것을 교양인의 태도가 아니라 하여 끝까지 무신정권과 타협을 거부했던 일군(一群)으로서 수적으로 적은 편이고, 이에 비해 ③과 ④는 많은 편이다. 이 가운데 ③의 경우는 무신의 난 이후 문단의 주류를 이루었으며, 이후에도 문학계의 중요한 한 갈래를 형성하였다. 관계에 나아가지 못한 이들은 '죽림고회(竹林高會)'를 결성하고 산림에 은거하여 음주와 시가(詩歌)로써 고답적(高踏的) 생활을 즐기면서 난세를 비웃었다.[6] 이러한 경향을 대표하는 인물로는 오세재 · 임춘 · 이인로 · 조통(趙通) · 황보항(皇甫抗) · 함순(咸淳) · 이담지(李湛之) 등을 들 수 있다. 이들은 중국 위진대(魏晉代)의 죽림칠현(竹林七賢)을 사모하였으므로 세상에서 '강좌칠

5) 李佑成, 「고려 무신정권하의 문인지식층의 동향」, 『韓國의 歷史像』, 창작과 비평사, 1982, 189-190쪽.

6) 이들은 자신의 불우함과 초라함을 교양인의 특권의식으로 상쇄하여 초연하고자 애를 썼다. 그들의 고답성에서 이러한 모습을 볼 수 있다.

현(江左七賢)' 이라 일컬었다.[7)]

이렇게 산림에 은거한 학자 · 문인들 가운데는 세상을 아예 등진 사람도 있었지만, 세상이 조용해지기를 기다렸다가 무신정권과 타협하여 출세의 길을 모색했던 사람도 있었다. 이인로는 무신란 직후에 머리를 깎고 중이 되었다가 나중에 과거에 응시하여 벼슬을 하였다. 오세재와 임춘 등은 과거를 통해 벼슬길에 나아가고자 하였으나 뜻을 이루지 못하고 좌절감과 실의 속에 삶을 마쳤다. 오세재의 「병목(病目)」이란 시를 보면 그러한 지식인들의 간절한 소원과 딱한 처지가 잘 드러나 있다.

老與病相隨 늙음과 병이 약속이나 한 듯 같이 오는데
窮年一布衣 일평생 포의의 신세일세.
玄花多掩映 현화(눈동자)는 밝음을 가리기 일쑤고
紫石少光輝 자석(눈동자)에는 광채가 적구나.
怯照燈前字 등불 앞에 글자 보기 겁나고
羞承雪後暉 눈 온 뒤에 햇빛 받들기가 부끄럽다.
待看金膀罷 기다렸다 과거(科擧) 금방(金膀)이나 보고 난 뒤에
閉目坐忘機 눈 감고 들어앉아 세상일 잊으리라.[8)]

④의 경우는 활동 시기가 이보다 한 세대 정도 늦었기 때문에, 최씨정권의 숭문중유(崇文重儒) 정책에 편승하여 상대적으로 활발한 활동을 펼칠 수 있었다.

돌이켜보면, 아무리 무신들의 무단독재가 계속되었다 하더라도 불학무식(不學無識)한 무신들만으로는 행정이 제대로 이루어질 리 없었다.

---

7) 『고려사』 권102, 「李仁老傳」 참조.
8) 『동문선』 권9, 「病目」

고려의 무신들은 문치주의적 귀족정치 아래서 철저히 소외를 당하여 치자(治者)의 소양을 거의 갖추지 못했기 때문에 '능문능리(能文能吏)'의 인사들이 필요하였다. 이러한 필요성에 따라 이미 재기불능 상태에 있는 문신들에 대한 경계를 풀고 덕망과 학식 있는 옛 문신들을 포섭하였다.[9] 또 과거를 계속 시행하여 신진 문인들의 등용에 힘썼다. 특히 최충헌이 집권한 이후에는 문사와 유자들을 우대하여 잘 포섭하고 그들을 정치 고문으로 삼아 치도(治道)에 이용하였다. 이로써 문인·학자들의 출세의 길이 열리게 되었다.[10]

최충헌의 아들 최이(崔怡) 역시 문(文)을 좋아하였다. 그 자신이 글씨에 뛰어나 신품사현(神品四賢)의 한 사람으로 꼽혔던 만큼[11] 문사와 유자들을 애호하였다. 그의 문객(門客) 중에는 당대의 명유석학(名儒碩學)이 적지 않았다. 최이는 고종 14년(1227) 무렵 마침내 문서 부분에 종사하는 '서방(書房)'을 설치하고 문사와 유신(儒臣)들을 3교대로 번갈아 숙위(宿衛)하게 함으로써,[12] 인사 행정을 담당하던 정방(政房)과 함께 숙위기구(宿衛機構)의 양익(兩翼)으로 삼았다. 이 정방과 서방은 무신의 난 이후 처음으로 마련된 문사와 유자들의 한 보금자리요 안식처로서, 서방의 경우 무신정권이 끝날 때까지 존속되었다. 이인로·금의(琴儀)·이규보·유승단(兪升旦)·김인경(金仁鏡)·최자 등이 최씨정권기에 배출된 저명한 문인들이다.

---

9) 당시 포섭된 옛 문신의 대표적인 인물로 崔惟淸·文克謙·李公升 등이 있다.

10) 그러나 무신정권은 고려 사상계의 자체적 발전에 의한 중세적 모순 극복의 기회를 앗아갔으며, 특히 최씨정권이 문인들을 정책적으로 이용한 것은 이후 고려문화의 발전 방향에 적지 않은 왜곡된 결과를 초래하였다.

11) 『동국이상국집』 後集 권11, 「東國諸賢書訣評論序竝贊(晉陽公令述)」에 의하면, 신라의 金生이 으뜸이요, 고려의 釋 坦然이 다음이요, 崔怡가 그다음이요, 柳伸이 또 그다음이라 한다.

12) 『고려사』 권129, 「崔忠獻傳附」 "怡門客多當代名儒, 分爲三番, 遞宿書房"

최씨정권은 문인의 양성과 등용을 위해 교육과 취재(取才)를 소홀히 하지 않았다. 물론 국가가 태평한 때에 베푸는 것과는 차이가 있을 것이다. 그러나 무신정권기에도 교육의 전당인 국자감이 이전 시기와 크게 다름없이 운영되어 왔으며, 더욱이 몽고와의 전쟁으로 도읍을 강화(江華)로 옮길 때도 국자감을 같이 옮겨 전시교육(戰時教育)을 실시하였다. 전쟁으로 학교 재정이 궁핍해지자 집권자 최이가 사재(私財)로 쌀 3백 석을 양현고(養賢庫)에 출연(出捐)하는 한편, 양현고를 강화시켜 토지 수입의 원활을 기하게 하였고,[13] 고종 38년(1251)에는 전쟁 중임에도 강화도 화산동(花山洞)에 국자감을 신축하여 최고 대학으로서의 면모를 잃지 않으려 했다. 과거의 시행 역시 중단이 없었다. 실시 횟수나 선발 인원수에서도 오히려 과거 귀족정치 시대를 상회하였다. 최씨정권이 문인들을 우대한 것은 그 현실적 필요성이 일차적 이유이겠지만, 다른 한편으로는 문인들의 세력이 무시할 수 없을 정도로 성장을 보았다는 점 역시 간과할 수 없다.[14]

그러나 최씨정권에 등용된 문인·학자들이라 하더라도 정치적 포부를 펴기에는 역시 한계가 있었다. 그들은 표면적으로는 국가의 관리이지만 사실상 최씨가의 문객으로서 무신정권을 보좌하는 데 불과하였다. 문인들은 최씨정권이 계속되는 한 최씨 일문에 아부하지 않으면 안 되었다. 언론을 제대로 펴지 못하고, 현실에 적응, 안주하려고 할 따름이었으며, 대부분 명철보신적(明哲保身的) 처신으로 일관하였다. 당시 학자들의 보신적 경향은 이규보의 「경설(鏡說)」에 잘 나타나 있다.

거사(居士)가 한 개의 거울을 가졌다. 먼지가 끼어서 흐릿한 것이 꼭 구름

---

13) 『고려사절요』 권16, 고종 30년 癸卯 6월조.

14) 閔丙河, 「무신정권하의 문인들」, 『한국사의 재조명』, 독서신문사, 1977, 308~309쪽.

에 가린 것 같았다. 그러나 아침저녁으로 들여다보고 얼굴을 가다듬는 것 같이 하였다. 손〔客〕이 보고 묻기를 "거울이란 얼굴을 비치는 것이요, 그렇지 않으면 군자가 이것을 보고 그 맑음을 취하는 것이다. 지금 그대의 거울은 흐릿한 것이 안개 낀것과 같은데도 그대는 오히려 늘 비춰보고 있으니 무슨 까닭에서인가"라고 하였다. 거사는 말하기를 "거울이 맑은 것을 잘생긴 사람은 좋아하겠지만 못생긴 사람은 싫어한다. 그러나 잘생긴 사람은 적고 못생긴 사람이 많기 때문에, 만일 한번 보게 되면 꼭 깨뜨려 부숴버리고야 말 것이니, 먼지에 흐려진 것만 못하다. 먼지로 흐리게 된 것은 그 겉은 부식되었을지라도 그 맑은 바탕은 없어지지 않는 것이니, 만일 잘생긴 사람을 만난 뒤에 다시 갈고 닦을지라도 늦지 않을 것이다. 아, 옛적에 거울을 보는 사람은 그 맑은 것을 취하였으나, 내가 거울을 보는 것은 그 흐린 것을 취하는 것이니, 그대는 무엇을 이상하게 여기는가"라고 하니, 손은 대답할 말이 없었다.[15)]

문인들은 고작 물건을 의인화한 가전체(假傳體)의 글이나 전설 · 일화 · 시화(詩話) · 비평 등을 소재로 한 이른바 '패관문학(稗官文學)'을 통해 자신들의 존재를 세상에 알리려는 데서 그쳤다. 이인로의 『파한집』이나 최자의 『보한집』 등은 실로 이러한 취향의 소산이라고 할 수 있다. 물론 이것은 당시 사상계의 주류가 여전히 불교—특히 조계선(曹溪禪) · 천태선(天台禪) 중심의 신앙결사운동(信仰結社運動)—또는 노장사상(老莊思想)이었던 것과도 무관하지 않다. 이러한 여건 아래 있는 문인 · 학자들에 의하여 건전한 이념과 사상적 방향이 정립되기는 실로 어려웠다고 하겠다. 이러한 실망스러운 시대적 분위기 속에서 유자(儒

15) 『동국이상국전집』 권21, 1a-1b, 「鏡說」

者) 출신인 혜심(惠諶)·충지(冲止)·천인(天因)·천책(天頙) 등이 승려가 되어 신앙결사(信仰結社)에 참여하였던 것도 이해될 만한 일이다.[16)]

한편, 무신집정기에는 중앙의 이속(吏屬)과 지방의 관리 및 향리(鄕吏) 계층이 과거를 통하여 대거 등용됨으로써 신분 상승과 함께 새로운 문인 계층을 형성하였다. 이것은 무신의 난이 가져온 중요한 결과 가운데 하나다. 여기에는 무신의 난 이후 무신정권과 끝까지 타협을 거부하고 지방에서 젊은 자제들을 모아 교육에 종사했던 지식층의 공로가 적지 않았다.[17)] 무신 집정 이후 신흥사대부 계층이 형성되어 정주학 전래 이후의 유학계를 선도하였으니, 사실상 무신의 집정은 고려유학의 체질을 새롭게 뒤바꾸어 놓은 계기가 되었다고 하겠다.

---

16) 邊東明, 「고려 최씨 무인정권 시기의 儒者出身 승려」, 『全北史學』 제11집, 1997 참조.
17) 이우성, 「고려 무신정권하의 문인지식층의 동향」 참조.

제3장

白雲居士 李奎報의 학문과 사상

고려 중기의 문호(文豪)이자 시호(詩豪)인 이규보(1168~1241)는 내우외환이 중첩되었던 민족의 수난기에 살았던 인물이다. 그는 20대 중반에는 기속(羈束) 없는 자유세계를 동경하다가, 30대 이후에는 현실정치에 참여하기로 작정하고 관계 요로(要路)를 통해 구관(求官)에 힘썼다. 후세의 역사가들은 그를 '최씨문객(崔氏門客)' 또는 심지어 '엽관배(獵官輩)'라고 평하기도 했다. 그는 무신란으로 말미암아 사회적 제약에서 벗어나 새롭게 진출할 수 있는 세력에 속했다. 그는 신흥사대부의 선구자라고 할 수 있다.[1)]

이규보는 높은 지위에 올랐던 만큼, 일면으로 지배층의 이익을 대변하는 위치에 섰던 것이 사실이다. 그러나 정치·사회적으로 진보적인 시각을 가졌으며, 현실의 모순을 명확히 지적하고 개혁의 불가피성 또는 당위성을 강조하였다.[2)] 또한 고단한 민중의 삶에 깊은 관심을 가졌

1) 조동일, 『한국문학통사』 제2권, 지식산업사, 1989, 28쪽.

〈백운 이규보〉

다. 비록 30대에 민란을 토벌하는 데 자원, 충군(充軍)된 적이 있긴 하지만, 민중을 깊이 이해하고 동정하였다. 특히 대몽항쟁의 수난기에 혹리(酷吏)들의 압박과 수탈에 시달리는 농민들의 비참한 삶을 대변하는 시를 많이 썼다. '농민시'가 유난히 많은 것은 이 때문이다.

한편, 그는 침략자 몽고군의 비인도적인 만행을 규탄하면서 강한 적개심과 증오심을 고취하였으며, 대몽항전에 철저한 태도를 취하였다. 어느 시에서는 "겨울 번개가 오랑캐의 머리를 내리친다면 제철은 아니라 해도 때를 맞추었다 하리라"[3] 고 하였다. 그는 강화도를 보루로 몽고군에 대한 장기 항전을 지휘하는 최씨정권을 충심으로 지지했다. 이는 비슷한 시기에 활약했던 최자(崔滋)가 「삼도부(三都賦)」를 지어, 대몽항쟁을 위해 도읍을 강도(江都)로 옮긴 것을 정당하다고 읊은 것과 같은 맥락에서 이해할 수 있다.

이규보의 학문 본령은 유학에 있었으나, 유학 이외에도 불교와 도교에 남다른 소양을 지녔으며, 제자백가 역시 밝았다. 특히 불교의 경우 일찍부터 접하고 평생토록 불문(佛門)에 출입하였다. 만년에는 종교적으로 심취하였다. 그러나 대체로 유학의 관점에서, 유학사상과 조화 융합되는 측면에서 노·불을 이해하고 수용하였던 것 같다. 그에게 유교

2) 『동국이상국집』 全集 권21, 「理屋說」 참조.

3) 『동국이상국집』 後集 권5, 10a, 「十月電」 "天放驕兒毒已彌, 當冬震電又奚爲. 翻然若向胡頭擊, 縱曰非時可曰時"

는 경세적(經世的) 측면에서, 불교는 심성수양의 측면에서, 도교는 구세적(救世的) 측면에서 주로 이해되었다.

이러한 사상적 이면에는 삼교일원설(三敎一源說)이 크게 작용하였던 듯하다. 그는 일찍이 시편(詩篇)을 통해 도불일원(道佛一源)과 유불일원(儒佛一源)을 논하였는데,[4] 이는 『홍명집(弘明集)』·『광홍명집(廣弘明集)』 등에 많이 보이는 삼교일원설과 가깝게는 북송 소식(蘇軾)의 삼교조화론 등에서 연원한다. 또 다른 한편으로는 우리나라 고유사상을 바탕으로 하고 있으며, 이는 신라 말의 명유 고운 최치원의 학문 경향이나 삼교관과 서로 합치되는 것이 특징이다.[5] 이규보는 유·불·도 삼교에 정통한 학자로서, 최치원 이후에 거의 첫손에 꼽힐 만한 통유(通儒)였다. 그는 일찍이 최치원을 평하는 글을 지어 문학적 성취를 높이 평가한 뒤 "『당서(唐書)』「문예열전(文藝列傳)」에 최치원의 전(傳)을 넣지 않은 것은 그 의도를 모르겠다"고 비판하면서, 이를 민족적 자부심과 연결하려 하였다.[6]

이규보의 유학사상은 구경(九經) 및 『논어』·『효경』·『맹자』 등에 근원한다. 이들 경전은 대개 구주(舊注)인 『오경정의(五經正義)』에 바탕을 둔 것들이다. 그 가운데 『주역』과 『춘추』를 통해 각각 신비성과 민족주체성을 강조한 것이 특색이다. 그는 『주역』에 대하여, 신명(神明)의 책으로 오경 중에서 지신(至神)함이 복희역(伏羲易)과 같은 것이 없으

---

4) 『동국이상국집』 全集 권8, 13a, 「明日朴還古有詩走筆和之」 "師傳甘蔗氏, 我繼仙李君, 釋老本一鴻, 鳧乙何須分."
『동국이상국집』 後集 권6, 5b, 「南軒答客」 "…… 況復儒與釋, 理極同一源, 誰駁又誰純, 咄哉渠所論."

5) 노평규, 「이규보의 古神道思想과 三敎融和」, 『동방철학사상연구』(道原 柳承國 고희기념 논문집), 1992 참조.

6) 『동국이상국집』 全集 권22, 7a-8a, 「唐書不立崔致遠列傳議」 참조.

며, 천지의 도를 밝힌 경전 가운데 가장 신비한 것이라고 하였다.[7] 이와 같은 이해는 「동명왕편(東明王篇)」에 보이는 '내성내신(乃聖乃神)'의 초월적 신비성과 일맥상통한다. 그는 「동명왕편」에서 우리나라는 신비하고 이적(異蹟)이 있는 나라로서 그 창업이 신묘(神妙)하여 '성인지도(聖人之都)'라 하였다. 유교사상의 합리성과 윤리성 · 실천성에 대하여 일정하게 회의(懷疑)를 표시하고, 우리나라에는 예부터 신비적 요소를 지닌 고유사상이 전해오고 있다는 점을 은연중 부각했다.

이규보는 당나라 장수 소정방(蘇定方)을 제사하는 글에서, 당태종이 고구려를 침략한 것은 부질없는 야욕이요 불법적 침략일 뿐이라는 점을 말하고, 국가와 국가 사이의 관계는 원칙적으로 대등하여야 한다는 점을 강조하였다.[8] 이는 춘추정신(春秋精神)을 주체성의 차원에서 이해한 것이라 하겠다. 그의 강렬한 민족의식은 「동명왕편」에 더욱 잘 드러난다. 「동명왕편」은 이민족의 침략에 시달리던 고려인들에게 민족의식을 고취하고 후세에 감계의식(鑑戒意識)을 드리운 시대의 횃불이었다. 이와 맥락을 같이하는 것으로 일연(一然)의 『삼국유사』, 이승휴(李承休)의 『제왕운기(帝王韻紀)』, 오세문(吳世文)의 『역대가(歷代歌)』 등이 있다. 이규보가 내세운 주체적 역사의식과 민족주의 정신은 당시의 집권층에 영합하려는 측면이 적지 않다는, 비판적인 시각도 없지는 않다.

종래 북한의 『조선철학사』에서는 고려 전 시기를 통해 관념론을 배격하고 유물론적(唯物論的) 철학사상을 제기한 대표적인 학자로 이규보를 들었고, 이러한 사상적 경향을 진보적인 것으로 높이 평가하여 왔

---

7) 『동국이상국집』 後集 권12, 「秦始皇不焚周易論」 참조.

8) 『동국이상국집』 全集 권38, 10b, 「祭蘇挺(定)方將軍文」 "夫外國之不賓中國久矣. 太宗將臣伏(服)萬國, 混一文軌, 使將軍統師侵軼我高麗, …… 且外國不賓常理也, 文皇帝猶憤然怒作, 使勞師遠役, 迺至自將而經略."

다.[9] 그에 합당한 글로 「문조물(問造物)」 등이 자주 거론되었다. 실제 그의 문집을 보면 '기(氣)' 를 논한 글이 적지 않고,[10] 그러다 보니 이러한 것들은 그를 기론자(氣論者)라고 할 수 있는 중요한 단서가 되기도 한다. 그러나 만물의 생성 변화 속에 소이연자(所以然者)로서의 리(理)가 있다고 설파하는 대목들도 있음에 유의해야 한다.[11] 특히 「병중(病中)」이라는 시에서는 "내 모든 것을 자연(自然)에 놓아, 성(性)에 말미암아 리(理)를 따를 뿐이다"[12]고 하여, '인성순리(因性循理)' [13]를 말하였다. 이는 성리학의 대명제인 '성즉리(性卽理)' 를 말한 것으로 이해할 수 있다. 그를 기론자라 하거나, 더욱이 유기론자(唯氣論者)·유물론자라고 하였던 일련의 논의들은 재검토가 필요하다.

이규보는 영혼불멸설을 반대하였다. 죽은 사람의 영혼이 후손들에게 화복을 주는 등 인간의 운명을 지배한다고 하는 것을 비판하고, 영혼에게 복을 구하는 각종 미신적인 행사에 대해서도 신랄하게 비판하였다.[14] 그러나 모든 신의 존재, 특히 잡신의 존재를 강력히 부정하면서

---

9) 정성철(외) 『조선철학사(상)』; 최봉익, 『조선철학사개요』 등 참조.

10) 『동국이상국집』 後集 권3, 3b, 「觀弄幻有作」 "人緣一氣成蚩蠢, 氣出還同罷幻歸." ; 同 後集 권6, 1a, 「偶見氣毬因寓意」 "氣滿成毬體, 因人一蹴沖, 氣收人亦散, 縮作一囊空." ; 同 「氣毬答」 "造物亦蹴汝, 飛到九天涯, 如今蹴已罷, 氣縮是其時." 등 참조.

11) 『동국이상국집』 全集 권16, 14b, 「又樓上觀潮贈同寮金君」; 同 後集 권2, 8a, 「十二月朔日蝕」 등 참조.

12) 『동국이상국집』 後集 권1, 18b-19a, 「病中」 "聖人能物物, 未始爲物使, 我爲物所物, 行止不由己, 遭爾造化手, 折困致如此. …… 我皆堆自然, 因性循理耳, 咄彼造物兒, 何與於此矣."

13) '因性循理' 는 이규보의 말이 아니다. 북송 程子의 문인 游酢(1053~1123)의 『中庸輯略』 권7, 제32장에 "廣平游氏曰, 經綸者, 因性循理而治之, 无汨其序之謂也" 라고 하여 나온다. 이규보가 자신과 거의 동시대 사람인 유작의 글을 인용한 것에 유의할 필요가 있다.

14) 『동국이상국집』 後集 권3, 2b, 「示子姪長短句」 "可憐此一身, 死作白骨朽, 子孫歲時雖拜塚, 其於死者亦何有? …… 古今墳壙空纍纍, 魂在魂亡誰得究. 靜坐自思量, 不若生前

도, 한편으로는 성현(聖賢)이나 효렴·충렬지인(孝廉忠烈之人), 호일지재(豪逸之才) 등은 죽어서 뼈는 땅에 묻히지만 정백(精魄: 精氣)은 사라지지 않고 하늘로 돌아가거나, 아니면 인간으로 다시 태어나 순자(順子)·순신(純臣) 또는 열사(烈士)·영인(英人) 등이 된다고 하여, 불교의 윤회설·과보설(果報說)에 입각한 '심불멸설(心不滅說)'을 제시하기도 하였다.[15] 이는 그의 무신론적 태도가 철저하지 못함과 그의 사상에 일정한 한계가 있음을 보여준다고 하겠다.

문집 『동국이상국집』 53권이 전한다. 고려시대 시문집으로서 온전하게 남아 당시의 문운(文運)을 헤아릴 수 있게 하는 몇 안 되는 자료 가운데 하나다. 생시에 문집 일부가 간행되기도 하였다.

一杯濡我口."

15) 『동국이상국집』 全集 권20, 10a-10b, 「土靈問」 "若聖若賢, 若廉孝忠烈, 若才之豪逸者, 其精也歸天, 否則復生於人間, 或爲順子純臣, 或爲烈士英人. 故其骨可埋, 其精魄不可埋也."

제8부

程朱學의 受容과 發展

제1장

序說

1. 程朱性理學 수용의 역사적 배경

무신란 이전부터 왕실과 문신 귀족층의 비호를 받아왔던 고려의 불교는 후기로 내려오면서 세속화하여 그 폐해가 많았다. 원나라와 고려왕실, 당시 집권세력과 권문세족의 보호 · 후원을 받으면서, 국가에서 내려준 막대한 농장을 소유하고 고리대업(高利貸業)과 음성적 식리(殖利)를 통해 경제적 부를 누림으로써, 서민의 자립을 크게 저해하고 조세수입을 감소케 하여 고려왕조의 재정을 크게 좀먹었다. 게다가 면역 · 면세의 특권을 갖는 승려의 수가 해마다 대폭적으로 늘어 국력의 소모를 초래하였다. 이후 사원에서 노비를 소유하고 사병(私兵)을 양성하는 등 그 정도가 심각하였다. 정신적 타락으로 인한 폐단 역시 그에 못지않았다. 승려들의 비행은 사회적으로 지탄을 받기에 이르렀고, 현세구복적(現世求福的)인 것으로 변질하거나 미신화한 민간 불교 역시 잦은 물의를 빚었다.

이에 대한 자각과 반성의 움직임이 있었다. 선종계(禪宗系)의 구산선문(九山禪門)이 조계종(曹溪宗)으로 결속되었다. 보조국사(普照國師) 지눌(知訥: 1158~1210)은 조계종의 종풍(宗風)을 크게 떨치고 불교의 정화 또는 혁신운동을 전개하였다. 산간 불교의 성격을 띠는 조계종에서는 종래의 세속적이고 정치적 성향이 강한 불교에서 벗어나 수도에 전념할 것을 강조하였다. 선(禪) 중심의 종파성에서 초월하지 못하고, 또 현실 사회에 대하여 소극적, 은둔적, 고답적 자세를 취하였음에도, 무신정권의 일정한 보호를 받으며 민간에까지 그 기반을 넓힐 수 있었다. 이 시기에는 조계종과 천태종 계통의 수선사(修禪社)·백련사(白蓮社) 등 신앙결사운동(信仰結社運動)이 활발히 전개되었다.

그러나 불교계의 혁신적 기운은 부패와 타락이 극심하였던 교계에 '취우일과(驟雨一過)' 격이었다. 그 기풍을 일신하기에는 역부족이었다. 불교계는 현실 사회의 요구와는 동떨어진 타락의 길로 빠져들어 정신적 지도력을 상실하였다. 이때 전래한 정주학(程朱學: 성리학)은 새로운 학풍과 건전한 정신을 요구하는 사상계의 여망에 부응하여 새 국면을 열고 불교를 대신하는 지위를 다져나갔다.

당시 조정이나 학계에서도 무신란 이후 위축된 문교를 중흥시키고, 종래 사장(詞章)·훈고(訓詁) 중심의 학풍을 일신하려는 노력이 일어났다. 충렬왕은 안향(安珦)의 유학 진흥책을 받아들여, 성균관을 신축하고 섬학전(贍學錢)이라는 기부금 제도를 두어 양현고(養賢庫)를 보강하였다. 경사교수도감(經史敎授都監)을 설치하여 경학과 사학을 진작하는 등 학문을 장려하였다. 새로운 기풍이 조성되는 가운데 원나라에서 정주학을 수용함으로써 한국유학사에 한 획을 그었다. 당시 원나라에서는 정주학이 관학(官學)의 지위를 누리고 있었다. 상산학(象山學)은 남부에 전파되었을 뿐 연경(燕京)을 중심으로 한 북방에 전해지지 못하였

다. 고려가 정주학을 받아들인 이유가 여기에 있었다.[1]

정주학은 충렬왕 때 1278년과 1289년 두 차례에 걸쳐 원나라에 들어갔던 안향이 『주자전서』를 고려에 들여옴으로써 전해졌다. 그 뒤 안향의 문인 백이정(白頤正)·박충좌(朴忠佐) 등이 원나라에 가서 직접 배워와서 학문의 씨를 뿌렸다. 공민왕 때에는 성균관을 중심으로 대사성 이색(李穡)의 주재 아래 정몽주(鄭夢周)·이숭인(李崇仁)·김구용(金九容)·정도전(鄭道傳) 등 여러 학관(學官)이 포진하여 토론하는 기풍이 활발히 조성되었다. 권보(權溥)가 주자의 『사서집주(四書集註)』를 판각하여 널리 전파한 뒤, 충혜왕 때에는 사서(四書)를 과거의 고시과목으로 채택함으로써,[2] 사상계에 새 기풍이 뿌리를 내려갔다. "집집마다 정주의 책이 있고 사람마다 성리(性理)의 학문을 알고 있다. 그 가르치는 방법 또한 기대할 만하다"[3]고 한 증언은 정주학의 일반화 정도를 알려준다고 하겠다.

이에 앞서 고종 24년(1237)에 남송의 한 관료에 의해 이정(二程)의 학문이 고려에 들어왔다. 남송 말기 형부원외랑(刑部員外郎)을 지낸 정신보(鄭臣保)는 1237년 한반도의 서산 간월도(看月島)에 정착하여 고려 학인들에게 이정(二程)의 성리학을 전수하였다. 정신보의 아들 정인경(鄭仁卿)과 사돈 관계였던 첨의밀직사사(僉議密直司事) 채모(蔡謨: 1229~1302)는 「원외랑 묘갈명」에서 정신보가 정명도·정이천의 학문을 고려에 처음으로 전했다는 사실을 밝혔다(公以性理之學, 教誨生徒, 東方之人, 始得覩兩程之書). 정신보는 남송의 명문 포강정씨(浦江鄭氏) 가문의 후

1) 김충렬, 『고려유학사』, 고려대출판부, 1986, 154-156쪽 참조.

2) 『고려사절요』 권25, 충혜왕 5년 甲申 8월조.

3) 『益齋亂藁』 권9(하), 21a, 「策問」 "幸際休明, 天下同文, 家有程朱之書, 人知性理之學, 教之之道, 亦有庶幾矣."

예다. 그는 당시 남송 학계를 주도했던 성리학으로 무장하였을 것이다.

정신보가 이정의 학문을 고려 학인들에게 전한 시기는 안향에 의해 연경으로부터 주자학이 전래된 1290년보다 50여 년이 앞선다. 이에 앞서 12세기 당시 이미 북송의 도학이 고려에 전래하였고, 무신정권 시기에도 일부 학인들에 의해 성리학의 전통이 전해졌음을 상기할 때, 당시 정신보가 전래한 이정 중심의 성리학은 아주 생소한 학문은 아니었다.

정신보의 포강정씨는 누세동거로 유명하다. 최근세까지도 '의문정씨(義門鄭氏)' 로 불릴 정도로 동북아시아에서 그 명성이 높았다. 의문정씨 집안에 내려오는 가범(家範)은 북송 시기 남전여씨(藍田呂氏) 집안의 여씨향약(呂氏鄕約)과 함께 조선조 학인들에게 널리 알려졌다.

정신보는 동래(東來) 이후 남송의 성리학으로 아들 정인경 및 후학들을 가르쳤다. 북방 오랑캐의 잦은 침략 속에서 체계화되었던 남송 성리학은 '의리 사상' 이 강렬하였다. 남송의 의리 사상은 『춘추』의 '복구사상(復仇思想)' 과 '존왕양이(尊王攘夷)' 의 정신을 두 축으로 하였다. 정신보의 집안이 본디 춘추학을 가학으로 하였음은 이런 사정과 직결되어 있다. 춘추대의는 정신보 학문의 핵심이었을 것이다. 정신보가 '의리' 두 글자로 일생을 마친 것은 그 정신적 연원이 어디에 있는지를 엿보게 한다.[4] 당시 전해진 남송(남방) 성리학이 고려 학계에 어떤 영향을 끼쳤는지는 현재로선 자세히 알 수 없다. 다만, 14세기 말 정몽주에 의해 남방 성리학이 다시 수용되어 의리 사상이 고려에서 꽃을 피우는데 일정한 구실을 했을 것으로 짐작된다.

성리학은 재래의 당위적인 윤리 · 도덕의 범주를 넘어 유학을 철학적으로 무장한 유교철학이다. 중국 북송 때의 학자 주돈이(周敦頤)의 「태

---

4) 최영성, 「鄭臣保論」, 『한국철학논집』, 36, 한국철학사연구회, 2013 참조.

극도설(太極圖說)」에서 비롯된 성리학은 이정(二程)을 거쳐 남송의 주희(朱熹: 1130~1200)에 이르러 집대성되었다. 성리학은 우주・자연의 원리와 인간 사회의 질서를 탐구하는 학문이다. 일찍이 송유(宋儒) 소강절(邵康節)이 "학문이 천인(天人) 관계에 연결되지 않으면 학문이라고 할 수 없다"[5]고 말한 바 있듯이, 우주와 인생을 일관된 체계로 설명하고 있으며, 그것은 성명(性命)과 리기(理氣)의 관계로 표현된다. '천인합일(天人合一)' 이라는 유학사상의 대전제에 따라 천리(天理)와 인사(人事)가 어떻게 합일할 수 있는가를 추구하는 것이 성리학의 본령이다.

성리학은 순수한 인간성을 역설하며 도덕적 인간상을 구현하고자 한다. 윤리의식이 투철하고, 정의와 진리를 수호하는 문화의식이 강렬하다. 천리와 합치되는 불가변의 강상(綱常)과 의리를 숭상하고 공리(功利)를 도모하지 않으며, 정통(正統)과 명분을 중시하여 군신지의(君臣之義) 및 상하의 신분질서를 강조하고 이단을 철저히 배격하는 특성이 있다. 또 합리성과 객관성을 추구하는 경향이 강하며 비합리적이거나 신비적 미신적인 것을 배격한다.

종래 유학계의 학풍에 염증을 느끼던 학자들과 불교계의 부패와 타락에 실망한 지식인들은 정주학에 심취하였다. 여말의 신진사류는 정주학도가 대부분이었다. 정주학은 그들의 정신적 이념적 지주가 되었다.

정주학이 전파되고 그 세력을 형성함에 따라 불교 배척의 기운이 조성되기 시작하였다. 처음에는 이제현・이색 등의 예에서 보는 바와 같이 불교의 교리를 인정하는 테두리 안에서 사원(寺院)의 부패와 타락에 따른 각종 폐단과 승도(僧徒)들의 비행을 공격하여 그 개량을 주장하는 데 머물렀다. 이후 정몽주의 이론적 비판을 거쳐 정도전에 와서는 불교

---

5) 『皇極經世書(六)』 "學不際天人, 不足以謂之學."

가 사회생활과 국가 발전에 해로운 것〔滅倫害國〕이라고 하여 극력 배척하고 박멸할 것을 주장하기에 이르렀다. 정주학도들은 전례(典禮) 문제에서도 불교의식을 추방하고, 『주자가례(朱子家禮)』에 입각한 삼년거상법(三年居喪法)과 가묘제(家廟制)를 장려하였다. 이러한 유·불의 교체는 결과적으로 조선왕조 창업의 결정적 동인(動因)의 하나가 되었다.

2. 정주학의 발전과 그 성격

무신집정기에는 종래 문벌귀족 중심의 신분 질서가 붕괴하면서 신분 변동이 촉진되었다. 그동안 진출이 억제되었던 중앙관부(中央官府)의 이속(吏屬)이나 지방 향리 또는 중소지주층에 기반을 둔 문인들이 과거 시험 등을 통해 중앙 정계에 등장하여 관료로서 활약하였다. 나중에는 학계를 주도하는 주체세력으로 성장하였다. 이들을 신흥사류(新興士類) 또는 신진사류(新進士類)라고 한다. 특히 지방 향리층의 약진이 두드러졌다.[6)]

'신진사류' 란 고려 후기에 등장한 신흥세력 가운데 유교적 소양이 깊고 정치적 실무에 밝은 정치엘리트들을 말한다. '학자적 관료' 이자 '관료적 학자' [7)]이기도 하다. 이들은 최씨 정권 시기에 문학·종교·사상 방면에 종사하면서 새로운 문화 방향을 모색하였다. 그 뒤에는 정주

6) 무신 집권기에 등장한 일부 문인들은 문학을 통해 발랄하고 진취적이었던 고대의 문화적 전통과 기상을 회복하는 데 일정한 기여를 하였다. 이것은 유학계에도 영향을 끼쳐 고려유학의 체질 변화를 이끄는 하나의 계기를 제공하였다. 무신란 이전의 문인과 이후의 문인은 이미 동질의 것이 아니었다. 조동일, 『한국문학통사』 제2권, 지식산업사, 1989, 11쪽.

7) 李佑成, 「高麗朝의 吏에 대하여」, 『역사학보』 제23집, 1964 참조.

학을 수용하여 자신들의 학문과 경륜을 가다듬었다. 또한 불교세력을 타파하고, 신학문인 정주학을 주창하여 유교적 정치 질서를 모색하고자 했다. 이것은 중국 남송 초기의 사정과 비슷하다. 신진사류의 성향을 보면, 정주학이라는 새로운 정치철학의 세례를 받아 개혁성과 진취성이 강하였다. 유교적 관료체제를 확립하여 그 체제 안에서 자기들의 활동기반을 확보하고자 하였다. 그들은 대외적으로 배원친명(排元親明)의 외교 노선을 취하였다. 이것은 그들의 사상적 기반인 성리학의 특성에서 기인하는 것이기도 하지만, 원나라 세력을 배경으로 한 권문세족과 보수적 관료층을 겨냥한 것이기도 하다.

공민왕 때 과거제도와 학교제도가 재정비되면서 사대부의 이념과 세력은 급속히 확대 심화되었다. 이들은 과거를 통해 중앙 정치무대로 대거 진출하였다. 또 유교사상에 입각한 왕도정치 · 문치주의의 구현을 이상으로 하면서 유교적 관료정치를 지향하였다. 고려 후기의 사회적 불안과 국가적 시련을 성찰하여 애국 · 애민의식을 바탕으로 정치철학을 가다듬고, 권문세족이나 사원 등 구세력에 대하여 정면 도전하는 사회의식과 민족의식을 고취하였다. 그들은 규모가 큰 불교 행사와 권문세족들의 토지 광점(廣占)으로 말미암은 국가재정의 파탄을 신랄히 규탄하며, 다른 한편으로는 승려들의 도덕적 타락을 공격하였다.

당시 전제(田制)의 문란상은 심각하였다. 권문세족 또는 사원에서는 토지를 겸병한 나머지 산천(山川)을 경계로 삼을 정도였지만, 신진사류는 자신들이 받아야 할 분급수조지(分給收租地: 科田)는 물론 녹봉까지도 받지 못하는 상황이었다. 이들이 대규모의 농장을 부정하고 토지의 재분배를 요구한 것은 당연하였다. 신진사류는 전제개혁을 주장하면서 '나라를 통치하는 자는 반드시 경계(經界)를 바로잡는 것으로 인정(仁政)의 시초를 삼아야 한다'는 맹자의 말을 이끌어 전제개혁의 당위성을 강조하곤 하였다. 이러한 주장은 수탈과 핍박에 시달리는 농민층과 가난한 병사들로부터 많은 지지를 얻었다.

불교 배척과 사전(私田)개혁은 서로 맞물려 있었다. 불교에 대한 비판과 공격은, 불교 교단과 한 통속인 중앙 권력층이나 대농장주(大農莊主)인 권문세가들에 대한 투쟁을 의미하였으므로, 불교에 대한 승리는 곧 정치 · 경제 · 사회 등 여러 방면에서의 승리를 수반한 것이다.

신진사류가 정주학을 수용했던 이면에는 농업기술 면에서의 자극도 적지 않았다. 그들이 새로운 정치이념으로 다시금 표방한 '민본(民本)'이란 것도 실상은 '이생(理生)'을 통해 달성될 수 있는 것이었다. 중국에서 신유학과 새로운 농업기술인 강남농법(江南農法)이 거의 같은 시기에 이루어졌던 것은 우연이 아니었다.[8] 신진사류는 일반 백성의 이생 문제에 큰 관심을 가지고 그것의 실현을 위해 새로운 학문과 지식의 수용을 추구함으로써, 새로운 역사를 주도하는 계층으로서 자리를 확고히 굳힐 수 있었다.[9]

한편, 신진사대부 계층은 점진적 개혁을 추진하는 온건파(이색 · 정몽주 등)와 적극적 급진개혁파(정도전 · 조준 등)로 갈라져 대립하였다. '전제개혁'이라는 첨예한 문제 때문이었다. 당시 사대부 대다수는 온건파에 속하였다. 공민왕 때까지의 개혁은 주로 온건파에 의해 주도되었으나, 그마저도 권문세족들의 반발로 대부분 좌절되고 말았다. 공양왕 1년(1389) 사전 개혁의 요구가 제기되어 정의(廷議)에 부쳐졌을 때, 참석자 53명 가운데 개혁에 찬성한 사람은 18~19명이었다. 나머지는 모두 반대하였다. 반대자는 전부가 거실자제(巨室子弟)였다고 한다.[10]

---

8) 이태진, 『朝鮮儒教社會史論』, 지식산업사, 1990, 37쪽.
9) 이태진, 『조선유교사회사론』, 37쪽.
10) 『고려사절요』 권34, 공양왕 원년 己巳 4월조.

앞서 열린 중신회의에서도 사전을 일시에 혁파하자는 논의에 찬성한 사람은 소수의 급진개혁파뿐이었다. 이에 급진개혁파는 적극적 개혁을 위해 구세력은 물론 온건개혁파와의 투쟁을 절감하였다. 더 나아가 왕조 자체를 바꾸려는 역성혁명(易姓革命)의 필요성에도 공감하였다. 그 뒤 급진개혁파는 위화도회군(1388) 이후 폐가입진(廢假立眞)을 구실로 창왕(昌王)을 폐출하고 공양왕을 옹립, 정권을 장악하였다. 마침내 전제개혁을 단행하기에 이르렀다. 이들은 공양왕 2년(1390) 종래의 공사전적(公私田籍)을 모두 불태우고 이듬해 새로운 과전법(科田法)을 공포하였다.

과전법의 실시는 정치·경제적 측면에서 구질서가 신질서로 대체되는 것이다. 고려왕조의 몰락을 의미하는 것이기도 했다. 과전법은 피폐한 농민들의 생활을 개선하고 공전(公田)을 증대시켜 국가의 수입이 증가되도록 했다. 농민층에게도 유리한 여러 조건이 제시되었다. 여기에는 개혁정치를 통해 농민층의 지지를 얻으려는 신진사류의 의도가 숨어 있었다.

제2장

고려 말의 儒者와 정주학의 발전

1. 安珦 고종 30년(1243, 癸卯) – 충렬왕 32년(1306, 丙午)

자는 사온(士蘊), 호는 회헌(晦軒). 시호는 문성(文成)이다. 흥주(興州: 지금의 順興) 사람이다. 부친은 본래 흥주의 아전이었으나 의술(醫術)로 출세하여 벼슬이 밀직부사(密直副使)에 올랐다.

안향은 몸가짐이 장중(莊重)하고 행동은 조용하며 자세하였다. 원종 1년(1260) 과거에 급제하여 벼슬이 첨의중찬(僉議中贊: 首相)에 이르렀다. 재상으로 있을 때는 계획을 잘 세우고 결단을 잘하였으므로, 비록 동렬의 재상이라도 순순히 좇을 뿐이며 감히 다투지 못하였다. 항상 인재를 양성하고 유학을 부흥시키는 것을 자기의 임무로 생각하였다.

충렬왕 15년(1289) 정동행성(征東行省)의 좌우사랑중(左右司郞中)에 제수되고 또 본국유학제거(本國儒學提擧)[1)]가 되었다. 그해 왕을 호종

1) 원나라는 충렬왕 15년(1289)에 高麗儒學提擧司를 두었고, 안향이 최초로 유학제거에 임명되었다.

(扈從)하여 원나라에 들어갔다. 연경(燕京)에 머물면서 『주자전서(朱子全書)』를 보았다. 그것이 공문(孔門)의 정맥(正脈)이라 하여 손수 베꼈으며, 또 공자와 주자의 진상(眞像)을 그려 가지고 이듬해 환국하여, 이로부터 주자서(朱子書)를 강구하였다고 한다.[2] 이것이 정주 성리학 수용의 시초다.[3]

〈회헌 안향〉

그는 1298년에도 충선왕을 따라 원나라에 다녀온 일이 있다. 이때 원나라에서 문교가 부흥되고 있음에 자극을 받았다. 당시 원나라에서는 중국 고제(古制)를 따라 국자감과 공자묘(孔子廟)를 세우고 사전(祀典)의 예와 과거를 시행함으로써 바야흐로 문교가 부흥하였다. 안향이 만년에 유학의 진흥을

---

2) 『晦軒實紀』 권3, 「연보」, 48세(庚寅)조 "留燕京, 手抄朱子書, 摹寫孔子朱子眞像. 時朱子書未及盛行於世, 先生始得見之, 心自篤好, 知爲孔門正脈, 手錄其書, 摹寫孔朱眞像而歸. 自是, 講究朱書, 深致博約之工."

3) 안향의 정주학 수용은 3차에 걸친 入燕과 맞물려 있다. 안향은 1290년 정주학 수용 이전에 이미 정주 성리학에 대해 사전 예비지식을 갖추고 있었다. 그 결정적 계기는 1279년부터 수년간 계속되었던 禿魯花 생활이었다. 비록 質子 생활이었지만 기실 留學이라는 성격이 다분하였다. 더욱이 독로화 신분으로 원나라에 들어갈 당시 안향의 직함은 國子司業이었다. 관례상 직급을 높여준 사정도 있지만, 국자사업에 임명한 데에는 특별한 의도가 있었을 것이다. 즉, 원나라의 大學 제도를 배움과 아울러 중국에서 유행하는 새로운 학문, 즉 신유학을 공부해 오라는 무언의 지시가 담긴 것으로 이해할 수 있다. 이 독로화 생활의 경험이 있었기 때문에 10년 뒤인 1289년 제2차 입연 당시 짧은 체류 기간임에도 신유학=정주학을 고려에 들여올 수 있었다.

중심으로 문교의 부흥운동에 진력한 것도 이러한 데서 직 · 간접으로 자극과 영향을 많이 받았을 것이다.

안향은 당시의 최고학부이던 국학(國學)에 들어가 문묘가 황폐한 것을 보고 개탄하면서 시를 읊은 적이 있다.

> 香燈處處皆祈佛 곳곳마다 향등 올려 부처에게 복을 빌고
> 簫管家家盡祀神 집집마다 관현(管絃) 소리 푸닥거리일세.
> 獨有數間夫子廟 두어 칸 남은 것은 부자묘(夫子廟)뿐인데
> 滿庭春草寂無人 뜰에는 봄풀만 무성할 뿐 인적은 고요하네.[4)]

이것은 문묘 중수(重修) 이전에 지은 것으로 보인다. 당시에 불교신앙과 민간신앙이 성행했던 데 비해 유교는 크게 쇠퇴한 상태였음을 짐작케 한다.

그는 학교의 교사(校舍)가 퇴락하고 국학이 날로 쇠퇴하는 것을 우려하여, 찬성사(贊成事)로 재직 중이던 충렬왕 30년(1304), 국학에 섬학전(贍學錢)이라는 일종의 육영기금을 조성하도록 조정에 건의하였다.

> 재상의 직책은 인재를 교육하는 것보다 더 급한 것이 없습니다. 그런데 양현고(養賢庫)가 탕진되어 인재 양성에 사용할 자금이 없으니, 청컨대 6품 이상은 각기 은 1근씩을 내도록 하고, 7품 이하는 등급에 따라 포목을 내게 하여 이를 양현고에 귀속하되, 본전은 그대로 두고 이식(利息)을 취해서 영구히 교육 자금으로 만들게 하옵소서.[5)]

---

4) 『회헌실기』 권1, 遺集, 〈題學宮〉
5) 『고려사』 권105, 「안향전」

이에 재(宰)·추(樞) 양부(兩府)에서 이 의견을 좇아 충렬왕에게 내고(內庫)에서 금전과 양곡을 연출(捐出)하여 부조하도록 하였다. 그는 또 쓰고 난 나머지 자금을 박사(博士) 김문정(金文鼎) 등에게 주고 그를 중국 강남에 파견하였다. 선성(先聖) 및 칠십제자(七十弟子)의 화상을 모사(摹寫)하고 아울러 제기(祭器)·악기(樂器) 및 육경과 제자서(諸子書)·사서(史書)를 구입해 오도록 하였다. 이 뿐만 아니라, 밀직부사(密直副使)로 퇴직한 이산(李㦃)과 전법판서(典法判書) 이진(李瑱)을 천거하여 경사교수도감사(經史敎授都監使)란 전문 교관으로 삼게 하였다. 이에 대궐 안의 학관(學館)과 내시삼도감(內侍三都監), 오고(五庫)에서 배우기를 원하는 선비 및 칠관십이도(七管十二徒)[6]의 생도들이 모여들었다. 경서를 끼고 수업(受業)하는 자가 수백 명에 달하였다 한다.

안향은 항상 회암선생(晦菴先生: 朱子)의 초상을 걸어놓고 경모(景慕)를 다하였다. 또 자호(自號)를 회헌(晦軒)이라 하였다. 국자감의 여러 생도에게 내리는 글에서는

성인의 도는 현실 생활에서 인륜을 실천하는 것 이외의 것이 아니다. 자식이 된 이는 효도하고 신하가 된 이는 충성하며, 예로써 집안을 다스리고 신의로써 벗을 사귀며, 경(敬)으로써 자기 자신을 수양하고 일을 하는 데 성(誠)으로써 할 따름이다. 그런데 불교는 어떠한가. 부모를 버리고 출가하여 인륜을 파괴하니 이는 이적(夷狄)의 무리이다. 근래 전쟁에 시달린 나머지 학교가 퇴폐하고 선비는 학문을 몰라, 배운다는 것이 고작 불서(佛書)나 즐겨 읽고, 그 허무공적(虛無空寂)한 뜻을 믿으니 무척이나 가슴 아프다. 내 일찍이 중국에서 주회암의 저술을 얻어 보니, 성인의 도를 밝히고 선불(禪佛)

6) 國學七齋와 私學十二徒를 가리킨 것으로 보인다. 이는 官·私學의 學徒를 모두 일컬은 것이다.

> 의 학문을 배척한 공이 공자에 짝할 만하였다. 공자의 도를 배우고자 하면 회암을 배우는 것보다 우선할 것이 없다. 여러 생도는 『주자신서(朱子新書)』를 읽는 데 힘써 조금도 게으름이 없어야 할 것이다.[7)]

고 하였다. 이를 보면, 안향은 우리나라 최초의 주자학자요 주자 숭배자로서, 고려 학계에 주자학이 뿌리를 내릴 수 있도록 한 공로자라 할 것이다.

세상을 떠난 지 13년 만인 충숙왕 6년(1319)에 문묘에 종사(從祀)되었다. 홍학(興學)·양현(養賢)에 끼친 공을 인정받은 것이다. 당시 조신(朝臣) 중에는 "안향이 비록 섬학전 조성을 건의하여 인재를 육성한 공적은 있지만, 어찌 이것을 가지고 종사의 은전을 베풀 수 있겠는가"라고 이의를 제기한 이도 있었지만, 안향의 문인인 신천(辛蕆)이 적극적으로 주청하여 실현되었다. 조선조에 들어 중종 37년(1542)에 주세붕(周世鵬)이 그를 향사(享祀)하는 소수서원(紹修書院: 경상북도 영주시 순흥면 소재)을 세웠고, 뒤에 퇴계 이황의 건의로 우리나라 최초의 사액서원(賜額書院)이 되었다. 안향의 높은 학덕과 문교에 끼친 공로를 흠모하고 추앙한 데서 연유한 것이라 하겠다.[8)]

그의 문인 중에는 한 시대의 대유(大儒)로 칭송되는 이가 많았다. 백이정·우탁·권보(權溥) 등이 가장 저명하였다.

7) 『회헌실기』 권1, 遺集, 「諭國子諸生」

8) 퇴계 이황은 주세붕이 소수서원을 세워 후학을 교육한 것은 실로 盛事라고 인정하면서도, 안향을 東國道統의 嫡傳으로 推尊하려는 의도에 대해서는 크게 잘못되었다고 비판하였다. 『퇴계문집』 권2, 5a-5b, 「閒居, 次趙士敬具景瑞金舜擧權景受諸人, 唱酬韻十四首」, 〈其十七〉 참조.

2. 禹倬 원종 4년(1263, 癸亥) – 충혜왕 복위 3년(1342, 壬午)

자는 천장(天章), 호는 역동(易東), 시호는 문희(文僖). 본관은 단양(丹陽)이며 안향의 수문인(首門人)이다. 충렬왕 16년(1290) 문과에 급제하여 벼슬이 성균좨주(成均祭酒)에 이르렀다. 신천 · 백이정 · 권보와 함께 안향 문하의 사군자(四君子)로 꼽힌다. 높은 학덕과 의리의 실천으로 후학의 추앙을 받았다. 일찍이 미신타파를 통한 풍속의 일신과 척불운동에 앞장섰다. 또 충선왕이 부왕(충렬왕)의 후궁 숙창원비(淑昌院妃)를 범간(犯奸)하는 패륜을 자행하자 지부상소(持斧上疏)하여 임금의 비행을 직간한 것으로 유명하다.

『고려사』 열전에 의하면, 우탁은 경사(經史)에 밝고 역학에 더욱 깊어서 점치는 것은 맞지 않음이 없었다고 한다. 또한 정이천(程伊川)의 『역전(易傳)』이 우리나라에 처음 들어왔을 때 잘 아는 이가 없었는데, 그가 달포를 궁구한 끝에 드디어 해득하고 이를 생도들에게 교수함으로써 고려에서 의리지학(義理之學)이 행해지게 되었다고 한다.[9] 그가 심오한 의리역(義理易)을 단시일에 쉽게 해득할 수 있었음은 종래 역학 연구의 중심이었던 상수역(象數易)에 대한 연구가 깊었기 때문일 것이다. 그의 이천역(伊川易) 연구는 우리나라에서 역학에 대한 의리학적 이해의 선하(先河)를 이루었을 뿐 아니라, 종래의 점술 차원에서의 역학 연구를 지양, 윤리적이고 합리적인 사유로 방법의 전환을 가져왔다는 데 의의가 있다. 세상에서 '역학으로 동방을 계몽하였다' 는 의미로 그를 '역동선생' 이라고 불렀던 것은 이런 이유에서라고 본다.

그의 역학 연구는 철학적 사색의 시초를 이루어 이후의 학자들에게

9) 『고려사』 권109, 「우탁전」

이론적이고 사변적(思辨的)인 연구 방법을 갖도록 하는 데 선도적 구실을 하였다. 그에게 이학(理學)의 창시자라는 평가가 돌려지는 것은 지나친 일이 아니라 하겠다. 후일 퇴계 이황은 우탁의 학덕을 경모하여 우탁이 만년에 은거하였던 안동에 역동서원(易東書院)의 창건을 주창하였다. 또한 그의 역학 연구에 대해 "하늘이 우리 동방을 도와 사문(斯文)을 이끄심에 우리 정자의 『역전』이 처음으로 이 땅에 이르렀는데, …… 선생께서 계시지 않았다면 누가 연구하고 누가 깨달았을까"[10]라고 높이 평가하였다. 퇴계 이황은 우탁을 동방의 팔대유(八大儒)로, 미암(眉巖) 류희춘(柳希春)은 동방 십대유(十大儒)의 한 사람으로 꼽은 바 있다.[11]

이처럼 우탁은 성리학의 수용·이해 과정에서 중요한 위치를 차지한다. 그럼에도 그의 학문·사상을 살필 수 있는 저술은 전하지 않는다. 그의 문인 불훤재(不諼齋) 신현(申賢: 1298~1377)의 행장(行狀)과 사적(事跡)을 담은 『화해사전(華海師全)』[12]에 의하면, 우탁의 저술에 『정전이해(程傳理解)』·『초학개몽(初學開蒙)』·『가례요정(家禮要精)』·『도수편(徒酬篇)』·『역론(易論)』·『역설(易說)』 등이 있었으나, 조선 초기에 화란(禍亂)으로 모두 인멸되었다고 한다.[13] 현재는 『화해사전』 권3의 「비모편(備耗篇)」(일명 易東問答) 등을 통해 그의 성리학의 특징을 대강이나마 엿볼 수 있다.[14]

---

10) 『퇴계문집』 권45, 13b, 「易東書院成祭禹祭酒文」

11) 『퇴계속집』 권8, 「示回詔使書」; 『퇴계언행록』 권5, 「類編」, 〈論人物〉 참조; 『眉巖集』 권6, 「日記」, 〈戊辰, 7월 1일〉 참조.

12) 철종 3년(1852) 湖西의 孔氏家에서 고려 말의 학자 伏崖 范世東이 撰하고 耘谷 元天錫 등이 편집한 『活動人物叢記』가 나왔다. 이 가운데 『화해사전』이 들어 있었다. 1920년 신현의 후손에 의해 간행되고 1932년 중간되었다. 사실 여부에 대해서는 異說이 있다.

13) 『華海師全』(필사본) 권8, 「東方淵源錄」 참조.

14) 吳錫源, 「역동 우탁사상의 연구」, 『안동문화』 제5집, 안동대학교 1984, 81-83쪽 참조.

3. 白頤正 고종 34년(1247, 丁未) – 충숙왕 10년(1323, 癸亥)

자는 약헌(若軒), 호는 이재(彛齋), 시호는 문헌(文憲), 본관은 남포(藍浦)이다. 성균관 대사성을 지낸 백문절(白文節)의 아들이며 안향의 문인이다. 충렬왕 1년(1275) 문과에 급제하여 벼슬이 첨의평리(僉議評理)에 이르고 상당군(上黨君)에 봉해졌다. 『역옹패설』에 의하면, 일찍이 충선왕을 따라 원나라에 들어가, 원도(元都)에서 10년 동안 유학하다가 귀국할 때 정주(程朱)의 성리서(性理書)를 많이 구해 왔다고 한다.[15] 『고려사절요』에서는 백이정이 귀국하여 첨의평리에 임명된 해를 충숙왕 1년(1314)이라 하였다.[16] 이제현의 증언에 의하면, 그는 우리나라 학계에서 주자학을 수용하는 데 실로 획기적인 구실을 한 학자로 평가된다. 안향이 우리나라 최초의 주자학 소개자요 주자 숭배자라면, 백이정은 원나라 연경에서 여러 해 동안 주자학을 배우고 돌아와 고려 학계에 전파하여, 주자학 수용의 일대 전기를 마련한 최초의 주자학자라고 할 수 있다.

문인으로 이제현과 박충좌(朴忠佐)가 있다. 박충좌(1287～1349)의 자는 자화(子華), 호는 치암(恥菴), 시호는 문제(文齊)다. 벼슬이 판삼사사(判三司事)에 이르고 함양부원군(咸陽府院君)에 봉해졌다. 성품이 온후하고 검소하였으며, 『주역』 읽기를 좋아하여 늙어서도 그치지 않았다고 한다.[17] 그 역시 이천역에 심취했던 것 같다.

15) 『역옹패설』, 前集(二) "白彛齋頤正, 從德陵留都下十年, 多求程朱性理之書以歸, …… 學者又知有道學矣."

16) 『고려사절요』 권24, 충숙왕 원년 甲寅 정월조.

17) 『고려사』 권109, 「박충좌전」; 『고려사절요』 권26, 충정왕 원년 己丑 윤7월조.

4. 權溥 원종 3년(1262, 壬戌) – 충목왕 2년(1346, 丙戌)

자는 제만(齊萬), 호는 국재(菊齋), 시호는 문정(文正). 본관이 안동(安東)이며 안향의 문인이다. 충렬왕 5년(1279) 과거에 급제하여 벼슬이 첨의정승(僉議政丞)에 이르렀고 영가부원군(永嘉府院君)에 봉해졌다. 재상을 22년이나 지냈다. 여섯 아들과 세 사위가 모두 군(君)에 봉해져 세상에서 '구봉군(九封君)' 이라 일컬었다.

천성이 온화하고 충효를 겸전하였으며, 책 읽기를 좋아하여 늙어서도 그만두지 않았다. 일찍이 아들 준(準)과 함께 역대 효자 64명의 행적을 수집하여 『효행록(孝行錄)』을 엮고 사위 이제현에게 찬(贊)을 짓도록 한 바 있다. 『은대시(銀臺詩)』 20권도 주석하여 보는 이들이 그 해박함에 탄복하였다 한다.[18] 특히 주자의 『사서집주(四書集註)』를 판각하여 널리 전함으로써,[19] 주자학을 보급하는 데 크게 기여하였다. 이후 충혜왕 5년(1344)에 과거법을 개정하여 초장(初場)에서 육경의(六經義)와 함께 사서의(四書疑)를 시험함으로써, 사인(士人)들 사이에서 『사서집주』가 교과서로 채택되기에 이르렀다.

5. 李齊賢 충렬왕 13년(1287, 丁亥) – 공민왕 16년(1367, 丁未)

〔1〕 자는 중사(仲思), 호는 익재(益齋)·실재(實齋)·역옹(櫟翁), 시호는 문충(文忠). 본관이 경주로서 권보의 사위이며 백이정의 문인이다.

---

18) 『고려사절요』 권25, 충목왕 2년 丙戌 10월조 ; 『益齋亂藁』 권7, 「永嘉府院君文正公權公墓誌銘」 참조.

19) 『역옹패설』, 前集(二) "我外舅政丞菊齋權公, 得四書集註, 鏤板以廣其傳."

어려서부터 글을 지음에 이미 노숙한 기상이 있었다. 충렬왕 27년(1301) 성균시에 장원하고 이어 문과에 급제, 예문춘추관에 들어갔다. 충숙왕 1년(1314) 백이정이 원나라로부터 정주학을 배워서 돌아오자 가장 먼저 사사(師事)하였다.

한편 이해 연경(燕京)에 있던 상왕 충선왕이 만권당(萬卷堂)을 짓고 서사(書史)를 즐길 때 그를 불러들여 학문을 논하였다. 당시 원나라의 한족(漢族) 출신 학자 요수(姚燧) · 염복(閻復) · 원명선(元明善) · 조맹부(趙孟頫) · 우집(虞集) 등이 충선왕의 문하에 놀았으므로, 그도 이들과 종유(從遊)하면서 학문과 식견을 넓혔다. 원나라에 있는 동안 3차에 걸친 먼 여행은 견문을 넓히는 데 큰 도움이 되었다.

충숙왕 8년(1321) 충선왕이 참소를 입어 멀리 토번(吐蕃) 땅에 귀양을 가 오래도록 풀려나지 못하였다. 이에 동 10년 원중랑(元中郎)과 승상 배주(拜住)에게 장문의 글을 올려 석방을 청하였다. 사의(辭意)가 정성스럽고 간절하여, 배주가 원제(元帝)에게 타스마〔朶思麻〕라는 가까운 곳으로 옮기도록 청하였다. 또한 이해에 고려의 유청신(柳淸臣) · 오잠(吳潛) 등이 원나라에 글을 올려, 고려의 국호를 폐하고 원나라의 한 성(省)으로 삼을 것을 주청하자, 다시 원나라 중서도당(中書都堂)에 글을 올려 불가함을 상론, 그 의론이 중지되도록 하였다.

이로부터 벼슬이 누진(累進)하여 전후 4차에 걸쳐 수상을 지내고 여러 번 공신에 책록되었다. 조정에 있는 동안 군덕(君德)을 보도(輔導)함은 물론 문란해진 국가 기강을 바로잡고, 군신(君臣) 상하의 유리(遊離) · 반간(反間)을 방지하기 위해 시정(時政)을 개혁하는 데 온 힘을 쏟았다. 왕위의 여탈폐립(與奪廢立)이 원나라에 달려 있고 본국과 원나라 사이에 참간(讒間)이 성행하여 편안한 날이 거의 없었던 시기에, 국가와 왕실의 안위(安危)에 중대한 일이 발생할 때마다 홀로 나서서 온갖 어려움을 무릅쓰고 일을 해결해냈다.

공민왕 6년(1357) 치사(致仕)한 뒤 왕명으로 실록(實錄)을 찬수하였으며, 저술과 학문 연구에 전념했다. 뒤에 공민왕의 묘정(廟庭)에 배향되었다. 저술로 『익재난고(益齋亂藁)』·『역옹패설(櫟翁稗說)』 및 사론(史論) 등이 전한다.

〈익재 이제현〉

〔2〕 이제현은 훈업(勳業)은 물론이요 경학과 문장으로 일세의 거벽(巨擘)이 되었다. 그는 김부식 이후 쇠미해진 고문(古文)을 부흥시켜 한국한문학사에서 '문장의 정종(正宗)'으로 받들어졌다. 특히 사(詞)에서 거의 독보적 존재로 꼽혔다. 그가 '문장보국(文章輔國)'의 공을 이루었음은 잘 알려진 사실이다. 또 역사학에도 능하여 역대의 실록을 편찬하는 데 참여했고 많은 사론을 남겼다.

그는 성리학의 수용·발전 과정에서 중요한 위치에 있었다. 스승 백이정과 장인 권보가 성리학의 수용·보급에 선구적인 학자였고, 원나라에 있을 때 교유했던 요수·염복·원명선 등이 저명한 성리학자들이었다. 그러나 그는 성리학에 경도되지 않았다. 이 때문에 후일 성리학을 좋아하지 않았다는 평을 받기도 하였다. 『고려사』에 의하면 "이제현은 성리학을 즐겨하지 않아 정력(定力)이 없었다. 공연히 공자·맹자를 말할 뿐 심술이 단정하지 않았고, 일을 처리함에 매우 이치에 합당하지 못하여, 식자들에게 단점으로 지적되었다"[20]고 한다. 그러나 이것은 성리학에 편향된 자들의 비평에 불과하다. 이제현은 오경 중심의 경학과 성리학의 병진(竝進)을 바람직하게 생각하였고, 유학의 본령인 '수기치인(修己治人)' 에 충실하고자 개인의 수양과 아울러 경세적 실용성도 중시하였다. 문인 이색은 다음과 같이 평하였다.

> 익재 선생은 성년이 되기도 전에 문장이 이미 당세에 유명하여 충선왕이 매우 중하게 여겼으며, 시종(侍從)으로서 왕을 모시게 되었다. 원조(元朝)의 대유(大儒)인 요수 · 염복 · 조맹부 · 원명선 · 장양호(張養浩)가 모두 왕의 문하에 종유(從遊)하므로 선생이 그들 모두와 교제하였다. 보는 것이 달라지고 듣는 것이 새로워졌으며, 연마하고 변화하여 진실로 이미 그 정대고명(正大高明)한 학문을 다하였다.[21]

요수는 허형(許衡)의 문인이고 원명선은 오징(吳澄)의 문인이다. 허형은 주자학자이지만 오징은 주자와 육구연을 절충한 학자다. 원대 주자학의 주류인 허형 계통뿐만 아니라 상산학(象山學)의 여류(餘流)와도 접하였던 그는 주자학에 편향되지 않고 국제적 감각에 맞게 개방적 자세를 지녔던 통유(通儒)라 할 수 있다. 이색이 '정대고명한 학문을 다하였다' 고 한 것은 그 까닭이 여기에 있다.

〔3〕 이제현은 성리학을 받아들여 연구하면서도 육경으로 대표되는 경학을 중시하여 성리학과 경학의 겸수(兼修)를 주장하였다. 이것은 다음의 위학차서(爲學次序)에서도 엿보인다.

---

20) 『고려사』 권110, 「이제현전」 "…… 不樂性理之學, 無定力, 空談孔孟, 心術不端, 作事未甚合理, 爲識者所短."

21) 『목은문고』 권7, 1a, 「益齋亂藁序」

『효경』·『논어』·『맹자』·『대학』·『중용』을 강(講)하여 격물치지(格物致知)·성의정심(誠意正心)의 도를 익히게 하고, …… 사서를 이미 숙독하였거든 육경을 차례로 강명(講明)케 하여, …… 습관이 천성처럼 되면 덕에 나아가는 것을 스스로도 깨닫지 못하게 된다.[22)]

여기서 『효경』을 학문하는 차례에 포함한 것은 육경 중심의 경학 체계와 관련이 있다.[23)]

그는 유학을 실학(實學)이라 하였다. 일찍이 원도(元都)에 있을 때 충선왕에게 말하기를

이제 전하께서 진실로 학교를 넓히고 상서(庠序)를 삼가며, 육예(六藝)를 높이고 오교(五敎)를 밝혀 선왕의 도를 천명한다면, 누가 진유(眞儒)를 등지고 승려〔釋子〕를 따를 것이며 실학을 버리고 장구(章句)만 익히겠습니까. 앞으로 자질구레하게 글귀나 다듬는 무리들〔雕蟲篆刻之徒〕이 모두 경학에 밝고 행실이 닦여진 선비〔經明行修之士〕로 변하게 될 것입니다.[24)]

고 하여, 실학인 유학을 진흥하는 길은 학교를 일으키고 인재를 육성하여 선왕의 도를 천명하는 데 있다고 하였다. 그가 말한 '실학'은 실용성이 없는 부허(浮虛)한 사화(詞華)나 이단인 불교와 반대되는 것이다. 도덕적 실천학임과 동시에 경세치용(經世致用)의 실사(實事)·실용학(實用學)이라 할 수 있다. 이는 그의 별호 '실재(實齋)'가 시사한다.

---

22) 『익재집』 拾遺 4a, 「上都堂書」

23) 정주학도들은 『효경』 대신 『소학』을 중시하였다. 二程은 『효경』을 表章하지 않았고 朱子는 『효경』을 의심하여 『孝經刊誤』를 편찬하였다. 『효경』의 요지는 대부분 『소학』에 편입되었다.

24) 『역옹패설』 前集(一) 13b.

그의 실학관은 '거부과(去浮夸), 무독실(務篤實)', '구신민지리(求新民之理)', '궁행심득(躬行心得)'과 같은 표현에서 잘 나타난다. 이는 당시 원나라에서 성행하던 실천적 주자학풍에서 영향을 받은 바 큰 듯하다. 그는 성종(成宗)에 대한 사찬(史贊)에서 다음과 같이 말했다.

> 일찍이 최승로가 올린 글(「시무이십팔조」)을 보고 기뻐하고 유의하여 부과(浮誇)를 버리고 독실(篤實)에 힘쓰며, 옛것을 좋아하는 마음으로 백성을 새롭게 하는 도리를 구하되, 행함에 게으름이 없고 일을 조급히 이루려는 생각을 경계하며, 궁행심득(躬行心得)하고 자기를 미루어 남에게 미치도록 하였더라면, 제(齊)가 변하여 노(魯)에 이르고 노가 변하여 도(道)에 이르는 것을 기약할 수 있었을 것이다.[25)]

그의 학문과 사상, 경륜을 종합적으로 엿볼 수 있다. 궁극적으로 그의 유교적 이상을 잘 나타낸 바라 하겠다.

실용·실사를 중시하는 그의 학문 경향은 유교의 이념과 원리를 현실에 응용하거나, 또 역사상의 실례를 유교의 가치기준으로 논단하는 데서 잘 나타난다. 태조 이하 15명의 임금에 대한 사찬(史贊)은 좋은 본보기다. 이 사찬은 '감고계금(鑑古戒今)'의 목적 아래, 고려 역대 정치의 득실(得失)과 화란(禍亂)의 원인을 구명하여 후세에 참고가 되도록 한 것이다. 역사가로서의 소양과 함께 통유·경세유(經世儒)로서의 면모도 엿볼 수 있게 한다. 사찬 정왕조(定王條)에서는

> 정왕은 존귀한 왕의 신분으로 10리나 되는 절에까지 걸어가서 불사리(佛

25) 『익재난고』 권9(下), 11b, 「史贊」, 〈成王〉

> 舍利)를 봉안하고, 또 7만 석의 곡식을 풀어 하루 사이에 여러 중에게 다 나누어 주었다. 그러고도 한번 하늘의 견책을 만나자 정신을 잃어 병이 났다. 이른바 '군자는 부정하게 복을 구하지 않고, 경(敬)으로써 내심(內心)을 곧게 한다'는 옛글을 듣지도 못했던가.[26)]

고 하여, 유가의 수양공부인 '경이직내(敬以直內)'로써 임금의 불사(佛事)를 비판하였다. 이는 이단 배척의 일환으로 보인다. 광왕조(光王條)에서는

> 과거를 신설하여 인재를 뽑은 일〔設科取士〕 같은 것은, 광왕이 본디 문(文)으로 풍속을 교화하려는 뜻을 가졌고, 쌍기(雙冀)도 광왕의 뜻을 받들어 그 아름다운 뜻을 성취시켰음을 볼 수 있으니, 보탬이 없다고는 할 수 없다. 그러나 그가 창도한 것은 부화(浮華)한 문장뿐이어서 그 폐단이 매우 많았다.[27)]

고 하여, 과거제도의 본래 취지는 바람직한 것이었으나 시(詩)·부(賦) 등으로 선발했던 탓에 모든 선비들이 실용과 동떨어진, 부화한 사조(詞藻)에만 힘쓰게 되었다고 비판하였다. 또 경왕조(景王條)에서는 『맹자』의 이른바 "인정(仁政)은 반드시 경계(經界)로부터 시작된다"(「등문공상」)는 말을 이끌어 고려의 전시과(田柴科) 제도를 논하였고, 성왕조(成王條)에서는 최승로의 「시무이십팔조」를 인용한 뒤 높이 평가하였으며, 또한 시무책을 받아들여 치화(治化)를 이룩한 성종의 업적을 왕도정치의 한 본보기로 크게 기렸다.

그는 고려 말의 전환기에 급진 개혁보다는 개량적이고 온건한 노선

---

26) 『익재난고』 권9(下), 2b.

27) 『익재난고』 권9(下), 3a.

을 취하였다. 또한 불교 비판에서도 소극적 태도를 보였다. 이러한 경향은 문인 이색에게 계승되어, 고려 말 급진파에 맞선 온건파에 지대한 영향을 끼쳤다.

6. 李穡 충숙왕 15년(1328, 戊辰) – 태조 5년(1396, 丙子)

〔1〕 자는 영숙(穎叔), 호는 목은(牧隱), 시호는 문정(文靖). 본관이 한산(韓山)이다. 가정(稼亭) 이곡(李穀)의 아들이며 이제현의 문인이다. 여말삼은(麗末三隱)의 한 사람이다. 가학을 계승하여 학문을 이루었다. 14세에 성균시(成均試)에 급제하고, 충목왕 4년(1348) 원나라에 가서 국자감의 생원(生員)으로 성리학을 연구하였다. 우문자정(宇文子貞)·구양현(歐陽玄)·오백상(吳伯尙) 등 여러 석학을 종유(從遊)하면서 식견을 넓힌 바 있다. 공민왕이 즉위하자 전제(田制)의 개혁, 왜구의 방어를 비롯한 국방대책, 유학의 장려와 교육의 진흥, 불교의 억제 및 정화(淨化) 등 당면한 시정(時政)을 상소하였다. 이듬해 원나라에 서장관으로 갔다가 원나라 제과(制科)에 급제, 여러 벼슬을 지냈다. 공민왕 5년(1356) 귀국하여 개혁을 건의, 무신집정기에 설치되었던 정방(政房)을 폐지하여 이부와 병부의 관리임명권을 회복하도록 했다. 또 주자가례에 따라 삼년상을 행하도록 건의하여 실시케 했다.[28]

공민왕 16년(1367) 나라에서 성균관을 중수하고 성균관 대사성(大司成)으로 임명하자, 성균관의 학칙을 새로 제정하고 경술(經術)에 능한 김구용·박의중(朴宜中)·박상충(朴尙衷)·정몽주·이숭인 등으로 교

28) 『고려사절요』 권26, 공민왕 6년 丁酉 10월조 ; 『牧隱文藁』 권7, 13b, 「贈金判事詩後序」 참조.

〈목은 이색〉

관을 겸하게 하여, 성리학의 보급 · 발전과 국학(國學)의 진흥에 이바지했다. 공민왕 19년에는 원나라의 과거제도를 도입하여 실시토록 건의, 인재선발의 문란함을 바로잡고자 하였다.

이어 우왕의 총애를 받아 정당문학(政堂文學) · 판삼사사(判三司事)에 이르고 우왕의 사부(師傅)가 되었다. 우왕 15년(1389) 위화도회군이 일어나 우왕이 폐출되자 창왕(昌王)을 옹립하고 문하시중에 올랐다. 이어 명나라에 사신으로 가서 고려에 대한 감국(監國)을 요청, 이성계 일파의 세력을 억제하려 했다가 도리어 귀양길에 올랐다. 이어 윤이(尹彝) · 이초(李初)의 옥사에 연루되어 함창(咸昌)에 이배(移配)되었다. 공양왕 3

년(1391) 잠시 석방되었다가 이듬해 다시 여러 곳에서 귀양살이를 했으며, 아들 종학(種學)이 정도전에게 죽임을 당하는 비운을 겪었다.

조선이 개국한 뒤 태조 4년(1395) 한산백(韓山伯)에 봉해지고 태조로부터 출사(出仕)를 종용받았으나 이에 응하지 않았다. 이듬해 여주 신륵사(神勒寺)로 가는 도중 여강(驪江)에서 객사했다. 그는 성품이 관후(寬厚)하고 원만하였으며 생애 역시 고결하고 성실하였다. 더러 학문이 순수하지 못하고 지조가 굳지 못하여 신절(臣節)을 올바로 지키지 못했다는 비평을 듣기도 한다. 그러나 이는 대부분 조선조에 들어 고의로 깎아내린 평가에 따른 것이다.

> 백설이 잦아진 골에 구름이 머흘레라.
> 반가운 매화는 어느 곳에 피었는고.
> 석양에 홀로 서 있어 갈 곳 몰라 하노라.

이 한 편의 시조에는 고려와 조선의 역사적 갈림길에서 고려를 다시 일으키려는 우국충절이 고스란히 담겼다. 험한 구름(신흥세력인 이성계 일파)을 바라보며 반가운 매화(고려의 회복)를 기다리지만, 기울어져 가는 석양(고려의 운명)을 홀로 붙들지 못하는 안타까움과 외로움이 3장의 짧은 시에 응축되어 있다.

문인으로 이숭인 · 권근 · 하륜(河崙) · 윤소종(尹紹宗) · 변계량(卞季良) 등이 있다. 저술로 『목은문고』(20권)와 『목은시고』(35권)가 있다.

〔2〕 이색은 고려 말의 문종(文宗)이다. 동국문장(東國文章)의 집대성자라는 평을 받는다. 또한 정주학의 수용 · 발전기에 중요한 위치에서 큰 공헌을 하였다. 정몽주와 함께 고려 말기 도미(掉尾)를 장식했던 중

망(重望) 있는 거유(鉅儒)였다.

그는 고려 말기 정계와 사상계가 수구파(親元派)와 개혁파(親明派)로 나누어질 때, 개혁파에 속하였다. 성리학으로 이론을 무장하고 후진들을 교도(敎導)하였으며, 유학을 진흥하는 것을 자기의 임무로 여겼다. 성균관 대사성으로 있으면서 생도를 증원하고 매일 명륜당에서 교관을 독려, 성리학을 강의하게 하였다. 강의가 끝난 뒤에도 의심난 것을 서로 토론하게 하는 등 의리(義理)의 강명(講明)에 힘썼다. 사방의 학도가 모여들어 교사가 부족할 지경이었다고 한다. 이에 '기송사장(記誦詞章)' 만을 숭상하던 학풍이 점차 사라지고 단기간에 학풍과 사풍(士風)이 환연(煥然)히 일신되었으니, 이색이 끼친 공적이 지대하다고 할 것이다.[29)]

이색은 일찍이 세상에서 속된 것을 싫어하고 명교(名敎)의 구속에 따르는 것을 꺼려, 불교가 일세를 풍미(風靡)하고 유교가 쇠퇴한 것을 개탄하여 다음과 같이 말하였다.

> 대개 효는 정치의 근본이다. 아랫사람을 사랑으로 어루만지고 윗사람을 충성으로 섬기는 것이 모두 이 효도에서 나온 것이니 …… 어찌 화복(禍福)의 말에 현혹되어, 복을 기원한다는 명목으로 사치와 화려를 극하여, 재물을 허비하고 백성을 병들게 하는 것과 비교할 수 있겠는가. 비록 그렇지만 세상에서 호걸이라 일컫는 이들이 온통 이(불교)를 따르고 우리(유교)는 돌아보지 아니하니, 우리 도가 끊어지지 않음이 실낱과 같다. 장차 누구를 허물할 것인가.[30)]

그리고 종래의 도교에 대해서도 노자의 본지에서 완전히 벗어난 것

29) 權近, 『陽村集』 권40, 「牧隱先生李文靖公行狀」 참조.
30) 『목은문고』 권1, 8b-9a, 「眞宗寺記」

이라 하여 다음과 같이 비판하였다.

도가의 부류는 사마천의 『사기』에 실려 있다. 노자는 주(周)나라의 주하사(柱下史)로서, 불우한 가운데 『도덕경』 5천 언을 지었는데, 재전(再傳)하여 합공(蓋公)에 이르러서는 조참(曹參)이 그를 문제(文帝)에게 천거하여 한(漢)나라가 형벌을 쓰지 않게 하였다. 비록 우리 유자가 천하에 쓰이게 되더라도 그 성과는 반드시 모두 이와 같이 아름답지는 못할 것이다. 그러나 그 이른바 수록(授籙)·배장(拜章)·부주(符呪)·환단(還丹) 같은 술(術)은 비록 각각 설이 있지만, 지리(支離)하고 허망하여 다 노자가 말하지 않은 것이다. 이런 까닭에 그 제자가 된 자는 그 스승의 도에 힘써야 할 것이다.[31)]

이색은 당대 유학의 종사(宗師)로서, 『주역』과 『중용』에 밝아 유학을 의리지학(義理之學)으로 이끌었다.[32)] 문하에서 이숭인·권근 같은 학자를 배출하여, 전대의 부진을 씻고 조선유학의 선하(先河)를 이루었다. 고려·조선의 교체기를 통하여 이처럼 훌륭한 인재들이 많이 배출된 것은 새로운 교육에서 말미암은 것이라 하겠다.

그는 「선수집서(選粹集序)」에서 유교의 도통관(道統觀)을 다음과 같이 말하였다.

공맹(孔孟)의 학문을 강명(講明)하여 이씨(二氏: 노자·석가)를 배척하고

---

31) 『목은문고』 권7, 11b, 「送徐道士使還序」

32) 이색은 易學에 뛰어났다. 역학은 家學이었다. 그는 20대 초반에 이미 「易義」 1편을 지어 원나라 석학 宇文子貞에게 질정할 정도로 易에 밝았다고 한다(『목은문고』 권4, 「朴子虛貞齋記」). 그런데 대개 伊川易이 중심이었던 것 같다. 그는 邵雍의 象數易에 대해서는 별로 관심이 없었으며 배우고자 하지도 않았다고 自述한 바 있다(『목은문고』 권3, 「六友堂記」).

만세를 가르쳐 인도한 것은 주자(周子)·정자(程子)의 공이다. 송나라 사직이 없어지고 그 설이 북방으로 흘러 들어가자, 노재(魯齋) 허선생(許先生: 衡)이 그 학문을 써서 원나라 세조를 도와 중통(中統)·지원(至元)의 정치가 모두 이에서 나왔다.[33)]

이것을 고려의 정주학이 북방의 허형 학파를 계승했다는 한 증거로 삼을 수도 있음직하다. 한편 그는 성리학의 역사적 위치에 대하여 다음과 같이 말했다.

증자(曾子)와 자사(子思)는 다행히 저술을 하여 오늘에 이르렀는데, 염락(濂洛)의 성리설이 행해진 뒤에야 학자들이 그 글을 읽고 마치 중니(仲尼)의 천지에 노는 것과 같고 마치 중니의 일월을 보는 것과 같았다. 그런데 진한(秦漢) 이래, 구름이 하늘을 가리고 막혀서 어지럽고 어두운 가운데 귀신에 홀린 것과 같았는데, 마치 맑은 바람이 일어나 흔적도 없이 쓸어버린 것 같다. 얼마나 통쾌한 일이냐.[34)]

그가 성리학을 유학의 정통으로 보았음을 알겠다. 그의 성리학에 대한 견해를 들어보면, 먼저

동중서(董仲舒)가 말하기를 "도의 큰 근원은 하늘로부터 나왔다"고 하였으나, 이는 자다가 깬 듯하고 취했다 깬 듯하다. 그래서 오히려 "시퍼런 것이 하늘이다"고 하여, 인간이 지켜야 할 도리와 사물의 법칙이 하늘에서 나왔다는 것을 알지 못하고, 이 모든 것이 곧 하늘이라 하였던 것이다. 이에 마

33) 『목은문고』 권9, 9b, 「選粹集序」
34) 『목은문고』 권3, 1b-2a, 「陽村記」

침내 '하늘은 이치이다' (天則理)고 말한 뒤에야, 사람은 비로소 사람의 일이 어느 것이나 다 하늘 아님이 없음을 알게 되었다. 대저 성(性)이란 사람에게 있고 사물에도 있다. 사람과 사물을 지목해서 이름 지우면 사람이요 사물인데, 이것은 겉으로 드러난 자취이다. 그 소이연(所以然)을 찾아 설명한다면 사람에게 있는 것도 성이요, 사물에 있는 것도 성이다. 동일한 성이니 동일한 하늘이다. 어찌 의심하겠는가.[35]

고 하여, '성즉리(性卽理)' 라는 성리학의 대강령이 나오게 된 것을 밝혔다. 그리고 성(性)과 명(命)의 개념을 천인(天人) 관계에 맞추어 설명하고, 천부자연(天賦自然)의 본성인 명덕을 밝히는 일이 중요함을 강조하였다.

'명명(明命)' 이란 하늘의 관점에서 말한 것이고, '명덕(明德)' 이란 사람의 관점에서 말한 것이다. 명명을 돌아다보며 명덕을 밝히는 것은 배우는 사람이 해야 할 일이다.[36]

한편 천리(天理)는 만물에 균일하게 부여되었으나 기질과 물욕 때문에 인(人)과 물(物), 인(人)과 인(人) 사이에 참치부제(參差不齊)가 있는 것이라고 하여 다음과 같이 말하였다.

사람이 하늘로부터 얻어서 중리(衆理)를 갖추고 만사에 응함은 본연의 선

35) 『목은문고』 권10, 1a, 「直說三篇」 "仲舒氏曰: 道之大原, 出於天. 於是乎寐若寤焉, 醉若醒焉. 然猶曰: 蒼蒼者天也, 而不知民彝物則之出於此, 而全體是天也. 於是乃曰天則理也. 然後人始知人事之無非天矣. 夫性也在人物, 指人物而名之曰人也物也, 是跡也. 求其所以然而辯之, 則在人者性也, 在物者亦性也, 同一性也, 則同一天也, 奚疑焉."

36) 『목은문고』 권6, 9a, 「杲菴記」

> (善)이다. 기질이 혹 이를 구속하거나 물욕이 혹 이것을 가리워 이에 이것을 잃게 되었다. 이것을 얻음은 하늘에 있고 이것을 잃음은 자기에게 있다. 그러므로 본연지체(本然之體)는 없어진 적이 없다.[37]

여기서 '본연의 선'을 지키거나 회복하기 위해 경(敬)을 중심으로 한 수양과 기질변화(氣質變化)의 필요성이 제기되는 것이다. 그는 원리와 현상을 두 가지로 나누어 보거나 어느 한편에 치우쳐서는 안 된다고 하면서

> 관물(觀物)에 방법이 있고 유물(有物)에 법칙이 있다. 드러난 자취만을 말한다면, 그것은 천근(淺近)하여 그림의 채색과 같고, 이치만 말한다면, 그것은 고원(高遠)하여 이단의 허무에 빠지게 된다. 또 그것을 둘로 나누면 나의 천덕(天德)을 잃게 된다. 복희씨가 부앙천지(俯仰天地)한 것을 범위로 하여, 대순(大舜)의 명찰(明察)을 조술(祖述)한 뒤라야 오심(吾心)의 태극으로 회귀(會歸)할 수 있다.[38]

고 하였다. 현실에 안주하여 얕은 삶을 살거나, 고원한 이상을 좇다가 결국 허무에 빠지게 되는 것 모두 바람직하지 않다는 것이다. 수양공부 못지않게 현실을 밝게 살피는 공부 역시 중요함을 지적한 것이다. 리(理)와 기(氣)의 조화를 주장하는 그의 수양관·학문관을 엿볼 수 있다.

그는 또 사람이 하늘로부터 받은 성(性)에는 체(體)와 용(用)이 있으며, 체는 중(中)이요 용은 화(和)라 하여 다음과 같이 말했다.

---

37) 『목은문고』 권10, 4a, 「韓氏四子名字說」

38) 『목은문고』 권12, 1a-1b, 「觀物齋讚」

대개 사람은 날 때 건순오상(健順五常)의 덕을 갖추었으니 이른바 성(性)이다. …… 고요하고 움직이지 않아서, 거울처럼 텅 비고 저울같이 공평한 것은 성의 체이니 그 이름은 '중(中)' 이요, 그것이 감통(感通)하여 구름 떠가듯 물 흐르는 듯한 것은 성의 용이니, 그 이름은 '화(和)' 다. 중의 체가 서면 천지가 제 위치에 놓이고 화의 용이 행하면 만물이 발육한다.[39]

그리고 학자들이 계구(戒懼) · 신독(愼獨)하여 중화(中和)의 경지에 이르고자 하는 것은 궁극적으로 '천리를 보존하고 인욕을 막는' (存天理, 遏人欲) 데 그 목적이 있다고 하였다.

중화의 경지에 이르고자 하면 경계하고 삼가는 것으로부터 시작해야 한다. 왜 경계하고 두려워해야 하는가. 천리를 보존하기 위함이다. 신독은 왜 하는 것인가. 인욕을 막기 위함이다. 천리를 보존하고 인욕을 막는 것이 모두 지극한 데 이르면, 성인의 학문은 이것으로 끝이다.[40]

또한 사람은 본래 진실무망(眞實無妄)하게 태어났으며, 오직 대인(大人)만이 그것을 잃지 않는다고 하면서, 모든 사람들이 진성공부(盡性工夫)에 힘써야 함을 강조하였다.

무극(無極)의 진(眞)이란 명언(名言)하기 어렵다. 『시경』에 말하기를 "상천(上天)의 일은 소리도 없고 냄새도 없다" 고 하였으니, 이것이 그 무극의 소재(所在)인가. 그러므로 주자(周子)가 「태극도」를 지어 '무극이면서 태극' (無極而太極)이라 하였으니, 대개 이것은 태극이 일무극(一無極)임을 찬(贊)

39) 『목은문고』 권10, 15a, 「伯中說贈李狀元別」
40) 『목은문고』 권10, 15b, 「伯中說贈李狀元別」

한 것일 뿐이다. 하늘에서는 혼연(渾然)할 뿐으로 바람을 일으키고 우레를 움직이기 전이며, 사람에게는 적연(寂然)할 뿐으로 일에 응하고 사물에 접하기 전이다. 바람이 일어나고 우레가 움직여도 혼연한 자가 조금 변함도 없다면, 일에 응하고 사물에 접해서 적연한 자는 어떻게 되겠는가. 이것을 거울에 비유한다면 곱고 더러운 것은 물건에 있을 뿐이요, 거울에는 아무런 자취도 없다. 어찌 일찍이 물건을 비춰주는 까닭으로 해서 물건에 더럽힘을 당하랴. 이로써 사람이 태어남은 이미 진실하다는 것을 알 수 있다. 오직 대인은 이것을 잃지 않기 때문에 대인이 될 수 있는데, 이 대인은 밖으로부터 오는 것이 아니다.[41]

다음, 그의 형이상학을 살펴보면, 그는 리와 기에 의해 우주가 생성된다고 하였다. "무릇 리는 형태가 없다. 물(物)에 깃들어 있으니, 물의 형상은 리가 드러남이다"[42]라 하고, 또 "대저 지극한 도는 형태가 없다. 물(物)에 의지하여 볼 수 있다"[43]고 하며, 또 "도는 태허(太虛) 상태에 있어 본래 형태가 없다. 그러나 형태로 나타나게 하는 것은 오직 기가 그렇게 한다"[44]고 하여, 리는 무형(無形)으로서 운동법칙이요, 기는 유형(有形)으로서 유행(流行)하는 실체라고 그 특성을 규정하였다. 그가 생각하는 리는 기에 내재하여 기의 유행이 바름〔正〕을 잃지 않도록 해주는 존재원리로서의 의미가 강하다.

그는 순유(純儒)라고 보기는 어렵다. 그의 사상은 팔분(八分)이 성리학이요, 이분(二分)이 선불(仙佛)이라 할 수 있다.[45] 성리학에 경도된 학

41) 『목은문고』 권3, 7b-8a, 「養眞齋記」
42) 『목은문고』 권3, 2b, 「葵軒記」 "夫理無形也, 寓於物, 物之象也, 理之著也."
43) 『목은문고』 권6, 2b, 「負暄堂記」 "夫至道無形, 因物可見."
44) 『목은문고』 권1, 11b, 「西京風月樓記」 "道之在太虛, 本無形也. 而能形之者, 惟氣爲然."

자류와는 학문 경향이 다르다. 그는 유교의 관점에서 불교를 이해하려 했다. 화엄고승(華嚴高僧) 경원(景元)에게 준 글에서는 유가의 경(敬)과 불교의 적(寂)을 결부시켜 다음과 같이 말하였다.

> 우리 유자들이 복희씨(伏羲氏) 이래로 지켜서 서로 전해온 것은 역시 '적(寂)' 뿐이라고 하겠다. 불초(不肖) 나에 이르러서 감히 그 전통을 떨어뜨릴 수 없다. 태극은 적(寂)의 근본이다. 일동일정(一動一靜)하여 만물이 화육(化育)한다. 사람의 마음은 적(寂)의 다음이다. 한 번 움직이고 한 번 응하여 모든 선한 것이 유행한다. 이런 까닭에 『대학』의 강령은 고요히 안정함〔靜定〕에 있는 것이니, '적'을 말한 것이 아니겠는가. 『중용』의 가장 중요한 점은 경계하고 두려워함〔戒懼〕에 있으니, '적'을 말함이 아니겠는가. 계구(戒懼)는 경(敬)이요 정정(靜定)도 역시 '경'이다. '경'이란 한 가지에 전념하여 다른 곳으로 정신을 쏠리지 않게 하는 것〔主一無適〕일 뿐이다. '주일(主一)'은 마음을 지키는 것이고, '무적(無適)'은 마음에 옮기는 바가 없는 것이다. 지키는 바가 있고 옮기는 바가 없다면 '적'이라고 말하지 않을 수 없다. 태평하게 다스리는 것은 정치의 밝은 공효(功效)이며 위육(位育)은 하늘의 효험이다. 스님의 '적'이라는 것도 역시 보리(菩提)·함식(含識)의 근원인가. 혹여 그 형태는 마른 나무같이 하고 마음은 차가운 재〔灰〕처럼 되어서 적막한 것에 고체(固滯)해버린다면, 우리 유자들이 금수(禽獸)와 무리를 지은 것과 무엇이 다르겠는가. 그렇게 하는 '적'이란 우리 유자들이 끊어야 할 것이며, 불교의 죄인인 것이다.[46]

---

45) 李相殷, 「여말 유학의 거봉」, 『고려·조선 초기의 학자 9인』, 신구문화사, 1974, 120쪽.

46) 『목은문고』 권6, 10b-11a, 「寂菴記」

정정(靜定)과 계구(戒懼)를 경(敬)이라 하고, 이 '경'을 불가의 '적'과 결부시켜 유·불의 융합을 꾀하려 한 것에서 불교와의 친밀성을 엿볼 수 있다. 물론 부회한 듯한 감이 없지는 않다. 그는 이 밖에도 유·불은 그 근원이 다르지 않으며, 불가의 견성(見性)과 유가의 양성(養性)이 서로 같은 것이라는 타협적인 태도를 취하였다.

불교에 대한 태도를 좀 더 알아보기로 한다. 그는 유학자이면서도 불교에 조예가 있었다. 「천보산 회암사 수조기(天寶山檜巖寺修造記)」에서 "나는 본래 불교를 즐기지 않는다"(予素不樂釋氏) 운운하였지만, 그의 시문집을 보면 승려와 즐겨 이야기를 나눈 것이라든지, 지공(指空)·나옹(懶翁) 등 고려 말 고승의 비명(碑銘)과 그 밖의 많은 사원기(寺院記)가 실려 있다.[47] 「기기(記碁)」라는 글은 자신의 집에 전해 내려오는 바둑의 내력과 성쇠(盛衰)를 서술한 것이다. 대개 불교의 인연설이 밑바탕에 깔려 있다. 이는 그가 불교의 교리에 정통하였음을 보여준다.

그는 일찍이 우왕 13년(1387)에 왕이 서보통탑(西普通塔)을 세우고 그에게 기(記)를 짓게 했을 때

> 우리 태조대왕께서 나라를 세우시고 자손에게 왕통을 전하면서, 불법을 크게 일으켜 자손만대의 번영을 빈 것은, 지난날의 어떤 임금도 이에 미칠 수 있는 바 아니었는데, 선왕(공민왕)께서는 능히 태조의 마음을 체득하여 삼보(三寶)를 높이 받드셨습니다. 이제 또 전하께옵서 이처럼 탑을 일으키셨으니, 전하의 마음이 바로 태조대왕에 합치됨을 알겠나이다. 아아! "주(周)나라가 비록 구방(舊邦)이지만 그 천명이 새로와졌다"고 함은 바로 오늘을 말하는 것이 아니겠습니까.

47) 75편의 記 가운데 僧·寺를 위해 지은 글이 37편에 이른다.

라고 했다. 식자들은 이를 두고 '임금께 잘 보이고 부처에게 아첨하는 것' (諂主佞佛)이라 비방했다 한다.[48] 그는 부처에 대하여 '부처는 대성인이다' (佛大聖人也) 또는 '부처란 지극히 성스럽고 공정한 분이다' (佛者至聖至公)고도 하였다. 그는 유학사상에 입각한 삶을 살았으면서도, 내면적으로 불교의 광탕무애(廣蕩無涯)하고 원융자재(圓融自在)한 대 이상을 그리워하였다. 그가 종

〈나옹화상 혜근〉

교 · 사상 면에서 이처럼 중층적 성향을 보인 것은 고려 · 조선의 교체기라는 전환기적 성격에서 비롯된 것이라 할 수 있다. 그는 「인각사 무무당기(麟角寺無無堂記)」에서 다음과 같이 말하였다.

석씨(釋氏)의 교(敎)는 역외(域外: 외래)의 교이다. 그러나 역중(域中)의 교를 누르고 독존(獨尊)한 것은 무엇 때문인가. 역중 사람이 이를 위하기 때문이다. 그 화복인과(禍福因果)의 말이 이미 사람의 마음을 감동하게 하는 것이 있는데, 석씨를 따르는 자는 대부분 평상적인 것을 미워하고 속된 것을 싫어하며, 명교(名敎)의 구속에 따르기를 즐기지 않는 호걸스런 인재들이다. 석씨가 인재를 얻음이 이와 같으니, 그 도가 세상에서 존경을 받는 것은 이상한 일이 아니다. 이 때문에 나는 불교를 거부하지 않는다. 심한 경우 더러 저

48) 『고려사』 권115, 「이색전」

들과 사이좋게 지내기도 한다. 이것은 대개 그 취할 바가 있기 때문이다.[49)]

또 공민왕에게 올린 건의서에서는 “공자가 말하기를 ‘귀신을 공경은 하되 멀리하라’ 고 하였습니다. 나는 부처에 대해서도 마땅히 이와 같이 하기를 원합니다” 고 하였다. 더욱이 「발호법론(跋護法論)」에서는 “오탁악세(五濁惡世)에서는 선(善)을 한다고 해서 반드시 복이 되는 것도 아니고 악을 한다고 해서 반드시 화가 되는 것도 아니라 하지만, 불교가 아니면 어디에 귀의하겠는가”[50)]라고 하기도 하였다. 그에게 불교를 비판하는 글이 적지 않고, 또 실제로 그가 이제현보다 더 적극적으로 불교 비판을 전개하였다 하더라도, 그것은 불교의 말폐를 중심으로 그 정화(淨化) 방안을 논한 것이었다. 그는 불교에 대하여 개량적이고 타협적인 태도를 보였다.

그는 경세적 측면에서는 유교를 근본으로 하였으나, 신앙은 불교신자였던 것 같다.[51)] 일부 후학들은 ‘숭불(崇佛)’ 을 큰 흠으로 지적하기도 하였다. 여러 번 문묘종향의 주청이 있었지만 친불자(親佛者)라는 이유로 끝내 이루어지지 못하였다. 퇴계 이황은 이색의 문장에 허황된 말이 많다고 하면서 “그가 불교를 칭술(稱述)한 것이 많고도 상세했을 뿐만 아니라 우리 유학에 대해서는 도무지 허황되어 정확히 설명한 곳이 없다” 고 한 바 있다.[52)] 사정이 이렇다 보니 이색의 후손들 중에는 그가 불

49) 『목은문고』 권1, 4a-4b, 「麟角寺無無堂記」

50) 『목은문고』 권13, 10b, 「跋護法論」

51) 이색은 불교의 계율을 지키려고 酒肉을 멀리하였다. 우왕 7년(1381)에는 세상을 떠난 아버지 이곡의 뜻을 이어받아 대장경을 이룩하기도 하였다. 또한 일찍이 洪永通 · 李茂方 등과 南神寺에서 白蓮會를 베풀었는데, 佛者들은 이것을 구실 삼아 더욱 불교를 합리화시키려 했다고 한다. 『고려사』 권115, 「이색전」 참조.

52) 『퇴계문집』 권2, 4b, 「閒居, 次趙士敬具景瑞金舜擧權景受諸人, 唱酬韻十四首」, 〈其十五〉 “寂寞研窮向碧蘿, 吾東文獻費吟哦. 圃翁著述嗟漫滅, 牧老文章幻說多.” ; 同註 “牧

교를 신봉하지 않았다고 애써 변명하는 이도 있었다. 그러나 뒷날 태조 이성계는 정총(鄭摠)이 자신에게 불교를 신봉하지 말라고 간하자 "이색은 유종(儒宗)인데도 불교를 믿었다. 이색이 그대만 못해서 불교를 믿었겠느냐. 다시는 그런 말을 하지 말라!" 고 하였다 한다.[53] 이숭인은 이색의 신불(信佛)에 대하여 다음과 같이 말하였다.

> 부처의 도는 청정(淸淨), 고묘(高妙)하여 한 점의 티끌에 젖지 않고 만물에서 우뚝하게 뛰어났다. 그러므로 현자(賢者)와 지자(智者)들은 본래부터 이것을 즐겨한다. 그 말에 이른바 '복전이익(福田利益)' 이라는 것이 있다. 이에 충신 · 효자로서 임금이나 어버이의 지극한 은혜를 갚으려는 자라면, 그 극진한 방법을 쓰지 않는 자가 없다. 그렇기 때문에 귀의하지 않을 수 없으니, 불서(佛書)가 세상에 크게 전파되는 것은 당연하다. 가정(稼亭) 선생이 이미 일으키고 목은 선생이 또 계승하여, 마침내 이 법보(法寶)를 이루어 임금과 어버이에게 복을 받들었다. 이것이 바로 충신 · 효자가 극진한 방법을 쓰지 않음이 없다는 것일까. 아! 누군들 신하가 아니며 자식이 아니겠는가.[54]

〔3〕 이색은 고려 말기 중소 지주계층과 보조를 같이하여 그들의 이해를 대변하는 개혁파에 속하였으나 대체로 온건한 개량을 주장하였다. 『고려사』「열전」에서는 '큰 건백(建白)이 없었다' 고 하여 경세적 업적을 인정하지 않았지만, 25세 때 공민왕에게 올린 건의를 통해 경세사상 또는 개혁사상의 일면을 엿볼 수 있다. 그는 권세가들의 토지 겸병으로

隱每自謂不學佛. 然其稱述釋敎, 不啻多且詳. 而於吾學, 殊孟浪無的確說到處."

53) 『태조실록』, 원년 壬申 윤12월 4일 庚辰條.

54) 『陶隱文集』 권4, 20b, 「驪興郡神勒寺大藏閣記」 참조. 그의 문인 權近도 「목은행장」에서 "…… 頗有佞佛之譏, 公聞之曰: 彼謂追福君親, 余不敢拒已" 라고 하였다.

굶주림에 허덕이는 백성의 고통을 통탄하면서, 전제개혁의 당위성을 다음과 같이 말하였다.

> 신이 듣건대 전지(田地)의 경계를 바르게 하고 분배를 균등히 하는 것은 백성을 다스리는 급선무라고 했습니다. 우리 조종(祖宗)께서 세우신 제도가 아름답지 않음이 없었건만, 400년을 내려오는 동안에 여러 가지 폐단이 생기게 되고, 그중에서도 특히 전제(田制)가 더욱 심합니다. 경계가 바르지 않을 뿐 아니라, 강호(强豪)가 이를 겸병해서 그야말로 까치집에 비둘기가 사는 실정입니다. …… 지금 백성들의 목숨은 몇 이랑의 땅뙈기에 달려 있습니다. 해가 다하도록 부지런히 일해도 부모와 처자를 봉양하기에 부족합니다. …… 바라건대 갑인년(충선왕 6년, 1314)의 개혁안을 근본으로 삼아 전제개혁을 단행하시고, 새로 개간한 전지를 측량해서 이에 대한 세금을 부과하며, 또 나라에서 정도에 지나치게 내려준 땅들을 회수한다면, 민심이 즐겁고 국고의 수입도 증가될 것입니다.[55)]

당시로 말하자면 토지제도가 아주 문란하였다. 권문세가(權門勢家)는 토지를 겸병하여 산과 들로 경계를 삼고, 그것도 모자라 갖은 방법으로 백성의 토지를 빼앗아 백성의 원망이 하늘에 닿을 지경이었다. 불교사원 역시 광대한 토지를 소유하여, 이미 중생제도(衆生濟度)의 사명을 저버리고 타락의 길로 빠져들었다. 이러한 즈음에 나온 이색의 전제개혁 건의는 적절한 것이었으나, 급진 개혁파의 개혁안에 비하면 원론적 수준에 머무는 것이었다. 그나마 후일 전제개혁이 현실문제로 대두하자 이미 주장했던 개혁안에서마저 후퇴하고 말았다. 공양왕 1년(1389)

55) 『고려사』 권115, 「이색전」

이성계가 조준(趙浚) 등과 더불어 사전(私田)을 개혁하고 과전법(科田法)을 실시코자 할 때, 그는 "옛법을 경솔히 개혁할 수 없다" 고 하여 그에 반대하였다.[56] 그가 정도전 · 조준 등 개혁파와 크게 달리 보수적인 데로 회귀하였음을 알 수 있다.

다음, 그는 국방에 대한 계책을 논하였다.

근래 왜적이 침입하여 조야(朝野)가 근심이온데, 그 대책은 육지에서 지키고 바다에서 싸우는 두 가지 길밖에 없습니다. 육지에서는 농민을 징발하여 훈련시키고 무기를 준비하여 요새(要塞)를 지키며, 군의 진용을 엄하게 하고 봉화(烽火)를 조심하여 왜인의 눈을 헛갈리게 해야 할 것입니다. 바다에서는 연해(沿海)의 어민과 섬사람들의 장기를 이용하여 해전(海戰)에 대비한 훈련과 영해(領海)의 방비에 충당해야 할 것입니다. 또 국가에서는 문(文)과 무(武)를 병행하여 평시에도 무과의 선발시험을 채택, 무용(武勇) 있는 인재를 길러 불시의 외환에 대비해야 할 것입니다.[57]

나라가 태평할 때에도 무비(武備)가 급선무임을 역설하고 '숭문중무(崇文重武)' 가 정치의 요체임을 주장한 것이다. 다음 그는 교육의 진흥에 대하여 논하였다.

국학은 풍속 · 교화의 근원이요, 인재는 정치 · 교육의 근본입니다. 북돋아 주지 않으면 그 근본이 반드시 굳지 못할 것입니다. 오늘날 생도들은 다 흩어지고 재사(齋舍)는 퇴폐하였습니다. 학문하는 사람들은 벼슬하기 위해 글 짓는 공부에만 열중하고 학문의 참뜻을 잊어버려 마음을 수양하는 공부

56) 『고려사절요』 권34, 공양왕 원년 己巳 4월조.

57) 『고려사』 권115, 「이색전」

는 돌아보지 않습니다. 어찌 걸출한 유학자가 나오며 어찌 동량 같은 인재가 생기겠습니까. 십이도로부터 향교 · 학당에 이르기까지 인재를 선발하여 성균관에 보내고, 여기서 다시 훈련시켜 그 덕성과 학예를 심사한 뒤에 예부에 보내서 적격자를 채용하도록 하십시오. 국학생이 아닌 자를 고시에 응할 수 없도록 하면, 반드시 국학이 부흥될 것입니다.[58)]

이와 같은 방안은 그가 성균관 대사성이 된 뒤 구체적으로 실행에 옮겨져, 고려 말 교육의 진흥과 유학의 발달에 크게 기여하였다.

그는 불교의 폐단에 대해서도 크게 비판하였다.

우리 태조께서 불교를 국교로 삼은 이래, 중세 이후로 그 무리가 더욱 번성하여 오교(五教) · 양종(兩宗)이 이굴(利窟)로 화하고 산천 각처에 사찰이 없는 데가 없습니다. 승려들이 점점 비루해졌을 뿐 아니라, 또한 나라의 백성으로서 놀고먹는 자가 많으므로 식자가 매양 가슴 아파하는 것입니다. …… 밝게 금조(禁條)를 내리시어 이미 중이 된 자에게도 다시 도첩(度牒)을 주고 도첩이 없는 자는 곧 군대에 편입시킬 것이며, 새로 창건한 절은 철거하도록 명하시되 철거에 응하지 않을 경우 곧 수령에게 벌을 내리신다면, 양민들이 모두 중이 되지 않을 것입니다. 또 불공드리는 일이 너무 심하여 나라의 재정을 말리고 있으니, 이 폐단을 막도록 하소서.[59)]

이것은 사찰의 난립, 승려의 과도한 증가, 불교의식의 번잡 등 타락한 불교교단을 정화하자는 차원에서 제기된 점진적 개혁안이다. 이 역시 신진사대부 계층에서 불교를 멸륜해국(滅倫害國)의 도로 규정한 것

58) 『고려사』 권115, 「이색전」
59) 『고려사』 권115, 「이색전」

과는 큰 거리가 있다. 그의 개혁사상이 갖는 한계성마저 엿볼 수 있다.

7. 鄭夢周 충숙왕 복위 6년(1337, 丁丑) – 공양왕 4년(1392, 壬申)

〔1〕 자는 달가(達可), 호는 포은(圃隱), 시호는 문충(文忠). 본관은 연일(延日)이다. 지주사(知奏事) 정습명(鄭襲明)의 후손이다. 여말삼은(麗末三隱)의 한 사람이다. 공민왕 9년(1360) 과거에 장원급제하여 벼슬이

〈포은 정몽주〉

시중(侍中)에 이르렀다. 천분(天分)이 높고 호매(豪邁)함이 뛰어났으며 대절(大節)이 있었다. 일정한 사승(師承) 없이 독학으로 성리학을 연구하여 깊이 자득한 바 있었다.

일찍이 공민왕 16년(1367) 예조정랑 겸 성균박사가 되었다. 당시 공민왕은 병란이 있고 나서 학교가 황폐한 것을 염려하여 성균관을 새로 세우고 정몽주 · 김구용 · 박의중 등 이름난 선비들을 선발하여 학관을 겸하게 하고는 이색을 대사성으로 삼았다. 날마다 명륜당에 모여 경서를 분담하여 수업하고 강의가 끝나면 토론을 하곤 하였다. 이에 학자들이 분집(坌集)하여 서로 자극을 주고받음으로써 바야흐로 정주학이 일어났다.[60] 이때 사서(四書)의 참고서로는 주자집주(朱子集註) 뿐이었는데, 정몽주의 강설이 발월(發越)하여 다른 사람의 생각에서 크게 벗어나므로 강의를 듣는 사람들이 몹시 의심하였다. 그러다가 원나라 때 학자 운봉(雲峯) 호병문(胡炳文: 1250~1333)의 『사서통(四書通)』이 들어오자 그것과 들어맞지 않는 것이 없었다. 이에 선비들이 모두 감탄하였다. 이색은 "정몽주의 논리는 종횡으로 이치에 맞지 않은 것이 없다"고 칭찬하면서 '동방 이학(理學)의 원조'로 추대하였다 한다.[61] 정몽주의 철학적 사색의 정심(精深)함과 자득의 공을 짐작할 수 있겠다. 이색이 칭찬했던 바와 같이 그는 우리나라에서 정주학에 정통했던 최초의 대학자라고 할 수 있을 것이다.

정도전은 저간의 사실에 대하여 다음과 같이 기술하였다.

---

60) 정도전, 『삼봉집』 권14, 「부록」

61) 『고려사』 권117, 「정몽주전」 참조. 曺好益은 「圃隱先生集重刊跋」에서 "先生以渺然遐裔之人, 上無授受之得, 旁無講習之益, 而獨能默契其妙, 此則非雲峯之所可及者."(『포은집』 권4, 66a-66b)라고 하였다.

> 선생은 『대학』의 제강(提綱)과 『중용』의 회극(會極)에서 명도(明道)·전도(傳道)의 뜻을 얻었고, 『논어』·『맹자』의 정미(精微)에서 조존함양(操存涵養)의 요체와 체험확충(體驗擴充)의 방법을 얻었다. 『주역』에 이르러 선천(先天)·후천이 서로 체용(體用)이 됨을 알았고, 『서경』에서 정일집중(精一執中)이 제왕(帝王)이 전수(傳授)한 심법(心法)임을 알았으며, 『시경』은 민이물칙(民彝物則)의 가르침에 근본하고 『춘추』는 도의(道誼)와 공리(功利)의 나뉨을 분변하는 것임을 알았다. 우리나라 500년 동안에 이러한 이치를 깨달은 데 이른 사람이 그 몇이나 되겠는가. 제생(諸生)이 각기 학업을 연수함에 따라 사람마다 이설(異說)이 있었는데, 선생은 그 물음에 따라 명확히 분석하고 설명하되 조금도 차이가 없었다.[62]

이는 정몽주의 학문이 요령을 얻었고, 또 기초가 충실함을 알려주는 것이라 하겠다.

정몽주는 대정치가로서의 자질도 갖추었다. 중국과 일본에 여러 번 사신으로 다녀와 견문이 넓었는데, 큰일과 큰 문제를 처결할 때 좌수우답(左酬右答)함이 물 흐르듯 막힘이 없었다고 한다.[63]

〔2〕 정몽주는 당대의 대학자이자 굴지의 정치가로서 세인의 중망을 한 몸에 받았다. 먼저 그는 불교 개혁의 필요성을 절감하였고, 나아가 불교를 이단으로 규정, 비판하였다. 그의 불교 배척은 정치적 문제뿐만 아니라 불교의 교리에 대한 비판을 바탕으로 한 철학적 내용까지 포함하였다. 그에 앞서 이제현·이색 등도 사원(寺院)의 폐해와 승려들의 비행을 비판하고 성리학에 입각한 개량의 필요성을 역설하였다. 그가 이

62) 『삼봉집』 권3, 37a-37b, 「圃隱奉使藁序」

63) 『고려사』 권117, 「정몽주전」

제현이나 이색 등의 단계에서 한 걸음 더 나아가 이론적, 윤리 · 도덕적 측면에서 불교를 비판, 배척하였던 점은 의의가 있다고 하겠다.

정몽주는 젊어서 고승을 찾아 배운 적이 있다.[64] 또 학문과 덕망으로 세상 사람들의 신복(信服)을 받는 처지에 있으면서도 의연히 불서(佛書)를 읽었다고 한다. 정도전이 정몽주에게 서한을 보내 충고한 일도 있었다.

> 요즈음 오가는 말을 들으니 '달가가 『능엄경』을 읽어 부처에게 아첨하는 것 같다' 고 합니다. 나는 "달가가 『능엄경』을 보지 않으면 어찌 불설(佛說)의 사망(邪妄)함을 알 것인가. 달가가 『능엄경』을 보는 것은 그 속의 병통을 알아서 약으로 쓰려는 것이지, 그 도를 좋아하여 정진(精進)하려는 것이 아니다" 고 했지만, 얼마후 나는 혼잣말로써 "나는 달가가 부처에게 아첨하지 않는다는 것을 보증할 수 있다. 그러나 옛날 한유(韓愈)가 태전(太顚)이란 승려와 한 번 이야기한 것이 후세에는 구실이 되었다. 달가는 사람들의 신복을 받는 처지인지라, 어떻게 하는가에 따라 사도(斯道)의 홍폐가 달려 있으므로 자중하지 않을 수 없다" 고 하였습니다. 백성들은 어둡고 어리석어서, 미혹되기는 쉽고 깨치기는 어려우니 부디 잘 생각해보시기 바랍니다.[65]

그러나 정몽주는 불교에 탐닉하지 않았다. 그가 불서를 자주 읽었다거나 불교의 이론에 정통했다 함은 불교 배척을 위한 이론무장의 방편이었을 것이다.

---

64) 『포은집』 권3, 7a-7b, 「題圓証國師語錄」

65) 『삼봉집』 권3, 14a, 「上鄭達可書」 ○ 일찍이 주자가 汪尙書에게 보낸 답서에서도 "胡文定(胡安國)께서 『楞嚴經』과 『圓覺經』을 취하신 것은 그 학설 중에 취할 만한 것이 있다는 생각에서이지, 우리 선비가 그것을 가져다 자기 학문에 유익하게 써야만 한다고 여기신 것은 아닙니다" 고 한 바 있다. 『주자대전』 권30, 「汪張呂劉問答」 참조.

〔3〕 다음, 유교식 예법의 준행(遵行)과 이것의 확대 실시를 주장한 점에 대해 살펴볼 필요가 있다. 당시까지의 풍속은 모두 불가의 법도를 숭상하였다. 특히 상례에서 사대부 계층은 공식적으로 유교의 오복제(五服制)에 의거하도록 되어 있었으나 실상은 백일탈상을 하였다. 그러나 정몽주는 양친의 상을 당하여 각각 3년 동안 여묘(廬墓)살이를 하면서 예를 극진히 하였다.[66] 공양왕 2년(1390)에는 사서인(士庶人)도 주자가례에 따라 가묘(家廟)를 세우고 조상의 제향을 받들도록 임금에게 청하였다. 한편 『고려사』 「예지(藝志)」에 「제의(祭儀)」(1390)가 실려 있다.[67] 정몽주의 행적으로 미루어 볼 때 그의 손을 거친 것 같다. 동주(同註)에 의하면 송시열은 이 「제의」가 정몽주의 손에서 나온 것이 틀림없다고 단언하였다.[68]

정몽주는 불교에 대한 비판·배척을 통해 성리학의 근본이념이 학계·정계로부터 민간의 풍속이나 신앙·복제(服制) 등에 이르기까지 고루 젖어들어, 종래 불교가 차지하던 지위를 대체할 수 있게 하였다. 정몽주와 같은 지위나 역량을 갖춘 인물이 아니고서는 쉽게 해낼 수 없는 일이라 하겠다.

그러나 그는 불교 배척과 체제 개혁에 대한 시각과 태도에서 일정한 한계를 보였다. 불교 배척의 심도나 강도에서 이색에 비해 한 걸음 더 나아간 것은 사실이나, 그 역시 이론을 중심으로 비판 배척하는 데 그쳤

---

66) 삼년상을 행한 사례는 아주 드물게 보인다. 『고려사절요』 권21, 충렬왕 17년(1291) 辛卯 9월조에 의하면, 前 補闕 趙簡이 부친상을 당하여 3년간 시묘살이를 하였으므로 특별히 起居注에 임명하였다고 한다.

67) 『고려사』 권63, 「藝志(五)」, 〈士大夫庶人祭禮〉

68) 『圃隱續集』 권1에 실린 이 「祭儀」는 충렬왕 24년(1298) 5월 柳陞이 흩어진 禮文을 詳定하여 편찬한 「新儀」를 많이 참고하였을 것으로 보인다. 이 「신의」는 매우 詳密하여 후인들이 이를 遵用하였다고 한다. 『고려사절요』 권22 참조.

다. 과격한 배불론에는 신중하게 대처하였다. 현실적 관점에서 불교 교단의 각종 폐단에 근거하여 체제의 개량 또는 재편을 주장했지만, 체제를 근본적으로 개혁하는 데는 대체로 소극적이었다. 한 예를 들면, 공양왕 1년(1389) 급진 개혁론자들이 제기한 전제개혁론이 정의(廷議)에 부쳐졌을 때, 그는 반대하는 이색·권근 등과 적극 밀어붙이는 조준·정도전 등의 사이에서 중간자적 태도를 취하였다. 그의 배불론과 개혁사상은 이색과 정도전 사이의 중간적, 교량적 위치에 있었다.

〔4〕 정몽주의 사상사적 위치에서 중요한 부분을 차지하는 것은, 이른바 '절원귀명(絶元歸明)'을 외치면서 대명(對明) 외교정책을 수창(首倡)했던 점이다. 당시는 원·명 교체기다. 국내의 정황 역시 말기적 현상이 나타나 국내정책과 외교정책의 수행에 혼선과 변화를 가져왔다. 정몽주는 35세 때(1372) 서장관으로 명나라에 다녀와 친명사류(親明士類)의 지도급 인사가 되었으며, 전후 3차에 걸쳐 사신으로 명경(明京)에 다녀왔다. 39세 때는 친명사류를 이끌고 친원파(親元派)의 영수 이인임(李仁任)을 탄핵하다가 경상도 언양(彥陽)에 유배되기도 하였다. 그러나 47세 때(1384) 성절사(聖節使)로 명나라에 가서 그간 불편한 관계에 있었던 명나라와 국교문제를 타결하여 고려 정국의 방향을 새롭게 돌려놓았다.

혹자는 정몽주가 주장한 정책 가운데서 이 친명 외교정책에 대해 "조정에 역청(力請)하여 명(明)에 귀부(歸附)케 한 일은 일대 오점이라"고 하면서 "정부로 하여금 독립자존(獨立自尊)의 정책을 취하지 못하게 하고, 하등의 현저한 위압이 없음에도 불구하고 자진(自進)케 하여 명의 정삭(正朔)을 받들도록 주장한 것은 그의 모화사상(慕華思想)에서 유래한 실책이라 아니 할 수 없다"고 하기도 한다.[69] 그러나 사실 '절원귀명'이라는 슬로건은 14세기 말 당시 고려가 처해 있던 국제적 상황에서 현실적 필요에 의한 것이었다.

당시 고려는 '자주권의 상실' 이라는 식민지적 관계에 놓여 있었다. 이것을 탈피하는 것이 절체절명의 과제였다. '절원귀명' 은 당시 친원(親元) 보수파를 제외한 대부분의 신진사류들이 실천하고자 했던 역사적 개혁 방안이었다. 이는 대륙의 정세변화에 편승한 공민왕의 반원(反元) 독립정책에서 제시된 바 있었고, 그런 역사적 요구가 정몽주 당시에 친명외교라는 구체적 정책으로 제시되었다.[70)]

물론 이때 제시된 친명노선은 중국문화권의 전통적인 '사대자소(事大字小)' 의 외교적 질서를 전제로 한 것이었다. 다만 여기에는 도의와 인의(隣誼)를 중시하는 명나라로부터 국가의 자주권을 인정받아 상호 공존하는 관계를 유지하고자 하는 선향의식(選向意識)이 담겨 있었다. 사대관계에서 대국의 승인이 있어야 하는 주권의 개념은 오늘날 근대적 민족국가의 그것과는 차이가 있다. 당시 제시되었던 사대정책이 지닌 의미는 자주권이 부인되던 불평등한 대외관계로부터, 자주권이 승인되는 상호 공존의 대외관계로 현실을 개선했다는 차원에서 파악되어야 한다. 사대관계에 부수되었던 주권의 제약을 논하기에 앞서, 그것이 이전 단계의 역사적 현실을 얼마나 개선했느냐 하는 역사발전의 상대적 평가를 더 중시해야 할 것이다.[71)]

정몽주의 친명노선에는 고려의 자주권을 확보하려는 민족의식과 함께, 인도주의를 존중하고 문명과 야만을 준별(峻別)하려는 역사의식이 담겨 있었다. 정몽주의 친명노선에 대해서는 모화적(慕華的) 관점에서

---

69) 현상윤, 『조선유학사』(1977), 24쪽.

70) 崔昌圭, 「조선조의 유교적 통치이념」, 『한국사의 재조명』, 독서신문사, 1977, 396-397쪽.

71) 위와 같음.

비평하는 경우가 많다. 즉, 정몽주가 존주(尊周)·대일통사상(大一統思想)에 입각, 명나라를 존숭하는 것이야말로 존주대의(尊周大義)에 부합된다고 생각한 끝에 '절원귀명'의 기치(旗幟)를 높이 세웠으니, 이는 모화사상 고취의 선구적 운동에 해당한다는 것이다.

그러나 '사대'가 정치상의 행위라면 '모화'는 문화상의 행위라 할 것이다. 문화 전파의 양상을 보면, 높은 데서 낮은 데로 흘러 수용, 섭취되기 마련이다. 당시 문화적 수준이 낮은 고려에서 명나라의 선진문화를 동경하고 수용하려 했을 것임은 더 말할 나위 없다. 정몽주의 모화사상도 이러한 관점에서 이해할 필요성이 있다.

정몽주는 일찍이 '겨울밤에 『춘추(春秋)』를 읽다'라는 제목의 시를 읊은 바 있다.

> 仲尼筆削意精微　공자의 춘추필법은 그 뜻이 정미하다.
> 雪夜青燈細玩時　눈 오는 밤 푸른 등불 아래 자세히 완미한다.
> 早抱吾身進中國　일찍부터 이내 몸 던져 중국의 경지에 나아갔거늘
> 傍人不識謂居夷　곁의 사람들도 이를 모르고 동이에 산다 하는구나.[72)]

공자의 『춘추』를 읽고 일찍부터 문명세계를 동경하였노라는 감회를 읊은 내용이다. 정몽주는 문명세계(구체적으로 明을 지칭)를 향한 자신의 굳은 의지와 행동을 가까운 사람들조차 알아주지 못함을 탄식하였다. 또 우리 자신이 '동이'라고 하여, 중국문명의 하류임을 숙명적으로 받아들이려 하는 데 대하여 불만을 표시하였다. 이어 주체적 관점에서 선진문명을 능동적으로 수용 섭취하면 마침내 그 경지에 도달할 수 있

---

72) 『포은집』 권2, 26b, 「冬夜讀春秋」

다는 가능성을 '진중국(進中國)' 이라는 말 속에서 은연중 내비쳤다.[73] 이처럼 그의 모화적 친명노선에는 춘추정신이 깔려 있다. 중국에 대한 맹목적 동경이나 추종이 아니었다. 간혹 모화사상에 경도된 정도가 심한 측면이 없지는 않다. 다만, 정치 또는 문화사에서 정몽주가 차지하는 비중이나 위치로 보아, 당시의 낮은 정치 · 문화 수준을 끌어올려 괄목할 만한 변화를 이룩하고자 했던 굳은 의지의 소산이라 하겠다.

정몽주가 친명노선을 부르짖은 것은 정치 · 학술 · 문화 등의 측면에서 중요한 의의를 지닌다. 정치상으로는 13세기 말 이래 계속된 원나라의 압제에서 벗어나, 중국 민족의 정통성을 계승한 명나라로부터 국가의 자주권을 인정받으면서 상호 공존하는 사대관계(事大關係)가 정책적으로 뒷받침 될 수 있는 계기를 마련하였다. 여기에는 춘추의리(春秋義理) 및 화이론(華夷論)의 새로운 적용이 문제로 제기되었다. 이러한 대의명분 이외에도 새로 일어나는 명나라와 친화하는 것이 국가의 이익이라는 실리적 관점이 개재하였음은 부인하지 못한다.

다음, 학술상으로는 중국 남방계 정주학풍이 학계에서 주류로 정착할 수 있는 계기를 제공하였다. 즉 안향 · 백이정 · 박충좌 등에 의해 수용된 제1단계 정주학이 조복(趙復) → 요추(姚樞) → 허형으로 이어지는 원나라 하북(河北) 정주학풍[74]과 연결된 것임에 비해, 정몽주가 선도한 제2단계 정주학은 명나라의 절강(浙江) · 금화(金華)를 중심으로 하는 남방 정주학의 의리학풍과 연결되었기 때문에, 자연 반원향명(反元向明) 노선으로 전화(轉化)할 수 있는 하나의 바탕을 이루었다. 고려 · 조

73) 韓愈, 「原道」 "孔子之作春秋, 諸侯用夷禮則夷之, 夷而進於中國, 則中國之."

74) 異民族인 원나라 치하의 주자학은 주자가 강조하던 仁과 義의 균형을 상실하고 주자의 애국적 大義도 거세되었으며, 중국적 정신은 없이 형식적 의례만이 숭상되던 학풍이 주류를 이루었다. 姜浩錫(역), 『朱子行狀』, 을유문고 189, 12쪽.

선의 왕조교체는 기실 정주학통의 교체와도 연결되는 것이다.[75] 또 문화상으로는 이질적인 몽고풍을 몰아내고 불교 중심의 문화에서 탈피하여, 유학사상을 기본 바탕으로 한 명(明)의 선진문물을 수용 · 섭취하려는 모화사상이 고조됨으로써, 주자학 중심의 문화 체계와 생활 습속으로 일대 변혁을 가져오게 하는 전기를 마련하였다. 이를 볼 때, 정몽주야말로 정치 · 학술 · 문화상의 여러 측면에서 고려를 내적으로 일신하는 단서를 제공한 선구자요, 대표적 존재였다고 하겠다.

〔5〕『포은집』을 보면 시가 주류를 이루며 학술 · 사상에 관계된 글은 극히 적다. 더욱이 학설이라고 할 만한 체계 있는 글은 거의 없다. 그것은 정몽주의 사자(嗣子) 종성(宗城)이 「포은선생시집발(圃隱先生詩集跋)」에서

> 선친께서 지으신 시문이 많지 않은 것은 아니나 스스로 마음에 만족스럽지 않으면 지었다가도 곧 버리셨다. 간혹 수록한 것도 적지 않았으나, 불행히 집안의 변고를 만나 거의 유실되고 지금 남은 것은 백에 한둘뿐이다.

고 한 것처럼 일차로 그의 피화(被禍)에서 원인을 찾을 수 있다. 또한 그의 학문이 정수(精粹)하여 '언어 · 문자'를 넘어선 체득의 경지에 있었기 때문에 이론 세우기를 즐겨하지 않았던 데서도 한 원인을 찾을 수 있을 듯하다.

후일 지산(芝山) 조호익(曺好益: 1545~1609)은 정몽주의 학문에 대하여 다음과 같이 말하였다.

---

75) 윤남한, 「한국유학사」, 『韓國文化史新論』, 중앙대학교, 1975, 468쪽.

운봉(雲峯) 호씨(胡氏: 胡炳文)는 쌍봉(雙峯) 요씨(饒氏: 이름은 魯, 宋末의 학자)의 (『四書標註』의) 잘못을 깊이 바로잡고, 미진했던 온오(蘊奧)를 발휘하여 우리 주자(朱子)의 설이 세상에서 크게 밝도록 하였다. 그 정예(精詣)의 극치와 독견(獨見)의 묘(妙)가 언어 · 문자로서는 이룰 수 없는 것이 있거늘, 포은 선생의 견득(見得)함이 호운봉과 일치하였다고 하니, 포은 선생의 학문의 깊이를 짐작할 만하다. 포은 선생의 도를 알려거든 호운봉에서 구하면 족할 것이다.[76)]

정몽주의 경전 해석이 호병문과 같았다면, 호병문의 사상적 경향을 통해 정몽주의 유학사상이 어떤 특징을 지녔는지를 짐작할 수 있을 것이다. 호씨의 『사서통(四書通)』은 현재 전하지 않아 그 전모를 알 수는 없으나, 명나라 영락제(永樂帝) 칙찬(勅撰)인 『사서대전(四書大全)』에 인용된 호씨의 설을 보면, 호병문은 『사서통』의 거의 전편(全篇)을 통해 '집중(執中)' · '시중(時中)' 을 강조한 듯하다. 특히 '윤집궐중(允執厥中)' 을 논하면서 "중(中)이라는 한 글자는 성성상전(聖聖相傳)의 도이니 여기에 더할 것이 없다"[77)]고 하였다. 호병문의 철학이 '중사상(中思想)' 을 바탕으로 전개되었음을 짐작할 수 있다. 젊어서부터 『중용』 공부에 주력했다고 하는 정몽주의 철학사상이 그와 통했다 함은 우연이 아닐 것이다.

정몽주는 『중용』과 함께 『주역』을 중시하였다. 이색은 정몽주를 추억한 시에서, '노래학역모이천' (老來學易慕伊川)[78)]이라 하여, 정몽주가

---

76) 『포은집』 권4, 66a, 「圃隱先生集重刊跋」; 『芝山集』 권5, 4b, 「圃隱先生詩集重刊跋」

77) 「中庸章句序」, 註 "…… 天下之理, 豈有以加於此者. 中之一字, 聖聖相傳之道, 莫加於此也."

78) 『牧隱詩藁』 권15, 5b, 「憶鄭散騎詩」

늘그막에 역학에 침잠하였고, 특히 『역전(易傳)』을 지은 정이천(程伊川)을 사모했음을 밝혔다. 사실 성리학이 『주역』과 『중용』에 뿌리를 두고 있음을 생각할 때 어쩌면 당연한 일인지도 모른다. 호병문도 12권에 달하는 『주역본의통석(周易本義通釋)』을 지어 후일 주자학자로부터 높이 평가를 받았는데, 『사서통』에 보이는 사상으로 미루어 볼 때 이것 역시 정몽주가 애독하였을 가능성이 적지 않다.

그는 이숭인 · 하륜 두 사람에게 보내는 시에서 다음과 같이 읊었다.

紛紛邪說誤生靈 분분한 사설(邪說)이 생령들을 그르치는데
首唱何人爲喚醒 뉘라서 수창(首唱)하여 사람들을 깨우칠고.
聞道君家梅欲動 들으니 그대 집에 매화가 막 피려 한다는데
相從更讀洗心經 서로 어울려 세심경(『주역』)을 다시 읽세나.[79]

이단사설(불교를 지칭)이 분분한데, 그것을 몰아내려면 먼저 자기의 본심이 허령함을 깨달아 사심(邪心)을 버리고 올바른 마음을 가져야 한다는 것이요, 불교와 겨루어 이기려면 『주역』에 대한 면밀한 연구와 그에 따른 실천이 절대 필요하다는 말이다. 전구(轉句)는 추운 겨울이 가고 새봄이 오는 것을 의미한다. 유 · 불의 사상적 교체를 비유하는 것일 수 있다. 이처럼 배불론의 근저로서 『주역』을 중시하는 정몽주의 주역관은 이후 후학들에게 큰 영향을 끼쳤으니, 그의 제자인 권근은 이를 계승하여 『주역천견록(周易淺見錄)』에서 배불의 논리를 전개하였다.

정몽주는 또 같은 시의 둘째 수에서

---

79) 『포은집』 권2, 26a, 「讀易寄子安大臨兩先生有感世道故云 其一」

固識此心虛且靈　진실로 이 마음이 허령함을 알진대
洗來更覺己全醒　씻고 보면 다시금 자기가 전성(全醒)함을 깨달으리.
細看艮卦六畫耳　간괘의 육획을 자세히 궁구하면
勝讀華嚴一部經　한 질 화엄경을 읽는 것보다 나으리라.[80)]

고 하여, 『주역』의 간괘(艮卦)에 특별히 깊은 관심을 나타냈다. 전·결구는 정이천이 "한 질 화엄경을 보는 것이 하나의 간괘를 보는 것만 못하다"[81)]고 한 말을 인용한 것이다. 정이천은 "도를 배우는 요체는 간괘에서 벗어나지 않는다"[82)]고도 하였다. 이처럼 간괘를 높이 평가하는 이유는 무엇인가. 그것은 간괘가 『주역』의 깊은 뜻을 함축적으로 내포하고 있기 때문이다. 이 깊은 뜻이란 바로 호병문이 "시(時)라는 한 글자는 역(易) 184효의 요체이니 마땅히 알아야 한다"[83)]고 한 바와 같이 '시중사상(時中思想)'이라고 할 수 있다. 간괘의 단사(彖辭)를 보면

> 간(艮)은 그치는 것이다. 그쳐야 할 때 그치고 행해야 할 때 행하는 것이니, 동정(動靜)에 그 시의(時宜)를 잃지 아니함이 그 도가 광명함이라.
>
> 彖曰: 艮止也. 時止則止, 時行則行, 動靜不失其時, 其道光明.

고 하였고, 정이천의 『역전(易傳)』에서는

---

80) 『포은집』 권2, 26a, 同「其二」
81) 『二程全書』 권6, 「語錄」 "看一部華嚴經, 不如看一艮卦."
82) 馬端臨, 『文獻通考』 "陳氏曰: 「郭雍頤正自言, 其父忠孝, 受學於程伊川, 伊川示以易之艮曰: 艮, 止也. 學道之要, 無出於此. 自是, 覺讀易有味. 牓其室曰兼山」." (『淵鑑類函』 권192, 「周易 四」)
83) 『論語集註大全』 "時之一字, 是易百八十四爻之要, 亦不可不知." (성균관대 대동문화연구원 영인, 『經書』 77쪽)

행(行)·지(止), 동(動)·정(靜)을 시의에 맞게 하지 않는다면 잘못이다. 그 시의를 잃지 아니함은 이치를 따라 의(義)에 합하는 것이니, …… 군자는 시의를 귀하게 여긴다

行止動靜, 不以時則妄也. 不失其時, 則順理而合義, …… 君子所貴乎時.

고 하였다. 즉, 간괘에 담긴 뜻이 『중용』의 '시중(時中)' 사상과 상통하는 것임을 알 수 있다. 그가 유학의 시중사상이 화엄의 '원융무애(圓融無冲礙)' 사상보다도 현실성이 있고 적절하다고 생각한 이유가 여기에 있었다. 이처럼 정몽주의 철학사상은 『주역』과 『중용』을 일관하는 시중사상이 그 근간을 이룬다. '시중'을 중시했던 호병문의 사상은 정몽주의 철학사상 형성에 상당한 영향을 끼친 것으로 보인다.

이 밖에 현재 전하는 그의 시문만으로도 호방아건(豪放雅健)한 시세계뿐 아니라 학문세계를 엿볼 수 있다. 노수신(盧守愼)은 「포은선생집서(圃隱先生集序)」에서 "시 302편이 세상에 전한다. 대부분 성정(性情)에서 나오고 물리(物理)를 갖추어, 왕왕 심득(心得)으로부터 발(發)해서 밖에서 구하는 데 겨를이 없는 것 같다"[84]고 하였고, 또 고천(古川) 일향사(一鄕士)는

다행히도 남아 있는 한 권 속에 수록된 「독역(讀易)」, 「호중관어(湖中觀魚)」, 「동지음(冬至吟)」, 「호연권자(浩然卷子)」 등은 모두 성리(性理)를 표현한 작품이다. 예부터 성현의 전도(傳道)가 많은 말에 있지 아니하니, …… 이 수 편을 통해 선생의 학문을 알기에 족하다.[85]

84) 『포은집』, 卷首 "詩三百二篇行於世, 臣今吟之, 豪逸雅健, 雄深和厚, 多本性情, 該物理, 往往有若自發於心得, 而無假於外求者."

85) 『포은집』 권4, 56b, 「古川一鄕士論」

고 하였다. 이는 정몽주의 시문이 단순히 음풍농월(吟風弄月)에 그친 것이 아니라, 이학(理學)에 바탕을 두고 성현의 교훈을 밝혀 후세에 전하려는 작품이 많기 때문에, 여느 문장가나 시인의 경우와 다르다는 것이다.

乾道未嘗息 건도는 쉼이 없고
坤爻純是陰 곤효는 순전한 음이라.
一陽初動處 일양이 처음 움직이는 데서
可以見天心 하늘의 마음을 볼 것이다.

造化無偏氣 조화에는 치우친 기가 없지만
聖人猶抑陰 성인은 그래도 음을 눌렀더라.
一陽初動處 일양이 처음 움직이는 데서
可以驗吾心 내 마음을 시험할 수 있으리라.[86]

앞의 시는 천도가 순환무궁(循環無窮)함과 그 운행을 타고 만물이 생생불식(生生不息)함을 말했고, 뒤의 시는 성인이 '억음존양(抑陰尊陽)' 한 이유가 군자로 하여금 사(邪)를 피하고 정(正)에 나가도록 함에 있으며, 그것이 군자의 엄숙한 정신세계를 지탱해주는 심법지학(心法之學)의 바탕이 됨을 밝힌 것이다.

以我方寸包乾坤 나의 방촌으로 천지를 포용하고
優遊三十六宮春 삼십육궁[87]의 봄에 마음껏 노니노라.
眼前認取畫前易 눈앞에서 괘효 이전의 역을 인취(認取)하고 보니

86) 『포은집』 권2, 25a, 「冬至吟」 (其一, 其二)
87) 『주역』의 순수한 괘가 36개임을 비유한 것.

回首包羲跡已陳　뒤돌아봄에 복희씨 그린 괘효도 이미 묵은 자취일세.[88)]

이것은 인식의 대상인 천지만물이 인식의 주체인 마음에 포용된 '만물개비어아(萬物皆備於我)'[89)]의 상태를 말한다. 실지 체험에서 본다면, 괘효의 의미를 나타낸 『주역』의 상(象)과 언(言)이 모두 방편에 지나지 않는다는 것이다. 즉, 언어 · 문자 이면에 있는 실체에 직접 도달해야 학(學)의 궁극을 얻었다고 할 수 있다는 것이다. 학문의 구경(究竟)이 '체득' 에 있음을 밝힌 지론(至論)이라 하겠다.

정몽주는 불교에도 보편적 진리가 될 만한 것과 미묘(微妙)를 통달하는 극고명(極高明)의 경지가 있음을 인정하였다. 그러나 불교의 이론이 본체와 현실을 하나로 꿰뚫지는 못했다고 하여, 성리학에서의 '리일분수론(理一分殊論)' 에 입각하여 비판하였다.

'하늘이 둥글듯이 광대무변(廣大無邊)하며 거울이 비치는 것 같이 미묘(微妙)를 통달하였다' 함은 불교에서 도(道)와 심(心)을 말함이니, 우리 유가에서도 이치에 가까운 것으로 인정한다. 그러나 그 둥긂이 만사에 응할 수 있으며, 그 비침이 정의(精義)를 다할 수 있는 것인가. 내가 때를 얻어 영산회상(靈山會上)에서 황면노자(黃面老子: 석가)를 만나 한 말씀 묻지 못함을 한탄하노라.[90)]

이것은 불교가 관념상의 본체에 그쳤을 뿐 구체적으로 현실에 적용되지 못함을 비판한 것이라 하겠다.

---

88) 『포은집』 권2, 26a, 「讀易」(其二)
89) 『맹자』, 「盡心(上)」
90) 『포은집』 권3, 2a, 「圓照卷子」

〔6〕 정몽주는 30여 년 동안 입조(立朝)하여, 정치 · 외교에서는 말할 것도 없고, 사회 · 교육 · 문화 등에서도 큰 업적을 쌓았다. 도성(都城)의 5부에 각각 학당을 세우고 지방의 작은 고을까지 향교를 설치토록 하여 유학과 문풍의 진작을 도모하였으며, 관혼상제는 주자가례에 의거하여 행하도록 하였다. 또 당시 몽고 양식이 섞여 있던 고려의 복제(服制)를 중국식으로 고치고자 노력하였다. 그는 실로 유교문화 진흥의 선도자다. 그 밖에 의창(義倉)을 설치하여 가난한 백성을 구휼하고 수참(水站)을 두어 조운(漕運)에 편리하도록 한 것 등도 그의 건의에서 나온 것이다. 이뿐 아니라, 일찍이 선대의 사승(史乘)이 미비하고 본조(本朝)의 실록(實錄)이 충실하지 못함을 유감으로 여겨, 편수관을 두고 『통감강목(通鑑綱目)』의 체례(體例)에 따라 사실(史實)을 찬수하도록 건의했으며(未實現), 또 괴란(乖亂)된 율법(律法)과 형제(刑制)를 바로잡기 위해 『대명률(大明律)』과 『지정조격(至正條格)』 그리고 고려의 법령을 참작, 산정(刪定)하여 신률(新律)을 찬진(撰進)하기도 했다(1392).

이와 같이 고매한 인품과 높은 학식에다 탁월한 경륜을 갖추어 도덕 · 학문 · 공업(功業)을 겸전하였다. 실로 간세(間世)의 대유(大儒)요 왕좌지재(王佐之材)라 하겠다. 왕조가 기울어가던 당시에 무(武)에 최영(崔瑩), 문(文)에 정몽주 두 거장이 여조(麗朝)의 주석지신(柱石之臣)이었으나, 최영은 우왕 14년(1388) 위화도 회군 때 희생되었고, 수상(首相)이던 정몽주 홀로 기울어가는 고려조를 떠받치며 난국을 수습, 타개하고자 동분서주하였다. 그러나 왕실은 갈수록 쇠잔하고 국사는 날로 그릇되어 한 개의 기둥으로 대하(大廈)를 지탱할 수 없는 판국이었다. 마침내 공양왕 4년(1392) 5백 년 사직과 더불어 순절하였다. 그의 죽음은 사직을 위해 몸을 던진 데 불과한 것이 아니라, 유교에서 추구하는 살신성인(殺身成仁)의 대의를 위해 순도(殉道)한 것이라 하겠다. 그의 정충대절(精忠大節)은 유교에서 추구하는 가치가 인간에게 생명보다 더 고귀하다는 것을 실지로 보여준 것으로, 우리나라 유학사에서 '선비정신' 의 효시를 이룬다고 하겠다.

후세의 율곡 이이 같은 학자는 정몽주를 우리나라 성리학의 첫장을 연 학자로 인정하면서도 "정포은은 이학지조(理學之祖)로 불리고 있으나 내가 보기에는 사직을 편안케 한 신하이지 유자는 아니다"[91]고 하며, 우리나라 도학은 조광조로부터 시작된다고 하였다. 여기서 말한 '유자' 는 도학자를 지칭하는 것이다. 정몽주는 유자의 기상은 있었으나 불후의 저술을 남겨 후세에 드리우는 입언(立言)의 공이 없으므로 유자로 인정하기 어렵다는 것이다. 이에 대해 정몽주의 만년 출처(出處)만 보고 평가한다든지, 또 그의 언론이 드러나지 않은 것을 가지고 과소평가해서는 안 된다는 반론도 있다.[92]

일찍이 증자(曾子)가 말하기를 "육척(六尺)의 어린 임금을 맡아 도울 만하고, 백리(百里)의 명(命: 나라의 정사)을 위임할 만하며, (삶과 죽음의 즈음에 이르러서도) 큰 절개를 뺏기지 아니한다면 군자일까, 군자일 것이다"[93]고 하였다. 이와 같이 탁월한 경륜과 굳은 절조를 갖춘 인물이야말로 정몽주 같은 학자를 두고 이르는 말이라 하겠다. 후일 정몽주는 이색 · 이숭인과 함께 '여말삼은' 의 한 분으로 추앙받아 후학들의 사표(師表)가 되었으며, 조선시대 전 시기를 통하여 모든 유자들에게 의리정신 · 선비정신의 표본이자 동방 도학의 연원으로서 존중되었다. 그가 후세에 끼친 정신적 영향은 지대한 것이라 하지 않을 수 없다. 정몽

91) 『율곡전서』 권31, 59b, 「어록(상)」

92) 『南溪集』 권54, 23a-23b, 「隨筆錄」 참조.

93) 『논어』, 「泰伯」 "曾子曰: 可以託六尺之孤, 可以寄百里之命, 臨大節而不可奪也, 君子人與, 君子人也."

주를 격살시킨 조선의 태종 이방원도 그를 대광보국숭록대부(大匡輔國崇祿大夫) 영의정부사(領議政府事) 익양부원군(益陽府院君)에 추봉(追封)하고 '문충'이라 추시(追謚)했으며(1401), 중종 12년(1517) 문묘에 종사되어 유자로서 최고의 영예를 얻었다. 후일 송시열은 그를 추모하면서 "선생의 태어나심은 고려의 다행이 아니다. 우리 조정의 다행이다"고 하였다.[94)]

8. 李崇仁 충정왕 1년(1349, 己丑) – 태조 1년(1392, 壬申)

〔1〕 자는 자안(子安), 호는 도은(陶隱). 본관은 성주(星州)이며 경산부(京山府) 출신이다. 이색의 문인으로 여말삼은의 한 사람이다.[95)] 공민왕 11년(1362) 14세의 나이로 과거에 급제하였고 그 뒤 원나라 과거에 응시할 선비를 선발할 때 수석으로 뽑혔으나 25세에 미치지 못했으므로 나아가지 못했다 한다. 이후 공민왕 16년(1367) 정몽주·김구용 등과 함께 성균관의 학관(學官)으로 선발되었다. 이때 그의 나이 19세였다. 그는 이처럼 조달(早達)한 까닭에 많은 비방과 모함을 받았다.

친명배원파(親明排元派)로서 우왕 때 원나라 사신을 물리치라고 청하였다가 삭직 당하였으며, 시사(時事)에 관련되어 여러 번 삭직과 유배를 당하기도 하였다. 그 뒤 밀직제학(密直提學)으로 정몽주와 함께 실록을

---

94) 『宋子大全』 권137, 6b, 「圃隱先生詩集序」

95) 종래 이숭인 대신 길재를 넣는 것이 일반적이었으며, 이에 대해 1954년 이병도가 문제를 제기한 이래 학계의 논란이 된 적도 있었다. 그러나 이것은 이색이 「圃隱齋記」(『목은문고』 권5)에서 "장차 牧隱·陶隱과 더불어 伯仲을 이룰 것이다"고 한 말을 예로 들지 않더라도, 당시의 여러 자료에 비추어 볼 때, 이숭인을 三隱의 한 사람으로 꼽는 것이 온당하다고 본다.

편수하고, 유교식 예법의 실시를 주장[96]하기도 했으며, 창왕 1년(1389) 정조사(正朝使)로 명나라에 다녀온 뒤 예문관 제학에 올랐다. 이듬해 윤이(尹彝) · 이초(李初)의 옥사에 연루되어 이색 · 권근과 함께 청주옥(淸州獄)에 갇혔다가 수재(水災)로 석방되고, 이어 동지춘추관사(同知春秋館事)에 임명되었다. 공양왕 4년(1392) 정몽주가 살해된 뒤 그 일당으로 몰려 순천(順天)에 귀양 가고, 이어 조선이 개국되자 정도전의 심복인 황거정(黃居正)에 의해 배소에서 장살(杖殺)당하였다.

저술로 『도은집』과 『관광집(觀光集)』 · 『봉사록(奉使錄)』 · 『도은재음고(陶隱齋吟藁)』 등이 있으나, 지금은 『도은집』만 전한다. 『도은집』은 태종 6년(1406)에 왕명으로 편집, 간행하였는데, 이는 태종이 지난날 자신의 좌주(座主: 恩門)였던 이숭인의 학덕을 기리고자 한 데서 비롯된 것이다.

〔2〕 이숭인은 이제현-이색으로 계통이 이어지는 문학유(文學儒)라 할 수 있다. 그는 시문에 뛰어나 이색 이후 일류로 꼽혔다. 문사(文辭)가 고고(高古) 아결(雅潔)하여 이색의 '풍부' 함과 이숭인의 '아결' 함은 병칭되었다. 특히 시로써 이름을 떨쳤다. 뛰어난 문장으로 이색 이후 외교문서를 독당하다시피 하였고,[97] 원 · 명 교체기의 복잡 미묘한 국제관계를 원만히 처리하는 데 큰 공을 세웠다. 명나라의 태조는 그가 지은 표문(表文)을 보고 "글이 참으로 절실(切實)하다" 고 칭찬하였다 한다. 후학 권근은 그의 문장과 학문에 대하여 다음과 같이 평하였다.

도은 이 선생은 타고난 자질이 영특하고 학문이 정박(精博)하였다. 염락

96) 『도은집』 권5에 실린 「大夫士廟祭儀」는 이를 증명한다.

97) 『도은집』 권5에 실린 20여 편의 表 · 牋이 이를 증명한다.

(濂洛)의 성리지설(性理之說)을 바탕으로 하여 경(經)·사(史)·자(子)·집(集)과 백가의 글을 꿰뚫지 않은 것이 없어서, 나아간 바가 이미 깊고 식견이 더욱 높아 뚜렷이 정대(正大)한 경지에 서게 되었으며, 불교와 노장(老莊)의 학설까지도 그 옳고 그른 것을 연구하지 않음이 없었다. 그 문장은 고고아결(高古雅潔)하고 탁위정치(卓偉精緻)하였으며, 고율(古律)과 변려(騈儷)에 이르기까지 모두 절묘한 경지에 이르러 삼연(森然)히 법도가 있었다. 목은 선생이 탄상(嘆賞)하기를 "이 사람의 문장은 중국에서 구하더라도 어느 세대고 쉽사리 볼 수 없으며, 우리 동방에서는 문사(文士)가 있은 뒤로 그와 비교할 사람이 거의 없다"고 하였다. 일찍이 사신으로 두 차례 중국에 갔었는데, 중원의 사대부들이 그의 저술을 보고 그 사기(辭氣)에 접한 사람이면 탄복하지 않은 이가 없었다. …… 이처럼 운수가 쇠해가는 말엽에 와서 그 문장이 더욱 떨치고 나타났으니, 이것은 반드시 수백 년 잘 길러온 은택이 결국 여기서 뭉쳐 끝을 맺은 것인가 보다.[98]

그의 학문과 사상, 그리고 정치노선은 대개 스승 이색과 대동소이하다. 그는 당시의 많은 선비가 속세를 피하여 선학(禪學)에 빠져 있음을 비판하였다.

一自菩提心學傳 한번 보리의 심학이 전함으로부터
多少高士愛逃禪 다소의 고사(高士)가 즐겨 참선에 빠졌다.
菁莪豊芑久寂寞 풍성했던 인재들이 오래도록 적막한데
空讀昌黎原道篇 쓸쓸히 한퇴지의 「원도」편을 읽는다.[99]

98) 권근, 「陶隱先生詩集序」
99) 『도은집』 권3, 3b, 「寄三峯隱者」

그러나 승려들과 교유가 많았고, 불교비판에서도 비교적 온건한 태도를 취하였다. 유교와 불교를 절충하려는 경향마저 있었다.

그는 소학(小學) 공부를 중시하여 이 과정을 꼭 밟도록 강조하였으며, 학제(學制)를 무시하고 과정을 뛰어 넘는 일을 경계하였다.

> 옛날에는 소학과 대학이 있었다. 8세부터 15세까지 쇄소응대(灑掃應對)하는 소학 공부를 하게 한 다음, 격치성정(格致誠正), 수제치평(修齊治平)의 대학공부로 나아가게 한 까닭에, (배움의 단계가) 절연(截然)해서 문란하지 않았다. 그러므로 학문을 함에 근본이 있고 학문의 성취 또한 쉬웠다. 후세로 오면서 학제가 분명하지 않아, 절차를 무시하고 과정을 건너뛰는 일이 생김으로써, 끝내 아무 것도 얻지 못하고 말았다.[100)]

정주학이 들어온 지 1백여 년이 지났음에도 출세를 위해 사장(詞章)에만 힘쓰는 당시의 학풍을 비판한 것이라 하겠다. 이러한 상황은 공민왕 때를 지나 우왕 이후 더욱 심해졌다. 그는 급속히 변해버린 당시의 학풍을 다음과 같이 증언하였다.

> 내가 성균관의 학관을 겸직하다가 중간에 변고를 만나 고향으로 돌아가 3년을 지냈다. 이후 다시 사성(司成)에 임명되어 조정에 돌아오니 최언보(崔彥父)·박의중(朴宜中)은 여전히 학관 노릇을 하고 있었다. 그들은 내게 와서 말하기를 "그대의 복관(復官)은 기쁜 일이나 우리 당(黨)의 일이 예와 조금 달라졌다"고 하였다. 과연 성균관에서 오래도록 수업(受業)하는 유생이 없어 이상하였다. 그 이유를 박의중에게 물었더니 그는 "확실히 예와 달라

100) 『도은집』 권4, 16b-17a, 「贈朴生詩序」

졌다고 생각한다. 사장학(詞章學)이 일어남으로부터, 학도들이 '아무는 부(賦)를 잘한다, 아무는 시를 잘한다' 하여 그를 찾아가는데, 무엇 때문에 그대에게 오겠는가. 아비가 자식을 훈계하고 형이 아우를 가르치며 친구끼리 서로 권면함이 모두 성률(聲律)과 대우(對偶)를 벗어나지 아니하니, 경학에 뜻을 두는 자가 어디에 있겠는가"라고 한다. 아아! 학술의 변함이 여기에 이르렀으니, 나에게 문도가 없음은 이상할 것도 없다.[101)]

그의 논설을 통해 사상의 한 면모를 살펴보면, 그는 경학과 성리학에서 상당한 경지에 이른 것 같다. 그는 '예'를 중시하였다. 일찍이 진호(陳澔)의 『예기집설(禮記集說)』을 중간(重刊)하도록 조정에 건의한 바 있는데, 그때 올린 전문(箋文)에서 다음과 같이 말하였다.

경문에 이르기를, 도덕인의(道德仁義)는 예가 아니면 이루지 못하고, 교훈(敎訓)과 정속(正俗)도 예가 아니면 갖추어지지 못하고, 분쟁과 변송(辨訟)도 예가 아니면 판결하지 못하고, …… 도사제사(禱祠祭祀)와 공급귀신(供給鬼神)도 예가 아니면 정성되지 않고 엄정하지 못하다 했다. 위대하도다. 그 말씀이여! 성인이 만세를 위해 가르친 까닭을 극진하다고 이를 만하다. 그러니, 이 경(經)을 어찌 하루라도 마음과 눈으로부터 뗄 수 있겠는가? 또 '무불경(毋不敬)' 세 글자가 일경(一經)의 첫머리가 됨을 보니, 이는 …… 성인께서 서로 전한 심법(心法)이다. 옛날부터 나라의 안위(安危)와 백성의 휴척(休戚: 기쁨과 슬픔), 군자·소인의 진퇴소장(進退消長), 천명(天命)·인심(人心)의 거취이합(去就離合)이 실로 군심(君心)의 경(敬)·불경(不敬)의 잠깐 사이에 달렸다. 바라건대 성경(聖經)에 잠심(潛心)하시어 만기(萬機)를 처결

101) 『도은집』 권4, 12b-13a, 「贈李生序」

하거나 한가이 있을 때에도 한결같이 '경' 에 힘써야 할 것이다.[102)]

여기서 그는 유교의 예치(禮治)를 강조하고 있다. 예의 근본을 '경' 이라 하고 경을 성인상전(聖人相傳)의 심법이라 한 것은 분명 정주학의 거경설(居敬說)을 활용한 것이라 하겠다. 만사가 임금의 한 마음에 달렸다고 하여 격군심(格君心)을 강조한 뒤, 그것이 '경' 이 있느냐 없느냐의 자각에 달려 있다고 한 것은 후일 조광조 등이 주창한 도학정치의 전조(前兆)가 된다고 할 것이다.

그는 리기설(理氣說)에서 대체로 주기적 관점을 취하였다.

> 무릇 대화(大化)가 유행함에 음양 · 오행의 정(精)이 왕성하고 요란하여 이에 사람이 생겨나니, 생기게 하는 것은 곧 천지의 기(氣)이다. 그러므로 그 기된 것이 지극히 크고 지극히 굳세다. 생각건대 지극히 큰지라 천지 어디에 놓이더라도 준칙이 되고, 지극히 굳센지라 쇠나 돌에 부딪치더라도 그것을 뚫고 만다. 그 체(體)는 본래 스스로 호연(浩然)한 것이니 다만 잘 배양하는 데 있을 뿐이다. 배양하는 것이 그 도를 얻게 되면 나의 기가 곧 천지일 뿐이다.[103)]

이는 기를 우주생성의 본체로 봄과 동시에, 기의 생기적(生機的) 작용에 의해 천지가 운행된다고 본 것이다. 그런데 기가 만물의 준칙이 된다는 것은 색다른 주장이다. 그는 호연지기(浩然之氣)를 선양(善養)하는 것에서 수양론을 도출하였다. 호연한 기를 제대로 기르게 되면 나의 기

---

102) 『도은집』 권5, 7b, 「進重刊陳澔集說禮記箋」

103) 『도은집』 권4, 8a-8b, 「送李浩然赴合浦幕序」 "夫大化流行, 二五之精, 絪縕轇轕, 人乃生焉. 所以生者, 卽天地之氣也. 故其爲氣也, 至大至剛, 夫惟至大也, 放諸天地而準, 至剛也, 觸諸金石而貫. 其體本自浩然, 第在乎善養之爾. 養之得其道, 則吾之氣, 天地而已矣."

가 천지에 가득 차게 된다는 것이다.

그의 복괘(復卦)에 대한 새로운 해석도 빼놓을 수 없다. 복괘(䷗)는 진하(震下) 곤상(坤上)으로, 양(陽)이 위에서는 극도로 소진(消盡)된 데 비해 아래서는 바야흐로 생겨나는 형상이다. 그는 '복'에 세 가지 의미가 있다고 하였다. 음양에 따라 천지가 '복' 하는 것이 있고, 동정(動靜)에 따라 성인이 '복' 하는 것이 있고, 선악에 따라 뭇사람〔衆人〕이 '복' 하는 것이 있다는 것이다. 먼저 음양에 따라 천지가 '복' 하는 것에 대해서는

> 초겨울에는 순음(純陰)이 용사(用事)하니 천지 사이에 온갖 생물이 귀장(歸藏)하게 된다. 그러다가 한 가닥 양의 기운이 다시 싹터 움직이면 생물지심(生物之心)이 넘치듯이 드러나게 되어, 이에 천명(天命)이 유행(流行)하고 조화(造化) 발육(發育)하여 기밀한 움직임이 실로 여기에서 시작되니, 이른바 '복(復)을 통해 그 천지의 마음을 본다' (復其見天地之心)는 것인가 한다.[104]

고 하였다. 이어서 동정에 따라 성인이 '복' 하는 것에 대해서는

> 성인도 역시 마찬가지다. 물(物)에 감응하지 않을 때 이 마음이 적연(寂然)한 가운데서 감공형평(鑑空衡平)한 상태로 있는 것은 귀신일지라도 엿볼 수가 없다. 그러다가 수작(酬酌)할 즈음에는, 순(舜)임금이 살리기를 좋아하고 우(禹)임금이 물에 빠진 백성을 건져주며, 문왕(文王)이 백성보기를 다친 사람처럼 하는 것과 같이한다. 이는 곧 성인은 천지의 마음을 (자기의) 마음으로 하는 까닭이요, 사람이 그 움직임을 따라서 볼 수 있는 것이다.[105]

---

104) 『도은집』 권4, 1a-1b, 「復齋記」

105) 『도은집』 권4, 1b, 「復齋記」

고 하였다. 마지막으로 뭇사람들이 '복' 하는 것에 대하여는

> 뭇사람들은 태어날 때 받은 기가 이미 잡박하고 또 물욕이 가려서 그 본연의 마음을 상실하고도 스스로 알지 못함이 모두 이것이다. 그러나 본연의 착한 성품은 굳게 있어서, 양기(陽氣)가 다하는 법 없이 반드시 돌아오는 것과 같다. 그런 까닭에 감응에 따라 나타나 보여서 저절로 막을 수 없는 바가 있는 것이니, …… 이는 선한 본성의 단서가 돌아오는 것으로서 감히 소홀히 할 수 없는 것이다.[106)]

고 하였다. 그런데 바로 이어서 다음과 같이 말한 대목은 주의할 필요가 있다.

> 무릇 복괘의 뜻이 이렇게 세 가지가 있는데, 성인이 설명하는 중인의 복(衆人之復)에 대하여 정성들여 자세하게 한 것은 무슨 까닭인가. …… 역(易)이 사람을 가르침에 비록 천도에 중점을 두기는 하지만, 인심(人心)에 더욱 중점을 둔 것이다. …… 성인이 복괘의 괘사(卦辭)에서는 천지자연의 복의 이치만을 밝혔으나, 육효의 효사에서는 모두 인심의 복(人心之復)을 말하여 하나로써 만족하지 않았음은, 만세의 사람으로 하여금 그 효사를 살피고 그 점괘를 완미(翫味)하여, 능히 길한 것에 나아가고 흉한 것을 피하게 한 것이다.[107)]

대개 천지의 기운은 '정극이동(靜極而動), 동극이정(動極而靜)' 하여 스스로 회복하는 이치를 가지고 있으나 사람은 그러하지 못하다. 그런 까닭에 성인이 인도를 중히 여기고 특히 인심의 회복을 강조했다는 말

---

106) 『도은집』 권4, 1b, 「復齋記」
107) 『도은집』 권4, 1b-2a, 「復齋記」

이다. 공자는 복괘 초구(初九)의 '머지 않아 돌아온다'(不遠復)고 한 효사에 대하여 "이는 자기 자신을 수양하기 때문이다"라 하고, 「계사하전」에서 "안씨(顔氏)의 아들은 거의 도에 가깝도다. 불선(不善)함이 있으면 모른 적이 없었으며, 알고서는 다시 행하지 않았다"[108]고 하여 복괘의 의미를 안회(顔回)에 견준 바 있다. 이숭인은 '안자의 학문은 우리들의 바라는 바다'고 하여, 복괘의 해석을 수양론으로 이끌었다. 그는 끝으로 주자(朱子)가 동짓날에 읊은 시를 인용, 결론에 대신하였다.

幾微諒難忽　미세한 조짐도 소홀히 하기 어려움을 알라!
善端本綿綿　선의 실마리는 본래부터 끊임없나니.
閉關息商旅　빗장을 닫고 마음의 행려(行旅)를 쉬게 하며
絶彼柔道牽　저 유도(柔道)의 견인을 끊으라!

일찍이 주자는 "지극히 고요한 가운데 움직임의 실마리가 있다. 이것이 곧 천지의 마음을 보는 근거이며, 선왕(先王)이 동짓날에 빗장을 닫는 이유다"[109]고 하였다. 위의 복괘에 대한 이숭인의 해석은 『맹자』의 '반신이성(反身而誠)'과 장횡거의 '선반지(善反之)'의 설과 같은 맥락에서 나온 것이다. 이를 복괘의 이치에서 논구한 것은 자못 이채를 띤다.[110]

〔3〕 이숭인은 재주·문장·학문으로 한 세상을 울렸으면서도 일생을 불운하게 마쳤다. 『고려사』「이숭인전」에 의하면, 당시 많은 사람의

108) 『주역』, 「繫辭(下)」 "子曰: 顔氏之子, 其殆庶幾乎. 有不善未嘗不知, 知之未嘗復行也. 易曰: 不遠復, 无祇悔, 元吉."
109) 『주자대전』 권32, 「答張欽夫」 第6書 참조.
110) 김충렬, 『고려유학사』, 207쪽.

시기의 대상이 되어 번번이 곤욕을 겪어야 했다. 참으로 풍파가 많았다. 그는 일찍이 우왕 1년(1375) 「애추석사(哀秋夕辭)」를 지어, 자신의 불우함과 세상의 각박함을 서글퍼 하면서 아픈 심정을 스스로 위로하였다.

> 내 겨우 포대기를 벗어남이여! 행동함에 반드시 고인을 스승으로 삼았노라. 생각건대 공자가 가르침을 드리움이여! '살신이성인(殺身以成仁)' 이로다. '지사불망재구학(志士不忘在溝壑)' [111]이여! 맹자가 이 말을 음미하였도다. 차라리 힘이 부족하여 중도에 죽을지언정, 이를 정성스럽게 마음에 새겨왔노라. 충군(忠君)과 애국(愛國)이여! 여기에 뜻을 오로지하여 다른 데 생각이 없었노라. 시속은 어찌 저리도 험한고. 학문을 왜곡하고 아부를 일삼는 것을. 나 보기를 도마 위의 고기같이 함이여! 입술을 다시면서 어금니를 가는구나.[112]

그러나 말미에서는, 세상사의 여세추이(與世推移)와 변통에 아랑곳하지 않고 자기가 정한 길을 가고야 말겠다면서 "나의 첫 마음을 고칠 수 없음이여! 일생을 곤궁하게 마치리라. 천고의 앞서 나신 분들이여! 뒤에 올 사람들 무궁하네. 내 뜻은 맹세코 돌이키지 못하니 옛 군자 우러르며 몸 닦으리" [113]라고 비장하게 다짐하였다. 그는 자신의 말대로 일생을 곤궁하게 살았고, 또 지조와 충절을 지키다가 비명에 갔다. 게다가 정몽주의 명성에 가려 빛을 보지 못한 것이라든지, 뒷날 삼은(三隱)의 한 사람으로서의 지위마저 흔들려 역사의 뒤안길에 파묻혀 왔음은 안타까운 일이다.

---

111) 志士는 본래 곤궁한지라, 죽은 뒤 구렁에 버려져도 恨하지 않음을 항상 잊지 않는다는 말(『孟子』, 「滕文公下」).

112) 『도은집』 권1, 1a-1b, 「哀秋夕辭」

113) 위와 같음.

제3장

性理學派의 斥佛運動과 현실인식

1. 闢異端論의 擡頭와 척불운동

고려에서 불교는 사실상 국교로서의 지위를 누렸다. 그러나 중기 이후로는 말폐가 파생하였고 결국 고려의 멸망에 적지 않은 영향을 끼쳤다. 불교의 폐단에 대해서는 고려 초 이미 최승로가 「시무이십팔조」를 통해 시정을 촉구한 바 있다. 역대로 제기된 척불(斥佛)의 이유는 불교의 폐단에 대한 것이 주를 이루었다. 교리적 측면에서의 배척은 고려 말기 신진사류를 기다려야 했다.

고려불교 말폐의 주요 원인으로는 첫째, 교세의 방만을 들 수 있다. 후기로 오면서 전국 각지에 웅대하고 화려한 불사(佛寺)가 무수히 남설(濫設)되어 그 폐해가 막대하였다. 한 예로, 문종 21년(1067)에 낙성된 흥왕사(興王寺)는 규모가 2,800칸으로 12년 만에 완공되었다고 한다. 또 『송사(宋史)』「고려열전」에 의하면, 왕성에만 거대한 사찰이 70구(區)나 있었다고 한다. 토목공사로 인한 민폐가 이루 다 말할 수 없었다.

또한 전국적으로 승려의 수가 과도해서 국력에 영향을 미칠 정도로 심각하였다. 조정에서 도승(度僧)을 장려하다시피 하여 승려의 수는 날로 증가하였으니, 현종 9년(1018)에는 일시에 3,200명에게 승려가 되는 것〔度僧〕을 허가한 바도 있다. 또 국가의 잡역(雜役)을 피하기 위해, 또는 무위도식(無爲徒食) 하기 위해 출가한 자가 허다하였고, 그 중에는 범죄자도 적지 않아 사회적 문제를 야기하였다.

불교가 왕성하면서 구정(毬庭)이나 궁중의 내전에서는 물론이요, 각 사찰에서 호화로운 법회가 끊임없이 행해졌다. 일반 민가에서도 번다한 불사를 행하기는 마찬가지였다. 특히 조정에서 행하는 거대한 불사는 국가재정을 축내고 민폐가 극심하였다. 또 국가에서 승려에게 식사를 대접하는 반승(飯僧: 齋僧) 행사가 후기로 갈수록 빈번하여 그 폐가 막심하였다. 대개 3만 명 규모가 보통이었으며, 더 많게는 10만 명을 헤아리기도 하였다.[1] 반승에 드는 비용은 국가재정을 파탄으로 몰아가는 큰 요인이 되었다.

둘째, 승려의 부패와 타락을 들 수 있다. 고려 중기 이후로 정도를 더해 갔다. 문종 때 이미 상당히 심각한 지경에 이르러, 임금이 교서를 내려 기강을 바로잡을 것을 명령할 정도였다.[2] 고려 때 승려 집단은 특권계층이었다. 이들은 왕실을 등에 업고 전국 각지의 많은 토지를 차지하고 노비를 소유하며, 불사(佛事)를 빙자하여 민간으로부터 많은 재물을 갈취 수탈하는 등 횡포가 자심하였으며, 상행위와 변리(邊利) 놀이도 마다하지 않는 등 각종 부도덕한 행위를 서슴없이 자행하였다. 사찰이 일종의 '이익이 생기는 근원'〔利源〕이 되어 사찰 재산이 늘어남에 따라 각 종문(宗門) 사이의 치열한 사찰 분쟁도 빈번하게 일어났다.

---

1) 『고려사절요』 권3, 현종 9년 戊午 5월조.

2) 『고려사』 권7, 문종 10년 丙申 9월 丙申條.

교풍을 더럽힌 승려의 비행에 대한 기록은 매거할 수 없을 정도로 많다. 척불론이 본격적으로 대두하기 이전만 하더라도 승려의 비행과 도덕적 타락이 적지 않았다. 특히 말기에 가서는 권문세가와 왕실의 비호를 받은 일부 승려들이 발호하여 안하무인(眼下無人)·후안무치(厚顔無恥)의 오만이 거의 극에 달하였다. 공민왕 때 자은종(慈恩宗)의 승려 영욱(英旭)이 환관 김불화(金不花)의 처와 간통하여, 대간(臺諫)들이 그에게 죄를 주려 하자 "만약 나를 죄주려거든 종문을 파해야만 될 것이다. 지금 종문의 승려 가운데 누가 나를 비난한단 말인가"[3]라고 항변했다는 사실은 고려불교가 이미 돌이킬 수 없는 지경이 되었음을 말한다.

셋째, 승려들의 정치 참여를 들 수 있다. 이것은 고려의 정치가 문란하게 된 중요한 원인 가운데 하나다. 고려에서는 승려를 후대하여 고승에게는 왕사(王師)·국사(國師)의 지위를 주어 국정의 자문역을 맡게 하였다. 왕사·국사 등의 정치 관여는 그 사례가 상당히 있었고, 그 본래 의도가 건실한 것이었다. 그러나 일부 승려들은 궁중에 출입할 수 있는 지위를 악용, 정치를 농단(壟斷)하여 나쁜 영향을 끼쳤다. 승려와 승려 사이에 정쟁(政爭)이 벌어졌던 사실은 승려들의 정치 참여가 빚어낸 결과이다.

넷째, 신도들의 광신(狂信) 또는 미신이다. 불교계가 부패하고 승려가 타락하는 것에 발맞추어 신도들 역시 점차 광신적이거나 미신적인 경향으로 흘렀다. 고려 명종 때 전주(全州)에 살던 중 일엄(日嚴)의 사망(詐妄)에 많은 백성이 빠져 사회문제가 되었던 것[4]은 미신에 침염(浸染)된 정도를 짐작케 하는 좋은 사례다. 불교가 미신적 맹신적 경향을 띠게 됨에 따라, 부처의 힘이나 죽은 사람의 영혼에 의지하여 복을 비는 허황

---

3) 『고려사』 권38, 공민왕 4년 乙未 6월 乙丑條.

4) 『고려사』 권99, 「林民庇傳」 참조.

된 요행심이 백성들 사이에 팽배하였다.

이 밖에 사회 · 윤리적 차원의 문제도 빼놓을 수 없다. 사사(寺社)를 드나드는 여염의 부녀자들과 승려들 사이에 추문(醜聞)이 자주 일어나고, 또 승려들이 사대부나 종실(宗室)의 집에까지 출입해서 풍속을 오염시켰기 때문에, 고려 말에는 빈천을 가릴 것 없이 부녀자들의 사원 출입을 금지하기도 하였다.

이처럼 불교의 말기적 폐단이 거의 극에 달하자, 불교는 인심으로부터 계속 이반(離反)되어 갔다. 이러한 상황은 유학자들에게 불교 배척의 좋은 기회가 되어 척불논의가 비등하였으니, 공민왕 때 이후로 척불이 시대사조를 이루어 걷잡을 수 없었다. 이것은 유교의 세력이 점점 발흥하는 것과 짝하는 것이었다.

고려 말 신진사류의 불교 배척은 정주의 이단 배척에서 큰 영향을 받았다. 송대에 성립된 성리학의 경우 불교에 대한 비판을 중요한 임무로 하였고, 또 그것이 성리학 자체의 논리적 체계화에 중요한 계기가 되었다. 이정(二程)과 주자는 '이단 배척', 특히 불교를 배척하는 것이 유자의 의무라고 강조하였다. 불교에 조예가 있었던 정이천(程伊川)은 후학들이 불교에 감염될 것을 우려, 불교에 관심조차 갖지 말라고 하였다.[5] 이정은 도가와 불교를 비판했지만 불교를 비판하는 정도가 심하였고, 도가는 비교적 해독이 적은 것으로 생각하였다. 주자 역시 불교가 노장에 비해 상대적으로 훨씬 해로우며 선불교는 더욱 해롭다고 하였다.[6]

고려 말의 불교 배척 논의는 두 갈래로 진행되었다. 하나는 불교를 본

---

5) 『程氏遺書』 권15, 「伊川先生語」 "釋氏之說, 若欲窮其說, 而去取之, 則其說未能窮, 固已化而爲佛矣. …… 其言有合處, 則吾道固已有."

6) 『朱子語類』 권126, 「釋氏」 "或問: 佛與莊老不同處, 曰: 莊老絶滅, 義理未盡, 至佛則人倫滅盡, 至禪則義理滅盡."

질적으로 부정하는 것이며, 다른 하나는 불교 자체는 인정하면서도 그 말폐를 공격하는 것이었다. 시일이 흐를수록 박멸론을 주장하는 일파가 세력을 얻었다.

공양왕 1년(1389) 왕이 조계승(曹溪僧) 찬영(粲英: 1328~1390)을 왕사로 삼으려 하자, 당시 성균관 대사성이던 정몽주는 경연에서 불교의 출세간적(出世間的), 고원난행적(高遠難行的) 경향을 비판하면서 유교의 일용평상적(日用平常的) 성격을 강조하였다.[7] 이 경연 계사(啓辭)는 이후로 쏟아지는 벽불소(闢佛疏)의 첫 장을 연 것으로서, 그 영향은 상당하였다. 당시 불교비판의 진원지는 신진사류가 대거 포진하고 있던 성균관이요, 그 사령탑은 당시 사류들의 추앙을 받던 정몽주였다. 그는 성리학의 가치 기준에 어긋나는 것은 모두 이단이요, 이단은 배척되어야 한다는 태도를 견지했다. 특히 유교의 입세간적(入世間的) 관점에서 불교의 출세간적 경향을 비판하고, 인간세상을 잘 다스려 평안케 하기 위해서는 불교를 배척하지 않으면 안 된다는 점, 즉 '불교 배척은 유자의 책임' 이라는 것을 역설[8]해왔던 터라, 불교비판의 이론적 지주가 되기에 부족하지 않았다. 이후에는 이론적 비판에서 나아가 과격한 배불론에까지 이르게 된다.

공양왕 3년 재변(災變)이 일어나자 임금이 구언(求言)을 하였다. 이때 김자수(金自粹)는 상소하여, 공양왕이 연복사(演福寺) 탑을 세우면서 민가 30~40호를 철거토록 하는 등 토목공사를 여러 차례 진행시켜 민폐를 가중시켰다고 하면서 "국가 비용의 낭비가 불사보다 더 심한 것이 없으며, 인민의 원망을 사는 것도 이보다 더 심한 것이 없습니다. 전하께서 즉위한 이래, 태묘(太廟)와 선조의 여러 능침(陵寢)을 수리하거나

---

7) 『고려사』 권117, 「정몽주전」

8) 김충렬, 『고려유학사』, 199쪽.

영선했다는 것을 듣지 못했습니다"[9]고 격하게 비판하였다.

성균박사 김초(金貂)도 구언에 응하여 훼불소(毁佛疏)를 올렸는데 "임금이 세상을 그르치는 괴이(불교)를 좋아하기 때문에 재변이 일어난다"고 공박하는 등 언사가 격렬하였다. 그는 불교 이론을 낱낱이 비판한 뒤, 출가한 자를 환속토록 하고, 오교(五敎)와 양종(兩宗)을 혁파하며, 승려가 되는 것을 엄금해야 한다고 하는 등 불교 박멸론을 주장하였다가[10] 왕의 진노를 사서 죽음에 처해질 뻔하였으나, 정몽주의 도움으로 석방될 수 있었다.[11] 일찍이 당나라 헌종 때 한유가 「불골표(佛骨表)」를 올려 극형에 처해질 뻔 하였다가 감사(減死)되어 조주자사(潮州刺使)로 좌천되었던 것을 연상케 한다.

얼마 뒤 전 전의부정(典醫副正) 김전(金典)이 김초의 상소를 반박하고 불교를 옹호하자,[12] 이에 자극을 받은 신진사류가 일어났다. 정도전이 글을 올려 김초의 배불을 지지하였고, 성균생원 박초(朴礎) 등이 다시 격렬한 폐불소를 올렸으며, 예문춘추관에서는 김전을 탄핵하는 등 분위기가 자못 심각하였다. 박초는 불교를 '이적(夷狄)의 도'라 공격하고, 또 승려들에 대하여 "어찌 하루라도 천지 사이에 용납해 둘 수 있겠는가. 참으로 불공대천(不共戴天)의 원수이다"[13]라고까지 극렬히 비판하였다. 이들의 논리는 대체로 한유의 「원도(原道)」와 「불골표」의 수준에 머문 것이었다. 체계적이고 논리적인 비판은 정도전의 『심기리편(心氣理篇)』·『불씨잡변(佛氏雜辨)』 등을 기다려야 했다. 정도전은 위의 불교 비판서를 내놓아 고려 때 마무리되지 못한 척불논의를 연장시킴으로

---

9) 『고려사』 권120, 「김자수전」

10) 『고려사절요』 권35, 공양왕 3년 辛未 5월조.

11) 『고려사』 권117, 「정몽주전」

12) 『고려사절요』 권35, 공양왕 3년 辛未 6월조.

13) 『고려사』 권120, 「金子粹傳附」

써, 성리학을 조선왕조의 지도이념이자 관학으로 자리 잡게 했다.

2. 성리학파의 兩大潮流와 현실인식

고려 말, 신진사류들은 정주학을 기반으로 하면서도, 내부적으로는 역사관이나 가치관, 현실 인식을 놓고 노선 차이를 보였다. 의리를 중시하는 보수세력과 현실을 중시하는 혁신세력의 두 갈래로 갈려 서로 대립하였다. 혁신계열은 고려왕조의 회생이 불가능하다고 판단했고, 보수계열은 고려왕조를 유지하는 가운데 중흥을 도모할 수 있다고 생각했다.

이 두 계열은 이색에 이르기까지는 학문적, 정치적으로 별다른 대립이나 분열이 없었으나, 이색 이후 정몽주 계열과 정도전 · 권근 계열에 의해 역사관이나 현실에 대한 인식의 차이를 극명하게 보이게 된다. 정몽주 계열은 강상(綱常)과 절의를 존중하여 백이(伯夷)와 숙제(叔齊)를 바람직한 인간상으로 여기며, 대의명분을 근간으로 하는 『춘추』를 중시하였다. 이에 비해 정도전 · 권근 계열은 『주역』의 변화론을 중시하여 시대의 상황에 능동적으로 대처하는 변통을 우선으로 함으로써, 무왕(武王)의 혁명을 높이 평가하고 천명에 따른 왕조의 교체를 주장하였다.[14] 정몽주 계열은 역성혁명에 의한 왕조의 교체를 의리에 배치된다고 거부함으로써 혁신세력에 의해 죽음을 당하거나 쫓겨났으며, 남은 세력은 은거하면서 자정(自靖)하거나 향촌에 내려가 후진의 교육에 전념하였다. 결국 정도전 · 권근 계열이 여말선초의 학계 · 정계를 지배하

14) 류승국, 『한국유학사』, 성균관대출판부, 2009, 178-182쪽.

게 되었다.

정도전 · 권근 계열은 현실을 중시하여 상황에 대응하는 창의적 변혁을 강조하였다. 관념적 의리보다는 인간의 자율적이고 의지적인 측면을 중시하고 문화의식을 고취하는 데 중점을 두었다. 학풍 역시 사변적 측면보다는 실용적, 공리적(共利的) 측면을 중시하였고 경세적 성향이 강하였다. 정도전과 권근은 이색의 문인으로서 동문(同門)이지만, 연령에서 10여 살의 차이가 있다. 권근은 정도전에게도 사사(師事)하여 정치적, 사상적으로 많은 영향을 받았으며, 정도전이 죽은 뒤 그의 학풍을 계승하여 이른바 '관학파(官學派)'의 선구가 되었다.

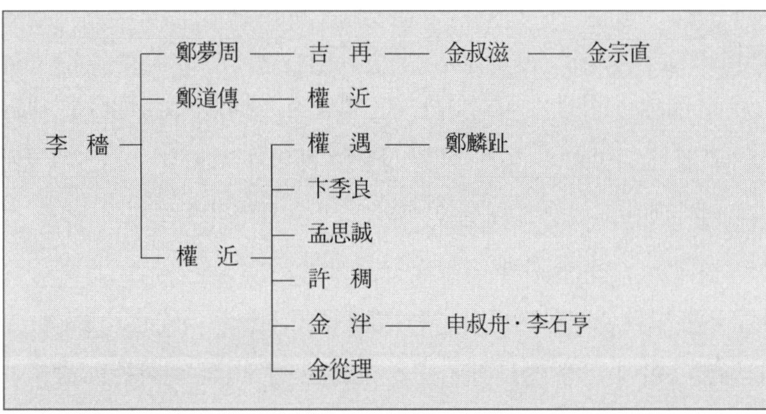

관학파는 성리학을 국가의 지도이념으로 정하고 그것의 정착을 도모하면서도, 새로운 국가 건설에 도움이 되는 한 성리학 이외의 사상도 폭넓게 수용하는 등 신축성을 보였다. 불교와 도교 교단의 폐단이 어느 정도 시정된 뒤에는 불교 · 도교사상 및 풍수사상 · 민간신앙 등에 대해서도 비교적 관대한 정책을 썼다. 이처럼 탄력성 있고 개성이 강한 학풍은 국정을 담당하는 관학파 학자들이 의욕적인 정책 활동을 벌이는 데 기반이 되었다. 뒷날 관학의 학풍을 계승한 일련의 학자군을 관학파 또는 훈구파라고 하였다. 이들은 어용적(御用的) 성향이 강하기는 하였지만, 관학을 기반으로 하고 집현전 등을 통하여 양성됨으로써 15세기의 수준 높은 민족문화를 이룩하는 데 크게 기여했다. 그러나 나중에는 권귀(權貴)로 흘러 사림파의 비판 · 배척의 대상이 되기에 이르렀다.

정몽주 계열 일부는 영남지방을 중심으로 사림파를 형성하여 의리학의 학풍을 세우고, 사학(私學)을 통해 후진을 양성하였다. 사림파는 세종시대 이후 수성기(守成期)를 맞으면서 정치적으로 복권되었다. 성종연간에는 중앙 정계에 진출하여 훈구 계열의 비리를 비판하면서 상당한 세력을 형성하였다. 이후 몇 차례의 사화(士禍)를 겪고 난 뒤 마침내 16세기 이후 사상계와 정계를 주도하게 됨으로써, 조선유학사에서 정통 · 정맥으로 자리 매김 되었다.

제9부

조선의 건국과 창업기의 유학

제1장

조선의 儒敎立國과 右文政策

1. 초기의 유교장려책

공민왕 이후 40여 년에 걸친 혁명 작업의 결과로 조선왕조가 창업되었다. 이는 단순히 왕조의 교체라기보다는 통치이념이 불교로부터 유교로 교체된 것을 의미하였다. 조선왕조는 명실공히 유교 국가였다. 유교로 정교(政敎)의 대본을 삼고 유신(儒臣)을 중용(重用)하였다. 태조는 무장이었지만 조선왕조를 창업한 이후 유교적 통치 규범을 마련하고, 성리학을 지도 이념으로 정착시키고자 하였다.

태조는 평소 유술(儒術)을 중시하였다. 비록 군중(軍中)에 있을 때라도 매양 창을 놓고 쉬는 때를 틈타 유사(儒士) 유경(劉敬) 등을 불러 경사(經史)를 상확(商確)하였다. 더욱이 진덕수(眞德秀)의 『대학연의(大學衍義)』 보는 것을 즐겨하여, 간혹 밤중까지 자지 않을 때가 있었으며, 개연히 세도(世道)를 돌이킬 뜻을 두었다.[1)]

전하께서는 즉위하자 먼저 경연관을 설치하여 고문(顧問)을 갖추었다. 항상 말하기를 "『대학』은 임금이 만세의 법을 세우는 데 필요한 책이다. 진서산(眞西山)은 『대학』의 뜻을 확대하여 『대학연의』를 지었다. 제왕(帝王)이 정치를 하는 순서와 학문을 하는 근본은 이보다 나은 것이 없다"고 하였다. 정사를 청단(聽斷)하는 가운데 여가가 있을 때마다 『대학』을 친히 읽기도 하고, 혹은 다른 사람에게 강론을 시키기도 하였다.[2)]

태조는 평소 가문에 유학을 공부하는 사람이 없음을 부끄럽게 여겨 다섯째 아들 방원(芳遠)에게 배움의 길로 나아가게 하였다. 이방원이 마침내 과거에 급제하니 태조는 어전(御前)에 배사(拜謝)하고 감격의 눈물을 지었으며, 제학(提學)에 제수되자 못내 기뻐하였다고 한다.[3)] 이처럼 경유지심(敬儒之心)과 우문지덕(右文之德)이 지극하였을 뿐 아니라, 즉위한 뒤에는 조준(趙浚)·정도전 등을 정책 참모로 두어 유교 입국의 장대한 구도를 가다듬어갔다.

태종 이방원은 여말의 명유들에게 배워 우왕 8년(1383) 이숭인을 좌주(座主: 恩門)로 하여 문과에 급제하였다. 길재(吉再)와 한마을에 살면서 학문을 논하기도 하였다. 태종의 호학(好學)과 학문의 조예는 다음 글을 통해 엿볼 수 있다.

임금은 천성이 총명하고 학문을 좋아하여 부지런하였으며, 글 읽는 과정을 엄하게 세웠다. 『통감(通鑑)』을 다 읽고 난 뒤에, 대신 김과(金科)에게 "내가 역대의 흥망을 대강 알았다. 경서를 읽으려고 하는데 어느 경서가 성리

1) 『태조실록』 권1, 21a, 〈總敍〉(영인본 제1집, 11면)
2) 『삼봉집』 권13, 「朝鮮經國典(上)」, 禮典, 〈經筵〉
3) 『태조실록』 권1, 19a, 〈總敍〉 참조.

(性理)의 본원이 되겠는가"라고 물으니, 김과가 아뢰기를 "제왕의 학문을 신(臣)이 어찌 경솔히 여쭙겠습니까" 하였다. 이에 임금이 이르기를 "정일집중(精一執中)의 학문은 제왕(帝王)의 학문이다"고 하면서, 『중용』을 강론하였다.[4)]

태종은 태조의 정책을 이어받아 '수성이문(守成以文)'을 정책 기조로 관료 제도를 정비하는 한편, 정치 · 경제 · 군사적 안정을 추구하는 일련의 시책을 전개함으로써, 세종대 문화의 융성을 이루는 터전을 마련하였다. 그 뒤를 이은 세종은 유교정치의 구현을 위해 재위 기간 내내 노심초사하여, 마침내 '동방의 요순(堯舜)'이라는 칭송을 들을 정도로 성군(聖君)이 되었다. 조선의 유교는 초기 역대 임금들의 유교에 대한 조예와 선호에 힘입어 크게 발전할 기틀이 마련되어 마침내 국교의 지위에 오를 수 있었다.

조선은 유학사상을 국시(國是)로 삼고 학자를 존중하였다. 학문을 중시하는 기풍이 국가 정책의 기본이 되었다. 국가와 유교인 집단(士 · 儒者)은 상호 불가분의 관계에 있었다. 다만 정치의 전개 양상이 학풍의 소장(消長)에 큰 영향을 끼쳤던 점을 생각할 때, 유교인 집단의 기능과 구실은 시대에 따라 다를 수밖에 없었다고 할 것이다.

돌이켜 볼 때, 여말로부터 조선 초기 문물제도가 정비되기까지 주자학은 유신(維新: 사회 혁신)의 대원리로 크게 기능하였다. 이때의 주자학은 조선 중기 이후의 주자학과 여러 측면에서 대비된다. 주자 당시에 '도학지인(道學之人)'이 오활하거나 고루한 선비 · 학자가 아닌, 오히려 과격할 정도로 현실 비판적인 인사를 가리켰듯이,[5)] 조선시대 초기에도

4) 『燃藜室記述』 권2, 「太宗朝故事本末」 참조.
5) 戸川芳郎(外), 趙誠乙 譯, 『儒教史』, 이론과 실천사, 1990, 272쪽.

주자학은 현실에 대한 비판적 개혁적인 성격과 기능을 잘 간직하였다.

유교는 덕치주의와 민본사상을 바탕으로 왕도정치를 구현하는 데 그 이상이 있다. 유교에서 국가가 가지는 기능은 통치 기능과 교화 기능을 겸해야 한다. 통치 기능만 있는 국가는 유교의 국가관에서 어긋난다. 통치 기능은 교화 기능을 기반으로 해야 했기 때문에, 통치 기능은 넓은 의미에서 교화 기능을 실현하기 위한 방법이었다. 그런 테두리 안에서만 의미가 있다.[6]

조선왕조는 이러한 유교의 통치 규범에 입각하여 중앙집권적 관료체제를 확립하였다. 고려 말부터 추진해온 숭유정책은 새 왕조의 기본 정책이었다. 특히 조선왕조에 정치철학으로서 이념을 제공하였던 주자학의 정착과 함께 고려시대의 불교문화를 비판, 정리하고 조선 초기 문화의 방향을 설정하는 구실을 하였다. 또 『주자가례(朱子家禮)』의 보편적 준용(遵用)이 요구되고 『소학』 교육이 장려되며, 명교(名教)의 부식에 보탬이 되는 여러 제도가 시행됨에 따라, 유교는 상류 사회로부터 민중의 일상생활에까지 뿌리를 내려갔다. 또한 정교(政教)의 이념인 성리학은 16세기 사림(士林)의 성장과 더불어 조선사회에 정착되기에 이르렀다. 성리학은 예학의 발달과 함께 정책적 차원에서 옹호되었고, 사림세계에서 정치사상으로 크게 강조되었다.

조선왕조는 정사대강(政事大綱)으로 숭유배불(崇儒排佛)·농본민생(農本民生)·존명사대(尊明事大)의 세 길을 뚜렷이 제시하였다. 여기에는 주자학에서 강조하는 정통론과 명분론이 강하게 깔려 있었다. 주자학은 유교의 도통(道統)을 중시하고 불교를 이단으로 몰아 배척하는 데 급선봉 구실을 하였다. 또 도교 및 풍수사상·민간신앙까지 이단(異

---

6) 위와 같음.

端)·음사(淫祀)로 몰아 배척하는 이론으로 기능하였다. 조선시대에 주자학은 실로 정치·교화의 근간이요 학술·사상의 주류를 이루었다. 이 주자학은 '도학'이라는 범주 속에 포괄될 수 있는 것이었다. 대개 '의리학'을 척추로 삼아 직립(直立)하였고, '성리학'을 이목(耳目)으로 삼아 방향을 가늠하였으며, '예학'을 수족(手足)으로 삼아 움직였고, '벽이단론'의 지팡이를 휘둘러 길을 헤쳐 나갔다고 비유할 수 있을 것이다.[7)]

불교의 경우, 임진왜란 이전까지는 역대 임금의 개인적 기호와 종교정책에 따라 몇 차례 회복의 기회가 있었지만 선조 이후로는 쇠퇴일로를 걸었다. 태조는 기본적으로 억불정책을 채택하여 도첩제(度牒制)를 실시하고 사원의 남설(濫設)을 금지하였다. 다만 개인적으로는 불교를 신봉하여 당장 교세가 크게 위축되지는 않았다. 그러다가 태종 때에 이르러 강력한 억불정책을 취함으로써 불교는 큰 타격을 입었다. 태종은 사찰을 정비하고 사원 경제에 대한 개혁을 단행하여 국가 수입의 기반을 증대시켰다. 세종은 개인적으로 불교를 좋아하여 소헌왕후(昭憲王后)가 세상을 떠난 뒤에는 궁중에 내불당(內佛堂)을 짓기도 하였다. 훈민정음이 반포된 뒤에는 불경언해를 장려하였다. 이것은 이후 세조가 불교를 일으키는 전례가 되기도 하였다. 세조는 불교를 독실하게 믿어 사원 및 승려의 보호에 힘썼으며, 간경도감(刊經都監)을 설치하여 각종 불경을 간행하고 언해하는 등 조선시대 불경 간행의 전성기를 이루었다. 조선왕조 전 시기를 통해 불교의 명맥을 유지하는 데 중대한 역할을 하였다.

불교는 성종 때에 이르러 다시 철퇴를 맞았다. 성종은 성리학에 깊은

---

7) 금장태, 『유교와 한국사상』, 성균관대학교출판부, 1980, 247쪽.

관심을 가지고 유학의 진흥을 위해 많은 노력을 하면서 불교를 탄압하였다. 도첩제를 폐지하였고 입산 출가와 사찰 건립을 금지했으며, 도성 안의 니사(尼寺) 23개소를 훼철하고 염불소(念佛所)를 금하였다. 이후 불교의 암흑기인 연산군 때를 거쳐 중종 때에 승과를 폐지하고 승려의 지위를 격하시킴으로써, 불교 교단은 사적(私的) 단체로 전락하게 되었고 탁발승이 속출하였다. 또 선(禪)·교(敎) 양종의 존재 의의가 없어짐에 따라 종파조차 제대로 구분할 수 없었다.

그러다가 명종 때에 문정대비(文定大妃)가 수렴청정(垂簾聽政: 섭정)을 하면서 보우(普雨)를 등용하고 양종을 부흥시키며, 승과와 도첩제를 부활함으로써 한때나마 교세가 확장되는 듯하였다. 그러나 문정대비가 죽자 억불정책으로 환원됨으로써 다시 쇠퇴의 길을 걸었다. 선조 때에는 임진왜란 당시 휴정(休靜)·유정(惟政)·영규(靈圭)·처영(處英) 등이 주도하여 승병(僧兵)이 크게 활약했던 것에 대한 보답으로 교세가 펼쳐질 듯하였으나, 그 뒤로 역대 임금이 불사(佛事)를 멀리함으로써 다시는 불교 중흥의 기회가 없었다.

경제면에서는 농업이 왕도정치의 우선이 되고 만사의 근본이 된다는 인식 아래 농업을 중시하였다. 일찍이 주자는 "민생의 근본은 식(食)에 있으며, 족식(足食)의 근본은 농업에 있다"고 하여 농정(農政)을 중시하였다. 조선왕조는 일찍부터 중앙에 사농관(司農官), 지방에 권농관(勸農官)을 두고 농업을 장려하여 민생의 안정을 기하였다. 아울러 관개수리, 황무지 개간, 우경(牛耕), 신품종 재배, 농업 기술의 개발과 보급, 농업 기술의 향상 등을 통한 농업 진흥, 그리고 국가 권력을 매개로 한 공개념(公槪念)에 입각하여 토지를 균등 분배하고 부세(賦稅)를 경감해주는 것 등을 국책 사업으로 삼았다.

다음, 국제 관계에서는 선진 강대국인 중국에 대해 명분상 사대(事

大)의 예를 행하여, 자주 사신을 보내 통교(通交)하고 친선을 도모하였다. 그 밑바탕에는 존화양이(尊華攘夷) 사상이 깔려 있었다. 그러나 사대의 예를 행하는 것은 중국으로부터의 군사적 위협과 긴장을 완화해 평화를 도모함으로써 스스로의 자율성을 확보하며, 또한 문화 교류를 증진해 우호·선린(善隣) 관계를 유지하려는 자주적인 외교 수단이었다. 우리의 자율성이 결여되거나 주권이 완전히 침해당한 것은 아니었다. 당시 동아시아 국제 질서는 중국을 중심으로 한 형식상의 상하·군신 관계를 기초로 하였다. 특히 여말의 친명배원 정책은 중국의 정통성을 가진 왕조와 외교하겠다는 강한 명분론으로서, 이른바 신우(辛禑)·신창(辛昌)으로 이어지는 위조(僞朝)를 뒤엎고 신왕조를 개창할 때 정당성을 확보하는 데 원용되었다. 숭명사대(崇明事大)의 예는 17세기에 이르러 숭명배청 정책으로 전개된다.

조선왕조에서는 국가적으로 학교와 선비를 중시하고 교육과 사기(士氣)의 배양에 힘썼다. 학교는 풍속과 교화의 근본이자 모범을 세우는 곳이요, 선비는 예의를 행하는 주인이며 나라의 원기(元氣)가 붙어〔寓〕 있는 대상이기 때문이다.[8] 즉 일대(一代) 정치의 득실(得失)이 학교의 흥폐와 선비들에게 원기가 있느냐 없느냐에 달려 있었기 때문이다. 조선은 국초부터 성균관과 향교를 설립하고, 선성현(先聖賢)을 존숭하여 정신적 구심점으로 삼고 유교를 내용으로 하는 학교 교육을 실시하여 유능한 인재를 양성하였다. 이와 같은 문치주의의 영향으로 조선은 문교가 매우 발달하여 선진 문화국으로서의 면모와 수준을 보여주었다. 일본·안남(安南)·유구(琉球) 등 주변 국가에 널리 영향을 끼쳤다. 궁벽한 시골의 선비까지도 문집을 내고, 세계 수준의 인쇄문화를 꽃피웠던

8) 『퇴계문집』 권41, 36b, 「諭四學師生文」 "學校風化之原, 首善之地, 而士子禮義之宗, 元氣之寓也."

것은 우연이 아니다.

또한 공도(公道)와 공론(公論)을 존중하며, 언론과 학문을 매우 중시하였다. 유교의 정치 이념에 입각, 군주의 독재와 관료의 횡포를 견제하고 민심과 여론을 반영할 수 있는 여러 제도를 시행하였다. 특히 인정(仁政)을 실현하기 위한 제도적 장치로 경연(經筵)과 서연(書筵)을 국초부터 두었다. 경연은 국왕과 대신이 학술과 정책을 토론하는 자리요, 서연은 세자의 학덕을 배양하기 위한 '교육의 장' 이니 강학(講學)과 보도(輔導)의 임무를 줬다.

한편, 모든 정사는 넓은 언로 위에서 이루어져야 한다는 기조 아래, 여론을 선도하는 전국 유림의 의사를 임금에게 품달(稟達)하기 위한 상소제도, 그리고 정책의 결정과 집행에서 수시로 관원에게 직언을 구하는 구언제도(求言制度) 등을 두어 상하의 소통에 힘썼다. 또 조정의 실정(失政)을 막고 선정(善政)을 보장하기 위한 제도적 장치로 사헌부와 사간원 등 간쟁기구(諫諍機構)를 두고, 임금의 언행을 낱낱이 기록하여 후세에 귀감과 징계가 되게 하려는 의도에서 사관제도(史官制度)를 별도로 두는 등, 공도(公道)에 입각하여 학술과 언론이 정치를 이끌어 가도록 하였다. 이는 이전의 왕조와 확연히 비교되는 조선왕조의 정치적, 사상적 특성이다.

조선왕조는 여론정치를 지향함과 동시에 입헌주의(立憲主義)를 채택하였다. 국초부터 법전 편찬 사업을 계속하여 성종 때 기본 법전인 『경국대전』을 완성하고 조종(祖宗)의 성헌(成憲)에 의거하여 정치를 시행하였다. 『경국대전』의 완성, 반포와 더불어 유교적 관료 체제가 확립되기에 이르렀다. 특히 정치 및 통치 체제를 확립하면서 동양 재래의 육전제도(六典制度)와 같은 주례적(周禮的) 기구를 기본으로 하였다. 유교사상을 바탕으로 그것을 조선의 현실에 맞게 재구성했다는 점에서 독자성을 지닌다.

2. 교육제도와 과거제도

1) 學制와 교육정책

조선시대의 학교 및 교육 제도는 고려시대의 것을 많이 따랐으며, 세조 · 성종대에 이르러 정비되었다. 그 뒤 일부 변개(變改)가 있었으나 갑오개혁(1894) 이전까지 그 골격이 유지되었다. 학교는 육영기관임과 동시에 교화소(敎化所)로서 기능을 하였다. 교육의 발전은 과거제도의 정비와 함께 조선왕조의 문화 수준을 높이는 데 크게 기여하였다.

교육은 양반 계급을 중심으로 이루어졌으며, 숭문주의(崇文主義) 풍조에 따라 유학을 교수하는 기관은 많았다. 무술을 교육하는 기관은 별도로 없었다. 잡학(雜學) 역시 특수한 신분 계층이 관련 벼슬을 세습하였기 때문에, 특별한 교육기관 없이 유관관서(有關官署)에서 각각 교수하도록 하였다. 다만 고려시대에 비하여 교육기관이 증설되고 교육의 기회도 훨씬 확대되었음은 물론이다.

그런데 후기로 내려오면서 교육이 유생들의 과거 준비 과정으로 변질되어 본래의 기능을 제대로 발휘하지 못하였다. 관료로서 출세할 수 있는 정상적 방법은 우선 과거에 급제하는 것이었으므로, 교육도 자연 과거 위주로 흘렀다. 16세기 이후 보급된 서원이 새로운 '교육의 도량'으로 등장하면서부터 성균관은 최고 학부(學府)로서의 권위를 점차 잃어갔고, 서원에게 그 기능을 빼앗기게 되었다.

조선시대의 교육기관을 보면, 학교로는 중앙에 성균관과 사부학당

(四部學堂: 약칭 四學), 지방에 향교가 있었으며, 이 밖에 종친(宗親)을 위한 종학(宗學)이 있었다. 그리고 사숙(私塾)으로 서당이 있었다. 초등 교육은 대체로 서당에서, 고등 교육은 한성(漢城)의 사학(四學)과 지방의 향교에서, 대학 교육은 중앙의 성균관에서 각각 이루어졌다. 중앙의 성균관과 사학은 예조에 직속되었고 지방의 향교는 전국 각 고을에 설치되어[9] 수령이 관장하였다. 각기 독립된 교육기관으로 상 · 하의 계통이 있었던 것은 아니었다.

성균관은 유일한 국립대학으로서 태학(太學) 또는 국학(國學)이라 하였다. 입학 자격은 원칙적으로 생원(生員)과 진사(進士), 즉 소과에 급제한 유생들이었다. 정원에 미달할 때는 사학의 유생으로 충원하기도 했다.[10] 이를 '승학(升學)' 이라고 하였다. 과거에 급제하면 자동으로 성균관을 떠나게 되어 있었다. 성균관과 사학, 지방 향교의 유생들은 유적(儒籍)인 『청금록(靑衿錄)』에 등록되어 있었다. 이들은 국가로부터 여러 가지 혜택과 보호를 받았다. 또 지식인 계층으로 대접을 받아 조정의 시정(施政)에 간섭하였고, 조정에서도 이들의 여론을 무시할 수 없었다.

성균관 경내에는 문묘(文廟) · 명륜당(明倫堂: 講堂) · 동서양재(東西兩齋: 기숙사) · 존경각(尊經閣: 도서관) · 비천당(丕闡堂: 과거장) 및 부속 건물이 있었다. 규모와 시설 면에서도 모든 학교 가운데 으뜸이었다. 문묘의 대성전(大成殿)에는 공자 및 사성(四聖) · 십철(十哲)과 송조육현(宋朝六賢)을 배향하고 동 · 서 양무(兩廡)에는 공자의 제자를 비롯하여 중국의 역대 명유와 한국의 십팔현 등 모두 111위를 종향(從享), 봄 · 가

---

9) 1918년 조선총독부에서 조사한 바에 의하면, 당시까지 전국에 남아 있던 향교의 총수는 335개소였다고 한다. 조선시대의 인구수를 비롯하여 사회제도 등을 감안하면 비교적 잘 정비된 교육조직이었다고 할 수 있다.

10) 성균관의 입학 자격은 생원 · 진사였지만 생원 · 진사가 반드시 사학이나 향교를 거쳐야 하는 것은 아니었다.

을로 향사(享祀)를 올림으로써 선성현(先聖賢)에 대한 향사와 교육을 동시에 수행하였다. 또한 동·서 양재 가운데 생원이 거처하는 곳을 상재(上齋), 진사가 거처하는 곳을 하재(下齋)라 하였다.[11] 지방의 향교에서도 성균관의 규례(規例)에 따라 문묘·명륜당·동서양재를 갖추었다. 중앙의 사학에는 문묘는 없었으나 재사(齋舍) 제도를 두어 국비로 운영하였다.

역대 임금들은 유학의 진흥을 큰 과제로 삼아 국가적 차원에서 성균관의 유생을 보호, 육성하였으며, 여러 가지 특전을 부여하였다. 관시(館試)라 하여 한성시(漢城試)나 향시(鄕試)와는 별도로 문과 초시를 생원·진사들에게 보였고,[12] 국왕이 성균관에 나아가 선성현을 친제(親祭)하고 난 뒤 알성시(謁聖試)를 시행하였다. 또 왕세자를 성균관에 입학하도록 하는 입학례(入學禮)가 관례로 내려왔다.

2) 과거제도

조선시대의 과거제도는 고려시대의 것과 크게 다를 바 없었다. 다만 유학을 숭상하는 숭문주의(崇文主義) 경향이 현저하였던 까닭에, 문과·무과·잡과의 3대 과거 중에서도 자연 문과 중심으로 행해졌다. 그리고 문과 응시 자격을 엄격히 제한하여, 상인(常人)과 중인은 물론 양반이라도 서얼 출신은 응시할 수 없도록 하였다. 무과는 이와 달리 신분상의 제약을 훨씬 완화해 상인까지 응시할 수 있도록 기회를 주었다. 한편, 직업적 기술 관료를 등용하는 잡과의 경우, 양반들이 응시를 기피하

11) 조선 후기 당쟁이 심할 때는 당색에 따라 유생을 양재에 분리, 수용하기도 했다.

12) 생원·진사로서 居館 300일 이상인 자를 錄名하여 試取하되, 모두 50인을 선발하였다.

였고 일반 상인 역시 기술 훈련이 없어 응시하기 어려웠기 때문에, 경향의 각 전문 관청에서 양성하는 생도들이 응시하였다. 잡과는 일정한 신분 계층에 의해 독점, 세습됨으로써 이들에 의해 '중인' 이라는 신분층이 형성되었다.

과거는 3년마다(子·卯·午·酉年) 1번씩 치르는 식년시(式年試)가 정기적으로 시행되었다. 후기로 갈수록 부정기시(不定期試)가 특설되고 그 횟수가 잦아졌다.[13] 이른바 '삼년대비지법(三年大比之法)' 은 거의 무너졌다. 그 결과 과거에 급제한 사람들의 수가 급격히 늘어나[14] 한정된 관직을 놓고 치열한 경쟁을 벌여야 했으므로, 당쟁이 격화되는 등 그 폐단이 매우 심각하였다.

문과의 응시 절차와 내용을 보면, 먼저 문과는 소과와 대과로 구별되었다. 문과 급제라 하면 대개 '대과 급제' 를 가리켰다. 소과는 초시(初試)·복시(覆試)의 2단계, 대과는 초시·복시·전시(殿試) 3단계였다. 모두 5단계를 차례로 통과해야만 문과 급제로 인정하는 것이 원칙이었다. 식년문과나 증광문과 등에서는 엄격히 지켜졌다. 그러나 단 1단계로 끝나는 과거가 있었다. 알성문과(謁聖文科)·정시문과(庭試文科)·춘당대문과(春塘臺文科) 및 성균관 유생들에게 보이던 반제(泮製)·황

---

13) 부정기시에는 增廣試·別試·알성시·庭試·春塘臺試가 주류였다. 이 밖에 특수한 사람에게 국한되는 宗親科·忠良科·耆老科, 그리고 지방에 따라 실시하는 外方別科·道科 등이 있었다. 또 일시적으로 치러졌던 拔英試·登俊試·擢英試·進賢試·篴文試·賢良科 등도 있었다. 정기시에 비해 약 4배에 이르렀다.

14) 『증보문헌비고』 권189, 「選擧(六)」, 〈科制(六)〉에 의하면, 조선시대에 과거는 태조 2년(1393) 처음 실시되어 고종 31년(1894) 갑오개혁과 함께 폐지됨으로써, 총 501년 동안 지속되었다. 그간 실시된 횟수는 총 803회였으며, 과거가 없었던 해는 87년에 불과하였다. 한 해 평균 1.6회 정도 실시된 셈이다. 고종 3년(1866)에는 1년 동안 7회의 과거가 실시되었다. 한편 803회 실시된 대과에서 배출된 급제자의 수는 총 14,991명으로, 1회 평균 18.7명이 선발되었다.

감제(黃柑製) · 절일제(節日製) 등이 그것이다. 세종 때부터는 문과에 급제한 사람들에게 다시 과거를 치르게 하는 문과중시(文科重試)도 시행되었다.

문과 고시의 내용을 보면, 먼저 소과(司馬試)는 명경(明經)과 제술(製述)로 대별되었다. 제술에서는 사장(詞章)에 대한 능력을 시험하고 명경에서는 경학에 대한 지식을 시험하였다. 제술에 합격한 자를 진사, 명경에 합격한 자를 생원이라 하여 제술과를 진사과, 명경과를 생원과라고도 하였다.

소과는 초시 · 복시 2단계를 거치도록 했다. 본시험에 앞서 각각 조흘강(照訖講)이라고 하는 예비시험에 통과해야 응시할 자격을 주었다. 진사과 · 생원과의 고시 내용을 살펴보면 다음과 같다.

① 진사과 – 초시에 앞서 기초 지식을 시험하는 조흘강을 치른다. 이는 각 고을의 수령이 주관하여 거자(擧子)들에게 『소학』(先修科目)을 배강(背講)하도록 하는 것이다. 이에 통과하지 못하면 초시에 응시할 수 없었다. 초시에서는 부(賦) 1편과 고시(古詩) · 명(銘) · 잠(箴) 중에서 1편을 제술하도록 한다. 복시를 치르기에 앞서 『소학』과 『가례(家禮)』를 임문고강(臨文考講)하여 녹명(錄名)토록 하며, 복시에서도 초시에서와 같은 과목으로 시험한다.

② 생원과 – 초시에 앞서 『소학』을 배강하며, 초시에서는 오경의 의(義) 1편과 사서의 의(疑) 1편으로 시험한다. 이어 복시에 앞서 진사과와 마찬가지로 다시 조흘강을 치르고, 복시에서는 초시에서와 같은 과목으로 시험한다.

원래 '진사'란 사류(士類)에 참렬(參列)하게 된 자격을 말하고 '생원'이란 태학의 학생 또는 연구원이 된 자격을 말하므로 생원의 격이 더 높았다.[15] 그러나 조선시대에는 대개 양자를 동격으로 취급하였다. 다만 응시 경향을 보면 수험 준비 기간이 많이 소요되고 어려운 경학보다는 제술 쪽을 선택하는 경향이 많았다. 『사마방목(司馬榜目)』이 이를 증명한다. 이러한 경향은 대과에서도 마찬가지였다.

대과에서는 명경·제술 구분 없이 사장과 경학을 함께 시험하였다. 사장만 시험하면 겉만 화려하고 실속이 없는 무리들이 선발되고, 경학만 시험하면 오활하고 고루한 선비들이 나올 염려가 있다는 이유에서였다. 세조 때부터 강경과(講經科)가 별도로 생기기도 하였으나 점차 쇠퇴하다가 폐지되기에 이르렀다. 초시와 복시는 삼장(三場)이었고 전시는 단장(單場)이었다.

① 초시 — 초장에서는 오경·사서의 의(疑)·의(義)나 논(論) 중에서 2편을 제술하고, 중장에서는 부(賦)·송(頌)·명(銘)·기(記) 가운데 1편과 표(表)·전(箋) 가운데 1편을 제술하며, 종장에서는 대책(對策) 1편을 제술한다.

② 복시 — 복시를 치르기 전에 『경국대전』과 『가례』를 임문고강(臨文考講)하고 녹명(錄銘)해야 한다. 초장에서는 사서·삼경을 배강(背講)토록 하고 『예기』·『춘추』 및 자(子)·사(史)를 원하는 자는 들어주되 경서 이외에는 임문(臨文)으로 한다. 중장과 종장에서는 초시에서와 같이한다.

③ 전시 — 복시에서 선발된 33명의 등급을 정하는 시험이다. 대책(對策)·표(表)·전(箋)·잠(箴)·송(頌)·제(制)·조(詔) 가운데 1편을 제술한다.

---

15) '진사'가 점차 선비의 존칭으로 보편화하자, 마침내 '생원'은 士子 가운데 연로자를 통칭하는 것이 되어, 일반적으로는 생원에게도 진사의 칭호를 사용하기에 이르렀다.

과거제도는 근본적으로 독서인이 되지 않으면 사회 지배층이 될 수 없도록 하여, 문치주의 사회를 건설하는 데 중추적 기능을 하였다. 그러나 후기로 내려오면서 폐단과 문제점이 발생하여 부정적 기능을 초래하기도 하였다. 이에 생원·진사가 되면 '소성(小成)'이라 하여 그에 만족하고 대과를 단념하는 풍조가 생겼다. 또 그것을 뜻있는 선비들이 취할 태도인 양 여기기도 하였다.

문과 고시에서 나타난 폐단으로 유학과 관련된 것을 살펴보면 다음과 같다. 조선시대의 문과 고시는 제술에 치중되었던 고려시대의 풍조에서 벗어나 명경과 제술이 비교적 대등한 비중을 가지게 되었다. 국가에서도 양자의 조화를 위해 애썼다.[16] 그러나 경학과 사장을 겸하도록 되어 있음에도, 후기로 내려오면서 알성시·정시·춘당대시와 같은 부정기시에서 시·부·표 등으로 시취(試取)하는 이른바 '사과(詞科)'가 자주 열렸다. 어려운 경학보다도 사장을 선호하는 경향이 두드러졌다. 게다가 경학도 경의(經義)보다 기송(記誦)에 주력하는 형편이었고, 경학 내용을 묻는 의(義)·의(疑)에서도 답안 내용보다 문장을 우선하여 채점하는 경향이 적지 않았다. 성호 이익은 그 폐단을 다음과 같이 지적하였다.

> 아조(我朝)의 과거는 명경과와 제술과로 나누어져 있다. 명경과에서는 사서삼경을 모두 강(講)하게 하므로 급제하기가 몹시 어렵다. 기억력이 뛰어나고 지극히 부지런한 사람이 아니면 감당해낼 사람이 드물기도 하려니와, 향려(鄕閭)의 구곡지도(拘曲之徒)가 고집스럽게 붙들더라도 대의(大義)는 덮어둔 채 단지 구두(句讀)와 기송(記誦)에만 힘을 써, 경서의 본지를 해박하게

16) 조선 초기에는 제술과가 몇 차례 폐지되었다가 復設되기도 하였다.

> 고증하거나 새로운 지의(旨義)를 발견하는 것은 생각조차 하기 어렵다. 이에 좋은 가문의 자손으로 조금이라도 문재(文才)가 있는 자라면, 이른바 '반나절만 하면 되는 요행' (詞章 - 필자주)을 바라게 되어, 마침내 사습(士習)을 이루었다.[17)]

> 지금 대과에서 사서삼경을 겸송(兼誦)케 한 것은 모든 경서에 널리 통하도록 하려는 취지였다. 그러나 그 결과는 칠서를 전부 모르게 만들었다. 힘이 감당하지 못하면 훈고(訓詁) 몇 줄에만 전심하니, 따라서 생각이 다른 곳에 미칠 겨를이 없다.[18)]

즉, 모든 거자(擧子)들이 사장을 선호함에 따라 경서를 공부하는 선비는 궁벽한 시골의 고집스러운 무리밖에 없다는 것이다. 또한 경학에 대한 고시 과목이 과중하여 본래의 취지와는 달리 경학의 발전을 저해한다는 것이다.

한편, 17세기 무렵부터 학계는 과거에 전념하는 과유(科儒)와 경명행수(經明行修)에 힘쓰는 산림(山林)으로 나누어졌다. 과유도 명경생과 제술생으로 구분되었다. 조선 후기에 부정기시인 사과(詞科)가 빈번하게 열림에 따라, 사화계(詞華界)와 접촉하기에 용이한 경유(京儒)들은 사장을 공부하여 사과에 응시하였다. 반면에 사화계와 접촉하기 힘들고 응시하기에 불편한 향유(鄕儒)들은 경학에 힘써 식년시에 응시하는 것이 거의 관례가 되었다. 그러나 전반적인 흐름은 대체로 학문의 근본인 경학보다 지엽(枝葉)인 사장에 치우치는 경향이 강하였다.

이처럼 사장 편중의 폐풍이 생기고 과유들에게 진정한 인격이나 참

---

17) 『성호문집』 권30, 「貢擧私議」(1919년 退老版)
18) 『성호사설』 권10, 「高麗經科」

다운 학문을 기대하기 어렵게 되자, 이에 뜻 있는 선비들은 과거에 뜻을 끊은 채, 경학과 성리지학을 연구하고 수도하는 데 전념하기도 하였다. 이러한 경향의 사류를 '산림' 이라 하였다. 17세기에 이르러 산림은 정치적으로 세력을 형성하여 국가의 크고 작은 일에 영향력을 행사하였다.

제2장

世宗朝의 학술문화와 유학사상

세종은 태종이 이룩한 정치적 기반과 왕권을 바탕으로 찬란한 문화를 창조, 황금시대를 개창함으로써 바야흐로 조선조를 수성기(守成期)에 접어들도록 했다. 재위 32년 동안 왕도사상에 입각하여 인정(仁政)을 폈으며, 위대한 학술 문화를 이룩하여 거룩한 정신과 불멸의 업적을 남겼다.

세종의 치적은 순수 학문으로부터 정치 · 경제 · 사회 · 법제 · 교육 · 군사 등 현실 문제 거의 모든 영역에 미쳤다. 모든 것이 나라와 백성을 위하지 않음이 없었다. 또 인본주의에 입각하여 애민(愛民) · 휼민(恤民)의 정신을 발휘하였다. 세종은 말년에 불교를 신봉한 적이 있었으나, 재위 기간 내내 한결같이 유학사상을 바탕으로 우문흥유책(右文興儒策)을 시행하였다.[1] 세종의 사상과 정신의 중핵을 이루는 인도주의 사상 역시 유학에 바탕을 두었음은 물론이다. 세종은 "경학은 학문의

1) 조남욱, 『세종의 정치철학에 관한 연구』, 성균관대학교 박사학위 논문, 1988 참조.

기본이요, 사학은 응용이다" 고 하여, 경사병용(經史竝用)을 강조하였다. 세종은 순유(純儒)보다 통유적(通儒的) 기질을 지니고 있었다.

이제 세종대의 문화와 유학사상을 살피되, 집현전(集賢殿)의 활약, 훈민정음의 창제 등 주로 학술문화와 관련된 것들을 중심으로 고찰하기로 한다.

〔1〕 세종대의 문치는 집현전을 통해 뒷받침되었다. 모든 학술 문화가 집현전에 의해 이룩되었다고 해도 과언이 아니다. 세종대 문화의 산실인 집현전은 당나라 때의 제도를 본뜬 것이다. 고려 인종 14년(1136)에 연영전(延英殿)을 집현전으로 개칭하고 시강(侍講) 기구로 삼은 데서 비롯되었다. 다만 세종조 이전까지는 이렇다 할 활동이 없었던 것으로 보인다.

세종은 즉위한 뒤, 유교주의적 제도 및 의례의 확립, 대명사대(對明事大) 외교의 원활한 수행, 문풍(文風)의 진작 등 당면 문제의 해결을 위해, 세종 2년(1420) 고려 이래로 유명무실했던 수문전(修文殿)·집현전·보문각(寶文閣) 중에서 집현전만 남기는 대신 그 기구를 대폭 확장했다. 처음에는 문사(文士) 10명을 전임학사로 보임(補任)하였다가 뒤에 30명으로 증원하였으며 다시 20명으로 확정하였다. 이들의 주된 임무는 문한(文翰)과 논사(論思: 經筵)의 일이었다. 즉, 사령(辭令)을 제찬(制撰)하는 일과 중국의 고제(古制: 우리나라 제도 포함)에 대한 연구를 담당하였고, 아울러 일부가 사관(史官)의 일도 맡았다. 특히 유교를 조선 사회의 근본이념으로 삼기 위해 유교의 제도나 의례에 대한 연구 작업이 활발하게 이루어졌다. 20명의 전임학사 가운데 10명은 경연의 일을 겸임하고, 10명은 서연(書筵)의 일을 겸임하여 아침저녁으로 논사(論思)하게 하였다.

세종은 전임학사를 배치함과 동시에 서리·노비 등을 집현전에 배속

시켜 운영에 지장이 없도록 하고, 많은 도서를 비치하여 학사들의 연구에 편의를 제공하였다. 또 학사들이 주간에 공무를 보고 야간에도 숙직함으로써 강독에 전념하지 못할까 염려하였다. 이에 나이가 젊고 재행(才行)이 있는 몇 사람을 선발, 휴가를 주어 조용한 산사(山寺)에서 글을 읽도록 하고 관(官)에서 그 비용을 공급하였다. 이는 대개 경사(經史)·백가(百家)·천문·지리·의약(醫藥)·복서(卜筮) 등을 마음껏 연구하여 장차 크게 쓰일 기초가 되게 하려는 의도에서였다.[2] 이 사가독서(賜暇讀書)의 제도는 뒷날 독서당(讀書堂)의 기원이 되었다.

학사들은 일찍 출근하고 늦게 퇴근하였다. 일관(日官)이 때를 알린 뒤라야 나갈 수 있었다. 아침·저녁 식사 때에는 내관(內官)이 그들의 대객(對客)이 되었다. 그들을 융숭히 대접하는 것이 지극하였다. 이에 학사들이 다투어 서로 권면(勸勉)하게 되어 웅재거사(雄才鉅士)가 빈빈(彬彬)하게 배출되었다. 문신·학자로서 행할 수 있는 중요한 일은 거의 집현전에서 담당하였다고 할 수 있다.[3] 정인지(鄭麟趾)·이사철(李思哲)·정창손(鄭昌孫)·신숙주(申叔舟)·최항(崔恒)·권람(權擥)·이석형(李石亨)·박중손(朴仲孫)·윤자운(尹子雲)·양성지(梁誠之)·서거정(徐居正)·강희맹(姜希孟)·노사신(盧思愼)·성삼문(成三問)·박팽년(朴彭年)·이개(李塏)·유성원(柳誠源)·하위지(河緯地) 같은 이들이 집현전 출신들이다. 이 밖에 문원(文苑)에서 이름 있는 자를 헤아릴 수 없었다.

집현전 학사들은 자신들의 이상을 실제 정치를 통해 실현하려 하였으므로 정치인으로도 많이 활약하였다. 이러한 경향은 문종 즉위 후에 두드러졌다. 이로부터 성종 때까지 집현전 출신으로서 현관(顯官)과 요직에 나아간 이들이 많았다.

---

2) 徐居正, 『筆苑雜記』 권1.

3) 成俔, 『慵齋叢話』 권2, 제1칙.

집현전 학사들의 업적 가운데서 가장 우뚝한 것은 물론 훈민정음의 창제다. 그리고 관찬 사업으로 『고려사』를 비롯한 많은 서적이 간행되어 민족문화의 황금시대를 이루었다(별첨 도표 참조). 그러나 세조 2년(1456) 단종의 복위를 도모하는 사건이 일어나자, 복위의 주모자들이 집현전에서 나왔다는 이유로 혁파되고 말았다.[4] 뒷날 성종이 즉위한 뒤 옛 집현전의 기구에 의거하여 홍문관(弘文館)을 설치하고 학사들을 극진히 대우하였지만, 문명(文名) 있는 자로 말하면 세종조만큼은 많지 않았다.

〔2〕 세종의 업적 가운데 으뜸은 역시 훈민정음의 창제라 할 것이다. 『용재총화(慵齋叢話)』에서는 훈민정음에 대하여

> 세종께서 언문청(諺文廳)을 설치하고 신숙주 · 성삼문 등에게 명하여 언문을 짓게 하였다. 초종성(初終聲)이 8자, 초성이 8자, 중성이 12자였다. 그 글자의 형태는 범자(梵字)를 본받아 만들어졌으며, 우리나라와 다른 여러 나라의 어음문자(語音文字)로써 표기할 수 없었던 것도 죄다 막힘없이 기록할 수 있었다. 『홍무정운(洪武正韻)』의 여러 글자 또한 모두 언문으로 쓰고, 드디어 5음으로 나누어 구별하였다. 아음(牙音) · 설음(舌音) · 순음(脣音) · 치음(齒音) · 후음(喉音)이 그것이다. 순음에는 가볍고 무거운 음의 구별이 있으며, 설음에는 정설음(正舌音) · 반설음(反舌音)의 구별이 있다. 글자에도 전청(全淸) · 차청(次淸) · 전탁(全濁) · 불청불탁(不淸不濁)의 차이가 있다. 무지한 아낙네라 할지라도 환하게 깨치도록 하였으니, 성인이 사물을 창안

4) 崔承熙는 이 밖에도 집현전의 好諫 · 高論化를 혁파의 한 원인으로 들었다. 즉 집현전의 그러한 성향이 세조 즉위 이후 무단적인 왕권강화책과 충돌을 면치 못하였으며, 게다가 단종의 복위운동이 집현전 출신들을 중심으로 집현전에서 이루어졌기 때문에 혁파되고 말았다는 것이다. 최승희, 「집현전 연구(하)」, 『역사학보』 제33집, 1967 참조.

하는 슬기는 평범한 지력(智力)으로는 따라갈 수 없는 것이 있다.[5)]

고 하였다. 세종과 집현전 학사들에 의해 창제된 훈민정음은 과학적이고 창의적인 문자로서 세계적으로 정평이 있다.

세종은 「어제서문(御製序文)」에서 훈민정음 창제의 동기 · 목적 · 취지를 간명하게 밝혔다. 즉, 우리말이 중국의 말과 달라 한문으로 잘 나타낼 수 없다는 점에서, 그러한 결함을 시정하기 위한 것이 직접적인 동기이고, 백성의 문자 생활이 몹시 불편하기 때문에 우리의 독특한 문자를 만들 필요가 있다는 것이 목적이며, 쉽게 배워서 쓰기에 편하도록 하는 것이 그 취지다. 여기서 세종의 애민정신 · 자주정신 · 실용정신을 엿볼 수 있다.

훈민정음의 창제 원리에 대해서는 지난날 구구한 학설이 있었으나, 1940년 경상북도 안동에서 『훈민정음』 해례본(解例本)이 발견됨에 따라, 『주역』과 성리학 이론에 근거하여 창제되었음을 알 수 있게 되었다. 당시의 유일한 언어학이었던 중국 음운학을 통해 실제 음성과 음운을 다룰 수 있게 된 것도 하나의 학문적 배경이다.[6)]

명나라 영락(永樂) 13년(1415)에 호광(胡廣) 등이 칙명을 받들어 편찬한 『성리대전(性理大全)』 70권이 세종대의 문화 발전에 끼친 영향은 실로 지대하였다. '송학(宋學)의 성전(聖典)' 이라 불리는 『성리대전』이 조선에 전래된 것은 세종 1년(1419)이다.[7)] 『성리대전』이 들어온 뒤 세종

---

5) 『용재총화』 권7, 제20칙.

6) 중국 『洪武正韻』에서 받은 영향이 가장 컸으며, 이는 『東國正韻』(1447)을 편찬하게 된 배경을 이루었다.

7) 이어 세종 8년(1426) 『四書五經大全』이 들어오고, 3년 뒤인 세종 11년(1429) 강원도 관찰사가 『사서대전』을 板刻, 인쇄하여 50질을 조정에 바쳤다. 『세종실록』, 11년 4월 丁酉條.

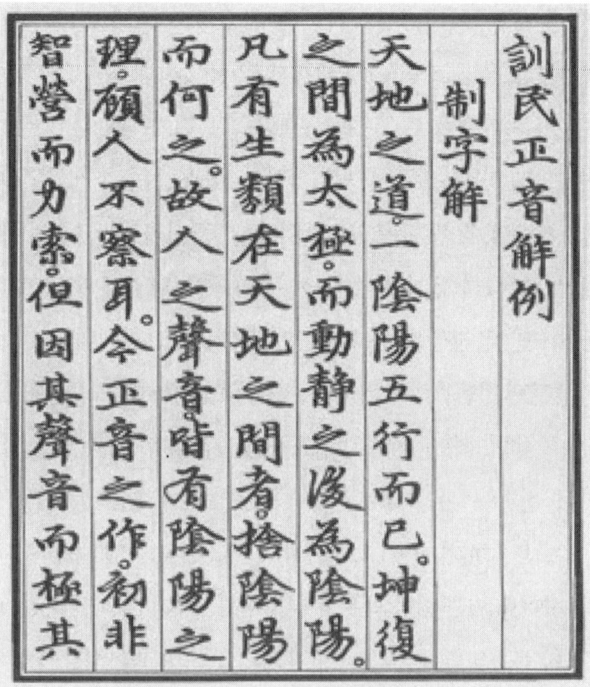

訓民正音解例

制字解

天地之道。一陰陽五行而已。坤復之間爲太極。而動靜之後爲陰陽。凡有生類在天地之間者。捨陰陽而何之。故人之聲音。皆有陰陽之理。顧人不察耳。今正音之作。初非智營而力索。但因其聲音而極其

〈훈민정음 해례본〉

은 비상한 관심을 가지고 연구하였다. 또한 신료들에게 읽도록 권장함과 아울러 국내에서 출간, 배포하는 데 힘썼다. 『성리대전』이 전래된 지 10년 남짓한 사이에 조선의 성리학 연구는 상당한 수준에 이르렀다.[8]

국어학자 대산(袋山) 홍기문(洪起文: 1903~1992)은 "세종 문화를 『성리대전』과 대비한다면, 역상(曆象)은 리기편(理氣篇)의 역법과 관련이 있고, 아악(雅樂)은 『율려신서(律呂新書)』와 관련이 있고, 『국조오례의(國朝五禮儀)』는 『가례(家禮)』와 관련이 있고, 『치평요람(治平要覽)』은 군도(君道) · 치도(治道) 등의 편과 관련이 있고, 훈민정음 해례의 성음(聲音) 이론은 『황극경세서(皇極經世書)』와 공통되는 점이 있다"[9]고 하

---

8) 姜信沆, 「훈민정음 解例理論과 성리대전과의 연관성」, 『국어국문학』 제26호, 국어국문학회, 1963.

였다. 또 『성리대전』을 세종대 문화의 4대 요소 가운데 하나로 꼽았다.[10] 소옹(邵雍)의 『황극경세서』(『성리대전』, 권7～권13)는 역철학(易哲學)을 바탕으로, 우주의 만상을 수리(數理)로써 설명하고 인류 역사의 발전 과정과 고금의 치란흥망(治亂興亡)을 수리로 추산하는 역외별전(易外別傳)의 철학서다. 그 가운데 율려와 성음에 관한 이론은 훈민정음을 창제하는 데 언어철학적 지침서가 되었을 뿐만 아니라, 조선 후기에 들어 언어 연구에 지대한 영향을 끼쳤던 것이다.[11]

『훈민정음』 해례본 벽두에는 정음 창제의 대원리가 천명되어 있다.

> 천지(天地)의 이치는 하나의 음양과 오행일 뿐이다. 곤괘(坤卦)와 복괘(復卦)의 사이가 태극(太極)이 되고, 동(動)하고 정(靜)한 뒤에 음양이 된다. 천지 사이에 있는 삶을 받은 무리로서 음양을 버리고 어디로 가랴. 그러므로 사람의 목소리도 다 음양의 이치를 가지고 있지만 사람이 살피지 못한 것뿐이다. 이제 정음을 지으면서도, 처음부터 지혜로 마련하고 노력하여 찾아낸 것이 아니다. 다만, 그 목소리에 따라 그 이치를 다하였을 뿐이다. 이치가 이미 둘이 아니거니, 어찌 천지와 귀신으로 더불어 그 쓰임을 같게 하지 않으리요.[12]

이것은 해례 중에서도 가장 심오한 이론이 담긴 제자해(制字解)의 정수(精髓)다. 이제 제자해의 내용 가운데 역(易)의 원리와 관련된 것을 조

---

9) 홍기문, 『正音發達史』 하권, 서울신문사 출판국, 1946, 144쪽.

10) 홍기문, 앞의 책, 143쪽.

11) 李崇寧, 「황극경세서의 이조 후기 언어 연구에의 영향」, 『진단학보』 제32호, 1969, 105-130쪽 참조.

12) 『訓民正音』 "天地之道, 一陰陽五行而已. 坤復之間爲太極, 而動靜之後爲陰陽. 凡有生類在天地之間者, 捨陰陽而何之. 故人之聲音, 皆有陰陽之理, 顧人不察耳. 今正音之作, 初非智營而力索, 但因其聲音而極其理而已. 理旣不二, 則何得不與天地鬼神同其用也."

목으로 설명하면 다음과 같다.

① 정음 28자는 각각 그 형상을 본떠서 만든 것이라 했다. 초성은 아(牙)·설(舌)·순(脣)·치(齒)·후(喉)·반설(半舌)·반치(半齒)로 분류된다. 중국의 운서에서 영향을 받은 것이다.

② 사람의 말소리 있음이 오행에 근본하고 있으므로, 사시(四時)에 어울려 어그러지지 않고 오음(五音)에 맞아서 틀리지 않는다 했다. 초성의 기본자를 중심으로 하여 도표로 나타내면 다음과 같다.

正音	發音部位	五行	音階	季節
ㄱ·ㅋ·ㆁ	牙	木	角	春
ㄴ·ㄷ·ㅌ	舌	火	徵(치)	夏
ㅁ·ㅂ·ㅍ	脣	土	宮	季夏
ㅅ·ㅈ·ㅊ	齒	金	商	秋
ㅇ·ㆆ·ㅎ	喉	水	羽	冬

③ 중성 11자의 기본인 '·', 'ㅡ', 'ㅣ'의 자형(字形)은 『주역』에서 이른바 삼재(三才: 天·地·人)를 본뜬 것이라 하여 『주역』과 성리학의 원리로 설명하였다.

	·	ㅡ	ㅣ
三才의 차례	天開於子	地闢於丑	人生於寅
字形	圓	平	立
象形	天	地	人

④ '·', 'ㅡ', 'ㅣ' 외 나머지 8성(聲)에 대해서 자형을 '·'와 'ㅣ' 또는 '·'와 'ㅡ'의 교합(交合)으로 제정하고 성음(聲音)에서는 합벽(闔闢)을 구별했다.

⑤ '·', 'ㅡ', 'ㅣ' 외의 중성 8성 가운데 원(·)이 위와 밖에 있는 (ㅗ), (ㅏ), (ㅛ), (ㅑ)는 양으로, 원이 아래와 안에 있는 (ㅜ), (ㅓ),

(ㅠ), (ㅕ)는 음으로 규정하여 모음의 대립을 말하였다.

⑥ 초성이 다시 종성으로 쓰이고, 종성이 다시 초성으로 쓰이는 것을 천도의 운행에 비유하였다.[13)]

⑦ 중성은 하늘의 용(用)으로서 음과 양이 갈리고, 초성은 땅의 공(功)으로서 강(剛)과 유(柔)가 나타난다. 중성이 부르면 초성이 어울리니 하늘이 땅에 앞선 것은 그 이치가 자연스럽다고 하였다.

⑧ 초 · 중 · 종성의 합성을 설명하면서, 동(動)은 하늘, 정(靜)은 땅, 동정을 합한 것이 사람이라는 전제 아래,

ㄱ. 초성에는 발동(發動)의 뜻이 있으니 하늘의 일이고

ㄴ. 종성에는 정지〔止定〕의 뜻이 있으니 땅의 일이며

ㄷ. 중성은 초성의 남〔生〕을 잇고, 종성의 이룸〔成〕에 접속하는 것이니 사람의 일이다.

고 하였다. 그리고 자운(字韻)의 중요함이 중성에 있는 것이라 했다.

⑨ 결론적으로, 훈민정음을 제정함에 천지 만물의 이치가 갖추어졌다고 하면서 그 신비로움을 찬양하였다.

훈민정음의 창제에 따라 우리는 정확한 음운을 갖게 되었고, 또 이것을 아무 막힘없이 나타낼 수 있게 되었다. 유교 경전의 하나인 『주역』과 그것을 심화, 발전시킨 성리학 사상을 창의적으로 응용하여 높은 수준의 문자를 발명했다는 사실은 역사상 일대 사건이라 하지 않을 수 없다.

세종은 새로 창제한 문자를 실행 보급하는 데 힘썼다. 먼저 〈용비어천가(龍飛御天歌)〉 · 〈월인천강지곡(月印千江之曲)〉과 『동국정운』 · 『석보상절(釋譜詳節)』에 정음을 응용하였다. 이 밖에 농잠서(農蠶書) 및 유

13) 『성리대전』 권27, 「理氣(二)」 "朱子曰: 以一歲言之, 有春夏秋冬, 以乾言之, 有元亨利貞, 貞復生元, 無窮如此."

교 경전, 불교 경전의 번역을 기도하였다.[14] 또한 정음의 반포 직전과 직후에는 일부 공문(公文)에서까지도 사용하는 등 그 실용 방법을 다각도로 검토한 바 있다. 그러나 세종이 갑자기 세상을 떠남으로써 재위 시에 완성을 본 것은 〈용비어천가〉 등 몇 가지에 그치고 말았다.

한편, 이와 같이 정음을 응용하고 각종 서적을 간행하는 데 활자 및 인쇄기술의 개량, 혁신이 뒤따라 일대 진보를 보게 되었다. 한국이 금속활자의 발명을 세계에 자랑하고 있지만, 사실 태종 3년(1403) 계미자(癸未字)가 나오기 이전까지 이렇다 할 것이 없었다. 계미자 역시 자체(字體)가 고르지 못할 뿐 아니라 인쇄술마저 불완전하여 내세울 만한 것이 못된다. 당시까지만 하더라도, 먼저 활자를 골라 동판 위에 세워 조판하고, 그 위에 황랍(黃蠟)을 녹여 부어 활자를 고정시킨 뒤 인쇄하였다. 활자가 고르지 않고 황랍이 잘 굳지 않았기 때문에, 소량만 인쇄하여도 식자(植字)가 흔들려 능률이 오르지 못했다.

이에 세종은 계미자를 보완하고 인쇄술을 개량하기 위해 이천(李蕆) 등에게 활자와 동판을 개주(改鑄)케 하였다. 이때 나온 것이 바로 경자자(庚子字: 1420)다. 개량된 인쇄술은 동판에 홈줄을 파고 활자와 동판이 꼭 들어맞게 하여 활자가 움직이지 못하도록 하였다. 황랍을 사용하지 않고도 식자가 바르게 되어 전일에 비해 찍어내기가 편리해졌다.[15] 이후의 인쇄술은 대체로 이 방법을 따랐다. 세종 재위 시에 주조(鑄造)된 갑인자(1434)·병진자(1436)·경오자(1450)는 글자체를 끊임없이 개량, 발전시킨 것이다. 특히 갑인자는 동활자의 백미(白眉)다. 이 활자

14) 金汶·金鉤에게 『소학』과 사서오경의 口訣을 정하도록 하였고, 세종 30년(1448) 집현전 직제학 金鉤의 主司 아래 四書를 번역하도록 하였다(완성 여부는 未知). 또한 세자(문종)와 수양대군에게 『金剛經諸家解』의 번역을 명하고 이를 지도하는 동시에, 「南明繼頌」 30여 편은 친히 번역하기도 하였다.

15) 이병도, 「세종대왕」, 『조선명인전』 상권, 조선일보사, 1988, 406-407쪽.

를 가지고 많은 서적을 간행하였다. 조선 후기에 나온 활자들도 이 갑인자를 기본으로 할 정도로 글자체가 미려(美麗)하였다.

〔3〕 예악(禮樂)의 정비도 빼놓을 수 없다. 유가에서는 경세의 방편으로 예(禮)·악(樂)·형(刑)·정(政)을 꼽는다. 『예기』에 의하면, 예로써 민심을 절재(節裁) 있게 하고 악으로써 백성의 소리를 조화시키며, 정(政: 禁令)으로써 예악을 행하고 형으로써 예악에 어긋나는 것을 방지한다고 하면서, 예·악·형·정 네 가지가 널리 행해지고 인민이 이에서 어긋나지 않는다면 왕도가 갖추어진 것이라고 했다.[16] 예·악·형·정의 귀착점은 하나다. 예·악이 왕도의 근본이 되고 형·정은 그를 보족(補足)하는 방편이다. 중국에서는 고대로부터 역대 제왕들이 예·악의 정비에 유의하였고, 이것은 우리나라에도 큰 영향을 끼쳤다. 세종이 예·악을 정비하게 된 것도 유가의 도덕적 이상 정치를 구현하기 위함이었다.

세종은 『효행록(孝行錄)』·『삼강행실도(三綱行實圖)』 등을 널리 반포하여 민간 교화에서 윤리의식을 강화했다. 관혼상제 및 기타 일상생활에서 유교의식을 여행(勵行)토록 하였다. 특히 주자가례의 준행(遵行)을 자주 명하였다. 아울러 『국조오례의』의 편찬에 착수, 조정과 왕실의 규례(規例)를 세우고자 하였다. 여기서 『삼강행실도』를 편찬, 반포한 것은 민중을 윤리적으로 교화하고자 한 세종의 의지가 담겨 있다. 세종은 『삼강행실도』 편찬을 명하면서 그 취지를 다음과 같이 밝혔다.

삼대(三代)의 치(治)는 모두 인륜을 밝히려는 것이었다. 후세에 교화가 쇠

---

16) 『禮記』, 「樂記」 "禮節民心, 樂和民聲, 政以行之. 禮樂刑政, 四達而不悖, 則王道備矣."

퇴하여 백성이 군신 · 부자 · 부부의 큰 인륜을 가까이하지 않고, 모두 본래의 성품에 밝지 못하여 항상 각박한 데로 흘렀다. 그러나 간혹 탁월한 행실과 높은 절개로 습속에 휩쓸리지 않아서 사람의 눈과 귀를 용동(聳動)시키는 사람 또한 많다. 내가 그 가운데 특이한 사람을 뽑아 그림을 그리고 찬(贊)을 지어서 안팎에 반포하고자 한다. 어리석은 남자와 여자라도 모두 쉽게 보고 느껴 흥기(興起)하게 될 것이니, 역시 백성을 교화하여 아름다운 풍속을 이루는 한 방법이다.[17]

이처럼 『삼강행실도』는 모든 인민을 교화의 대상으로 삼아 교화에 미진한 바가 없도록 세심한 배려 아래 교재로 엮은 것이다. 충(忠) · 효(孝) · 열(烈)의 강상(綱常)을 부식(扶植)하여 세도(世道)를 이룩하는 것이 목적이었지만 위압적으로 권장하는 것은 아니었다. 인민들 스스로 감발(感發), 흥기(興起)케 하였으니, 이를 민간에 널리 펴서 현우(賢愚) · 귀천(貴賤)의 차이가 없이 어린이나 부녀자들까지도 보고 배우며 즐겨 듣도록 했던 것이다. 전도후설식(前圖後說式)으로 엮은 것이라든지 행적을 국문으로 번역하여 실은 것은 이러한 배려에서 나왔다.[18] 이 『삼강행실도』는 민중에게 유교의 바람직한 인간상을 심어주었을 뿐 아니라, 유교를 민간의 생활 속에 토착화하는 데 큰 공헌을 하였다.

다음, 악률(樂律)의 정리를 들지 않을 수 없다. 세종은 『성리대전』을

---

17) 『동문선』 권33, 「三綱行實圖序」(權採撰)

18) 權採의 「三綱行實圖序」에 의하면, 중국과 우리나라의 역대 서적에서 충신 · 효자 · 열녀 각 110명을 뽑아, 전면에는 그림을 그려 실감을 높이고, 후면에는 한 章마다 행적과 詩 · 贊을 실었다고 한다. 그러나 뒤에 나온 중간본에는 실린 사람의 수가 105명으로 줄고, 그 대신 행적을 국문으로 번역하여 실었다. 국역은 세종 때 착수하였으나 실현을 보지 못하고 성종 때에 이르러 완성하였다. 정조 때에 이르러 金安國의 『二倫行實圖』와 合編, '오륜행실도'라 改題하였다.

〈오륜행실도〉

즐겨 열람하였고, 그 가운데 채원정(蔡元定)의 『율려신서』를 특별히 좋아하여, 매양 법도가 정밀함을 칭찬하였다고 한다. 『율려신서』는 '율려' 라는 말이 뜻하는 것처럼 악률에 관한 이론을 담은 책이다. 세종이 음악에 대한 소양이 깊고 스스로 상당한 연구를 했다 하더라도, 구악(舊樂)을 혁신하고 악률을 정비하는 데 사상적으로 『율려신서』의 영향을 많이 받았던 것 같다. 당시에 정리된 악률이나 악기 · 악곡 등이 오늘날까지 연면히 이어져 내려와, 중국이나 일본에서도 볼 수 없는 동양 최고(最古)의 위치를 차지하게 된 것은 특기할 만한 일이다.

이 밖에 형정(刑政)에서의 세종의 업적을 살펴보면, 세종은 덕치주의와 인도주의의 양대 원칙에 따라 『서경』「대우모(大禹謨)」편에 나오는

'형벌은 형벌이 없기를 기약하는 것이다' (刑期于無刑)는 말을 이상적 경지로 삼아 염원하였으며, '신형(愼刑)' 즉 '휼형옥(恤刑獄)' 을 기조로 형정을 운용하였다. 세종은 "선왕이 형법을 사용한 것은 형법이 없게 되기를 기하는 데 있었다. 어찌 차마 무지한 백성을 법에 무겁게 놓아두겠는가"[19]라고 하여 형벌을 가할 대상이 없는 도덕적 이상경을 피력한 바 있다. 형옥에 대한 관심과 의지가 각별하였다. 형정에 관한 시책의 예를 들면, 율문(律文)에 적합한 조목이 없을 경우 법 적용에 신중을 기하도록 한 것, 고문으로 사망하는 일이 없도록 한 것, 사형에 처할 죄인이라도 세 번 심의케 한 것, 수인(囚人)의 오장(五臟)에 큰 해악을 끼치는 태배법(笞背法)을 금한 것, 늙은이와 어린이에 대한 수금(囚禁)을 엄격히 규제한 것, 남형(濫刑)을 금하도록 한 것, 죄가 있는 노비에 대한 사적(私的) 구살(毆殺: 打殺)을 금하고 반드시 관부(官府)에 고하여 형을 집행하도록 한 것, 감옥 내의 위생과 난방 상태를 철저히 관리하여 병으로 죽는 수인이 없도록 한 것 등 상당히 많다. 이 모두가 세종의 인도주의 정신과 애민 정신에서 나온 것이라 하겠다.

〔4〕 조선은 농본주의를 경제정책의 기본으로 하였던 만큼 농업 진흥을 위하여 역대 임금들이 많은 노력을 하였다. 세종 역시 농사법의 개량을 위해 심혈을 기울였다. 중국의 농서인 『농상집요(農桑輯要)』·『사시찬요(四時纂要)』 등과 우리나라 농서인 『본국경험방(本國經驗方)』 등을 통해 농업을 권장하고 농업 기술을 계몽하였다. 정초(鄭招)가 왕명을 받아 찬술한 『농사직설(農事直說)』은 세종의 농본주의 정책의 소산이다. 조선시대의 농업 및 농업기술사에서 중요한 의의를 가지는 농서

19) 『세종실록』, 6년 8월 21일 癸亥條 "予惟, 先王用刑, 期于無刑, 豈忍以無知之民, 重置之於法乎."

(農書)다.

동양에서는 '관상수시(觀象授時)'니 '명력수시(明曆授時)'니 하여 인민에게 일할 때를 바르게 알려주는 일을 제왕의 소임 가운데 하나라고 생각하였다. 역상(曆象)에 관한 것을 무척 중시하여, 이를 왕도정치와 직결되는 것으로 여겼다. 왕도정치에 관한 것을 기본 내용으로 하는 『서경』에서는 서두부터 "(요임금이) 희씨(羲氏)와 화씨(和氏)에게 명하되, 호천(昊天)을 공경하여 순종하며, 일월성신의 운행을 살펴 책력을 추산하고 천문기상을 관측하여〔推曆觀象〕, 경건히 인시(人時)를 주라고 하였다"[20]고 했다. 또 "(순임금이) 선기옥형(璿璣玉衡)으로 천체를 관찰하여 이로써 칠정(七政: 일곱 가지의 중요한 天體)을 가지런히 하였다"[21]고 했다. 천체의 운행을 살펴 인민에게 알림으로써 그들이 생업에 종사할 수 있도록 한 요·순의 업적을 칭송한 것이다.

세종은 이에 깊이 유념하여 역상을 왕도정치 구현의 차원에서 정비하고자 했다. 세종 14년(1432) 왕은 역상에 관한 여러 기구를 제작하거나 개량하려는 뜻을 가지고, 정인지와 정초로 하여금 옛 전적을 살피게 하고 이천과 장영실(蔣英實)에게 그 제조를 감독하도록 하였다. 이로부터 동 20년(1438)까지 7년의 공역 끝에 대소간의(大小簡儀: 천문관측기), 혼천의(渾天儀: 天球儀), 앙부일구(仰釜日晷: 해시계), 일성정시의(日星定時儀: 晝夜時計), 자격루(自擊漏: 물시계) 등이 만들어졌다. 동 24년(1442)에는 측우기(測雨器)를 만들어 서운관(書雲觀)과 전국 각 고을에 비치, 강우량을 측정토록 하였다. 서양에서 이탈리아의 카스텔리(B. Castelli)가 1639년에 처음 측우기를 만들어 사용하였던 것보다 200년가량 앞선 것이다. 그 제조 방법이나 사용 방법은 세종의 성의(聖意)와 독

---

20) 『서경』, 「堯典」 "乃命羲和, 欽若昊天, 曆象日月星辰, 敬授人時."

21) 『서경』, 「舜典」 "…… 在璿璣玉衡, 以齊七政."

창으로 고안되었다. 지금의 우량계기(雨量計器)와 비교하더라도 그 정추(精粗)에 큰 차이가 없을 정도다.

더욱 정교를 극한 것은 경복궁 안 천추전(千秋殿) 서쪽 뜰에 있었던 흠경각(欽敬閣)의 옥루기륜(玉漏機輪)이었다. 흠경각은 세종 20년(1438)에 창건되었다. '흠경' 이란 『서경』 「요전」의 '흠약호천(欽若昊天), 경수인시(敬授人時)' 라고 한 데서 취하였다. 이곳에 장치된 옥루는 물의 흐름에 따라 모든 것이 자동으로 돌아가면서 시간과 천상(天象)이 표시되도록 만들어진 천문시계였다. 종이로 산을 만들고(紙山), 그 둘레에 금으로 만든 해가 돌게 하였다. 사신(四神) · 십이신(十二神) · 사신(司辰) · 옥녀(玉女) 등이 시각에 맞추어 정확히 움직이고 종인(鍾人) · 고인(鼓人)이 때에 맞추어 종이나 북 또는 징을 치도록 되어 있었다. 또 누수(漏水)의 남은 물을 비스듬한 그릇에 쏟아지게 하되, 그릇이 비면 기울고 중간쯤 물이 올라오면 평정(平正)하며, 가득 차면 엎어지도록 하여 천도의 차고 비는〔盈虛〕 이치를 관찰하게 하였다. 지산(紙山)의 주위에는 『시경』의 '빈풍칠월시(豳風七月詩)' 에 의거하여 사계절의 풍경을 진열하고, 나무를 깎아 인물 · 금수 · 초목의 형상을 만들고 이것을 절후에 따라 안배함으로써, 인민이 수고롭게 농사짓는 것을 보여주었다고 한다.[22)]

세종은 역법 연구에 각별히 유의하였다. 일차로 세종 5년(1423) 학자들에게 중국의 선명력(宣明曆) · 수시력(授時曆) 등 역법의 차이점을 비교 연구토록 하였고, 동 15년 정인지 · 정초 등에게 여러 역서를 참작하여 수시력의 원리를 쉽게 해설한 『칠정산내편(七政算內篇)』을 편찬(세종 24년, 1442 완성)토록 하였다. 또 이순지(李純之) · 김담(金淡) 등에

---

22) 『동문선』 권82, 「欽敬閣記」(金墩撰) 참조.

게는 별도로 서역에서 들어와 명나라에서 행해지던 회회역법(回回曆法)을 해설한 『칠정산외편』을 편찬케 하였다. 이처럼 계통이 다른 두 가지 역법을 각기 집중적으로 연구, 검토한 끝에 『칠정산내편』·『칠정산외편』이 10여 년 만에 열매를 맺음으로써 조선 실정에 맞는 역법을 추산할 수 있게 되었다. 1년을 365.2425일로, 1개월을 29.530593일로 계산한 것은 오늘날의 역법 추산과 큰 차이가 없다. 세종은 이 밖에도 이순지에게 『제가역상법(諸家曆象法)』(1445)』을 편찬토록 하였으며, 마니산·한라산·백두산에 역관을 보내 북극성의 고도를 측정하도록 한 일이 있었다.

〔5〕 이상에서 내치(內治) 가운데 특히 문치를 주로 하여 설명하였다. 이 밖에 세종이 남긴 뚜렷한 업적은 낱낱이 들 수 없을 정도로 많다. 세종의 업적 하나하나가 모두 유교에서 말하는 왕도정치를 구현하기 위한 목적에서 응용되어 나왔음은 물론이다. 정인지는 「영릉신도비서(英陵神道碑序)」에서 "세종은 실로 동방의 요순이시다"고 칭송하였다. 율곡 이이는 『동호문답』에서

> 우리 태조께서 왕씨(王氏)의 쇠운을 이어 신무(神武)로써 국운을 여셨고, 그 계통을 이은 인군이 세종이셨다. 세종과 같은 성덕(盛德)은 전조(前朝)에도 없었다. …… 유교를 숭상하고 도를 중히 여기며, 인재를 양육하고 예악을 제작하여 후손에게 유택(裕澤)을 주셨다. 우리 동방의 정치는 이때에 성황을 이루어 오늘에 이르기까지 남기신 혜택이 없어지지 않았다. 우리나라 만세의 왕업(王業)이 세종에게서 비로소 터전이 잡혔던 것이다.[23)]

---

23) 『율곡전서』 권15, 10a, 『東湖問答』, 〈我朝古道不復〉

고 하였다. 세종대는 태종이 이룩한 정치적 안정 기반 위에서 출발하였다. 여기에 세종 자신의 호학(好學)과 높은 학문적 성취, 유교와 유교 정치에 대한 넓고 깊은 소양, 역사와 문화에 대한 투철한 사명감과 굳은 신념, 중국 문화의 아류(亞流) 상태에서 탈피하려는 주체성과 독창성, 그리고 이와 같은 왕자(王者)로서의 능력을 고루 갖춘 세종을 좌우에서 보필할 인적 자원이 풍부하였던 여건이 하나로 조화됨으로써 빛나는 민족문화를 건설할 수 있었다.

아쉬운 점도 없지는 않다. 이에 대해 이이는 다음과 같이 말하였다.

> 오직 한스러운 것은, 위에 요순 같은 임금이 계셨음에도 아래에는 직(稷)·설(契)과 같은 신하가 없었다는 사실이다. 저 허조(許稠)나 황희(黃喜) 같은 분 역시 유속(流俗)에서 좀 빼어난 사람일 뿐이었다. 선왕의 도를 밝혀서 성주(聖主)를 보좌한 분이 단 한 사람도 없었기 때문에, 이 백성들은 겨우 (살림이) 넉넉해지고 (인구가) 많아지는 데서 그쳤고, 세도(世道)는 결국 상(商)·주(周)에 비하여 부끄럽게 되었다. 뜻 있는 선비의 개탄이 여기에서 시작되는 것이다.[24)]

즉, 세종대에는 임금을 보좌할 인재가 풍부하였음에도 세도인심(世道人心)을 자임(自任)하여 국가를 이념적으로 이끌어 갈 우뚝한 신하가 없었다는 것이다. 도학적 정치관에서 나온 탄식이라 하겠다.

---

24) 『율곡전서』 권15, 『동호문답』, 〈我朝古道不復〉 참조.

〔부록〕세종대의 주요 편찬서

편찬연대	편찬서	편찬자	내용
세종 3년(1421)	讐校 高麗史	柳寬 · 卞季良	역사서
세종 10년(1428)	孝行錄	偰循 등	유교윤리 · 의례
세종 11년(1429)	農事直說	鄭招 · 卞孝文 등	농서
세종 14년(1432)	三綱行實	偰循 등	유교윤리 · 의례
세종 14년(1432)	八道地理志	孟思誠 · 權軫 등	지리서
세종 15년(1433)	鄕藥集成方	兪好通 등	의약서
세종 17년(1435)	資治通鑑訓義	집현전 儒臣	중국역사서
세종 18년(1436)	通鑑綱目訓義	李季甸 · 金汶 등	중국역사서
세종 18년(1436)	東國年代歌	權踶 등	역사서
세종 20년(1438)	新註無寃錄音註	崔致雲	중국법률서 주석
세종 23년(1441)	明皇誡鑑	朴彭年 등	정치귀감서
세종 24년(1442)	新撰 高麗史	申檗 · 權踶	역사서
세종 24년(1442)	七政算內外篇	李純之 · 金淡 등	曆法書
세종 27년(1445)	治平要覽	李石亨 등	정치귀감서
세종 27년(1445)	龍飛御天歌	鄭麟趾 · 權踶 등	
세종 27년(1445)	龍飛御天歌註解	鄭麟趾 · 權踶 등	
세종 27년(1445)	諸家曆象集	李純之	천문 · 역법
세종 27년(1445)	醫方類聚	金汶 · 申碩祖 등	의약백과서
세종 28년(1446)	訓民正音	世宗 · 集賢殿儒臣	
세종 29년(1447)	東國正韻	집현전 儒臣	韻書
세종 29년(1447)	釋譜詳節	首陽大君	석가의 일대기
세종 29년(1447)	月印千江之曲	세종	석가의 공덕 찬양
세종 29년(1447)	四聲通攷	申叔舟 등	韻書
세종 30년(1448)	四書諺解	金鉤 등	유교경전
세종 30년 ~ 문종 1년	高麗史(改修)	金宗瑞 등	역사서

제3장

官學派와 士林派의 定礎

1. 鄭道傳의 정치이념과 闢異端思想

〔1〕 정도전(충혜왕 3년~태조 7년, 1342~1398)의 자는 종지(宗之) 또는 증오(曾吾), 호는 삼봉(三峯), 시호는 문헌(文憲). 본관은 봉화(奉化)다. 형부상서 운경(云敬)의 아들이며 경상도 영주(榮州) 출신이다. 목은 이색에게 가르침을 받았다. 그의 아버지는 지방 수령으로 재직할 때 선정을 베풀어 『고려사』「양리전(良吏傳)」에 올라 있는 인물이다.

〈삼봉 정도전〉

공민왕 11년(1362) 진사시에 급제하여, 이후 성균박사(成均博士)·태상박사(太常博士)·성균사예(成均司藝)·지제교(知製敎) 등을 지냈다. 우왕 1년(1375) 권신 이인임(李仁任) 등의 친원반명(親元反明) 정책을 반대하다가 전라도 회진현(會津縣)에 유배되어 2년 동안 귀양살이를 하였다. 이후 영주에 칩거하다가 삼각산 기숨에 삼봉재(三峯齋)를 짓고 학문 연구에 몰두하였다. 특히 주자학의 관점에서 불교 배척의 이론을 구상, 체계화시켰다. 이때 『심문천답(心問天答)』·『학자지남도(學者指南圖)』[1]와 같은 성리학 관계 저술을 이룩하였다.

우왕 9년(1383), 이성계와 긴밀한 교계(交契)를 나누면서 혁명의 웅지를 키워나갔다. 이듬해 성절사(聖節使) 정몽주의 서장관이 되어 명나라에 다녀왔다. 우왕 14년(1388) 위화도회군으로 신진 세력이 정권을 잡자 이성계의 참모가 되었고, 이어 성균관 대사성으로 승진, 조준 등 신진사류들과 전제 개혁을 입안하였다. 이듬해 폐가입진(廢假立眞)을 구실로 창왕을 폐출하고 공양왕을 옹립, 전제 개혁을 단행하여 과전법을 실시함으로써 새 왕조 개창의 경제적 토대를 마련하였다. 이와 함께 숭유억불책을 주장, 불교적 사회 이념을 유교적으로 전환하는 데 진력하였다. 이후 군제 개혁을 단행, 사병(私兵)을 혁파하고 우군도총제사(右軍都摠制使)가 되어 도총제사 이성계가 군사권 전체를 갖게 했으나, 한때 구세력의 역공을 받아 유배와 투옥을 당하기도 하였다.

공양왕 4년(1392), 조준·남은(南誾)·배극렴(裵克濂) 등과 함께 이성계를 추대하여 조선왕조를 창업하는 데 지대한 공을 세웠다. 개국 일등공신 봉화백(奉化伯)에 봉해지고 태조의 두터운 신임을 받았다. 세상에서는 두 사람의 관계를 한고조(漢高祖)와 장량(張良)에 비유하였다. 그는 취중에 왕왕 "한고조가 장자방(張子房: 良)을 이용한 것이 아니라 장자방이 한고조를 이용하였다"고 하였다 한다.[2] 이후 성리학을 바탕으로 경세(經世) 역량을 결집하여 행정·재정·외교·인사·문교·군사

---

1) 『양촌집』 권16, 8b, 「三峯集序」 "先生著述有學者指南圖若干篇, 義理之精, 瞭然在目, 能盡前賢所未發."

2) 『태조실록』, 7년 8월 2일 乙巳條 卒日記事.

등 국가 권력의 모든 면에서 핵심을 쥐고 건국 방향과 정책을 수립하는 데 주도적 역할을 하였다. 그는 성리학적 질서를 지향하는 가운데 사공학(事功學)의 중요성도 인식하였다.

정도전은 조선 건국의 설계자다. 태조 3년(1394)에는 한양 천도를 실현시킴과 동시에, 『주례』「고공기(考工記)」에 입각하여 도성을 설계하고 모든 궁궐과 종묘 · 사직의 위치 및 도성의 기지(基地) 등을 심정(審定)하였다. 궁궐 · 전각(殿閣) · 문루(門樓)의 칭호, 도성 팔대문과 성내 48방(坊)의 명호까지도 제정하였다. 이때 그는 한결같이 유교의 민본사상과 도덕정치의 구현에 근거하였으며, 『주례』의 이념을 따르고자 하였다. 또 같은 해 『조선경국전(朝鮮經國典)』을 찬진(撰進), 조선왕조 법전의 선하(先河)를 이루었고, 이듬해(1395)에는 전조사(前朝史)를 정리, 『고려국사(高麗國史)』 37권을 찬진하였다. 이처럼 그는 재보(宰輔)의 대체(大體)를 깊이 얻은 인물이었다. 조선이 개국한 뒤 법을 만들고 기율(紀律)을 정하며 제례작악(制禮作樂)하는 등 여러 가지 규모와 시설이 사실상 그에 의해 이루어졌다 해도 과언이 아니다.

태조 7년(1398) 명나라에서 정조표전(正朝表箋)의 내용 가운데 '경박희모(輕薄戲侮)' 한 문구가 있다 하여 그 기초자 정도전을 잡아 보내라고 요청하였다. 이때 그는 남은(南誾) · 심효생(沈孝生) 등과 함께 명나라에 실력으로 항쟁할 것을 주장, 실행에 착수하기도 했다. 이는 신왕조가 사대 외교를 하면서도, 기본적으로 독립자존의 정신을 가지고 임하였음을 뒷받침한다. 즉, 강대국의 불의와 부당한 간섭을 배격하고 신의와 인도의 이념에 입각한 외교 정책을 주체적으로 실천하려 했음을 말하는 것이다.

그는 말년에 태조의 뜻에 따라 막내 왕자인 방석(芳碩)을 세자로 책봉케 하고 남은과 함께 그를 보양(輔養)하는 책임을 졌다. 그러나 태조

7년 정치적 야망에 불타는 정안군(靖安君) 이방원(태종)에 의해, 방석을 옹호하고 정실(正室) 소생의 왕자들을 죽이려 했다는 이유로 주살(誅殺)됨으로써 혁명가적 생애를 마쳤다. 후일 고종 때, 조선왕조 문물제도의 정비에 끼친 공로가 인정되어 신원(伸冤)되고 시호가 내려졌다.

저술로 『삼봉집』·『조선경국전』·『경제문감(經濟文鑑)』·『불씨잡변(佛氏雜辨)』·『심기리편(心氣理篇)』·『심문천답(心問天答)』 등이 있다. 『삼봉집』은 후일 정조의 특별 배려로 간행되었다.[3] 『불씨잡변』은 단순한 배불론서(排佛論書)가 아니라 새 왕조의 지도 이념을 제시하였다는 점에서 중요한 의의를 지닌다. 『학자지남도』(失傳)는 권근의 『입학도설』에 큰 영향을 끼친 것으로 짐작된다.[4] 『경제문감』은 당우(唐虞)로부터 당시까지의 역대 전적을 고람(考覽)하는 가운데 체제와 관계가 있는 것을 취하였다. 재상으로부터 지방 수령에 이르기까지 그 명칭과 직위의 연혁, 직임(職任)의 득실, 역대 인물의 현부(賢否), 역대의 치란(治亂) 및 시정(施政)의 본말 등을 빠짐없이 갖추어 실은 것으로서,[5] 정치사와 정치사상사 또는 법제사 연구에 큰 도움이 된다.

〔2〕 조선왕조 건국 과정에서 정도전이 수행한 역할을 크게 두 가지 들 수 있다. 그 하나는 『조선경국전』과 『경제문감』 등을 통해 유교 이념에 기반을 둔 정치체제·사회제도의 체계를 제시한 것이요, 다른 하나는 『심기리편』·『불씨잡변』 등을 통해 불교 비판 이론을 제시하여 유교 이념의 정립 기반을 다진 것이다. 그는 전 생애에 걸쳐서 불설(佛說)이 세

---

3) 『弘齋全書』 권164, 3b, 「日得錄」, 〈文學〉; 『홍재전서』 권171, 6a, 「日得錄」, 〈人物〉 참조.

4) 이병도, 「鄭三峯의 儒佛觀」, 『白性郁博士頌壽紀念論文集』, 1959, 665쪽.

5) 『삼봉집』 권10, 「經濟文鑑(下)」, 〈後識〉

상 사람을 미혹시키는 것에 대하여 근심하였다. 왜냐하면 불교의 고묘(高妙)한 언설이 성명(性命)·도덕(道德)에까지 미치고 있어 양주(楊朱)·묵적(墨翟)에 비교할 수 없을 만큼 사람들을 심하게 미혹하기 때문이라는 것이다. 그러나 사실 1천 년 이상 정신적 지주가 되어 왔던 불교를 배척하고 하루아침에 유교로 대체하기란 실로 어려운 일이었다.

그는 불교 이론을 비판 배척하는 데 성리학의 이론을 기초로 하였다. 배불의 이론적 근거는 송대 성리학자들의 불교관을 원형으로 삼았다. 돌이켜 보면, 주자학 전래 이전의 고려유학은 훈고(訓詁)와 사장(詞章) 중심이었다. 불교를 철학적 차원에서 극복하고 논파할 수 있는 저력이 없었다. 그러다가 주자학이 수용되고 심화되는 과정에서 정도전과 권근에 의해 비로소 불교를 이론적으로 극복하는 단계를 맞게 되었다. 특히 정도전은 불교 비판의 최선봉이었다.

그는 일찍부터 도학을 밝히고 이단을 물리치는 것으로써 자기의 임무로 삼았다. 고려 말부터 기회가 있을 때마다 상소와 저술 등을 통해 척불(斥佛)을 주장하였으며, 국가 전반적으로 유교의 이념에 입각한 정책을 시행하도록 강력히 선도하였다. 그의 주장을 뒷받침한 사람은 김자수(金自粹)·김초(金貂)·박초(朴礎) 등 연소기예(年少氣銳)한 학자들이었다. 이들은 모두 정도전의 행동을 본받았고, 과격한 척불소(斥佛疏)를 올려 물의를 빚기도 하였다. 이때 박초는 상소에서 척불을 위해 헌신하는 정도전에 대하여

> 겸 대사성 정도전은 천인성명(天人性命)의 연원을 밝히고, 공자·맹자·정자·주자의 도학을 창명하여, 불교의 뿌리 깊은 허망한 말을 배격하고 우리나라의 오랜 미혹을 깨뜨렸습니다. 이단을 배척하고 그 사설(邪說)을 종식시켜, 천리를 밝히고 인심을 바로잡았습니다. 우리나라에서 진유(眞儒)는

정도전 한 사람일 뿐입니다. 이는 상천(上天)이 전하에게 고요(皐陶) · 이윤(伊尹) · 부열(傅說) 같은 왕좌지재(王佐之材)를 주어, 중흥한 오늘에 요 · 순 삼대(三代)의 훌륭한 정치를 이룩하게 하려는 것입니다.[6]

고 칭송한 바 있다. 또한 권근은 정도전을 양주 · 묵적을 배척하여 유교의 정통을 확립한 맹자의 공로에 비유하였다. "삼봉 선생은 맹자를 계승한 분이며, 장자(張子)가 이른바 '독립불구(獨立不懼)하고 정일자신(精一自信)하여 남보다 훨씬 뛰어난 재주가 있는 인재'라 함에 해당할 만한다"고 평하면서, 스스로 공경하고 복종하여 배우고자 한다고 하였다.[7] 척불은 정도전에게 제일의 과제요 필생의 신념이었다.

척불사상을 전개한 저술로는 초기의 『심문천답』(1375)과 그것을 심화시킨 『심기리편』(1394), 『불씨잡변』(1398) 3부작이 있다. 『심문천답』 · 『심기리편』이 벽이단론의 총론격이라면 『불씨잡변』은 불교를 집중적으로 비판한 것이다. 배불론의 집대성이라는 점에서 한국사상사에서 실로 전무후무하다. 벽이단과 관련한 이 삼부작은 정도전을 '동방의 맹자'라고 일컬을 수 있게 하는 중요한 문자라 하겠다. 문인 권근은 이 세 저술에 주해와 후서(後序)를 붙여 사설(師說)을 선양하는 데 힘썼다. 「심문천답후서」에서는 "도가 밝혀지지 않은 것은 이단이 해롭게 한 때문이다. 이단을 물리친 뒤라야 우리 도가 밝아질 수 있다"[8]고 하였다. 이는 이단 배척을 급선무로 하고 사도(斯道)의 천명을 그다음으로 하는 정도전의 학문적 특성과 역정을 대변한다고 하겠다.

정도전은 34세 때 나주(羅州)의 회진(會津)에서 귀양살이를 하면서

---

6) 『고려사』 권120, 「金子粹傳(附)」
7) 『삼봉집』 권5, 「佛氏雜辨後序」 참조.
8) 『삼봉집』 권6, 19b-20a, 「心問天答 後序」

『심문천답』을 지어 유교가 바르고 이단의 도가 편벽됨을 밝혔다. 천(天)·인(人)의 상관관계에 대한 기본적인 문제를 날카롭게 제기한 것이다. '심문(心問)' 은 심(心)이 천(天)에게 선악응보(善惡應報)의 원리가 현실에서 쉽게 어긋난다는 점을 질문한 것이다. '천답(天答)' 은 선악응보에 부정(不正)이란 없고 다만 더디고 빠른 것이 있을 뿐이니, 이것은 심기(心氣)가 그렇게 시킨 것이라는 내용이다. 즉, 천리는 반드시 그 상도(常道)를 지켜서 최후의 승리를 얻을 것이니, 그리되면 기 역시 리를 따라 바르게 된다는 것이다. 결국 의리의 정(正)을 지켜 공리(功利)의 사(私)에 빠지지 말라고 경계하는 내용이다. 이것은 곧 천인 관계를 해명함으로써 유교철학의 기본 구조를 밝힘과 아울러 인간 행위의 도덕적 근거를 제시하는 것이기도 하다. 이로써 성리학 이념에 입각한 이상사회 건설을 위한 논리 체계의 일단이 제시된 것이다.

그의 성리학에서는 주리적(主理的) 경향이 돋보인다. 그는 세계의 시원을 '리' 혹은 '태극' 으로 보았다. 우주의 모든 물질적 정신적 현상의 발생과 변화가 여기에서 비롯된다고 하였다. 또 가치론적 관점에서 유가의 의리사상을 이끌어 조선 유학의 방향을 선명하게 제시했다. 당시 성리학의 주리적 가치를 정도전처럼 체계적으로 정리하여 전파한 사람은 찾아보기 어렵다. 조선조 성리학의 기초가 주리적 성향이었고,[9] 또 그것이 후일 조선유학의 정맥을 이루었던 사실은 정도전과 관련하여 중요한 의미를 지닌다. 사림파 학자들이 주리적, 명분론적 관점에서 정도전을 변절자로 매도하였던 것에 비추어보면 아이러니다.

『심기리편』 3편을 보면, 첫째는 '심난기(心難氣)' 니 불가의 수심(修心)의 요지를 논하여 도가를 비난하고, 둘째는 '기난심(氣難心)' 이니 도

9) 조선왕조의 개창에 참여한 정도전·권근 등을 主氣的 경향을 지닌 학자로 보는 것은 잘못된 선입견이다.

가의 양기(養氣)의 법을 논하여 불가를 비난하고, 셋째는 '리유심기(理諭心氣)' 니 불가와 도가에 대한 유가(성리학)의 우위성을 철학적으로 전개하는 내용이다.

> 유가에서는 리를 주로 하여 심과 기를 다스리니, 그 하나에 근본하여 그 둘을 기르는 것이다. 도가에서는 기를 주로 하여 양생(養生)으로써 도를 삼고, 불가에서는 심을 주로 하여 부동(不動)으로써 종(宗)을 삼아, 각기 그 하나를 지키고 그 둘을 버린 것이다.[10)]

그는 도가에서 '기가 리에 근본한다' 는 점을 알지 못하고 기로써 도를 삼고 있으며, 또 불가에서 '리가 심에 갖추어져 있음' 을 알지 못하고 심으로써 종(宗)을 삼았다고 비판하면서 "내(理)가 너의 심에 주재하고 있으면 형철(瑩澈)하고 허명(虛明)할 것이요, 내가 너의 기를 기르면 호연지기가 생길 것이다"[11)]고 하였다. 이 『심기리편』은 『불씨잡변』에 비하여 도 · 불을 비판하는 심도와 열의가 미약할 뿐 아니라, 얼핏 보면 유교의 관점에서 도 · 불을 포괄하여 삼교회통을 지향하는 기미(氣味)마저 없지 않다. 그러나 권근은 「심기리편후서」에서, 이 글을 삼교일치의 취지로 이해하는 것은 잘못이라고 지적하였다.[12)]

정도전은 『심기리편』에서 "심이 있고 내(理)가 없으면 이해(利害)에만 달려갈 것이요, 기만 있고 내가 없으면 고깃덩이처럼 지각 없이 금수와 한 길로 돌아갈 것이다"[13)]라고 하였다. 즉, 심이나 기는 리에 근거하

---

10) 『삼봉집』 권6, 9b, 「心氣理篇後序」

11) 『삼봉집』 권6, 8b, 「심기리편」, 〈理諭心氣〉 "我存爾心, 瑩澈虛明, 我養爾氣, 浩然而生."

12) 『삼봉집』 권6, 11b, 「心氣理篇後序」

13) 『삼봉집』 권6, 6a-6b, 「심기리편」, 〈理諭心氣〉 "有心無我, 利害之趨, 有氣無我, 血肉之軀, 蠢然以動, 禽獸同歸, 其與異者, 嗚呼幾希."

여야 이해의 추구에 사로잡히거나 육체적 본능에 빠지는 것을 막을 수 있다는 것이다. 여기서 리는 의리를 말한다. 의리는 인간과 금수를 구별하여 인간이 인간이게 하는 근거이며, 생사를 넘어서는 가치 기준이다. 그러기에 "죽을 자리에 죽는 것은 의(義)가 몸보다 소중하기 때문이다. 그래서 군자가 제 몸을 희생하여 인(仁)을 이루는 것이다"[14]고 하였다.

〔3〕『불씨잡변』은 태조 7년(1398), 비명에 죽기 직전에 이룩한 것이다. 모두 19편[15]이다. 논변의 체계는 철학 · 윤리 · 종교(신앙) 및 역사적 사실, 벽불의 논거 등의 문제로 구분할 수 있다. 그는 왜 자신이 불교 비판의 선봉에 서서 많은 말을 해야만 했는지에 대하여 "내 어찌 말 많이 하기를 좋아하리오마는, 내가 말을 그만두지 못하는 것은 바로 저들의 마음이 너무 미혹되고 어두운 것이 불쌍해서요, 우리의 도가 시들다가 없어질까 걱정스러웠기 때문이다"[16]고 하였다. 일찍이 양묵(楊墨)을 비판하였던 맹자의 논조 그대로다.

권근의 「불씨잡변후서」에 의하면 "이 글에는 비유를 취한 것이 비속하고 자질구레한 것이 많으며, 글을 쓰는 데 감정에 치우침이 많았다" 고 한 정도전의 말이 인용되어 있다.[17] 이 말은 겸사만은 아닌 듯하다. 반야(般若) · 원각(圓覺) · 금강(金剛) · 능엄(楞嚴) 등 여러 경전과 『대승

---

14) 『삼봉집』 권6, 7b, 「심기리편」, 〈理諭心氣〉 "可死則死, 義重於身, 君子所以殺己成仁."

15) 1. 「佛氏輪廻之辨」, 2. 「佛氏因果之辨」, 3. 「佛氏心性之辨」, 4. 「佛氏作用是性之辨」, 5. 「佛氏心跡之辨」, 6. 「佛氏昧於道器之辨」, 7. 「佛氏毁棄人倫之辨」, 8, 「佛氏慈悲之辨」, 9. 「佛氏眞假之辨」, 10. 「佛氏地獄之辨」, 11. 「佛氏禍福之辨」, 12. 「佛氏乞食之辨」, 13. 「佛氏禪教之辨」, 14. 「儒釋同異之辨」, 15. 「佛氏入中國」, 16. 「事佛得禍」, 17. 「捨天道而談佛果」, 18. 「事佛甚謹年代尤促」, 19. 「闢異端之辨」.

16) 『삼봉집』 권5, 13b, 『불씨잡변』, 〈佛氏眞假之辨〉

17) 『삼봉집』 권5, 32b-33a, 「佛氏雜辨後序」 "戊寅夏, 告病數日, 又著是書, 示予曰: …… 其取比多鄙瑣, 欲彼之不得肆也, 故其說詞憤激."

기신론(大乘起信論)』까지 인용, 구사하면서 피차의 견해를 비교, 변설하는 가운데 논리와 철학적 깊이를 갖추려 하였지만, 피상적이거나 천박하며 독단적으로 견강부회한 것도 없지 않다. 특히 불교의 근본 교의가 아닌, 고려 말 불교 교단의 부패와 타락상에 초점을 맞추어 공격한 것이 상당하다. 다만 논리의 철저성만은 인정하지 않을 수 없다.

이처럼 정치권력까지 수반된 공격에 대하여 뒷날 험허당(涵虛堂) 기화(己和: 1376~1433)가 『현정론(顯正論)』을 지어 '유·불 조화'의 기조 아래 불교의 교리에 대하여 변명하였을 뿐, 당시 불교계 지도자들은 침묵을 지켰다. 왕사(王師) 무학(無學: 自超, 1327~1405)이라든지 그 제자 진산(珍山: ?~1427) 같은 고승이 있었음에도 항변 한 번 못하였다. 당나라 때 고승 태전(太顚: 732~824)이 한유(韓愈)의 척불론에 도전하여 한유를 굴복시킨 것이라든지, 북송 때 장상영(張尙英)이 호불(護佛)의 기치를 내걸고 구양수(歐陽修)·정호(程顥) 등의 척불론에 맞섰던 일은 일어나지 않았다.

이제 『불씨잡변』 가운데 비교적 논리를 갖추고 정밀하다고 생각되는 것을 들어 살펴보기로 하겠다. 정도전은 심법과 불성을 본질적인 존재로 보고 현상 세계를 환망(幻妄)한 것으로 부정하는 불교적 세계관의 부정적 초월적 요소를 유교의 긍정적이고 현실적인 세계관으로 변척(辨斥)하였다. 유교야말로 체용(體用)과 본말(本末)이 질서와 조화 속에 일관된다고 하였다.[18]

또 그는 정신 불멸에 기초한 윤회설과 그 논리적 근거가 되는 인과설을 비판하였다. 불교에서 인과의 개념은 불교의 세계관과 신앙의 핵심을 이루는 윤회설의 논리적 근거다. 변척의 근본처라고 해도 과언이 아

18) 금장태, 『유교와 한국사상』(1980), 107쪽.

니다.

> 부처의 말에 "사람은 죽어도 정신은 없어지지 않으므로, 다시 태어나면서 형체를 받는다"라 하였다. 여기서 불씨(佛氏)의 윤회설이 일어났다. …… 이제 불씨의 윤회설을 살펴보자. "혈기가 있는 모든 것은 스스로 일정한 수가 있어, 오고 오고 가고 가도 더하거나 덜함이 없다"고 한다. 그렇다면 하늘과 땅이 만물을 창조하는 것이 도리어 저 농부가 이익을 내는 것만도 못하다. 또 혈기 있는 것들이 인류로 태어나지 않으면 조수(鳥獸)·어별(魚鼈)·곤충이 될 것이다. 그 수가 일정하여 이것이 늘어나면 저것은 반드시 줄어들고, 이것이 줄어들면 저것은 반드시 늘어나며, 일시에 다 함께 늘어날 수도 없고, 일시에 다 함께 줄어들 수도 없을 것이다.[19]

즉 불교에서 말한 대로 정신이 불멸하여 현세와 내세에서 윤회환생(輪廻還生)한다고 하면, 세상에 존재하는 사물의 수가 일정해야 한다는 것이다. 그는 정신의 불멸은 있을 수 없다고 하였다. 사람의 정신(의식)은 육체가 형성됨과 동시에 생겼다가 사람이 죽으면 따라서 흩어져 없어진다고 하였다. 정신은 기의 산물이기 때문이다. 그는 "이미 생겨난 것은 가면서 과거〔過〕가 되고 아직 나지 않은 것은 오면서 계속〔續〕한다. 이 과(過)와 속(續) 사이에는 한순간의 정지도 용납되지 않는다"고 하면서 "하늘과 땅 사이는 불타는 화로〔烘爐〕와 같다. 비록 생물이라 할지라도 모두 녹아 없어진다. 이미 흩어진 것이 어찌 다시 합쳐지며, 이미 간 것이 어찌 다시 올 수 있으랴"고 비판하였다. 총체적으로 볼 때 인류나 만물의 발생·발전·소멸 과정은 끝없이 연속되지만, 개개의 사

19) 『삼봉집』 권5, 1a-2b, 「불씨잡변」, 〈佛氏輪廻之辨〉

물이나 사람은 부단히 발생·소멸한다는 것이다. 유가의 합리적 정신이 강하게 드러나 있다.

불교에서는 현상 세계의 다양한 차별상을 업인(業因)과 과보(果報)로 설명한다. 그는 이에 대하여 "사람과 만물의 생생(生生)하는 이치를 이해한다면 윤회설은 저절로 변명될 것이요, 윤회설이 변명되면 인과설은 따져보지 않아도 자명해진다"[20]고 하면서, 음양오행의 기가 운행하는 과정에서 차별상이 발생하는 것으로 보았다. 객관적 자연 질서를 강조함으로써 불교의 주관적 운명론의 측면을 배격하였다.

불교에서는 심(心)과 성(性)을 진상(眞常)이라 하고, 천지 만물은 가합(假合)된 것이요 환상(幻相)이라 한다. 그는 이에 대하여 다음과 같이 반문하였다.

> 가(假)라는 것은 잠시에 불과한 것으로 천만 년 오래 갈 수 없으며, 환(幻)이라는 것은 한 사람을 속일 수는 있어도 천만 사람을 믿게 할 수는 없는 것이다. 천지의 상구(常久)함이나 만물의 상생(常生)하는 것을 '가'라 하고 '환'이라고 하니, 이는 어떻게 된 것인가.[21]

그리고 불교의 이런 인식의 이면에는 궁리(窮理)의 학(學)이 없거나, 아니면 지수(持守)의 요약(要約)만을 좋아하고 궁리의 번거로움이나 만변(萬變)에 수응(酬應)하는 수고로움을 싫어하는 요소가 있을 것이라고 판단하였다.

---

20) 『삼봉집』 권5, 4a, 「불씨잡변」, 〈佛氏因果之辨〉

21) 『삼봉집』 권5, 13b, 「불씨잡변」, 〈佛氏眞假之辨〉 "且假者, 可暫於一時, 而不可久於千萬歲, 幻者可欺於一人, 而不可信於千萬人. 而以天地之常久, 萬物之常生, 謂之假且幻, 抑何說歟."

그는 또 불교에서 심과 성을 구별하지 않고 혼동하여 마음을 '성'이라 한 것과 '이심관심(以心觀心)'을 주장한 데 대하여 비판하였다.

> 우리 유가의 설에 "마음을 다하면 성을 안다(盡心知性)"고 하였다. 이것은 마음에 근본하여 이치를 궁구한다는 말이다. 불가의 설에서는 "마음을 관(觀)하면 성을 보나니(觀心見性) 마음이 곧 성이라"고 하였다. 이것은 마음으로써 마음을 본다는 말이다. 어찌 두 마음이 있단 말인가.[22]

즉 불교에서 마음을 연(緣)에 따라 변하지 않는 것(形氣를 超絶한 것)으로 여겨, 마음을 수양하면 제상(諸相)에서 벗어나 본심즉성(本心卽性)의 경지에 이를 수 있다고 한 데 대하여 비판한 것이다. 그는 여기서 심을 기로, 성을 리로 규정하여 심과 성의 상관관계를 밝혔다.

한편 불교의 지옥설에 대해서도 다음과 같이 비판하였다.

> 군자가 선을 좋아하고 악을 미워함은, 마치 예쁜 여색을 좋아하고 나쁜 냄새를 싫어하는 것과 같다. 모두 마음속에서 자연스럽게 우러나와 행동으로 옮겨지는 것이다. 한 가지도 나쁜 평판〔惡名〕이 있게 되면 그 마음속으로 부끄러워하여 마치 저잣거리에서 종아리를 맞는 것처럼 여긴다. 어찌 지옥설을 기다린 뒤에야 악한 일을 하지 않는단 말인가.[23]

정신 불멸과 사후세계(死後世界)를 인정하지 않는 그로서는 당연한 귀결이다. 그는 지옥설이 위선거악(爲善去惡)을 위한 하나의 방편이라는 설에 대해서도, 정명도의 이른바 "지성(至誠)이 천지를 꿰뚫더라도

22) 『삼봉집』 권5, 6b, 「불씨잡변」, 〈佛氏心性之辨〉
23) 『삼봉집』 권5, 14b, 「불씨잡변」, 〈佛氏地獄之辨〉

인간을 모두 교화할 수 없을 터인데, 어찌 거짓된 교설(敎說)로 사람을 교화할 수 있겠는가"라고 한 말을 인용하여 부정하였다. 다만 종교적 차원에서 제기된 것을 논리적으로 비판하였다는 점, 그리고 상근기(上根基)가 아닌 근기가 낮은 사람에 대해서는 어떻게 설명할지는 여전히 문제로 남는다.

「불씨작용시성지변(佛氏作用是性之辨)」에서는 '성'과 '작용'과의 관계성을 문제 삼았다. 불교에서는 행위의 현실에 본성의 진실이 있다고 설파한다. 이는 불교의 관점에서 본다면, 성을 떠난 심의 묘용(妙用)은 없다는 것으로 이해할 수도 있다.[24] 그러나 정도전은 주자가 "만약 작용을 가지고 성이라고 한다면, 사람이 칼을 잡고 함부로 휘둘러 사람을 죽이는 것도 감히 성이라고 할 수 있겠느냐"고 한 말을 인용하면서 "리는 형이상의 것이요, 기는 형이하의 것이다. 불가에서는 스스로 고묘무상(高妙無上)하다고 하면서, 도리어 형이하의 것을 가지고 말하니 가소로울 뿐이다"[25]고 하였다. 성리학에서 '성'은 리이고 '작용'은 기다. 작용은 리에 근거한다. 작용 자체가 리는 아니다. 그는 본체와 현상, 행위와 준칙을 엄격히 구분하는 유가의 관점에서는 이를 받아들일 수 없다고 잘라 말한다.

유석동이(儒釋同異)의 문제에서는 허(虛)·적(寂) 두 가지 기본 개념을 놓고 다음과 같이 대비하였다.

> 우리 유가의 '허'는 허(虛)이면서 유(有)요, 저들의 '허'는 '무(無)'다. 우리의 '적'은 적이면서 감응(感應)하는 것이요, 저들의 '적'은 적하여 그만 멸(滅)하는 것이다.[26]

24) 李鍾益, 「정도전의 벽불론 비판」, 『불교학보』 제8집, 1971, 291쪽.
25) 『삼봉집』 권5, 8b, 「불씨잡변」, 〈佛氏作用是性之辨〉

유교는 긍정과 부정이 서로 융합하면서 연속되는 데 비해, 불교는 부정에 빠지고 말아 긍정과 부정이 단절되었다는 것이다.

또 불교에서 이른바 '마음이 만법(萬法)을 낳는다' 고 한 것에 대하여 같이 논하였다.

> 우리 유가에서는 마음속에 모든 이치가 갖추어져 있다고 하고, 저들은 마음이 만법을 낳는다고 한다. 이른바 모든 이치를 갖추었다고 하는 것은, 마음 가운데 원래 이 리가 있어 바야흐로 리가 정(靜)할 때에는 지극히 고요하여 이 이치의 체(體)가 갖추어지고, 리가 동(動)함에 미쳐 감통(感通)하여 이 이치의 용(用)을 행한다는 것이다. …… 그러나 이른바 만법을 낳는다는 것은, 마음 가운데 본래 이 법(法)이 없는데 외계(外界)를 대한 뒤에 법이 생긴다는 것이다. 그러므로 바야흐로 법이 정(靜)할 때는 이 마음이 머물러 있는 곳이 없고, 법이 동(動)하게 되면서 만나는 바의 경계에 따라 생긴다는 것이다.[27]

그는 이 밖에도 유가의 '수작만변(酬酢萬變)' 과 불가에서 말하는 '수순일체(隨順一切)' 등은 용어는 비슷하지만 그 내용은 전혀 다르다고 주장하였다.

이상의 변설을 종합해보면, 대개 주자학의 관점에서 불교를 비판, 배척한 것으로, 주자의 「관심설(觀心說)」(『주자대전』 권67), 「답정자상서(答鄭子上書)」(『주자대전』, 권56), 「석씨론(釋氏論) 상 · 하」(『주자대전』

---

26) 『삼봉집』 권5, 18a, 「불씨잡변」, 〈儒釋同異之辨〉 "此之虛, 虛而有, 彼之虛, 虛而無, 此之寂, 寂而感, 彼之寂, 寂而滅."

27) 『삼봉집』 권5, 18b, 「불씨잡변」, 〈儒釋同異之辨〉 "此曰心具衆理, 彼曰心生萬法. 所謂具衆理者, 心中原有此理, 方其靜也, 至寂而此理之體具焉. 及其動也, 感通而此理之用行焉. …… 所謂生萬法者, 心中本無此法, 對外境而後, 法生焉. 方其靜也 此心無有所住, 及其動也, 隨所遇之境而生."

별집 권8), 「석씨편(釋氏篇)」(『주자어류』 권126)에 의거한 바가 많다.[28] 정도전의 척불론은 유교를 절대 우위에 두고 불교의 이론을 비판, 배척하기 위한 것이다. 장점은 도외시하고 약점과 단점만을 부각시킴으로써 '비판을 위한 비판' 이라는 지적에서 자유롭지는 못하다.

정도전의 배불론은 불교사회로부터 유교사회로 전환되는 사상적 전환기에 정치적으로 숭유억불책(崇儒抑佛策)을 확립하려 했던 당시의 상황과 관련지었을 때 의미가 있다고 본다. 다만 성리학의 관점에서 불교의 이론을 비판한 점은 조선유학사에서 중요한 위치를 차지한다. 아울러 이후 유학자들의 불교에 대한 일반적인 인식을 결정짓는 것이기도 했다.

〔4〕 정도전은 조선왕조의 설계자다. 조선은 정도전이 세운 기본 틀을 토대로 운영되었다. 정도전은 학술과 정치가 같이 가야 삼대의 지치(至治)를 이룰 수 있다고 보았다. 성리학을 정교(政教)의 기본 이념으로 삼고, 성리학에 뿌리를 둔 경세학을 통해 조선왕조를 가장 이상적인 유교국가로 만들고자 하였다. 이런 관성(款誠)이 있었기에 세종시대의 찬란한 유교문화가 꽃을 피울 수 있었고, 조선왕조가 반석을 다질 수 있었음은 물론이다.

정도전은 도학적 경세유의 표본이다. 그는 '조선의 주공(周公)' 이라 일컬을 만하다. 도학과 경세가 둘이 아니라 체용(體用) 관계로 긴밀하게 연결되어야 함을 잘 보여준 학자다. 그가 『조선경국전』을 저술하여 조선의 기틀을 잘 닦았기 때문에 『경국대전』이 나와 조선조 500년의 기본 법전으로 발전할 수 있었고, 이후 정치의 초점을 학문과 교육으로 돌려 찬란한 유교문화를 이룩할 수 있었다. 조광조가 삼대지치(三代之治)를

---

28) 이병도, 『한국유학사』(1987), 106쪽.

내걸고 도학적 왕도정치를 염원했던 것이라든지, 이이가 변법경장(變法更張)을 내세우며 시대정신을 강조할 수 있었던 것도 기실 정도전이 세운 유교적 이상국가의 기본 틀 위에서였다.

정도전이 실천했던 역성혁명은 유교의 천명론과 존주대의(尊周大義)를 기본으로 한다. 그는 대의 가운데 대의가 '존주대의' 라고 생각하였다. 그러나 후대로 내려오면서, 신하가 된 사람으로 두 임금을 섬길 수 없다는 강상론(綱常論)에 따라, 그는 변절한이나 권력 지향적인 인물로 비난을 받았다. 자유분방한 삶을 살았던 교산(蛟山) 허균(許筠) 같은 이가 비판[29]할 정도였다.

조선왕조는 건국 후 나라의 기틀이 잡혀나가자, 곧 정교의 이념을 유교의 강상과 명분에서 찾았다. 이것은 태종 1년(1401)에 고려 충신 정몽주를 영의정에 추증, 절의의 화신으로 추앙했던 사실을 통해서 엿볼 수 있다. 정도전은 학문적으로 큰 업적을 쌓았고 새 왕조 창건 후 성리학의 이념에 입각한 정치의 구현에 지대한 공을 세웠지만, 말년에는 역적으로 몰려 누명을 썼다. 그 이후에는 줄곧 조선유학사의 정통으로부터 외면당하고 오히려 모멸을 받아왔다. 그는 당시에 시대를 선도하였던 진보적 개혁정치가였다. 특히 성리학의 이념에 입각한 새로운 국가를 건설하고 나라의 대경대법(大經大法)을 세워 국맥(國脈)을 영원토록 하는데 공헌했던 불세출의 경세가였다. 또한 유학-성리학의 정통성을 확립하고 척불숭유를 국시로 삼게 하여 유학의 발전에 근본적인 토양을 마련한 사상가였다. 권근과 함께 관학파의 큰 물줄기를 열었던 그의 철학사상과 경세론은 후학들에게 지대한 영향을 끼쳤다. 그는 실로 당대의 유종(儒宗)이요 공종(功宗)이라 하겠다.

---

29) 『惺所覆瓿藁』 권11, 12a-12b, 「鄭道傳 · 權近論」 참조.

2. 權近의 經學과 불교비판

〔1〕 권근(공민왕 1년~태종 9년, 1352~1409)의 자는 가원(可遠), 호는 양촌(陽村), 시호는 문충(文忠). 본관은 안동이며 국재(菊齋) 권보(權溥)의 증손이다. 이색의 문인으로 정도전을 사사하였다. 공민왕 17년(1368) 문과에 급제한 뒤, 우왕 1년(1375) 정몽주·박상충과 친명정책(親明政策)을 주장하며 원나라 사절의 영접을 반대하였다. 공양왕 1년(1389) 윤승순(尹承順)의 부사(副使)로 명나라에 다녀올 때 가져온 예부의 자문(咨文) 문제로 말썽이 나서 우봉(牛峯)에 유배되었고, 공양왕 2년(1390)에 다시 이초(彝初)의 옥사에 연루, 익주(益州) 등지에 귀양 갔다가 이듬해 방면되었다. 조선 건국 후 이태조의 집요한 부탁과 노부(老父)의 간곡한 타이름을 저버릴 수 없어 마침내 출사, 벼슬이 대제학에 이르고 좌명공신(佐命功臣) 길창부원군(吉昌府院君)에 봉해졌다.

권근은 조선조에 참여, 당시 문한(文翰)을 독당하다시피 하였으며 관학파의 선하(先河)를 이루었다. 그는 경학과 성리학의 거장이면서도 실용 면에서 문장을 중시하여, 경학과 사장(詞章) 양면을 조화시키려고 하였다. 당시 경세·외교 문자가 대부분 그의 손에서 나왔다.

그가 절조(節操)를 지키지 못한 것은 뒷날 두고두고 논란이 되었다. 여말의 은사(隱士)인 원천석(元天錫) 그리고 상촌(象村) 신흠(申欽)은 그의 실절(失節)을 나무라면서 다음과 같이 말한 바 있다.

> 贊莽揚雄草太玄　왕망(王莽)을 칭송한 양웅이 『태현경』을 지었네
> 白首陽村談義理　백수의 양촌이 의리를 말하니
> 世間何代不生賢　세상 어느 시절인들 현인(賢人)이 나지 않겠는가.[30)]

권근은 고려 말에 이름 있는 대부다. 당시에 귀양 간 상태 그대로 있었더라면, 그 문장 · 명론(名論)이 어찌 목은 · 도은 이공(二公)의 아래에 놓이겠는가. 태조를 위한 계룡일송(鷄龍一頌)으로 문득 개국총신(開國寵臣)이 되고 말았다. 아아! 조선에 나아간 뒤에도 벼슬은 삼사(三司: 대제학)에 불과하였고, 나이는 육십을 넘지 못하였다. 그 얻은 바 치고는 미미하다. …… 오직 그 자손들이 대를 이어 고관이 끊이지 않고 지금까지 번성하기 때문에, 사람들이 모두 '양촌, 양촌' 하면서 덕행이 있는 듯 말하고 있다. 심하다. 이름을 도적질함이여![31)]

그는 전한(前漢)을 등지고 참주(僭主) 왕망(王莽)을 도와 후일 '망대부(莽大夫)' 로 일컬어지는 양웅(揚雄) · 유흠(劉歆)에 비유되기도 한다. 중종 때의 명사 송인수(宋麟壽) · 김안국(金安國)이 신광한(申光漢)의 집에서 권근의 초상을 처음 보았는데, 송인수는 '절개를 잃은 사람' 이라 하여 절을 하지 않았고, 김안국은 '도학에 큰 공이 있는 분' 이라 하여 절을 했다는 일화[32)]에서도 그에 대한 엇갈린 시각을 엿볼 수 있다.

〔2〕 권근의 학문은 기본적으로 정도전과 유사하다. 그러나 정도전과는 출신 계층이 다른 만큼 정치적으로는 관점과 시각을 달리하기도 했다. 초기에는 대체로 급진적인 개혁보다 개량의 차원에서 논하다가, 나중에는 개혁파의 시각에 적극적으로 동조하는 등 상당한 변화를 보였다.

정도전이 조선의 건국 초에 경세론으로 주도적 역할을 하였다면, 권

---

30) 『逐睡篇』 참조(『燃藜室記述』 권2, 「太祖朝文衡」 所引). 詩의 첫 구절은 원천석의 유고를 불태우는 과정에서 잃어버렸다고 한다.

31) 『象村稿』 권46, 3b, 「彙言」

32) 이긍익, 『연려실기술』 권2, 「太祖朝文衡」, 경성: 朝鮮光文會, 1913, 8쪽.

근은 주로 학술적으로 기여하였다. 권근은 40권 10책에 달하는 문집 이외에도 『입학도설(入學圖說)』·『오경천견록(五經淺見錄)』·『사서오경구결(四書五經口訣)』·『동국사략(東國史略)』 등 많은 저술을 남겼다. 택당(澤堂) 이식(李植)은 "우리나라 선유들은 모두 저술이 없는데 권양촌이 설경논학(說經論學)함으로써 비로소 저술이 있게 되었다"[33]고 하였다.

『입학도설』과 『오경천견록』은 여말선초에 왕조 및 정치 이념의 교체에 따른 변동에 상응하여, 유교 이념을 토착화하는 데 중요한 구실을 하였다. 성리학의 관점에서 찬술된 『입학도설』은 권근의 성리학을 연구하는 데 중요한 자료이며, 『오경천견록』은 오경에 대한 전문 연구서로는 현존 최고(最古)의 것이다. 일찍이 변계량(卞季良)은 권근의 학문적 깊이를 보여주는 양대 저작으로 규정, "『입학도설』과 『오경천견록』은 성경(聖經)을 우익(羽翼)하고 후학을 발휘케 하였다. 편언여론(片言餘論)이라도 사람들에게 회자(膾炙)된다"[34]고 한 바 있다. 두 저술은 권근의 경세관·출처관(出處觀)[35] 및 학문적 관점[36]을 살필 수 있는 좋은 자

---

33) 『澤堂別集』 권15 10b, 「示兒代筆」

34) 『春亭集』 권11, 18a, 「祭陽村先生文忠公文」

35) 한 예로 그는 『입학도설』에서, 『춘추』의 全體를 '道'로, 大用을 '權'으로 규정하고, 道를 '本乎天地之理', 權을 '行於聖人之心'이라 하였다. 일반적으로 의리를 강조하는 절의파는 유교의 경전 가운데 『춘추』를 중요시하지만, 왕조 교체를 주장하는 혁명파는 주로 『주역』의 변화론을 강조한다고 한다(류승국, 『한국의 유교』, 181쪽). 즉 『춘추』는 綱常과 大義名分의 사상적 연원이며, 『주역』은 변화와 변혁의 사상적 基底가 된다는 말이다. 권근이 『춘추』의 大用을 '權'으로 규정한 것은 이채가 아닐 수 없다. 물론 그가 權變에 대해 '성인의 마음으로 행하는 것'이라는 전제를 달긴 하였지만, 조선조에 出仕하여 두 왕조를 섬겼던 그의 사상적 裏面을 탐색하는 데 좋은 단서가 될 수 있을 것 같다.

36) 대체로 理學派는 절의파에 속하고, 氣學派는 훈구파나 혁신파에 속하는 경향이 있다고 한다. 또 북한의 『조선철학사』에서는 훈구파의 宗祖라 할 수 있는 정도전·권근 등의 철학사상에서 氣論만을 부각시켜 그들이 기학파인 것처럼 사실을 왜곡하였다. 그러나 정도전과 권근의 저술을 보면 그들은 철저하게 주리적 관점에 서

료다.

권근의 『오경천견록』 가운데 『예기천견록』(26권 11책)은 스승 이색의 유촉(遺囑)을 받아 14년 만에 완성한 것이다. 나머지 사경천견록 중에서는 『주역천견록』(3권 1책)이 비교적 무게가 있다. 권근이 성리학의 이념을 더 확고하게 제시할 수 있는 사서보다도 오경을 택하게 된 것은 이유가 있다. 유교 이념을 종합적으로 제시하는 데 오경이 더 적합하고, 또 왕조의 교체기를 맞아 수기(修己)보다도 치인(治人: 經世)에 더 비중이 있는 오경을 연석(演釋)하는 것이 현실적 요구에 더 부합되는 것으로 판단한 듯하다. 즉, 유교로 입국한 신생 조선왕조가 지향할 통치의 원리와 방법을 제시하여 이념적으로 구체화하려는 의도에서 기획된 것이라 하겠다.

『오경천견록』은 단순한 주석에 머물지 않았다. 기존의 학설을 종합, 비판적으로 수용하고 자기의 독자적인 견해를 다수 첨가하여 발미(發微)의 공을 이룬 곳이 적지 않다. 권근의 경학사상은 물론 당시 경학의 수준과 경향 등을 살피는 데 중요한 자료다. 사서 위주의 성리학이 조선 전 시기를 풍미하였음에 비추어 볼 때, 『오경천견록』의 가치와 중요성은 크다. 성리학이 본격적으로 발달하기 이전임에도 오경에 대한 주설(註說)에서 성리학의 논리를 심도 있게 전개한 것은 조선성리학사에 특기할 만한 일이다.

『주역천견록』을 보면 주자의 『역본의(易本義)』를 중심으로 하면서도 상수역(象數易)보다는 의리역(義理易) 계통에 기운 듯하다. 그는 『입학도설』에서 『주역』의 전체(全體)와 대용(大用)을 각각 '리'와 '도'로 규정하고, 리는 천지에 있는 것이요 도는 성인에게 있는 것이라 하였다.[37)]

있었다. 그들이야말로 주리파의 선구다.

이것은 그가 리학의 문제에 한층 더 가까이 접근하는 바탕이 되었으리라고 생각된다.

권근은 『입학도설』에서 "『주역』은 오경의 전체요 『춘추』는 오경의 대용이라" 고 하였다.

> 『주역』은 오경을 전체적으로 망라한 것이고, 『춘추』는 오경의 대체적인 활용이다. 『서경』은 정사(政事)를 말하였고, 『시경』은 성정(性情)을 말한 것이며, 『예기』는 절도(節度)와 문식(文飾)으로 행동을 삼가도록 한 것이다. 각기 한 가지 일을 오로지하고 있다. 그러나 『주역』과 『춘추』는 체(體)와 용(用)이 되므로 각기 갖추지 않는 바가 없는 것이다.[38]

이로써 『주역』이 경전 가운데 경전의 위치에 있음과 그가 경학을 경세와 관련해 구조적으로 파악하였음을 알 수 있다.[39] 권근은 존고정신(存古精神)의 기치 아래 고증에 힘쓰면서 상수역과 의리역을 종합하여 조화시킴으로써, 전대와 구별되는 중요한 업적을 이루었다.

권근은 원유(元儒) 초려(草廬) 오징(吳澄)의 『역찬언(易纂言)』이 불교의 논리에 물들었음을 비판하는 과정에서 『주역천견록』을 찬술하였다. 돌이켜 보면, 당시에는 성리학이 그 자체의 사상적 깊이를 어느 정도 확보했을 뿐만 아니라, 이단으로 지목되던 불교를 논리적이고 체계적으로 비판, 배척할 수 있는 역량을 갖추었다. 이 책은 그가 주석하였던 『불

37) 『入學圖說』 권1, 「五經各分體用之道」 참조.

38) 『입학도설』 권1, 24b, 「五經體用合一之圖」 "愚按: 易五經之全體也, 春秋五經之大用也. 書以道政事, 詩以言性情, 禮以謹節文. 雖各專其一事, 而易春秋之體用, 亦各無所不備焉."

39) 특히 修己治人과 관련이 깊은 『禮記』의 경우, 인간의 행동 양식이요 규범인 禮의 실천적 요구에 부응하여, 10여 년에 걸쳐 방대한 분량으로 이루어냈다.

씨잡변』이나 『심기리편』(鄭道傳 所撰)과 같은 불교 비판서의 연장선상에서 이루어진 업적이다. 이전에도 유·불의 우위 논쟁에서 『주역』의 논리가 많이 원용된 바 있어 새롭다고 할 것은 없지만, 전대에 비해 훨씬 논리적이고 체계적으로 제기되었음은 물론이다. 권근이 『주역』의 논리를 이끌어 불가의 이론을 비판한 것을 보면, 정치(精緻)한 부분도 있지만 수준 낮은 것으로 보이는 대목도 없지는 않다. 다만 전대와 비교해볼 때 논리의 구사와 체계성에서 한 획을 그은 것은 사실이다. 『주역천견록』이 갖는 학술적 의의는 여기에 있다.

권근은 처음에는 불교에 대하여 대체로 타협적 태도를 취하였으나 나중에는 정도전의 영향을 받아 배불 쪽으로 선회하였다. 그의 배불론은 성리학을 기초로 한다. 정도전이 내세운 것과 대동소이한 듯하지만 차이점이 없지 않다. 그는 불교를 배척하면서도 정치·경제상의 문제와 결부하는 것은 되도록 피하였다. 정도전이 유·불의 차이점을 역설하여 유교의 절대 우위를 강조한 데 비해, 권근은 유·불의 사상적 특징을 제시하고 그 공통점도 상당히 인정함으로써 어느 정도 대화의 여지를 남겨두었다. 그는 유교(성리학)를 조선왕조의 지도 이념으로 정착시키는 과정에서 학술적 기초를 제공하면서도 비교적 객관성을 유지함으로써 전·후대와의 교량적 역할을 담당했다. 이것이 종래의 배불론과의 차이점이다. 또한 정도전이 성리학 자체의 천명에 앞서 이단의 배척을 급선무로 하였다면, 그는 상대적으로 우선 성리학 자체의 학문적 깊이를 심화시킴으로써 배불의 효과를 극대화하려 했다. 이것도 하나의 차이점으로 지적될 수 있을 듯하다.

〔3〕 권근이 『주역천견록』을 통해 경계하고 힘썼던 것은 바로 '이단에 빠질 위험성' 을 차단하는 일이었다. 그는 「심문천답후서」에서 "도

가 밝지 못한 것은 이단이 해롭게 하기 때문이다. 이단을 물리친 뒤라야 우리의 도가 밝아질 수 있을 것이다"고 한 바 있다. 또 "조그만 차이가 천리만큼 어긋나게 되므로 분변하지 않을 수 없다"[40]고 하였다. 이제 불교 비판의 논리를 다음과 같이 몇 가지 논급하고자 한다.

유가에서는 불교를 비판할 때, 먼저 불교의 멸륜성(滅倫性)과 출세간적 성격을 꼽는 것이 일반적이다. 권근은 귀매괘(歸妹卦)의 단사(彖辭)인 "'귀매'는 천지의 대의(大義)다. 천지가 교접하지 않으면 만물이 일어나지 않는다"고 한 대목의 풀이를 통해 다음과 같이 불교를 비판하였다.

> 천지의 도는 음양이 서로 교접하여 만물을 낳고, 만물 또한 천지의 이치를 얻어 각기 음양이 합하여 끝없이 낳고 또 낳는다. 그러므로 '귀매'는 천지의 대의(大義)다. 천지가 교접하지 않으면 만물이 일어나지 않고, 남녀가 교접하지 않으면 인도(人道)가 없어진다. 이단의 도는 부부의 윤리를 끊어 없앤다. 천지에서 태어나 스스로 천지의 의리를 어그러뜨리고, 부모에게서 태어나 스스로 그 부모의 제사(또는 후손)를 끊어, 생생(生生)하는 이치를 없애니, 이것이 과연 무슨 도인가.[41]

이는 유교 윤리의 근간인 효(孝)와도 관련이 있는 것이다. 불교를 비판할 때 상투적으로 내세워지는 내용이기는 하지만 유자의 시각에서 당연히 제기할 수 있는 문제다.

그는 또 평범한 일상생활에서 진리를 찾아야 한다고 하는 유교의 관

---

40) 『주역천견록』 권1, 24b, 「易說上經」 "差之毫釐, 謬以千里, 故不得以不辨."

41) 『주역천견록』 권2, 10b, 「易說下經」, 〈歸妹卦〉 "天地之道, 陰陽相交而生萬物, 萬物亦得天地之理, 各有陰陽之合, 而生生不窮. 故歸妹者, 天地之大義也. 天地不交, 而萬物不興, 男女不交, 而人道滅矣. 異端之道, 絶滅夫婦之倫, 生於天地, 而自悖於天地之義, 生於父母, 而自絶其父母之祀(嗣), 以滅生生之理, 是果何道邪."

점에서, 불교가 고원(高遠)만을 추구한다고 비판하였다. 불교에서 출세간을 말하지만 군거(群居)·옥처(屋處)·착의(着衣)·끽반(喫飯)을 면하지 못할진대, 과연 세간을 떠났다고 할 수 있겠느냐고 비판하기도 한다.[42] 그러나 불교가 과연 '고원' 만을 추구하느냐에 대해서는 반론의 여지가 있다.

한편, 권근은 고괘(蠱卦) 상구(上九)의 '왕후의 일을 섬기지 않고 자신의 일을 고상하게 한다'(不事王侯, 高尚其事)는 말을 오징(吳澄)이 풀이하여 "무릇 세간에 처하여 어떤 일을 해보겠다고 하는 것은 모두 비천한 일이고, 세간에서 초탈하여 무위(無爲)하는 것은 고상한 일이다"[43]라고 한 데 대하여서도 "이것은 유자의 말이 아니다"고 하여 다음과 같이 비판하였다.

> 대저 이윤(伊尹)과 여상(呂尙)이 신(莘) 땅에서 농사짓고 위수(渭水)에서 낚시질할 때 어찌 겸선천하(兼善天下)하는 것을 우습게 여기고 자기 한 몸만을 깨끗하게 한 것이겠는가. 탕왕(湯王)과 문왕(文王)을 만나 천하를 위해 일한 것이 어찌 고상한 것을 버리고 비하(卑下)한 것을 택한 것이겠는가. …… 처신상으로 나아가고 물러난〔出處〕 차이는 있었지만 그 도는 둘이 아니었다.[44]

그리고 언제나 세상을 바로잡을 책임을 마음속에 절실하게 간직하는 것이 유자라고 하면서, 오징의 설을 따르게 되면 현실을 무시하는 허무

---

42) 『주역천견록』 권1, 18b, 「易說上經」, 〈蠱卦〉 "異端自謂出世, 亦不能如蚓之無求, 未免於群居屋處, 著衣喫飯, 是果出於世間乎."

43) 『주역천견록』 권1, 18a, 「易說上經」, 〈蠱卦〉 "吳氏乃謂: 凡處世間而有爲者, 皆卑下之事, 出世間而无爲者, 乃高尚之事."

44) 위와 같음 "此非儒者之言也. 夫伊呂在耕莘釣渭之時, 豈以兼善天下爲不屑, 而自潔其身, 及遇湯文之日, 豈是舍高尙, 而就卑下乎? …… 故身有出處, 而道無二致也."

적멸(虛無寂滅)의 이단에 빠지고 말 것이라고 강조하였다.

불교에서는 유교와 겸응(兼應)할 수 없는 이유 가운데 하나로 유교의 명분(名分)에 따른 차등과 차별을 꼽는다. 일찍이 동진(東晉) 때의 고승 여산(廬山) 혜원(慧遠: 335~417)은 "여래(如來)가 주공(周公)·공자(孔子)와 비록 이치를 발명함은 달리하나 귀착하는 바는 한 가지다"고 하여 유·불의 회통(會通) 가능성을 주장하면서도, 불교와 유교가 아울러 응하지 못하는 것은 '만물을 두루 똑같이 받아들이지(사랑하지) 못하기 때문이다' 고 주장하였다.[45] 그런데 권근은 겸괘(謙卦)의 이른바 '칭물평시(稱物平施)' 에 대한 해석을 통해 불교의 차별 없는 사랑과 평등에 대하여 비판하였다. 겸괘는 지중(地中)에 산이 있는 형상이다. 군자가 이 괘상(卦象)을 본받아 많은 것은 덜고 적은 것은 더해서 고르게 하는 것을 의미한다. '칭물평시' 란 저울을 가지고 물건의 무게를 달아 균평(均平)하게 베푸는 것을 말한다. 물건의 무게에 따라 저울의 추를 수평되게 해야만 그 물건의 무게를 가늠할 수 있듯이 '평시(平施)' 라 하여 평등하거나 무차별적인 것으로 보아서는 안 된다는 것이다. 그는 이 괘상을 해석하면서, 불교에서 '이는 곧 평등하여 차별이 없는 법이라' 고 한 데 대하여 반대하였다. 그 요지는 다음과 같다.

유교에서는 '리일이분수(理一而分殊)' 라 사랑함에 친소(親疎)의 차등이 있고, 이단에서는 '겸애이무분(兼愛而無分)' 이라 분별이 없다. 유교에서는 친족을 사랑하고 나아가 다른 사람을 사랑하며 금수초목에 이르기까지 그 사랑이 미쳐 나가는 데 비하여, 이단은 길가는 사람과 지친(至親)의 구별을 두지 않는다. 금수(禽獸)와 동류(同類) 사이에 다름이

45) 『弘明集』 권5, 慧遠, 『沙門不敬王者論』 「論體極不兼應 第四」 참조 ; 梁 慧皎撰 『高僧傳』 권6, 「釋慧遠傳」 "如來之與周孔, 發致雖殊, 潛相影響, 出處成異, 終期必同. 故雖曰道殊, 所歸一也, 不兼應者, 物不能兼受(愛)故也."

없다. 친소후박(親疎厚薄)의 당연한 차서(次序)를 잃어 고르지 않다면 어찌 칭물평시하는 것이겠는가. 분수지도(分殊之道)는 균일하지 않은 듯하나 그야말로 고르게 베푸는 것이다. 무분(無分)의 폐단은 비록 평등하다고는 할지 모르나 도리어 고르지 못하다. 대저 '평(平)'이라는 것은 피차가 각각 그 적의(適宜)함을 얻어서 남는 것도 없고 모자라는 것도 없는 것을 말한다. 큰 그릇에는 많이 넣고 작은 그릇에는 적게 넣어야만 넘치거나 모자라지 않는다. 하나는 가득 차서 넘치고 다른 하나는 차지 않는다면 이것이야말로 불평(不平)인 것이다.

그는 또 다음과 같이 말하였다.

> 아아, 만물이 서로 같지 않음은 만물 본래의 모습이다. 친소(親疎)·원이(遠邇)·소대(小大)·경중(輕重) 등의 차이가 있는 것은 물리(物理)의 자연(自然)이다. 유가의 성인은 바로 이 물리의 자연을 따라서 베풀기 때문에, 그 분(分)이 비록 다르지만, 각기 마땅함을 얻어 마침내 지나침과 모자람의 차이가 없는 것이다. …… 불교는 도무지 친소·원이·소대·경중의 차이가 없다. 오직 오심(吾心)의 평등으로써 똑같이 베풀고자 한다. 이것은 마치 거울이 고운 것, 추한 것을 가리지 않고 비추는 것 같고, 저울에 경중의 차이가 없는 것과 같다. 비록 그 마음에는 차별이 전혀 없다고 할지라도 이치에 있어 심한 차류(差謬)가 있다. 또한 억지로 하려는 것임을 면치 못하니, 성인의 마음이 이치를 따라 사사(邪私)가 없는 것과는 같지 않다.[46]

46) 『주역천견록』 권1, 15b, 「易說上經」, 〈謙卦〉 "吁! 物之不齊, 物之情也. 親疎遠邇小大輕重之有差, 物理之自然也. 聖人因其理之自然而施之. 故其分雖殊, 而各適其宜, 終无有過不及之差. …… 異端都无親疎遠邇小大輕重之差, 欲以吾心之平等, 而一施之. 是猶欲鑑無姸媸之異, 照衡無輕重之異形也. 雖其心都无差別, 而於理甚多差謬, 亦未免着意而强爲, 未若聖人之心, 循理而無私也."

위의 논리는 『맹자』에서 이른바 친친(親親) → 인민(仁民) → 애물(愛物)의 방법적 차별애를 부연 설명한 것이다.[47] 이러한 단계적 사랑이야말로 진정으로 사랑을 성취할 수 있다는 것이다. 『맹자』에서 '영과이진(盈科而進)' (「盡心 上」)이라 하고 『서경』에서 '척하자이(陟遐自邇)' (「太甲 下」)라 한 바와 같이 유가의 특성을 보여주는 대목이다. 그는 이 밖에도 여러 곳에서 유교의 '리일분수' 를 강조하여 '분(分)' 의 논리와 사회질서의 관계성을 논술하였다.

다음, 시중지도(時中之道)의 관점에서 '아상(我相)과 인상(人相)이 없음' 을 비판하였다. 『주역』 간괘(艮卦)는 시중지도와 관련하여 중요성을 띤다. 간괘의 '艮其背, 不獲其身, 行其庭, 不見其人' 이란 구절을 두고 유·불 사이에 해설상의 차이가 있다. '간(艮)' 은 머무른다' 〔止〕는 뜻이다. 사람의 몸에서 가장 움직이지 않는 것이 등〔背〕이다. '등에 머무른다' 는 것은 머물러야 할 곳에 머무름을 의미한다.[48] 마음이 머무를 곳에 머무른다면, 몸이 움직여도 마음은 따라서 움직이지 않는다. 몸이 있어도 없는 것과 마찬가지다. 이야말로 '불획기신(不獲其身)' 이다. 사람이 있는 뜰에 가도 사람이 보이지 않는다는 것은 외계(外界)의 유혹을 받지 않음을 의미한다.[49] 이처럼 동정(動靜)에서, 마음이 머무를 때 머물러 있어 고요하다면 허물이 없게 된다는 것이다.

이에 대하여 어떤 사람이 불교의 '무아상(無我相), 무인상(無人相)' 과 어떻게 다르냐고 묻자, 권근은 다음과 같이 대답하였다.

47) 『맹자』, 「盡心 上」 "親親而仁民, 仁民而愛物." ; 同 「梁惠王 上」 "老吾老, 以及人之老, 幼吾幼, 以及人之幼."

48) 몸이 활동하고 있지 않을 때의 마음의 平靜을 말한다.

49) 활동하고 있을 때의 마음의 靜止를 말한다.

불교에서는 '마음은 아무 데도 머물지 않는다'(心無所住)고 한다. 이는 물아개공(物我皆空)이라 탕연(蕩然)하여 분별이 없다. 우리는 '그 등에 그친다'(艮其背)고 하니 물(物)과 아(我)에 각각 마땅히 머물러야 할 이치〔當止之理〕가 있어 사사로움을 잊고 천리를 따르니 확연하여 움직이지 않는다. 정명도의 이른바 '내외를 모두 잊는다'(內外之兩忘)고 함은 곧 사사로움을 용납함이 없음을 이름이다. 어찌 불교에서의 '물아도무(物我都無)'란 뜻이겠는가. 정자가 또 이르기를 "일부(一部) 화엄경을 보는 것이 하나의 간괘를 보는 것만 못하다"(『二程語錄』)고 하였다. 화엄은 단지 하나의 지관(止觀)을 말한 것이다. 대개 화엄의 이 말은 "만법(萬法)이 원융(圓融)하여 존재마다 모두 갖추어져 있으므로 한쪽으로 치우쳐 봐서는 안 된다"고 한 것이고, 간괘의 이 말은 "천리가 편재(遍在)하여 물(物)마다 모두 있으므로 터럭만큼의 사사로움도 용납할 수 없다"고 한 것이다. 따라서 저들은 차등(差等)이 없고 우리는 정분(定分)이 있으니 실상 아주 다른 것이다.[50]

이 간괘는 일찍이 정몽주가 정명도의 말을 빌려 역설한 적이 있다.[51] 유·불의 논리를 극명히 대비시킬 수 있는 것으로 꼽혀 왔다.

〔4〕 권근의 철학사상은 대체로 정도전의 영향을 받아 더욱 심화시킨 것으로 평가된다. 『입학도설』은 성리학자로서의 면모를 잘 보여주는

---

50) 『주역천견록』 권2, 10a-10b, 「易說下經」, 〈艮卦〉 "或曰: 此與釋氏無我相無人相者, 何以異歟. 曰: 彼則曰心無所住, 是物我皆空, 蕩然而無別也. 此則曰: 艮其背, 物我各有當止之理, 忘私順理, 確然而不遷也. 明道所謂內外之兩忘, 卽無容私之謂也. 豈釋氏物我都無之意乎? 程子又謂: 看一部華嚴, 不如看一艮卦. 華嚴只言一止觀. 盖華嚴是言萬法圓融, 在在皆具, 不可有一偏之見, 艮卦是言天理周遍, 物物皆有, 不可容一毫之私. 然彼無差等, 此有定分, 其實大不同也."

51) 『포은집』 권2, 26a, 「讀易寄子安大臨兩先生有感世道故云(其一)」 "固識此心虛且靈, 洗來更覺己全醒. 細看艮卦六劃耳, 勝讀華嚴一部經."

저술이다. 그 내용을 보면, 「천인심성합일지도(天人心性合一之圖)」를 비롯하여 전·후집에 40개의 도설이 수록되었다. 『입학도설』은 오늘날 전하는 우리나라 도설 가운데 가장 오래된 것으로서, 후세에 나온 도설에 지대한 영향을 끼쳤다. 권근은 『입학도설』 서문에서 주염계의 「태극도설」을 근본으로 하고 주자의 『중용장구(中庸章句)』를 참고하여 도(圖)를 만들었노라고 밝혔다. 그는 특히 『대학』과 『중용』을 중시하여 성리학의 진면목을 드러내려고 힘썼다.

『입학도설』에서는 '천인합일'의 이념을 제시하고, 사단(四端)·칠정(七情)·심성·리기 등 성리학의 중요한 문제들을 도해(圖解)하여, 배우는 사람들이 쉽게 알 수 있도록 하였다. 인간의 심성에 대한 파악을 통해 천인합일의 이상을 체득하도록 유도하였다. 조선 성리학의 출발이 심성론 중심이었고, 이후 16세기에 이르러 마침내 사칠론(四七論)으로 구체화되는 배경을 짐작하게 한다. 특히 사단칠정 리기분속(理氣分屬)의 문제는 후대에 큰 영향을 끼쳤다. 그는 먼저 '성(性)' 자를 분석하는 대목에서

> '성'이란 하늘이 명하고 사람이 받는 것이며, 그 태어나는 이치가 내 마음에 구비되어 있는 것이다. 그러므로 글자가 '심(心)'과 '생(生)'으로 구성되었다. 사람과 만물은 그 이치는 같으나 기질지품(氣質之稟)에 다른 점이 있다. 고자(告子)는 '생지위성(生之謂性)'이라 했고, 한퇴지(韓退之)는 '사람이 태어날 때 함께 난 것'이라 했으며, 불교에서는 '작용이 성이라'고 했다. 모두 기로써 말했을 뿐 리를 빠뜨렸다.[52]

---

52) 『입학도설』 권1, 4a "性者天所命而人所受, 其生之理, 具於吾心者也. 故其爲字從心從生, 人與萬物, 其理則同, 而氣質之稟有不同者焉. 告子曰生之謂性, 韓子曰與生俱生, 釋氏曰作用是性, 皆以氣言而遺其理者也."

고 하여 성즉리(性卽理)의 관점에서 성을 정의하였다. 이어서 "사단은 '리의 원(源)' 곧 성(性)의 발(發)이니 순선(純善)한 것이고, 칠정은 '기의 원(源)' 곧 심(心)의 발(發)이므로 선악을 겸유(兼有)한 것이다"고 하였다. 또

> 희(喜)·노(怒)·애(哀)·락(樂)·애(愛)·오(惡)·욕(欲) 일곱 가지 작용은 인간에게는 본래부터 있는 당연지칙(當然之則)이라 하겠으나, 그것이 발하여 절도에 맞으면 『중용』에서 이른바 '달도(達道)의 화(和)'가 되는 것이니 어찌 성(性)의 발이 아니라 하겠는가. 그러나 그것이 발하는 바에는 혹 절도에 맞지 않은 것이 있으니, 이를 성발(性發)이라 하여 사단과 똑같이 정(情) 속에 배열할 수는 없다.[53)]

고 하여 사단과 칠정을 준별(峻別)하려는 의도를 분명히 하였다.

그는 인심도심(人心道心)에 대해서도 "리는 원래 무위(無爲)한 것이요, 능히 허령하면서 작용을 하는 것은 기이다. 순임금의 우(禹)에 대한 명(命)에 '인심은 위태롭고 도심은 은미하다' 고 하였다. 분명히 리기로써 나누어 말한 것이다. 무릇 심이 발함에 그 기미(幾微)에 선악의 차이가 있으니, 만약 리가 순수해서 기가 섞이지 않았다면 그 발에 어찌 불선(不善)이 있을 수 있겠는가"[54)]고 한 것을 보면, 후일 전개될 리기호발설(理氣互發說)의 선하를 이룬다고 하겠다. 「중용수장분석도(中庸首章

---

53) 『입학도설』 권1, 7b "七者之用, 在人本有當然之則, 如其發而中節, 則中庸所謂達道之和, 豈非性之發者哉. 然其所發, 或有不中節者, 不可直謂之性發, 而得與四端幷列於情中也."

54) 『입학도설』 권1, 6b "理本無爲, 其所以能靈而用之者氣也. 舜之命禹曰: 人心惟危, 道心惟微, 則固以理氣而分言之矣. 夫心之發, 其幾有善惡之殊, 若純乎理而不雜乎氣, 則其發安有不善哉."

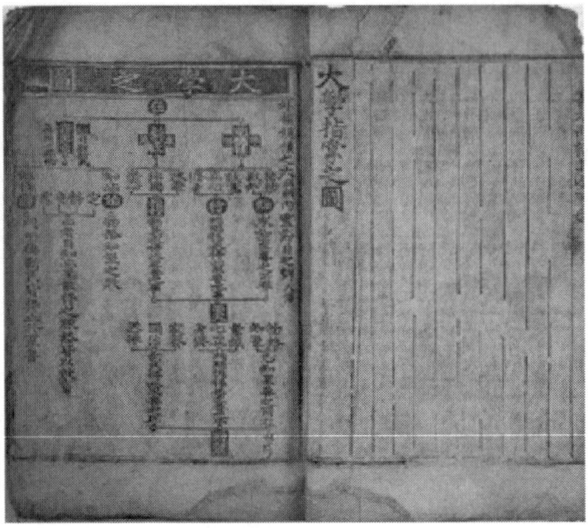

〈입학도설〉

分釋圖)」 상단에서 '성지리 인물동(性之理人物同)' 이라고 한 것 역시 후일 인물성동이 논쟁의 논점을 미리 보여주는 것이라 하겠다.

그러나 후일 퇴계 이황은 『입학도설』에 대해 두찬(杜撰)과 견강부회를 지적하여 다음과 같이 평하였다.

> 양촌의 학술은 깊고 넓다. 이 도설을 지음에 상당한 증거가 있었을 것이다. 후학의 처지에서 어찌 감히 그 잘되고 잘못된 것을 함부로 비평할 수 있으랴. 다만 선현의 설을 가지고 헤아려 보면, 아마도 배우는 사람들에게 천착(穿鑿)·부회(附會)하는 병폐를 열어주는 것을 면하지 못했을 뿐인가 한다.[55]

사계(沙溪) 김장생(金長生)은 이황의 사단칠정 리기호발설이 권근의 『입학도설』에서 나왔다고 지적하였다.[56] 남당(南塘) 한원진(韓元震) 또한 이황의 리기호발설을 비판하면서 "권양촌의 도설을 보니 심성리기를 판연히 이물(二物)로 생각하여 다시금 혼융무간(渾融無間)의 묘(妙)

---

55) 『퇴계문집』 권28, 1b, 「答金惇敍」 참조.
『퇴계문집』 권2, 4b-5a, 「閒居, 次趙士敬具景瑞金舜擧權景受諸人, 唱酬韻十四首(其十六)」에서는 "양촌의 『입학도설』 참으로 기이하여, 천인합일의 경지를 형용하였도다. 다만 두려운 것은 억지가 많은 점이다. 眞眼 없음을 한탄하며 나의 시로 정정하노라" 고 하여 더욱 비판적 태도를 취하였다.

56) 『사계전서』 권17, 38a-38b, 「近思錄釋疑」(1922년 刊本) 참조.

를 보지 못하게 하였다. 그가 후학을 그르침이 크다고 하겠다"[57]고 하였다.

3. 吉再의 高節과 실천유학

〔1〕· 길재(공민왕 2년～세종 1년, 1353～1419)의 자는 재보(再父), 호는 야은(冶隱) · 금오산인(金烏山人), 시호는 충절(忠節). 본관은 해평(海平: 善山)이며, 이색 · 정몽주 · 권근의 문인이다. 18세 때(1370) 상산(商山: 尙州)의 사록(司錄) 박분(朴賁)에게 나아가 『논어』 · 『맹자』를 배웠다. 또 부친 길원진(吉元進)을 따라 개경으로 가서 이색 · 정몽주 · 권근 등의 문하에 출입하면서 성리학을 수학하였다. 22세 때 국자감에 들어가 생원시에 급제하고 31세 때 사마감시(司馬監試)에 급제, 이로부터 학문과 덕행이 더욱 무르익었다. 권근은 "내 문하에서 학문을 이어받은 사람치고는 길재가 독보다"라고 하였다.

34세 때(1386) 과거에 급제하여 성균박사(成均博士)에 보임되었다. 2년 뒤 위화도회군이 일어나자 고려가 망하게 될 것임을 짐작하고 "몸은 비록 중인(衆人) 같아 기특한 것 없다마는, 뜻만은 백이 · 숙제처럼 마치고 싶구나"[58]라는 시를 지어 종생(終生)의 뜻을 나타내었다. 창왕 2년(1389) 문하주서(門下注書)에 승진하였으나, 이듬해 노모의 봉양을 구실로 사직한 뒤 고향으로 돌아가 은거하면서 독서함양(讀書涵養)과 후진 양성에 힘썼다.

---

57) 『남당집』 拾遺 권4, 29b, 「退溪集箚疑」 참조.

58) 『冶隱言行拾遺』 권상, 5a "龍首正東傾短墻, 水芹田畔有垂楊. 身雖從衆無奇特, 志則夷齊餓首陽."

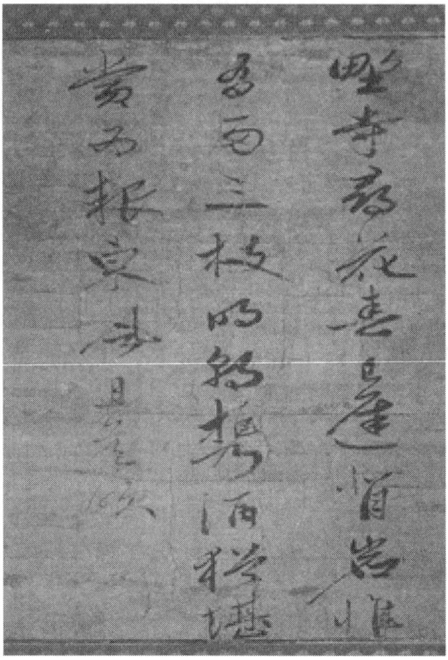

〈길재의 글씨〉

조선이 개국한 뒤, 정종 2년(1400) 태종이 동궁(東宮)으로 있으면서 동학(同學)의 구의(舊誼)를 생각하여 조정에 천거하자 이에 태상박사(太常博士)에 제수하였다. 이때 그는 자신의 심정을 이밀(李密)의 「진정표(陳情表)」에 견주면서, 충신불사이군(忠臣不事二君)의 절개를 이룰 수 있게 해달라는 글을 올렸다. 정종은 그의 뜻을 빼앗지 않고 특별한 예로 대우하여 돌려보냈다. 세상 사람들은 태종이 길재를 초빙함을 후한 광무제(光武帝: 劉秀)와 엄광(嚴光: 字는 子陵)의 고사에 비유하기도 하였다.

세종이 즉위한 뒤 상왕인 태종의 권유로 길재의 절의를 가상(嘉尙)하여 그의 아들 사순(師舜)을 등용하였다. 나라의 부름에 응해 벼슬길에 나가는 아들에게 길재는 다음과 같이 간곡히 타일렀다.

> 임금이 먼저 신하를 부른 것은 삼대 이래 별로 들어보지 못한 일이다. 초야에 묻혀 있는 너를 임금이 먼저 부르시니, 그 은혜와 그 의리는 보통 신하에 비할 바 아니다. 너는 내가 고려에 기울인 마음을 본받아 조선의 임금을 섬겨야 할 것이다.[59]

고려유신(高麗遺臣)으로서의 그의 충정(忠貞), 그리고 군신 · 부자간의 명분과 한계에 조연(照然)한 인품을 짐작할 수 있겠다.

후일 이색 · 정몽주와 함께 '여말삼은'의 한 사람으로 추앙되고 금오서원(金烏書院: 1669년 사액) 등에 제향되었다. 그의 학통은 김숙자 → 김종직 → 김굉필 → 조광조로 이어졌다. 오늘날 전하는 그의 유문(遺文)은 시문 수 편에 불과하다. 이 밖에 문인 박서생(朴瑞生) 등이 엮은 『야은선생언행록』 등이 전한다.

〔2〕 길재는 자질이 아름답고 학문이 순수하며 충효를 겸전하였다. 왕조가 뒤바뀌는 전환기에 살면서도 고결한 지조와 절의를 의연히 지킴으로써 일세의 사표가 되었다. 일찍이 16세 때 지었다는 「술지(述志)」라는 시[60]는 후일 망국대부(亡國大夫)로서 일민적(逸民的) 삶을 살았던 그의 일생을 암시라도 한 듯하다.

臨溪茅屋獨閑居　시냇가 오막살이에 홀로 한가히 지내니
月白風淸興有餘　달 밝고 바람 맑아 흥겹구나.
外客不來山鳥語　바깥 손은 오지 않고 산새만 지저귀는데
移床竹塢臥看書　대숲에 평상을 옮기고 누워서 책이나 볼거나.

30세 이전에 지은 것으로 보이는 「산가서(山家序)」[61]에서도 「술지」와 마찬가지의 지취(志趣)를 엿볼 수 있으나, 도연명의 「귀거래사(歸去來

---

59) 『야은언행습유』 권상, 19b, 「行狀」(朴瑞生撰)

60) 『야은언행습유』 권상, 4b, 「遺詩」

61) 퇴계 이황은 이 「山家(居)序」의 내용에 불만을 표시하면서, 다른 사람의 저작이거나 아니면 소싯적의 저술일 것이라고 하였다. 『퇴계문집』 권22, 19b, 「答李剛而」 참조.

辭)」에서 느낄 수 있는 완전한 해탈감은 찾아보기 어렵다. 어떤 나그네가 속세를 초탈하여 유유자적(悠悠自適)한 삶을 사는 그에 대해 '근심이 없는 사람'이라고 하자, 그는 "어찌 근심이 없겠는가. 묘당(廟堂)에서는 백성을 걱정하고 멀리 강호(江湖)에 처해서는 임금을 걱정하는 것이니, 나는 백성을 근심하고 임금을 근심한다"고 하였다. 그러다가 이윽고 자신이 포의(布衣)의 처지임을 생각하여 "낙천지명(樂天知命)이라, 내 무엇을 근심하리요"라고 말머리를 돌렸다. 이것은 그가 세상 밖의 청고(淸高)한 삶을 희구하면서도 우국우민(憂國憂民)하는 유자의 본령을 고수하였음을 나타내는 바라 하겠다.

「후산가서(後山家序)」에 의하면, 그가 어려운 가정환경 속에서도 주경야독으로 형설십년(螢雪十年)의 공을 쌓은 뜻은 오로지 '치군택민(致君澤民)' 하는 데 있었다고 한다. 그러나 불행히도 제 뜻을 펼쳐보기도 전에 나라가 망하는 슬픔을 만나 십 년의 공이 무너지고 말았다는 것이다.

> 아아! 하늘이 이렇게 하였으니 탓해 무엇하랴. 이에 방황하며 탄식하다가 불현듯 마음을 바꾸었으니, 은연자회(隱然自晦)하여 나월(蘿月)에 관(冠)을 걸고 청풍에 시를 읊조리며, 천지간에 부앙(俯仰)하고 한 세상을 소요(逍遙)하여 시대를 감당하는 책임을 받지 않고 길이 성명(性命)의 정(正)을 보전하련다. 이렇게 하면 하늘을 뚫고 올라가 우주 바깥으로 나갈 수 있다. 어찌 천사만종(千駟萬鍾)의 부귀가 부럽겠는가.[62]

이를 보면 그는 자신의 비운을 초속적인 삶의 즐거움 속에 달래면서, 그러한 삶을 '낙천지명'의 경지로 승화시킨 것이다.

62) 『야은언행습유』 권상, 9a, 「遺文」

〔3〕 길재는 벼슬길에서 물러나 금오산 아래에 사숙(私塾)을 열고 후학을 교도하면서, 그들을 재주에 따라 인도하며 토론하는데 게으르지 않았다. 매양 도학을 밝히고 이단을 물리치는 것으로써 자기의 임무를 삼았으며, 경서를 강론함에 정주(程朱)의 유지(遺旨)에 맞도록 힘썼다. 늘 사람들에게 "사람이 낮에 언행에 잘못이 있는 것은 밤에 존심공부(存心工夫)를 하지 않았기 때문이다"고 하였다. 밤이 되면 언제나 정좌불언(靜坐不言)하였으며, 한밤중이 되어서야 잠자리에 들고 때로는 이불을 껴안은 채 밤을 새우기도 하였다.[63]

길재는 이론보다 실천에 치중하였고, 진지(眞知)와 실득(實得)을 중시하였다. 그의 학문은 '천리독실(踐履篤實)', '충효위선(忠孝爲先)' 으로 요약할 수 있다. 그의 가르침은 쇄소응대(灑掃應對)로부터 답무영가(踏舞詠歌)하는 데 이르렀지만 등급을 건너뛰지 못하게 하였다. 상제(喪祭)에 극진하여 부모의 상을 당하였을 때 3년복을 입었으며, 또 장자 사문(師文)이 죽었을 때도 참최(斬衰)의 복을 입었다. 한결같이 주자가례를 준행(遵行)하여 풍속을 개혁하는 데 몸소 본보기를 세웠다. 임종 시에도 "상사(喪事)는 모두 주자가례를 따르라!"는 유언을 남길 정도였다. 그리고 57세와 64세 때 스승인 권근 · 박분이 세상을 떠나자 사생(師生)의 예로써 각각 심상(心喪) 3년을 입었다. 늙어서도 예의를 독실하게 행함이 이와 같았다. 그의 학행에 감오(感悟)하여 승려 중에서 머리를 기르고 환속하여 부모를 봉양한 자가 수십 명이었다. 그의 아우 구(具)도 깨달은 바 있어 불설(佛說)을 버리고 유학으로 돌아와 생원시에 급제하였다고 한다.

그의 학문은 『소학』으로 본원을 함양하여 도학자가 되는 근본으로

63) 『야은선생언행습유』 권상 附, 「行狀」

삼고, 율기(律己)를 미루어 치인(治人)의 단계에까지 나갔다. 그의 문하에서 충효지인, 양리(良吏), 청백리가 많이 배출되었음은 우연이 아니다. 자신은 고려유신(高麗遺臣)으로 남았지만 제자들에게는 벼슬길에 나갈 것을 권유하였고, 갈고닦은 학문을 바탕으로 치세(治世)를 이루는 데 앞장서도록 하였다. 이것은 후일 사림파가 집권하여 성리학을 정교의 이념으로 삼아 500년의 국맥을 유지하는 데 원동력이 되었다.

양촌 권근은 길재가 거취를 결정한 뒤에 더욱 그의 도학과 절의에 미치지 못함을 탄식하였다. 길재가 자신을 사사했음에도 그를 '선생' 이라 일컬으며 높였다. 또 조정의 진신(縉紳)들이 길재의 의리와 풍도를 흠모하여 시를 지어주자, 거기에 서문을 써서 말하기를

> 고려 500년에 교화를 배양하여 사림의 기풍을 격려한 효과가 선생의 한 몸에 모여 거두어졌으며, 조선 억만 년에 강상(綱常)을 부식(扶植)하여 신절(臣節)의 근본을 밝힘이 선생의 한 몸에서 기틀이 잡혔다. 그가 명교(名敎)에 공헌한 바가 매우 크다.[64]

고 하였다. 당시 세상에서 이를 적절한 평이라 했다고 한다.

이후 그의 학문은 김숙자 → 김종직 등을 거쳐 연면히 이어짐으로써 조선 도학의 연원을 이루었다. 그리고 그의 영향을 받은 영남의 사림을 중심으로, 기성 훈구파의 비리와 부정에 대항하는 비판세력이 형성되었다. 조선의 사림파는 그로부터 시발하여, 성종시대 이후 정계에서 큰 영향력을 발휘하였다. 길재의 도학과 절의는 조선 초기 실천유학의 정향(定向)을 가늠하는 기준이 되었고, 이후 성리학 만개시대를 여는 데

---

64) 『양촌집』 권20, 8a, 「題吉再先生詩卷後序」

그 초석이 되었다고 하겠다.

사림파와 관학파는 정치적 · 이념적으로 성향을 달리한 측면이 있지만, 학문적으로는 대립, 갈등하지 않았다. 길재와 권근은 정치적으로 길을 달리 했지만 학문적 교유를 지속했고, 이것은 그의 후대에도 이어졌다. 길재의 문인 가운데 관학파 학자들과 뚜렷하게 대립각을 세운 사람은 없다. 오히려 상호 교류에 힘쓴 측면이 더 강하였다. 이후 김종직의 단계에 와서는 사림파와 관학파가 하나로 만나게 된다. 성리학은 초창기 영남 출신 학자들이 주도하였지만, 곧이어 호남으로도 전파되어 상당한 결실을 맺기에 이른다. 길재 계열과 권근 계열의 성리학의 전통이 하나로 만난 예를 조선 성종 때 전라도 화순(和順)에 살았던 일송(一松) 홍치(洪治: 1441~1513)를 통해 엿볼 수 있다.[65]

〔4〕 길재의 문인으로 김숙자(金叔滋)가 있다. 김숙자(공양왕 1년~세조 2년, 1389~1456)의 자는 자배(子培), 호는 강호산인(江湖散人), 본관은 선산(善山)이다. 어려서 길재의 문하에 들어가 배웠으며, 별동(別洞) 윤상(尹祥)이 황간현감(黃澗縣監)으로 있을 때 그를 찾아가 『주역』 강의를 들었다. 세종 1년(1419) 증광문과(增廣文科)에 급제하여 벼슬이 성균사예(成均司藝)에 이르렀으나, 세조가 즉위하자 벼슬을 버리고 향리인 밀양에 내려가 후진을 양성하였다. 정몽주 · 길재의 학통을 계승하여 절의를 숭상하면서도 조선왕조에 출사(出仕)하였으니, 영남 사림파의 관계 진출은 사실 그로부터 시작된 것이다.

그는 천성이 지극히 효성스러워 어버이 섬기는 것을 『소학』에 의해 행하였다. 후진을 교도(教導)하면서 애친(愛親) · 경장(敬長) · 융사(隆

---

65) 최영성, 『되짚어 본 한국사상사』(예문서원, 2015), 제3부 제1장 참조.

師)·친우(親友)의 도를 익힌 뒤 경사(經史)의 순서를 밟도록 하여 엽등(獵等)을 경계하고 육예(六藝)를 모두 갖추도록 하였다.[66] 그의 학문은 정주학을 본령으로 하면서도 이론보다는 실천궁행(實踐躬行)을 주로 하였다. 이러한 학풍은 그의 아들 김종직에게 이어졌다.

저술로는 후대에 편집한 『강호선생실기(江湖先生實記)』가 있다. 이 가운데 척불소(斥佛疏)와 척불의(斥佛議)에서 불교를 배척하고 사림이 취할 바를 논하였다. 정도전의 척불론에 비해 수준이 낮은 편이다.

66) 『江湖先生實記』 권1, 17a-17b, 「學規」 참조.

제4장

鮮初名儒의 학문과 사상

1. 河崙 충목왕 3년(1347, 丁亥) – 태종 16년(1416, 丙申)

〔1〕 자는 대림(大臨), 호는 호정(浩亭), 시호는 문충(文忠). 본관은 진주(晉州)이며 목은 이색의 문인이다. 공민왕 14년(1365) 문과에 급제하여 첨서밀직사사(簽書密直司事)에 이르렀다가 우왕 14년(1388) 최영의 요동정벌에 반대하여 양주(楊州)에 유배당하였다. 조선이 건국되자 경기좌도 관찰출척사(京畿左道觀察黜陟使)에 기용되어 계룡산 천도(遷都) 계획을 적극 반대하고 한양으로 천도케 하였다. 그 뒤 정도전이 명나라 황제에게 올린 표전(表箋)이 불공(不恭)하다고 하여 문책 시비가 일어났을 때, 정도전을 명나라에 보내야 한다고 주장, 정도전과 반목하였다. 태조 7년(1398) 제1차 왕자의 난이 일어나자, 당시 충청도 도순찰사(都巡察使)로 재직 중 군사를 이끌고 상경하여 정도전 등을 주살(誅殺)하는 데 공을 세워 정사일등공신(定社一等功臣) 진산군(晉山君)에 책록되었다. 이어 태종의 즉위에 적극 협력한 공으로 좌명일등공신(佐命一等功

臣)에 책록되었으며, 좌·우정승을 거쳐 영의정부사(領議政府事)에 이르고 부원군에 진봉(進封)되었다. 태종 이방원의 우익(羽翼)으로 전한의 장자방(張子房: 良)에 비유될 정도였다. 사후 태종의 묘정(廟庭)에 배향되었다.

성리학에 정통하였으며, 음양·지리·의술·성력(星曆)에도 밝았다. 정치적, 외교적 수완도 있었고 문장에 능하였다. 외교 문서는 주로 그가 작성하였다. 저술로는 『호정집』과 권근·이첨(李詹) 등과 공찬(共撰)한 『동국사략(東國史略)』이 있다.

〔2〕 하륜은 정도전·권근 등과 함께 대표적인 훈구파 학자로서 조선의 지도 이념을 확립하는 데 힘썼다. 숭유억불책을 적극 주장하여 성리학을 장려하고 노·불을 이단으로 배척하였다. 또 예제(禮制)의 보급을 위해 주자가례의 준용(遵用)을 건의하기도 하였다.

그의 문집을 보면, 여러 시책을 건의하는 가운데 '중(中)'을 강조한 것이 특색이다. 그는 '정일집중(精一執中)의 계(戒)는 만세심학(萬世心學)의 연원'[1]이라고 하였으며, 또 "공자가 말한 중용(中庸)·시중(時中)의 '중'은 성현상전(聖賢相傳)의 심법(心法)이니 만큼 '중'에 따라서 천인상감(天人相感)의 효과를 얻으려면 정심(正心)으로 일을 처리해야 한다"고 하였다. 즉, 군주가 모든 일을 처리할 때는 정심으로써 '시중지도(時中之道)'를 잃지 말아야 한다는 것이며, 그렇지 못했을 때는 천인상감의 리에 의하여 천재(天災)가 있을 것이라고 왕에게 경고하였던 것이다. 그리고 임금이 힘써야 할 실천세목으로서 ① 성치(聖治)를 더욱 닦고 ② 원억(寃抑)을 살피고 ③ 유일(遺逸)을 구하여 등용하고 ④ 『경제

1) 『浩亭集』 권2, 「議政府相規說」

육전(經濟六典)』을 봉행하고 ⑤ 인후(仁厚)에 노력하며 실천해야 한다고 제시하였다.[2] 여기서 그가 말하는 '중'은 다름 아닌 리(理)요 성(性)이다.[3] 그가 '중'을 강조하고 심학을 주장한 것이 어디에 근거하고 있으며, 또 그 목적이 무엇인지 짐작하게 한다.

그는 또 "임금의 정치는 심학에 달려 있다. 정일집중(精一執中)으로 함양확충(涵養擴充)하여 수제치평(修齊治平)의 근본으로 삼아야 한다. 역대 성현의 글 가운데 사서가 이것을 매우 잘 갖추었다"[4]고 평가하였다. 그가 임금에게 심학을 강조한 것은 조광조가 중종에게 권면한 것을 연상케 한다. 이로써 그가 특히 「심설(心說)」과 「성설(性說)」을 지어 심성의 본질을 밝히려 한 의도가 어떤 것인지 짐작할 수 있겠다.[5] 그는 「심설」에서 다음과 같이 말하였다.

> 심은 리와 기를 합한 것이다. 천지에 앞서 시작함이 없고, 천지가 생긴 이후에도 종말이 없는 것이 리와 기다. 태극은 리이다. 그것의 동정(動靜)이 기이다. 이것이 천지만물이 심(心)으로 삼는 까닭이다. 그래서 무극이면서 태극인 것은 천지의 심이요, 만물이 각기 일태극(一太極)을 구비한 것은 만물의 심이다. 사람은 만물 중에서 기의 정(正)하고 통(通)한 것을 얻은 것이다. 그러므로 기에 붙어 있는 리가 온전하지 않음이 없다. 사물은 기의 편(偏)되고 색(塞)한 것을 얻은 것이다. 그러므로 기에 깃들어 있는 리가 온전하지 못

---

2) 『호정집』 권2, 「因天旱進言五條疏」 참조.

3) 이것은 『춘추좌씨전』 成公 13년조에서 劉康公이 "吾聞之, 民受天地之中以生, 所謂命也. 是以有動作·禮儀·威儀之則, 以定命也"라고 한 대목으로도 알 수 있다. 이에 대해 정도전은 『불씨잡변』 「佛氏作用是性之辨」에서, 유강공이 말한 '天地之中'은 곧 理이며, 그 威儀之則이란 곧 理가 發한 作用이라고 해석하였다.

4) 『호정집』 권2, 15a, 「進四書切要箚」

5) 이하 유명종, 『한국사상사』, 以文社, 1981, 214-218쪽 참조.

하다. 이것이 사람과 사물이 나누어진 까닭이다.[6]

심을 '리기지합(理氣之合)', '무시무종(無始無終)' 의 존재로 보고, 리기의 불가분리(不可分離)를 주장하였다. 이어 인(人)과 물(物)이 갈라진 것을 기의 정통(正通)과 편색(偏塞)으로 설명하였다. 이어 「성설」에서는 인(人)을 주제로 하여 '성' 을 논하였다.

성은 천리가 인심에 내재한 것이다. 인 · 의 · 예 · 지 · 신이 그 명목이다. 천(天)에서는 리(理)가 되고 인(人)에서는 성(性)이 된 것이나, 기실 한 가지이다. 적연부동(寂然不動)하는 것은 성의 체(體)이고 감이수통(感而遂通)하는 것은 성의 용(用)이다. 측은 · 수오 · 사양 · 시비는 '용' 이 인간의 행위로 나타난 것이다. 성이 밖으로 나타난 것을 살펴본다면 성의 체가 그 속에 있음을 알 수 있다. 이것이 이른바 본연지성이다. 다만 그 자품(資稟)이 일정하지 못하기 때문에 혼(昏)과 명(明), 강과 약의 차이가 있게 된다. 이것이 이른바 기질지성이다. 맹자가 말한 성선(性善)은 '본원에 대한 지극한 탐구' (極本窮源)를 논한 것이므로 기질지성에는 말이 미치지 않았다. 순자(荀子)가 성악(性惡)이라 하고 양웅(揚雄)이 선악혼재(善惡混在)라 하며, 한유(韓愈)가 성에 삼품(三品)이 있다고 한 것은, 모두 기질지성을 말한 것이요, 본연지성으로는 언급되지 않았다. 대개 본연지성은 요순(堯舜)이나 길 가는 사람이 다 같지만 기질지성은 제각각으로 다르다. 그러나 학문에 힘쓰고 그 기질을 변화시킨다면 본연지성이 이에 즉(卽)하여 바르게 될 것이다.[7]

---

6) 『호정집』 권2, 18a-18b, 「心說」 "心者理與氣合者也, 先天地而無始, 後天地而無終者, 理與氣也. 太極者理也, 其動靜氣也, 此天地萬物之所以爲心也. 所以無極而太極者, 天地之心也, 萬物各具一太極者, 萬物之心也. 人於萬物之中, 得其氣之正且通者, 故理之寓於是氣者, 無不全. 物則得其氣之偏且塞者, 故理之寓於是氣者, 不能全. 此人物之所以分也."

즉, 인심에 내재한 천리가 성(性)이고, 그 성이 인 · 의 · 예 · 지 · 신이라는 덕성이며, 또한 인간에게 선천적 덕성이 내재하기 때문에 도덕행위가 가능하다고 본 것이다. 그리고 성에는 본연지성과 기질지성이 있는데, 본연지성이 그대로 발현되도록 하려면 기질을 변화시키는 노력이 필요하다는 것이다. 이와 함께 기질변화에서 환경의 중요성을 강조하며, 다음과 같이 비유하였다.

> 예컨대 똑같은 명주(明珠)라도 맑은 물속에 있으면 투명하고, 흐린 물속에 있으면 어둡다. 혼탁한 물을 도태(淘汰)시켜 맑게 한다면, 본래의 맑은 물과 다를 것이 없다. 그 투명함은 밖에서 찾을 것이 아니며, 그 혼탁함은 본디부터 있는 것이 아니다. 혼탁함을 잘 도태하는 데 있을 뿐이다. 이 성(性)의 자연(自然)함을 따르는 것이 도요, 이 도를 실천하여 마음으로 체득하는 것이 덕이다. 진실로 능히 자의(字義)에 밝다면 성을 알게 될 것이요, 또한 도와 덕을 알게 될 것이다.[8]

여기서 '그 투명함은 밖에서 찾을 것이 아니며, 그 혼탁함은 본디부터 있는 것이 아니다' 고 한 것은 거의 경구(警句)에 가깝다. 그는 격물행선(格物行善)의 목적이 덕성의 완성에 있다고 보았다.[9]

---

7) 『호정집』 권2, 19a-19b, 「性說」 "性者, 天理之在人心者也, 仁義禮智信其名也. 在天爲理, 在人爲性, 其實一也. 寂然不動者, 其體也, 感而遂通者, 其用也. 惻隱羞惡辭讓是非, 用之見於外者也. 觀其見於外者, 則可以知其體之有諸中矣. 此所謂本然之性也. 惟其資稟不齊, 故有昏明强弱之不同, 此所謂氣質之性也. 孟子之言性善, 此極本窮源之論, 而不及乎氣質之性, 荀子言性惡, 楊子言善惡混, 韓子言性有三品, 是皆言氣質之性, 而不及乎本然之性. 夫本然之性, 則堯舜與塗人一也, 而氣質之性, 則十百千萬之不同. 然而强勉學問, 而變化氣質, 則本然之性, 卽此而是矣."

8) 『호정집』 권2, 19b, 「性說」

9) 『호정집』 권2, 20a, 「名子說」 "今日格一物, 明日格一物, 今日行一善, 明日行一善, 日愼

하륜이 심성의 본질을 밝히는 문제를 강조한 것은, 치자의 덕성 함양에 제일의 목적이 있다. 그는 심성을 학문의 차원에서만 논한 것이 아니라, 하나의 정치 이론으로 제공하고자 한 것이다. 그것은 곧 「심설」의 결미 부분에서 주공(周公)·자산(子產)·공자·맹자·동중서(董仲舒)·제갈량(諸葛亮)·방현령(房玄齡)·곽분양(郭汾陽)·진덕수(眞德秀) 등의 정치 이론이 실제 정치에서 성공한 것을 예로 들면서, 동시에 사윤(師尹)·공손홍(公孫弘)·곽광(霍光)·양기(梁冀)·장화(張華)·이임보(李林甫)·노기(盧杞)·왕안석(王安石) 등이 실패한 예를 들어 경고한 것을 보아도 알 수 있다. 이런 의미에서 그의 본령은 경세유(經世儒)라고 해야 할 듯하다.

2. 趙庸 ? – 세종 6년(1424, 甲辰)

자는 성도(聖度), 호는 송정(松亭), 시호는 문정(文貞). 본관은 진보(眞寶)이며 경상도 예천에서 태어났다. 정몽주·길재의 문인이다. 경사(經史)에 정통하고 성리학에 조예가 있었으며 학문이 정밀하고 깊었다. 천성이 명민(明敏)하여 무엇이든 한 번 보면 기억하였고, 문장에도 뛰어나 붓을 쥐면 곧 글을 짓되, 말뜻이 정밀하고 절실하였다. 공민왕 23년(1374) 문과에 급제, 여러 벼슬을 지내고 조선조에 들어서 성균관 대사성으로 20여 년간 봉직하였다. 인재 양성에 공이 컸다.

그는 정몽주의 학통을 계승했지만, 영남 지방에서 사학(私學)의 선구가 된 길재와 달리 관학에서 유학 진흥에 기여한 학자로 평가된다. 문하

一日, 則可至于成人矣. 不然日損日退, 必爲小人之歸矣. 汝其敬之, 汝其勉之."

에서 윤상 · 조말생(趙末生) · 배환(裵桓) 등이 배출되었다. 전하는 저술은 없다.

3. 尹祥 공민왕 22년(1373, 癸丑) – 단종 3년(1455, 乙亥)

〔1〕 자는 실부(實夫), 호는 별동(別洞), 시호는 문정(文貞). 본관은 예천이며 조용의 문인이다. 태조 5년(1396) 문과에 급제하여 전후 16년 동안 성균관 대사성으로 재직하였고 예문관 대제학을 지냈다. 그는 본래 향리 출신으로 격무 중에도 글 읽기에 분발하여 마침내 학문이 정미(精微)한 데 이르렀다. 특히 경학에 정통하여 김말(金末) · 김반(金泮) · 김구(金鉤)와 함께 조선 초기 경학의 대가로 꼽혔다.[10] 특히 역학에 뛰어났다. 그가 성균관 대사성이 되었을 때 여러 생도가 그의 제자 되기를 다투었다. 이치를 자세히 분석하여 친절하게 가르쳐 주며, 종일토록 쉬지 아니하였으므로, 후일 높은 벼슬에 오르거나 이름을 날린 이들의 다수가 그의 제자였다. '국초(國初) 이래 으뜸가는 사범(師範)' 이라는 평을 받았던 것도 우연은 아니다.[11]

저술로는 문집 『별동집』(3권 1책)이 전한다. 김종직은 그 서문에서 "선생은 자품(資稟)이 순독(純篤)하고 학문이 해통(該通)하여 의리(義理)의 정미함에서도 자득한 바가 있었는데, …… 사도(師道)가 존엄하기로는 양촌 이후 단 한 사람일 뿐이다"[12]고 하였다. 그러나 『별동집』에는 성리학이나 경학 등에 관한 문자가 별로 없다. 아마도 산일(散逸)되었을

10) 성현, 『용재총화』 권1, 제1칙.
11) 서거정, 『필원잡기』 권1, 제53칙.
12) 『점필재문집』 권1, 46b-47a, 「尹先生祥詩集序」

것이다. 뒤에 이황은 이 점을 애석하게 여겨 시를 지어 술회하였으며,[13] 동방 팔대유(八大儒)의 한 사람으로 꼽기도 하였다.[14]

〔2〕『별동집』에서 성리학에 관계된 문자로는 우선 「천생증민(天生蒸民), 유물유칙(有物有則)」이란 논문을 들 수 있다. 이는 정주(程朱)의 성리설에 입각하여 성명(性命)의 이치를 논한 것으로서, 윤상의 성리학 이해의 정도를 엿볼 수 있는 자료다.

> 하늘이 사람을 낳음에 이미 물(物)이 있으며, 하늘이 사람에게 품부(稟賦)함에 반드시 성(性)이 있다. 물이 있고 성이 있음은 사람이 태어날 때부터 리(理)가 구비된 때문이다. 그러므로 하늘이 백성을 낳음에 기로써 형체를 이루었고, 사물의 작용이 있게 됨에 리 또한 부여되어서 당연한 법칙이 있게 된다. 아아! 사물에 반드시 법칙이 있음은 그 리가 원래부터 있기 때문이다.[15]

> '하늘이 뭇 백성을 낳음에 물(物)마다 법칙이 있다' 고 한 데 대해서 내 일찍이 그 시초를 살펴보니, 태극이 있으면 일동일정(一動一靜)하여 양의(兩儀)가 나누어지고, 음양이 있으면 변하고 합하여 오행이 구비된다. 양의가 서고 오행이 구비되어 만물을 생성하는 도〔生物之道〕가 갖추어지지 않음이 없는 것이다. 이로써 사람이 나니 천지의 기를 받아서 형체를 이루었다. 형

13) 『퇴계문집』 권4, 13a, 「郡人尹祥趙庸二公, 皆明經授徒, 惜無著述, 後來無徵爾」 "性理淵源不陽明, 襄陽稱道二公明, 如何著述無後傳, 仰止高山獨感情."

14) 『퇴계속집』 권8, 「示回詔使書」; 『퇴계언행록』 권5, 「類編」, 〈論人物〉 참조.

15) 『별동집』 권2, 20b-21a, 「天生蒸民, 有物有則」 "天之生人, 既有是物, 則天之賦人, 必有是性. 夫有物則有性者, 以其理具於稟賦之初也. 是故天生斯民, 氣以成形, 而有事物之用, 則理亦賦焉, 而有當然之則. 吁物必有則, 由其理之原由也."

> (形)이란 그 물(物)이다. 또 천지의 리를 갖추어 성(性)을 이루니 성은 그 법칙이다. 물에는 법칙이 있고 법칙은 물에서 떠날 수 없다. 본디 두 가지가 아니다. …… 그러나 리는 기가 아니면 깃들 곳이 없고 기는 리가 아니면 생길 수 없다. 어찌 그사이에 털끝만 한 틈인들 있으랴. 그러므로 사람을 '천지의 중심' 이라 한 것이다.[16)]

> 부자간에는 친(親)으로 주를 삼고, 군신 간에는 의(義)로써 서로 화합하며, 부부간에는 분별이 있어야 하고, 장유(長幼)는 차례가 있어야 하는데, 당연한 법칙 아님이 없다. 이것이 이른바 천명지성(天命之性)이다. 아아! 기가 형(形)으로 이루어진 것이 물(物)이라면 리가 성(性)으로 구체화한 것이 법칙이다. '물' 과 '법칙' 은 사람들이 공유하는 것이지만, 천성대로 다하고 도리를 좇는〔盡性踐形〕 것은 군자라야 잘할 수 있다.[17)]

그는 성리학이 본격적으로 개화, 만발하기 이전의 학자임에도 성리학 전성기의 수준에 못지않게 정연한 논리를 전개하였다. 그의 관심의 초점은 인간이 당연히 지켜야 할 법칙을 천리(天理) · 인성(人性)과 관련지어 구명함으로써, 그 근거를 이끌어내고자 한 것이었다. 그에 의하면 인간에게 있어서 성(性)은 하늘로부터 받은 것으로, 리(理)이므로 당연지칙(當然之則)이 있게 된다는 것이다. 일찍이 주자는 '리' 를 규정하면서 '소이연지고(所以然之故)' 와 '소당연지칙(所當然之則)' 이라는 양면적 의미가 있다고 하였다. 여기서 윤상이 '소이연지고' 를 설명하는 데

---

16) 『별동집』 권2, 21a-21b, 「天生蒸民, 有物有則」 "天生蒸民, 有物有則, 愚嘗原其初而求之, 有太極則一動一靜, 而兩儀分, 有陰陽則有變有合, 而五行具. 兩儀立, 五行具, 而天地生物之道, 無不備矣. …… 然理非氣無所寓, 氣非理不能成, 則豈有毫髮之間哉. 故曰, 人者天地之心也."

17) 『별동집』 권2, 22a, 「天生蒸民, 有物有則」

서 그치지 않고 소당연지칙을 강조하는 데로 이끌어냈다. 성리학으로 강상(綱常)을 부식(扶植)하여 사회 질서의 확립에 힘쓰고자 하는 목적이 엿보인다.

〔3〕 윤상은 유교의 이념을 사회 윤리적 측면에서 부각하고자 하면서 그에 의거한 시책을 조정에 건의하였다. 먼저 불교에 대해서 "한쪽에 치우친 공허한 말로 삼강(三綱)을 멸하고 백성의 재물을 좀먹으니 이단의 해가 이보다 심한 것이 없다"고 전제한 뒤 이어서

> 부부로부터 인륜이 비롯된다. 천지에 근본하고 음양에 순함으로써 만물이 생(生)하는 근본을 이루거늘, 불교에서는 이것을 욕심이라 하여 남녀의 짝을 버리고 생생(生生)하는 근본을 끊으니 그 해됨이 첫째요, 군신은 천지의 큰 의(義)라 잠시라도 떠나지 못할 것이거늘, 불교에서는 이를 이록(利祿)을 매개하는 것이라 하여 세상을 떠나 세속과의 인연을 끊고 대의를 돌보지 않으니 그 해됨이 둘째요, 부자(父子)는 천연적으로 합하여진 친의(親誼)라, 하늘이 물건을 냄에 한 근본이 되게 하였거늘, 불교에서는 이를 사은(私恩)이라 하여 반드시 겸애(兼愛)하고자 한다 하고, 그 부모 보기를 길 다니는 사람 보듯 하며, 어버이와 작별하고 인정을 끊어서 천상(天常)을 어지럽히니 그 해됨이 셋째다. 이 삼강을 잃어버리고 세 가지 해에 걸리니 사람의 도리가 없어지게 된다. 이러한 도로써 혹세무민(惑世誣民)하는 자가 있으면, 윗사람이 된 자는 통절히 금해야 할 것이다.[18]

고 하였다. 불교는 부부·군신·부자의 관계를 파괴하는 교리인 만큼

18) 『별동집』 권2, 1a-1b, 「成均館闢佛疏」

배격하고 금지해야 한다는 것이다. 논리가 단순한 감이 없지는 않다.

그는 성리학의 명분론에 입각하여 적(嫡)·첩(妾)의 분간을 엄격히 해야 한다고 진언한 바 있다.조선 초기에는 전조(前朝)의 폐습이 그대로 이어져 처첩(妻妾)의 윤서(倫序)가 문란할 뿐 아니라 중혼(重婚)까지 한 경우가 적지 않아, 일찍부터 조신(朝臣)들 사이에서 그에 대한 쇄신의 목소리가 드높았다. 윤상은 『경제육전』에서 "한 사람이 아내를 두세 명 거느린 경우, 은의(恩義)의 경중을 분간하여 작첩(爵牒)과 전지(田地)를 주고" 운운한 대목에 대하여, 이는 고려조의 폐속을 급히 고치지 못하고 임시 조치로써 다툼을 막고자 한 것이라 하여, 만세에 통용될 제도가 아니라고 비판하였다.

> 부부는 인륜의 근본이니 강상(綱常)과 관계되는바 지극히 중하다. 예에 두 적처(嫡妻)가 없는 것은 하늘이 세우고 땅이 베푼 것과 같아서 만세에 바뀌지 않을 이치다. 전조(前朝) 말에는 사대부가 처를 두셋이나 아울러 거느렸으니 국가의 정한 제도가 아니다. 이것은 곧 강기(綱紀)가 무너져 퇴폐한 풍속이 초래한 것이다.[19]

이처럼 중혼을 엄금하고 처첩의 분간도 엄히 할 것을 주장한 데에는 성리학의 리일분수설(理一分殊說)과 주자학적 명분주의가 배경으로 깔려 있다.

그는 성리학을 사회 윤리적 측면에서 이해하였을 뿐 아니라 궁극적으로는 정치와 직결시켰다. 덕치주의를 실현하고 왕도정치를 이루기 위해 치자(治者)에게 심학(心學)을 권면하였다.

19) 『별동집』 권2, 5a-5b, 「李澹嫡妾分揀陳言」

듣건대 치도(治道)는 마음에 근본하고, 마음을 구하는 요령은 경(敬)에 근본한다고 하였습니다. 대개 마음이란 만화(萬化)의 근원이요, '경'은 일심(一心)의 주재(主宰)입니다. 나라를 다스리되 그 마음을 바로잡지 않는다면 어떻게 백성을 잘 다스릴 것이며, 마음을 구하되 그 '경'을 모른다면 또 어떻게 본심을 바르게 할 수 있겠습니까. 아아! 한 마음을 경건하게 갖는 것은 진실로 나라를 다스리는 대원(大原)이요 백왕(百王)의 심법인가 합니다.[20]

치도가 군왕의 정심(正心)에서 비롯되고, 정심이 경(敬)에 근본한다는 주장은 정주학의 기본 관점이다. 이를 볼 때 그의 본령은 성리학적 경세유(經世儒)라 하겠다.

4. 權採 정종 1년(1399, 己卯) – 세종 20년(1438, 戊午)

자는 여서(汝鋤). 본관이 안동으로 매헌(梅軒) 권우(權遇)의 아들이다. 태종 17년(1417) 문과에 급제, 세종 때 집현전에 등용되었다. 이후 성균관 대사성을 거쳐 좌승지에 이르렀다. 집현전에 있을 때 유의손(柳義孫)·신석조(辛碩祖)·남수문(南秀文) 등과 함께 문명을 떨쳤다. 사람들이 모두 대용(大用)의 인재로 여겼으나 40세에 죽어 크게 쓰이지 못하였다. 그의 문장은 중부(仲父)인 양촌 권근의 풍도가 있었다.

그는 권근의 학문을 계승하여 『작성도론(作聖圖論)』(1권)을 짓고 천인심성(天人心性)의 설을 발휘하였다. 『작성도론』에 대해서는 아우 권기(權技)가 찬한 「작성도론서(作聖圖論序)」와 『필원잡기』·『용재총화』

20) 『별동집』 권2, 15a-15b, 「殿策」

등에 설명이 보인다.

> 문충공(文忠公) 권양촌이 일찍이 『입학도설』을 지었다. …… 그의 조카인 권채가 이 도설과 『중용』·『대학』에 대한 주자의 『장구(章句)』 및 『혹문(或問)』에 의거하여, 천리(天理)가 유행발육(流行發育)하는 상(像)과 배우는 사람이 기질을 변화시켜 성인이 되는 도를 나타냈다. 그 진덕(進德)하는 선후의 조목은 공자·증자·자사·맹자의 설을 인용하였고, 용공(用功)하는 방법의 얕고 깊은 것은 정자·주자 및 제유(諸儒)들의 논(論)으로써 단정하였다. 그가 논한 천인심성의 설은 양촌의 뜻을 많이 발양(發揚)한 것으로, 이에 「작성도」를 지었다.[21]

이를 보면, 그의 「작성도」는 권근의 『입학도설』 가운데 「천인심성합일지도(天人心性合一之圖)」에서 제시한 내용을 더욱 부각시켜, 배우는 사람들이 기질을 변화하여 성인의 도로 나아갈 것을 강조한 것이라 할 수 있다.

이 「작성도」는 당시 사교계(社交界)에서 유행하던 「종정도(從政圖)」와 「성불도(成佛圖)」 등의 유희 방법을 모방, 초학자들에게 진덕수업(進德修業)의 길을 인도하여 성인의 길로 이끌기 위한 것으로 보인다. 서거정과 성현의 기록에 의하면 다음과 같다.

> 권 선생 채(採)가 『작성도』를 만들었다. 모두 13조목이다. 「논도상(論圖像)」·「논성리(論性理)」·「논음양(論陰陽)」·「논조화(論造化)」·「논기질(論氣質)」·「논성경(論誠敬)」·「논자질(論資質)」·「논공부심천(論功夫深淺)」·

21) 『필원잡기』 권1, 제73칙.

「논용공작철(論用功作輟)」·「논현지(論賢智)」·「논우불초(論愚不肖)」·「논진덕선후(論進德先後)」·「총론(總論)」이 그것이다. 13론 중에 또 다소의 절목이 있다. 역시 주사위를 사용한다. 주사위 6면에 성(誠)·경(敬)·사(肆)·위(僞) 4자를 썼다. 성·경은 2번씩 썼고 사·위는 1번씩 썼다. 이들 글자에는 모두 숫자가 적혀 있고, 주사위를 던져 그 수로써 진덕수업(進德修業)의 순서로 삼았다.

…… 선생이 이 그림을 만든 것은 애당초 유희를 위한 것이 아니라, 학문하는 사람들이 그것을 즐겨하여 계발이 되도록 하기 위함이었다. 이 참뜻을 알지 못하는 사람들은 주사위를 이용하는 것을 장기나 바둑의 유에 가깝다고 하여 그 뜻을 깊이 연구하지 않는다. 생각의 불급(不及)함이 몹시 심하다. 무릇 주사위를 사용하는 것은 주사위에 뜻이 있는 것이 아니다. 성·경·사·위의 등분을 보임에 있다. 성·경·사·위는 곧 학자의 용심(用心)하는 바탕이다. 주사위로 인해 초학들에게 도를 개시(開示) 지도함에 더욱 친절하게 된다. 이 그림을 가지고 성인의 도를 구하면 비록 어리석은 사람이나 어린아이들이라도 방향을 알 수 있으며, 진덕(進德)하는 차례에 조리가 정연하고 문란하지 않으므로, 성현의 경지에 이를 것이다.[22)]

제학(提學) 권우(權遇: 採의 잘못)가 「작성도」라는 것을 만들었다. 구분(九分)에서 일분(一分)에 이르기까지 사람의 현명하고 어리석음에 따라 마음의 맑고 흐림이 같지 않다. 일분을 따르면 올라가기 쉽고 구분을 따르면 올라가기 어렵다. 여섯 면의 주사위에 성·경이란 글자를 두 번씩 쓰고 사·위란 글자를 한 번씩 써 가지고 던져서 나타나는 글자에 따라 옮겨간다. 「성불도」의 방법과 매한가지다.[23)]

22) 『필원잡기』 권1, 제74칙.
23) 『용재총화』 권10, 제28칙.

위에서 열거한 13절목의 논(論)은 「작성도」를 설명하기 위해 지은 『작성도론』의 골자다. 권채는 『작성도론』에서 도(圖)의 절목 가운데 의문이 됨직한 것에 대하여 문답체의 형식을 빌려 설명하였다. 거의 성현의 설을 인증하였다. 현재 「작성도」는 전하지 않지만 『도론』은 단종 2년(1454) 금산(錦山)에서 판각한 동일 판본 2종이 전한다.[24)]

이 『작성도』는 권채가 밝힌 바와 같이 권근의 『입학도설』을 계승하여 발전시킨 것이다. 명종 때 성리학자 정지운(鄭之雲)의 「천명도(天命圖)」는 여러 면에서 「입학도」와 「작성도」의 영향을 많이 받은 듯하다. 「작성도」는 「입학도」와 「천명도」의 중간에서 가교적(架橋的) 역할을 한, 조선유학사상 특기할 만한 것이라 하겠다.[25)]

---

24) 아세아문화사 영인본 참조.

25) 이병도, 『한국유학사』, 119쪽.

제10부

世祖 · 成宗代의 학계와 정계의 동향

조선 초기에는 숭유책(崇儒策)에 힘입어 문운이 융성하였고, 세종조에 그 절정에 달하였다. 문종 · 단종조를 거쳐 세조조에 이르러서는 유학계에 학파의 흐름이 태동하기 시작하였다. 돌이켜 볼 때, 고려 말에 성리학을 도입한 이래 학계에는 크게 두 흐름이 있었다. 정도전 · 권근 등 조선왕조에 참여한 학자군과 길재를 종조(宗祖)로 하는, 역성혁명(易姓革命)에 반대하는 학자군이었다. 그러나 당시의 학계는 관학(官學)을 통해 양성된 학자들이 주도하고 있었으므로 학파의 발전이나 대립이 표면화하지는 않았다. 세조 때에 이르러 훈구파와 절의파가 나타나게 된다. 그것은 관학과 집현전 출신의 학자들 사이에서 세조의 왕위찬탈에 대한 인식과 처세관의 차이에서 비롯된 것이다.

훈구파와 절의파는 세조조 이전에는 다 같이 민족문화 창달의 주역들이었다. 훈구파는 세조의 왕위 찬탈을 도와 조정의 실권을 잡은 어용학자들이고, 절의파는 세조의 왕위 찬탈에 항거, 어린 단종에 대한 절의를 지키고자 목숨을 바치거나, 세상을 등지고 폐인으로 자처하면서 일생을 마친 학자군을 말한다. 세조 이후의 학계 및 정계는 훈구파가 이끌어 갔다.

성종 때에 이르러 다시 한 번 학파의 대립이 있었다. 성종은 호학(好

學)의 군주다. 학문이 연박(淵博)하고 문사(文辭)가 고아(古雅)하였다. 문사들에게 『동문선(東文選)』 · 『동국여지승람(東國輿地勝覽)』 · 『동국통감(東國通鑑)』 등을 찬정(撰定)토록 하였으며, 교서관(校書館)에 명하여 수많은 고금서적을 인간(印刊)하도록 하였다. 또 학자들을 지극히 우대하였는데, 이때에 이르러 김종직(金宗直)을 영수로 하는 영남의 사림파 학자들이 성종의 지우(知遇)를 받아 대거 등용됨으로써, 마침내 조선 초기 이래 학계의 두 흐름을 형성하여 왔던 관학파(훈구파)와 사림파(영남학파)의 학파적 대립이 확고해졌다.

훈구파는 수차에 걸친 공훈으로 막대한 농장을 소유하였으며 정치적 지위도 확고하였다. 이들은 사장(詞章)에 힘써 능란한 문필로 관찬 사업을 주도하였다. 이에 비해 사림파들은 이상적인 유교정치를 실현하고자 하는 포부를 지녔던 만큼, 학계의 체질을 근본적으로 바꾸어놓으려 하였으며, 그를 위해 훈구파의 비리를 공격하고 훈구파의 경제적 기반인 토지에 대한 개혁을 요구하였다. 이에 위협을 느낀 훈구파와의 사이에서 충돌이 생겼으니 이것이 바로 사화(士禍)다. 사화 때문에 큰 타격을 받은 사림파는 다시 전원으로 쫓겨나게 되었으나 꾸준히 그 세력을 키워 16세기 이후의 사상계를 성리학 중심으로 이끌었다.

한편, 사림파 가운데 정치에 뜻을 버리고 고담준론(高談峻論)으로 소일하면서 시국을 한탄하는 부류들이 있었다. 이른바 청담파(淸談派)다. 청담파는 세력 면에서 훈구파와 사림파의 맞수가 못되었으나, 이들과 학문적 성격을 달리하고 있었으므로 한 학파로 볼 수 있다. 청담파에 속하는 남효온(南孝溫) · 이총(李摠) · 우선언(禹善言) · 홍유손(洪裕孫) · 허반(許磐) 등이 김종직의 문인이었던 관계로 사림파와 교류가 빈번하였으며, 사림파와 마찬가지로 훈구파에 저항하는 태도를 취하였다.

위에서 열거한 훈구파 · 절의파 · 사림파 · 청담파를 조선 초기 유학계의 4대 학파라고 한다. 이들 학파의 형성 과정을 보면 대체로 사상과 이념의 차이보다도 지역 연고나 출처관 · 처세관 등의 차이 때문에 갈라진 것이다. 사공적(事功的)인 측면에서 볼 때 훈구파는 사공이고 절의파 · 사림파 · 청담파는 비사공적이다. 훈구파와 대립하는 면에서는 절의파 · 사림파 · 청담파가 공동보조를 취하였다. 그런데 비사공파 중에서도 절의파나 청담파는 정치적 이념적으로 훈구파와 대립은 하였을망정 그 세력이 미약하여 훈구파의 적수가 되지 못하였다. 훈구파와 사림파가 대립하였던 것이 조선 초기 학계의 상황이라고 하겠다.

제1장

단종의 遜位와 사 · 생육신의 절의사상

절의파는 세조의 왕위찬탈에 직접 항거하다가 죽임을 당하거나, 또는 세조의 패륜 행위에 분개하여 벼슬을 버리고 불신(不臣)의 절개를 지킨 학자들이 이에 해당한다. 이른바 사육신과 생육신이 절의파를 대표한다.

조선은 유교로 입국한 만큼 명분과 절의를 숭상하였다. 이는 단순히 유교에서 절의를 중시하기 때문만은 아니요, 절의의 부식(扶植)이 국가의 유지와도 직결되었기 때문이다. 한 예로 조선왕조의 개창에 반대하다가 태종 이방원에게 죽은 정몽주에게 태종 1년(1401) 영의정을 추증함과 동시에 문충(文忠)이라는 시호를 내려 명예회복 시키고 대충신으로 받든 것만 보아도 알 수 있다.

그러나 국가에서 절의를 숭상하였음에도 그 실효는 잘 드러나지 않다가, 사육신과 생육신에 이르러 비로소 크게 창도(唱導)되었다. 문일평(文一平: 1888~1939)은 사육신의 절의에 대하여 "가족 지상주의인 한양조(漢陽朝)에서 처음 보는 일이요, 또 뒤에도 볼 수 없는 일이다. 그리하여 유교 국가의 군신강상(君臣綱常)이 확립된 것이다"[1]고 평가하였다. 따라서 대의를 위해 목숨까지 바쳐 유자(儒者)의 기개를 높인 것은 여말 정몽주에서 연원하여 사육신 · 생육신을 거치고, 이어 조광조 등 지치주의(至治主義) 도학파에 의해 크게 강조된 뒤, 국난과 같은 위기 상황 속에서 살신성인(殺身成仁)하는 측면으로 발전하면서 그 가치를 발휘하게 되었다.

사육신과 생육신을 비롯한 절의파 학자들은 오래도록 신원(伸寃), 포상되지 못했다. 중종 때 조광조 등에 의해 포상이 계청(啓請)되기는 하였으나 기묘사화로 이루어지지 못하다가, 숙종 때에 시호가 내려지고 증직 · 제향이 실현되는 등 그들의 의리가 현창(顯彰)되기에 이르렀다.

사육신과 생육신을 통틀어 볼 때 유응부를 제외한 나머지 학자들이 모두 문신이다. 또 김시습 · 조려(趙旅)와 같이 장래가 촉망되었으나 출사(出仕)하지 않은 사람도 있었으나, 대부분 집현전에서 양성된 학자들로서 훈민정음 창제 등 15세기 민족 문화 창달의 주역들이었다. 이들의 절의는 당시의 여론을 들끓게 하고도 남음이 있었으니, 세조의 신하가 된 사람 중에도 마지못해 참여한 사람들이 많았다. 한 예로, 세조 즉위에 수훈(首勳)을 세운 신숙주의 아우 말주(末舟)는 세조가 즉위한 뒤 숙주로 인해 원종공신(原從功臣)에 책록되었으나 벼슬을 버리고 전라도 순창(淳昌)에 은거하였으며, 세조 정권에 참여하여 금부도사(禁府都事)로 있던 왕방연(王邦衍)은 폐위된 단종을 유배지 영월로 호송할 때 자신의 애끓는 심정을 시로 읊었으니,[2] 이와 같은 사례만 보더라도 절의파의 대의가 얼마나 큰 영향을 끼쳤는지 알 수 있으며, 당시의 여론이 어

---

1) 문일평, 『호암전집』 제3권, 조선일보사, 1940, 483쪽.

2) 『青丘永言』 "천만 리 머나먼 길에 고운님 여의옵고, 내 마음 둘 데 없어 냇가에 앉아이다. 저물도 내 안 같아야 울어 밤길 예놋다"

떠하였는지 짐작할 수 있을 것이다.

절의파 학자들은 남긴 글이 많지 않고 게다가 제대로 전하지 않아, 그들의 사상적 전모를 파악할 수 없다. 대개 제2차 자료에 의해 엿볼 수 있을 뿐이다.

1. 朴彭年 태종 17년(1417, 丁酉) – 세조 2년(1456, 丙子)

자는 인수(仁叟), 호는 취금헌(醉琴軒), 시호는 충정(忠正). 본관은 순천(順天)이며 박중림(朴仲林)의 아들이다. 부자가 집현전에 뽑혔으며 유학으로 저명하였다. 또 사육신 등 동년배들 가운데 경술 · 문장 · 필법이 모두 뛰어나서 '집대성' 했다는 평을 받았다.[3] 집현전 학사로서 훈민정음 창제에 참여하는 등 크게 활약했으나, 수양대군이 왕위를 찬탈하자 단종의 복위를 주도하였다. 세조에 의해 충청도관찰사 · 형조참판에 제수되었는데, 일찍이 관찰사로서 장계(狀啓)를 올릴 때는 '신(臣)' 이라 하지 않고 '거(巨)' 라고 하였으며, 복위기도가 실패로 돌아가 세조의 친국(親鞫)을 당할 때도 세조에게 '나으리' 라 하였다. 일찍이 수양대군이 영의정이 되었을 때 부중(府中)에서 열린 연회에 참석하여 지은 한시와 시조가 전하고 있어, 절의를 향한 비장한 각오를 짐작하게 한다.[4]

그의 학문 경향은 절의파 학자들과 비슷하다. 항상 심(心)을 강조하여 '구방심(求放心)' 에 힘쓴 듯하여 이채롭다. 「쌍청당기(雙淸堂記)」에

3) 『용재총화』 권1, 제2칙 "儕輩皆推朴仁叟爲集大成, 謂其經術文章筆法俱善也."

4) 『生六臣合集』 권7, 「六臣傳」 "廟堂深處動哀絲, 萬事如今摠不知. 柳綠東風吹細細, 花明春日正遲遲. 先王大業抽金櫃, 聖主鴻恩倒玉巵. 不樂何爲長不樂, 賡歌醉飽太平時." ○ 『靑丘永言』 "가마귀 눈비 맞아 희는 듯 검노매라. 夜光明月이야 밤인들 어두우랴. 임 향한 一片丹心이야 고칠 줄이 있으랴"

의하면,

> 천지 사이에 풍월(風月)이 가장 맑다. 인심의 묘(妙)도 역시 그와 다를 바 없다. 다만 형기(形氣)에 얽매이고 물욕에 더럽히게 되어, 마침내 마음의 본체를 온전하게 하는 자가 드문 것이다. 대개 연기와 구름이 사방에서 모여 천지가 어두컴컴하여 가리다가도 맑은 바람이 쓸어버리고, 밝은 달이 공중에 떠서 위아래를 환히 비추어주면, 털끝만 한 가림도 없게 된다. 그 기상은 진실로 형용하기 어려워서, 오직 사람이 능히 그 마음을 온전히 하고 더럽힘이 없어야만 족히 그것을 감당할 수 있고, 또 스스로 즐길 수 있는 것이다. 일찍이 황노직(黃魯直: 黃庭堅)이 이것(光風霽月)을 용릉(舂陵: 周敦頤)에 견주었다. 그리고 소강절(邵康節: 邵雍)에게 「청야음(淸夜吟)」의 시가 있는데, 그 의미를 아는 자가 적은 것을 탄식한다.[5)]

라고 하였다. 철학적 논설이 아닌 기문(記文)이면서도 실로 심성학(心性學)의 본령을 담았다고 하겠다. 그는 또 심학을 정치로 승화시켰다. 「명황계감서(明皇誡鑑序)」에서는

> 사람의 마음이 발할 때 정(正)에 근원한 것은 매우 미약하고 사(私)에서 생긴 것은 매우 위태롭다. 이 마음을 한번 방치하여 절제할 줄 모르면 털끝만 한 차이가 천 리만큼이나 어긋나게 된다. 더구나 임금이야 숭고와 부귀의 극치이므로 그 마음이 가득 차기가 쉬운 법이다. 스스로 신성(神聖)한 자질이

---

5) 『東文選』 권82, 「雙淸堂記」 "天地之間風月最淸, 人心之妙亦與之無異焉. 拘於形氣, 累於物欲, 於是焉能全其體者鮮矣. 盖煙雲四合, 天地陰翳, 而淸風掃之, 明月當空, 上下洞澈, 無纖毫點綴, 其氣象固未易形容. 惟人之能全其心而無累者, 足以當之而自樂之, 故黃魯直嘗以此擬諸舂陵. 而邵康節亦有淸夜之吟, 嘆知味者之少也."

> 아니고서는 반드시 안일에 빠지게 되어, 처음에는 비록 부지런했으나 나중에는 게을러지고, 처음에는 비록 밝았으나 마지막에는 반드시 어둡게 된다. 이에 간신이 그의 비위를 맞추고 요염한 모습이 그의 눈을 방탕하게 하며 충간은 귀에 거슬려, 드디어 민심을 잃고 나라의 명맥을 좀먹게 한다.[6]

라고 하였다. 이것은 바로 성리학에서 말하는 인심도심설이니, '도심은 원어정(原於正)하고 인심은 생어사(生於私)한다' 는 것과, 방심하여 이를 절제하지 않으면 온갖 사악함에 빠지게 된다고 한 점으로 미루어 그가 심학에 주력했음을 알 수 있겠다.

2. 成三問 태종 18년(1418, 戊戌) - 세조 2년(1456, 丙子)

자는 근보(謹甫) · 눌옹(訥翁), 호는 매죽헌(梅竹軒), 시호는 충문(忠文). 본관이 창녕으로 무인(武人) 성승(成勝)의 아들이다. 박중림(朴仲林)에게 학문적 사상적으로 많은 영향을 받았다. 세종 20년(1438) 문과에 장원 급제하고 동 29년 중시(重試)에 급제하여 세종으로부터 총애를 받았으며, 집현전에서 훈민정음 창제를 비롯한 관찬 사업에 종사하였다. 음운(音韻)에 조예가 있어서, 훈민정음을 창제할 당시 요동(遼東)에 귀양 와 있던 명나라 음운학자 황찬(黃瓚)에게 13번이나 왕래하면서 음운에 대하여 묻는 등, 치밀한 연구와 정확한 기획으로 훈민정음 창제에 크게 이바지하였다.

수양대군이 김종서(金宗瑞) 등을 죽이고 나서 그에게도 정난공신(靖

6) 『동문선』 권94, 「明皇誡鑑序」

難功臣)의 작호를 내려 회유하였으나 그는 이를 수치로 여겼으며, 이어 수양대군이 단종을 위협하여 몰아낼 때 예방승지로서 국새를 안고 통곡하였다. 이듬해 좌부승지로서 아버지 성승, 박중림 · 팽년 부자 등과 함께 단종의 복위를 주도하였으나 뜻을 이루지 못하고 체포되어 처형당하였다.

다음의 시조는 그의 기개와 절의를 짐작하게 한다.

> 수양산(首陽山) 바라보며 이제(夷齊)를 한(恨)하노라.
> 주려 죽을진들 채미((採薇)도 하는 것가.
> 비록애 푸새엣 것인들 긔 뉘 따에 났다니.[7)]

> 이 몸이 죽어 가서 무엇이 될고 하니
> 봉래산(蓬萊山) 제일봉에 낙락장송(落落長松)되었다가
> 백설이 만건곤(滿乾坤)할 제 독야청청(獨也青青)하리라.

그의 집안은 이개(李塏)의 집안과는 달리 절의로 일관하였다. 삼문 부자뿐만 아니라 재종제인 담수(聃壽)도 생육신으로 생을 마쳤다.

저술로 『성근보집(成謹甫集)』(4권 1책)이 전한다. 이를 통해 그의 학문 경향을 살펴보면, 그 역시 다른 집현전 학사들처럼 주로 사장(詞章)에 힘썼던 듯하다.

---

7) 이와 내용이 비슷한 漢詩 「題夷齊廟」가 있다. "當年叩馬敢言非, 大義堂堂日月輝. 草木亦霑周雨露, 愧君猶食首陽薇."

3. 河緯地 우왕 13년(1387, 丁卯) – 세조 2년(1456, 丙子)

자는 천장(天章)·중장(仲章), 호는 단계(丹溪), 시호는 충렬(忠烈). 본관은 진양(晉陽). 사육신 중에서 나이가 가장 많았으며, 박중림 등과 깊이 사귀었다. 세종 20년(1438) 문과에 장원 급제하여 성삼문·박팽년 등과 함께 집현전에서 종사하였다. 성품이 침정과묵(沈靜寡默)하고 공손하여 예의가 밝았으며, 경연에서 시강(侍講)하면서 왕을 보도(輔導)하는 데 열성을 다하였다. 당시에 그를 집현전의 인재 가운데 최고로 꼽았다.

수양대군이 계유정난(癸酉靖難)을 일으킨 뒤 스스로 영의정이 되자, 단종에게 권신의 발호를 막고 군권을 강화하라고 진언한 뒤 선산(善山)에 낙향하였다. 세조가 즉위한 뒤 예조참판에 임명하자 마지못해 나아가기는 했으나 녹을 먹는 것을 수치로 여겨 받는 대로 별실에 쌓아두었으며, 마침내 단종 복위를 도모하다가 실패, 처형당하였다. 그가 남긴 「사인증사의(謝人贈蓑衣)」라는 한시 역시 굳은 절개를 대변한다.

男兒得失古猶今　대장부 할 일이야 고금이 같은 법
頭上分明白日臨　머리 위에서 백일이 환히 내려다보네.
持贈蓑衣應有意　도롱이 보내심은 응당 뜻 있으려니
五湖煙雨好相尋　오호의 연우 속에 만나자는 게로군.

그는 경학과 문장에 능하였다. 임금의 명을 받아 제진(製進)한 「권농교서(勸農敎書)」가 있는데, 국가의 권농책을 피력함에 절실한 바가 많다. 그는 농업을 왕정에서 가장 먼저 할 바라고 전제, 다음과 같이 말하였다.

> 나라는 백성으로 근본으로 삼고 백성은 먹는 것을 하늘로 여긴다. 농사는 의식(衣食)의 근원이요 왕정에서 가장 먼저 할 바다. 그것이 생민(生民)의 대명(大命)에 관계된다. 이런 까닭에 천하의 지극히 수고로운 일에 복무하는 노고를 겪게 되는 것이니, 윗사람이 성심으로 인도하지 않으면 어찌 백성으로 하여금 부지런히 농사에 힘써 생생(生生)의 즐거움을 이루게 할 것인가.[8]

이어 마음을 다해 백성을 권면하는 데 힘쓰라고 하였다.

> 주자가 남강(南康)을 다스릴 때 방문(榜文)을 인쇄하여 백성을 권면하였다. 쟁기로 가는 것, 거름을 주는 것과 풀을 베는 절차로부터 마두(麻豆)를 심고 저수지를 수축하는 일에 이르기까지 자세히 가르치지 않음이 없었으며, 다정하게 깨우쳐주고 때로 몸소 들을 돌아보면서 가르치는 대로 하지 않는 자에게는 벌을 주었다. 대개 이런 것들이 어찌 까닭 없이 번거로운 일을 하기 좋아해서였겠는가.[9]

주로 문화 사업에 종사하였던 집현전 학사층에서 경세유(經世儒)로서의 일면을 지닌 것으로 평가된다.

4. 柳誠源 ? – 세조 2년(1456, 丙子)

자는 태초(太初), 호는 낭간(琅玕), 시호는 충경(忠景), 본관은 문화(文化)이다. 세종 26년(1444) 문과에 급제한 이래 집현전 학사로서 세종

8) 『동문선』 권24, 「勸農教書」
9) 『동문선』 권24, 「勸農教書」

의 총애를 받았다. 단종 1년(1453) 수양대군이 계유정난을 일으킨 뒤 정난공신을 녹훈(錄勳)하는 교서를 기초하도록 협박하자 할 수 없이 응하였으나 집에 돌아와 통곡하였다 한다. 그는 교서에서 다음과 같이 말하였다.

> 아아! 경(卿: 수양대군)에게는 주공(周公)의 아름다운 재주가 있고 또 주공의 대훈(大勳)을 겸하였으나, 나(단종)는 오히려 성왕(成王)과 같은 어린 나이로 성왕 때와 같은 다난(多難)함을 만났도다. 이미 성왕이 주공에게 일임하였던 것처럼 숙부에게 맡기노니, 마땅히 성왕을 돕던 것과 같이 과인(寡人)을 도와서 상하가 서로 닦아 나가면 무슨 걱정인들 해결하지 못하겠는가.[10)]

주공과 성왕의 고사에 빗대어 아름다운 치화(治化)를 이루도록 간절히 바라는 염원이 담겨 있다. 그 뒤 세조가 단종을 강봉(降封)하여 귀양을 보내자 성삼문 · 박팽년 등과 함께 단종의 복위를 도모하다가 발각되자 가묘(家廟)에서 자결하였다.

그는 경학과 문장에 뛰어났을 뿐 아니라 의학에도 밝아 『의방유취(醫方類聚)』의 편찬에 참여하였다. 특히 사학(史學)에 조예가 있었다. 『필원잡기』에 의하면, 세종 때까지도 『송사(宋史)』가 조선에 들어오지 않았다고 하는데, 당시 집현전에서 송나라 인물을 논하다가 문득 왕안석을 간신전(姦臣傳)에 넣어야 한다고 주장한 사람이 많았으나, 그는

> 왕안석이 신법(新法)을 만들어 천하를 어지럽혔으니 이는 진실로 소인이

---

10) 『동문선』 권24, 「首陽大君功臣敎書」

다. 그러나 왕안석의 문장과 절의는 칭도(稱道)할 만한 것이 많으며, 그의 본심을 살펴볼 때 나라를 근심하고 백성을 걱정하지 않은 적이 없었다. 그가 천하를 그르친 것은 오활(迂闊) 집요(執拗)한 탓이니, 진회(秦檜) · 채경(蔡京)의 무리와 같을 수 없다. 응당 열전(列傳)에 있어야 한다.[11]

라고 반박하였다. 그 뒤 얼마 되지 않아서 중국에서 『송사』가 왔는데, 과연 왕안석이 열전에 들어 있었다고 한다.

5. 李塏 태종 17년(1417, 丁酉) – 세조 2년(1456, 丙子)

자는 청보(淸甫) · 백고(伯高), 호는 백옥헌(白玉軒), 시호는 충간(忠簡). 본관이 한산(韓山)으로 목은 이색의 증손이다. 세종 18년(1436) 문과에 급제하고 동 29년(1447) 문과중시에 장원하여 집현전 직제학에 이르렀으며, 『명황계감(明皇誡鑑)』의 편찬과 훈민정음의 창제에 참여했다.

증조부 이색의 절의를 이어받은 그는 수양대군과 친교가 있었으나, 수양대군이 왕위를 찬탈하자 단종 복위에 나섰다. 숙부 계린(季疄)과 계전(季甸)이 세조의 즉위에 협력하여 공신이 되었고 계전의 아들 파(坡)도 벼슬이 높았지만, 그는 숙부들이 세조에게 협력함을 옳지 않게 여기고 경계하였다. 단종이 영월로 유배당하자

방안에 혓는 촛불 눌〔誰〕과 이별하였관대

11) 서거정, 『필원잡기』 권2 참조.

겉으로 눈물지고 속 타는 줄 모르는다
우리도 천리에 임 이별하고 속 타는 듯 하여라.

라고 하여 애끓는 심정을 시조에 담았다. 더욱이 처형에 임했을 때 "왕위가 중히 여겨질 때 삶 또한 위대하나, 홍모처럼 가볍게 여겨지는 곳에서는 죽음이 오히려 영광스럽다"(禹鼎重時生亦大, 鴻毛輕處死猶榮)고 한 시의 구절은 굳은 절개를 넘어 사생관(死生觀)을 엿보게 한다.

그는 시문이 청절(淸絶)하기로 이름이 높았으며 목은의 풍이 있었다. 특히 도문일치(道文一致)의 송시(宋詩)와 아름다운 정취를 담은 당시(唐詩)를 좋아하였으며, 안평대군과 함께 『팔가시선(八家詩選)』[12]을 엮어 시문의 진흥에도 힘썼다. 집현전 중심의 사장파 중에서도 시문유(詩文儒)에 가깝다고 하겠다.

12) 唐代의 시인 李白 · 杜甫 · 韋應物 · 柳宗元과 宋代의 문인 歐陽修 · 王安石 · 蘇軾 · 黃庭堅의 시를 뽑아 엮었으며 모두 10권이다.

제2장

士林派의 성장

사림파는 고려의 유신(遺臣) 길재가 고향에 은퇴하여 후진 양성에 힘쓴 결과, 영남을 중심으로 형성된 학파다. 그의 학통에서 유명한 학자·정치가가 배출되더니 성종 때에는 관계에 대거 진출하였고, 삼사(三司) 등에서 언론·문필을 담당하였다. 처음에는 영남 출신이 주류를 이루었으나, 김굉필 문하에서 조광조 등 기호지방 출신의 선비들이 배출됨으로써 마침내 '영남학파' 라는 성격에서 탈피하기에 이르렀다. 또한 김종직 당대에는 문장과 경술(經術)이 병행되고 도학적 분위기가 상대적으로 미약하였으나, 김굉필 이후 조광조의 대에 이르러서는 도학의 비중이 절대적으로 높아졌다. 이들은 유교의 이상정치-도학정치를 실현하려고 노력하여 관료 사회에 활기를 불러일으켰으나, 이를 질시한 기성 훈구파의 반격을 받고 전원(田園)으로 쫓겨났다. 그러나 사림파는 누차의 사화(士禍)로 심한 타격을 입었음에도 꾸준히 세력을 키워 16세기 이후 사상계를 주도함으로써, 조선 유학의 주류를 이루었으며 도학의 정맥(正脈)으로 받들어졌다.

일찍이 퇴계 이황은 다음과 같은 시를 읊은 적이 있다.

吾東號鄒魯 우리 동방은 예부터 추로(鄒魯)라 불렀나니
儒者誦六經 유자들이 육경을 외웠도다.
豈無知好之 이를 알고 좋아하는 이가 어찌 없었으랴마는
何人是有成 과연 어떤 이가 성취하였던고.
矯矯鄭烏川 높이 뛰어났어라, 정오천(夢周)이여
守死終不更 죽기까지 끝내 변하지 않았어라.
佔畢文起衰 점필재는 쇠퇴한 문운(文運)을 일으켰는데
求道盈其庭 도를 구하는 이들이 문정(門庭)에 가득했네.
有能青出藍 쪽빛에서 나온 청색이 쪽빛보다 더 푸르니
金鄭相繼鳴 김굉필·정여창이 서로 이어 울렸도다.
莫逮門下役 그들의 문하에서 섬겨보지 못했기에
撫躬傷幽情 이내 몸 어루만지며 못내 슬퍼하노라.[1)]

이것은 사림파가 동국도통(東國道統)의 원류임을 자임하는 바라 하겠다.

1. 金宗直 세종 13년(1431, 辛亥) − 성종 23년(1492, 壬子)

〔1〕 자는 계온(季昷), 호는 점필재(佔畢齋), 시호는 충간(忠簡). 본관이 선산으로서 길재의 문인 김숙자의 아들이다. 부친에게 수학하여 널리

1) 『퇴계문집』 권1, 52b, 「和陶集飲酒二十首(其十六)」 참조.

배우고 힘써 행하였는데, 경술과 문장에 뛰어나 당시 영남 일대에서 사림의 영수로 받들어졌다. 세조 5년(1459) 문과에 급제하여 동 10년 사헌부 감찰이 되었다. 이해 세조가 궐내에 천문문(天文門)·지리문(地理門)·음양문(陰陽門)·율려문(律呂門)·의약문(醫藥門)·복서문(卜筮門)·시사문(詩史門) 등 7학문(學門)을 분설(分設)하고 젊은 문관을 선발하여 그를 익히게 할 때 시사문에 뽑혀 들었다. 그러나 그는 "시와 역사는 본래 유자가 힘써 배워야 될 것이지만 그 나머지는 잡학이니, 어찌 유자가 용공(用工)할 바이겠습니까"라고 하였다. 이에 세조가 "종직은 경박한 사람이다. 잡학은 내가 유의하는 바이거늘, 이에 대해 말하니 옳은 일인가. 그를 파직하여 사학 또한 배우지 말도록 하라"고 하였다 한다.[2)]

〈점필재 김종직〉

그 뒤 재등용되어 성종 초 경연의 시강관(侍講官)과 경상도 함양군수, 선산군수 등 외직을 거쳤으며, 다시 경연에 나아가 동지경연사(同知經筵事)를 지내고 형조판서에 이르렀다. 평소 유학에 각별히 관심을 가졌던 성종의 총애를 받아 그의 문도(門徒)를 비롯하여 영남의 사림 다수가 중앙의 정계에 진출하였으니, 이것이 훈구파와 반목 갈등하는 원인이

2) 『세조실록』, 10년 8월 6일 丁亥條.

되었다. 일찍이 「조의제문(弔義帝文)」을 지었고, 또 훈구파의 유자광(柳子光)과 사혐(私嫌)이 있었는데,[3] 이로 말미암아 그가 죽은 뒤인 연산군 4년(1498)에 무오사화가 일어나 행형사상(行刑史上) 전례가 없는 부관참시(剖棺斬屍)의 형이 가해졌으며, 많은 유저(遺著)가 소각되고 문인들도 참화를 입었다. 사화의 발단이 된 「조의제문」의 전문을 옮겨보면 다음과 같다.

정축년(세조 3년, 1457) 10월(단종이 죽은 달) △일에 내가 밀성(密城: 密陽)으로부터 경산(京山)에 가다가 답계역(踏溪驛)에서 자게 되었다. 꿈에 한 귀신이 칠장복(七章服)을 걸치고 천천히 와서 말하기를 "나는 초회왕손(楚懷王孫) 심(心)인데 서초패왕(西楚霸王)에게 죽음을 당하여 침강(郴江)에 수장(水葬)되었다" 고 하고는 갑자기 사라져버렸다. 나는 꿈에서 깬 뒤 놀라 중얼거리면서 "회왕은 남초(南楚) 사람이고 나는 동이(東夷) 사람이다. 거리상으로 만여 리나 떨어져 있을 뿐 아니라 시간상으로도 천여 년의 차이가 있는데, 이제 와서 꿈에 감동되었으니 이것은 무슨 징조인가. 또 역사를 상고해보아도 강에 수장되었다는 말이 없는데, 어찌하여 항우(項羽)가 사람을 시켜 몰래 죽이고는 그 시체를 강에 던졌을까. 알 수 없는 일이다" 고 하였다. 그 뒤 마침내 글을 지어 "하늘이 물칙(物則)을 부여하여 사람에게 줌이여! 누구인들 사대오상(四大五常)을 숭상할 줄 모르랴. 중국이라고 해서 풍부하거나 우리나라라고 해서 인색한 것은 아닐 터인데, 어찌 옛날에는 있었으면서

---

3) 김종직이 함양군수 재직 당시 유자광의 詩板을 불태운 일이 있다. 유자광이 그 사실을 알고 이를 갈았으나, 도리어 그에게 아부하고 親交하여 왔다. 그리고 종직이 죽자 글을 지어 弔喪하되, 종직을 王通과 韓愈에 비하기도 하였다. 그러나 연산조에 이르러 李克墩과 함께 무오사화를 일으켜 종직에게 泉壤의 禍가 미치도록 하였으니, 당시 사람들은 유자광이 자신의 詩板을 불사른 종직에게 원한을 갚은 것이라고 하였다. 李廷馨, 『知退堂集』 권8, 「東閣雜記」(문집총간 58, 124쪽) 참조.

지금에는 없을까. 그러므로 나는 동이 사람으로 또 천 년 뒤에 태어났지만 공손히 초나라 회왕을 조도(弔悼)하노라. 옛날 조룡(祖龍: 秦始皇)이 아각(牙角)을 희롱할 때 사해의 물결이 출렁거리고 온통 피로 가득하였으니(殷爲赢血), 비록 전어 · 상어 · 미꾸라지 · 고래라 하더라도 어찌 스스로 보전하리. 그물에서 빠지려고 서로 발버둥 쳤네. 당시 육국의 유조(遺祚)여! 숨기도 하고 옮겨가서 뭇 백성들과 같이 살았네. 항량(項梁)은 남쪽 나라 장수의 후손으로 어호(魚狐: 陳勝 · 吳廣)를 이어 일을 일으켰도다. 임금 자리를 구득(求得)하여 백성의 희망에 따름이여! 끊어졌던 웅역(熊繹: 초나라 시조)의 제사를 보존하였네. 건부(乾符)를 쥐고 남면(南面)을 함이여! 천하에 진실로 미씨(芈氏: 초나라의 성씨)보다 높은 이 없네. 장자(長者: 沛公)를 보내 관중(關中)에 들어가게 함이여! 역시 그 인의(仁義)를 족히 보겠도다. 양의 모습을 하고서도 심술궂고〔羊很〕 이리같이 탐욕이 많으며〔狼貪〕 저 관군(冠軍)을 제멋대로 죽임이여! 어찌하여 그러한 항우를 잡아 처치하지 않았는가. 아아, 형세가 크게 그렇지 못함이여! 내가 왕을 위해 더욱 걱정하노라. 은혜를 배반하고 해치는 자〔反噬〕에게 육장(肉醬: 醢醋)이 됨이여! 과연 천운이 어그러졌도다. 침강의 산이 높아 하늘이 닿을 듯한데 햇빛은 침침하여 날이 저물려고 하며, 침 땅의 물 흘러 밤낮으로 그치지 않은데, 물결은 제멋대로 출렁이며 돌아오지 않네. 천지가 장구하듯 그 원한 어찌 사라지리. 그 영혼 지금까지도 떠돌고 있네. 내 마음이 금석(金石)을 꿰뚫는지라, 왕의 영혼이 갑자기 꿈속에 나타나신 것이라. 주자의 노필(老筆: 史筆)을 따르노라니 마음이 설레고 그리워진다. 잔 들어 땅에 강신(降神)하노니, 바라건대 영령께서는 오시어 흠향하소서" 라고 애도하였다.[4]

4) 『연산군일기』, 4년 戊午 7월 17일 辛亥條 참조.

이세영(李世英)의 『자기(自記)』에 의하면, 김종직의 문인 김일손(金馹孫)이 이 글에 "충의를 위한 분개심을 여기에 붙인 것이다" (以寓忠憤)고 찬(贊)하였는데,[5] 사화를 일으킨 유자광 · 이극돈(李克墩) 등은 「조의제문」을 분석하고 나서, 조룡(진시황)을 세조에, 의제(義帝)를 단종에 비유한 것으로 해석했다 한다. 그리고 '羊很狼貪擅夷夫冠軍' 이란 대목을 세조의 행위로, '胡不收以膏齊斧' 및 '爲醯醋於反噬' 란 말을 단종이 세조를 처단하지 않았다가 도리어 죽임을 당한 사실로 보았다 한다.

한편, 당시에 「조의제문」과 함께 시 「화도연명술주(和陶淵明述酒)」 또한 조정에서 크게 문제가 되었다. '술주' 병서(幷序)는 다음과 같다.

> 나는 젊어서 「술주시」를 읽고 그 뜻을 제대로 살피지 못했다. 「화도시(和陶詩)」의 탕동간(湯東澗) 주소(註疏)를 본 뒤에야 영릉(零陵)을 애도하는 시임을 알게 되었다. 아아! 탕공이 아니었더라면 유유(劉裕)가 찬시(簒弑)한 죄와 연명의 충분(忠憤)에 젖은 뜻이 거의 숨겨졌을 것이다. 연명이 수사(廋詞: 隱語) 하기를 좋아한 것은 아마도 '유유가 바야흐로 창궐하니 이때에는 내 힘이 용납될 수 없고, 나는 다만 내 몸을 깨끗이 할 뿐이다. 언어로 나타내서 멸족의 화를 자초해서는 안 된다' 는 것이었으리라. 그러나 지금의 나는 그렇지 않다. 천 년 뒤에 태어났으니 어찌 유유가 두려울쏘냐. 그러므로 유유의 흉역(凶逆)을 죄다 폭로하여 탕공의 주소 끝에 붙인다. 후세의 난신적자(亂臣賊子)가 나의 시를 보고 두려워할 줄 알 것인가? 가만히 『춘추』의 필법에 견주어 보리라.[6]

---

5) 許筠, 『海東野言』 권3 所收.

6) 『점필재시집』 권11, 5b-6a, 「和陶淵明述酒幷序」; 『연산군일기』, 4년 7월 17일 辛亥條 참조. 『연산군일기』에서는 병서만 남아 있다고 하였으나, 『점필재시집』에는 시와 병서가 온전하게 전한다.

도연명(365~427)은 동진 말기를 살면서 동진이 멸망하는 것을 몸소 겪었다. 동진의 마지막 임금인 공제(恭帝)가 유유의 핍박에 못 이겨 선위(禪位)하였다가 영릉왕(零陵王)으로 강등되고 이어 시해되었던 사실을 시로 읊어 충분(忠憤)의 뜻을 담았다. 유유는 남조(南朝) 송(宋)나라의 시조 무제(武帝)다. 위의 「화도연명술주」에 대해 윤필상(尹弼商) 등은 '영릉을 노산군에, 유유를 세조에 비한 것' 이라 하여, 김종직과 그 제자들까지도 국문할 것을 청하였다.

이런 해석들이 시의 본지를 제대로 읽은 것인지, 부회(附會)한 것인지는 단언할 수 없다. 다만 김종직이 '춘추필법' 과 주자의 『통감강목(通鑑綱目)』의 사필(史筆)을 따라 필주(筆誅)를 가했다는 점은 분명하다. 그러므로 김일손이 스승의 글을 사초(史草)에 실은 것도 반드시 세조와 단종의 관계를 의식하고 그것을 부각하기 위한 것만은 아니라고 본다. 사화가 일어난 뒤 김종직의 문인들을 추국(推鞫)하는 과정에서 대부분 '「조의제문」의 글 뜻이 어려워 무엇을 말했는지 잘 이해하지 못한다' 고 했던 점을 보면, 유자광 일파가 신진사류들을 축출하기 위해 확대하여 해석했을 가능성도 적지는 않다. 이 무오사화가 겉으로는 사초 때문에 발생한 듯하지만, 실상 그 근본적인 연유는 신·구세력 간의 대립과 반목이었음을 간과해서는 안 될 것이다.

〔2〕 일찍이 김종직은 어전(御前)에서 성삼문을 충신이라 했고, 혹여 임금에게 변고가 있으면 자신은 성삼문이 될 것이라고 한 적이 있었다.[7] 이런 까닭에서인지 후대 사람들은 김종직에 대해 그가 비록 세조의 조정에 나아갔으나, 세조가 왕위를 찬탈한 행위에 대해 항상 마음속

7) 『율곡전서』 권29, 98a, 「경연일기(二)」

깊이 못마땅하게 여겼던 사람으로 인식하여 왔다. 김종직에 대한 후학들의 상론(尙論)은 어떤가. 류성룡(柳成龍)은 입조(立朝)한 김종직이 왜 「조의제문」을 지었는지 알 수 없다고 하면서 "천양(泉壤)의 화(禍)는 자초한 것이니 어찌 남을 허물할 것인가"라고 했으며,[8] 허균(許筠)은 "종직의 성품이 간교하여 천하의 이록(利祿)을 차지하고서도 군자라는 명망을 훔쳤다"고 비난하였다.

김종직이 지은 「조의제문」이나 「술주시(述酒詩)」는 더욱 가소롭다. 이미 벼슬했으면 내 임금이거늘 헐뜯는 데 여력을 남기지 않았으니, 그 죄는 더욱 크다. 죽은 뒤에 화(禍)를 당한 것이 불행이 아니다. 문득 하늘이 그 간교함을 성내어서 남의 손을 빌어 많은 사람이 보는 데서 죽인 것이다.[9]

그 뒤로 장유(張維) · 윤증(尹拯)의 비판이 이어졌다.

점필재가 세조에게 신하노릇을 하면서도 「조의제문」을 지어 『춘추』의 이른바 '높은 이의 잘못은 숨긴다'는 의리를 크게 범했다. 대개 이런 마음이 있었다면 그 조정에 벼슬하지 않았어야 했고, 이미 벼슬했거든 이런 글은 짓지 않았어야 옳다. 마음과 일이 서로 모순되고 의리와 명분이 다함께 이지러졌으나, ……[10]

일찍이 점필재의 「조의제문」을 읽어보니 뜻이 있어 지었음이 분명했다. 그의 문집을 살펴볼 때 「화연명술주(和淵明述酒)」 및 「고풍(古風)」 2수도

8) 『西厓別集』 권4, 雜著, 「金宗直」 참조.
9) 『惺所覆瓿藁』 권11, 13b, 「金宗直論」
10) 『谿谷漫筆』 권2, 10b-11a, 참조.

…… 모두 우연한 것이 아닌 듯하다. 가만히 말하건대, 점필재가 만약 탕무(湯武)를 그르게 여기는 뜻을 품고 있었다면, 차라리 김시습처럼 행동하는 것이 옳았을 터인데, 이내 세조의 조정에 등제(登第)하여 벼슬이 판서에 이르렀으면서도 이런 말투를 시문 속에 나타냈다. 이는 예양(豫陽: 중국 춘추전국시대 晉人)이 이른바 남의 신하가 되어 두 마음을 품은 것이다. 부끄럽지 않겠는가.[11]

이런 비판은 세대 차이에 따른 가치관의 변화일까. 두고 생각해볼 문제다. 김종직의 「입경시(入京詩)」 "처자식에 얽매여 내 고향의 좋은 봄도 저버렸어라"[12]고 한 대목을 보면 자신의 출사(出仕)가 가계(家計)를 돌보기 위함이었음을 짐작할 수 있다.

〔3〕 김종직의 저술은 상당하였을 것으로 짐작된다. 현재 전하는 『점필재집』(25권 7책)은 화액(火厄)을 피한 일부를 수습, 편집한 것에 불과할 뿐이다. 편집하는 과정에서 다른 사람의 글이 잘못 끼어든 것이라든지,[13] 문집이 대부분 시문으로 짜인 것은 이런 까닭에서다. 그러나 후학들은 그의 저술이 대부분 시문이라는 점을 들어 문장가로 규정하려 하였다. 더욱이 퇴계 이황 같은 홍유(鴻儒)가 "김종직은 학문하는 사람이 아니다. 종신 사업이 단지 사화상(詞華上)에 있을 뿐이니, 그의 문집을 보면 알 수 있다"[14]고 한 이후로는 거의 문장가로 굳어졌다. 율곡 이이

---

11) 『明齋遺稿』 권31, 8a, 「手錄」

12) 『점필재시집』 권1, 6a, 「二月三十日將入京」 "强爲妻孥計, 虛抛故國春."

13) 『점필재문집』 권2, 「萬卷堂記」가 그 한 예다. 고려 충선왕의 만권당에 직접 출입했던 어느 학자의 글이 『점필재집』에 잘못 삽입된 것이라 한다. 閔丙秀, 「佔畢齋集解題」, 『한국의 고전백선』(『신동아』 1969년 1월호 별책부록), 241쪽.

14) 『퇴계언행록(五)』, 「論人物」 "金宗直非學問底人, 終身事業只在詞華上, 觀其文集可知."

역시 '동방이학지조(東方理學之祖)'로 불리는 정몽주까지도 저술이 없다 하여 진유(眞儒)로서의 위치를 의심한 일이 있는데, 김종직이 우리나라 성리학의 정맥(正脈)을 이었다는 사실을 도외시한 채 단순히 문장가로만 지목하는 것은 온당하지 않다.

필문양현(畢門兩賢)으로 추앙받는 김굉필 · 정여창의 도학사상은 과연 누구로부터 전수되었을까. 김굉필의 경우 그 역시 젊어서 문장에 힘을 썼으나, 김종직으로부터 "진실로 학문에 뜻을 두었다면 마땅히 『소학』 책으로부터 시작해야 한다"는 가르침을 받고 그에 침잠하여, 마침내 "『소학』 책 속에서 어제의 잘못을 깨우쳤네"(小學書中悟昨非)라는 유명한 시구를 남겼다.[15] 이것은 도학의 입문처가 어디에 있고 누구로부터 비롯되었는지를 시사하는 바 크다. 조광조는 그의 위치에 대해

> 김종직은 역시 유자입니다. 그때 김굉필 같은 무리는 비록 일시에 크게 베풀지는 못했으나, 근대에 와서 그의 풍성(風聲)을 듣고 추모하는 자가 훌륭한 일을 하는 데 분발하였으니, 역시 이 사람의 공입니다. 착한 사람이 국가의 원기인 것을 여기서 보겠습니다. …… 저 종직의 아비는 길재에게 배웠으며, 한때의 선비로서 일컬을 만한 것이 좀 있는 사람은 모두 종직의 문하에서 수업하여, 마음을 같이하고 뜻을 모아 무리로 상종하였던 것입니다.[16]

라고 하였다.

현전하는 『점필재집』이 온통 재로 남을 뻔한 위기 속에서 건져진 것임을 생각할 때, 김종직의 학문과 사상을 엿볼 수 있게 하는 자료들은 모두 불에 던져지고, 정치적으로 문제가 되지 않는 시편(詩篇)만 남았다

---

15) 奇大升, 『高峯集』 권3, 56a-56b, 「寒暄堂金先生行狀」

16) 『靜庵集』 권3, 21b, 「參贊官時啓(十五)」

는 추정이 가능하다.[17] 그러므로 학문상 치중한 정도의 차이는 있었을지라도 김종직은 문장가이면서 도학자임에 틀림없다고 하겠다. 그를 '문기팔대지쇠'(文起八代之衰)로 평가받는 한유(韓愈)에 비견하는 것은 이런 이유에서다. 퇴계 이황은 김종직의 학문에 대해 '문장을 통해 도학에 들었다'(沿文泝道)고 요약하고, '뭇사람의 혼미함을 일깨운'〔喚起群昏〕 공을 인정하며 다음과 같이 평한 바 있다.

> 점필재는 시문에 주력하여 전아(典雅)함이 도에 가까웠다. 그 문인들은 흐름을 따라서 근원에까지 거슬러 올라갔으니 한훤당(寒暄堂: 김굉필) 같은 이들은 뜻을 분발함이 컸다. 그러나 대업(大業)을 끝내지 못한 채 음화(淫禍)가 미쳐 사문(斯文)의 액(阨)이 되고, 오랠수록 더욱 심하였으니, 한스러움을 이길 수 있으랴.[18]

다만, 김종직이 길재의 학통을 이어 영남학파의 영수가 되었다고는 하나, 사장(詞章)이 우세하던 당시 상황 속에서 사화(詞華)로 인정을 받았던 것으로 보면 일정한 한계를 지녔음은 분명하다.

도학파와 사장파는 그의 문도에 이르러 분기(分岐)되기 시작하였다. 그러나 그는 경술과 문장이 두 갈래가 아니라고 하여, 이전 성리학자들의 전통적인 문학관을 대변하였다.

> 경술하는 선비는 문장에 졸렬하고 문장하는 선비는 경술에 어둡다고 세

17) 김종직의 현전하는 遺集은 대부분 시로 엮어져 있다. 시가 23권인데 비해 文은 2권에 불과하며 문 역시 序・記・跋 등일 뿐 이른바 잡저류의 글은 없다.

18) 『퇴계문집』 권2, 5a, 「閒居, 次趙士敬具景瑞金舜擧權景受諸人, 唱酬韻十四首(其十七)」 참조.

상 사람들은 말하지만, 내가 볼 때는 그렇지 않다. 문장이란 것은 경술에서 나오는 것이니 경술은 곧 문장의 근저(根柢)인 것이다. 이를 풀이나 나무에 비유하자면, 뿌리가 없이 가지가 무성하고 꽃과 열매가 있을 수 있겠는가. 시서육예(詩書六藝)는 모두 경술이요, 시서육예의 글은 곧 그 문장이다. …… 사람들은 한갓 '오늘날 이른바 경술이란 것이 구두훈고(句讀訓詁)의 공부에 불과하고, 문장이란 것은 조전조직(雕篆組織)의 기교에 지나지 않을 뿐이라' 고 보고 '구두훈고만으로 어찌 화려하고 짜임새 있는 문장을 논할 수 있으며, 조전조직만으로 어찌 성리도덕(性理道德)의 학문에 참여할 수 있겠는가' 라고 하여, 이에 경술과 문장을 두 가지로 보고 서로 이용되지 못한다고 의심한다. 아아, 그 식견의 천박함이여![19]

즉, 시서육예의 문장을 통해 그 이치를 연구하고 정밀하게 살펴서 넉넉하게 푹 젖어들면, 리(理)와 문(文)이 흉중(胸中)에서 융회(融會)하게 되니, 언어나 시부(詩賦)는 잘 만들려고 애쓰지 않아도 될 것이라는 말이다. 이를 보면 그는 사장을 배격하였던 후기의 일부 학자들과 궤(軌)를 달리한다.

그는 노재(魯齋) 허형(許衡) 일파의 영향을 받아 실천을 중시하는 학문 경향을 보였다. 실천의 내용이란 다름 아닌 『소학』에 근거한 효제충신(孝悌忠信)의 도리였다. 그는 효제충신의 도리를 사회화하기 위해 향교 교육을 강조하였다.

가만히 생각하건대, 시골의 풍속이 어지럽고 경박하게 되며 조정의 정화(政化)가 통하지 않는 원인은 오직 학교의 강학(講學)이 밝지 못한 데 있는

19) 『점필재집』 권1, 46a-46b, 「尹先生祥詩集序」

것 같다. 진실로 강학이 밝으면 효제충신의 교화를 사람마다 익혀 학교로부터 마을 구석에까지 미치게 되며, 그 훈김에 젖어 스스로 그만둘 수 없게 되면 오륜이 각각 그 질서를 얻고 사민(四民)이 각각 그 직업에 편안히 종사하게 될 수 있으니, …… 이를 보면 일읍(一邑)의 치홀(治忽)이 실로 향교에 관계되고, 한 고을뿐만 아니라 비록 천하라도 다 그러하니, 비록 대소는 다를망정 그 규모는 마찬가지인 것이다.[20)]

그가 생각하는 이상적인 정치는 오륜이 각각 질서를 얻고 사민(四民)이 각각 그 직업에 안정토록 하는 것이다. 이런 정치는 교화에 달려 있으므로 학교에서 강학(講學)을 밝혀야 한다는 것이다. 그는 이어서 또 말하기를

옛날 당나라 태학생인 하번(何蕃)은 주자(朱泚)의 난을 당하여 의연히 육관(六館)의 선비들을 꾸짖어 반역자를 따르지 못하게 하였는데, 한유(韓愈)가 그 용감함을 칭찬하였다. 또 옛말에 이르기를 "한 사람이 활을 잘 쏘면 백 명이 활 쏠 기구를 준비한다"고 하였으니 본받는 자가 많음을 의미한다. 지금 제자(諸子)들 가운데 진실로 전일의 잘못을 인식하고 유속(流俗)에서 뛰어나서 그 조행(操行)을 바로잡고 성리지학(性理之學)을 강구하여 그 붕우(朋友)와 향당(鄕黨)에 권유한다면, 곧 오늘의 하번이요 활 잘 쏘는 사람일 것이다. 학교의 선비가 쏠리듯이 따라와서 다투어 활 쏠 기구를 준비하게 될지 어찌 알며, 또 한 고을이 감화되어 모두 효제충신의 행실에 힘쓸는지 어찌 알리요.[21)]

20) 『점필재집』 권1, 22b, 「與密陽鄕校諸子書」
21) 『점필재집』 권1, 24b-25a, 「與密陽鄕校諸子書」

라고 하였다. 여기에서 '전일의 잘못'이나 '유속'은 무엇을 시사하는가. 구오(舊誤), 즉 지난날의 모든 비도덕적, 비윤리적인 행위를 말함일 것이다. 이를 성리지학의 강구로써 벗어던지고 도덕 사회를 건설하자는 말이니, 그에게서 교육은 곧 '도덕교육'이라고 할 수 있다. 그의 문집에서 후대의 성리학자들이 즐겨 쓰는 철학적 문자는 비록 찾을 수 없지만, 그가 도덕적 이상주의자임에는 분명하다고 하겠다.

〔4〕 김종직의 저술에는 시가 주류인 유집(遺集)이 있고, 우리나라 역대 명가의 시문(詩文)을 선집(選輯)한 『청구풍아(靑丘風雅)』·『동문수(東文粹)』가 전한다. 그가 승정원에 재직할 때 기록했던 『당후일기(堂後日記)』도 있었다고 하나 오늘에 전하지 않는다. 그는 일찍이 『동국여지승람』을 편찬할 때 총재관으로 편차(編次)를 직접 맡은 적이 있었다. 그가 우리나라의 역사와 지리에 밝았음은 그의 문집에 「경상도지도지(慶尙道地圖誌)」와 「선산지도지(善山地圖誌)」가 실려 있고, 또 『일선지(一善誌)』를 편찬했던 사실로도 알 수 있다. 이를 보면 그는 학문의 폭이 좁은 학자가 아니었던 것 같다.

비록 유학을 실천적으로 본 나머지 사상적, 철학적으로 계발한 공은 많지 않다 하더라도, 후진 양성에 힘써 그의 문하에서 수많은 명유들이 배출되었음은 높이 평가되어야 할 것이다. 문인으로는 도학의 김굉필·정여창 이외에도 혹은 학술로, 혹은 문장으로, 혹은 절의로 이름이 높은 제제다사(濟濟多士)가 배출되었다.

2. 金宏弼 단종 2년(1454, 甲戌) – 연산군 10년(1504, 甲子)

〔1〕 자는 대유(大猷), 호는 한훤당(寒暄堂), 시호는 문경(文敬). 본관은 서흥(瑞興)이며 김종직의 문인이다. 처가가 있는 경상도 현풍(玄風) 땅에 살았다. 성종 11년(1480) 사마시(司馬試)에 급제하여 척불(斥佛)을 상소했으며, 동 25년(1494) 유일(遺逸)로 천거를 받아 벼슬이 형조좌랑에 이르렀다. 무오사화 때 김종직의 문도(門徒)라 하여 평안도 희천(熙川)에 유배되었다가 전라도 순천으로 이배(移配)되고, 다시 갑자사화 때 무오당인(戊午黨人)이라는 죄목으로 사형당하였다. 이후 선조 때 영의정에 추증되고 시호가 내려졌으며, 이어 광해군 2년(1610)에 정여창 · 조광조 · 이언적 · 이황과 함께 문묘에 종사(從祀)되었다. 저술로는 유집(遺集)과 가범(家範) 등이 있었으나 사화(士禍) 당시에 화액(火厄)을 입었다. 그 가운데 일부는 외증손 한강(寒岡) 정구(鄭逑)가 엮은 『경현록(景賢錄)』에 전한다.

〔2〕 김굉필은 어렸을 때 호일불기(豪逸不羈)하여 무뢰배(無賴輩)에 가까웠으나,[22] 장성해서는 발분하여 문장을 업으로 삼고 한유의 『창려집(昌黎集)』을 즐겨 읽었다. 그러다가 김종직에게 나아가 수학하였는데, 종직이 그에게 『소학』 책을 주면서 “진실로 학문에 뜻을 두었다면 마땅히 이로부터 시작해야 한다”고 권면하였다. 이 말을 권권복응(拳拳服膺)하여 손에서 『소학』을 놓지 않고 그 내용을 실천하는 데 힘썼다. 일찍이 「독소학시(讀小學詩)」를 지어 “문장을 업으로 하느라 천기(天機)를 알지 못했더니, 『소학』 책 속에서 어제의 잘못을 깨우쳤네”(業文猶未識

22) 李種徽, 『修山集』 권14, 28a, 「漫筆」 “寒暄先生, 少豪逸不羈, 遊走街市, 鞭笞人物, 人見先生, 輒避匿. 旣長, 發憤學文.”

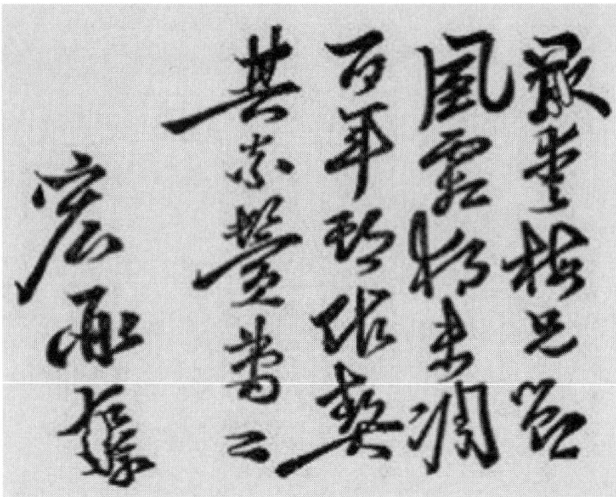

〈김굉필 글씨〉

天機, 小學書中悟昨非)라고 하니, 김종직이 이를 보고 "이 말은 곧 성인이 될 수 있는 바탕이다. 노재(허형) 이후에 어찌 그러한 사람이 없겠는가"라고 하였다. 그를 추중(推重)함이 이와 같았다. 그는 시사(時事)를 묻는 사람이 있을 때에는 문득 "소학동자가 어찌 대의(大義)를 알리요"라고 말했으며, 서른 살이 넘어서야 비로소 다른 책을 읽었고 육경을 접하였다 한다.[23]

이와 같이 그는 『소학』을 율신(律身)의 기본으로 삼았으며, 천리(踐履)를 학문의 주로 하였다. '존양(存養)'으로 학문의 목표로 삼고 그에 도달하는 수단으로써 성(誠) · 경(敬)을 힘써 행하였다. 이것은 사장(詞章)에 힘쓰거나 통경명사(通經明史)의 단계에서 벗어나지 못하고 있던 당시 유학계에서는 새로운 학문 경향이었다. 이황은 그를 '근세도학지종(近世道學之宗)'이라 하였으며, 기대승은 「행장」에서 김굉필의 학문의 대강과 학자적 면모를 다음과 같이 적었다.

23) 南孝溫, 『師友名行錄』 및 『景賢錄』 제1책 상권, 「事實」 참조.

선생은 날마다 『소학』·『대학』을 강송하여 학문의 규모로 삼고 육경을 깊이 탐구하였으며, 성경(誠敬)을 힘써 지녔다. 그리고 존양성찰(存養省察)을 체(體)로 삼고 수제치평(修齊治平)을 용(用)으로 삼아 대성(大聖)의 경지에 이를 것을 기약하였다. 첫닭이 울 때면 반드시 세수하고 머리를 빗은 뒤 의관을 정제하고 반듯이 앉았는데, 마치 찰흙으로 만든 사람의 형상과도 같았다. 학자들에게 마음을 다스리는 요령을 강론할 때면 곡진하여 게으르지 않았는데 삼십여 년을 이와 같이 하였다. 학문은 넓어도 순수하였고 두루 통했어도 잡된 것에 흐르지 않았으니, 견고하고 확실하며 성실하고 극진하되 오히려 황황(皇皇)하게 미치지 못하는 것처럼 하였다.[24)]

그런데 그가 비록 도학의 창명(倡明)을 자기의 책임으로 여기고 충신독행(忠信篤行)하여 일세에 모범을 드리웠지만, 이론을 밝히고 분석하는 데서는 다소 미진함이 있는 듯하다. 이는 그의 성리학에 관한 문자로 보아도 짐작할 수 있다.[25)] 그의 유일한 부(賦)인 「추호가병어태산(秋毫可竝於泰山)」에서는 한유의 「원도(原道)」와 주염계의 「태극도설」을 원용하고 리기관(理氣觀)을 피력하였는데, 우주의 근원과 현상에 대하여

무릇 천하의 사물에 리(理)와 분(分)이 있음을 나는 안다. '리'는 만 가지가 모여 하나로 되고 '분'은 만 가지로 다르지만 어지럽지 않다. 그러나 간간이 소지(小智)들은 한갓 물(物)만 보고 '리'는 잊어버린다.[26)]

---

24) 『景賢錄』 제2책 상권, 「行狀」

25) 성리학에 관한 논설이 더러 있었을 것이나 士禍 당시 불에 탄 듯하다.

26) 『景賢錄』 제1책 상권, 「秋毫可竝於泰山賦」 "吾知夫天下之物, 有理有分, 理會萬而爲一, 分萬殊兮不紊, 彼間間之小智, 徒見物而遺理."

고 하여, 리일분수(理一分殊)로써 보편 · 특수를 설명하고, 리와 분이 두 가지가 아니라 혼연일체(渾然一體)임을 강조하였다. 그리고 "하나가 둘(兩儀)을 낳은 뒤에 사물은 만 가지로 다르나, 그 소이(所以)를 추구하면 그 근본은 하나다"[27]고 하였다. '일생양(一生兩)' 에서 '일' 은 태극이요 '양' 은 음양이니, 이는 「태극도설」에서 '태극생음양(太極生陰陽)' 이라 한 것과 같다. 이러한 '리' 중시적 경향은 그의 성리학의 주조를 이룬다. 그는 또 이어서

> 추호(秋毫)가 비록 작지만 태극을 갖추었고, 태산이 비록 크지만 하늘이 만들어낸 것이다. 그런즉 형이하로 보면 천지가 역시 일물(一物)이 되는 것이요, 형이상으로 보면 물물(物物)이 모두 무극(無極)이 된다. 어찌하여 세상 사람들은 근본을 버리고 말단을 좇아 천차(千差)와 만별(萬別)에 현혹되는고. 혹 대롱으로 하늘을 엿보고 혹 송곳으로 땅을 가리키기도 한다.[28]

고 하여, 현상계에만 집착하지 말고 그 본원(本原)을 통견(洞見)해야 한다고 주장하였다. 다만 무극과 태극의 용어를 구별 없이 섞어 쓰는 등 분명치 못한 점이 있어 아쉬움을 갖게 한다.[29]

〔3〕 김굉필은 정몽주의 통서를 이어받고 후대의 조광조에게 그 학문 전통을 이어준 계왕개래(繼往開來)의 관절적(關節的) 위치에 있었다. 그의 도학은 '학문 연원이 있고 추향(趨向)이 바르다' 는 점에서 일차적 의

27) 「秋毫可竝於泰山賦」 "一生兩之後, 物有萬其不同. 然推究其所以, 卒爛漫而同宗."

28) 「秋毫可竝於泰山賦」 "秋毫雖小, 具太極也, 泰山雖大, 天所作也. 然則自形而下兮, 天地亦爲一物, 自形而上兮, 物物皆爲無極也. 何世人遺本而逐末, 眩千差與萬別, 或用管而窺天, 或用錐而指地."

29) 후인의 誤寫로 보는 견해도 있다.

미를 찾을 수 있다. 정몽주가 도학의 끊어진 학통을 처음으로 이었다면, 김굉필은 문장과 사공(事功)에 가려 거의 끊어질 뻔한 학통을 다시 일으켜 세우고 조선의 학자들이 학문의 방향을 알도록 하였다. 게다가 학술이 순정(醇正)하고 천리(踐履)가 독실하여 한때의 학자들이 추복(推服)하였고, 문인 제자들이 그 학통을 전하고 학파를 넓혀감으로써 도학으로 조선의 학문을 특징짓게 하였다. 이런 점에서 그는 '조선도학의 시조' 라고 할 수 있다.

김굉필은 『소학』으로 학문 하는 방법을 제시하였으며, 『소학』에서 요구하는 강한 실천성을 바탕으로 도덕적 인간, 도덕적 이상사회를 추구하였다. 『소학』은 중종조에 조광조 등 지치주의 도학자들의 사상적 근원이 되었다. 개인의 수양과 사회 개혁은 서로 다른 차원의 것이 아니다. 김굉필이 몸으로 보인 '율기(律己)' 의 정신은 조광조의 단계에 이르러 도학적 이상국가의 추구로 발전하였다.

『소학』은 '경(敬)' 사상으로 일관되어 있다. 김굉필은 '경' 을 통해 『소학』의 가르침을 달성할 수 있다고 보았다. 그는 '주경존심(主敬存心)' 넉 자로 수양의 요점으로 삼았으며 이것을 몸으로 보여주었다. '주경존심' 의 치심(治心) 방법은 조선 성리학의 대강이라 해도 과언이 아니다. 김굉필은 조선의 유학을 '심학' 으로 자리매김하였다. 조선 심학의 선도자는 김굉필이다. 김굉필 이전에 심학의 모습을 제대로 선보인 학자가 없었다. 이후 명종 · 선조 시기를 거치면서 조선의 유학은 심학으로 정초되어 갔으며, 17세기 중엽 이후에는 '경' 을 중심으로 한 심학 체계가 공고하게 구축되었다.

김굉필은 제자 양성에 힘을 쏟았다. 문인들은 학단을 이루었다. 김굉필의 문인과 그들이 양성한 학인들이 16세기 중반 이후, 조선의 학계 · 정계를 이끌었다. 이들은 선조 즉위 이후 사림파 집권의 주인공들이었다. 조선을 도덕적 이상국가로 승화시키고 '사림의 나라'로 만든 그 기초는 사실상 김굉필이 놓았다고 할 수 있다.

3. 鄭汝昌 세종 32년(1450, 庚午) - 연산군 10년(1504, 甲子)

〔1〕 자는 백욱(伯勗), 호는 일두(一蠹), 시호는 문헌(文獻). 본관은 하동(河東)이며 김종직의 문인이다. 경상도 함양에서 태어나 김굉필 · 김일손 등과 신교(神交)를 나누었다. 일찍이 부친을 여의고 모친에게 효성을 극진히 하였으며, 항상 몸과 마음가짐을 단아, 정중하게 하였다. 지리산 악양동(岳陽洞)에 들어가 3년 동안 수학하면서 오경의 대의(大義)와 성리학의 근원을 탐구하여 체용(體用)의 오지(奧旨)를 체득함으로써 학업을 성취하였다.[30)]

성종 14년(1483) 진사시에 급제하고 경명행수(經明行修)로 여러 번 천거되었으나 나아가지 않다가, 동 21년(1490) 별시문과에 급제하여 예문관 검열, 세자시강원 설서(說書)를 지냈다. 질시(嫉視)를 받아 동 25년(1494) 안음현감(安陰縣監)으로 나간 뒤에도 치적을 펴고 향반(鄕班) · 향리(鄕吏)의 자제들을 훈도하니 그의 문하에 들어와 사사(師事)한 사람이 적지 않았다. 연산군 4년(1498) 무오사화에 연루, 함경도 종성(鍾城)에 귀양 갔다가 동 10년(1504) 4월 적소(謫所)에서 죽었으며, 그해 9월 갑자사화가 일어나자 부관참시(剖棺斬屍)되었다. 중종 때 이르러 정몽주 · 김굉필과 함께 동국도학의 종(宗)으로 추앙을 받음에 따라 의정부

---

30) 남효온의 『師友名行錄』에 의하면, 그가 지리산에서 수학하는 동안 불교의 참선법을 수용하였고, 유교와 불교가 그 도는 같으나 행적에 차이가 있다는 것을 체득하였다고 한다. 이로써 보면 불가의 이론에도 많은 관심을 갖고 접근하였던 듯하다.

우의정에 추증되고, 광해군 2년(1610) 문묘에 종사되었다.

그는 스승 김종직의 학풍을 이어받아 '실천'을 주로 하면서, 사장(詞章)에 흐르지 않고 도학에 전심(專心)하여 조광조 등 지치주의 기수(旗手)들에게 영향을 주었다. 그의 저술에는 『용학주소(庸學註疏)』·『주객문답설(主客問答說)』·『진수잡저(進修雜著)』 등이 있었으나, 무오사화 때 그의 부인이 소각해 버렸다고 한다. 유집(遺集) 일부가 『문헌공실기(文獻公實記)』(鄭逑 編)에 실려 전한다. 유집에 실린 「리기설(理氣說)」·「선악천리론(善惡天理論)」, 「입지론(立志論)」은 정개청(鄭介淸)의 글을 잘못 실은 것이다.[31)]

문인으로 노우명(盧友明: 信古堂), 이희증(李希曾: 魯翁)[32)], 고숭걸(高崇傑: 樂天堂) 등이 있었다.

〔2〕 정여창은 『소학』을 율기(律己)와 치화(治化)의 기본으로 삼았던 조선 초기 학풍에 영향을 받아 힘써 실천을 위주로 하였다. 윤효손(尹孝孫)과 주고받은 서한을 보면, 말만 앞서고 실천이 따르지 않은 학자를 꾸짖을 때 자주 쓰는 '기세도명(欺世盜名)' 운운하는 말이 등장한다.[33)] 남명 조식의 상징과도 같은 이 말이 이미 심도 있게 사용되었다. 그를 '조선시대 실천유학의 선구자'라고 일컫는 것은 이런 이유에서 일 것이다.

그는 민자건(閔子騫)이나 증참(曾參)에 비유되기도 한다. 효성이 실로 대단하였던 것 같다. 그는 이른 나이에 부친을 잃은 것을 천추의 한으로

---

31) 고종 17년(1880) 무렵에 경상도 玄風에 사는 士人 郭孝根의 집에 보관되어 있는 것을 발견, 1919년 『일두집』 속집을 간행하면서 실은 것이다.

32) 『思齋集』 권3, 34b-37a, 「弘文館修撰李君墓碣銘」 참조.

33) 『일두집』 속집 권3, 1a-1b, 「尹孝孫書」 "含垢虛名, 不勝心愧而面騂. 近世欺世盜名之誚, 扭捏主張, ……"

여겨, 홀어머니를 봉양하는 데 지극 정성을 다하였다. 한 예로, 젊었을 때 술을 무척 좋아하였는데, 모부인(母夫人)에게 질책을 받은 뒤 깊이 자책한 그는 임금이 어주(御酒)를 내리거나 음복(飮福)할 때가 아니고는, 술을 입에 대는 일이 없었다고 한다.[34] 부모의 상을 당했을 때는 3년 동안 죽만 마시며〔歠粥〕 시묘살이를 하였고, 평소에도 '육아(蓼莪)'[35]에 말이 미치면 슬피 울면서 그치지 않았다고 한다.

류희춘(柳希春)에 의하면, 정여창의 학문은 '독실(篤實)'로써 근본을 삼고 '자신을 속이지 않는 것'〔不自欺〕으로 주를 삼았다고 한다.[36] 정여창은 일찍이 다음과 같이 술회한 바 있다.

> 나는 바탕이 남들보다 낮다. 만약 십분의 공이 없다면 어찌 털끝만 한 효과라도 보겠는가. 비유컨대, 씨를 심어 기르는 것과 같으니, 메마른 자갈밭에는 좋은 벼라도 잘 자라지 않고, 기름진 땅에서는 강아지풀이라도 쉽게 자라는 법이다. 만약 북돋우고 호미질하여 잘 가꾸는 노력이 없다면 비록 좋은 땅이 있다한들 무슨 보탬이 되겠는가.[37]

과연 정여창의 학문은 '학무독실(學務篤實)' 넉 자로 요약할 만하다. 위에서 말한 '부자기(不自欺)'는 성의(誠意)를 말하는 것으로 『대학』 전(傳) 6장에 나온다. 이와 관련하여 동계(桐溪) 정온(鄭蘊)의 「신도비명」에서는 다음과 같이 말하였다.

---

34) 『大東野乘』 권3, 「丙辰丁巳錄」; 민족문화추진회 국역본(Ⅰ), 416쪽.

35) 효자가 어버이를 제대로 봉양하지 못하는 것을 슬퍼하는 시. 『시경』에 나온다.

36) 『일두집』 유집 권3, 32a, 「讚述」 "公之學, 以篤實爲本, 以不自欺爲主." (류희춘, 〈종성기문〉)

37) 위와 같음 "嘗曰, 余質下於人, 若無十分之功, 焉得絲毫之效? 譬如種穀, 磽确之田, 嘉禾不茂, 膏腴之地, 稂莠易生. 若無栽培鋤治之力, 雖有良田, 亦何益哉?"

> 선생의 학문은 정주(程朱)로써 준적(準的)을 삼았다. 독서는 궁리(窮理)로써 우선을 삼고 처심(處心)은 불기(不羈)로써 주를 삼았으며, 일용공부는 성·경(誠敬)을 벗어나지 않았다. 치평(治平)하는 율령(律令)·격례(格例)에서는 그 극점까지 궁구하지 않음이 없었으며, 바깥 고을을 다스림에 이미 그 단서를 보였다.[38]

이는 수기(修己)로부터 치평(治平)에 이르기까지 체용해비(體用該備)된 정여창의 학문 규모와 방법 등 그 대체를 잘 요약한 것으로 생각된다. 정여창이 『대학』과 『중용』에 정밀했다고 하는 것도 이와 무관하지 않다.

『사우언행록』에 의하면, 김굉필은 '리(理)' 에 밝았고 정여창은 '수(數)' 에 밝았다고 한다.[39] 두 사람의 저술 대부분이 전하지 않는 오늘 이를 증명하기는 어렵지만, 이 역시 체용지학과 연결할 수 있지 않을까 한다. 송시열은 이에 대해 다음과 같이 말하였다.

> 내가 일찍이 야사(野史)를 보건대 "한훤당은 '리' 에 정통하고 일두는 '수' 에 정통했다" 는 말이 있었다. 내가 가만히 의심하기를 "대저 이른바 '수' 라는 것이 소자(邵子)가 이른바 '하나가 둘을 낳고 둘이 넷을 낳고 넷이 여덟을 낳는다' 는 것이라면 이것은 곧 대역(大易)의 근본으로서, 이른바 '리' 라고 하는 것도 실상은 그 속에 있다. 그러므로, 주자(朱子)가 말하기를 주자(周子)는 '리' 로부터 보았고 소자는 '수' 로부터 보았으니 모두가 다만 '리' 뿐이라" 고 하였다. …… 대저 선생의 고명하신 자질로 그 학문이 어찌 '수' 에만 치우쳤으리오.[40]

---

38) 『桐溪集』 권4, 3a-3b, 「文獻公一蠹鄭先生神道碑銘幷序」

39) 辛永禧, 『師友言行錄』 "大猷精於理, 伯勗精於數."

위에서 말한 '수'는 역수(易數)를 가리킨 것으로 짐작된다. 『실록』에 의하면, 성종 23년(1492), 문신 중에서 성품이 꼼꼼한 사람을 선택하여 천문(天文)과 산학(算學)을 익히도록 하였을 때, 최보(崔溥) · 박증영(朴增榮) · 권오복 · 김감(金勘) · 강혼 · 유숭조(柳崇祖) · 이세인(李世仁) · 정붕(鄭鵬) · 이과(李顆) 등과 함께 정여창이 뽑혔다.[41] 이것은 그가 '수'에 밝다고 한 사실을 증명한다고 하겠다.

성리학에 대한 정여창의 조예를 살필 수 있는 체계적인 글은 없다. 다만 조각글을 통해서 보면 그 수준이 높지는 않았던 것 같다. 그 대표적인 예가 『중용장구』 제1장에 나오는 주자주(朱子註)에 대한 해석 문제이다. 일찍이 주자는 '천명지위성(天命之謂性)'을 해석하면서 "하늘이 음양오행으로써 만물을 화생(化生)함에 기로써 형체를 이루고 리 역시 부여되었다"고 한 바 있다. 그런데 정여창은 '기이성형(氣以成形), 리역부언(理亦賦焉)'이라고 한 대목을 못마땅하게 여겨 "어찌 기 뒤에 있는 리가 있겠는가"라고 하였다 한다.[42] 아마도 리 · 기에 시간적 선후가 있는 것으로 이해한 데서 비롯되지 않았는가 한다. 이에 대해 다음과 같은 비평이 있다.

> 리기에 선후가 없다는 설은 선유들이 이미 모두 다 말하였다. 옛날에 보니 권필(權韠: 1569～1612) 여장(汝章: 권필의 자)이 우연히 이것에 대해 말한 바 있었는데, 여장은 정일두가 『중용』 첫 장의 주자주에 '기로써 형체를 이루고 리 또한 부여되었다'고 한 두 글귀를 가지고, 주자가 리기를 선후로 분

40) 『宋子大全』 권144, 29a-29b, 「安陰縣光風樓記」

41) 『성종실록』, 23년 10월 18일 乙卯條.

42) 『추강집』 권7, 17b-18a, 「冷話」 "鄭汝昌伯勗, 取中庸章句曰, 天以陰陽五行化生萬物, 而不取其氣以成形, 而理亦賦焉, 曰安有後氣之理乎."

변한 양 생각하였는데, 이는 도무지 본지를 잃은 것이라고 하였다.[43)]

한편, 정여창은 '심(心)' 에 대한 공부를 중시하였다.[44)] 그는 '심출입설(心出入說)' 을 주장하였으며, 이 문제를 놓고 남효온과 사실상 논변을 벌이기도 하였다. 문제의 발단은 정여창이 공자의 '조즉존(操則存)', 맹자의 '수방심(收放心)' 등의 설에 근거하여 '마음은 몸을 드나드는 것' 이라고 한 데서 비롯되었다. 남효온이 "마음이 어찌 출입하는 것이겠는가"라고 문제를 제기하자 정여창은 "여기에 앉아 있는데 마음은 천 리 밖에 놀고, 잠깐 사이에 말아져서〔卷〕 강자(腔子) 안에 있으니 드나드는 것이 아니겠는가"라고 응수하였다. 남효온은 정여창의 심출입설에 대해 다음과 같이 비판하였다.

> 저 공맹(孔孟) · 이락(伊洛)의 출입설로 말하자면, '조(操)를 가지고 존(存)으로 여기고 사(舍)를 가지고 출(出)이라 여긴 것' 에 대해 나로서는 적이 의심할 따름이다. 대개 마음을 잡으면 형기(形氣)가 맑고 순수하며 이 마음이 항상 밝아 서로 같이 있으니 이른바 입(入)이라는 것이요, 마음을 놓아버리면 형기가 흐리고 섞여서 이 마음을 엄폐(掩蔽)하여 외물(外物)의 유혹이 주가 되니 이른바 출(出)이라는 것이다. 그렇지만, 참으로 드나들도록 함이 있는 것은 아니다. 백욱은 말 때문에 본래의 뜻을 해친 것〔以辭害義〕은 아닐까? …… 범조우(范祖禹)의 딸이 열네 살 때 『맹자』를 읽고 "맹자가 잘못이다. 마음에 어찌 출입이 있겠는가"라고 하였으니, 이 여자가 비록 맹자의 본

43) 鄭弘溟, 『畸庵集』 권12, 15a, 「漫述」 "理氣無先後之說, 先儒已盡言之矣. 昔見權汝章韠, 偶及此事. 汝章因言鄭一蠹以中庸首章註「氣以成形, 而理亦賦焉」二句, 以爲朱子有先後之辨, 殊失本旨云."

44) 『일두집』 속집 권4, 6b, 「師友門人錄」 "(一蠹)先生曰, 學而不知心, 何以學爲? 寒暄曰, 心在何處? 曰, 無乎不在, 亦無有處."

지는 알지 못하지만 몸 밖에 마음이 없다는 사실은 중요하게 알았다.[45]

'심출입설' 은 『맹자』에 "마음은 잡으면 보존되고 놓으면 잃어버려서 그 출입이 정해진 때가 없으며 그 방향(定處)을 알 수 없는 것은 오직 사람의 마음을 두고 한 말이다"[46]고 한 공자의 말에서 나왔다. 범조우의 딸 이야기는 위 인용문의 『주자집주(朱子集註)』 소주(小註)에 나온다.[47] 남효온은 정여창이 명경칙행(明經飭行)으로 당대에 비길 사람이 없는데도 소견이 이와 같을 뿐이라고 하면서, 공맹과 정주의 설을 비판 없이 따른 데 대해 아쉬움을 표하였다.

4. 李穆 성종 2년(1471, 辛卯) – 연산군 4년(1498, 戊午)

〔1〕 자는 중옹(仲雍), 호는 한재(寒齋), 시호는 정간(貞簡)이다. 본관은 전주이며 경기도 김포에서 태어났다. 어려서부터 효제(孝弟)로 이름이 났으며 성품이 강직하였다. 14세 때 김종직의 문하에 나아가 문인이 되었다. 동문 가운데 막역했던 이들로는 탁영(濯纓) 김일손(金馹孫: 1464

45) 『추강집』 권5, 28a-29b, 「心論」 "孔子所謂操則存, 孟子所謂收放心, 程子所謂使反復入身來. 伯勗用是說, 亦指心出入之物. 余嘗詰之曰: 「心豈出入乎?」 伯勗曰: 「坐於此, 而心遊千里之外, 須臾卷在腔裏, 非出入乎"」…… 若夫孔孟伊洛出入之說, 則愚竊疑以操爲存, 以舍爲出耳. 蓋操則形氣清粹, 此心常明而互存, 所謂入也; 舍則形氣淆駁, 掩蔽此心, 而外誘爲主, 所謂出也. 非眞有出入之也. 伯勗無乃以辭害義乎? …… 范純夫女子, 年十四讀孟子曰: 「孟子誤矣! 心豈能出入乎?」 此女雖不知孟子本旨, 要知身外無心者."

46) 『맹자』, 「告子(上)」 "孔子曰, 操則存, 舍則亡, 出入無時, 莫知其鄕, 惟心之謂與."

47) 성균관대 대동문화연구원 영인, 『經書』 675쪽, 下右 "問: 「范淳夫女, 讀孟子曰, 孟子誤矣, 心豈有出入? 伊川聞之曰, 此女雖不識孟子, 却識心. 伊川此語, 是許之, 是不許之?」 曰: 「此女必天資高, 見此心常湛然安定, 無出入. 然衆人不能皆如此. 若通衆人論之, 心却是走作底物. 孟子所引夫子之言, 是通衆人論耳."

~1498)과 수헌(睡軒) 권오복(權五福: 1467~1498)을 들 수 있다.

17세 무렵에는 학문이 상당한 경지에 이르고 문사(文詞)를 잘하였다. 경전 가운데 『춘추좌씨전』을 잠심완미(潛心玩味)하여 손에서 책을 놓지 않았다고 한다. 또 송유(宋儒) 범중엄(范仲淹)의 인덕과 공업(功業)을 사모하여, 그의 일생 업적을 벽 위에 써놓고 경앙(景仰)하는 마음을 붙였다고 한다.[48] 19세 때 생원 · 진사시에 급제하고, 이어 성균관에 들어가 수학하였다. 태학생으로 있을 때는 강의불굴(剛毅不屈)한 성격으로 명성이 높았으니, 일의 시비를 논하고 장부(臧否: 선악)를 가릴 때 강개, 정직하여 회피하는 바가 없었으며 퍽 간절하였다. 항상 '부오도(扶吾道) 벽이단(闢異端)'으로써 자신의 책임을 삼았는데, 그의 기개와 풍모는 동료들이 사모하지 않음이 없었으며, 간사한 무리들은 곁눈질하면서 틈새를 엿보기에 바빴다고 한다.

25세 되던 연산군 원년(1495) 별시문과에 장원 급제하여 성균관 전적(典籍) 겸 종학(宗學)의 사회(司誨)에 제수되었다. 26세 때에는 무관직으로 영안남도 병마평사(永安南道兵馬評事)에 전임되었다가, 다시 돌아와 호당(湖堂: 讀書堂)에 뽑혀 사가독서(賜暇讀書)의 영예를 입었다. 그러나 28세 때인 연산군 4년(1498) 7월 무오사화가 일어나 난언(亂言)을 했다는 죄목으로 김일손 · 허반(許磐) 등과 함께 참형을 당하였다. 그 뒤 갑자사화(1504) 때 부관참시의 추형(追刑)을 받았다가 중종반정 뒤 신원(伸寃)되고 관작이 복구되었다. 공주 충현서원(忠賢書院)에 배향되었다. 저술로는 『이평사집(李評事集)』(2권 1책)이 전한다.

이목은 「다부(茶賦)」라는 글로 유명하다. 1천3백여 자에 달하는 이 글

48) 『寒齋文集』(寒齋宗中管理委員會, 1981 - 이하 같음), 532쪽, 「諡狀」 "噫, 嘗聞先輩相傳言, 公少時, 好觀左氏春秋. 潛心玩味, 手不釋卷. 又慕范仲淹之德業, 書諸壁上, 以寓景仰之心"

은 초의선사(艸衣禪師:1786~1866)의 「동다송(東茶頌)」과 함께 우리나라의 대표적인 '차 노래글' 로 병칭된다. 그에게서 '차' 의 위상은 상당하다. 그러나 그의 본령은 도학에 있고 차는 하나의 여사(餘事)에 속한다. 여사이면서도 도학의 연장선상에서 논의된다. 「다부」에서는 전반적으로 차에 대한 예찬론을 전개하였지만, 끝내는 다도가 심성수양, 더 나아가 구도(求道)에 깊이 연결된다는 사실을 강조하였다. 차생활을 통해서 도의 경지에 이를 수 있다는 점을 부각하였다. 차는 '맛' 이나 '멋' 그리고 '즐거움' 만 추구하는 대상이 아니었다. '높은 정신적 경지' 를 추구하는 수양방법의 하나로서 의미가 있는 것이다. 「다부」에서는 실제로 차를 완미하는 것보다 '정신수양' 과 '정신적 즐거움' 이 한 단계 위에 있음을 강조하였다. 이목이 짧은 삶을 살면서 위기지학(爲己之學)에 힘쓰며 고결 강직한 성품을 지닐 수 있었던 것은 차의 성격과 통하는 바 적지 않다고 하겠다.

〔2〕 필문제자(畢門諸子)의 학문 경향과 관련하여 김일손은 다음과 같이 말한 바 있다.

> 내 성질이 본디 남을 인정하는 일이 적었다. 17세 때 처음으로 점필재 문하에 유학하여, 열세 사람과 신교(神交)를 나누었으니, 도덕에는 김굉필 · 정여창 · 이심원(李深源)이요, 문장에는 강혼(姜渾) · 이주(李胄) · 이원(李黿) · 이목이요, 유일(遺逸)에는 남효온 · 신영희(辛永僖) · 안응세(安應世) · 홍유손(洪裕孫)이요, 음률에는 이총(李摠) · 이정은(李貞恩)이라.[49]

49) 『濯纓年譜』 상권, 6a-6b, 〈선생 17세, 庚子〉조 "予性本小許可. 十七歲, 始遊佔翁之門, 得神交十有二(三?)人焉. 道學金大猷宏弼鄭伯勗汝昌李伯淵深源, 文章姜士浩渾李胄之胄李浪翁黿李仲雍穆, 遺逸南伯恭孝溫辛德優永僖安子挺應世洪餘慶裕孫, 音律李百源

위에서 지목되었듯이 이목은 문장에 발군(拔群)의 실력을 보였던 것 같다. 특히 '부(賦)' 에 뛰어나 동문인 권오복은 "재주와 명성이 좌사(左思)보다 앞섰다"[50]고 평하기도 하였다. 그러나 이목은 사화(詞華)를 일삼던 사장유(詞章儒)가 아니었다. 그의 생각은 도문일치(道文一致)를 추구하는 데 있었다.

한재사상의 정신적 배경을 살피는 데 백각(白閣) 강현(姜鋧: 1650~1733)이 찬한 「시장(諡狀)」의 일부는 상당한 시사를 던진다.

> 공의 평생을 살피건대, 그 살신성인(殺身成仁)하고 탁립불고(卓立不顧)한 절개는 아직도 밝게 빛나 사람의 이목을 비춰준다. 이는 진실로 『춘추』에서 얻은 바 크다고 할 것이다. 그러나 한 가지 한스러운 것은 이른 나이에 일찍 꺾여서 끝내 희문(希文: 범중엄의 자)이 온축(蘊蓄)한 것을 펴지 못했다는 점이다. 혹여 이른바 천도라는 것도 그르단 말인가?[51]

위의 말로 미루어 짐작할 수 있듯이, 이목의 절의와 덕업은 사상적, 정신적으로 그 소종래(所從來)가 있다. 그는 사관(史官)으로 있으면서 직필무휘(直筆無諱)의 정신을 고양했던 김일손과 막역한 사이였다. 김일손은 일찍부터 춘추직필(春秋直筆)을 본받아, 당시의 일대 기휘(忌諱) 가운데 하나인 노산군(魯山君: 단종)의 후사 문제를 경연에서 직언하였으며, 또 스승 김종직의 「조의제문」을 사초에 편입하기도 했다. 이런 점으로 볼 때, 이들이 춘추 의리정신에 투철하였음을 짐작할 수 있다.

순조 30년(1830) 사학(四學) 유생 윤정수(尹正洙) 등은 이목을 문묘에

摠李正中貞恩." ; 『한재문집』 164쪽, 「연보」, 14세(甲辰)조.

50) 『한재문집』 465쪽, 「贈李進士穆」 "賦罷三都萬口傳, 才名端合左思先."

51) 『한재문집』 533쪽, 「諡狀」

종사하라고 조정에 상소하였다.

> 이목은 어렸을 때부터 김종직의 문하에 나아가 배웠습니다. 성명리기지학(性命理氣之學)에 투철하고 깊었으며, 도학과 문장의 조예가 높고 빼어나 발군(拔群)의 실력이었습니다. 당시에 김굉필·정여창과 동문으로 서로 이택(麗澤)하면서 번갈아 백중(伯仲)을 이루었으니, 우리 동방 도학의 적전(的傳)이 여기서 성황을 이루었나이다.[52)]

위에서 '성리학에 조예가 있었다' 고 한 말의 명증(明證)을 문집 등에서 찾기는 어렵다. 그렇지만 그의 글을 정독하고 나면 그가 단순한 문장가나 절의지인이 아니요, 학문적·사상적으로 상당한 경지를 개척했던 학자였다는 것, 그리고 성리학의 중심 과제인 '심(心)' 에 대하여 조예가 있었다는 점을 간취할 수 있다. 그는 유학사상의 본질을 심학의 측면에서 인식하려 했던 것 같다.

이목은 당세와 관련하여 밖으로만 치닫고 내면 공부를 도외시하는 세태를 비판하면서, 일심(一心)으로 돌아가 만사(萬事)를 보아야 할 것이라고 강조하였다.

> 바야흐로 하나(心)에 돌아가 만 가지를 살펴봄이여, 어찌하여 진실은 적고 모두가 거짓뿐인가. 세상에서 바깥만 꾸미고 속은 내버려둠이여, 다투어 사특한 것을 꾀하고 박실(朴實)한 것은 깎아 내버리는구나. 더구나 이단의 말이 세상을 어지럽힘이여, 도리어 귀를 먹고 눈을 멀게 하는도다.[53)]

---

52) 『한재문집』 549쪽, 「請從享文廟疏 庚寅」 참조.

53) 『한재문집』 363쪽, 「虛室生白賦」 "方歸一而視萬兮, 何寡眞而皆僞. 世固飭外而遺內兮, 競圖邪而斲朴. 矧異說之紛靡兮, 反聾瞽其耳目."

이것은 그의 학문이 인간 주체의 확립과 내면적 성찰을 목적으로 하였음을 시사한다. 그는 사람의 '일심(一心)'을 매우 중시하여 "전성(前聖)과 후성(後聖)이 '한 마음' 임을 알게 함이여! 이로 인해 도를 구하고자 하노라"[54], "만고의 사문(斯文)은 다시금 사람의 마음을 통해 드러났다"[55]고 하였다. '한마음'을 통해 구도(求道)하려 한다는 것은 말은 짧지만 그 의미까지 간단하지는 않다. 그의 심학사상에서 사실상 결정(結晶)이라 할 수 있기 때문이다.

이목의 심학사상을 살피는 데 「허실생백부(虛室生白賦)」 1편을 빼놓을 수 없다. 이는 이목의 심학에 대한 관심과 조예의 일단을 엿볼 수 있는 자료다. '계심잠(戒心箴)'이라 할 만큼 '심'의 수양에 절실한 내용으로 되어 있다. 한마디로 유가의 치심공부(治心工夫)와 노장(老莊)의 심재(心齋)에서 합치점을 찾고자 한 것이다. 이목은 『장자』의 '허실생백'의 설에 대해 '심의 본체'를 잘 드러낸 것으로 평가하였다.

> 『장자』「인간세」편의 '허실생백'의 설은 괴이하지 않다. 그 요점을 추리자면 맹자가 '호연지기(浩然之氣)'를 말하고 주자가 '허령불매(虛靈不昧)'를 말한 것과 같다. 어떤 사람이 나를 힐책하기에 이미 이런 취지로 대답하였고, 또 풀이하기를 "대개 방을 텅 비게 하면 능히 밝아지나니, 밝아지는 것은 허(虛)의 소위(所爲)다. '심의 본체'가 본래 밝음을 형용한 것으로는 이보다 절실한 것이 없다고 본다"고 하였다. 이에 부를 지어 작은 것으로부터 큰 것에까지 미치고, 드러난 사실에 근거하여 은미한 것을 깨우침으로써 스스로 반성코자 한다.[56]

---

54) 『한재문집』 383쪽, 「七寶亭賞蓮詞」 "惟余志之未修兮, 騁精神於千古. 知前後之一心兮, 願因斯而求道."

55) 『한재문집』 351쪽, 「弘文館賦」 "萬古斯文, 復形人心."

위의 '심체본명(心體本明)' 이란 일구를 통해 이목의 심학이 지닌 성격의 일단을 엿볼 수 있음직하다. 그가 허실생백을 유가의 '허령불매' 와 '호연지기' 에 견준 것은 심의 본질인 '허령불매' 와 심의 수양방법인 '양기(養氣)' 를 염두에 둔 것이라고 본다. 그가 비록 짧은 생애지만 직도(直道)로 일관된 삶을 살 수 있었던 데에는 치심공부가 큰 자양분이 되었음은 물론이다.

이목의 글을 보면 노장의 현허지도(玄虛之道)와 거대한 정신세계에 매료된 듯한 측면이 적지 않다. 그러나 이는 문장가들에게서 흔히 볼 수 있는 점이기도 하다. 그는 근본적으로 유가적 사고에서 벗어나지 않았으며, 종국에는 유가의 수렴공부(收斂工夫)로 돌아올 것을 강조하였다. 그가 제시한 수양 방법 역시 한결같이 유가적이다.

---

56) 『한재문집』 359쪽, 「虛室生白賦」

제3장

淸談派의 행적

'현실 정치에서의 초탈' 을 표방한 청담파는 대개 중국 진(晋)나라 초기의 죽림칠현(竹林七賢)을 모방하여 노장(老莊)의 허무(虛無)를 좋아하였으며, 시정(時政)의 속사(俗事)를 떠나 은일(隱逸)로써 즐거움을 삼고 시주(詩酒)로써 마음을 달래며 고담준론(高談峻論)으로 소일하였다. 국법에 의하여 출세에 제한을 당하는 종실(宗室)이나 서얼(庶孼) 그리고 신분상으로 제약을 받는 서리(胥吏)들이 주로 가담하였는데, 청담파 가운데 죽림칠현으로 자처하는 일곱 학자가 유명하였다. 즉 남효온(南孝溫)·홍유손(洪裕孫)·이정은(李貞恩: 宗室 秀泉副正)·이총(李摠: 宗室 茂豊副正)·우선언(禹善言)·조자지(趙自知)·한경기(韓景琦) 등이 그들이다. 이 밖에도 안응세(安應世)·허반(許磐)·이윤종(李允宗)·신영희(辛永禧)·노섭(盧燮)·유방(柳房) 등이 있었다. 이들은 대부분 김종직의 문하에 출입한 학자들로서 사림파 학자들과 교류가 잦았다. 연산군 때 김종직의 문인들이 수난을 당할 때 이들도 대부분 연좌되었다.

이들의 처세는 비록 노장의 고허지론(高虛之論)을 따랐을지라도, 학문은 역시 유학에 근본을 두었다. 일찍이 사림파의 김굉필은 "남백공(南伯恭: 孝溫)과 이백원(李百源: 摠) · 이정중(李正中: 貞恩) · 허문병(許文炳: 磐)은 모두 진풍(晋風)이 있다. 진나라가 청담으로 망하였으니, 십 년이 넘지 않아서 이들에게 화액이 있을 것이다"[1]고 하여 청담파에 우려를 표시한 일이 있었다. 적확한 예언이다. 여기서는 청담파의 대표적 학자인 남효온에 대해서 살펴보기로 한다.

南孝溫 단종 2년(1454, 甲戌) – 성종 23년(1492, 壬子)

자는 백공(伯恭), 호는 추강(秋江), 시호는 문정(文貞). 본관은 의령(宜寧)이며 김종직의 문인이다. 어려서부터 사육신의 절의를 추모하였으며, 세조와 권신들에게 반항하는 마음을 가졌다. 성종 11년(1480) 모친의 강권으로 사마시(司馬試)에 응시, 급제하였다. 앞서 25세 때(1478) 문종비 현덕왕후(顯德王后)의 소릉(昭陵)을 복위토록 항소(抗疏)하였으나,[2] 임사홍(任士洪) · 정창손(鄭昌孫)의 저지로 상달되지 못하자 이를 비관, 마침내 세상에 뜻을 끊고 각지를 유랑하다가 병사하였다. 그의 「청복소릉소(請復昭陵疏)」는 실로 '감천지(感天地) 읍귀신(泣鬼神)' 하는 것으로서, 이 글을 읽고 눈물을 흘리지 않은 사람은 인정이 메마른 사람이라는 평을 받을 정도로 명문이다.[3] 저술로 『추강집』(5권 5책)과 『사우명행록(師友名行錄)』이 있다.

---

1) 辛永禧, 『師友言行錄』 "伯恭 · 百源 · 正中 · 文炳, 皆有晋風. 晋以淸談累, 不出十年, 禍在此輩."

2) 『秋江集』 권4, 「上成宗大王書」 참조.

3) 洪直弼, 『梅山集』 권52, 28b, 「雜錄」 참조.

그는 왕왕 위언(危言)과 격론(激論)을 서슴지 않아 당시 사람들이 그를 광생(狂生: 미친 사람)이라 하였다. 갑자사화 때 김종직의 당여(黨與)라 하여 부관참시의 추형(追刑)을 당하였다가 후일 중종 때 신원(伸寃)되었다. 허균은 그에 대하여 다음과 같이 평하였다.

남효온은 벼슬을 하지 않은 것이 아니고 할 수 없었다. 이록(利祿)을 차지하면서 명망만 훔치는 자와 같을 수 없었기 때문이다. 그러나 어린 나이에 성종에게 큰 기대를 건 나머지, 상소할 시기가 적당한지, 또 당장 받아들여질지 그 여부를 헤아리지 않은 채 상소하였다가, 받아들여지지 않자 스스로 실의에 빠져 세상을 등졌다. 애석한 일이다. 나는 그의 슬기가 어둡고 도량이 좁음을 슬퍼한다.[4)]

또 조선 후기의 소론계 학인 이종휘(李種徽: 1731～1797) 역시 다음과 같은 평을 한 바 있다.

남추강은 천성이 영특하여 일세에 높이 빼어났다. 다만 그의 기상이 너무 드러나 들뜨고 방종함을 면치 못하였다. 비록 연산조(燕山朝)의 앙화(殃禍)가 없었다고 하더라도 끝내 명철보신(明哲保身)할 사람은 아니었다. 그것도 아니라면 그 천년(天年)이 길지 못하여 문도(聞道)의 경지에까지 이르지 못해서 그런 것인가 한다.[5)]

남효온은 김종직과 김시습을 스승으로 받들었다. 청담파 학자인 만큼 노장학을 즐겼으나 불교는 배척하였다. 그의 철학사상을 엿볼 수 있

---

4) 『성소부부고』 권11, 「南孝溫論」
5) 『修山集』 권14, 27b, 「漫筆」

는 것으로, 31세 때 당세의 의혹을 깨뜨리기 위해 지었다는 장문의 「귀신론(鬼神論)」이 있다. 이는 리기철학을 논한 것으로서 김시습의 「신귀설(神鬼說)」에서 상당한 영향을 받은 듯하다. 비록 「신귀설」에 비해 '리'의 개념을 강조한 것이 차이라 하더라도, 대체적으로는 주기적 관점을 취하였다.

그가 「귀신론」에서 논한 리기설은 대체로 정주(程朱)의 체계에 근거를 두었다. 그러나 그에 철저하지 못하거나 다른 측면도 있다. 또 논리적 일관성을 결여한 듯한 대목도 없지 않다. 미정설(未定說)이라 해야 옳을 듯하다. 예를 들어, '귀신'을 '리기의 총괄자(摠括者)'[6]라 하면서도 '기의 양능(良能)'[7]이라 하였고, 「심론(心論)」에서는 "동(動)이란 음양오행의 기이며, 정(靜)은 무극의 리라" 하였다.[8] 정주학에서는 동과 정을 모두 기로 본다. 그가 동을 기, 정을 리로 본 것은 정주학의 체계와 다르다.

그는 「귀신론」에서 다음과 같이 결론을 내렸다.

> 일원지기(一元之氣)가 흩어져서 만물에 포재(布在)하니 귀신은 일본지만수(一本之萬殊)요, 모여서 지일(至一)의 이치로 수렴되니 귀신은 만수지일본(萬殊之一本)이다.[9]

이는 기일(氣一)과 기분수(氣分殊)를 논한 것인데, 여기서 말하는 '귀

6) 『추강집』 권3, 35b, 「鬼神論」 "其著者氣也, 其微者理也, 摠而言之曰鬼神."
7) 『추강집』 권3, 44b, 「鬼神論」 "氣之良能者, 鬼神也."
8) 『추강집』 권6, 25a, 「心論」 "動者二五之氣, 靜者無極之理, 理寓於氣, 則必有知覺, 知覺乃所以爲心也."
9) 『추강집』 권6, 50a-50b, 「鬼神論」 "若夫一元之氣, 散而布在於萬物之表, 則鬼神一本之萬殊也, 會而約之於至一之理, 則鬼神萬殊之一本也."

신' 은 분명 기이다. 조선 후기에 임성주 등에 의해 부각되었던 기일분수설(氣一分殊說)의 선구가 되는 논의라고도 할 수 있다.

제4장

勳舊派의 활동

훈구파는 권근의 학통에 연계되었고 혈연적으로도 관계가 있었으며, 관학과 집현전을 통해 양성되어 민족문화 창달에 주역으로서 일하였다. 이들은 전례(典禮)와 사장(詞章)에 능하여 국가적인 사령(辭令)의 제찬(製撰)과 관찬 사업을 담당하고 국가의 전례를 확립하는 데 공헌하였다. 그러나 이들은 수차에 걸쳐 공신에 책록되어 막대한 농장을 소유하였고, 또 비리 사실이 적지 않았으므로 신진사대부 계층인 사림파로부터 비난과 공격을 받았다.

훈구파에 속하는 인물들을 살펴보면, 집현전을 통해 양성된 학자층으로서 세조의 즉위에 적극 협력한 자들이 주류를 이루었으며, 세조의 즉위에 직접 협력하지는 않았으나 결국 세조의 정권 아래서 문한(文翰)을 담당하였던 자들이 있다. 이들은 대대로 한 파벌을 이루어 나갔다.

학역재(學易齋) 정인지(鄭麟趾: 1396~1478)

권우(權遇)의 문인이다. 세종으로부터 성종에 이르기까지 여섯 임금을 섬기면서, 정난·좌익·익대·좌리공신에 올랐으며 벼슬이 영의정에 이르렀다. 누차 대제학을 지내면서 조정의 고문대책(高文大册)을 거의 독당하였으며, 집현전에서 세종을 도와 훈민정음의 창제에 공이 컸다. 또 권제(權踶)·안지(安止) 등과 함께 『용비어천가』를 지었으며, 『사륜요집(絲綸要集)』·『치평요람(治平要覽)』·『고려사』·『역대병요(歷代兵要)』·『자치통감훈의(資治通鑑訓義)』 등의 편찬에 참여하였다. 천문·역법에도 뛰어나 대·소간의(大小簡儀)의 제작에 참여하였고, 『칠정산내편(七政算內篇)』을 지어 역법(曆法)을 개정하였다.

그는 천품이 호매(豪邁)하고 회포가 활달하였다. 일찍이 술에 취하여 고인을 평하되 "나 같은 사람이 공자의 문하에 있었다면, 안자(顔子)나 증자(曾子) 같은 이는 진실로 따를 수 없으나, 문학으로 유명한 자유(子游)나 자하(子夏) 같은 이는 어떨는지 모르겠다"[1]고 강한 자부심을 토로했다 한다. 그는 조선 초기의 대표적 학자로서 세종의 지극한 보살핌을 받았다. 그럼에도 세종의 유교(遺敎)를 저버리고 세조의 즉위를 적극 협찬, 세인의 지탄을 면치 못하였다. 더욱이 누대(累代)의 공신으로 그의 농장이 인근의 인거(人居)에까지 미침으로써 당시의 여론이 비등하였다고 한다.

---

1) 『필원잡기』 권1, 제69칙 참조.

태허정(太虛亭) 최항(崔恒: 1409~1474)

권제의 문인으로, 세종으로부터 성종 때까지 여섯 조정에 역사(歷仕)했다. 정난 · 좌익 · 좌리공신에 책록되었고 벼슬이 영의정에 이르렀다. 집현전 학사 출신으로, 훈민정음의 창제와 『용비어천가』의 주해에 참여하였다. 이후 세조의 정권에 협찬, 『동국통감』 · 『경국대전』의 편찬과 각종 경서(經書) 및 병서(兵書)의 구결(口訣) 작업, 『명황계감(明皇誡鑑)』과 잠서(蠶書)의 언해 등에 참여하였다. 문장에 뛰어나 오랫동안 대제학을 지냈다. 특히 사륙문(四六文)에 능하여 한때의 표(表) · 전(箋)이 다 그의 손에서 나왔다고 한다.

정창손(鄭昌孫: 1402~1487)

청백리 갑손(甲孫)의 아우로 여섯 조정에 역사(歷仕)하였다. 좌익 · 익대 · 좌리공신에 책록되고 벼슬이 영의정에 이르렀다. 집현전에 있을 때 『고려사』 · 『치평요람』 등의 편찬에 참여하였으나, 훈민정음 창제에 반대하였고 또한 왕실의 불교 숭상을 극력 반대하였다. 세조의 즉위에 힘써 공신의 열에 들었으며, 사위인 김질(金礩)로부터 성삼문 등이 단종의 복위를 도모한다는 제보를 받고 이를 고변하였다. 그의 아들 정괄(鄭佸)도 좌의정에 이르렀다.

괴애(乖崖) 김수온(金守溫: 1409~1481)

여섯 조정에 역사(歷仕)했으며, 좌리공신으로 벼슬이 영중추부사에 이르렀다. 학문이 깊고 문장에 뛰어나 서거정 · 강희맹 등과 문명을 다투었다. 세종 때 『치평요람』·『의방유취』 등의 편찬에 참여하였고 『석가보(釋迦譜)』를 증수(增修)하였으며, 세조 즉위 후 사서오경의 구결 작업, 『명황계감』의 국역에 참여하였다. 친형인 고승 신미(信眉)의 영향을 받아 불교에 조예가 있었는데, 세종 이래의 찬불문자(讚佛文字)가 모두 그의 손에서 나왔으며, 세종·세조를 도와 불경 간행과 국역에 공이 컸다.

보한재(保閑齋) 신숙주(申叔舟: 1417~1475)

김반(金泮)의 문인이다. 여섯 조정에 역사하여 정난·좌익·익대·좌익공신이 되었으며, 벼슬이 영의정에 이르렀다. 세종 때 집현전에 있으면서 성삼문 등과 함께 훈민정음 창제의 주역으로 활동하였으며, 『동국정운(東國正韻)』의 편찬을 주도, 임금으로부터 많은 총애를 받았다. 이후 세조의 즉위에 적극 협력하여 원훈(元勳)의 대우를 받았는데, 세조는 그를 일러 '나의 위징(魏徵: 唐太宗 때의 賢臣)이다' 고 하였다. 오랫동안 예조와 문형(文衡)을 담당하면서 사대교린(事大交隣) 등 외교에 관한 정책을 입안, 건의하였으며, 중국과 일본에 사행(使行)으로 다녀오기도 하였다. 이후 왕명으로 『경국대전』·『동국통감』·『국조오례의』 등의 편찬에 참여하였고 『보한재집』·『해동제국기(海東諸國記)』 등을 남겼다. 현상윤은 그에 대하여 "그는 세종·문종에 대한 은의(恩義)로 보거나 성삼문 등에 대한 붕우 간 신의로 봄에 그 불충불신(不忠不信)한 것이 한층 두드러진다고 말하지 않을 수 없다" 고 하였다.[2)]

---

2) 현상윤, 『조선유학사』(1977), 44쪽.

소한당(所閑堂) 권람(權擥: 1416~1465)

양촌 권근의 손자요 권제(權踶)의 아들이다. 정난 · 좌익공신으로, 벼슬이 좌의정에 이르렀다. 일찍이 한명회(韓明澮)와 지기(志氣)가 상합(相合)하여 망형지교(忘形之交)를 맺고, 세조의 모사(謀士)로서 즉위에 지대한 구실을 하였다. 저서로 문집과 조부 권근의 『응제시(應製詩)』에 주석을 단 『응제시주(應製詩註)』가 있다.

저헌(樗軒) 이석형(李石亨: 1415~1477)

김반(金泮)의 문인이다. 성종 때 좌리공신이 되고 벼슬이 판중추부사에 이르렀다. 집현전 학사 출신으로, 일찍이 세종 때 정인지 등과 함께 『치평요람』을 편찬한 바 있으며, 성종 3년(1472)에는 『대학연의집략(大學衍義輯略)』(21권 7책)을 이룩하였다. 이 책은 중국 송대의 학자 진덕수(眞德秀)의 『대학연의』에서 그 대강을 취하되 그 번잡한 것을 요약하고, 『고려사』 중에서 권계(勸戒)가 될 만한 것을 발췌하여 각 조목에 넣은 것이다.

눌재(訥齋) 양성지(梁誠之: 1415~1482)

집현전 출신으로 여섯 조정에 역사(歷仕)하여 성종 때 좌리공신에 책록되고 벼슬이 대제학에 이르렀다. 전고(典故)에 밝고 경세에 관한 식견이 탁월하여 건백한 것은 대부분 국정에 반영되었다. 세조 때 원구단(圜丘壇)을 경교(京郊)에 세우고 천제(天帝)께 제사하도록 건의하였고, 세조 9년(1463) 홍문관을 설치할 것과 동시에 예문겸관(藝文兼官) 20인을 선발하여 이학(理學)과 사학(史學)을 공부하게 하도록 건의하였으며, 그 이듬해에는 천문문(天文門)·풍수문(風水門) 등 칠학문(七學門)의 설치를 건의하였다. 『고려사』의 개찬(改撰)과 『명황계감』의 언해 및 『동국여지승람』·『세조실록』·『예종실록』·『팔도지리지(八道地理志)』·『오륜록(五倫錄)』 등의 편찬에 참여하였다.

일부 기록에 의하면 오활하고 부끄러움을 모르며 절조가 없었다고 하나, 그의 경륜과 경세적 업적은 탁월하였다. 평소 임금께 건의했던 대책을 모아 『남원군주의(南原君奏議)』라는 책을 만들기도 하였는데, 어눌(語訥)하면서 주의(奏議)에 뛰어난 것이 육선공(陸宣公: 陸贄)과 같아 자주 함께 일컬어졌다. 그는 국사와 지리에 해박한 지식이 있었다. 이것을 바탕으로 세종 말년부터 국방 정책과 문교 정책에 관한 상소를 여러 차례 하였다. 특히 「논군도십이사(論君道十二事)」·「편의이십사사(便宜二十四事)」·「편의십이사(便宜十二事)」·「군정십책(軍政十策)」 등은 세조의 국방 정책과 문교 정책에 큰 도움을 주었다. 세조는 그를 '나의 제갈량(諸葛亮)' 이라고 하였다. 문일평은 그에 대하여 "조선 초기에 있어 눈에 띄는 경륜가로 먼저 양성지를 일인으로 꼽지 않을 수 없다. 대내·대외 할 것 없이 많은 경륜을 품었는데, 그것이 당시에 실시되지 못하고 후세에 일컬어지지 못했으나 그 식견과 모략(謀略)에 이르러서는 거의 타의 추종을 불허한다" 고 극찬하였다.[3)]

3) 문일평, 『호암전집』 제3권, 15쪽.

인재(仁齋) 강희안(姜希顔: 1417~1464)
사숙재(私淑齋) 강희맹(姜希孟: 1424~1483) 형제

강희안과 희맹 형제는 세조의 즉위에 직접 협력하지는 않았지만, 세조 정권 아래서 문한(文翰)을 담당하였다. 형제가 함께 집현전 출신으로서, 문장에 뛰어나고 전고(典故)에 밝았으며 경세실용(經世實用)의 학문을 하여 세종의 총애를 받았다. 형 강희안은 시 · 서 · 화에 모두 능하여 삼절(三絶)로 일컬어졌고, 훈민정음의 창제와 『용비어천가』의 주해에 참여하였다. 저서에 『청천양화소록(菁川養花小錄)』 1책이 있다. 이는 애물인민(愛物仁民)의 경륜을 담은 책으로서, 단순히 화초를 재배하는 방법이나 지식을 담은 것이 아니고 위정자가 백성을 보양(保養)하는 것이 얼마나 중대하고 어려운 것인가를 일깨우는 내용이다. 아우 강희맹은 문장이 청절(淸絶)하기로 이름이 있었으며, 익대 · 좌리공신으로 벼슬은 좌찬성에 이르렀다. 세조는 그를 '강명(剛明)의 제일' 이라고 칭찬하였으나, 당시 사람들이 '임금의 뜻에 영합하여 총애만 바랐다' 고 비난하기도 하였다. 일찍이 『동국여지승람』의 편찬에 참여하였고 농서(農書)인 『금양잡록(衿陽雜錄)』을 남겼다.

사가정(四佳亭) 서거정(徐居正: 1420~1488)

양촌 권근의 외손이며 류방선(柳方善)의 문인이다. 집현전 출신으로 여섯 조정에 걸쳐 임금을 섬겼으며, 벼슬이 좌찬성에 이르렀다. 학문이 깊고 문장에 뛰어나 일세의 문종(文宗)으로 꼽혔으며, 군서(群書)를 섭렵하여 풍수(風水) · 의약(醫藥) · 성명(星命) 등에까지 두루 통하였다. 오래도록 문형(文衡)을 맡았고 과거 시관(試官)을 23번이나 지냈다. 성

종의 즉위에 공을 세워 좌리공신이 되었으며 『경국대전』·『삼국사절요』·『동문선』·『동국여지승람』·『동국통감』의 편찬 등 많은 관찬사업을 주도하였다. 그러나 기국(器局)이 좁고 도량이 부족하여 후진들을 장려, 양성할 줄 몰랐다고 한다. 저술로 문집과 『필원잡기(筆苑雜記)』·『동인시화(東人詩話)』·『태평한화골계전(太平閑話滑稽傳)』 등이 있다. 문집은 생시에 출판되어 세상에 행해졌다.

일재(逸齋) 성임(成任: 1421～1484)
허백당(虛白堂) 성현(成俔: 1439～1504) 형제

성임은 집현전 출신으로 벼슬이 지중추부사에 이르렀다. 학문이 정심(精深)하고 시문에 능하였으며 『경국대전』·『동국여지승람』의 편찬에 참여하였다. 저술로 『안재집(安齋集)』과 『태평통재(太平通載)』·『태평광기상절(太平廣記詳節)』이 있다. 『태평통재』는 중국의 『태평광기』를 본떠 고금의 이문(異聞)을 모아 편집한 것이다. 아우 성현은 경사(經史)에 밝고 문장에 뛰어났으며, 특히 악률(樂律)에 정통하여 늘 장악원(掌樂院) 제조(提調)를 겸임하였다. 벼슬은 지중추부사에 이르렀으며, 주로 홍문관과 예문관에서 활동하였다. 저술로 문집을 비롯하여 『용재총화』, 역대의 음악을 집대성한 『악학궤범(樂學軌範)』(主編), 『풍아록(風雅錄)』 등이 있다.

한계희(韓繼禧: 1423～1482)

권신 한명회의 육촌 아우다. 집현전 출신으로 익대·좌리공신에 책록되었으며, 벼슬이 좌찬성에 이르렀다. 학문이 깊어 세조로부터 '정미

(精微)의 제일' 이라는 칭찬을 받았으며, 『경국대전』의 편찬과 『초학자회(初學字會)』, 잠서(蠶書)의 언해에 참여하였다. 형 계미(繼美)와 아우 계순(繼純) 역시 여러 번 공신에 책록되어 세도를 누렸다.

보진재(葆眞齋) 노사신(盧思愼: 1427～1498)

좌의정을 지낸 노한(盧閈)의 손자다. 집현전 출신으로 익대 · 좌리공신의 호를 받았으며, 벼슬이 영의정에 이르렀다. 인품이 활달하여 세조로부터 '활달의 제일' 이라는 칭찬을 받았다. 『경국대전』의 편찬에 참여했는데, 그 가운데 호전(戶典)은 그의 주도로 이룩되었다.

휴휴당(休休堂) 홍응(洪應: 1428～1492)

집현전 출신으로 익대 · 좌리공신에 책록되었으며 벼슬이 좌의정에 이르렀다. 문명(文名)이 있고 현상(賢相)으로 이름이 높아 사후 성종의 묘정(廟庭)에 배향되었다. 그의 아우 홍흥(洪興)도 대사헌을 지냈고 아들 홍상(洪常)은 덕종(德宗)의 부마(駙馬)로서 당양군(唐陽君)에 봉해졌다.

이극감(李克堪: 1427～1465)과 형제들

이극감과 그의 형 극배(克培), 아우 극증(克增) · 극돈(克墩) · 극균(克均)은 세조 때 우의정을 지낸 이인손(李仁孫)의 아들들이다. 훈구파의 주요 인물로 모두 공신에 책록되었으며 요직을 지냈다. 이극감은 집현전 출신으로 학문과 식견이 높았으며 『국조보감(國朝寶鑑)』 · 『북정록(北征錄)』의 편찬에 참여했다. 이극돈은 『동국통감』의 편찬에 참여했으나, 연산군을 충동하여 무오사화를 유발하였으며, 이극균은 연산군의 황음(荒淫)을 간(諫)하다가 사사(賜死)되었다.

허백당(虛白堂) 정난종(鄭蘭宗: 1433~1489)

세조 초에 문과에 급제하였고 좌리공신으로 벼슬이 우찬성에 이르렀다. 성리학에 밝았으며 서예에 일가를 이루었는데, 세조 11년(1465) 『원각경(圓覺經)』을 간행하려 할 때 그에게 명하여 자본(字本)의 글씨를 쓰게 했다. 이것이 바로 을유자(乙酉字)다. 그의 아들 정광필(鄭光弼)은 중종 때 영의정에 이르렀다.

송국재(松菊齋) 이파(李坡: 1434~1486)

목은 이색의 증손이다. 문종 원년(1451) 문과에 급제하여 집현전에 몸담았다. 부친 계전(季甸)과 중부(仲父) 계린(季疄)이 세조의 즉위에 적극 협찬하여 공신에 책록되었던 관계로 그 역시 상당한 세도를 누렸다. 문장에 능하고 조정의 전고(典故)에 밝았으며 경세적 식견이 있었다. 특히 성리학에 조예가 있었는데, 일찍이 성종 13년(1482) 임금이 선정전(宣政殿)에서 재상들과 성리학을 토론할 때, 그가 성리학을 명석하게 강론함으로써 임금의 격찬을 받았다고 한다. 사단칠정을 논하면서 사단을 리(理)에, 칠정을 기(氣)에 분속(分屬)시킨 것은 일찍이 권근이 『입학도설』에서 언급한 이래 처음 있는 일이라 하겠다.

이상 살펴본 바와 같이 훈구파 학자들은 정치도의 면에서 후세의 비난을 면하기 어렵다. 또 훈구파 때문에 정치권력이 비대화, 권귀화(權貴

化)함으로써 많은 부정적 폐단을 초래했던 것도 사실이다. 그러나 그들이 이룩한 공적마저 부정해서는 안 될 것이다. 이들은 찬란한 문화를 꽃피웠던 세종대를 이어 세조로부터 성종에 이르는 시기에 민족문화 창달의 주역이었다. 이들이 이룩한 뚜렷한 업적—개물성무(開物成務)와 이용후생(利用厚生)의 기치(旗幟) 아래 실용에 주력한 것—으로 인해 왕조의 기반이 더욱 튼튼해지고 민생이 윤택하게 되었음은 인정해야 할 것이다. 세력 기반이나 이념적 추구를 달리하였던 사림파가 16세기 후반부터 정국을 주도할 수 있었던 것도 훈구파가 닦아놓은 기반이 있었기에 가능하였다. 후일 사림정치(士林政治)의 피폐, 고식화(姑息化)로 실학이 대두하게 되었던 사실을 염두에 둘 때, 실용(實用) · 실사(實事)를 중시하였던 이들의 업적은 더욱 뚜렷해진다.

제5장

金時習의 철학사상과 出處觀

〔1〕 김시습(세종 17년~성종 24년, 1435~1493)의 자는 열경(悅卿), 호는 매월당(梅月堂)·동봉(東峯), 본관은 강릉. 어려서부터 신동으로 이름이 났던 그는 당대 경학의 대가였던 김반(金泮)·윤상(尹祥)에게 사서오경을 배웠으며 제자백가서(諸子百家書)는 스스로 섭렵하였다.

21세 때 삼각산 중흥사(重興寺)에서 학업에 전념하다가, 수양대군이 왕위를 찬탈하였다는 소식을 듣고는 불문(佛門)에 투신하여 승명(僧名)을 설잠(雪岑)이라 하였다. 이로부터 현실을 부정하며 방랑의 길에 올랐는데, 48세 때는 환속하여 혼인 생활을 하다가, 아내가 죽은 뒤에는 다시 중이 되어 일생을 마쳤다. 그는 두타행(頭陀行)을 하면서도 거짓으로 광태를 부려 유속(流俗)의 웃음거리가 되었으며 '미치광이' 로 불렸다. 그는 전국 각지를 방랑하면서 시와 소설 등 많은 문학 작품을 남겼다. 작품에는 유가적 사고와 절의의식을 밑바탕에 깔고 있는 것이 많다. 세상일에 대해 불평과 울분을 깃들인 것이 많아 정신적 저항의 일면을 엿보게 한다.

〈매월당 김시습〉

한때 그는 현실과 타협했던 적이 있었다.[1) 「상 유양양자한 진정서(上柳襄陽自漢陳情書)」에서 고민과 갈등의 일단을 엿볼 수 있다. 이는 현실에 대한 외면과 저항만이 유일한 처세 방법이라는 당시까지의 사고가 변화한 것이라고 할 수 있다. 그러나 세조 정권과의 타협은 생육신의 한 사람으로 지목되어 '절의' 로 추앙을 받았던 그에게 오점이 아닐 수 없다. 그가 일생을 절의로 일관하고자 했다면 취할 방도가 따로 있었을 것이다.

율곡 이이는 「김시습전」에서 "그가 절의를 표방하고 윤기(倫紀)를 부식(扶植)하여, 마침내 그 의지는 일월과 빛을 다투게 되고, 그의 풍성(風聲)을 듣게 되면 게으른 사람〔懦夫〕도 뜻을 세우게 되었으니, 그를 백세의 스승이라 일러도 과언이 아닐 것이다" 고 하여, 그의 절의를 높이 평가하였다. 상촌(象村) 신흠(申欽)은 그의 고절(高節)을 추중(推重)하고 '아조(我朝)의 백이(伯夷)' 라고까지 하였다.[2) 또 그의 은거독선(隱居獨善)함이 몸을 깨끗이 하는 데 합치되고, 방언자폐(放言自廢)함이 권도(權道)에 들어맞는다[3)고 평한 이들도 있다. 즉, 하곡(荷谷) 허봉(許篈)이 퇴계 이황에게 김시습의 행적에 대해

1) 세조 9년(1463) 책을 구입하기 위해 한양에 갔다가 孝寧大君의 권유로 세조의 불경언해 사업을 도왔으며, 그 이듬해 다시 효령대군의 추천을 받고 세조의 부름으로 원각사 낙성회에 참석하였다. 그 뒤 한양에 머물면서 세조의 은덕을 기리는 「獻圓覺讚詩」를 지어 바치고, 몸소 세조 앞에 나아가 '聖恩이 망극함' 을 축사하기도 하여, 세조가 그를 원각사에 머물도록 한 일이 있었다. 정병욱, 「저항과 타협의 갈등-김시습」, 『한국의 인간상』 제5권, 신구문화사, 1965 참조.

2) 『象村稿』 권53, 5a, 「山中獨言」 "金時習悅卿, 乃我朝之伯夷也."

3) 『논어』, 「微子」 "謂虞仲夷逸, 隱居放言, 身中淸, 廢中權."

세상 사람들은 매월당이 승복(僧服)을 입었다고 해서 볼 것이 없다고 여깁니다. 저도 매월당의 둔세일절(遯世一節)이 중용의 도리에 합당하지 않다고 생각합니다. 그러나 처신함이 청절(淸節)에 맞고 폐인 노릇함이 권도(權道)에 맞는다고 봅니다. 이렇게 보는 것이 어떨는지요?

라고 질문한 것이 그것이다. 그러나 이황은 김시습의 기인적(奇人的) 행태와 절의로 일관하지 못한 거취에 의문을 표시하고 다음과 같은 기평(譏評)을 한 바 있다.

매월당은 특별한 일종의 이인(異人)으로, 궁벽스러운 것을 캐내고 괴이한 일을 행하는〔索隱行怪〕 무리에 가깝다. 만난 세상이 마침 그러하였기에, 드디어 높은 절개를 이루었을 뿐이다. 그가 유양양(柳襄陽: 自漢)에게 보낸 서한이라든지 『금오신화』 같은 것을 보면, 아마도 고견(高見)과 원식(遠識)은 인정할 수 없을 듯하다.[4]

후학들 사이에서 그의 절의와 처신을 두고 이처럼 서로 다른 평가가 있고 보면, 출처관에 대해 살필 필요가 있다고 하겠다.

그의 출처관은 『주역』의 논리에 입각하였다. 그는 '변역(變易)' 의 논리를 인용하여

역(易)이란 변역(變易)이니 그 변하는 것을 보아 그 시의(時宜)를 살피는 것이다. '시(時)' 라는 한 글자는 역의 요령이요, '의(義)' 라는 한 글자는 역의 총설(總說)이다. 때에 따라 적의(適宜)하게 한다면 의(義)에 통하지 않음

4) 『퇴계문집』 권33, 36a-36b, 「答許美叔問目」

이 없고, 의를 완색(玩索)하여 때에 처하면 때에 합당하지 않음이 없다. 그러므로 역이란 군자가 처세하는 데 상사(常事)요, 입신하는 데 권도(權度)이다.[5)]

라고 하였다. 역의 본의는 시(時)와 의(義)이며, 시와 의는 서로 모순되지 않는다. 즉, 시대의 상황에 적절히 대처하는 능동적이고 합리적인 행동으로써 의에 통하게 해야 한다는 것이다. 그리고 군자의 진퇴는 '도의'라는 가치 기준에 의거한 주체적 인식과 '도의실천'이라는 목적에 입각한 객관적 상황 판단에 따라야 한다고 하였다.

성현의 진퇴는 오직 의(義)에 합하느냐의 여부와 시기가 가능한가의 여부에 달려 있을 뿐이었다. …… 이런 까닭에, 선비의 거취와 은현(隱顯)은 반드시 먼저 그 의에 적당한가의 여부와 도가 행해질 수 있느냐의 여부를 헤아려 할 뿐이다. 세상에서 물러났다고 해서 꼭 현명한 것만은 아니고 벼슬했다고 해서 아첨한 것만은 아니며, 은거한다고 해서 고상하고 벼슬한다고 해서 구차한 것만은 아니다.[6)]

그러나 시의(時宜)와 의리를 모순 없이 조화 있게 하나로 꿰뚫기란 지극히 어려운 일이다. 고금의 사리에 정통한 명철군자(明哲君子)라 할지라도 출처대의(出處大義)에 손상됨이 있기 십상이다. 김시습 자신도 세조의 왕위 찬탈에는 저항하였지만 세상에 대한 미련을 버리지 못하고 현실 상황을 살폈으며, 또 그의 일생에 걸쳐 절의 고수와 현실 참여 그 어느 쪽으로도 일관되지 못한 삶을 살았다. 그 원인을 전환기에 처한

5) 『매월당집』 권20, 21b, 「易說」
6) 『매월당집』 권18, 5b-6b, 「古今君子隱顯論」

자아와 현실 간의 괴리, 현실의 모순에 대한 갈등 때문이라고 볼 수는 있지만, 김시습의 자질과도 관련이 있는 듯하다. 이런 의미에서 율곡 이이의 지적은 새겨볼 만하다.

> 거짓으로 미친 척하며 세상에서 도피하였으니 그 은미한 뜻은 가상하나, 반드시 명교(名敎)를 포기하고 탕연(蕩然)히 제 마음대로 한 것은 어찌 된 일인가. 비록 빛과 그림자를 감추어 후세인이 김시습이라는 사람이 있었다는 사실을 모르게 하더라도 무엇이 근심일까. 그 사람을 상상할 때 재주가 그릇〔器〕 밖으로 넘쳐흘러 스스로 주체할 수 없었으니, 그가 받은 기운이 경청(輕淸)에는 풍부하고 후중(厚重)에는 인색한 것이 아니겠는가. …… 애석하다. 시습의 영예(英銳)한 자질로 학문과 천리(踐履)의 공부를 연마하였더라면, 그의 성취하는 바를 어찌 헤아릴 수 있으랴.[7]

〔2〕 율곡 이이는 김시습의 학문과 사상에 대하여 '심유적불(心儒跡佛)' 이라고 하면서 다음과 같이 평하였다.

> 도리(道理)에 대해서는 비록 완색(玩索)과 존양(存養)의 공이 적었으나, 재지(才智)의 탁월함으로써 영해(領解)한 바가 있어 횡담수론(橫談竪論)이 대부분 유가의 종지를 잃지 않았다. 그리고 선가(禪家)·도가(道家)에 대해서도 그 대의(大意)를 알아 그 병근(病根)을 깊이 연구하였고, 선어(禪語)를 즐겨 쓰며 그 현미(玄微)함을 천발(闡發)하여 막힌 데가 없었기 때문에, 비록 노석(老釋)과 명승(名僧)으로 그 학문에 깊은 자라 하더라도 그의 논봉(論鋒)에는 감히 저항할 수가 없었다.[8]

---

7) 『율곡전서』 권14, 27a-27b, 「김시습전」
8) 『율곡전서』 권14, 24b, 「김시습전」

이처럼 김시습은 유가는 물론 불가와 도가의 이론에도 해박했던 천재적인 철학자요 사상가였다. 그러나 유학, 특히 성리학의 관점에서 불·도의 이론을 비판하고 이해하며 수용하였기 때문에 한계는 있었다.

먼저 불교의 경우, 『조동오위요해(曹洞五位要解)』와 같은 저술을 남길 정도로 선(禪)에 조예가 있고, 『화엄일승법계도주병서(華嚴一乘法界圖註幷序)』에서 보는 바와 같이 화엄사상을 '선'의 관점에서 이해하는 독특한 면이 있어 일가를 이루었다고 평할 만하다. 그렇지만 "불교는 이적(夷狄)의 일법(一法)일 뿐인데, 부처가 죽은 지 2천여 년이 지났는데도 어리석은 백성을 꾀어서 미혹하게 한다"[9]고 하는 등, 기본적으로는 불교를 이단이라 규정하고 그에 대한 비판의 대열에 섰다. 선가(禪家)의 폐단에 대해서도 신랄한 비판을 서슴지 않았다. 다만, 성리학적 관점을 견지하면서도 부분적으로 불교의 교리가 성리학 사상과 어긋나지 않음을 밝혀, 성리학과 합치되는 측면에서 불교를 수용, 이해하였다.[10] 김시습의 불교관은 유·불의 일치 또는 조화의 차원에서 논할 수 없다.

다음 도가사상 및 도교의 경우, 유교의 현실주의·합리주의에 입각하여 사뭇 비판적이고 배척적인 태도를 보였다. 사실, 김시습의 일생을 보면 노장(老莊)의 고답적인 은일사상(隱逸思想)에 몰입했던 경향이 적지 않고, 도가사상 및 도교에 대한 관심이나 이해의 폭이 상당히 넓었다. 선도(仙道)에 대해서도 그 대체를 인취(認取)하고 큰 관심을 가졌으며,[11] 후일 우리나라 도맥(道脈)의 중조(中祖)로 받들어지기도 하였다.

---

9) 『매월당집』 권20, 「異端辨」 참조.

10) 예컨대, 禪家의 參禪 같은 것은 儒家의 居敬窮理와 흡사한 心性의 수양방법으로 볼 수 있다는 것이다.

11) 『매월당집』 권17, 雜著, 「修眞」·「服氣」·「龍虎」 등 참조.

그러나 이는 일시적이거나 또는 일부에 불과한 것이라고 할 수 있다. 그는 노장의 도에 대해 '자기 한 몸의 보전만 알고 세도(世道)에는 무관심하므로 무익한 것이라' 고 단정하였으며, 신선술에 대해서도 불로장생의 선향(仙鄕)을 꿈꾸고 심신의 보전만을 꾀한다고 하여 끝내 부정하는 태도를 취했다. 특히 신비적이고 비합리적인 미신성을 혼입한 후세의 도교에 대해서는 철저하게 배격하는 태도를 취하였다.

김시습의 유학사상 이해는 성리학을 중심으로 전개된다. 그는 주돈이(周敦頤) · 소옹(邵雍) · 장재(張載) · 정호(程顥) · 정이(程頤) 등의 전기를 지어 성리학의 선구자들에 대해 칭송을 하였고, 또 단편적인 논설이나 시 · 소설 등을 통해 성리학의 사상을 단편적으로 나타냈다. 그의 성리학 이해에서 리기론 등에 대한 논리적 분석은 보이지 않는다. 15세기만 하더라도 성리학이 섬세하게 분화, 발전하기 이전이었고, 또 그가 리기의 '상즉불리(相卽不離)' 를 주장하였던 만큼, 리기 관계의 논리적 분석이 크게 문제시되지 않았을는지도 모른다. 그런데 종래에는 그를 주기론자 또는 기일원론자, 심지어 유기론자(唯氣論者)라고까지 규정하여, 기론자라는 것이 정설(定說)이 되다시피 하였다. 이는 재고해야 할 필요성이 있다.

김시습을 기일원론자로 이해하는 데 인용하는 것이 바로 「태극설(太極說)」·「신귀설(神鬼說)」·「생사설(生死說)」 등이다. 이 논설들은 성리학을 설명함과 동시에 불교의 교리를 비판하는 데 초점이 맞추어져 있다. 그는 「태극설」의 첫머리에서 '태극' 의 개념과 태극 · 음양의 관계에 대하여 다음과 같이 규정하였다.

(A) 태극이란 무극(無極)이다. 태극은 본래 무극이다.

(B) 태극은 음양이요, 음양은 태극이다.[12)]

이것은 주염계의 「태극도설」에 이른바 '無極而太極' '陰陽而太極, 太極本無極也' 라고 한 것에 상응한다. 그는 이에 대해 주자의 「태극도해(太極圖解)」를 바탕으로 구체적인 설명을 곁들였다. 먼저 (A)단에 대한 설명을 보면

> 태극이라 하면서 따로 '극' 이 있다고 하면 극이 아니다. 극이란 지극하다는 뜻이니 리가 지극해서 더 보탤 것이 없다는 것이다. '태' 란 포용한다는 뜻이니 도가 지극히 커서 이와 짝할 수 없다는 것이다.[13]

고 하였다. 여기서 그는 태극 외에 무극이 별도로 있는 것이 아니라고 하면서, 태극이 모든 경험적 존재의 근거가 되는 최고의 원리임을 밝혔다. 그런데 잘못 이해하기 쉬운 부분이 바로 (B)단이다. 이에 대해 북한의 『조선철학사』에서는 다음과 같이 말하였다.

> 김시습은 리기를 통일체로 생각하였고, 따라서 사물의 운동 변화의 법칙성을 태극이라고 하였다. 이는 그가 태극 또는 리가 음양 또는 기 이전에 실재하는, 사물과 떨어진 추상적이며 절대적인 법칙성이 아니며, 양자는 절대적으로 통일되어 있다는 견해이다.[14]

마치 김시습이 리를 기에 내재하는 운동 변화의 법칙성으로 파악하여, 주재성을 부정한 것처럼 이해하였다. 그러나 김시습은 태극을 음양

---

12) 『매월당집』 권20, 22b, 「太極說」 "太極者無極也, 太極本無極也. 太極陰陽也, 陰陽太極也."

13) 『매월당집』 권20, 22b, 「태극설」 "謂之太極, 別有極則非極也. 極者, 至極之義, 理之至極, 而不可加也. 太者, 包容之義, 道之至大, 而不可侔也."

14) 정성철(외) 『조선철학사』, 도서출판 光州, 1988, 95쪽.

에 내재하는 법칙성으로 파악하거나, 리기의 관계를 통일체로 생각한 것이 아니었다. 이는 (B)단에 대한 다음과 같은 설명에서 잘 드러난다.

> 음양 밖에 따로 태극이 있다면 음이나 양이 되게 할 수 없으며, 태극 안에 따로 음양이 있다면 태극이라 말할 수 없다. 음이 되었다가 양이 되고 양이 되었다가 음이 되며, 동(動)했다가 정(靜)하고 정했다가 동하는 그 리의 무극한 것이 태극이다.[15]

이로써 본다면, (B)단의 표현은 태극과 음양이 '상즉불리(相卽不離)'의 관계임을 강조한 데서 비롯된 것이니, 태극은 일음일양 · 일동일정을 주재하는 존재임이 분명하다. 이는 「태극설」의 말미에서 "태극의 도는 음양일 뿐이다"고 더욱 분명히 표현한 것으로도 증명할 수 있으니, 태극은 음양을 근거 짓는 원리인 것이다.

그는 「생사설」에서도 리기이원론의 기조 위에서 "천지 사이에서 생생불궁(生生不窮)하는 것은 도요, 취산(聚散) 왕래(往來)하게 하는 것은 '리의 기' 이다"[16]고 하여, 리의 주재성을 한층 강조하였다. 김시습은 도를 리로 보았다. 도는 생생불궁의 리이며, 그 리는 기를 취산 왕래케 하는 존재다. '리의 기' 라는 표현은 그 의미가 다소 애매하긴 하지만, 기의 운동이 리, 즉 생생불궁하는 도에 의한 것임을 의미한다. 주기론자 또는 기일원론자들이 기 자체에 내재하는 운동 변화의 법칙성으로서의 리를 가리켜 '기의 리' 라고 한 것과 견주어 볼 때, 리의 주재성이 한층

---

15) 『매월당집』 권20, 22b, 「太極說」 "陰陽外別有太極, 則不能陰陽, 太極裏別有陰陽, 則不可曰太極. 陰而陽, 陽而陰, 動而靜, 靜而動, 其理之無極者, 太極也."

16) 『매월당집』 권20, 20b, 「生死說」 "天地之間, 生生不窮者, 道也, 聚散往來之者, 理之氣也."

강조된 표현이다.

그는 또 리를 소이연자(所以然者)로 파악하여 "저 한서(寒暑)가 왕래하고 일월이 교대로 밝으며 밤낮이 오가는 도리는 이 리가 스스로 그러함〔自然〕이니, 기가 기로 되어 변화를 이루고 귀신(鬼神)을 행하게(작용) 하는 소이(所以)의 것이다"[17]라고 하였다. 그가 기일원론을 주장한 학자가 아님을 확실히 보여주는 증거라 하겠다. 그는 우주 공간에 충만한 것은 오직 기뿐이라고 하면서도 기의 운동 변화는 리의 소이(所以)로써 이루어진다는 관점을 취하였다.

> 하늘과 땅 사이에는 오직 하나의 기가 풀무질할 뿐이요, 그 이치는 구부림〔屈〕도 있고 펴짐〔伸〕도 있으며 참〔盈〕도 있고 빔〔虛〕도 있다. (A) 굴신은 묘(妙)요 영허는 도(道)이다. 펴면 가득 차고 구부리면 텅 비지만, 가득 차면 다시 나오고 텅 비면 다시 돌아간다. 나오면 '신(神)'이라 하고 돌아가면 '귀(鬼)'라고 하는데, 기실 (B) 리는 하나요, 그 나뉨은 다르다(其實理則一, 而其分則殊). 그 순환하고 왕복하고 영화(榮華)하고 고락(枯落)하는 것은 조화의 자취로, 다 이기(二氣: 음양)의 소장(消長)하는 양능(良能) 아님이 없다.[18]

위에서 '굴신은 묘(妙)요' 운운한 대목은 이해하기 어렵다. 그런데 신(神)이란 기가 신장(伸張)·영만(盈滿)하여 산출(產出)되는 상태이고, 귀(鬼)란 기가 침굴(沈屈)·공허(空虛)해져 복귀(復歸)하는 상태를 이른 것이다. 이를 풀무질에 비유할 때, 바람이 영만하여 나오는 생성작용이

---

17) 『매월당집』 권20, 20a, 「神鬼說」 "若夫寒暑往來, 日月代明, 晝夜之道, 則此理之自然, 氣之所以爲氣, 而成變化而行鬼神者也."

18) 『매월당집』 권20, 19b, 「鬼神說」 "天地之間, 惟一氣槖籥耳. 此理有屈有伸, 有盈有虛. 屈伸者, 妙也, 盈虛者, 道也. 伸則盈而屈則虛, 盈則出而虛則歸. 出則曰神, 歸則曰鬼, 其實理則一, 而其分則殊. 其循環往復, 榮華枯落, 造化之跡, 莫非二氣消長之良能也."

'신' 이고, 텅 비어서 돌아가는 소멸작용이 '귀' 라는 것이니, 이는 곧 서로 연결되면서 대립하는 기의 신묘한 운동·변화를 귀와 신으로 설명한 것이다. 위에서 (B)의 언급은 이른바 '리일분수(理一分殊)' 를 설명하려 한 것으로서, 기의 대립적이고 다양한 운동·변화가 하나의 실리(實理)에 근거한다는 말이다.[19] 또 말미에서 '음양 이기의 양능' 이라고 한 것 역시 이 실리에 근거한 음양 이기의 고유한 활동이라는 의미이다.

한편, 그는 이 세상의 모든 사물이 기의 취산(聚散)에 의해 생멸 변화하는 것으로 파악하고, 인간의 생사와 귀신의 존재 역시 기의 취산으로 설명하였다. 그의 취산설은 장횡거의 '일기취산설(一氣聚散說)' 에서 영향을 받은 듯하다.

> 기가 흩어진 것은 죽어서 귀(鬼)가 된다. 귀는 리가 돌아가 소멸하는 것이다. 그러므로 기는 아득하여 아무 조짐도 없는〔冥漠無朕〕 데로 돌아가서 천지(天地)에 복귀(復歸)하니, 음양의 시종은 언어나 형적(形迹)으로 일컬을 수 없다. 그러나 천지가 만물을 생생(生生)하게 하는 도는 '거짓 없는 것'〔無妄〕에 지나지 않으니, 오직 실리(實理)일 뿐이다.[20]

이것은 얼핏 보아 기불멸론(氣不滅論)으로 오해할 여지가 있다. 위에서 '리가 돌아가 소멸하는 것이 귀(鬼)' 라고 할 때, 이 리는 이른바 '일원지리(一原之理)' 가 아닌 '만수지리(萬殊之理)', 즉 만물이 각각 갖추고 있는 리를 말한 것으로 보인다. 그러므로 이는 곧 기가 소멸됨과 동시에

---

19) 『매월당집』 권17, 23a, 「服氣」에도 "蓋天地萬物, 體一而分殊" 운운한 대목이 있는데 '體一而分殊' 는 이 '理一而分殊' 와 다른 말이다. 여기서의 體는 理가 아닌 氣를 가리킨다.

20) 『매월당집』 권20, 21a, 「生死說」

'만물각구지리(萬物各具之理)' 가 일원지리로 복귀함을 의미하는 것이라 하겠다.

그는 일기취산설을 주장하면서도, 기가 흩어져 담일청허(湛一淸虛)한 기의 본체, 즉 '태허' 로 돌아가 순환 반복한다고 하는 장횡거의 설에는 반대하였다. 그것은 곧 일기불멸설(一氣不滅說)이 되어, 영혼의 불멸을 인정하는 불교의 논리에 빠지고 말기 때문이다. 그리하여 그는 장재의 설을 수정한 주자의 설을 받아들였다. 즉, 기가 흩어지면 소멸하여 '무유(無有)' 의 상태로 돌아가므로,[21] 취산하는 기의 활동은 사실상 반복 순환하는 것이 아니라 생생(生生)하여 다함이 없는 실리에 근거하며, 만약 리에 근거하지 않는다면 처음부터 취산이 있을 수 없다고 보았다. 여기서도 리의 주재성을 강조하는 그의 관점을 엿볼 수 있다.

김시습이 정주(程朱)의 설을 계승하여 부연하고 있음은 '성론(性論)' 에서 잘 드러난다. 성론은 「성리(性理)」·「석성리경의여이단(釋性理經義與異端)」이라는 두 편의 논설에 집중적으로 요약되어 있다. 유가 이론의 적극성과 능동성을 부각시킨 것이 그 특징이다. 그는 먼저 성선(性善) · 성즉리(性卽理)의 관점에서, 고자(告子) · 순자(荀子) · 양웅(揚雄) · 한유(韓愈) 및 불가 등 예부터의 '성' 에 대한 여러 설을 모두 '성을 기로 본 것이다' 고 하여 배척하였다.[22] 그리고 이어서 맹자의 존심양성론(存心養性論)에 입각하여 불가의 이른바 '관심견성(觀心見性)' 에 대하여 비판하였다. 견성에 대해서는 "성을 보기만 하고 따르지 아니하면 어찌 나에게 있는 리라고 말할 수 있겠는가" 라고 하여 진성(盡性) · 솔성(率性) · 양성(養性)의 견지에서 비판하였고,[23] 관심에 대해서는 "내

21) 『朱子大全』 권45, 「答廖子晦」 "氣之已散者, 旣化而無有矣. 其根於理而一生者, 則固浩然而無窮也."

22) 『매월당집』 권17, 「性理」 참조.

마음으로써 내 마음을 볼 수 있다면 응당 두 마음이 있어야 할 것이다"고 비판하였다.[24]

한편, 그는 성즉리를 주장하면서 성(性)과 도(道), 성(性)과 덕(德)의 관계를 논하였는데, 도와 덕이 모두 성에 근본한다고 하였다. 그는 도를 '솔성지도(率性之道)'라 하여 인도(人道)로 파악하였다. 덕에 대해서는 "대저 원형이정(元亨利貞)은 천(天)의 덕이요, 인의예지(仁義禮智)는 성(性)의 덕이라"고 하여, 천인합일의 견지에서 원형이정의 천도와 인의예지의 인도를 덕과 관련지어 파악하였다.[25] 도와 덕에 대한 인성론적 파악은 그가 "저 노씨(老氏)는 도를 체득한다고 하지만 천성(天性)을 따르는 도가 아니고, 덕을 논하지만 천명(天命)을 밝히는 덕이 아니다. 어찌하여 그것이 세상을 윤택하게 하고 후세에 드리워질 수 있겠는가"[26] 라고 한 것처럼 도가의 이론을 비판하는 데 초점이 맞추어져 있다.

이를 볼 때, 그는 비록 몸을 불문에 의탁하였지만 내면적으로는 유가의 본령에 입각하였으며, 또한 불가와 도가의 논리를 비판, 극복하는 데 힘썼음을 알 수 있다.

김시습의 윤리론 중에서 기조를 이루는 것은 바로 '성론(誠論)'이다.[27] 그는 성(誠)이 진실무망(眞實無妄)한 실리(實理)임을 강조하였다. '성'은 무식(無息)이고, 무식이므로 무망(無妄)이며, 무망이므로 진실

---

23) 『매월당집』 권23, 9b-10a, 「雜說」 "存養云則可也, 豈云見乎. 知而率循則可, 豈可但覩其形容乎. 覩而不循, 豈云在我之理."

24) 『매월당집』 권23, 10a, 「雜說」 "如浮屠氏觀心則不可, 如金不博金, 水不洗水, 豈可以吾心觀吾心. 若云可觀, 心應有二."

25) 『매월당집』 권17, 16b, 「性理」 "夫元亨利貞, 天之德, 仁義禮智, 性之德也."

26) 『매월당집』 권17, 14a-14b, 「性理」 "彼老氏者, 體道而非率性之道, 論德而非明命之德, 則如之何其澤於世, 垂於後也."

27) 『매월당집』 권20, 23a, 「太極說」 "無妄眞實者, 誠也" ; 同 21a, 「生死說」 "天地生生之道, 不過曰無妄, 惟實理而已."

(眞實)이라는 논리에서 다음과 같이 말하였다.

> 역(易)에 말하기를 "하늘의 운행은 건실(健實)하니 군자는 그것을 본받아 자강불식(自彊不息)한다" 고 하였다. 그 쉬지 않는 까닭은 성(誠)이다. '성' 한 까닭에 쉬지 않고 쉬지 않으므로 대개 거짓이 없다. 한 번이라도 그사이에 사망(私妄)이 끼어 있다면, 하늘은 그 운행을 건전히 하여 만물을 자생(資生)하도록 할 수 없을 것이다.[28]

이처럼 『주역』의 말을 인용하여, 천도의 불식(不息)과 함께 인도의 불식을 강조하고, 그 불식의 원인을 '성(誠)' 으로 파악한 데서 '성' 은 천도와 인도를 통관(通貫)하는 원리라 할 수 있다. 이는 불교의 '일체개공(一切皆空)' 의 설을 비판하는 근거도 된다. 그는 충서(忠恕)를 진실무망한 성(誠)과 연결해 다음과 같이 말하였다.

> "하늘이 무슨 말을 하던가. 그러나 사철이 운행하고 백물(百物)이 생성한다" 고 하였다. 이것은 오직 하나의 태극이 있기 때문이다. "솔개는 하늘에서 날고 물고기는 못에서 뛴다", "군자의 도는 부부(夫婦)로부터 단서(端緖)가 시작된다" 고 하였다. 이것은 곧 인도는 보이지도 아니하고 들리지도 않지만, 어느 사물에나 있지 아니함이 없고 어느 때라도 그렇지 아니함이 없는 것이니, 단지 천인(天人)을 일관하는 도가 있기 때문이다. 그러므로 태극의 도는 음양일 뿐이요, 일관의 도는 충서일 따름이다. 이 밖에 더 할 말이 없으니, 나머지 말들은 모두 공적(空寂)에 빠져서 이른바 그 극(極)을 잃은 것이 분명하다.[29]

---

28) 『매월당집』 권20, 30a, 「人君義」
29) 『매월당집』 권20, 23a～23b, 「太極說」

즉, 성(誠)은 일체 현상의 존재 근거로서의 태극과, 윤리 · 도덕으로서의 충서를 일관하는 원리요 법칙이므로, 천도 및 인도의 구현에서 그 소이연자(所以然者)라고 하겠다.

이상을 종합할 때, 김시습의 성리학에 대한 이해는 비록 체계를 갖추지 못하고 완숙한 경지에까지 이르지는 못했으나, 정주학의 기본 관점에 충실한 편이라고 할 수 있다. 그리고 노 · 불 이가(二家)의 대지(大旨)를 통견(洞見)하고 그 병원(病源)을 탐구하여, 이단 배척에 확고한 태도를 보인 것은 그가 유학사상에 투철하였음을 증명한다고 하겠다. 또한 리기를 이원적으로 파악하면서도 상즉불리(相卽不離)를 강조하였던 것은, 후일 기중시적 경향을 보였던 여러 학자들에게 상당한 영향을 끼쳤을 것으로 생각된다.

〔3〕 김시습의 철학사상은 문학 작품에도 반영되었다. 이와 관련하여 율곡 이이는 다음과 같이 말하였다.

> 가슴 속에 가득 찬 불평의 뭉치와 복받치는 분개를 풀 길이 없어, 세간의 풍월(風月) · 운우(雲雨) · 산림(山林) · 천석(泉石) · 의식(衣食) · 화과(花果) · 금수(鳥獸), 그리고 인사(人事)의 시비 · 득실 · 부귀 · 빈천 · 사병(死病) · 희노 · 애락이며, 또는 성명(性命) · 리기 · 음양 · 유현(幽顯) 등에 이르기까지 유형, 무형한 모든 말할 수 있는 것을 다 한결같이 문장에 부쳤기 때문에, 그의 문장은 수용풍발(水涌風發)하는 것과도 같고, 산장해함(山藏海涵)한 것과도 같고, 신창귀수(神唱鬼酬)하는 것과도 같아, 보는 사람에게 그 시작과 끝을 알 수 없도록 하였다.[30]

30) 『율곡전서』 권14, 24a-24b, 「김시습전」 참조.

이런 문학 작품 중에는 유학사상, 특히 성리학 사상이 기저를 이루는 것이 상당수에 달한다. 특히 소설과 전(傳)에서 집중적으로 형상화되었으며, 당시의 사회 문제와 밀접하게 연관되어 있다. 『금오신화(金鰲神話)』는 그 대표적인 작품이다. 『금오신화』에서는 모순된 현실을 개혁하고자 갈망하는 작자의 내면세계가 강하게 펼쳐져 있다. 특히 「남염부주지(南炎浮州志)」에는 김시습의 성리학사상이 집약되어 있다. 「남염부주지」의 사상적 관점은 「태극설」·「생사설」·「신귀설」 등의 주장과 서로 합치된다. 여기서는 이상과 현실간의 모순을 문제시하면서도 성리학의 이상을 가공의 세계에 투영코자 하였다.[31)]

논·설·변(辨)·의(義) 등 정치·경제·사회에 대한 자신의 견해를 담은 논문에서는 성리학적 사고에 입각하여 현실문제에 대한 적극적이고 폭넓은 관심과 이해를 보여주었으며, 이단사설(異端邪說)과 미신(迷信) 등에 대해서도 철저하게 비판하였다. 그의 철학사상의 기저를 이루는 것은 합리주의적 태도다. 이는 그의 확고한 무신론적(無神論的) 관점에서 드러난다.

그는 「신귀설」에서 귀신을 기가 작용한 결과로 이해하여 세상에서 말하는 귀신의 존재를 부인하였으며, 「생사설」에서는 인간의 삶과 죽음을 기의 취산으로 설명하여 '영혼의 불멸' 을 인정하지 않았다. 이런 리기론적 사고는 무신론적 관점을 확고히 하여, 마침내 온갖 미신과 신비적 성격을 띤 제사 등을 반대하기에 이르렀다. 우선 불교의 윤회설과 극락·지옥설을 혹세무민(惑世誣民)하는 것이라 비판하고, 도교의 신비적이고 미신적인 방술(方術)을 비판하였다. 그 밖의 음사(淫祀)·주술(呪術)·무격(巫覡)·풍수설(風水說) 및 여러 가지 미신적 기복행사(祈

---

31) 金明昊, 「김시습의 문학과 성리학 사상」, 『한국학보』 제35집, 一志社, 1984, 51~53쪽 참조.

福行事)에 대해서도 모두 요망한 것이라 하여 극력 배척하고, 인간의 길흉과 화복은 인간 자신들에게 달려 있다고 하였다.[32] 유교 경전의 하나인 『역경』에 대해서도

> 역(易)이란 운수가 좋은 사람에게는 더욱 힘쓰게 하는 것이요, 운수가 나쁜 사람에게는 경계하고 살피게 하는 것이다. 오늘날 역점(易占)의 길흉을 가지고 자질구레한 일의 성패를 정하는 것은 역이라고 말할 수 없음이 분명하다.[33]

고 하여, 『역경』을 점서(占書)로 인식하여 신비적이고 미신적인 성격을 부여하는 것을 반대하였다. 이는 숙명론적이고 구복적(求福的)인 사고에 젖어 신비적인 힘에 의지하려는 인생 태도를 경계하려는 데 본지가 있었다.

〔4〕 김시습은 통유(通儒)로서의 면모를 발휘하면서, 사상적으로도 상당한 진보성을 보여주었다. 그는 리의 주재성을 강조하면서도 동시에 리기의 상즉불리(相卽不離)를 주장하여 상대적으로 기를 중시하는 관점을 취하였다. 그의 사상에서는 보편적 원리가 중시되면서도 그에 못지않게 개인의 자유, 개성, 개물(個物)의 가치 등이 존중되고 있으며 윤리·도덕적 조건과 함께 물질적 조건이 중시되고 있다.

김시습의 논설은 대부분 역리론(易理論)에 의해 구성, 전개되는 것이 특징이다. 그는 우주와 인생에 대한 합리적인 인식을 추구하였고, 이를

32) 『매월당집』 권17에 실린 「天形」·「北辰」·「修眞」·「服氣」·「龍虎」·「弭災」·「喪葬」 참조.

33) 『매월당집』 권20, 22a-22b, 「易說」

통해 기본적으로 '생(生)' 의 현실을 긍정하는 관점을 취하였다. 『주역』에서 이른바 '생생지도(生生之道)' 에 근거하여 생생철학(生生哲學)을 전개하였는데,[34] '생' 의 문제를 민생 문제에 초점을 맞추어 구체적으로 다루었다. 일련의 경세론은 여기에서 비롯된다.

김시습은 장횡거의 '민오동포(民吾同胞), 물오여야(物吾與也)' 라는 사상을 계승하여 애민(愛民) · 애물(愛物)을 다음과 같이 주장하였다.

> 인(人)과 물(物)은 천지가 대화(大化)하는 속에서 공생하는데, 민(民)은 나의 동포요, 물(物)은 나와 더불어 있는 것이다. 그러므로 인이 우선이고 물은 그다음이다.[35]

이는 민생 문제를 가장 정점에 놓은 것이다. 민생 문제에서 삶을 위한 물질적 자원의 보호와 이용을 중시하는 것이 특징이다. 그의 이른바 '애물' 이 궁극적으로 '애민' 을 위한 데서 비롯된 것임은 「애물의(愛物義)」 뿐만 아니라 「생재설(生財說)」에서도 드러난다. 그는 "『대학』에서 이른바 '생재(生財)의 도' 라고 하는 네 가지의 요점[36]은 하나이니, 그것은 인(仁)에 지나지 않을 따름이다"[37]고 하여, 인정(仁政)으로써 백성의 생산을 증대하도록 해야 한다고 주장하였다. 즉, 정치와 경제는 상호 밀접한 관계에 있고 인정이라고 하는 것도 경제를 통하여 드러나는 것이

---

34) 『매월당집』 권20, 34a, 「愛物義」 "易曰: 天地之大德曰生. 夫生生者, 天地之大德, 而欲生者, 萬物之本性. 故因萬物欲生之本性, 體天地生生之大德, 使物各遂其性, 而化育於深仁厚澤之中而已."

35) 위와 같음 "人與物, 共生天地大化之間, 而民吾同胞, 物吾與也. 故人爲最, 物其次焉."

36) 『大學章句』, 傳10章 "生財有大道, 生之者衆, 食之者寡, 爲之者疾, 用之者舒, 則財恒足矣."

37) 『매월당집』 권20, 15b-16a, 「生財說」 "仁政以生財也, 在於吾心者, 擴充以實之故恩廣, 而其成也難拔. …… 大學曰: 生財有大道, …… 四者之要有一, 不過曰仁耳."

니, 경제사상의 실현이야말로 정치적으로는 인정이라는 것이다.

그의 인정론의 밑바탕에는 애민사상이 짙게 깔려 있다. 그는 "인주(人主)가 나라를 다스리는 데 백성 사랑하는 것으로 근본을 삼아야 할 것이다. 애민지술(愛民之術)이란 인정을 말하는 것에 불과하다"고 하였으며, 또 인정에 대해서는 "오직 농상(農桑)을 권하고 본업에 힘쓰도록 하는 것일 뿐이다"고 하였다.[38] 그가 생각하는 이상정치도 결국은 애민사상에 입각한 것이었음을 알 수 있다.

김시습은 평생 동안 백성의 처지에서 그들의 실상을 이해하고 복리를 대변하고자 노력하였다. 그러나 근본적으로는 시대적 제약과 사상적 한계에서 벗어나지는 못하였다. 그가 논한 시정(時政)의 득실이나 경세론은 대체로 개량의 차원에 머문다. 그럼에도 그의 사상에는 진보적인 측면이 적지 않다. 그는 중세적 신분 질서를 정당화하고 명분의 참람(僭濫)을 경계하면서도,[39] 신분 자체는 변할 수 있는 것으로 보았다.

> 무릇 백성들이 추대하여 살아가는 것은 비록 임금에게 의지한다 하더라도, 임금이 왕위에 있으면서 부리는 것은 실로 민서(民庶)일 뿐이다. 민심이 귀부(歸附)하면 만세라도 군주가 될 수 있는 것이요, 민심이 흩어지면 하루 저녁을 기다릴 것도 없이 필부(匹夫)가 되는 법이라, 군주와 필부의 사이는 털끝만 한 간격도 없는 것이니 조심하지 않을 수 있겠는가.[40]

---

38) 『매월당집』 권20, 33b, 「愛民義」 "人主治國, 專以愛民爲本, 而愛民之術, 不過曰仁政也. …… 惟勸農桑, 務本業而已."

39) 『매월당집』 권20, 17a, 「名分說」 "名分之於人, 大矣哉. 易曰: 天尊地卑, 乾坤定矣, 高下以陳, 貴賤位矣. 言名分之不可僭也. 何謂名, 天子諸侯公卿大夫庶人是也, 何謂分, 上下尊卑貴賤是也."

40) 『매월당집』 권20, 32a-32b, 「愛民義」

이는 종래 신성불가침한 것으로 인식되어 왔던 왕권의 절대성을 부정하고, 백성이 추대하여 통치권을 위임한 존재가 임금이라고 규정한 것이다. 이런 민본사상은 '국가는 백성의 것'(國者民之國)[41]이라고 하여 민주적 사고의 언저리에까지 나아가기도 하는데, 당시로써는 시대를 앞선 발상이라 하겠다.

그리고 인재의 등용에 대해서도

> 인주(人主)된 사람이 장차 좋은 정치를 하고자 사람을 알아 능히 맡기면, 높게는 장상(將相)을 삼고 낮게는 서관(庶官)을 삼는데, 비록 농사짓는 사람이나 질그릇을 굽는 사람, 어부 · 사냥꾼〔罝兎〕 · 소먹이는 사람〔飯牛〕 · 백정〔鼓刀〕 · 죄인〔胥靡〕 같은 사람도 다 좋은 선비가 된다. 어찌 대대로 인재가 없다고 근심하리요.[42]

라고 하였다. 즉 신분과 문벌 등에 구애되지 않는 능력 위주의 등용을 함으로써, 『맹자』에서 이른바 '야무유현(野無遺賢)'의 이상을 구현해야 한다는 것이다.

그는 인간의 재리(財利)의 정당한 추구를 긍정하였다.

> 사람이 누군들 재화를 늘리고자 하지 않겠는가. (군주는) 이 마음을 미루어 백성에게 혜택을 끼치고, 백성 역시 그 마음을 미루어 위를 받들어야 한다. 사람이 누군들 이(利)를 추구하고자 하지 않겠는가. 이 마음을 미루어 (군주는) 백성에게 이익이 미치도록 하고, 백성 역시 그 마음을 미루어 윗사람을 이롭게 해야 한다.[43]

41) 『金鰲神話』 권하, 「南炎浮州志」 등 참조.
42) 『매월당집』 권20, 15a, 「人才說」

16세기 이후 성리학의 발달과 함께 재리(財利)의 추구를 부정적으로 보고 '절검(節儉)' 만을 강조하였던 금욕주의적 사고와는 큰 차이가 있다. 재리의 추구를 긍정하는 사고는 재리를 창조하기 위한 생산 활동인 노동의 가치를 긍정하는 사고와 연결된다. 그는 「화정절권농시(和靖節勸農詩)」의 자주(自註)에서 다음과 같이 말하였다.

> 우리나라의 습속은 농사일을 노비에게만 맡기기 때문에 놀고먹는 자들이 많고, 이도(異道: 불교를 지칭)를 신봉하기 때문에 빌붙어 먹는 자들이 많다. 이른바 지체 높은 족속〔閑散右族〕이나, 하는 일 없이 살아가는 좌도(左道: 무당 · 점쟁이 등)는 모두 일하지 않고 백성에게 먹을 것을 부탁하는 자들이다.[44]

이런 사고를 하는 그였기에 자신이 직접 농사를 지었을 뿐만 아니라, 중들에게 화전(火田)을 경작하게 하였으며, 부귀한 집안의 자제라 하더라도 문하에 수학하러 오면 반드시 농사일을 고되게 시켰다고 한다.[45] 유식(遊食) · 기식(寄食)을 배격하는 사고는 조선 후기 실학자 성호 이익이 농사를 좀먹는 여섯 가지 요인을 논한 '육두론(六蠹論)'[46]의 선구가 된다고 하겠다.

그의 진보적 성향은 사회와 문화에 대한 진화론적 견해에서도 두드러진다. 그는 어떤 사람이 노자의 이른바 '무위자연(無爲自然)의 상고

43) 『매월당집』 권20, 16a, 「生財說」
44) 『매월당집』 권8, 10b, 「和靖節勸農」
45) 『매월당집』, 李耔, 「梅月堂集序」 "又入一山, 勸僧徒治火田." ; 『율곡전서』 권14, 25a, 「김시습전」 "且喜開山田, 雖綺紈家兒, 必役以耘穫甚苦."
46) 『星湖僿說類選』 권3(下), 「六蠹」 "農之不務, 其蠹有六, 而逐末不與焉. 一曰奴婢. 二曰科擧, 三曰閥閱, 四曰技巧, 五曰僧尼, 六曰遊惰."

(上古)' 로 복귀할 것을 주장하면서, 상고에 비하면 중고(中古)는 법도가 정비되었지만 치화(治化)에서는 상고의 무위지치(無爲之治)만 못하다고 한 데 대하여, 인류의 사회와 문화는 상고의 원시적이고 야만적인 상태로부터 점차로 분화, 발전을 거듭하여 왔다고 강조하면서 "만일 반드시 상고적 성인이 없을 때와 같아야 한다면 인류는 멸망하고 말 것이다" 고 반박하였다.[47)]

47) 『매월당집』 권17, 「上古」 참조.

제11부

至治主義 儒學과 道學政治

연산군 재위 십여 년은 암흑기였다. 두 차례의 사화(士禍)로 사기(士氣)는 땅에 떨어지고 조정에는 간신들이 들끓었다. 연산군의 황음(荒淫)은 그칠 줄을 몰랐다. 국정은 극도로 문란해졌고 민생은 도탄에서 벗어나지 못했다. 이에 이 난국을 타개하고자 박원종(朴元宗)·성희안(成希顔) 등이 반정(反正)을 일으켜 성종의 둘째 아들인 진성대군(晋城大君) 역(懌)을 옹립하였다. 이가 곧 중종(재위 1506~1544)이다.

중종은 즉위 초부터 극도로 문란해진 기강을 바로잡고 폐정(弊政)을 타파하기에 온 힘을 기울였다. 특히 침체에 빠진 문교(文敎)를 부흥시키기 위해 학교를 정비하고 경연(經筵)을 복구하였을 뿐 아니라, 전날에 화(禍)를 입었던 학자들을 신원(伸寃)하고 경명행수(經明行修)의 선비를 등용하는 등 사기(士氣)의 진작에 노력하였다. 이에 차츰 사기가 소생하여 새로운 기운이 일어나니, 바야흐로 지치주의(至治主義) 도학정치에 입각하여 종래의 인습과 타성을 타파하려는 개혁정치가 출현하게 되었고, 도학자가 정치를 주도하는 철인정치(哲人政治)를 실현하려는 학자들이 등용되기에 이르렀다.[1)]

---

1) 『율곡전서』 권15, 10b, 『東湖問答』, 〈論我朝古道不復〉 참조.

도학정치는 전대의 훈구파에 의한 정치와 사장(詞章)의 폐습에 대한 반동에서 비롯된 시대적 산물이다. 대개 유교의 이념을 재천명하고 이를 새로운 역사 현실에 응용하려 할 때, 우선 이론보다도 실천적 영역을 광범하게 추구하기 마련이다. 도학정치가 이론보다 실천을 위주로 하였던 것은 이 때문이다.

제1장

지치주의와 도학정치의 선구

도학정치의 주지(主旨)는 지치주의다. '지치(至治)' 란 '이상적인 정치' 를 말한다. 『서경』「군진(君陳)」편에 "지극한 정치는 향기로워 신명을 감동하게 한다"(至治馨香, 感于神明)고 한 데서 나온다. 천리가 구현되는 이상사회의 건설을 목표로 하는 정치적 이념이요, 실천적 지침이다. 유교에서는 전통적으로 요순(堯舜) 및 하 · 은 · 주 삼대(三代)의 정치를 이상정치의 모델로 삼아 왔다. 일찍이 당나라 때 시인 두보(杜甫)가 "치군요순상(致君堯舜上), 풍속재사순(風俗再使淳)"[1]이라고 읊었듯이, 지치주의 도학정치는 당대의 군민(君民)을 요순시대의 군민으로 만들고 풍속을 순후(淳厚)하게 하여, 마치 요순시대의 일월(日月)을 눈앞에 직접 대하듯 하려 한 실천적 정치운동이다.

유교에서는 왕도정치를 주창하고 패도정치를 배격한다. 지치주의 역시 군주의 자의(恣意)가 아닌, 덕과 예에 의해 다스리는 왕도정치를 추

1) 『杜詩鏡銓』 권1, 「奉贈韋左丞二十二韻」

구한다. 지치는 예치요 덕치다. 조광조는 왕도정치에 대하여 다음과 같이 말하였다.

예부터 임금들 대다수가 권력정치를 좋아하며, 왕도를 행한 예가 드물다. 패도(霸道)를 숭상하는 자가 비록 부국강병(富國强兵)의 효과를 쉽게 이룰 수는 있다 하더라도, 어찌 거기에 인의지도(仁義之道)가 있다고 할 수 있겠는가. 왕도를 실시하면, 조석(朝夕)의 효과는 볼 수 없다손 치더라도 시간이 오래되면 크게 성취할 수 있을 것이다.[2)]

봉건시대에는 정치의 핵이 임금이었다. 그러므로 정치에서는 무엇보다도 군덕(君德)의 함양이 요구되었다. 군덕이 제대로 갖추어져야 덕치 · 예치를 이룰 수 있기 때문이다. 송나라 때 도학이 일어난 뒤에는 '임금의 일심(一心)이 만화(萬化)의 근본' 이라 하여 임금의 내면적 수양이 더욱 엄숙히 요구되었다. 조선에서 지치주의의 선구자인 조광조는 임금이 '정심(正心)' 에 힘써야 함에 대하여 다음과 같이 말하였다.

대개 도라는 것은 하늘에 근본하는데, 사람에 의하여 구체적인 일에 행해지는 사이에 나라를 다스리는 방법이 된다. …… 그러므로 옛날의 명철한 임금은 천변만화가 모두 임금의 마음에 근본한다는 사실을 알았기 때문에 그 마음을 바로잡아 그 도를 내지 않음이 없었다. 그 마음을 바르게 하여 그 도를 낸 까닭에 정사를 함에 인(仁)을 얻으며, 일을 처리함에 의(義)를 얻어서 사사물물(事事物物)이 하나라도 도에서 나오지 않는 것이 없으니, 부자(父子)의 인륜과 군신(君臣)의 명분이 각각 그 이치를 얻으면 하늘의 경(經), 땅

---

2) 『靜庵集』 권4, 15b, 「元子輔養官時啓(二)」

의 윤(綸) 또한 돌아가는 바가 있는 것이다. 이것이 요 · 순 · 우임금의 중(中)을 잡는 도라 하겠다.[3)]

임금의 정심은, 곧 임금 자신이 본능적 욕구나 감정 등을 억제하고 마음을 가라앉혀 도를 체득하려는 노력을 말한다. 그러한 뒤라야 덕화가 나온다는 것이다. 이로써 마침내 군신(君臣) 상하가 성현상전(聖賢相傳)의 심법(心法)을 중시하게 되어 심학이 일세에 크게 일어났다.

중종 때에 이르러 조광조를 비롯한 지치주의 유학파 제현들은 도학정치를 표방하고 치군택민(致君澤民)을 슬로건으로 내걸었다. 조광조는 중종에게 올린 계(啓)에서 지치주의 도학정치의 필요성을 다음과 같이 강조하였다.

> 폐주(廢主) 연산조 때 종묘사직이 거의 망하였습니다. 반정(反正)한 뒤에도 인순(因循)하는 버릇이 있어, 주상(중종)께서 즉위하신 지 이미 오래되었건만 선치(善治)의 공효를 보지 못하고, 재변(災變)의 나타남이 어느 해 없는 때가 없으며, 선비의 뜻과 행실이 날로 무너져서 조정에서도 내세울 만한 일이 없습니다. 이제 만일 선비의 풍기(風紀)를 바로잡지 않고 구습(舊習)을 고치지 않으면, 인심을 어느 때 변화시킬 것이며, 지치를 어느 때 보겠습니까.[4)]

일찍이 율곡 이이는 도학에 대하여 "무릇 도학이란 격물(格物) 치지(致知)하여 선을 밝히고 성의(誠意) 정심(正心)으로 몸을 수양하는 것이

3) 『정암집』 권2, 4b-5a, 「謁聖試策」 "夫道也者本乎天, 而依之於人, 行之於事爲之間, 以爲治國之方也. …… 故古之明王, 以知千變萬化之無一本於人主之心者, 莫不正其心, 而出其道也. 正其心而出其道也, 故爲政而仁得焉, 處物而義得焉, 事事物物, 無一不出於道, 而父子之倫, 君臣之分, 各得其理, 天之經, 地之綸, 亦有所歸焉. 此堯舜禹執中之道也."

4) 『정암집』 권3, 11b, 「侍講官時啓(二)」

다. 그것을 몸에 온축(蘊蓄)하면 천덕(天德)이 되며, 정사에 베풀면 왕도(王道)가 되는 것이다"[5]고 하였다. 즉, 도학은 '내성외왕(內聖外王)의 도'요 '행도수교(行道垂敎)의 학'이라 할 수 있다. 이것은 다름 아닌 유학의 근본정신으로서, 수기치인(修己治人)의 합내외지도(合內外之道)라 할 것이다. 이이는 또 도학의 연원에 대해 논하면서

> 우리나라에 리학의 전통이 없다가 전조(前朝)의 정몽주가 처음으로 그 실마리를 열었는데, 규구(規矩)가 정밀하지 못했다. 본조(本朝)의 김굉필이 그 단서를 이었지만 크게 드러나지 못하였다. 그러다가 조광조가 도학을 창도(倡道)함에 미쳐 모두 흡연(翕然)히 추존하니, 지금에 성리지학이 있음을 알게 된 것은 조광조의 덕분이다.[6]

고 하였으며, 우암 송시열은 조선조에 도학을 밝힌 조광조의 위치를 송대의 주염계(周濂溪)에 비한 바 있다.[7]

그런데 여기서 유의할 점이 있다. 도학의 선구자라 할 때 정몽주와 김굉필을 들지만 도학정치의 선구자로는 유숭조(柳崇祖)를 꼽지 않을 수 없다는 점이다. 이제 유숭조를 먼저 살펴본 뒤, 조광조를 비롯한 지치주의 유학파 제현들에 대하여 살피기로 한다.

5) 『율곡전서』 권15, 6b, 「東湖問答」, 〈論君臣相得之難〉
6) 『율곡전서』 권28, 22b, 「經筵日記(一)」
7) 『송자대전』 권143, 10b, 「龍仁深谷書院講堂記」 참조.

柳崇祖 문종 2년(1452, 壬申) – 중종 7년(1512, 壬申)

자는 종효(宗孝), 호는 진일재(眞一齋) · 석헌(石軒), 시호는 문목(文穆). 본관은 완산(完山)이다. 성종 20년(1489) 문과에 급제, 주로 한림(翰林)과 삼사(三司)에 종사하였다. 연산군의 폭정 때에는 장령(掌令)으로서 직간(直諫)한 바 있다. 갑자사화 때에는 원주(原州)에 장배(杖配)되기도 했다. 중종반정으로 풀려난 뒤 경연에 참여, 시강관(侍講官) · 참찬관(參贊官)을 지내고 대사성을 거쳐 지중추부사에 이르렀다.

연소할 때부터 성리지학에 뜻을 두었고 경사자집(經史子集)을 섭렵하였다. 경학으로 일세에 이름이 있어 중종의 신임을 받았다. 후일 왕명으로 칠서언해(七書諺解)를 주관하였다.[8] 중종반정 뒤 태학의 사장(師長: 大司成)으로서 교육을 전담한 그는 사림파가 아닌 관학의 대표자였으나, 전후 18년간 태학에서 사유(師儒)로 있으면서 신진사류를 양성하였고 성리학의 학풍을 진작하였다. 『중종실록』에 의하면 '유생이 많이 몰려들어 재사(齋舍)가 좁아서 받아들이지 못할 정도였다' 고 한다. 또한 사림을 옹호하고 그중에서 인재를 추천, 등용하도록 건의하는 등 조광조를 비롯한 신진 명류(名流)들에게 큰 영향을 끼쳤다. 그는 또 반정 후 논공행상(論功行賞)의 남용으로 야기될 정국의 혼란을 경고하였으며, 임금이 일심(一心)을 바르게 하여 신하들의 귀감이 되어야 한다고 주장하였다.

중종 6년(1511) 3월, 문묘(文廟)의 석전(釋奠)에 행행(行幸)한 임금이

---

8) 사실은 언해가 아니고 懸吐다. 柳希春은 『경연일기』, 甲戌 10월 25일조(『眉巖集』 권 18, 10a)에서, "유숭조 등이 定한 吐는 진실로 좋으나, 『尙書』를 講함에 가다가다 잘못된 곳이 있다" 고 하였다(문집총간 34, 495쪽). 『선조실록』, 7년 10월 25일 丙寅條에도 비슷한 내용이 실려 있다.

"경술(經術)은 근본이요 사장(詞章)은 말엽인데, 오늘날 선비들은 모두 말엽만 좇고 근본을 추구하지 않는다"고 하여 경술과 사장의 조화를 역설한 뒤, 시학(視學)을 위해 경서로 문난(問難)을 하고 여러 신하들로 하여금 진강(進講)하게 하였다. 이때 유숭조가 먼저 『대학』을 강론하고 존심출치(存心出治)의 요체를 반복 논변하니, 중종은 경청한 뒤 그에게 학전(學田) 1백결을 내렸다. 이튿날 숭조가 자신의 저작인 『대학잠(大學箴)』과 『성리연원촬요(性理淵源撮要)』 등을 올리자, 이 역시 열람하고 간행을 명함과 동시에 황해도 관찰사에 임명하였다.

『성리연원촬요』는 선유의 성리설 가운데 긴요한 것을 찬집(纂輯)한 것이요, 『대학잠』은 『대학』의 강목(綱目)을 10개[9]로 나누어 임금을 잠규(箴規)하는 데 이바지하고자 한 것이다. 이 두 책은 사장 중심의 유학을 도학 중심의 유학으로 전환시키는 데 선구적인 구실을 한 것이다. 성리학의 심학화(心學化)에 적지 않게 기여한 것으로 평가된다. 그는 『대학잠』 서문에서 다음과 같이 말하였다.

> 대학의 도는 수(修)·제(齊)·치(治)·평(平)의 규구(規矩)를 재는 준승(準繩)으로서, 방(方)·원(圓)·평(平)·직(直)의 지극한 법칙이 된다. 임금 되는 자 대학의 도가 규구준승의 나오는 바임을 밝히지 않을 수 없고, 신하 되는 자 대학의 도가 규구준승에 말미암아 베풀어지는 바임을 강(講)하지 않을 수 없으며, 백성 되는 자 대학의 도가 규구준승의 마땅히 따라야 할 법칙임을 알지 않을 수 없다. 이제삼황(二帝三皇)이 훌륭한 정치를 할 수 있었던 까닭은, 곧 규구준승의 체(體)를 바르게 하였기 때문이니, 자기를 이루고〔成己〕 그것을 위에까지 운행함으로써 방·원·평·직의 용(用)이 저절로 바르

9) ① 明明德箴 ② 作新民箴 ③ 止至善箴 ④ 使無訟箴 ⑤ 格物致知箴 ⑥ 謹獨箴 ⑦ 正心箴 ⑧ 修身箴 ⑨ 齊家治國箴 ⑩ 絜矩箴

게 되고 사물이 아래에서 이루어졌던 것이다.[10]

이것은 수기치인의 도를 말한 것이다. '격군심(格君心)'을 급선무로 삼아 연산군의 폭정으로 어지러워진 정국을 바로잡고자 함이었다. 이는 일종의 제왕학(帝王學) 또는 성왕지학(聖王之學)에 근거를 둔 것이라고 하겠다. 『대학잠』은 16세기 후반 이래 성하게 될 성리학의 중요한 단서를 열었다는 점에서도 중요한 의의를 지닌다. 유순(柳洵)은 그 발문에서 "양촌 권근 이후 끊어졌던 동방 성리지문(性理之文)을 가까스로 이은 것이다"[11]고 하였다.

그는 리(理)와 기(氣)의 관계에 대해서

리는 기 밖에 있지 않고 리는 기에 내재한다. 리가 기를 떠나지 않으니 혼연일본(渾然一本)이요, 기가 리에 섞이지 않으니 찬연불혼(粲然不混)하여 선후와 시종이 없다. 사물이 생길 시초에 리는 일(一)이요 기는 이(二)이나, 사물이 이루어진 뒤에는 기는 같고 리는 다르다.[12]

고 하여, 리기의 불상리(不相離) · 불상잡(不相雜)과 무선후(無先後) · 무시종(無始終)을 주장하였다. 이를 보면 그의 리기설은 '리기일본일체설(理氣一本一體說)'이라고 할 수 있을 듯하다.

---

10) 『眞一齋遺集』 상권, 「大學箴」, 〈大學箴序〉 "大學之道, 乃修齊治平之規矩準繩, 而爲方圓平直之至也. 爲君者, 不可不明大學之道, 規矩準繩之所出, 爲臣者, 不可不講大學之道, 規矩準繩之所由施, 爲民者, 不可不知大學之道, 規矩準繩之所當從. 二帝三皇之所以盛治者, 乃正其規矩準繩之體, 以成己而運之於上, 故方圓平直之用自正, 而物成於下也."

11) 『진일재유집』 상권, 『大學箴』, 〈大學箴跋〉

12) 『진일재유집』 상권, 『大學箴』 "氣不外理, 理寓氣裏, 理不雜氣, 渾然一本, 氣不雜理, 粲然不混, 無先無後, 無端無始. 賦物之初, 理一氣二, 物稟之後, 氣同理異."

그는 「명명덕잠」에서 "정(情)은 성(性)에서 움직이니 순선(純善)하여 잡됨이 없으며, 의(意)는 심(心)에서 발하니 기(幾)에 선악이 있다. 리가 움직이면서 기를 끼는 것이 사단의 정(情)이며, 기가 움직임에 리가 따르는 것이 칠정의 싹이라"[13]고 하였다. 이는 권근의 『입학도설』 중 「천인심성합일도(天人心性合一圖)」에 보이는 내용과 다름이 없다. 또 『성리연원촬요』에서는 정복심(程復心: 林隱)[14]의 리기설에 근거하여 "리가 발하여 사단이 되고 기가 발하여 칠정이 된다"[15]하고, 또 "사단은 리가 발한 것이요 칠정은 기가 발한 것이다"[16]고 주장하였다. 이는 사칠리기호발설(四七理氣互發說)의 선하(先河)가 된다. 추만(秋巒) 정지운(鄭之雲)이나 퇴계 이황에게도 일정한 영향을 주었으리라 생각된다.

그는 당시에 사계(斯界)의 기숙(耆宿)이라 할 정도로 중망(衆望)이 있었다. 당시 점차 가열되어 가던 도학정치 및 성리학의 발전에 적지 않은 자극을 주었을 것이다. 특히 그가 성균관 대사성으로 있을 때 거재수업(居齋修業)하고 있던 조광조 등 신진사류들에게 상당한 영향을 끼쳤으리라 생각된다. 그러나 신진사류들의 평가는 가혹할 정도로 냉정하다. 기준(奇遵)은 "유숭조의 학문은 곧 장구지학(章句之學)이지 치신지학(治身之學)이 아니다"[17]고 하였고, 조광조는 "유숭조가 비록 학술이 있었다지만, 그 사람됨이 거칠고 경박하여 유자의 일을 알지 못했다. 그때 성균관의 재사(齋舍)를 증치(增置)해줄 것을 청하였는데, 비록 선비들을

---

13) 『진일재유집』 상권, 『大學箴』, 〈明明德箴〉 "情動於性, 純善無雜, 意發於心, 幾善與惡, 理動氣挾, 四端之情, 氣動理隨, 七情之萌."

14) 沙隨 程復心이라 하였는데, 沙隨는 程迥(정형)의 호이다. 정형이 옳다.

15) 『진일재유집』 상권, 「性理淵源撮要」, 〈心性情意志氣理命〉 "沙隨程氏復心曰: …… 理發爲四端, 氣發爲七情."

16) 『진일재유집』 상권, 「理氣說」(程復心撰) "沈毅齋先生曰: …… 四端者理之發, 七情者氣之發也."

17) 『중종실록』, 12년 2월 14일 庚申條.

많이 불러 모았지만 그저 국고만 낭비하였을 뿐이다"[18]고 하였다. 『중종실록』 졸일기사(卒日記事)에서도 사신(史臣)이 말하기를 "세상에서는 그를 박학으로써 추중하였지만, 그의 학문은 심득(心得)한 것이 아니었다. 일을 행함에 더러 대체에 어두웠다"[19]고 평한 바 있다.

趙光祖 성종 13년(1482, 壬寅) – 중종 14년(1519, 己卯)

〔1〕 자는 효직(孝直), 호는 정암(靜菴). 시호는 문정(文正), 본관은 한양(漢陽)이다. 어릴 때부터 성인(成人)의 풍모가 있었다. 장성하자 학문에 뜻을 두고 성현을 숭모하는 태도가 더욱 절실하였다. 14세 때 부친이 어천(魚川: 寧邊) 찰방(察訪)으로 부임하자 임지에 따라가 그곳에서 몇 해를 지냈다. 17세 때(1498) 무오사화가 일어나 김굉필이 이웃 고을인 희천(熙川)에 유배되자, 김굉필의 학문이 연원 있음을 듣고 그에게 나아가 수학하였다. 김굉필은 정몽주 → 길재→ 김숙자 → 김종직으로 이어지는 조선 성리학의 정맥을 계승한 학자다.

김굉필에게 진지실천(眞知實踐)의 학문방법을 배운 그는 '무자기(毋自欺)'와 '근기독(謹其獨)'으로써 위기지학(爲己之學)의 대요를 삼았다. 부화(浮華)한 사장(詞章)을 멀리하고, 『소학(小學)』과 『근사록(近思錄)』을 독실하게 믿고 받들어 경전 연구의 밑바탕으로 삼았으며, 도학을 강명(講明)하는 데 전심하였다. 또 성현에 이를 수 있다는 확신 아래 천하에 대도를 행하는 것으로써 자신의 임무를 삼았다.

평소 과업(科業)에 뜻을 두지 않다가 29세 때 비로소 진사시에 급제

18) 『중종실록』, 12년 2월 20일 丙寅條.
19) 『중종실록』, 7년 2월 3일 戊寅條.

〈정암 조광조〉

하여 태학에 적을 두었다. 34세 때에는 효렴(孝廉)으로 안당(安瑭)의 천거를 받아 6품직인 조지서(造紙署) 사지(司紙)에 특배(特拜)되었으나, 이를 헛된 영예라 하여 사양하고 떳떳하게 벼슬길에 나설 것을 다짐하던 차에, 같은 해에 실시된 알성시(謁聖試)에 급제하였다. 이후 유술(儒術)을 숭상하여 문치를 이루고자 하는 중종의 지극한 권우(眷遇)를 받아 4년 남짓한 기간에 벼슬이 대사헌에 이르렀다.

그는 언제나 조정에서 숭도학(崇道學) · 정인심(正人心) · 법성현(法聖賢) · 흥지치(興至治)에 대한 말로써 반복 진언하였다. 국시(國是)의 정립에 힘썼다. 당시 철인정치(哲人政治)에 뜻을 두고 요순시대의 훌륭한 정치를 다시 구현하고자 힘쓰던 중종은 조광조를 중히 여기고 그에게 의지함이 지극하였다. 이에 조광조는 임금의 은혜에 감격하여, 임금을 선도하고 백성을 복되게 하며 사문(斯文)을 일으키는 것으로써 자신의 임무를 삼았다. 임금을 배알할 때면 마치 신명(神明)을 대하듯 하였다. 아는 것은 말하지 않음이 없고 말한 것은 충직하지 않음이 없었다. 의리(義利)와 왕패(王覇)의 분변(分辨)이며 고금치란(古今治亂)의 기미(幾微), 군자 · 소인의 진퇴소장(進退消長)에 대한 경계(警戒)에 이르러서는 온 마음을 다하여 정성껏 논하였다. 그가 끊임없이 힘썼던 바는 임금의 마음을 바르게 하고〔格君心〕, 왕정을 베풀며〔陳王政〕, 정의의 길을 열고〔闢義路〕, 이욕의 근원을 막는 것〔塞利源〕을 선무(先務)로 하는 것

이었다.[20]

〔2〕 조광조는 철학보다 윤리문제에 더 관심이 있었던 것 같다. 그의 철학사상의 바탕을 살필 수 있는 「춘부(春賦)」나 「계심잠(戒心箴)」, 그 밖에 단편적으로 산견(散見)되는 리기론도 윤리 · 도덕을 이론적으로 뒷받침하는 데 초점이 있다. 그는 리기론에서 리의 일차성을 인정하고 존리천기적(尊理賤氣的) 주리철학을 전개하였다. 그의 도덕적 이상주의를 엿볼 수 있다.

그는 도를 실현하는 사람의 마음 자세를 매우 중시하였다. 그는 '심시활물(心是活物)' 이라 하여, 인간정신이 늘 깨어 있어(常惺惺) 어둡고 게으르지 않아야 한다고 강조하였다.[21] 약여(躍如)하게 생동하는 마음의 주체적 성찰을 중시한 것은 「계심잠」에 잘 나타난다. 생동하는 마음을 간직하려면 먼저 의지가 확고해야 한다. 조심(操心)을 굳게 하면 모든 정념(情念)이 억제되어 선을 행하기가 쉽다. 그는 심기(心機)가 어둡고 게을러지거나 풀리어 느슨해지지 않도록 정제엄숙(整齊嚴肅)하는 수행을 강조하였다.[22] 이 수행방법이 바로 '주일무적(主一無適)의 경공부(敬工夫)' 다. 경공부의 목적은 심기를 성성(惺惺)하게 하는 데 있다. 그는 "경공부는 성학(聖學)의 시작이요 끝이다" 고 전제하고 "임금의 덕은 '경' 보다 더 큰 것이 없다. 안으로 실천이 있은 뒤라야 아랫사람이 보고

20) 『율곡전서』 권13, 37b, 「道峯書院記」 참조.

21) 『중종실록』, 13년 9월 15일 壬子條 "敬之一字, 難以形言也. 然心常惺惺, 無昏惰解弛之時, 則主一無適, 而正衣冠, 尊瞻視, 乃是不昏惰功夫也."

22) 『정암집』 권4, 4a, 「復拜副提學時啓(七)」 "整齊嚴肅, 則自然主一無適, 而應物精當, 言動中禮矣. 常人之不能若此者, 不能齊肅故也. 此是聖學之始終, 而形容之極難, 必於心地惺惺無昏雜解弛之時, 可見矣. 故先儒以主一無適爲言. 夫整齊嚴肅, 正衣冠, 尊瞻視者, 乃不昏惰之工夫也."

감화하여 도덕심이 일어날 것이다"[23]고 하였다.

한편 그는 '살아있는 마음' 이란 내심(內心)뿐 아니라 반드시 사실(事實)에도 나타나야 한다고 하였다. 즉 내수(內修)에만 힘쓰고 사업 행하는 것을 힘쓰지 않으면 안 된다는 것이다. 반드시 경(敬)으로써 내심을 곧게 하고 의(義)로써 외행(外行)을 바르게 하여 내외가 서로 길러주어야 한다고 하였다.[24]

이와 같이 격(格) · 치(致) · 성(誠) · 정(正)을 근거로 성현의 학문을 실천함으로써 요순의 정치가 이루어지며, 이상과 현실, 내심과 외물이 하나로 합치됨으로써 이른바 실공(實功)을 거둘 수 있게 된다는 사고를 볼 수 있다. 그는 나라를 다스리는 도리 역시 '나의 본성을 좇음'〔率性〕으로써 나타나는 도리여야 한다고 하였다.

> 나라를 다스리는 방법은 도일 따름입니다. 이른바 도라고 하는 것은 '솔성'을 말합니다. 무릇 성(性)이 있지 않음이 없는지라 도가 없는 곳이 없으니, 크게는 예악형정(禮樂刑政)으로부터 작게는 제도문위(制度文爲)가 다 인위적인 힘을 빌지 않아도 각기 당연지리(當然之理)가 있습니다. 이것이 고금의 제왕(帝王)이 함께 말미암아 다스린 바요, 천지에 가득 차고 고금을 관철(貫徹)하는 것이로되, 실로 내 마음 속에서 벗어날 수 없는 것입니다. 따르면 나라가 다스려지고 잃으면 어지러울 것이니, 잠깐이라도 떠날 수 없는 것입니다.[25]

23) 『정암집』 권3, 10a, 「侍讀官時啓(十六)」 "君之德, 莫大於敬, 內有實踐而後, 下人觀感, 而興起焉."

24) 『정암집』 권2, 「戒心箴」 참조.

25) 『정암집』 권2, 7a, 「謁聖試策」 "所以治國者道而已. 所謂道者, 率性之謂也. 盖性無不有, 故道無不在. 大而禮樂刑政, 小而制度文爲, 不假人力之爲, 而莫不各有當然之理. 是乃古今帝王所共由爲治, 而充塞天地, 貫徹古今, 而實未嘗外乎吾心之內, 循之則國治, 失之則國亂, 不可須臾之可離也."

여기서 인간의 본성에 어긋나는 모든 제도와 규범은 용납되지 않는다. 그는 또한

> 도는 마음이 아니면 의지하여 설 곳이 없고, 마음은 성(誠)이 아니면 역시 힘입어 행할 바가 없는 것입니다. 임금이 된 이가 진실로 천리(天理)를 보아 그 도에 처하고 그 성(誠)에 말미암아 그 일을 행한다면 나라를 다스림에 무엇이 어렵겠습니까.[26]

라고 하였다. 이런 점에서 다시 격・치・성・정이 문제가 되는데, 궁극적으로는 실제 수행하는 사람의 성실성이 문제가 되는 것이다. 따라서 그는 "위로부터 날로 신독(愼獨)・성실(誠實) 공부를 가하여 시종 변치 않으면 치화(治化)에 이를 수 있을 것이다"[27]라 하고, 또 "한 마음이 광명(光明)한 뒤라야 군자와 소인을 분변할 수 있을 것이다. 임금이 격물・치지와 성의・정심의 공부에 지극하지 못하면, 더러는 군자를 소인이라 하고 소인을 군자라 하기도 한다"[28]고 하였다. 그는 이러한 심학의 바탕 위에서 의(義)와 이(利), 공(公)과 사(私), 리(理)와 욕(欲)을 엄격히 분변하여 집권층의 이욕(利欲)을 극력 경계하고, 모든 사람이 본분에 따라 공리(公理)에 맞게 행동해야 한다고 강조하였다.

조광조가 성리학에서의 본성 탐구에 치중한 것은 궁극적으로 덕치주의(德治主義)에 초점이 맞추어져 있다. 그는 인간의 인간다운 고귀성(高貴性)을 지키고, 사람이 살만한 사회를 만들기 위해 인간의 본질을 탐색하고, 교육과 교화를 통해 인간의 본성이 선(善)함을 깨닫도록 하였다.

---

26) 『정암집』 권2, 2a, 「謁聖試策」
27) 『정암집』 권3, 13a, 「參贊官時啓(一)」
28) 『정암집』 권3, 20a-20b, 「參贊官時啓(十四)」

나아가 '인간에 대한 신뢰성과 변화 가능성'을 국가 정책의 기본으로 삼아, 교화를 중심으로 하면서 정치와 제도에 적극 반영하였던 것이다. 이러한 성리학의 학문 경향은 이후 퇴계 · 율곡에 의해 계승, 발전되면서 조선 유학의 가장 큰 특징 가운데 하나를 형성하게 된다. 심학적(心學的) 학풍과 주리론(主理論)의 전통은 사실상 조광조가 심은 것이라 해도 과언이 아닐 것이다.

〔3〕 조광조의 지치주의 개혁사상을 상고적(尙古的), 복고적이고 급진적이라고 말하기도 한다. 이에 대해서는 재고할 필요가 있다.

첫째, 당우삼대(唐虞三代)의 지치(至治)를 구현하려는 개혁정치를 맹목적 복고주의로 곡해해서는 안 될 것이다. 현세의 모순을 부정하는 과정에서 고대의 원리가 원용되는 사례가 적지 않듯이, 그는 삼대의 이상정치를 이끌어 당시 현실을 비판, 개혁하려 하였다. 삼대지치(三代之治)를 동경하여 개혁의 이상으로 삼았던 것은 지치주의 유학파뿐만 아니라 대부분의 개혁사상가들에게서 나타나는 공통적인 현상이다. 그들이 진정으로 동경하고 본받고자 했던 것은 요순시대의 정치이념과 이상이었다.[29] 삼대지치가 개혁을 위한 슬로건으로 원용되었음에 주목해야 한다.

둘째, 급진적이라는 지적은 지치주의 개혁정치가 실패한 원인을 분석하는 과정에서 나온 것이다. 조광조 등이 추진한 개혁정치는 결과적으로 실패하고 말았다. 다만 이는 반정(反正) 직후라는 특수한 상황에서 나왔던 것이므로, 그 본래의 취지는 잘 살펴야 한다. 이에 대해서는 다음과 같은 말들이 참고가 될 것이다.

---

29) 『정암집』 권4, 4a, 「復拜副提學時啓(六)」 "立志須以古昔帝王爲期, 而處事之際, 當斟酌得宜也." 실제로 三代의 제도를 재현해 보려는 학자들도 있었다.

예부터 뜻 있는 선비가 임금을 얻어서 도를 행한 것이 매우 적습니다. 대개 때는 잃기가 쉽고 기회는 얻기가 어렵습니다.[30)]

반정한 뒤 아직도 머뭇거리는〔因循〕 버릇이 있습니다. …… 이제 만약 사풍(士風)을 바로잡지 않고 구습(舊習)을 개혁하지 않는다면, 인심을 어느 때 변화시킬 것이며, 지치를 어느 때 가서야 볼 수 있겠습니까. …… 천하의 형세는 나아가지 않으면 후퇴하게 됩니다. 이제 만약 떨치고 일어나지 않는다면 아마도 수없이 변하는 인심을 헤아릴 수 없을 듯합니다.[31)]

아주 급할 때 일을 더디게 행해서는 안 됩니다. 그저 오늘 같이만 하고 만다면 반드시 나아가지 못하고 점점 후퇴할 것입니다. …… 임금은 시행해야 할 일이 있을 때 '강건(剛健)' 한 태도로 실행해야 합니다. 그러나 임금의 위엄이 본래 중한지라, 지나치게 강건만 중시한다면 아마도 과엄(過嚴)의 폐단이 있을 듯합니다. 그러므로 군신(群臣)이 용감하게 강건한 태도로써 아뢸 수 없습니다. 신(臣)이 이른바 '강건' 은 엄하거나 사나운 것〔嚴厲〕과 다릅니다.[32)]

지치의 기회는 바로 오늘에 있습니다. 오늘에 힘쓰지 않는다면 뒷날을 어찌 반드시 기약할 수 있겠습니까. 바라건대 이 기회에 힘을 다하여 이를 실행하여야 할 것입니다.[33)]

---

30) 『정암집』 권4, 4b, 「復拜副提學時啓(八)」
31) 『정암집』 권3, 11b-12a, 「侍講官時啓(二)」
32) 『정암집』 권3, 2b, 「檢討官時啓(五)」
33) 『중종실록』, 11년 12월 12일 戊午條 참조.

요컨대, 반정이라는 일대 정치적 변화가 있을 때 천재일우(千載一遇)의 좋은 기회를 놓치지 말고 개혁이나 변통을 과감히 단행해야 하며, 그 과정에서 임금의 강력한 실행과 군신(群臣)의 강력한 건의가 조화를 이루어야 한다는 것이다. 그는 이를 위해 군주의 독단이 배제되고, 신권(臣權)이 신장되어 자율적이고 기능적이어야 한다고 하였다. 또한 임금과 신하는 항상 성실을 다하여야 치화(治化)의 성공을 기할 수 있다고 하였다.[34] 개혁에 대한 이러한 시각은 본격적인 변통론(變通論)으로 발전하였다.

> 유속(流俗)은 진실로 하루아침에 갑자기 변하게 할 수는 없습니다. 단지 유유범범(悠悠泛泛)하게 점진적인 변혁을 기다린다면 습속과 추향(趨向)이 옛것을 뒤따르는 데 안주하여 고도(古道)를 회복할 수 없을 것입니다. …… 마땅히 속상(俗尙: 시속에서 좋아하는 것)을 가지고 상량(商量)해서 고칠 것은 즉시 고쳐야 할 것입니다. …… 이 백성들 또한 직도(直道)를 행하는 사람들입니다. 어찌 구습에만 얽매여 끝내 개혁하지 못할 리가 있겠습니까.[35]

> 조종(祖宗)의 옛 헌장(憲章)을 갑자기 바꿀 수는 없지만, 오늘에 맞지 않은 것이 있다면 고쳐서 통하게 해야 할 것입니다. 한가한 때를 당하여 상례(常例)에 구애되지 말고 대신이나 시종(侍從)들을 소대(召對)케 하여 그 가부를 논의한 다음, 할 수 있는 일은 결단하여 시행하는 것이 옳습니다.[36]

---

34) 『정암집』 권3, 12b-13a, 「參贊官時啓(一)」 "古云, 至誠感神. 又曰, 不誠無物. 君之遇臣, 臣之事君, 皆以誠實, 則治化可期其成也."

35) 『정암집』 권3, 8a, 「侍讀官時啓(十二)」

36) 『정암집』 권3, 2a-2b, 「檢討官時啓(四)」

그러나 조광조가 주장하는 개혁에는 전제 조건이 있다. 조광조의 개혁 정신은 형평 정신에 있었다. 그것도 단순한 형평이 아니라 전체적으로 균형을 이루면서 수준 높이 끌어 올리는 융평 정신이었다.

> 나라의 법제를 가볍게 고칠 수는 없지만, 학문이 고명(高明)하여 사리에 통달하면, 대신들과 동심협력(同心協力)하여 뺄 것은 빼고 보탤 것은 보태어서 '융평(隆平)'을 이룰 것을 기약하면서, 조종(祖宗)의 성헌(成憲)을 준수함이 옳습니다. 만약 소성(小成)에 안주하여 구차하게 머뭇거린다면〔苟且因循〕 제왕의 치화(治化)를 어떻게 이루겠습니까. 만약 사습(士習)과 민풍(民風)이 순정(淳正)한 데로 돌아가게 하여 복고(復古)를 이루고자 한다면, 반드시 유위(有爲)함에 분발하여 모두 함께 유신(維新)한 뒤 고무진작(鼓舞振作)해서 온 백성이 화락(和樂)할 것입니다.[37)]

그는 어느 계층을 막론하고 모두 참여하여 유신함으로써〔咸與維新〕 이른바 '지치'라는 이상적 정치에 도달할 수 있다고 하였다.

〔4〕 철인이 주도하는 정치는 민의에 기초한 여론정치가 기본이다. 조광조는 여론정치를 위해 언로(言路)가 철저하게 보장되어야 한다고 역설하였다.

> ① 언로가 통하는 것과 막히는 것은 국가 정책에서 가장 긴요하다. 언로가 통할 때는 나라가 잘 다스려져 편안하며, 막힐 때는 어지러워져서 망한다.
> ② 임금은 언로를 넓히는 데 힘써야 한다. 위로 공경(公卿)으로부터 아래로

37) 『정암집』 권3, 17b, 「參贊官時啓(五)」

여항(閭巷)과 시정(市井)의 백성에 이르기까지 모두 자기 말을 할 수 있어야 한다.

③ 언관이 없으면 백성이 제대로 말할 수 없다. 언관직(言官職)을 두어 그 임무를 다하도록 한다.[38)]

④ 재상은 시(是)라 하고 대간(臺諫)은 비(非)라 하며, 재상은 해야 될 것이라 하고 대간은 시행할 수 없다고 할 때, 가부(可否)가 서로 어우러진〔可否相濟〕 뒤라야 일이 바른 데로 돌아갈 수 있다.[39)]

이어 언론을 주도할 사림의 사기(士氣)가 진작되어야 함도 역설하였다. 언로의 확장, 공론(公論)의 중시, 사기 진작의 이면에는 위민사상, 보민사상(保民思想)이 자리 잡고 있다.

언로와 공론을 중시하는 조광조의 사상에서, 언로와 공론의 주체로서의 사림(士林)의 위상이 실로 대단하다. 그는 사기(士氣)를 국가의 원기로 보았다. 이 사기가 살아 있어야 건전한 정치가 이루어질 수 있고 국맥이 유지될 수 있다는 것이다. 조선왕조의 주기(週期)가 500년이 넘은 것은 우연한 일이 아니다. 국정의 시비를 다루는 언로가 살아 있고, 공론이 제 기능을 하며, 공도론(公道論)에 철저한 사림이 정치의 주체가 되었기 때문에 가능한 일이었다. 조선시대 전반에 걸쳐 공도론이 학문과 정치를 좌우하였던 데에는 법적, 제도적인 뒷받침이 중요한 구실을 하였지만, 기실 조광조의 지치주의 도학사상이 내면적으로 끼친 영향이 지대하다고 본다.

조광조의 개혁사상은 보민정치에 바탕을 두고[40)] 택민정치(澤民政治)

38) 『정암집』 권2, 12a, 「司諫院請罷兩司啓(一)」
39) 『정암집』 권3, 8b, 「侍讀官時啓(十三)」
40) 『정암집』 권3, 8a, 「侍讀官時啓(十一)」

로 구체화되었다. 택민정치는 백성이 굶주리지 않고 자기의 직업에 편안히 종사하는〔安業〕 정치를 이루는 데 목표가 있었다.[41] 그는 범국가적으로 낭비성 경비와 지출을 억제하여, 궁극적으로 백성에게 부과되는 공물(貢物)과 부세(賦稅)를 덜어주고,[42] 또 국방에 필요한 전력(戰力)의 규모를 잘 파악하여 적정을 기함으로써 백성의 후생(厚生)에 힘써야 한다고 하였다.[43] 또 한편으로 민원(民怨)의 대상이 되어온 훈구파의 토지겸병을 강력히 비판하고, 고리대(高利貸)와 사치·향락 등을 추방해야 한다고 주장하였다. 생민(生民)의 기본인 토지문제의 해결책으로 자영농의 육성을 위해 한전제(限田制)를 제시하였다.

신분 제도의 불합리성을 비판한 것도 빼놓을 수 없다. 조광조는 서얼(庶孼)이나 사천(私賤)을 차별해서는 안 된다고 주장하였다.

> 우리나라는 땅덩이가 작아 인물이 본래 적습니다. 게다가 또 서얼과 사천(私賤)으로 나누어 그들을 등용하지 않습니다. 중국에서는 귀천을 가리지 않으면서도 오히려 두루 등용하지 못할까 걱정하거늘, 하물며 작은 나라이겠습니까.[44]

시대를 앞선 진보적인 사고가 아닐 수 없다. 이런 신분개량책은 후일 율곡 이이의 '서얼 소통책(疏通策)' 으로 계승되었다.

〔5〕 조광조는 '도학' 이 어떤 학문이라는 것을 여실히 보여준 학자요,

---

41) 『정암집』 권4, 15a, 「元子輔養官時啓(二)」 "百姓安業, 則庶幾無憂矣."
42) 『정암집』 권3, 17b, 「參贊官時啓五」; 『정암집』 권3, 18a, 「參贊官時啓六」 참조.
43) 『정암집』 권4, 16a, 「元子輔養官時啓(三)」 "帝王之御世, 欲厚民生, 則須使貢賦軍額二事得宜, 而後治化可出也."
44) 『중종실록』, 13년 3월 11일 庚戌條 참조.

철인(哲人)에 의한 이상정치를 추구했던 정치가다. 도학정치는 그가 처음 선을 보였고 이후 지속적으로 전개되었다. 그가 뿌린 씨앗은 큰 결실(結實)을 이루었으니, 조선왕조는 사실상 조광조가 구축하고 정립한 도학의 이념에 따라 운영되었다고 해도 과언이 아니다. 퇴계 · 율곡의 성리학이 만개할 수 있었던 것이라든지, 선조(宣祖) 즉위 이후부터 조선 말기까지 지치주의 왕도정치를 추구하는 사림정치(士林政治)가 정치의 기본으로 내려올 수 있었던 것 등은 조광조가 도학의 기반을 세웠기 때문에 가능한 일이라 하겠다.

조광조는 사실상 조선도학의 시조다. 조광조 이전까지 조선도학은 뚜렷한 모습으로 내려오지 못하였다. 정몽주의 사생취의적(捨生取義的) 행동 양식, 김굉필의 도학자로서의 삶을 통해 도학의 면모를 찾을 수는 있지만, 그것은 거의 '개인적' 차원에 그쳤다. 학자군(學者群)이나 사회적 반향을 논할 만한 단계는 아니었다. 그러다가 조광조가 도학을 학술과 교육, 그리고 정치의 기본으로 끌어올렸고, 이후 도학이 조선유학을 주도하였으니, 조광조의 역사적 위치는 중차대하다고 하겠다.

율곡 이이는 도학자의 중요한 기준으로, ① 도학 연원에 맥이 닿아야 할 것, ② 성현상전(聖賢相傳)의 심법(心法)을 공부해야 할 것, ③ 출처(出處)의 절도에 문제가 없어야 할 것, ④ 학문에다 경제(經濟)의 재능을 겸비해야 할 것 등을 제시한 바 있다.[45] 그는 이 기준에 어긋나면 도학자로 인정하지 않았다.

도학은 학문적으로 성리학을 바탕으로 하면서, 요 · 순 · 우 · 탕으로부터 이어져 온 도통연원(道統淵源)을 매우 중시한다. 진리와 대의(大義)를 기치로 내걸어 투철한 사생관과 의리정신을 강조한다. 정치 사회

45) 『율곡전서』 권26, 「성학집요 8」, 〈제5 성현도통〉 참조.

적으로는 민중 교화를 제일의(第一義)로 하여 요순시대의 이상정치를 추구한다. 또 호교론적(護敎論的) 관점에서 정도(正道)를 옹위(擁衛)하고 이단을 배척하는 벽사위정(闢邪衛正)의 정신에 철저하다. 따라서 일반 경학자나 문장가 또는 사공(事功)을 일삼는 부류들과는 그 성격을 달리한다.

조광조가 정립한 조선도학의 전통은 조선유학의 수준과 위상을 평가하는 잣대가 되었다. 조광조는 성리학이 학문의 표준이라고 하면서, 이에 대한 철저한 탐구야말로 조선이 유교국가로 거듭나는 일이며, 이상국가로 가는 지름길이라 인식하였다. 또 이론과 실천의 측면에서 『근사록』과 『소학』이 중요함을 역설하였다. 그는 성리학의 인성론을 중시하여 이것을 정치에 응용하려 하였고, 특히 성(誠)과 경(敬)으로 대표되는 수양론을 정치의 원리로까지 끌어올렸다. 조선 유학이 인성론 중심의 성리학으로 자리매김한 데에는 조광조의 영향이 실로 크다. 우암 송시열이 조광조의 위치를 북송대의 주염계(周濂溪)에 비한 것은 이런 이유에서다.

성리학은 단순히 윤리 도덕적 행위를 추구하는 데서 그치는 것이 아니다. 인간의 본성과 천리에 대한 문제(性理)가 주된 과제이면서 동시에 선악・정사(正邪)의 문제, 즉 가치의 문제(義理)에 직결되기 때문에 의리사상을 매우 강조한다. 조광조는 도학적 의리사상을 최고로 고조시켜, 한국의 유학사상을 '의리학' 중심으로 특징화하는데 선구자적 구실을 다하였다. 특히 성리학에서의 주리철학의 기치를 높이 들어, 조선의 성리학이 주리론 중심으로 이어질 수 있도록 밑받침을 하였다. 또 도학군자와 절의지인(節義之人)을 국가적 차원에서 표창하여 이들이 국맥을 유지하는 원기(元氣)가 되도록 지대한 구실을 하였다. 이러한 것들이 대대로 국난에 대처하는 데 원동력이 되었음은 더 말할 나위 없다.

제2장

지치주의 儒學派의 주요사업

【성리학 장려】 조광조 등 신진 사림은 도학을 숭상하여 사장(詞章)의 폐습을 없애려 하였다. 도학에 중요한 서적들을 보급하여 읽기를 장려하였다. 『근사록』을 성리학의 기본 서적이라 하여 매우 중시하였으며, 『성리대전(性理大全)』·『대학연의(大學衍義)』 등을 지침서로 권장하였다. 경연에서 『소학』이 진강(進講)되기에 이르렀으니, 『근사록』과 『소학』은 도학의 이론과 실천을 대표하는 것으로서 표리를 이루었다. 그 밖에 중종 10년(1515) 11월에 『이락연원록(伊洛淵源錄)』·『이정전서(二程全書)』·『주문공집(朱文公集)』·『주자어류(朱子語類)』·『진서산독서기(眞西山讀書記)』 등을 인쇄, 반포한 적이 있다. 또 동 13년 가을에 사은부사(謝恩副使)로 명나라에 갔던 김안국(金安國)이 『논맹혹문(論孟或問)』·『경학이굴(經學理窟)』·『연평답문(延平答問)』·『장자어록(張子語錄)』·『가례의절(家禮儀節)』·『전도수언(傳道粹言)』·『호자지언(胡子知言)』 등 성리학에 필수적인 서적들을 구해서 돌아와 널리 반포하도록 건의한 적이 있다.[1] 이와 같은 서적들이 유포된 것은 일찍이 드문 일

이다. 명종 · 선조 연간에 성리학 융성에 크게 이바지하였다.

【선유의 표창】 도학의 발전을 위해 귀감이 되는 선유(先儒)를 표창하는 데 힘썼다. 중종 12년(1517)에 조광조가 "김굉필 · 정여창을 포양(褒揚)하여 사문(斯文)을 부식(扶植)할 수 있게 해달라"[2]는 상소를 하자, 중종은 양현에게 각각 우의정을 추증하고 그 자손들을 임용하였다. 이어 또다시 정몽주 · 김굉필 · 정여창 3인을 문묘에 종사할 것을 청하였다. 이 또한 도학의 창명(彰明)을 임무요 사명으로 여겼던 그들에게 의의 있는 일이었다. 이들 삼현(三賢)이 조광조 자신의 학문적 연원이었던 까닭에 논란이 적지 않았으나, 결국 조정의 중론에 따라 동년(1517) 8월 정몽주를 문묘에 종사하는 것으로 매듭이 지어졌다.

【소격서 혁파】 유학을 정학(正學)이라 하고, 유학 이외의 불교 · 도교 및 미신을 이단 · 좌도(左道)라 하여 철저히 배척했다. 소격서(昭格署) 혁파(革罷) 문제는 중종조에 들어 여러 유신(儒臣)들에 의해 누차 제기되어 여러 해 동안 논쟁을 벌여 오다가, 마침내 조광조 등의 주청으로 혁파되었다. 그들은 사원(寺院)의 신축을 엄금하고 폐지된 사원을 향교에 귀속시키며, 승려를 환속케 하여 군적(軍籍)에 편입시킬 것을 청하였다. 지방에 있는 미신적인 음사(淫祠)에 대해서도 철폐할 것을 극론하였다.[3] 특히 도교를 엄히 배척하여 소격서를 혁파토록 한 것은 유명한 사실이다.

소격서란 천지성신(天地星辰)에 대한 초제(醮祭)의 일을 담당하는 관청이다. 초제는 곧 도교의 중요한 제천(祭天) 행사이다. 고려 때부터 시

---

1) 『慕齋集』 권15, 6a, 「慕齋先生行狀」 참조.

2) 『정암집』 권3, 「侍讀官時啓(十八)」 참조.

3) 제사해야 할 대상이 아닌데 제사하는 것을 淫祀라고 한다. 『禮記』, 「曲禮(下)」 "非其所祭而祭之, 名曰淫祀.", "淫祀無福." ; 『춘추좌씨전』 僖公 31년조 "鬼神非其族類, 不歆其祀." ; 『논어』, 「爲政」 "非其鬼而祭之, 諂也."

작된 이 행사는 그동안 여러 번 폐지가 논의되었음에도 중종 때까지 계속되어 왔다. 중종 즉위 초부터 유신들은, 초제는 사도(邪道)로서 미신을 조장하여 백성의 교화를 해칠 뿐 아니라 사전(祀典)에도 맞지 않는다고 하여[4] 이를 폐지하고, 소격서 역시 국가 재정의 낭비를 막기 위해서라도 혁파해야 한다고 강력히 주청하였다. 중종은 예부터 내려오던 고사(故事)를 가볍게 없앨 수 없다고 맞섰다. 그러나 중종 13년(1518) 조광조가 동료들과 함께 그 폐단을 극론하며 강청하자, 동년 9월 초제를 폐지하고 소격서를 혁파하라고 명하기에 이르렀다.

【교화 사업】 묵은 폐단을 없애고 민중을 새롭게 교화하고자 화민성속(化民成俗)의 교화 사업에 힘썼다. 향촌 교화를 위해 향약(鄕約)을 보급하고 『소학』을 반포한 것은 민중 교화 면에서 중요한 의미를 지닌다. 퇴계 이황이 말한 바와 같이 『소학』은 인재를 기르는 근본이요 향약은 풍속을 교화하는 법도였다.[5] 이 화민성속의 교화책으로 말미암아 관민(官民)이 자각하여 힘씀으로써 사방에서 바람이 일었으니 그 치화(治化)가 적지 않았다고 하겠다.

【현량과 설치】 지치를 위해 널리 유능한 인재를 등용하는 데 힘썼다. 지치주의 유학파는 임금이 선치(善治)에 뜻을 두면서도 그 공효를 보지 못하는 것은 인재를 얻지 못한 데 원인이 있다고 보았다. 또 종래의 과거제도가 사장(詞章)의 학습만을 일삼게 한 나머지 모순이 많다는 것을 지적하고, 중국 전한(前漢) 때 실시되었던 '현량방정과(賢良方正科)'를 본떠 학문과 덕행을 갖춘 경명행수(經明行修)의 선비를 선발하도록 건의하였다. 이것이 곧 현량과다.

---

4) 천자는 천지에 제사하고 제후는 산천에 제사한다는 유교의 제사규범에 따라, 제후국인 우리나라에서 제천행사는 非禮로 인식되었다.

5) 『퇴계문집』 권48, 31a, 「靜庵趙先生行狀」

> 국가에서 선비를 등용하면서, 고을에서 천거하고 마을에서 천거하는 법이 없고 과거에만 의존하므로, 세상에 도덕심이 점점 쇠퇴해지고 사습(士習)이 날로 각박해졌다. 과거를 보려는 자가 오직 읽어 기송(記誦)하고 글 짓는 것만 익히기에 힘씀으로써, 의리가 무엇인지 알지 못하여 교화가 일어나지 못한다. 정치가 날로 못해지는 것은 여기에 말미암은 것이니 진실로 작은 일이 아니다. 그러므로 한나라 때의 명경·효렴과(明經孝廉科)를 모방, 중앙의 정승·판서로부터 지방의 도백(道伯)에 이르기까지 각각 적당한 인물을 천거해서 과거에 한 과를 만들면 국가에 유익할 것이다.[6]

이 제도는 중종 14년(1519)에 처음으로 실시되었다. '대책(對策)' 한 가지로 시험을 치르는 것이 특징이었다. 즉, 한양에서는 육조·홍문관·대간(臺諫) 등이, 지방에서는 관찰사와 수령이 각각 후보를 선발하여 예조에 추천하면, 예조에서는 추천된 인재의 학행(學行) 등을 임금께 보고하며, 이어 왕의 친림하(親臨下)에 '대책' 으로 시험을 치렀다. 이를 천거과(薦擧科)라고 한다.

제1회 현량과에서 추천된 120명 가운데 김식(金湜) 등 28명이 선발되었다. 이들은 대부분 조광조 일파로서 신진사류들이었다. 이에 대해 기성 훈구파는 이를 자신들에 대한 심각한 위협으로 받아들였다. 그들은 현량과의 선발이 불공정할 뿐 아니라, 사림파가 자파(自派) 세력을 부식하기 위해 불순한 저의를 드러냈다고 맹렬히 비난하였다. 사림파와 훈구파의 대립은 기묘사화가 일어나게 된 한 원인으로 발전하였다.[7]

【위훈(僞勳) 삭제】 중종반정 당시 뚜렷한 공로가 없으면서 공신적에

---

6) 『정암집』 부록 권2, 1b, 「語類」 제2칙 참조.

7) 현량과는 1회 실시로 폐지되었다. 급제한 사람의 자격까지 박탈되었다가 선조 1년에 그 자격이 복구되었다.

오른 대신의 공신자격 박탈을 골자로 하는 것이었다. 사리(私利)의 근원을 막는 것이 목적이었다.

중종은 즉위한 뒤, 자신의 즉위에 공이 있는 신하들을 4등으로 나누어 모두 103명을 정국공신(靖國功臣)으로 책록하고 포상하였다.[8] 그러나 이 중에는 공이 없으면서도 책록된 사람이 다수 들어 있었다. 특히 3등과 4등의 경우 원훈(元勳)의 자제나 친척들이 연줄로 포함된 것이 대부분이었다. 그런데도 공신들은 권력을 남용하여 온갖 비리를 자행하였으며, 또 선비들은 공신들에게 청탁을 하는 데 쉴 틈이 없어 백성의 원망을 사고 있었다.

이에 조광조는 대사헌이 되자마자 대간을 이끌고 정국공신으로 책록된 사람 가운데 공이 없는 자 76명의 훈호(勳號)를 삭제하고 공신전·노비 등을 회수할 것을 청하였다. 그러나 세월이 10년이 넘은 데다가 쉽게 고칠 수 있는 일이 아니어서 중종으로서도 쉽사리 응할 수가 없었다. 얼마 동안 조정의 신·구 신료들 사이에서 의논이 분분하였다. 결국 잘못된 경위와 개정하지 않으면 안 될 이유를 낱낱이 밝혀 삭제를 주장하는 조광조 일파의 강경한 요구에 따르지 않을 수 없어, 마침내 전 공신의 4분의 3에 해당하는 76명의 삭훈(削勳)을 허락하기에 이르렀다. 그러나 이를 계기로 훈구파로부터 대대적인 반격을 받았다. 기묘사화의 직접적인 발단은 그 태반이 여기서 비롯된 것이다.

8) 1등 8명, 2등 13명, 3등 30명, 4등 52명이었다.

제3장

지치주의 儒學派 諸賢의 思想

金安國 성종 9년(1478, 戊戌) – 중종 38년(1543, 癸卯)

자는 국경(國卿), 호는 모재(慕齋), 시호는 문경(文敬). 본관이 의성(義城)으로 김굉필의 문인이다. 경사(經史)에 널리 통하고 문장에 능하였으며 성리학에 밝았다. 연산군 5년(1499) 문과에 급제하여 벼슬이 대제학에 이르렀다. 중종 12년(1517) 경상도 관찰사가 되어 민중교화에 힘썼다. 이때 도내 60여 고을의 학도와 학자들을 권면(勸勉)하는 시를 낱낱이 지어 내리면서 한결같이 『소학』 공부에 힘쓸 것을 권장한 바 있다.[1] 그는 한편으로 『소학』과 『여씨향약(呂氏鄕約)』을 언해하여 보급하고 『이륜행실도』를 편찬하였으며,[2] 이밖에 여러 농서(農書)와 의서(醫書)를 언해하여 민생에 보탬이 되도록 하였다. 이어 성균관 대사성이 되어

1) 『모재집』 권1, 「勸陜川學徒」부터 「示玄風學者」까지 참조.

2) 曺伸과 共編한 것이다. 『삼강행실도』에서 빠진 長幼 · 朋友를 주제로 하였다. 정조 때(1791) 『삼강행실도』와 『이륜행실도』를 합쳐 『오륜행실도』로 改題, 간행하였다.

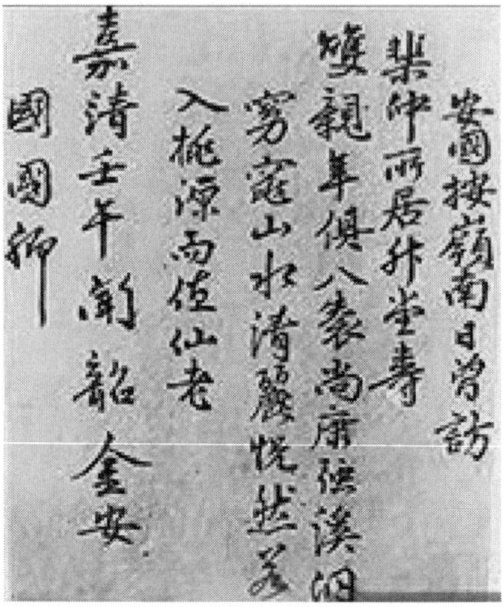

〈김안국 글씨〉

사류(士類)를 훈도(薰陶)했다.

그는 평소 선(善)을 좋아하고 선비를 아꼈다. 그러나 조광조 등과 뜻을 같이하였지만 급진 개혁에는 반대하여, 기묘사화 당시에 생명을 부지할 수 있었다. 기묘사화 이후로 성리학에 대해 감히 말하는 이가 없었는데, 그가 여주(驪州)의 이호(梨湖)에 물러가 지내면서 홀로 성현의 사업을 강명하는 데 힘써서, 명종 이후 크게 융성하였던 성리학의 진흥에 큰 공을 세웠다. 뒤에 조정의 부름을 받아 다시 출사(出仕)하였다. 사대교린(事大交隣)의 글이 거의 그의 손에서 나왔다. 죽은 뒤 인종의 묘정(廟庭)에 배향되었고, 저술로 『모재집』(15권 7책)이 있다.

문인으로 김인후(金麟厚)·류희춘(柳希春)이 있다. 회재 이언적과 퇴계 이황도 그를 찾아가 성리학에 대해 질의하여 계발을 받은 바 있었다고 한다.[3)]

그에 대한 제가(諸家)의 평을 소개하면 다음과 같다.

> 모재 김안국 형제가 문학으로 진출하였다. 모재는 사문(斯文)을 일으키려는 뜻이 있었다. 전후로 성균관을 맡아서 후진들을 부지런히 가르치니, 그가 이르는 곳마다 문하의 학도들이 무리를 이루었다. 그는 『소학』과 사서·오

---

3) 『惺所覆瓿藁』 권23, 5b-6a, 「惺翁識小錄(中)」 "靜庵被禍之後, 人無敢言窮理盡性之學, 獨慕齋退居驪江, 逢士人則輒引聖賢事業, 論說不怠. 李晦齋自嶺南往來, 必質問辨難, 而退溪赴丹陽日亦過公廬, 始聞性理淵源, 慕齋之於二公有啓益之功, 而人不知也."

경, 『성리대전』으로 과정을 삼았으며, 한때 사류를 도야(陶冶)한 공이 매우 많았다. 기묘년에 교화를 일으킴에 미쳐 조정암과 뜻이 같았으나, 개혁을 너무 급하게 서두르지 않으려고 경상감사로 나갔다. 끝내 당적(黨籍)의 화액을 면치 못했지만, 그 선견(先見)의 높음과 지킴이 바름을 알 수 있다. 그러나 그의 박학함과 문장을 되돌아 볼 때, 요약한 것을 지키는 공부〔守約工夫〕가 적은 듯하고, 또 스스로 표방하지 않았기 때문에 후대의 의론이 조정암의 심학(心學)을 정종(正宗)으로 삼은 것과는 같지 않다. 그러나 실상 모재는 간세(間世)의 이인(異人)이다. 지금 정지운(鄭之雲)의 「천명도(天命圖)」를 상고해 보면, 상달처(上達處)에서도 부족한 점을 보지 못하겠다. 모재는 쉽게 당할 수 없다.[4]

공이 여주에 물러가 살면서 학도를 교수하여, 도학을 일으키는 것으로써 자기의 책임으로 삼았다. 선비들의 기대가 매우 무거웠다. 조정에 돌아오자 조광조 등 제현의 원통함을 씻어서 선류(善類)들이 크게 의지하였으나 얼마 안 되어 병으로 죽었다. 조야(朝野)에서 모두 우러러 사모하여 문묘에 종사하려는 의론이 있었지만, 이황이 김굉필 · 정여창 · 조광조 · 이언적을 사현(四賢)으로 추존한 뒤부터 선비들이 거의 모재가 어떤 사람인지도 모르게 되었다. 탄식할 노릇이다.[5]

김모재가 태학사로 있을 당시 사대교린(事大交隣)의 응제문자(應製文字)가 모두 그의 손에서 나왔다. …… 문장이 전아(典雅)하고 명쾌하여 당시 중국에서도 일컬어졌다. 다만 그의 박학능문(博學能文)으로도 수약공부(守約工夫)에는 부족함이 있어 후세의 논자들이 조광조에 미치지 못하는 것으로

4) 『澤堂別集』 권15, 8a-8b, 雜著, 「示兒代筆」
5) 『南溪集』 正集 권57, 15a, 「記少時所聞」

여겼다. 그러나 그가 성균관에서 주자(冑子)를 교도(教導)하면서 사도(師道)로 자임(自任)하여 한때의 사류가 그의 훈도를 입었던 점은 도리어 조광조가 양보해야 할 것이다.[6)]

이로써 미루어 보면, 그의 학문의 조예와 함께 조선유학사상 그가 차지하는 위치를 짐작할 수 있겠다.

金正國 성종 16년(1485, 乙巳) – 중종 36년(1541, 辛丑)

자는 국필(國弼), 호는 사재(思齋), 시호는 문목(文穆). 본관이 의성(義城)이다. 김안국의 아우로 형과 함께 10세부터 김굉필의 문하에서 수학하였다. 형제가 '유아(儒雅)' 로 모범이 되어 당시 사람들이 '이난(二難: 難兄難弟)' 이라 일컬었다 한다. 중종 4년(1509) 별시문과에 장원급제한 뒤, 동 13년(1518) 황해도 관찰사가 되었다. 이때 그는 "가르치지 않고 형벌하는 것은 백성을 속이는 것이다" 고 하여 거악종선(去惡從善)의 교화를 목적으로 「경민편(警民編)」 12조를 만들어 시골 마을에 간포(刊布)하고, 또 사자(士子)들을 훈도(訓導)하기 위해 학령(學令: 海州都會儒生約條) 24조를 지어 유생들을 권면하였다. 그의 도속유민(導俗牖民)에 대해 정조는 "그가 세속을 인도하고 백성을 깨우치는 의리가 여씨향약(呂氏鄕約)과 서로 표리가 될 만하다" 고 평가하였다.[7)]

기묘사화로 파직당하고 경기도 고양에 은거하면서 추만 정지운을 비롯한 많은 학자를 양성하였다. 형 김안국과 함께 당시 유림에서 쌍벽을

6) 『弘齋全書』 권171, 2b-3a, 「日得錄」, 〈人物〉

7) 『홍재전서』 권165, 25b, 「日得錄」 "…… 其導俗牖民之義, 可與呂氏鄕約相表裏."

性理大全書節要卷之二
知行
[illegible]曰 夫泛論知行之理而就一事
之中以觀之則知之爲先行之爲後無可疑者然
合夫知之淺深行之大小而言則非有以先成乎
其小亦將何以馴致乎其大者哉蓋古人之教自
其孩幼而教之以孝弟誠敬之實及其少長而博
之以詩書禮樂之文皆所以使之卽夫一事一物
之間各有以知其義理之所在而致涵養踐履之
功也及其十五成童學於大學則其灑掃應對之

〈김정국, 성리대전서절요〉

이루는 대학자로 추앙을 받았는데, 18년 동안 재야에서 학문을 하는 동안 후학들에게 영향을 끼친 바 컸다. 중종 33년(1538) 다시 기용되어 호남 · 영남의 도백(道伯)을 지내고 벼슬이 참판에 이르렀다. 저술로 『사재집』 · 『사재척언(思齋摭言)』[8] · 『성리대전서절요(性理大全書節要)』 · 『촌가구급방(村家救急方)』 등이 있다.

김안국은 김정국의 묘지(墓誌)에서 "아우는 타고난 자질이 특이하였다. 소시에 김굉필 선생에게 배워 사우(師友)의 연원이 있으며, 학문에 뛰어난 조예를 보여 속유(俗儒)와는 아주 달랐다"[9]고 하였다. 김정국은 정치적 수완이 뛰어나고 일에 따라 수응(酬應)하는 묘책이 비상하였다.

8) 『척언』은 당나라 때 사람 何晦가 撰한 것이다(1책). 孔安國의 「尚書序」에 '採摭群言'이라고 한 데서 나왔다.

9) 『모재집』 권14, 24b, 「弟嘉善大夫禮曹參判金公墓誌銘」

동문 조광조 등과 함께 지치(至治)의 이상을 실현하는 데 뜻을 같이하였으며, 정치에서는 무엇보다 시의(時宜)가 중요하다고 하여 변법경장(變法更張)을 주장하였다.

> 제도(制度)와 절문(節文)이 오래도록 전해지면 폐단이 없을 수 없다. 이것은 진실로 사세(事勢)가 그러하다. 제도와 절문이라는 것이 당세에 적당하고 민심에 어긋나지 않는 것이었지만, 오래도록 전해지면 점점 따르기 어려운 데 빠지는 것 또한 그 형세가 그러하다. 그 폐단을 따라 제도를 고쳐, 당세에 합치되고 민심에 따르기를 구하는 것이 이른바 '도' 다. 선왕이 때에 맞추어 덜고 보태어 변통하도록 한 것이 시대마다 각기 다르지만 모두 도에서 떠나지 않는다.[10)]

다만 그는 조광조 등의 급진적이고 독단적인 개혁 추진에 대하여 못마땅하게 생각하였다. 『사재척언』에 보이는 다음의 대목은 좋은 예증이다.

> 무인년(1518)에 대간(臺諫)들이 소격서를 없애도록 청한 지 여러 달이 되도록 윤허되지 않자, 홍문관에서는 날마다 논계(論啓)하였다. 하루는 부제학 조광조가 동료를 거느리고 정원(政院)에 나가 승지에게 이르기를 "이번에 윤허를 받지 못하면 오늘 집에 돌아갈 수 없다"고 하였다. 날이 저물자 대간들이 모두 물러갔으나, 광조는 그대로 머물면서 밤이 새도록 논계하여 닭이 울어도 그치지 않았다. 임금이 부득이 윤허하였다. 승지들도 책상에 기대어 깊이 잠이 들었으며, 모두 싫어하고 괴롭게 여겼다. 대내(大內) 같이 엄밀한 곳에 중사(中使)가 밤을 새워 출입하며 번거롭게 논계하여 그만두지 않

---

10) 『思齋集』 권3, 21b, 「政貴時宜論」

으니, 임금인들 어찌 듣기 싫어하는 마음이 없겠는가. …… 임금을 핍박하여 이 지경에 이르고도 목숨을 보전한 자는 없었다. 광조가 물러난 뒤에 소격서를 다시 세우라는 명이 곧 내렸다.[11)]

그는 또 조광조의 독단적인 처사와 교만한 인품이 화를 자초했다고 지적하면서, 인품상의 결함도 비판하였다.

대사헌 조광조가 한창 임금의 총애를 받아, 매양 소대(召對)할 때에는 반드시 의리를 끌어다 비유하였다. 경서의 말을 종횡으로 이끌어서 그치는 때가 없었다. 다른 사람은 그동안 한마디 말도 못하였다. 비록 한겨울과 한창 더위라도 한낮이 지나도록 그치지 않았다. 소대를 마치고 나면 말한 것은 윤허되지 않은 일이 없었다. …… 일찍이 대사헌으로 재직할 때 등청하다가 찬성 고형산(高荊山)을 만났으나 예를 표하지 않고 지나갔다. 조광조를 미워하는 사람들이 이를 갈았다. 『한서』를 상고해 보니, 소망지(蕭望之)는 어사(御史)가 되어 내심 정승을 가볍게 여기고 만나도 예를 표하는 일이 없었다. 장탕(張湯)은 어사가 되어 매양 조회에서 일을 아뢰게 되면 날이 늦어야 마쳤다. 승상은 자리만 채우고 있을 뿐, 천하의 일은 모두 장탕에 의해 결정되었다. 두 사람의 현부(賢否)는 같지 않지만 거만하고 정사를 제멋대로 하다가 화를 당한 것은 같다. 군자의 처신은 지경겸손(持敬謙遜)이 복을 누리는 터전이다. 어찌 경계하지 않겠는가.[12)]

이를 보면, 김정국이 비록 조광조 등과 개혁노선을 같이하였지만, 개혁의 방법에서는 생각이 달랐음을 짐작할 수 있다.

---

11) 『사재집』 권4, 5a-5b, 「摭言(上)」

12) 『사재집』 권4, 7a, 「摭言(上)」

金淨 성종 17년(1486, 丙午) — 중종 16년(1521, 辛巳)

〔1〕 자는 원충(元冲), 호는 충암(冲菴), 시호는 문간(文簡), 본관은 경주다. 중종 2년(1507) 문과에 장원급제하여 사간원 정언(正言) 등을 지냈다. 순창군수(淳昌郡守)로 재직할 때 장경왕후(章敬王后: 인종의 母后)가 세상을 떠나자 담양부사(潭陽府使) 박상(朴祥)과 함께 폐비 신씨(愼氏: 후일 端敬王后로 追封됨)의 복위를 상소하였다. 또 박원종 등의 횡포 때문에 신씨가 폐위된 것이라 하여 그 죄상을 극론하였다. 그러나 정국공신(靖國功臣)들이 사주한 대간들로부터 탄핵을 받고 충청도 보은에 유배되었다가 조광조 등의 신구(伸救)로 이듬해 풀려났다. 곧 부제학에 임명되고 형조판서에 특진하였다.

열 살 때 이미 사서를 통달한 그는 젊어서 한때 노장학에 심취하였으나 곧 유학으로 돌아왔다. 천분(天分)이 높아 당시 선비들 사이에 신망이 있었다. 지치주의 실현을 위해 노력하다가 기묘사화로 죽음의 위기에까지 이르렀으나, 영의정 정광필의 간곡한 만류로 감사(減死)되어 전라도 금산(錦山)에 귀양 갔다. 뒤에 진도 · 제주도로 귀양지를 옮겼다가 제주에서 자진(自盡)하라는 명을 받으니 이때 나이 36세였다. 유사(遺辭)에서는

投絶國兮作孤魂	외딴 섬에서 외로운 혼이 되니
遺慈母兮隔天倫	자친과 떨어져 천륜이 막혔네.
遭斯世兮隕余身	이런 세상을 만나 이내 몸 죽게 되니
乘雲氣兮歷帝閽	운기(雲氣) 타고 상제의 궁성 문을 들르고
從屈原兮高逍遙	굴원을 따라 하늘 높이 소요(逍遙)하려네.
長夜冥兮何時朝	긴 밤 어두운데 어느 때 아침 오랴.

炯丹衷兮埋草萊	빛나는 단충(丹衷)을 풀숲에 묻는구나.
堂堂壯志兮中道摧	당당하고 장한 뜻 중도에 꺾였으니
嗚呼	아아!
千秋萬世兮應我哀	천추만세에 응당 나를 슬퍼하리.[13]

고 하여, 자신의 단성(丹誠)을 토로하였다.

〔2〕 김정의 철학은 '생생철학(生生哲學)' 이라 할 만하다.

천지의 위대한 덕을 '생' 이라 하였다. 천지가 천지 된 까닭은 단지 생생지리(生生之理)일 뿐이다. 생생지리는 옛적까지 통하여 쉼이 없는데, 사람에게는 인(仁)이다. 사람이 인을 행함에 일식(一息)하는 잠깐만 끊임이 있어도 인도(仁道)는 거의 굶주리게 된다. 일념(一念)의 미미함에도 모두 생리(生理)가 있다. 생리가 혹 끊어진다면 천지의 이치도 끊어지는 것이니, 천지가 사람에게 부여한 것이 중대하지 않은가. 생생지리가 조금도 끊일 사이가 없는 것이 이 경(敬)이요, 존심출치(存心出治)하되 정일(精一)하게 하여 쉬지 않는 것도 이 '경' 이다. '경' 이 아니면 능히 이 마음을 보존하지 못한다. …… 하늘의 참됨에 응하려거든 '경' 보다 더 큰 것이 없고 '경' 은 근독(謹獨)보다 더 큰 것이 없다. 홀로 삼가 일호(一毫)의 사념(邪念)도 없어야 한다. 일호의 틈도 없다면, 마침내 지성무식(至誠無息)의 지경에 이를 수 있을 것이다.[14]

---

13) 『충암집』 부록, 「연보(상)」 36세조(한국문집총간 23, 251쪽).

14) 『중종실록』, 12년 8월 12일 乙卯條 "天地之大德曰生. 天地之所以天地, 只是生生之理, 而生生之理, 亘古不息, 而在人則仁, 或有一息之間斷, 則仁道幾乎餒矣. 一念之微, 皆有生理, 生理或絶, 則天地之理亦絶, 天地之付與乎人, 其不重乎. 生生之理, 無少間斷者, 此敬也, 存心出治, 精一不息者, 亦此敬也, 非敬莫能存心以爲仁. …… 應天之實, 莫大於敬, 敬莫大於謹獨, 謹獨而無一毫邪念, 無一毫間斷, 則其終也, 可至於至誠無息之域矣."

천지의 이치는 곧 생생지리요, 생생지리는 곧 '인' 이다. 이 생생지리를 체득, 체인하여 직관적으로 인식하는 것이 '경' 이며, 더 나아가 마음의 주체성을 확보하는 것이라 한 것이다. 또한 생생지리를 경외(敬畏)하여 거스르지 말아야 하니, 경외의 구체적인 방법이 근독(謹獨)이라는 것이다. 그는 '경' 에 대하여 다음과 같이 부연하였다.

> 이 '경' 자에는 인(仁)·경(敬)·효(孝)·자(慈)·신(信) 다섯 가지 뜻이 포함되어 있다. …… 경은 철상철하(徹上徹下)의 공부다. 초학으로부터 중화(中和)·위육(位育)과 독공(篤恭)하여 천하를 평화롭게 하는 일까지 모두 '경' 한 글자에 달려 있다. …… '경' 자의 의미는 온통 '홀로 삼감'〔謹獨〕에 있다. 은미유독(隱微幽獨)한 가운데서도 방심(放心)을 거두어들이고, 늘 경외하는 마음을 간직하여 조금도 거짓이 없도록 해야 한다.[15]

그리고 인이 생리(生理)임을 강조하면서, 인을 구체적으로 실천하기 위한 방법이 '서(恕)' 라고 하여 다음과 같이 주장하였다.

> 천지의 위대한 덕을 '생' 이라 한다. 인은 곧 생리이다. 천지의 광대함과 만물의 번성함이 모두 인에 매인 것이다. 임금이 천리를 대신하여 만물을 다스려서, 하늘과의 사이에 틈이 없도록 하는 까닭에 인이 위대한 것이다.[16]

---

15) 『중종실록』, 13년 9월 15일 壬子條 "金淨曰: 此敬字, 包仁敬孝慈信五者之義矣. 光祖曰: 可得聞其詳乎. 金淨曰: 敬乃徹上徹下功夫, 自初學至中和位育篤恭而天下平之事, 皆由敬之一字. 光祖曰: 何也. 金淨曰: 敬字之義, 都在謹獨, 雖隱微幽獨之中, 收斂放心, 常存敬畏, 而勿使少有私僞也."

16) 위와 같음 "天地之大德曰生, 而仁乃生理也. 天地之大, 萬物之繁, 皆囿於仁, 而仁君代天理物, 與天無間, 故仁爲大."

> 혈구(絜矩)는 곧 서(恕)다. '서'가 무르익으면 인이다. 『대학』에서는 배우는 사람의 일을 주로 하여 말한 까닭에 인을 말하고, 또 혈구를 말하였다. 성인은 전체(全體)가 단지 인이요, 추기급물(推己及物)이 곧 배우는 사람의 할 일이다. 반걸음으로 (인에) 도달할 수 없기 때문에 반드시 '서'가 있어야 '인'에 이르게 되는 것이다.[17]

생생철학은 후일 탄옹(炭翁) 권시(權諰)에 의해 다시 한 번 크게 강조된다. 사상적 연계성은 추론하기 어렵다고 하더라도, 성리학의 개화기 이전인 당시에 이미 이 정도로 성리학에 조예가 있었다는 점에서, 그의 자득과 독득처(獨得處)를 인정할 만하다.

저술로 『충암집』(7권 7책)이 있다. 퇴계 이황은 『충암집』을 열람한 뒤 "이 사람의 학문을 자세히 보니 처음에는 노장(老莊)에 빠졌지만, 나중의 소견은 실로 남보다 한 등급 높았다. 그의 '귀양소(歸養疏)'나 '사직소'는 지성(至誠)에서 나온 것이다. 이런 견식을 가지고 그의 뜻과 같이 되지 못하고 끝내 큰 화를 당하였으니 어찌 슬프지 않겠는가"[18]라는 평을 남긴 바 있다.

金湜 성종 13년(1482, 壬寅) – 중종 15년(1520, 庚辰)

자는 노천(老泉), 호는 정우당(淨友堂)·동천(東泉),[19] 시호는 문의(文

---

17) 위와 같음 "絜矩卽恕也, 而恕熟則仁矣. 大學主言學者事, 故言仁而又言絜矩. 聖人全體只是仁, 而推己及物, 乃學者事. 不可跬步到, 故必有恕而至於仁也."

18) 『퇴계문집』 권13, 8b, 「與洪應吉」

19) 흔히 김식의 호를 沙西라고 적는 경우가 있으나, 沙西는 柳成龍의 문인 全湜(1563~1642)의 호이다.

毅)이며, 본관이 청풍(淸風)이다. 성리학에 조예가 있어 일찍이 조정에 천거되었다. 중종 14년(1519) 장령(掌令)으로 재직 중 현량과(賢良科)에 장원으로 뽑혀 그해 부제학이 되고 이어 대사성에 올랐다. 조광조 · 김정 등과 함께 소장 도학파로서 민중교화 및 제도개혁에 진력하였다. 당대 성리학의 독보적인 존재로서 지치주의를 이념적으로 확립시키는 데 중요한 구실을 하였다. 충암 김정은 일세의 학자를 모두 내려다보았지만, 매일 아침 김식을 찾아가 『대학』을 배웠으며, 조광조 또한 각별히 경중(敬重)하였다고 한다. 또한 성균관 대사성으로 있을 때는 제생(諸生)의 훈도에 힘써, 사방에서 배우려는 자들이 많이 모여들었다고 한다.

그는 덕치주의 이상을 실현하기 위한 방안으로서 향약의 시행과 보급에 힘썼고, 그 시행을 조정에 적극적으로 건의하였다. 향약은 강제적으로 시행해서는 안 되지만, 전국적으로 시행코자 한다면 주대(周代)의 제도를 본받아야 한다고 주장하였다.[20]

기묘사화 때 장형(杖刑)을 받고 경상도 선산(善山)에 유배되었다. 뒤에 죄가 가중되어 절도(絶島)로 이배(移配)한다는 소식을 듣고 귀양지에서 망명도주(亡命逃走)하였다가 거창(居昌)의 수도산(修道山)에서 목을 매 죽었다. 후일 율곡 이이는 그의 손자 김권(金權)이 조부의 비문을 청했을 때, 죽음에 처한 의리에 구차한 바가 있다고 하여 끝내 응낙하지 않았다고 한다.[21]

그의 아들 김덕수(金德秀: 1470~1522)는 자가 경진(景眞)이요, 호는 이진자(頤眞子)다. 성리학에 밝았다.[22]

---

20) 유명종, 『한국사상사』(1981), 283쪽.

21) 『沙溪遺稿』 권10, 4a, 「語錄」 "金淸風權, 爲請其祖金大成碑文, 栗谷不答. 沙溪以問, 栗谷答曰: 其處死之義甚未安, 故不許矣."

22) 金佐明, 『歸溪遺稿』 권하, 「高祖贈吏曹判書府君行狀」 참조.

金絿 성종 19년(1488, 戊申) – 중종 29년(1534, 甲午)

자는 대유(大柔), 호는 자암(自菴), 본관은 광산(光山)이다. 어려서 김굉필에게 배우고 조광조 등과 의기투합하여 도학정치를 이루고자 힘썼다. 중종 8년(1513) 별시문과에 급제하여 벼슬이 부제학에 이르렀다. 기묘사화가 일어나자 개령(開寧)으로 귀양 갔다가 남해(南海)·임피(臨陂)로 이배되어 14년간 귀양살이를 한 뒤 돌아와 죽었다. 지극한 효자로 이름이 있었으며 서예에 일가를 이루었다.[23] 저술로 『자암집』(2권 1책)이 있다.

그는 우문정치(右文政治)의 중요성을 강조하면서 사화(詞華)를 위한 문(文)이 아닌 관도(貫道)를 위한 문이어야 한다고 주장하였다.

> 이른바 문(文)에는 두 가지가 있다. 옛말에 이르기를 "문(文)이 여기에 있지 아니한가"라 하였고, 또 "온 천하를 경륜하여 다스린다"고 하였다. 이것은 문(文)을 도로써 말한 것이다. 후세의 문은 사화(詞華)와 장구(章句)일 뿐, 문은 문대로 심(心)은 심대로 갈라졌으니 이것은 문을 재(才)로써 말한 것이다. 관도(貫道)의 문은 어디나 사용되는 문이요, 사화의 문은 쓰여서는 안 될 문이다. 어디나 사용되는 문은 방책(方策)에 있는데 모두 정심(正心)·수심(修心)의 방법일 뿐이다. 그러나 지금 문을 하는 자들은 몸에 체득하지도 않고 일에 베풀고, 한갓 사화로써 아름다움을 살필 뿐이니 장차 어디에 쓰겠는가.[24]

이것은 도문일치(道文一致)의 사상으로서, 사장파(詞章派)를 겨냥한

---

23) 魏의 鍾繇(종유)와 晉의 王羲之, 세칭 鍾王의 서체를 이어받아 仁壽體를 이룩하였다. 仁壽坊에 살았기 때문에 붙여진 이름이다. 김구는 安平大君·楊士彦·韓濩와 함께 조선 초기 4대 서예가로 꼽힌다.

24) 『중종실록』, 9년 3월 4일 丁卯條.

것이라 하겠다.

기묘년 당시의 「옥중상소(獄中上疏)」에서 그는 자신들이 '사화(士禍)'를 당한 것이라고 주장하였다.

…… 성조(聖朝)를 만나 경악(經幄)에 드나들었습니다. 가까이서 성덕(盛德)을 입어 우직한 충정〔愚衷〕을 펼치며 다하다가 뭇사람의 시의(猜疑)를 범하였습니다. 우리 임금을 요순과 같은 임금이 되도록 바랐을 뿐, 어찌 제 몸을 위해 일을 도모하였겠습니까? 하늘의 해가 밝게 비출 것입니다. 다른 사심(邪心)은 없습니다. 다만 사류(士類)의 화가 한 번 열림에, 장차 후일의 나라 명맥을 염려하지 않겠습니까.[25]

奇遵 성종 23년(1492, 壬子) - 중종 16년(1521, 辛巳)

자는 자경(子敬), 호는 복재(服齋)·덕양(德陽), 시호는 문민(文愍). 본관이 행주(幸州)이며 조광조의 문인이다. 중종 9년(1514) 문과에 급제하였다. 기묘사화 당시 응교(應敎)로 재직하다가 아산(牙山)에 귀양 갔으며, 이어 온성(穩城)으로 이배된 뒤 신사무옥(辛巳誣獄)으로 교살되었다. 저술로 『덕양유고』(4권 2책)가 있다.

그는 일찍이 경연에서 다음과 같이 진강(進講)하였다.

다스리는 이치에 어찌 고금이 있겠습니까. 단지 행하고 행하지 않은 데 있을 뿐입니다. 비록 삼대(三代) 당시라 하더라도 힘써 행하지 않았다면 어찌

25) 『自菴集』 권2, 7a, 「獄中上疏」

치효(治效)가 있었겠습니까. 세상에 성인의 학문이 밝지 못하여, 임금이 왕도를 알지 못하고 신하가 인군(引君)의 도리를 깨닫지 못하며, 한갓 패술(覇術)과 구차한 일을 가지고 임금에게 말함으로써 문득 얻었다가 잃으니 치란(治亂)이 무상(無常)합니다. 임금께서 만약 옛날 제왕의 도로써 발분하여 그것을 행하신다면, 지치를 이루는 데 무슨 어려움이 있겠습니까. …… 진실로 격물치지하고 정일집중(精一執中)하신다면 어찌 치화(治化)를 이루기 어렵겠습니까. 후세의 유자들이 습속(習俗)에 능하여 각기 소견에 얽매이고 교화가 어떠한지 몰라 '세도(世道)가 날로 낮아지고 인심이 옛날과 같지 않으니 어떻게 삼대지치(三代之治)를 회복할 수 있겠는가' 라고 말하지만, 이는 망령된 사람입니다. 진실로 힘을 들여 상하가 발분역행(發憤力行)한다면 어찌 삼대의 정치를 이루지 못하겠습니까.[26)]

또 「옥중공사(獄中供辭)」에서는 "우리 임금께서 요순과 같은 성주(聖主)가 되시고, 세도(世道)가 지치에 이르기를 기약하도록 하였다"(欲使吾君爲堯舜之主, 世道期臻至治)고 하여, 요순의 지치를 도학정치의 이상으로 삼았음을 밝혔다.

그의 건의 중에 균전제(均田制) 실시를 주장한 것이 있다.

정전제(井田制)는 시행하기 어렵지만 균전제는 쉽게 할 수 있습니다. 전지(田地)의 분배가 균형을 잃어서 부자는 더 부자가 되고 가난한 사람은 송곳

26) 『德陽遺稿』 補遺, 14b-15a "戊寅二月夜對, 以侍講官啓曰, 治理何有古今哉. 但在乎爲不爲耳. 雖三代之時, 若不力行, 則何有治效乎. 至於聖人之學不明於世, 君不知王道, 臣不識引君之道, 徒以伯術苟且之事, 以說其君, 旋得旋失, 而治亂無常, 人君若以古昔帝王之道, 發憤力行之, 則其臻至治何難. …… 苟能格物致知, 精一執中, 則治何難致. 後之儒者, 長於習俗之中, 各拘所見, 不知教化之何如, 乃曰, 世道日卑, 人心不古, 其何能復三代之治乎. 是則妄人也. 若眞實着力, 上下發憤力行, 則豈不成三代之治乎."

꽂을 땅도 없어 유리파산(流離破散)합니다. 이는 그 제도가 불공평하기 때문입니다.[27]

균전제는 훈구파의 토지 겸병을 막기 위한 대안으로 제기되었다. 조선 후기 실학자들 사이에서도 비현실적인 정전제가 자주 거론되었음에 비추어, 상대적으로 그 진보성을 인정할 만하다.

한편, 그는 지치주의 도학정치가 뜻과 같이 실현되지 않자, 이른바 '산림에 홀로 갔으면 한다' (山林獨往之歎)는 탄식을 하면서 급류(急流)에서 용퇴(勇退)하기를 희망하였다.[28] 그러나 뜻을 이룰 수 없었다. 옥중에서 남긴 수서(袖書)가 평소 심정을 잘 말해준다.[29]

思親一念蒼天徹 어버이 생각하는 일념을 창천은 아시리.
爲國孤懷白日臨 나라 위하는 외로운 마음을 백일은 굽어보시리.
從此重天永埋骨 이제 중천에 길이 뼈를 묻게 될 것을
空留詩句寫丹心 부질없이 시구 남겨 단심을 담아두네.

愛君憂國仍成禍 임금 사랑 나라 걱정이 화를 불렀고
直道危言竟害生 직도와 위언이 필경 삶을 해치네.
本不貪生誰畏死 본래 삶을 탐치 않았으니 죽음을 두려워하랴.
皇天臨下太昭明 황천이 굽어 밝게 비추도다.

---

27) 『중종실록』, 14년 7월 2일 癸巳條 참조.
28) 『퇴계문집』 권48, 34b, 「靜庵趙先生行狀」 "奇公遵嘗發山林獨往之歎, 亟稱愜焉, 則急流勇退, 本其雅素之志也." 소동파의 시 「贈善相程傑」에 "불꽃처럼 위로 오르는 것 비록 운수가 있다지만, 급류 같은 벼슬길에서 용퇴하는 사람이 어디 없으랴"(火色上騰雖有數, 急流勇退豈無人)라는 일구가 있다.
29) 『덕양유고』 권2, 17a-18a.

제4장

己卯士禍와 도학정치의 실패

이상과 같이 당시 한때는 조야(朝野)가 거의 당우삼대(唐虞三代)의 성치(盛治)를 볼 수 있을 듯한 감이 있었다. 그러나 지치주의 유학파가 개혁에 급급한 나머지, 임금의 자질이나 시의(時宜) 여부는 헤아리지 않고 지론을 밀어붙이려 했던 것이 사실이다. 이러한 급진 · 과격성은 마침내 보수 기성세력의 반발과 질시를 불러일으켰다. 개혁의 실패 원인을 분석해보면, 당시의 훈구파 대신들과 크게 반목, 대립하였던 점이 첫째요, 자질이 제대로 갖추어지지 않은 중종에게 무리하게 개혁을 요구하고, 도학적 언행으로 임금의 행위를 구속함으로써 불만과 염증을 샀던 점이 둘째다.

훈구파와 반목, 대립하게 된 것은, 도학파들이 성리학을 중시한 나머지 고려 이래 수백 년 동안 계속되어 왔던 사장(詞章)을 배척한 데 일차적 원인이 있었다. 당시 남곤(南袞) · 심정(沈貞) · 김전(金詮) · 이행(李荇) 등 훈구파 대부분이 사장을 주로 하였다. 이에 비해 조광조 등 신진 도학파는 도학을 중시하고 사장을 천시하였다. 사장에 능한 훈구제신

(勳舊諸臣)들은 도학파를 곱게 보지 않았다. 당시 재상이던 남곤 같은 이는 문명이 높았던 대신이다. 그는 사장의 중요성을 역변(力辯)하여 "사대교린에서 사장은 중요하다. 권려(勸勵)하지 않을 수 없다" 고 하였고, 또 "사장을 힘쓰는 자 어찌 다 부박(浮薄)하며, 경학을 하는 자 어찌 모두 부화(浮華)하지 않다고 하랴. 사장과 경학은 똑같이 힘쓸 것이요 그 어느 쪽이라도 폐할 수는 없다" 고 반발하였다. 사장과 성리학의 대립은 신 · 구 대립의 시발이었다.

도학파는 군자와 소인을 엄격히 구별하였다. 훈구대신들을 소인배로 몰아붙이는 데 이용했던 측면이 없지 않았다. 당시 훈구대신치고 조광조 등의 탄핵을 받지 않은 이가 거의 없을 정도였다. 신진들로부터 갖은 수모를 당한 그들이 세력을 모아 반격을 도모하려 했을 것은 더 말할 나위 없다. 더욱이 도학파가 현량과를 구실로 자파 인물들을 요로(要路)에 배치하여 세력을 부식하려 한 것에 대해 훈구파로서는 큰 위협을 느꼈던 터에, 정국공신의 위훈(僞勳) 삭제를 주장하여 이마저 관철하였다. 이에 정치 · 사회적 지위와 경제적 기반을 송두리째 상실하게 될 훈신들은 도학파의 타도에 나섰다. 이 위훈삭제 사건은 기묘사화의 직접적인 발단이라고 해도 과언이 아니다.

중종은 처음에 조광조 등의 혁신 정치에 호의를 가지고 적극적으로 대처하였다. 그러나 지나친 도학적 구속과 확집(確執)에 점차 염증과 불만을 품게 되어, 마침내 그들로부터 마음이 멀어져갔다. 이 밖에 '속고내(速古乃) 사건' 으로 여러 재추(宰樞)들이 도학파에게 불만을 품었던 것도 하나의 원인(遠因)이었다. 이는 중종 13년(1518) 8월, 회령부(會寧府)의 야인(野人) 속고내의 유포(誘捕) 문제로 신 · 구 신료 사이에 갈등이 빚어졌던 사건이다.[1]

소인배로 지목된 남곤과 훈적(勳籍)에서 삭제된 심정 등 훈구파는,

홍경주(洪景舟)의 딸로 중종의 총애를 받았던 희빈(熙嬪) 홍씨를 통해 조광조 일파의 타도에 적극 나섰다. 희빈은 천하의 인심이 조광조를 지지하고 조광조 역시 공신들을 제거한 뒤 스스로 임금이 되려 한다는 소문을 퍼트렸다. 이와 동시에, 궐내의 나뭇잎에 꿀로 '주초위왕(走肖爲王)' (走肖는 趙의 破字)이라는 넉 자를 써서 벌레가 갉아먹도록 하여, 중종에게 위구심과 충격을 더하게 하였다. 다른 한편으로는, 조광조 등이 당파를 만들어 과격한 일을 자행하고 정치를 문란케 하니 처벌해야 한다고 거듭 주청하였다. 이에 중종은 마침내 조광조와 그의 당여(黨與)로 지목되는 인사들을 체포하여 문초토록 명하였다. 훈구파가 내세운 조광조 등의 죄목은 '이소능장(以少凌長)', '이천방귀(以賤妨貴)' 였다. 이때 조광조는 옥중에서 다음과 같은 공사(供辭)를 남겼다.

> 신의 나이 38세입니다. 선비가 이 세상에 나서 믿는 바는 임금의 마음뿐입니다. 국가의 병통이 이원(利源)에 있다고 생각한 까닭에, 국맥(國脈)을 새롭게 하여 무궁케 하고자 할 따름이었으며, 다른 뜻은 조금도 없었습니다.[2)]

훈구파는 조광조 일파를 곧장 죽이려 하였다. 이에 영의정 정광필(鄭

1) 중종 7년(1512)부터 속고내가 함경도 甲山 지방에서 作賊橫行하였지만 討捕하지 못하고 있었다. 이때 다시 무리들과 함께 사냥을 한다는 密啓가 있자, 당시 조정의 宰樞들은 한결같이 이 기회에 몰래 급습하여 속고내를 생포, 후환을 없애야 한다고 하였으며, 조정에서는 衆議에 따라 李之芳을 討捕使로 보내기로 하였다. 그러나 부제학 조광조가 "이 일은 王者가 오랑캐를 막는 도리가 아니다. 당당한 聖朝에서 오랑캐를 잡기 위해 구차하게 도둑 같은 꾀를 행하여 나라를 욕되게 할까 염려된다"고 반대하자, 중종은 이지방의 파견을 즉시 중지하였다. 이에 신료들은, 조정의 큰 논의가 한 신하의 반대로 중지되는 것을 못마땅하게 여기면서, 조광조에게 불평을 품었다. 『사재집』 권4, 4a-5a, 『思齋摭言(上)』 참조.

2) 『정암집』 권2, 20b-21a, 「獄中供辭」

光弼), 좌의정 안당(安瑭), 병조판서 이장곤(李長坤) 등 평소 조광조 등을 아끼던 일부 대신들이 '젊은 선비들이 현실을 모르고 한 실수라' 고 적극 변호하였으나 그들마저 하옥되었다. 이어 성균관 유생 이약수(李若水)를 비롯한 유림 1천여 명도 조광조 등의 억울함을 간하다가 하옥되었다.

중종 14년(1519) 11월, 조광조 등은 일단 감사(減死)하여 귀양에 처해졌다. 그러나 조광조는 결국 다음 달에 유배지인 전라도 능주(綾州)에서 사사(賜死)되었다. 조광조는 죽음에 임하여 다음과 같은 절명시(絶命詩)를 남겼다.

愛君如愛父 임금 사랑하기를 어버이 사랑하듯 하였고
憂國若憂家 나라 근심하기를 집안 근심하듯 했노라.
白日臨下土 밝은 해가 대지에 임하시니
昭昭照丹衷 내 붉은 충정(衷情) 밝게 비추리라.

김정 · 김식 · 기준 · 한충(韓忠) 등은 귀양 갔다가 사형당하거나 자결하였고, 김구 · 박세희(朴世熹) · 박훈(朴薰) · 이자(李耔) 등은 수년간 유배 생활을 하였다. 신진사류를 옹호하던 안당과 김안국 · 김정국 등은 파면되었다. 기묘사화에 관련되어 화를 입은 학자들을 '기묘명현' 이라 한다. 기묘사화 직후 조정의 요직은 훈구파로 개편되고 현량과도 폐지되었다. 지치주의 도학파의 이념적 바탕이 되었던 『소학』과 『근사록』이 금서로 지목되어 배우는 것이 엄격히 금해졌다.[3)]

3) 『惺所覆瓿藁』 권23, 5a, 「惺翁識小錄(中)」

제5장

지치주의 유학과 도학정치의 영향

신진사류들이 추구했던 도학정치는 보수파의 반격으로 성공하지 못했다. 그러나 그것을 실패로 규정할 수는 없다. 선조 즉위 이후 사림파가 집권하면서 도학정치가 정치의 주류로 확고하게 자리 잡았기 때문이다.

지치주의를 내걸고 일세를 경륜하려 했던 도학파 학자들의 용기와 정성은 높이 평가할 만하다. 다만 개혁을 추진하는 과정에서 그들이 보여준 행동의 면면을 보면 지나친 점이 없지는 않았다. 당시 많은 사람이 그들의 날카로운 기개와 지나친 확집(確執)을 병통으로 여겼다. 또 임금의 역량과 시의(時宜)를 살피지 못한 데 대해 그들의 총명을 의심하기도 하였다. 과연 당시 조광조의 주위에는 연소기예(年少氣銳)한 과격론자들이 많아서, 급류(急流)에서 용퇴를 희망했던 조광조로서도 중도에 돌아서지 못할 처지에 있었다.[1] 조광조의 불행은, 그가 너무 빠르게 출세

---

1) 『퇴계문집』 권48, 31a, 34b, 「靜庵趙先生行狀」 "先生盖已見其幾, 知道之難行, 而欲避久矣.", "奇公遵嘗發山林獨往之歎, 亟稱愜焉, 則急流勇退, 本其雅素之志也."

한 것과, 벼슬에서 물러나고자 했으나 뜻을 이루지 못한 데서 비롯된 측면이 많다.

퇴계 이황은 조광조에 대해 학문 역량이 제대로 뒷받침되지 못했던 것을 아쉬워하였다.

> 조정암은 타고난 자질이 믿음직하고 아름다웠지만, 학문 역량이 충분하지 못하여 그가 하는 일에 지나침이 있었다. 그러므로 끝내 일을 실패하고 말았다. 만약 학문 역량을 충분히 쌓고 덕기(德器)가 이루어진 뒤 세상에 나아가 세무(世務)를 담당하였더라면, 그 성취한 바는 쉽게 헤아릴 수 없었을 것이다.[2)]

또한 자질에서는 조광조요, 학문에서는 이언적(李彦迪)이라고 하여 양현을 비교하기도 하였다.[3)] 이황은 입언수후(立言垂後)로써 유자(儒者)의 본분으로 삼고 출세행도(出世行道)를 그 부수적 사업으로 여겼다. 세상에 나아가 자기의 뜻을 펴지 못하면 물러 나와 입언수후의 길을 찾는 것이 유자의 본분이라고 생각하였다. 이황은 조광조에게 입언수후의 공이 적은 것을 큰 유감으로 여겼다.[4)] 반면에 남긴 저술이 풍부한 이언적을 더 높이 우러러보아 동방 제일의 유자라고까지 칭송하였다.[5)]

그러나 율곡 이이는 입언수후만으로 진유(眞儒) 여부를 논할 수 없다고 하면서, 출처(出處)의 의(宜)와 경제(經濟)의 재(才)를 겸한 이라야 대현으로 여겼다. 그는 조광조를 동방 제일의 유자로 추앙하였다. 매양 조

2) 『퇴계언행록』 권5, 「類編」, 〈論人物〉
3) 위와 같음 "某於靜庵行狀, 極言天資高處, 而其說學力處較少, 晦齋行狀極言學力深處, 而其說天資高處較輕."
4) 『퇴계문집』 권48, 36a, 「靜庵趙先生行狀」 참조.
5) 『퇴계문집』 권49, 13a, 「晦齋李先生行狀」 참조.

광조의 자질이 빼어남, 도학으로 일세를 지도함, 경제지재(經濟之才)의 탁월함을 일컬어 마지않았다.[6] 또 그의 행도(行道)가 중간에서 좌절된 것을 한없이 안타까워하였다.

> 선생의 도는 막힌 동안은 짧고 통한 기간은 길어서 넉넉히 후왕(後王)을 위해 태평시대를 열어주었으니, 하늘이 어진 목숨을 헛되이 내지 않았음을 이에 믿을 수 있게 되었다. 선생보다 뒤에 태어난 사람들은 세상에서 자기를 써주지 않음을 걱정할 것이 아니라, 세상을 위해 바칠 수 있도록 힘을 다할 것을 생각해야 할 것이다.[7]

> 안타깝게도 조광조의 출세가 너무 빨라 경세치용(經世致用)의 학문이 아직 크게 이루어지지 않았고, 일을 같이한 사람들 중에는 충현(忠賢)도 많았지만 이름을 좋아하는 자가 섞여 있었다. 논의는 너무 날카로웠고 일을 하는 것도 점진적이지 않았다. 임금의 마음을 바로잡는 것〔格君心〕으로 근본을 삼지 않고 한갓 형식을 앞세웠다. 간사한 무리들이 이를 갈고 덫을 놓아 틈을 엿보았다. 그런 것도 모른 채 신무문(神武門)이 밤중에 열리자 여러 현인들이 한꺼번에 한 그물에 떨어져 버렸다. 이때부터 사기(士氣)가 꺾이고 상하여 국맥이 거의 끊어지다시피 하였으니, 뜻있는 선비의 개탄이 여기에서 더욱 심하게 된 것이다.[8]

---

6) 조광조의 도학관, 도학자관을 가장 충실하게 따른 사람이 율곡 이이다. 후일 정조는 조광조와 이이를 한 자리에서 평가하면서 "우리나라의 儒者 중에 조정암과 이율곡은 타고난 자질이 고명하고 뛰어나 성리학과 경륜에 있어 원래부터 大賢인 데다 王佐의 재능까지 겸하였다" 고 하였다. 『홍재전서』 권172, 「日得錄」 12 참조.

7) 『율곡전서』 권18, 9a, 「靜菴趙先生墓誌銘」

8) 『율곡전서』 권15, 10b-11a, 『東湖問答』, 〈論我朝古道不復〉.

이황과 이이의 유자관(儒者觀)은 차치하고 두 사람의 부합된 견해를 살펴보면, 일단 조광조의 학문이 완성되지 못하였다는 점은 인정하여야 할 것 같다. 그러나 어떻든 조광조와 이이는 그 천분(天分)이나 출처에 서로 근사함이 있었던 것은 사실이며, 조광조가 이이에게 사상적으로 지대한 영향을 끼쳤음도 재론의 여지가 없다. 더욱이 이이가 지적한 것처럼, 조광조가 비록 진퇴하는 기미에 분명하지 못한 점은 있었으나, 학자들이 성리학을 학문의 근본으로 삼아야 한다는 점과 왕도를 귀하게 여기고 패도를 천하게 여겨야 한다는 점을 알게 된 것은 조광조에게서 비롯된 것이다.[9] 그가 후세에 끼친 공은 지대하다고 하지 않을 수 없다.

조광조 등의 사상이 후기에 끼친 영향을 살펴보면, 먼저 정치적 측면에서 17세기부터 확립되기 시작한 사림정치에 커다란 영향을 주고 그 원류가 되었다는 점이다. 그들의 도학사상의 범위는 대개 성리(性理)·의리(義理)·의례(儀禮)·벽이단(闢異端)으로 나누어 볼 수 있다. 우선 명종·선조 시기 이래 크게 발달했던 성리학과 17세기에 사상계를 풍미했던 예학에 지대한 영향을 끼쳤음은 물론이다. 왜란·호란과 같은 국가적 위기 속에서 분연히 일어난 의병, 그리고 척화의리(斥和義理)의 정신적, 사상적 원류가 되었다. 더 나아가 조선 말기 화서학파(華西學派)를 중심으로 전개된 척사위정운동[10]과 국권상실기의 독립운동 등으로도 계승되었다.

도학사상은 임진왜란 이후에 대두하였던 실학사상에도 큰 영향을 끼

9) 『율곡전서』 권28, 22b-23a, 「경연일기(一)」 "文正雖於進退之幾, 有所未瑩, 學者抵此知理學之可宗, 王可貴而覇可賤, 其有力于斯道, 不可泯也."

10) 척사위정운동의 祖宗인 華西 李恒老는 평소 조광조의 絶命詩인 '愛君如愛父, 憂國若憂家. 白日臨下土, 昭昭照丹衷' 을 본받아 '愛君如父, 憂國如家' 이 8자를 선비들이 힘써야 할 標的이라 하였다. 이는 조선 말기의 척사위정운동이 멀리 조광조 이래의 도학사상에 연원하고 있음을 엿보게 한다.

쳤다. 흔히 조광조 등의 주안이 도학정치에 있고 경제(經濟)에 대한 대책이 없는 것으로 간과하는 경우가 있다. 그러나 지치주의파의 '택윤생민(澤潤生民)'을 위한 일련의 경제책은 당시로써는 혁신적인 것이었다. 조광조는 일찍이 다음과 같이 말하였다.

『성리대전』이란 책은 체용(體用)이 해비(該備)되고 본말이 갖추어졌다. 천문·지리·예악·법제·성명도덕지리(性命道德之理)와 역대 군신(君臣)의 현부(賢否) 등이 갖추어지지 않음이 없다. 진실로 이에 밝으면, 치세(治世)의 방도를 밖에서 기다리지 않고도 국가의 원기가 이에 세워지게 된다.[11)]

여기서 '체'와 '본'이 인간의 내면성을 밝혀 수양하는 것이라면, '용'과 '말'은 천문·지리·예악·법제 등 치군택민(致君澤民)을 위한 수단과 방법이라 할 수 있다. 여기서 지치주의 유학파의 도학사상이 경세치용·이용후생 등을 내세운 조선 후기 실학사상과 통함을 알 수 있다. 비록 그들의 경세사상이 시대적 한계를 지닌 것이라고 하더라도, 경장(更張)을 부르짖고 실용(實用)을 중시했던 것은 경세치용·이용후생의 이념에 깊은 영향을 주었으리라 생각된다. 그런 점에서 인간의 내면적 본질을 밝히려는 성리학이나 경세치용·이용후생의 실학사상 모두 도학사상에 뿌리를 둔 것이라고 하겠다. 특히 유형원·이익 등 실학의 거봉들에게 지대한 영향을 끼친 율곡 이이가 조광조로부터 사상적 영향을 많이 받았음은 되새겨볼 필요가 있다.

---

11) 『중종실록』, 13년 11월 4일 庚子條 "性理大全之爲書, 體用該備, 本末必具. 天文地理禮樂法制性命道德之理歷代君臣之賢否, 靡不備具, 苟明乎此, 則治世之方, 不待乎外, 而元氣於是乎立矣."

제12부

性理學의 발전과 이론적 체계화

제1장

성리학 발전의 요인과 조선적 특성

〔1〕 성리학은 한국유학사에서 정점에 있었다. 통경명사(通經明史) 중심의 유학을 발원(發源)에 비유한다면, 사장유학(詞章儒學)은 하천(河川)에, 지치주의 유학은 강한(江漢)에, 성리학 중심의 유학은 해양(海洋)에 비유할 수 있을 것이다. '한국의 유학' 을 말할 때 성리학을 먼저 거론하는 것은 당연한 일이라고 하겠다. 조선 성리학은 한 영역 안에서 일찍이 전인(前人)이 밝히지 못했던 것을 한층 명료하게 밝히기도 했으며, 중국의 선유들이 미치지 못했던 경지를 개척한 곳도 적지 않다. 조선의 성리학은 말폐가 적지 않았지만 남긴 발자취는 우뚝하다고 하겠다.[1)]

조선 성리학은 중종 때부터 뿌리를 내리기 시작하여 명종 때를 거쳐 선조 때에 꽃을 활짝 피웠다. 선조 시기를 이르는 말인 '목릉성세(穆陵盛世)' 는 곧 성리학의 전성기를 일컫는 것이기도 하다. 대개 이를 우연한 것으로 보아 넘기기 쉽다. 그러나 우연한 것이 아니고 거기에는 자못

1) 현상윤, 『조선유학사』(1977), 60쪽.

이유가 있다. 고려 말에 수용된 정주학은 이색 · 정몽주 등에 의해 크게 고양, 계발되었고, 그 학통은 정도전 · 권근 · 길재 등에 의해 조선의 학계에 이어졌다. 그러나 고려의 멸망과 함께 새 왕조 개창에 참여하느냐의 문제를 놓고 권근 계열과 길재 계열의 양파로 갈라지게 되었으니(정도전은 학파를 수립하지 못함), 권근을 연원으로 하는 훈구파와 길재를 도사(導師)로 하는 사림파가 바로 그것이며, 이들은 정치적 성격을 달리하게 되었다.

조선 성리학은 길재로부터 김숙자 → 김종직 → 김굉필 → 조광조로 이어지는 사림파의 발전과 궤를 같이한다. 사림파의 학통은 후일 도통(道統)으로 받들어지기에 이르렀다. 그러나 역사적 과정에서 볼 때 대체로 성리학은 중종조 이전까지는 널리 연구되지 못하였다. 본래 영남 지방을 중심으로 사학(私學)을 통해 계승되어 왔기 때문에 크게 발전하기 어려웠다. 성종 때 사림의 영수 김종직이 중앙 정계에서 위치가 확고해짐에 따라 한때 상당한 발전의 조짐이 있었으나, 연산군 때 무오 · 갑자의 양대 사화에 그와 문인들이 참벌(斬伐)의 화를 당함으로써 기대는 무너졌다.

한편, 정도전과 권근을 도사로 하는 훈구파는 성리학을 국가의 지도이념으로 확립하는 등 새로운 국가 건설의 수단으로 활용하였다. 그러나 성리학 이외에도 부국강병과 중앙집권의 구축, 그리고 체제를 강화하는 데 도움이 되는 기타 사상 조류까지 비판적으로 흡수하여 탄력성 있는 관학(官學)의 학풍을 형성하였다. 그러므로 성리학 자체에 전일(專一)할 수가 없었으니, 그들 이후로는 그간 어느 정도 유지되어 왔던 성리학의 명맥이 거의 끊어지게 되었다. 즉, 점차 관학을 통해 배출된 학자들이 정계에서 주도적인 활동을 하게 됨에 따라 학문 탐구와는 일정한 거리를 두게 되었으며, 시일이 흐를수록 그들 사이에서 사장(詞章)

의 풍이 세력을 떨쳤다. 율곡 이이가 『동호문답』에서

> 성종의 그 영예(英睿)하신 자질은 천고에 으뜸이었다. 참으로 우리 동방의 성주(聖主)이셨는데, 국정을 담당한 대신들이 용렬하고 무식하여 경연에서 강론할 즈음에 '성정에는 마음이 없다'(性情無心)고 말하기에 이르렀다. 다시 무엇을 바랄 수 있으랴.[2]

고 탄식한 것이 이를 대변한다. 게다가 태평세월이 오래 지속됨에 따라 '문염무희(文恬武嬉)'의 중쇠기적(中衰期的) 징후마저 드러나게 되어, 성리학 발전의 호기를 맞았으면서도 적절히 활용하지 못했다. 이이는 이를 다음과 같이 개탄하였다.

> 성종 당시는 태평한 나날이 오래 계속되니, 나라는 부유하고 백성의 살림살이는 넉넉하였다. 대소 신료들이 나랏일은 생각하지 않고 온통 유희(遊戱)에만 실컷 놀아나 방사(放肆)함을 즐기고 검속(檢束)하기를 꺼리며, 특립(特立)하기를 싫어하고 뇌동(雷同)하기만을 좋아하였다. 그래서 큰일을 할 만한 임금을 만났으면서도 치화(治化)의 융성함을 보지 못하고, 그 유풍유속(流風遺俗)이 지금까지 폐단이 되고 있다. 뜻있는 이들의 개탄이 여기서 다시 일어나는 것이다.[3]

숭문호학(崇文好學)했던 성종의 뒤를 이어 연산군의 폭정으로 정계와 학계는 쑥대밭이 되었다. 중종반정 이후에 임금이 정신을 가다듬고 다시금 치평(治平)을 도모하였지만 쉽사리 회복되지는 못하였다. 이럴

---

2) 『율곡전서』 권15, 10a-10b, 「東湖問答」, 〈論我朝古道不復〉
3) 위와 같음.

즈음에 조광조가 혜성같이 등장하여 중종의 두터운 신임을 받고 학계 · 정계를 이끌어 나감으로써 학풍이 일신되고 성리학이 다시 관심의 대상이 되었다. 기묘사화 이후에는 더욱 발전 심화되었다.

성리학이 발전하게 된 원인을 좀 더 구체적으로 살피기로 한다. 16세기 이전의 성리학계는 일상의 도덕적 실천에 힘썼을 뿐 철학적으로는 심화되지 못하였고, 주로 실천적이고 윤리적인 면에 치중하였다. 조광조의 도학정치도 이런 범위에서 크게 벗어나지 않았다. 그러나 조광조가 도학의 기치를 세움으로써 성리학이 철학적으로 심화될 수 있는 분위기가 조성되고 전기가 마련된 것은 사실이다. 조광조는 지치주의 유학을 '심학(心學)' 으로 수렴하였다.

조광조는 지치주의에 대한 그의 이상을 실현하기 위해 무엇보다도 '격군심(格君心)' 과 '정인심(正人心)' 을 강조하였다. 그는 "도는 출치(出治)의 원유(原由)요 심(心)은 그 출치의 근본이며 성(誠)은 그 도를 행하는 대요다"[4]라고 하며, 또한 "도는 '심' 이 아니면 의지하여 설 곳이 없고 심은 '성' 이 아니면 역시 힘입어 행할 바가 없다"[5]고 하였다. 이는 곧 '도' 에서 비롯되는 지치주의, 그 궁극적 목표를 실현하기 위해서는 인간의 심이 주체적으로 실천력을 발휘할 수 있도록 심법(心法)을 닦아야 한다는 것이다. 이것은 확실히 성리학 발전에 한 전기가 되고도 남을 만한 것이었다. 그러므로 이후에 성리학을 연구하는 학자들에게 큰 영향을 끼쳤으니, 마침내 지치주의 도학사상에서 한 걸음 더 나아가 인간의 심성과 우주의 형이상학적 원리를 전반적으로 탐구하게 되었다. 여기서 리기(理氣)와 성정(性情)의 문제가 제기된다. 성리학을 도학의 이론적 탐구라고 하는 까닭이 여기에 있다.

---

4) 『靜庵集』 권2, 4b, 「謁聖試策」 "道乃出治之由, 心爲出治之本, 誠亦行道之要."

5) 『정암집』 권2, 2a, 「알성시책」 "道非心, 無所依而立, 心非誠, 亦無所賴而行."

또한, 16세기 이전까지 치중되었던 실천적, 윤리적 측면에 대하여, 인간이 마땅히 지키고 따라야 할 소당연지칙(所當然之則)의 근거를 밝히려는 의욕적인 노력을 들 수 있다. 그러므로 당위성을 내세우는 데에만 머물지 않고 철학적인 성격을 띠게 되는 것이며, 이에 성리학은 비로소 심오한 논리와 정합적 체계를 갖춘 학문으로서 면목을 드러내게 되었다.

한편, 조광조 등이 주도한 도학정치의 실패에 대한 반성이 성리학에 더욱 침잠하게 하는 하나의 요인으로 작용하였음도 간과할 수 없다. 퇴계 이황은 조광조의 학문에 대하여 "조정암은 타고난 자질이 믿음직하고 아름다웠으나 학문에 힘씀이 충실하지 못하여 그가 하는 일에 지나침이 있었다. 따라서 마침내 일에 실패하고 말았다"[6]고 하였다. 이는 곧 무엇을 의미함인가. 이황의 시각에서 볼 때, 조광조가 도학정치의 근본이 되는 성리학을 깊이 탐구하지 못한 채 지치주의의 이상만 믿고 일을 성급히 추진하였기 때문에 결국 실패하였다는 것이다. 후일 이황이 기대승에게 보낸 서한에서, 자신을 지나치게 높여 처신하지 말고, 너무 급히 세상을 경륜하려고 서두르지 말며, 모든 일에 자기의 주장을 너무 내세우지 말라고 당부한 것도 조광조의 전사(前事)를 염두에 두었기 때문이다.

일찍이 우리나라 선비 중에 약간의 뜻을 가지고 도의(道義)를 사모하는 사람들이 대부분 세환(世患)에 걸린 것을 괴이하게 생각했다. 이것이 비록 땅이 좁고 인심이 박한 탓이기는 하지만, 역시 그들 스스로 미진해서 그런 점이 있다. 그 미진하다는 것은 다름이 아니다. 학문이 지극하지 못하면서 너

6) 『퇴계언행록』 권5, 「類編」, 〈論人物〉

> 무 높이 자처하며, 시의(時宜)를 헤아리지 못한 채 세상을 경륜하는 데 용감했기 때문이다. 이것이 실패를 초래한 원인이었다. 큰 이름을 걸머지고 큰일을 담당하는 사람이 절실하게 경계해야 할 점이다.[7)]

이와 약간 다른 각도에서 보면, 조광조 등이 도학의 실천을 중시하고 부르짖은 이후로 도학을 이론적으로 정립하고 체계화하기 위한 노력에 따라 성리학이 발전하게 되었다고 할 수 있다. 예를 들어, 도학이 행도(行道)를 강조하여 효제(孝悌)를 당연한 윤리로 실행할 것을 부르짖을 때, 그 소당연(所當然)을 철학적인 이론 체계로 정립하지 못한다면 그것은 오랜 생명력을 지니기 어렵다. 16세기 중엽 이후로 성리학이 실천 문제에 대한 이론적 근거, 즉 인간의 본성과 우주의 원리를 밝히는 방향으로 전개되었던 것은 이런 이유에서라고 하겠다.

다음, 외적 요인으로 사화(士禍)의 영향을 들 수 있다. 선비들이 잇달아 수난을 당하자, 사림은 원기를 잃어 조정에 나서는 것을 꺼렸고, 또 조정에 머물러 있더라도 감히 정론(正論)을 펴거나 정기(正氣)를 부식(扶植)하는 행동을 하지 못했다. 임하(林下)에 은둔하는 것을 택하는 선비들이 많았다. 특히 기묘사화 이후로 사림 사이에서 그런 경향이 두드러졌다. 조정에서 경륜을 펴는 것보다 전원에서 성리학을 연구하면서 도를 닦는 것이 현명하다고 생각하였다. 기묘사화 이후의 사정에 대하여 이이의 증언을 소개한다.

> 인심은 본래 선(善)한 것이요, 공론은 없어지기 어려운 것이다. 남곤(南袞)·심정(沈貞)의 기염이 식자마자 선비들이 청론(淸論)을 펴서 기묘 연간

---

7) 『퇴계문집』 권16, 4b-5a, 「答奇明彥」

의 현인들을 다시 높였고, 중종 말년에는 학문하는 선비가 조정에 많이 모이게 되었다. 이때 인종은 동궁에서 덕을 기르고 계셨는데 아름다운 소문이 일찍부터 퍼져서 억조창생이 흠앙하여 마지않았다. 즉위하시자 사방에서 향응(響應)하여 모두가 삼대의 치화(治化)를 머지않아 회복할 수 있으리라고 여겼다. 그런데 어찌 예상이나 했으랴. 무심한 하늘이 우리 임금을 빼앗아 가리라고. 간흉들이 시세(時勢)를 이용하여 선량(善良)들을 참벌(斬伐)하고 반역이란 이름으로 함정을 만들어 놓았다. 사류(士類)로서 조금이라도 지식이 있는 이라면 벗어날 수 없었다. 을사년의 화는 나라를 망칠 뻔하였으나 국운이 그런대로 뻗쳐갈 수 있었던 것은, 실로 조종(祖宗)이 덕을 쌓았던 여경(餘慶) 때문이다. 뜻있는 이들의 개탄은 여기서 극에 달하였다.[8)]

국초에는 인재를 많이 육성하여 전조(前朝)보다 훨씬 나았다. 연산군 때에 와서 참벌(斬伐)하기 시작하였고, 남은 기운은 기묘사화 때 잔상(殘傷)되었으며, 그래도 면면히 이어가던 숨결이 있었는데 을사사화 때 아주 끊어졌다.[9)]

기묘·을사사화 이후 사림의 의기(意氣)가 크게 저상(沮喪)된 가운데서도 성리학은 철학적으로 발전, 심화되었다. 그러나 이것은 학술상의 발전으로만 설명될 것은 아니다. 성리학은 본래 심성(心性)에 대한 관심에서 출발한 학문이다. 심성에 대한 관심은 여러 측면의 발단이 있지만, 특히 정치적으로 치자(治者)의 양심 문제에서 출발한다. 이와 같은 성리학의 본질을 생각할 때 그 철학화, 심학화는 권귀적(權貴的)인 훈척정치(勳戚政治)에 대한 비판 자세의 심화 과정으로 이해할 수 있을 법하다.[10)]

---

8) 『율곡전서』 권15, 11a, 「동호문답」, 〈論我朝古道不復〉
9) 『율곡전서』 권15, 14a, 「동호문답」, 〈論當今之時勢〉

〔2〕 조선 성리학은 김굉필 · 조광조 등이 '위기지학(爲己之學)' 을 부르짖은 데 이어 이언적이 '도는 인사지리(人事之理)일 뿐이라' 하고, 이황이 '체찰(體察)과 존양(存養)은 우리 유가(儒家)의 종지' 라 하며, 이이가 '도학은 본래 인륜의 이치를 다하는 데 있다' 고 한 데서 볼 수 있듯이, 자아를 주체적으로 절실하게 성찰하는 경향이 강하였다. 인성론 중심인 조선 성리학은 본체론이 중심이 된 중국 성리학과는 차이가 있었다.[11] 주염계의 리(理), 장횡거의 기(氣), 소강절의 수(數), 이정(二程)의 리기론에서 보듯, 중국 성리학이 대개 천인(天人) 관계를 주로 하여 객관적 · 우주론적으로 탐구하려는 경향이 있음에 비하여, 조선시대 성리학은 우주론을 바탕으로 인성론에 깊이 파고들어, 인간의 내면적 성실성과 실존성을 통하여 진리를 주체적으로 파악하려 했다. 이를 실증하는 것이 바로 사단칠정론과 인물성동이론이다. 즉, 중국 성리학이 대체로 객관적 · 우주론적이며 원심적(遠心的) 방향으로 발전하였다면, 조선 성리학은 구심적(求心的) · 향내적(向內的)인 방향으로 집약되었다고 할 수 있다. 여기에는 대륙적 기풍과 반도적(半島的) 특성이 원인의 하나로 작용하였음직하다. 그러나 근본 원인은 정주학의 주지적(主知的) 경향이 강하게 발휘된 데 있다고 할 것이다. 즉 어느 일정한 문제에 대하여 깊이 파고들어 천착하는 데 기인하는 것이다.

조선시대 유학은 정주학이 절대 우위를 차지하였다. 17세기 중엽부터는 교조적인 경향마저 띠면서 일견 폐쇄적이고 편협한 감이 적지 않았다. 일찍이 정조(正祖)는 "학문에는 활법(活法)이 있고 사법(死法)이 있다. 우리나라 유자로 성리학을 천명하는 사람이 적다고 할 수 없는데,

---

10) 李泰鎭, 「조선 성리학의 역사적 기능」, 『창작과 비평』 통권 33호, 1974, 854쪽.

11) 류승국, 「한국성리학의 특징과 현대적 의의」, 『도원철학산고』, 성균관대출판부, 2010, 97-98쪽.

온통 의양(依樣: 모방)과 구속(拘束)의 병통이 있다. 진정한 대영웅의 기상이 없기 때문이다"[12]고 개탄한 적이 있다. 그러나 이는 아류들의 말폐를 말한 것뿐이다. 조선 성리학은 내면적으로 하나의 중요한 문제에 대하여 논점을 집약하고 심도를 높여 높은 수준과 세련성을 유지하면서 보편성과 독자성을 동시에 추구하였다. 이황 · 이이의 성리학이 이를 잘 증명한다.[13]

돌이켜보면 성리학 절정기 이전에는 대체로 천 · 인의 관계를 탐구하는 것이 주요 과제였으며 연구 경향이 단조로웠다. 그러다가 16세기 중엽 사단칠정논쟁이 일어난 뒤 마침내 학파를 형성하게 되었으며, 17세기 이후로는 인물성동이론, 즉 인간과 사물의 관계가 주요 과제로 되어, 조선 말기까지 2~3세기에 걸쳐 논쟁을 거듭하였다. 이로써 조선 성리학이 인간의 존엄성과 인간의 수양(실천) 문제를 중점 연구 과제로 삼았음이 증명되었다. 이것은 확실히 중국이나 일본의 유학계에서 보기 드문 조선 성리학만의 특장이라 할 것이다.

흔히 사단칠정논변 등에 대하여 공리공담으로 몰아붙이는 경우가 적지 않다. 물론 논변의 과정과 결과를 살펴볼 때 그런 측면이 전혀 없었던 것은 아니다. 그렇지만 그 논쟁이 갖는 목적의식을 간과해서는 안 될 것이다. 이와 관련하여 박종홍(朴鍾鴻: 1903~1976)은

> 흔히 조선조 유학도들이 공리공론으로 망하였다고 하나, 한 예로 사단칠정론과 같은 것은, 오히려 세계를 빛낼 우리의 자랑거리가 될지언정, 무의

12) 『弘齋全書』 권163, 10b, 「日得錄」, 〈文學〉

13) 『율곡전서』 권10, 12b, 「答成浩原」 "若朱子眞以爲理氣互有發用, 相對各出, 則是朱子亦誤也, 何以爲朱子乎." ; 『송자대전』 권131, 22a, 「看書雜錄」 "退溪之學, 最爲無弊, 而其作處, 與朱子不同."

> 미하다거나 해를 끼쳤다고 하는 것은 지나친 평이 아닐 수 없다. 사단칠정론에 있어서와 같이 하나의 철학적 문제를 중심으로 수세기 동안이나 뒤를 이어 끊임없이 줄기차게 논의되어 왔음은 아마도 다른 나라에서 그 예를 보지 못할 일일 것이다. 오히려 한국인의 철학적 두뇌와 역량을 여실히 보여준 강인한 사색벽(思索癖)의 발로라고 생각한다.[14)]

라고 평가한 바 있다.

조선 성리학의 특징 가운데 하나는 주리론이 정통으로 받들어져 성리학계의 주류를 형성하였다는 점이다. 리보다 기를 우위에 놓았을 때, 온 세상에서 너나없이 본능적인 욕망만을 추구하여, 종국에 가서 천리(天理)와 인욕(人欲)이 뒤바뀌어 멸륜난상(滅倫亂常)의 세상이 된다는 우환의식(憂患意識)에서 나온 것이라 할 수 있다. 이와 같은 강렬한 가치론적 사고 역시 중국 성리학과 비교해볼 때 색다른 점이다. 이는 조선시대 전 시기에 걸쳐 실리론보다 명분론이 강했던 것과도 직결된다. 조선시대 성리학은 왕조의 개창에 주도적으로 참여하여 변절한이라는 비난을 받았던 정도전이나, 나중에 훈구파의 선하(先河)를 이루었던 권근 같은 이가 주리론을 제창했던 데서도 볼 수 있듯이 출발점부터 주리적 경향을 지니고 있었다. 그러나 주리론이 정통으로 받들어지는 대세 속에서도 시대에 따라 '기' 중시적 성향을 지닌 학자들이 등장하여, 주리론 중심의 학문 풍토에서 파생되거나 수반되는 한계성과 폐단을 시정하는 데 일정한 철학적 기반을 제공함으로써, 나름대로 큰 구실을 하였음은 물론이다.

성리학의 주리론과 명분론은 사회적으로 양반 중심의 지배 질서와

---

14) 박종홍, 『知性과 摸索』, 박영사, 1968, 368-369쪽.

그에 따른 도덕 질서를 합리화하는 데 이론적 뒷받침이 되었다. 이를 바탕으로 양천(良賤)과 반상(班常)이 엄격히 구분되었고, 사민(四民) 사이의 신분적 차별이 인정되었다. 또 신분에 따른 직역(職役)이 법제화되었으며, 주복(主僕)의 관계 역시 종적(縱的) 질서로 편제되었다. 그뿐만 아니라 가부장(家父長) 중심의 가족 제도가 점차 보편화되어 사회 질서를 다지는 데 큰 구실을 하였다. 이와 같은 명분론적 사고는 주자학의 '리일분수론(理一分殊論)'[15]에 바탕을 두는 '분(分)' 사상과 주자의 『통감강목(通鑑綱目)』에서 강조하는 정통론(正統論)과 밀접한 관련을 갖는 것이었다. 정통론은 다름 아닌 명분론이다. 성리학에서 사회적으로 다양한 인간관계를 설명하면서 방법적 차등과 차별을 인정하는 것은 본말(本末)과 체용(體用) · 내외 · 선후 · 친소(親疎) · 후박(厚薄)에 따른 경중을 중시한 데서 비롯한다.

성리학은 인간의 본성과 천리에 대한 문제(性理)가 주된 과제이면서 동시에 선악 · 정사(正邪)의 문제, 즉 가치의 문제(義理)에 직결된다.[16] 조선 성리학은 내면적 성실성을 추구하는 인성론적 측면과 함께 역사적 · 사회적 현실 상황에서 인간 행위의 준칙과 규범을 실행에 옮기는 실천적 측면을 동시에 잘 발휘하였다. 이것은 주리론적 사고가 주류를 형성하여 정통으로 인식되었던 것과 맥락을 같이한다. 따라서 강한 보수성을 띠는 것은 물론이다. 이는 우리나라 성리학파(의리학파)의 특성이기도 하다. 국난의 위기가 닥쳤을 때마다 강인한 주체성과 불굴의 투지로 민족의 자존과 정통성을 지키는 데 앞장섰던 열사 · 지사가 성리학자들 중에서 많이 배출되었던 것은 이를 증명한다. 그러나 말기에 가

---

15) 『孟子集註』, 「盡心章句(上)」, 〈親親而仁民, 仁民而愛物〉의 註 "楊氏曰, 其分不同, 故所施不能無差等, 所謂理一而分殊者也."

16) 『近思錄』 권1, 제15칙 "在物爲理, 處物爲義."(『伊川易傳』, 坤卦 彖傳)

서 성리학의 가치론과 중국 중심의 세계관에 집착한 나머지, 현실을 직시하지 못하고 구질서의 고수만을 외쳤던 것은 한계라 하겠다.

16세기 조선 중기의 유학은 성리학의 이론적 정립과 실천적 응용으로 전개된다. 화담 서경덕과 회재 이언적은 같은 시기를 살면서 조선 성리학을 전성기로 이끈 선구자다. 지역적으로는 경기와 영남을 각각 대표했던 두 학자는 여러 가지 면에서 대비되곤 한다. 서경덕이 기호학파의 조종인 율곡 이이의 사상에 많은 영향을 끼쳤다면, 이언적은 영남학파의 종장인 퇴계 이황의 학문과 사상 형성에 자극을 주어 사상적 맥락을 형성했다. 뒷날 영남학파를 '회퇴학파(晦退學派)' 라고도 한 것은 이런 이유에서다. 이제 조선 성리학사에서 서경덕과 이언적의 위치를 살피기로 한다.

제2장

主氣論의 先河 徐敬德

〔1〕 서경덕(성종 20년~명종 1년, 1489~1546)의 자는 가구(可久), 호는 화담(花潭)·복재(復齋), 시호는 문강(文康). 본관은 당성(唐城)이다. 개성 오관산(五冠山) 아래 화담(花潭)에 모옥(茅屋)을 짓고 가난한 삶을 살면서 학문을 탐구하였다. 천품이 상지(上智)에 가까웠다. 모친의 권유로 진사시에 응시하여 급제했을 뿐 평생 포의(布衣)로 지내면서 주기철학에 몰두하여, 같은 시기 이언적의 주리철학과 쌍벽을 이룸으로써 조선 성리학사에서 서장(序章)을 찬란하게 장식하였다. 그가 안빈낙도(安貧樂道)의 생활로 일관하게 된 배경으로는 수차에 걸친 참혹한 사화로 인해 벼슬에 대한 의지가 상실된 점과 염퇴(恬退)를 좋아하는 천성을 들 수 있다. 그의 시 한 수를 소개한다.

讀書當日志經綸　글 읽던 시절엔 경륜에 뜻을 두었건만
歲暮還甘顏氏貧　만년에는 도리어 안자(顏子)의 가난이 달갑구나.
富貴有爭難下手　부귀에는 다툼 많아 손대기 어렵고

林泉無禁可安身 임천은 막는 이 없어 안신(安身)할 만하구나.
採山釣水堪充腹 산나물 물고기로 배를 채우고
詠月吟風足暢神 음풍영월(吟風詠月)로 정신을 시원하게 한다.
學到不疑知快活 배움이 불의(不疑)의 경지에 이르러 쾌활함을 알겠거니
免教虛作百年人 인생 백 년이 헛됨을 면케 되었네.[1]

일찍이 소강절(邵康節)이 "학문이 즐거움에 이르지 않으면 학문이라 할 수 없다"[2]고 하고, 또 "만물의 이치가 나의 몸에 갖추어져 있다. 몸은 가난할지언정 도(道)는 가난하지 않다"[3]고 하였던 의취(意趣)가 엿보인다. 과연 그는 소강절의 풍(風)을 듣고 흥기한 학자라 하겠다.

그는 평생 궁리(窮理)와 사색으로 일관하였다. 궁리에 힘쓰다 보니 독서 측면에 소홀하였다는 후학들의 평가도 있다. 그가 남긴 저술은 극히 적은 분량이다. 죽을 때까지 고심과 사색을 거듭하여 '이만하면 남길 만하다' 고 생각된 것만 남겼을 것이다. 그는 남긴 논설에 대하여 강한 자신감을 피력하였다. 특히 「귀신사생론(鬼神死生論)」에 대해서는 "이 논고는 글은 졸렬하지만 천성(千聖)이 다 전하지 못한 경지를 이해하여 도달한 것이다. 중간에 잃어버리지 말고 후학들에게 전하여 화이(華夷)·원근에 두루 알려 동방에 학자가 나왔음을 알게 하라"[4]고 하였다. 「원리기(原理氣)」·「리기설(理氣說)」·「태허설(太虛說)」·「귀신사생론」 등은 화담철학을 담은 중요 문자다. 우주와 인간의 근원에 대한 물음을 나타낸 수 편의 철학시 역시 사색이 도저(到底)함을 엿볼 수 있다.

---

1) 『화담집』 권1, 5b, 「述懷」
2) 『성리대전』 권12, 『皇極經世書(六)』 "學不至於樂, 不可謂之學." (경문사 영인본, 224쪽)
3) 『성리대전』 권70, 「觀物詩」 "萬物備吾身, 身貧道未貧." (경문사 영인본, 1074쪽)
4) 『화담집』 권2, 16a-16b, 「鬼神死生論」

우리나라 사람의 글로 중국에 유입된 것이 적지 않은데, 『사고전서(四庫全書)』에 들어 있는 것으로는 『화담집』이 유일하다. 정동유(鄭東愈: 1744~1808)는 논평하기를 "비록 지금의 (오랑캐) 세상일지라도 중국인의 보는 눈은 진실로 우리나라 사람에 견줄 바 아니다. 대체로 서화담 선생은 자기의 도학으로 자기의 의론(議論)을 내세웠고, 남의 것에 의종(依從)한 학설을 주장하지 않았다. 스스로 묘리(妙理)를 얻은 이를 논한다면 선생만 한 이가 없다. 세상에서 선생을 침척(侵斥)하는 논평이 많은 것을 보고 늘 불만스럽게 여겼더니, 이제 중국인들이 많고 많은 저술들 가운데 외롭고 쓸쓸한 한 권의 책을 특별히 취한 것을 보니 사람의 가슴 속을 시원하게 한다"[5]고 평하였다.

〔2〕 서경덕의 학문은 장횡거의 태허론(太虛論), 특히 『정몽(正蒙)』의 「태화(太和)」편에서 큰 영향을 받은 것으로 보인다. 일부 학자들은 그의 학문이 장횡거로부터 나왔다고 하기도 한다.[6] 그러나 장횡거에게서 자극과 영향을 받은 것은 사실이지만, 횡거가 상도(想到)치 못한 곳까지 설파하여 자견자득(自見自得)의 경지에 도달하였으니, 별도의 문호를 수립한 것이라고 할 수 있다. 문인 박순(朴淳)은

> 장자(張子)가 논한 청허일대(淸虛一大)는 근원을 궁구하여 근본으로 돌아간 것으로 전대의 성인이 밝히지 못한 것이다. 화담이 장자가 다 말하지 못한 것을 추리하여 극도로 다 말하고 철저하게 논하였으니, 고명을 극하였다

5) 『晝永編』 권1, 57b-58a, "雖今之世, 中國人眼目, 儘非東人之比也. 盖先生以自己道學, 出自己議論, 非以依樣之學爲隔靴之說者也. 若論自得之妙, 無如先生, 而侵斥多及於先生, 心常不平, 今見中國人於衆書中, 特取此寂寥一卷書, 令人灑然."

6) 『화담집』 권3, 7b, 「연보」 "副提學李珥啓, 敬德工夫, 固非初學所可法, 其學出於橫渠."

고 할 수 있다.[7]

고 하였다. 한편, 서경덕이 역학과 수리(數理)에 정통했던 점으로 볼 때, 소강절의 『황극경세서(皇極經世書)』에서 영향을 많이 받았음도 간과할 수 없다.[8] 상촌 신흠은 "복희역학(伏羲易學: 문자 이전의 易)의 지름길을 아는 이는 아조(我朝)에 서경덕 한 사람뿐이다" 고 하였다.[9]

서경덕은 자득을 중시하였다. 일찍이 제자들에게 "문자상에 나타난 의리(義理)는 모두 옛사람의 말단이다. 긴요한 것은 자기가 알아내는 데 있다"[10]고 하였으며, 또 "내가 말한 바는 모두 문자상의 찌꺼기들이다. 요긴한 것은 정밀하게 생각하여 스스로 깨닫는 것이다"[11]고 하였다.

남긴 저술은 우주론에 관한 것이 대부분이고 인성론에 관한 것은 아주 적다. 이것이 여느 성리학자들과 다른 점이다. 아마도 그가 '태허' 에 치력(致力)했기 때문이 아닌가 한다. 태극(理)은 사실 체계임과 동시에 가치 체계로 발전하지만, 태허는 그와 성격이 다르다. 화담철학에서 '리' 는 가치론적인 데로 연결되지 않는다. 그러나 짐작하건대, 성리학의 일차적 대단(大段)이라 할 수 있는 우주론에 힘써 정심(精深)하게 알고 나면, 우주의 순행(循行) 이치를 따른 윤리 문제에 대해 저절로 일가견이 생기게 될 것으로 생각한 듯하다.[12]

---

7) 『思庵集』 권4, 「答李叔獻書」 "張子所論淸虛一大, 此窮源反本, 前聖所未發也. 花潭又推張子之未盡言者, 極言竭論, 可謂極高明也."

8) 『화담집』 권3, 28a, 「遺事」 "花潭獨能遠紹康節, 直闖門戶."

9) 『象村稿』 권52, 8b, 「晴窓軟談(下)」 "徐花潭, …… 知羲易蹊逕者, 我朝一人."

10) 洪仁祐, 『恥齋遺稿』 권2, 「日錄」 "辛丑四月, …… 先生曰: 義理見存文字上, 都是這古人末杪, 緊要也是在得底."

11) 『치재유고』 권2, 「일록」 "庚子八月, …… 吾所說, 皆文字上糟粕, 若喫緊地, 則須精思自得."

12) 『화담집』 권2, 16b, 「鬼神死生論」 "周程張朱之說, 要在做工不輟, 大段著力然後, 乃有

서경덕은 소강절의 설을 빌어 우주를 선천과 후천으로 구분하였다. 그리고 담연무형(湛然無形)한 태허를 기의 본체로서의 선천이라 하며, 기가 취산(聚散)하는 현상계를 후천이라 하였다. 태허와 기의 취산 등에 관한 설명은 장횡거의 설을 연술(演述)한 것이다.[13] 일찍이 장횡거는 『정몽』에서

(A) 태허의 형체 없는 상태가 기의 본체이며, 그것이 모이고 흩어지는 것은 변화하는 일시적 형태〔客形〕일 따름이다.[14]

(B) 기의 성질은 흩어져 형태가 없는 상태로 들어가도 본질적 상태를 유지하며, 모여서 현상화되는 경우에도 본래의 항상성을 잃지 않는다.[15]

(C) 기가 태허에서 모이고 흩어지는 것은, 얼음이 물에서 얼고 녹음과 같다. 태허가 곧 기임을 알면 무(無)란 없는 것이다.[16]

고 하였다. 서경덕은 선천의 세계(本體界)에 대하여 다음과 같이 말하였다.

태허는 담연무형(湛然無形)하니 이를 일러 '선천'이라 한다. 그 크기는 한이 없고 그 이전은 시작이 없으며 그 유래는 궁구할 수 없다. 그 담연허정(湛然虛靜)한 것이 기의 근원이다. 그것은 무한한 공간〔無外之遠〕에 가득 차서 일호(一毫)의 틈도 용납함이 없다. 그런데 그것을 움켜쥐려고 하면 텅 비고 그것을 잡으려고 하면 아무것도 없다. 그러나 도리어 실(實)하니 이를 '무

見爾'

13) 『恥齋遺稿』 권2, 「日錄」 "壬子八月十四日, 朴和叔來見, 穩討張子太和篇, 花潭所見得儘是, 自此做出來也."

14) 『正蒙』, 「太和」 "太虛無形, 氣之本體, 其聚其散, 變化之客形爾."

15) 『정몽』, 「태화」 "氣之爲物, 散入無形, 適得吾體, 聚爲有象, 不失吾常."

16) 『정몽』, 「태화」 "氣之聚散於太虛, 猶氷凝釋於水, 知太虛卽氣則無無."

(無)' 라고 말할 수는 없다. 이 경지에 이르면 귀로 소리를 들을 수 없고 가까이 대고 냄새를 맡을 수도 없다. 많은 성현들이 이에 관해 말하지 않았고, 주염계나 장횡거도 끄집어서 드러내지 않았다. 소강절도 이에 관해 한 자도 쓰지 못한 곳이다.[17)]

그리고 이어서 성현의 말씀 중에서 태허의 본체에 관한 언급을 찾으면, 『주역』의 '적연부동(寂然不動)' 과 『중용』의 '성자자성(誠者自成)' 이 바로 그것이라고 하였다. 또한 태허의 그 담연한 본체를 '일기(一氣)' 라 하고 그 혼연(混然)하게 두루 포함하는 것을 '태일(太一)' 이라 규정하였으며, 주염계도 이에 대해 무엇이라 말할 수 없어서 단지 '무극이면서 태극' 이라고 표현했다고 하였다.[18)]

그렇다면 후천 세계는 어떻게 설명될 것인가. 그는 선천기(先天氣)가 본래부터 동정(動靜) · 합벽(闔闢) · 생극의 가능성을 함유(含有)한다고 주장하였다.

동정, 합벽이 없을 수 없다. 그것은 무슨 까닭인가. 그 기틀이 스스로 그럴 뿐이다〔機自爾〕. '일기' 라 할 때의 '일(一)' 은 스스로 '이(二)' 를 머금고 있으며, '태일' 이라 할 때의 '일' 은 곧 '이' 를 내함(內涵)한다. '일' 은 '이' 를 낳지 않을 수 없으며 '이' 는 스스로 생(生)하고 극(克)할 수 있으니, 생하면 극하고 극하면 생한다. 기의 미세함으로부터 고동(鼓動)하는 데 이르기까지 그 생극(生克)이 그렇게 만드는 것이다.[19)]

17) 『화담집』 권2, 11b-12b, 「原理氣」
18) 위와 같음.
19) 위와 같음.

즉, 담연허정(湛然虛靜)한 태허가 만물을 생할 수 있는 것은, 태허일기(太虛一氣) 가운데 이미 음과 양, 동과 정 등 양성(兩性)을 함유하기 때문이다. 여기서 '일기', '태일'의 '일'이란 수학적 의미의 '하나'가 아니라 수(數)의 체(體)로서 전체적이고 절대적인 의미다.[20] 태허로서의 일기, 태일은 그 자체에 이미 자율적인 운동인(運動因)이 내포되어 있는 것이다.

기가 동정 합벽하는 까닭을 '기틀이 스스로 그러하다'라고 한 그는 기가 실제로 현현(顯現)하는 것에 대하여 다음과 같이 말하였다.

> 갑자기 약동하기도 하고 홀연히 개벽하기도 하는데, 무엇이 그렇게 시키는가. 스스로 능히 그러하며〔自能爾〕 또 스스로 그렇게 되지 않을 수 없다. 이를 일러 '리의 (드러난) 때'〔理之時〕라고 한다. 『역경』에서 말한 '감이수통(感而遂通)'과 『중용』에서 말한 '도자도(道自道)', 그리고 주염계가 '태극이 동하여 양을 낳는다'고 한 것이 그것이다.[21]

이를 볼 때, 기의 속성은 외부의 힘에 의하지 않는 일종의 자율기제(自律機制)와 같은 것이라고 할 수 있겠다.

그는 기의 작용에 대하여 "동정이 서로 번갈아 가면서 바뀌지 않을 수 없고 작용〔用事〕의 기틀이 저절로 그러하다. (『주역』에서) 이른바 '한 번 음하고 한 번 양하는 것이 도이다'고 한 것이 그것이다"[22]고 하였다. 정주학에서는 '일음일양지위도(一陰一陽之謂道)'에 대해 일음일양하는 소이를 도라고 했지만 그는 일음일양하는 자체를 도라고 하였다.

---

20) 『화담집』 권2, 13a, 「原理氣」 "一非數也, 數之體也."
21) 『화담집』 권2, 12a, 「原理氣」
22) 『화담집』 권2, 13b, 「原理氣」

그렇다면 ‘기자이(機自爾)’, ‘자능이(自能爾)’의 논리는 어디에 근거한 것일까? 일찍이 장횡거는 태허로부터 만물이 생성되고 다시 태허로 돌아가는 과정을 ‘부득이이연(不得已而然)’[23]의 논리, 즉 ‘기의 자율적 필연성’으로 설명한 바 있다. 서경덕의 논리 역시 장횡거의 논리와 비슷한 점이 많다. 그런데 훨씬 이전으로 거슬러 올라가면 『장자』에 연결된다. 「제물론(齊物論)」을 보면, 바람 소리 등 자연의 모든 소리는 각기 그 스스로 취하는 것, 즉 ‘자기원인’에 의한 것임을 시사하면서 “그 소리 나게 하는 것은 누구일까”라고 묻고 있다. 또 「천운(天運)」에서는 하늘·땅·해·달 등의 자연현상에 대해 “누가 이를 주재하고 누가 이를 매어 유지케 하며 누가 일없이 거처하면서 이를 추진해 나가는가. 혹은 무슨 조화속이 있어 부득이하여 그러는가, 혹은 운전(運轉)하여 스스로 능히 그칠 수 없음인가”[24]라고 하였다. ‘기자이’, ‘자능이’ 논리의 선하를 이룬다고 할 만하다. 이를 보면 장횡거나 서경덕이 『장자』를 통해 주기철학의 논리적 단초를 얻었을 가능성이 적지 않다. 그러나 논리적 기초가 『장자』에 있다 하더라도 그것을 성리학의 우주론으로 끌어들여 용해시키고 새로운 경지로 끌어올렸던 만큼, 화담철학의 독자성은 인정되어야 한다.

〔3〕 서경덕의 리기설에 대하여 살펴보면, 그는 ‘홀연히 약동하고 문득 열리는 것’의 원인에 대하여 ‘스스로 그러한 것이고 또 스스로 그러하지 않을 수 없다’ 하고, 이 순간적 상태를 ‘리의 (드러나는) 때’라고

---

23) 『정몽』, 「태화」 “太虛不能無氣, 氣不能不聚而爲萬物, 萬物不能不散而爲太虛, 循是出入, 是皆不得已而然也.”; 同 「參兩」 “凡圜轉之物, 動必有機. 旣謂之機, 則動非自外也.”

24) 『莊子』, 「天運」 “天其運乎, 地其處乎, 日月其爭於所乎, 孰主張是, 孰維綱是, 孰居無事推而行是. 意者, 其有機緘而不得已邪, 意者, 其運轉而不能自止邪.”

하였다. 여기서 '리의 때' 이후는 소강절의 이른바 후천이 된다. 그렇다면 리와 기의 관계는 어떠한가. 그는 발생론을 부정하는 관점[25]에서 '리기무시(理氣無始)'를 주장한다.

> 리는 기에 앞서지 않고 기는 시작이 없으니, 리는 본디 시작이 없는 것이다. 만약 '리가 기에 앞선다'고 한다면, 이는 기에 시작이 있는 것이다. 노자가 말하기를 "허(虛)가 능히 기를 낳는다"고 했는데, 이는 기에 시작이 있고 한정이 있는 것이다.[26]

이미 「리기설」 첫머리에서 "한계가 없는 것을 태허라 하고 시작이 없는 것을 기라 하는데, 허는 곧 기이다"(無外曰太虛, 無始者曰氣, 虛卽氣也)고 규정한 바 있고, 또 리를 배제하지 않은 그가 '리기무선후(理氣無先後)'를 주장하는 것은 당연한 귀결이다. 이는 곧 '기외무리(氣外無理)'로 이끌기 위한 포석이다. 리기무선후의 논리는 리선기후를 말하는 정주학의 논리적 약점과 한계를 극복하기 위해 제기된 것이라 하겠다.

> 기 밖에 리가 없다. 리는 기의 재(宰)인 것이다. 이른바 '재'라는 것은 밖으로부터 오는 것이 아니다. 기의 작용〔氣之用事〕이 능히 그러한 까닭의 바름을 잃지 아니함을 가리켜 '재'라고 이르는 것이다.[27]

리를 '기의 재(宰)'라고 한 것은 '기외무리'의 논리를 펴기 위한 포석

---

25) 理氣의 無始無終과 不生不滅을 말하는 것이다.

26) 『화담집』 권2, 14a, 「理氣說」

27) 『화담집』 권2, 14a, 「理氣說」 "氣外無理, 理者氣之宰也. 所謂宰, 非自外來而宰之, 指其氣之用事, 能不失所以然之正者, 而謂之宰."

이다. 서경덕은 기를 선천기와 후천기로 구분하였다. 그런데 담연허정(湛然虛靜)한 선천기가 동정 합벽하여 후천기로 되기 위해서는 기의 작용만으로는 삼라만상의 개별성(차별성)을 논할 수 없게 된다. 이에 그 존재 근거로서 '리'가 설정되어야만 했다. 그러나 이 리는 기와 대(對)가 될 수 없고, 또 논리적으로 기로부터 독립하여 선재(先在)하는 것으로 인정되지 않는다. 그가 리와 기를 함께 말했다고 해서 리기이원론자라고 보기는 어렵다. 그의 리기관(理氣觀)은 '기' 중심적이다. 더욱이 정주학에서 말하는 리와 개념적 차이가 있다는 데 논점이 있다.

서경덕이 말하는 리는 '기의 작용'에 한정시켜 운위(云謂)되는 성질의 것이다. 기의 본체인 담일청허지기(湛一淸虛之氣)에는 리가 문제 되지 않는다. 다시 말해서 리는 기의 체(體: 虛靜)와 용(用: 聚散)에서 기의 용만을 재(宰)한다는 것이다. 그러나 리는 단지 기의 작용이 항상 바른 구실에서 어긋나지 않도록 하는 내재적, 필연적 합법칙성(能不失所以然之正者)이므로, '재'라는 것은 적극적인 성격이나 의미를 갖지 못하고, 리는 기의 속성(Attribute) 구실을 하는 것으로 이해된다. '주재(主宰)'라 하지 않고 '재'라 한 까닭도 여기에 있는 듯하다.

이러한 리기설은 종래 학설에 대한 재검토와 깊은 사색을 통해 나온 것이라 할 수 있다. 그는 "배우는 자가 공부할 방법은 이미 네 선생(周·張·程·朱)을 거치면서 언급하지 않은 바가 없다. 단지 리기설에는 미진한 바가 있기 때문에 분명히 변석(辨析)하지 않을 수 없다"[28]고 하여 자부심을 표명하기도 했다.

---

28) 그는 향불과 촛불을 예로 들어 설명하였다. 즉, 香燭이 불에 타 없어지고 그 연기와 냄새 역시 넓은 大氣의 공간에 흩어져 아주 없어진 듯하지만, 그것은 우리의 시각이나 후각상의 문제이지, 그 氣가 無로 돌아갔다는 것은 아니다. 널리 흩어져 모습 없는 존재로 남아 있을 뿐이다(『화담집』 권2, 「鬼神死生論」).

그는 기불멸설(氣不滅說)을 주장하였다. 천지만물이 생성하는 것은 기의 취산(聚散)에서 말미암는데, 기의 취산이란 곧 기가 모임으로써 유형의 천지만물이 생성되고, 기가 흩어짐으로써 유형의 사물이 무형의 태허로 되돌아간다는 것이다. 그러므로 기가 모였다 흩어졌다 하는 변화는 있을지언정, 결코 무(無)로 돌아가지는 않는다는 것이다. 그는 「귀신사생론」의 서두에서

> 정자(程子)·장자(張子)·주자(朱子)의 설에 죽음과 삶 그리고 귀신의 정상(情狀)에 대한 것이 잘 갖추어져 있다. 그러나 역시 그 소이연(所以然)의 극치는 설파함이 없다. 모두 끌어내기는 하였으나 밝혀내지는 않고 배우는 이들에게 스스로 터득하도록 하였다.

고 전제한 뒤, 자신의 이 논설이 천고의 의문을 깨뜨리기에 족할 것이라고 하면서, 은연중 전현(前賢)들의 미발처(未發處)를 자득한 것인 양 자부심을 피력하였다. 그리고 이어서

> 정자가 말하기를 "죽음과 삶, 사람과 귀신은 하나이면서 둘이요 둘이면서 하나다"고 하였다. 이는 할 말을 다한 것이다. 나 또한 "사생(死生)과 인귀(人鬼)는 오직 기의 취산일 뿐이며, 취산이 있고 유무(有無)가 없는 것은 기의 본체가 그러한 것이다"고 생각한다.

하였다. 그의 논리에 따르면, '생(生)' 이란 기가 모여 있는 것이고 '사(死)' 란 모인 기가 흩어져버리는 것이다. 기의 존재 형태로 볼 때 삶과 죽음은 분명히 다르지만, 기가 모이거나 흩어진다 하더라도 본체로서 '기' 의 본질에는 변함이 없으므로, 삶과 죽음을 통해 역시 변함이 없다

는 것이다. 그러기에 정자가 말한 것처럼 삶과 죽음, 사람과 귀신이 결국 '하나이면서 둘이요 둘이면서 하나' 라는 것이다.

삶과 죽음을 기의 취산으로 설명하는 그는 물질적인 것을 초월한 사람의 정신과 지각 역시 기의 결정체(結晶體)라고 하였다. 즉, 기는 질료적(質料的) 성질을 지닐 뿐 아니라, 동시에 정신과 지각을 형성하는 것이라 한다. 사람이 죽으면 육신을 이루는 기는 흩어지고 담일청허한 정신과 지각은 기의 본체로 환원되어 불멸한다는 것이다.

> 기가 모이고 흩어지는 형세에는 미약한 것, 뚜렷한 것, 오래 걸리는 것, 빠른 것이 있을 뿐이다. 크고 작은 것이 태허에서 모이고 흩어짐으로써 대소(大小)의 분수(分殊)는 있지만, 비록 일초일목(一草一木)의 미미한 것이라 할지라도 그 기는 끝내 흩어지지 않는다. 더구나 사람의 정신이나 지각처럼 모인 것이 크고도 오랜 것임에랴.[29]

> 사람의 흩어지는 것은 형백(形魄: 육체와 정신)이 흩어질 뿐이다. 축적된 담일청허한 기는 끝내 흩어지지 않는데, 태허의 담일한 가운데 흩어진 것과 동일한 기이다.[30]

그가 말하는 기는 물질만 해당하는 것이 아니다. 그의 기론(氣論)이나 기불멸론을 유물론 또는 물질불멸론이라고 하는 것은 잘못이다.

그렇다면 기가 아주 흩어지지 않는 까닭은 무엇인가. 그는 이에 대하여 "기의 담일청허한 것은 시작도 없고 끝도 없다. 이 이치야말로 기가 지극히 미묘한 이유다"[31]라고 하였다. 뒷날 율곡 이이는 서경덕의 기불

---

29) 『화담집』 권2, 15b, 「鬼神死生論」
30) 『화담집』 권2, 15b, 「鬼神死生論」

멸론을 '일기장존(一氣長存)' 으로 정의하였다. '일기' 란 '기의 담연한 본체' 를 말하는 것이다.

그런데 이 기불멸론은 이황 · 이이를 비롯한 후배 학자들로부터 큰 비판을 받았다. 이황과 이이의 서경덕에 대한 비판 가운데서 일치하는 것이 곧 '기를 리처럼 알았다' (認氣爲理)는 것이다. 서경덕이 말한 담일청허한 기는 사실상 '리' 나 다름없는 것이기 때문이다. 그러나 '인기위리지병(認氣爲理之病)' 이라는 비판의 근거는 이황 · 이이 자신의 리기론적 관점에서 비롯된 것일 뿐, 서경덕과 동일한 논리선상에서 말할 수 있는 것은 아니다. 서경덕이 말하는 리와 이황 · 이이가 말하는 리는 서로 그 성격이 같지 않다. 서경덕의 기철학은 정주의 설과는 입론(立論)의 기초를 달리한다. 서경덕에게 이러한 비판이 타당할지는 재고되어야 할 것이다.

〔4〕 서경덕은 사물을 인식하는 데 관물공부(觀物工夫)와 격물치지(格物致知)를 강조하고 대상에 대한 경험과 관찰을 중시하였다. 그리고 사물의 이치를 올바로 인취(認取)하기 위한 방법으로 '지경관리(持敬觀理)' 를 주장, 주경(主敬)을 통해 사색을 집중해야 한다고 하였다. 그는 한 글에서 "어떻게 용공(用工)해야 무사무과(無思無過)의 경지에 도달할 수 있겠는가" 고 자문한 뒤 "지경관리가 그 방법이라" 고 하면서 다음과 같이 말하였다.

> 경(敬)이란 주일무적(主一無適)을 이름이다. 일물(一物)을 접할 때는 접한 것에만 마음을 두고, 일사(一事)에 응할 때에도 응한 것에만 마음을 두어, 다

---

31) 『화담집』 권2, 16a, 「鬼神死生論」

> 른 것이 끼어들지 않도록 하면 마음을 하나로 할 수 있다. 응접하던 일과 물건이 (내 마음을) 거쳐 지나더라도 곧 거두어들일 수 있어, 담연(湛然)하기가 밝은 거울이 텅 빈 것과 같다. 그러나 나의 지경(持敬)의 미숙함을 돌아보건대, 바야흐로 그 한 가지를 주로 할 적에 지(止: 마음이 머무는바)에 빠지지 않는 사람이 드물다. 지(止)에 빠지면 또한 누(累)가 된다. 반드시 오래도록 지경하여 능히 주정(主靜)으로써 동요심을 제어하며, 밖으로 지(止)에 빠지지 아니하고 안으로도 지(止)에 정체됨이 없는 뒤라야 무사무위(無思無爲)의 경지에 도달할 수 있게 된다.[32]

그가 말한 무사무위(無思無爲)의 경지는 다름 아닌 '아무런 잡념이 없고 억지로 도모하려는 의도가 없는 자연적 경지' 다. 이른바 '주경' 이라는 것도 어느 한 가지 일이나 물건을 주로 하여 사색하는 것을 말한다. 사색함이 없다면 '경' 이야말로 아무 소용이 없는 것이다.[33] 그가 말하는 '무사무위' 의 경지는 석가의 적멸(寂滅)이나 노자의 허무(虛無), 또는 열자(列子) · 장자(莊子) 및 위백양(魏伯陽)의 주장과는 다르다.

한편, 이러한 수양법에는 자연의 법칙을 파악하기 위한 노력과 연마를 강조하는 의도가 깃들어 있지만, 천리를 궁구하고 보전하며 규범적 원리에 맞게 행동해야 함을 강조하는 윤리 · 도덕적 차원의 의도 역시 내재되어 있다. 그가 성명(誠明) · 주경(主敬) 공부에 힘썼음은 「증보진

---

32) 『화담집』 권2, 36a-36b, 「送沈敎授序」 "如何用功, 而可止於無思無過之地也. 曰持敬觀理其方也. 敬者, 主一無適之謂也. 接一物則止於所接, 應一事則止於所應, 無間以他也, 則心能一. 及事過物去, 而便收斂, 湛然當如明鑑之空也. 然而顧吾持敬未熟, 則方其主一之時, 不爲泥止者鮮矣. 泥止則亦爲累爾, 必持敬之久, 而能主靜以御動, 外不泥止, 而內無滯止, 然後無思無爲者可幾也."

33) 『화담집』, 「花潭集重刊跋」(尹得觀) "所謂主敬, 亦以思之, 主一而名言. 不有思焉, 則敬安所用哉."

암(贈葆眞庵)」이라는 시를 통해서도 알 수 있다.

誠明事業恢遊刃	성명(誠明)의 사업에 여유 있게 칼날을 놀리고
玄妙機關少著鞭	현묘한 기관(機關: 心)에 약간 채찍을 댔다네.
主敬功成方對越	주경(主敬)의 공 이루어야 바야흐로 상제(上帝)를 대하리니
滿窓風月自悠然	창에 가득한 풍월(風月)이 절로 유연(悠然)하구나.[34]

〔5〕 서경덕에 대한 퇴·율(退栗) 양현의 평을 소개하기로 한다.

(화담의) 그 의론(議論)을 보면 '기'를 논한 것은 정밀, 도저(到底)하여 남긴 것이 없다. 그러나 리에 대해서는 투철함이 깊지 못하다. 기를 주장함이 너무 지나치기도 하고, 혹은 기를 리로 알기도 하였다. 그러나 우리 동방에서 논저(論著)를 내어 이렇게까지 한 사람이 없었다. 리기를 발명(發明)함에 이 사람이 처음이다. 다만 그가 말할 즈음에 자부함이 너무 지나치다. 아마도 그가 얻은 것이 깊지 못한 것 같다.[35]

이황은 서경덕의 학문적 단점을 지적하면서도 조선 성리학사에서의 위치는 인정하였다. 그러나 다른 평을 보면 사뭇 비판적이다. 이황은 "화담은 그 바탕이 순박한 듯하지만 실은 허탄하며, 그 학문은 고원(高遠)한 듯하지만 실은 박잡(駁雜)하다"[36]고 하여 자질과 학문에 대해 심하게 공격하였으며

34) 『화담집』 권1, 9a, 「贈葆眞庵」; 『詩經』 「周頌」 "對越在天."
李濟臣의 『淸江先生鯸鯖瑣語』에서는 이 시의 작자가 서경덕이 아니라고 하면서 『화담집』에서 빼는 것이 옳다고 한 바 있다. 『大東野乘』 권57 참조.

35) 『退溪言行錄』 권5, 「類編」, 〈論人物〉

36) 『퇴계문집』 권14, 14a-14b, 「答南時甫」

화담의 제자들은 그 스승을 추켜 높이는 것이 너무 지나쳐 장횡거에 비하기에 이르렀다. 그의 저술이 없다면 참고할 수가 없어서 그가 어떤 사람인 줄 몰랐을 것이다. 그런데 지금 화담의 저술을 보니 한마디 말에도 병통 없는 것이 없다. 그의 인품과 학술은 이것만으로도 알 수 있다.[37)]

화담의 설을 가지고 성현의 설을 헤아려보면, 하나도 부합되는 곳이 없다. 매양 생각하건대, 화담이 일생토록 이 일에 힘쓰면서 "궁심(窮深)하고 극묘(極妙)하다"고 했으나, 결국 '리' 한 글자를 투철하게 알아내지 못하였다. 비록 죽을 힘을 다하여 기이한 것을 말하고 묘한 것을 말하였으나, 형기(形器)의 조천(粗淺)한 일변으로 떨어짐을 면치 못하였다. 애석한 일이다. 그런데도 그 문하의 여러 사람들이 그 그릇된 것을 굳게 지키니 참으로 알지 못할 일이다.[38)]

고 평하기도 하였다. 그러나 서경덕의 관점에서는 이황의 비판을 겸허하게 받아들이기는 어려울 것이다. 서경덕은 이미 자신의 학설이 성현의 것과 꼭 일치한 것만은 아니고, 또 성현이 미처 밝혀내지 못한 것까지 밝혀냈다고 강한 자부심을 토로하면서, 그 점이야말로 자기의 학설이 지니는 장점이자 특징이라고 했기 때문이다. 이황은 서경덕의 학설-특히 기불멸설-을 불가의 대윤회설(大輪廻說)과 다를 바 없다고까지 비판하였다.

화담공의 소견은 기수(氣數) 일변에 익숙하니 그의 설은 리를 기로 아는 것〔認理爲氣〕을 면하지 못했다. 또한 기를 가리켜 리라고 한 것도 있다. 그러

37) 『퇴계언행록』 권5, 「類編」, 〈崇正學〉; 『퇴계문집』 권25, 21a, 「答鄭子中講目」 참조.
38) 『퇴계문집』 권41, 22a-22b, 「非理氣爲一物辨證」

므로 지금 여러 사람 또한 간혹 그 설에 구애되어, 반드시 기가 고금에 걸쳐 항상 존재하고 소멸하지 않는 것이라고 생각하다가, 자기도 모르는 사이에 불가의 견해에 빠져들었다.[39)]

공(鄭子中)이 변론한 여러 조목 가운데 …… 서경덕의 이른바 '취산(聚散)은 있지만 유무(有無)는 없다' 고 한 말이 몹시 정밀하다고 한 것이 있었다. 이 몇 대목은 의심의 여지가 있다. 대개 리란 원래 유무가 없는 것인데도 오히려 유무로써 말한 것이 있다. 기로 말할 것 같으면, 이르면〔至〕 펴지고 모이면 형(形)을 이루어 유(有)가 되고, 이와 반대로 돌아가 흩어져서 없어지면 무(無)가 된다. 어찌 기에 유무가 없다고 할 수 있겠는가.[40)]

율곡 이이의 경우, 서경덕에 대해 다음과 같이 평하였다.

화담은 총명이 남보다 훨씬 뛰어났지만 중후(重厚)함이 부족하였다. 독서하고 이치를 궁구하면서, 문자에 구속받지 않고 자기의 의사를 많이 썼다. 총명이 남보다 월등하였으므로 이치를 보는 것은 어렵지 않으나, 중후함이 부족한 탓으로 적은 것을 얻어 만족하게 생각하였다. 그는 리기가 서로 떨어지지 않는다는 미묘한 곳까지 명료히 간파하였다. 다른 사람들이 옛글만 읽고 모방하는 것과는 다르다. 그러므로 문득 지극히 즐겨하여 '담일허정(澹一虛靜)한 기가 어느 물건에고 있지 않음이 없다' 고 하여, 스스로 성현이 다 전하지 못한 묘리(妙理)를 홀로 얻었다고 자신하고, 그 위에 다시 리통기국(理通氣局) 일절이 있어서 '리는 만물에 있지 않음이 없으나, 담일청허한 기는 있지 않은 데가 많다' 는 것을 알지 못하였다. 대저 리는 변함이 없으나

39) 『퇴계문집』 권14, 8b, 「答南時甫」
40) 『퇴계문집』 권25, 21b, 「鄭子中講目」

기는 변함이 있는 것이니, 원기(元氣)가 생생불식(生生不息)하여 간 것은 지나갔고 오는 것은 계속할 따름이다. 지나간 기는 이미 있는 곳이 없는데도 화담은 '일기(一氣)가 장존(長存)하여 간 것도 지나가지 않고 오는 것도 계속하지 않는다' 고 생각하였으니, 이것은 기 알기를 리인 양 여긴 병통의 소이(所以)이다.[41]

여기서 이이는 기본적으로 의양보다 자득을 더 귀하게 여기는 듯한 뜻을 내비쳤다. 그러면서도 서경덕의 자득을 본받지 않겠다고 했다. 이것은 자득이 잘못이 아니요, 자득한 내용이 불만이라는 의미다. 나흠순 역시 서경덕과 마찬가지로 자득한 학자이지만, 나흠순 · 서경덕 · 이황 3인 가운데 나흠순을 가장 으뜸으로 평가한 것은 이 점을 말해주는 것이다.

한편, 당시에 허엽(許曄) · 남언경(南彦經) 등 그의 문인과 지구(知舊)들 사이에서 그를 양명학의 선구자인 명나라 유학자 백사(白沙) 진헌장(陳獻章: 1428~1500)에 비유하는 의론이 제기되기도 하였다. 즉, 인품 · 학문경향 · 시교(詩敎) 등의 면에서 진헌장과 비슷하다는 것이다. 이에 대해 이황이 비판하였다.[42] 여기서 중요한 시사점을 발견할 수 있다. 그것은 바로 서경덕의 문인과 지구들 사이에서 양명학에 종사하거나, 또 그에 호의적인 시각을 가진 학자들이 나왔던 사실에 대해 하나의 추론이 가능하다는 것이다. 실제 서경덕이 진헌장으로부터 학문적, 사상적 그리고 문학적으로 어떠한 영향을 받았는지는 자세하지 않다. 다만 적어도 그의 문인들이 서경덕의 학문 경향이나 인품, 시풍(詩風) 등

41) 『율곡전서』 권10, 37b-38a, 「答成浩原」

42) 『퇴계문집』 권14, 14a-14b, 「答南時甫」; 『퇴계문집』 권25, 20b-21a, 「答鄭子中講目」 참조.

을 진헌장에 비유하는 과정에서 자연스럽게 양명학에 접근하는 계기가 만들어졌을 개연성은 높다.

화담학파와 양명학 사이의 연계성은 양자의 사상 체계와 구조, 경향 등을 명확히 밝혀 비교할 때 그 깊이가 드러날 터이지만, 우선 상식적 차원에서 '기철학'을 매개시켜 볼 수 있지 않을까 한다. 즉, 서경덕 계열의 기철학과 양명학의 기철학이 상호 친밀성을 가지고 있다는 추론에서이다. 장횡거의 사상을 계승한 서경덕의 철학에서 가장 중요한 명제가 '태허'이다. 왕양명은 장횡거의 태허론을 수용하여 자신의 치양지론(致良知論)과 결합해 우주론적 개념인 태허론을 양명학(심학)적으로 변용시킨 바 있다.[43] 이 점에 주목할 필요가 있다. 이 밖에 양명학자들이 정이천보다 정명도를 선호했던 것이라든지, 조선유학사에서 이른바 '주리파'로 불리는 학단(學團)에서 양명학자나 그에 호의적이었던 학자가 배출되지 않았던 것도 양명학의 '기철학'적 성격과 무관하지 않다고 본다.

---

43) 崔在穆, 「공허의 실학-太虛思想의 철학적 굴절」, 『철학논총』 제11집, 영남철학회, 1995 참조.

제3장

主理論의 先驅 李彦迪

〔1〕 이언적(성종 22년~명종 8년, 1491~1553)의 자는 복고(復古), 호는 회재 · 자계옹(紫溪翁), 시호는 문원(文元). 본관은 여주(驪州)이며 경주 양좌촌(良佐村)에서 태어났다. 어려서 부친을 여의고 불우한 환경에서도 학문에 힘썼다. 외숙인 우재(愚齋) 손중돈(孫仲暾: 1463~1529, 金宗直의 문인)에게 잠시 배웠을 뿐, 특별한 사승(師承) 없이 자력으로 일세의 명유가 되었다.

중종 9년(1514) 별시문과에 급제하여 벼슬길에 올랐다. 동 26년(1531)에는 권신 김안로(金安老)와 심언광(沈彦光)에게 미움을 사서 파직당한 뒤 경주에 낙향하여 자옥산(紫玉山) 독락당(獨樂堂)에서 7년간 성리학 연구에 몰두하였다. 동 32년(1537) 김안로가 사사(賜死) 됨에 따라 재기용되어 벼슬이 좌찬성에 이르렀다.

전주부윤으로 재직 중이던 중종 34년에는 재해이변(災害異變)으로 임금의 구언(求言)이 있자, 도학적 수양론을 경세의 근본으로 삼은 유명한 「일강십목소(一綱十目疏)」를 올렸다. 그 말이 수천 언이었다. 중종이 이를 보고 탄복하면서 "옛적의 진덕수(眞德秀)도 여기서 더 나아갈 것이 없다" 하고 동궁(東宮)과 외조(外朝)에 전시하라고 하였다 한다.[1)]

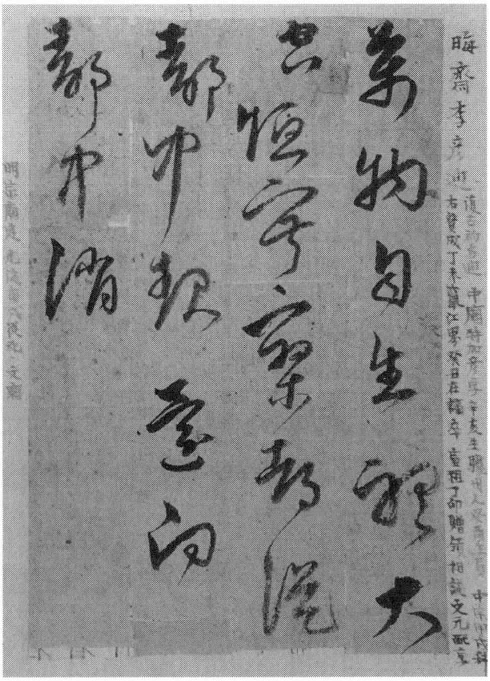

〈이언적의 글씨〉

을사사화 때에는 윤원형 등 소윤(小尹) 일파가 선류(善類)를 제거하려고 하자, 이들을 신구(伸救)하려고 직언하였으나 극간(極諫)에 이르지 못하고, 도리어 권간(權奸)들의 핍박으로 추관(推官)이 되었다. 그 공으로 위사공신(衛社功臣)에 녹훈(錄勳)되고 여성군(驪城君)에 봉해졌다. 그는 이를 두고 "시론(時論)이 비난할 뿐 아니라 후세에 웃음거리가 될 것이다" 고 깊이 후회하고 훈작(勳爵)을 힘써 사양하였다. 그러나 결국 이때의 처신으로 말미암아 후학들로부터 좋지 않은 평을 받게 되었다. 남명 조식은 "명철(明哲)한 식견에는 부족함이 있는가 한다" 고 하였으며, 율곡 이이 역시 그의 출처대의(出處大義)를 문제 삼은 바 있다.

을사사화 이후 권신들과 이견이 있어 사이가 벌어졌다가 명종 2년(1547) 소윤 일당이 조작한 양재역 벽서사건(良才驛壁書事件)에 연루되

1) 『퇴계문집』 권49, 3a, 「晦齋李先生行狀」

어 강계(江界)에 유배당하였으며, 이후 배소(配所)에서 63세를 일기로 세상을 떠났다. 선조 때 영의정에 추증되고 광해군 2년(1610) 문묘(文廟)에 종사(從祀)되었다. 평소 문호를 세워 강학(講學)한 일이 없으므로 문도(門徒)가 배출되지 못했으나, 나중에 퇴계 이황에 의해 그의 학문적 위상이 널리 알려졌다.

그는 귀양살이 7년 동안 학문에 몰두하여 많은 업적을 이룩하였다. 『대학장구보유(大學章句補遺)』·『속대학혹문(續大學或問)』·『구인록(求仁錄)』·『중용구경연의(中庸九經衍義)』·『봉선잡의(奉先雜儀)』 등의 저술이 바로 그것이다. 『대학장구보유』와 『속대학혹문』은 서로 표리를 이룬다. 비록 주자(朱子)의 『장구』와 『혹문』 가운데 미비한 것을 보충하는 형식을 취하였지만, 주자의 견해와 다른 곳이 적지 않고 논리가 뛰어나 일가의 특색을 보인 역저라 할 수 있다.[2] 주자의 『장구』를 개정한다는 것은 조선시대 학자들로서는 실로 어려운 일이다. 『중용구경연의』는 『대학』의 체계를 통치 원리의 구체적 실현 방법으로 응용한 송대 진덕수의 『대학연의(大學衍義)』에 상응하는 저술로서 미완성의 절필(絶筆)이다.[3] 『중용』 제20장에 보이는 수신(修身)·존현(尊賢)·친친(親親)·경대신(敬大臣)·체군신(體君臣)·자서민(子庶民)·내백공(來百工)·유원인(柔遠人)·회제후(懷諸侯) 등 구경(九經)의 의미를 부연 설명하여, 『중용』을 경세서(經世書)로 부각시킨 것이 특색이다. 그 서문의

2) 經一章 傳十章으로 되어 있는 朱子의 『章句』를 경1장 전9장으로 審定하였으며, 經文에 있는 내용을 傳으로 옮기고 傳에 있는 내용을 經으로 옮기는 등 編次를 크게 수정하였다. 주자의 「格物致知補亡章」을 인정하지 않은 것이 특색이다. 이언적은 서문에서 "비록 晦菴이 다시 나온다 하더라도 이 책에서 취함이 있을 것이다" 고 하면서, 그 어떤 권위에도 맹종하지 않겠노라는 자주적인 학문태도를 보여주었다. 그러나 율곡 이이는 "이회재의 『大學或問補遺』는 古書를 널리 인용하였으나 도무지 경서의 뜻을 바르게 해석한 것이 없다" 고 혹평하였다(『율곡전서』 권31, 56a, 「語錄上」).

3) '敬大臣' 이하는 완성하지 못하였다.

일부를 보자.

> 『중용』은 공자가 노애공(魯哀公)에게 정치하는 도리를 아뢰어, 드디어 천하 국가를 다스리는 조목에 미쳤다. 이른바 '구경'이 이것이다. …… 대개 대학의 팔조목과 서로 표리(表裏)가 되어 제왕(帝王)의 정치하는 규모가 갖추어졌다. 생각건대, 『대학』이라는 책은 배우는 자에게 수기치인(修己治人)의 도로써 가르치는 까닭에 진수(進修)의 공(功)에는 자상하나 정치하는 조목에는 간략하며, 『중용』의 구경은 임금에게 정치하는 도리를 아뢴 것이므로 경세(經世)의 조목에는 상세하나 수기(修己)의 공에는 간략하니, 두 책의 뜻이 대개 서로 밝히는 것이다. 선유 진덕수가 『대학』을 연의(衍義)하여 치도의 요체를 천명하였으나 아직 치국·평천하 두 가지가 남겨져 있고, 근세의 구준(丘濬)이 『연의』에서 빠진 것을 보충하여 대략 경세의 요무(要務)를 갖추었으나 배천(配天)·경천설(敬天說)에는 미치지 못하였다. 이는 곧 지자(智者)의 천려일흠(千慮一欠)이니, 대개 후인을 기다림이 있는 것이다.

『구인록』은 '성문(聖門)의 가르침은 천언만어가 구인(求仁)에 있다'고 하여, 유교의 핵심 개념인 '인'에 관한 구절들을 『논어』·『맹자』 등 여러 경전에서 뽑아 분류, 찬집(纂集)하고, 이정(二程)·주자(朱子)·장횡거·진덕수 등 송대 제유(諸儒)의 설을 모아 주석한 것으로 탁견이 많다. 『봉선잡의』는 추원보본(追遠報本)의 취지에서 제례에 대한 의식 절차와 이론을 모은 것이다. 『주자가례』를 기본으로 하되 중국과 우리나라 시속에서 권장할 만한 것을 참량손익(參量損益)한 예서다. 조선예학사에서 초기의 선구적 업적에 속한다.

〔2〕 이언적은 조선 성리학의 발전 방향과 성격을 밝히는 데 중요한

전기를 마련하였다. 그의 철학사상은 이황의 지적과 같이 『대학장구보유』·『속대학혹문』·『구인록』·『중용구경연의』 등에 집약되어 있고, 그의 정예(精詣)한 견해와 독득(獨得)의 묘처(妙處)는 「답망기당서(答忘機堂書)」 4~5편에 있다고 하겠다.[4] 그가 28세(1518) 때 망기당 조한보(曺漢輔)를 상대로 벌인 '무극태극논변(無極太極論辨)'은 조선의 유학사상 초유의 철학논쟁이라 할 만하다. 비록 독창적인 이론은 아니라 하더라도 명실상부한 학술논쟁으로 이끌었다는 점에서 의의가 크다.

이 논변은 그가 27세 때인 중종 12년(1517), 외숙인 망재(忘齋) 손숙돈(孫叔暾: 仲暾의 아우)과 조한보 사이에 서신으로 왕복했던 「무극태극논변」을 얻어 보고 「서망재망기당무극태극설후(書忘齋忘機堂無極太極說後)」라는 글을 통해 비판함으로써 시작되었다. 손숙돈·조한보에 관한 전기가 자세하지 않고 그들의 저술 역시 전해오지 않으므로, 두 사람의 무극·태극에 관한 견해의 전모는 알 수 없다. 다만 이언적의 글로 미루어 보면, 조한보는 손숙돈·이언적과 동향인 경주 사람이며, 이언적보다 훨씬 선배였던 것 같다.[5] 그리고 손숙돈은 육상산(陸象山)의 학설에 심취하였음이 분명하고, 조한보는 선학(禪學)의 기미(氣味)가 다분할 뿐 아니라 '망기(忘機)'라는 호가 암시하듯이 도가사상을 혼입한 듯하다.

이언적은 먼저 손숙돈의 학설에 대하여 "망재의 무극태극변은 그 설이 대개 육상산으로부터 나왔다. 상산의 설은 주자가 이미 자세히 논변하였으므로 내가 덧붙여 말할 필요가 없다"[6] 하고, 조한보의 학설을 집중적으로 비판하였다. 그는 순수하게 주자학의 관점에서, 노·불(老佛)

---

4) 『퇴계문집』 권49, 12b, 「晦齋李先生行狀」 참조.
5) 송병선, 『淵齋集』 권40, 2b-3b, 「忘機堂曺公漢輔墓表」 참조.
6) 『회재집』 권5, 5b-6a, 「書忘齋忘機堂無極太極說後」

의 이학(異學)을 혼입한 조한보의 설에 대하여 준엄하게 논박하였다. 이 글에서 이언적은 "손망재에 대한 조망기당의 답설을 언뜻 보면 주염계의 논지에 근거한 것 같기는 하다. 그러나 그 견해가 너무 고원(高遠)하여 유가에서 많이 일탈하였고, 또 선학(禪學)의 영향을 받아 유(儒)와 석(釋)을 온통 뒤섞어 놓았으므로, 후학을 위해서라도 변척(辨斥)하지 않을 수 없다"[7]고 하였다.

천하의 화(禍)는 '몹시 같아서 분변하기 어려운 것' 보다 더 큰 것이 없다. 몹시 같기 때문에 능히 사람을 미혹시키고, 분변하기 어렵기 때문에 참〔眞〕을 더욱 어지럽히는 것이다. 보내온 글을 자세히 보건대, 유가와 불가를 온통 하나로 뒤섞어 놓았다. 심지어 '구태여 무엇을 분변하랴' 고 한 말까지 있었다. 이것이 내가 몹시 두려워하여 감히 다투지 않을 수 없는 것이다. …… 학자가 시비(是非)의 본원에 있어 털끝만 한 차류(差謬)가 있어도 그 해가 백성에게 흐르고 그 화가 후세에 미치는 법이거늘, 하물며 그 차류가 털끝 정도에서 그치지 않음에서랴.[8]

이는 이언적의 논변 기조가 궁극적으로 옳고 그름을 확정(廓正)하고 이단을 물리치는 데 있음을 짐작케 한다.

조한보의 '무극태극설' 에 대한 비판 요지는 「서망재망기당무극태극설후」에 집약되었고, 비판의 표적은 '무극적멸(無極寂滅)' 과 '존심상달(存心上達)' 에 맞추어졌다. 비판 내용은 4차에 걸친 「답망기당서(答忘機堂書)」에서 구체적으로 부연 설명되었다. 그 요지를 요약하면 다음과 같다.

---

7) 『회재집』 권5, 6a-6b.

8) 『회재집』 권5, 14a-14b, 「答忘機堂第一書」

'무극이태극(無極而太極)'이란 만물이 생겨나기 이전부터 도가 존재하여 실로 만물의 근저(根柢)가 됨을 형용한 것이다. 결코 태극 위에 다시 무극이 있다고 할 수 없다. 이 리(理)가 비록 지고지묘(至高至妙)한 듯하나, 그 실체가 깃든 바를 살피면 지근지실(至近至實)하다. 만약 이 리를 강명(講明)코자 하되, 한갓 아득히 어둡고 허원(虛遠)한 데 급급하여 다시 지근지실한 곳에서 구하지 않으면, 이단의 공적(空寂)에 빠지지 않는 자가 없을 것이다. 망기당 평생 학술의 오류는 '공허(空虛)'에 병든 것이다. 그는 "태허의 본체는 본래 적멸(寂滅)하다"고 하여 '멸' 자를 가지고 태허의 본체를 설명했는데 이는 단연코 우리 유가의 설이 아니다. 상천(上天)의 일은 무성무취(無聲無臭)하므로 '적(寂)'이라 할 수는 있지만, 그 지적(至寂)한 가운데 이른바 '오목불이(於穆不已)'한 것이 있어, 화육유행(化育流行)하는 것이 상하에 밝게 드러나 있으니, 어찌 '적' 자 아래에 '멸' 자를 붙일 수 있겠는가. 선유(先儒)가 말한 이 '적(寂)'은 적(寂)하나 감(感)하는 것을 이른다. 또 비록 대본(大本)과 달도(達道)가 시초에 두 가지를 이룸이 없다고 할지라도, 그 가운데 스스로 체용(體用)·동정(動靜)·선후·본말을 분변하지 않을 수 없는 것이 있으므로, 반드시 혼연무분(渾然無分)한 멸무(滅無)의 경지에 이른 뒤라야 이 도의 극치가 된다고 할 수는 없다.[9)]

이를 보면, 조한보는 노·불(老佛)의 허무적멸(虛無寂滅)의 설에 젖어 있었고, 특히 선가(禪家)의 돈오적(頓悟的) 수양 공부에 심취되었음이 확실한 듯하다.[10)] 조한보가 이언적의 비판에 대해 반박하는 서신을 보

9) 『회재집』 권5, 6a-7a, 「書忘齋忘機堂無極太極說後」

10) 息山 李萬敷의 『息山集』 권18, 9a, 「書忘機堂無極頌後」에 조한보의 「無極頌」 일부가 실려 전한다. 그 말이 온통 불교에서 나왔다. "渾然一理, 卽明而妙. 廓爾虛凝, 圓滿寂照. …… 古佛未生前, 凝然一象圓. 釋迦猶未會, 迦葉豈能傳."

내옴으로써 두 사람 사이에 철학적 논쟁이 개시되었다. 이언적은 이후 4차에 걸쳐 장문의 서한으로써 조한보의 견해를 비판하였다. 조한보의 반박 내용은 이언적의 답서에서 그 일모를 엿볼 수 있다. 제1서에 의하면, 조한보는 '무극태극' 에 대하여 "무는 없는 것이 아니라 영원(靈源)이 독립하여 있고, 유란 있는 것이 아니라 도로 다하여 없어지는 것이다"[11]고 하였다. 이에 대해 이언적은 다음과 같이 비판하였다.

> 이는 기화(氣化)만 가지고 이 리(理)의 유무를 말한 것이니 어찌 도를 안다고 하겠는가. 이른바 영원(靈源)이란 기(氣)이다. '리' 라고 말할 수 있는 것이 아니다. 지극한 무(無) 가운데 지극한 유(有)가 존재하기 때문에 '태극이 양의(兩儀)를 낳는다' 고 한 것이다. 그렇다면 리가 비록 기에서 떨어져 있지 않으나, 실상은 기에 섞여 있지 않음을 말한 것이다. 어찌 영원이 독립하고 난 뒤라야 비로소 이 리가 없지 않음을 말할 수 있겠는가. 솔개〔鳶〕가 날고 물고기가 뛰는 것이 상하에 밝게 나타나 보이고, 고금에 걸쳐 우주에 가득 차서 털끝만 한 빈틈도 없고 숨 한 번 쉴 사이도 없는데, 어찌 만화(萬化)가 없어지는 것만 보고, 드디어 이 극(極)의 체(體)를 가리켜 적멸(寂滅)이라고 할 수 있겠는가.[12]

이처럼 만화의 주재자인 리의 일차성과 시공(時空)을 초월한 리의 실재성을 강조한 것은 리우위적 관점을 통해 주리론을 정통으로 확보하려는 의도라 생각된다. 이언적은 이어서 도를 탐구하고 체득하는 것에

---

11) 『회재집』 권5, 10a, 「答忘機堂第一書」 "今如來教所云, 無則不無, 而靈源獨立, 有則不有, 而還歸澌盡."

12) 『회재집』 권5, 10a-10b, 「答忘機堂第一書」 "是専以氣化而語此理之有無, 豈云知道哉……"

대하여 다음과 같이 강조하였다.

대개 태극의 체(體)는 비록 지극히 미묘하나 그 용(用)의 넓음은 있지 않은 데가 없다. 그런데 사람에게 깃들어 일용(日用)에 행해지는 것은 또 지극히 가깝고 또 지극히 실답다. 이런 까닭에 군자가 이 도를 체득하면서, 그 보지 못하는 바를 경계하고 삼가며, 그 듣지 못하는 바를 크게 두려워하여, 그 본연의 천리(天理)를 온전히 하고 그 외부에서 유혹하는 사욕(私欲)을 없앰으로써, 아무리 짧은 시간, 아무리 작은 일이라도 간단(間斷)이 없도록 해야 할 것이다.[13)]

대저 도는 단지 인사(人事)의 이치일 따름이다. 사람 사는 일을 떠나 도를 찾는다면 공허한 지경에 빠지지 않음이 없어서, 우리 유가의 실학(實學)이 아닐 것이다. 『시경』에 말하기를 "하늘이 뭇 백성을 냄에 물(物)에는 다 법칙이 있다"고 하였다. 물(物)은 인사(人事)요 칙(則)은 천리(天理)이다. 사람은 천지 사이에 있어 사물을 떠나서 홀로 설 수 없는데, 어떻게 하학(下學)의 실무(實務)를 먼저 하지 않고 공탕(空蕩)한 경지에 정신을 달리게 하여, 천리에 상달(上達)하고 인사에서 떠나지 않도록 할 수 있겠는가. 인사가 극진하여 발과 눈이 함께 이르러 관통(貫通)의 극에 다다른다면, 내 마음에 있는 천리가 이에 이르러 혼전(渾全)하게 되니, 수작만변(酬酌萬變)이라도 좌우로 근원을 만나 나의 실용(實用)이 되지 않음이 없을 것이다.[14)]

---

13) 『회재집』 권5, 11a-11b, 「答忘機堂第一書」 "蓋太極之體, 雖極微妙, 而其用之廣, 亦無不在. ……"

14) 『회재집』 권5, 12b-13a, 「答忘機堂第一書」 "夫道只是人事之理耳. …… 無非爲我之實用矣."

즉, 도는 고원(高遠)한 데 있는 것이 아니므로, 일용평상(日用平常)의 비근(卑近)한 것으로부터 탐구하여야 한다는 말이다. 인사(人事)를 떠나서 도를 탐구하면 부질없이 공허한 데 빠지게 되니, 정이천이 말한 바와 같이 하학인사(下學人事)하는 것이 바로 상달천리(上達天理)하는 방법이라는 것이다.

한편, 조한보는 일찍이 "무극태허의 체(體)로써 내 마음의 주를 삼아 천지만물이 나에게 조종(朝宗)케 하여 운용에 막힘이 없도록 한다"[15]고 하여, 강학(講學)과 응사(應事)를 무시한 채 상달만을 추구하는 일종의 돈오적(頓悟的) 수양 공부를 주장한 바 있다. 그는 또 "마음을 무극의 진(眞)에 놀게 하여 허령(虛靈)한 본체가 내 마음의 주가 되도록 한다"[16]고 하고는 "성인이 다시 태어나더라도 내 말을 바꾸지 않을 것이다"고 하여 입언(立言)에 용기와 확신을 보였다. 이에 대해 이언적은

> 이는 사람들로 하여금 가까운 데서부터 생각하는 학문을 하지 않고 마음을 공묘(空妙)한 데 달리게 하는 것이다. 그 해됨을 이루 말할 수 있겠는가. 또 하물며 허령(虛靈)은 본래 우리 마음의 본체이고 무극의 진(眞)은 본래 '허령' 가운데 갖추어져 있는 것이니, 다만 조존(操存)하는 공부를 가하고 인욕의 사(私)로 가리지 않아서, 그 광대고명(廣大高明)한 본체에 이르게 해야 할 것이다. …… 지금 말하기를 '마음을 무극에 놀게 한다' 느니 '내 마음의 주로 삼는다' 느니 하면, 이것은 무극 · 태극을 심외(心外)의 물건으로 삼고, 별도로 마음을 그사이에 놀도록 한 뒤라야 마음의 주로 삼을 수 있다는

15) 『회재집』 권5, 7b, 「書忘齋忘機堂無極太極說後」 "今忘機之說, 則都遺却此等工夫, 遽欲以無極太虛之體, 作得吾心之主, 使天地萬物, 朝宗於我, 而運用無滯."

16) 『회재집』 권5, 13a, 「答忘機堂第一書」 "若曰, 遊心於無極之眞, 使虛靈之本體, 作得吾心之主."

말이 된다. 이와 같은 의론은 매우 거북한 듯하다.[17]

고 비판하였다. 조한보의 지론으로 미루어보면, 그는 과연 단계를 거치지 않고 곧바로 천리에 도달하려는 선가(禪家)의 색채가 농후하다. 이언적에게 이단에 감염되었다는 비판을 받았던 것은 그 때문이었다. 이언적은 단계적 공부인 존양(存養)에 대하여 "이는 다만 경(敬)으로써 내심을 직(直)하게 하여 마음이 발(發)하기 이전의 상태로 조존(操存)함으로써 그 본연의 천리를 온전하게 할 뿐이다"고 권고하였다.

이언적의 비판을 받은 조한보는 '유심어무극지진(遊心於無極之眞)'에서의 '유심' 두 글자와 '기체지적멸(其體至寂滅)'의 '멸' 한 글자를 삭제하는 등 일부 수정하기는 하였으나, '허무적멸'과 '존심상달' 등을 반복 강조함으로써 지론을 고수하였다. 그 내용과 그에 대한 이언적의 비판은 「답망기당 제2서」에 보인다.

이언적은 조한보가 허령(虛靈)·무극지진(無極之眞)에 대하여 논하면서 "허무(虛無)가 곧 적멸(寂滅)이요 적멸이 곧 허무라"고 한 데 대하여 다음과 같이 비판하였다.

> 이것은 유가의 말을 빌려 이단의 설을 꾸민 것을 면치 못하니, 나의 의혹이 더욱 심하다. 선유(先儒)가 이 네 글자에 대하여 일찍이 분석하기를 "이쪽의 허(虛)는 '허'이면서도 유(有)인 것이요, 저쪽의 허는 '허'하고 무(無)한 것이며, 이쪽의 적(寂)은 '적'하면서도 감(感)하는 것이요, 저쪽의 적은 '적'하면서 멸(滅)하는 것이다"고 하였다. 그러니 피차의 '허적(虛寂)'은 같으나 그 귀착점은 전혀 달라서 진실로 분변하지 않을 수 없다. '무극'이라고

17) 『회재집』 권5, 13a-13b, 「答忘機堂第一書」 "是使人不爲近思之學, 而馳心空妙, 其害可勝言哉. …… 此等議論, 似甚未安."

> 말한 데서는, 단지 이 리(理)의 묘함이 그림자와 메아리, 소리와 냄새도 없음을 형용한 것이나, 저쪽에서 말하는 무와 같은 것이 아니다. 그러므로 주자(朱子)가 말하기를 "노자가 유와 무를 말한 것은 유와 무를 둘로 본 것이요, 주자(周子)가 유와 무를 말한 것은 유와 무를 하나로 본 것이니, 바로 남북, 수화(水火)가 서로 반대되는 것과 같다"고 하였다.[18]

또 조한보가 "주경존심(主敬存心)하여 천리에 상달한다"고 한 데 대하여

> 이 말은 (마음을 바르게 하는 공부라는 점에서) 진실로 좋기는 하다. 그러나 '상달천리(上達天理)' 위에 '하학인사(下學人事)' 네 글자가 없으니 성문(聖門)의 가르침과 다르다. 천리는 인사에서 떠나지 않는 것이니 아래로 인사를 배우면 저절로 천리에 상달하는 것이다. 만약 하학 공부를 하지 않고 곧장 상달하려고 하면 이것은 불교의 '각지(覺之)'의 설이다. 어찌 숨길 수 있겠는가. …… 구체적인 일을 잘 배워서 그 이치에 통달하면, 저 형이하(形而下)의 것에 즉(卽)하여 저 형이상의 것을 얻게 된다. 바로 상달의 경계이다.[19]

고 비판했다. 또 세상의 상당수 학자들이 하학을 통한 상달의 과정을 밟지 않고 지름길로 나아가려 한 결과 이단에 빠지게 되었다고 하면서, 궁리(窮理)를 통한 존양성찰(存養省察)로 내외공부(內外工夫)를 병행해야 한다고 역설하였다.

---

18) 『회재집』 권15, 15b-16a, 「答忘機堂第二書」

19) 『회재집』 권15, 16a-16b, 「答忘機堂第二書」

> 궁리는 알기만 하는 것이 귀한 게 아니다. 이 이치를 알면 모름지기 몸소 체득하여 실천해야만 곧 덕에 나아갈 수 있다. 알기만 하고 실천하지 못한다면 어찌 궁리를 귀하다고 하겠는가. 그 안다는 것도 끝내 제 것이 되지 못할 것이다. 공자가 말하기를 “사람들은 모두 내가 안다고들 하지만, 중용(中庸)을 택하여 채 한 달도 지키지 못했다”고 하였다. 알기가 어려운 것이 아니라 행하기가 어려운 것이다. 그러므로 군자는 존양성찰하고 일용사물(日用事物)의 경우에 체험하여, 말을 함에 반드시 행실을 돌아보고 행함에 반드시 말을 돌아보아, 감히 쉽게 큰소리를 하지 못하는 것이다.[20]

그리고 이어서 “모르겠거니와 존백(尊伯: 조한보)에게도 이와 같은 체험성찰(體驗省察)의 공이 있단 말인가. 또한 이러한 천리(踐履)의 실상이 있단 말인가”라고 반문하면서, 허원(虛遠)한 데 빠져 한 걸음 한 걸음의 수양공부를 도외시한 조한보의 수양관 및 학문관을 호되게 비판하였다.

위와 같은 예리하고 논리 정연한 비판에 대하여, 조한보는 여전히 노·불의 요소를 떨쳐버리지 못한 채 승복하지 않았다. “적멸이란 세상 사람들이 환형(幻形)을 가지고 견실(堅實)한 것으로 여기는 폐단을 깨뜨리기 위한 말이다”라 하거나, 또 “하학이상달(下學而上達)이란 동몽(童蒙)·초학지사(初學之士)를 가리킨 것이다. 호걸지사는 이와 같지 않다”[21]고 하기도 하였다. 이는 조한보가 불가의 돈오(頓悟)의 설에 심취하였음을 증명하는 것이라 하겠다. 위의 두 조목에 대한 비판 요지는 다음과 같다.

---

20) 『회재집』 권15, 16a-17b, 「答忘機堂第二書」
21) 『회재집』 권5, 20b-21a, 「答忘機堂第三書」

사람의 형체는 하늘이 부여한 것으로서, 지극한 이치가 깃들어 있다. 그러므로 성문(聖門)의 가르침은 언제나 용모 · 형색상(形色上)에 공부를 가하여져 하늘이 사람에게 부여한 법칙을 다하며 허령(虛靈)한 명덕(明德)의 본체를 보전하여 지키게 한다. 형상(形相)을 환망(幻妄)이라 하여 외상(外相)을 끊어 없애버리고 허령한 본체만 지킨다면 도가 이루어지지 않는다. 도는 형기(形氣)를 떠나 있지 않기 때문이다. 사람의 형체가 있으면 사람된 이치가 있다. 만약 그 형체가 있는데도 그 도를 다하지 못한다면, 이는 공연히 형상만 갖추고 그 형상의 근거인 리(理)를 상실한 것이 된다. 또한 이와 반대로 형기를 버리고 도를 구하면 도는 있을 수 없다. 적멸의 가르침은 공허탄만(空虛誕謾)한 것으로 위천멸리(違天滅理)의 죄를 피할 수 없다. …… 생민이래(生民以來) 생지(生知)의 성인으로 공자보다 더 성(盛)한 이가 없건만 공자도 일찍이 하학(下學)에 종사하였다. 공자 같은 성인도 하학의 일이 없지 않았거늘 하물며 공자에게 미치지 못하면서, 갑자기 하학공부를 돈연(頓然)히 제거하여 힘쓰지 않고서도 천리에 상달할 수 있겠는가. 이는 분명코 불가의 돈오의 가르침이니 어찌 높일 수 있으랴.[22)]

이언적은 조한보가 대선배였음에도 그가 적멸의 설과 같은 이단에서 빠져나와 오도(吾道)의 바른 데로 돌아오도록 준엄하고 간곡하게 당부하였다.

맹자가 말하기를 "옛날의 군자는 잘못이 있으면 고치더니 지금의 군자는 잘못이 있어도 따르는구나!"고 하였다. 만약 존백(尊伯)께서 이설(異說)의 탄망(誕妄)한 것에 종신토록 빠져서 그른 것을 알지 못한다면 할 수 없는 노

22) 『회재집』 권5, 20b-21b, 「答忘機堂第三書」

> 릇이지만, 지금 말하기를 "집체(執滯)하지 않은 지 여러 해가 되었다"고 한다면, 이것은 이미 그른 것을 깨달아 고치고자 하는 것이다. …… 공자가 말하기를 "아침에 도를 들으면 저녁에 죽어도 좋다"고 하였다. 보건대 존백께서는 연세가 이미 높으시니, 지금 돌아오지 않는다면 평생의 학문이 아무리 부지런하더라도 어찌 매우 아깝지 않겠는가.[23)]

여기서 이언적의 이단 배척과 사문(斯文) 수호의 의지를 엿볼 수 있다. 이처럼 정연하고 예리한 논리에 조한보는 드디어 '적멸' 두 글자를 버리고 인간사위(人間事爲)를 통한 하학 공부를 인정하였다. 유가의 본령으로 되돌아온 듯한 모습이었다. 그러나 「답망기당 제4서」를 보면 아직도 돈오상달적(頓悟上達的)이고 유심적(唯心的)인 학문 경향을 떨쳐버리지 못하였다. 그러나 어찌 된 일인지 논변은 이로써 끝나고 말았다. 조한보가 이언적에게 사실상 굴복해버린 것인지, 아니면 더 이상의 논쟁이 무의미하다고 여긴 나머지 중단된 것인지 알 수 없다.

네 차례에 걸친 이언적의 「답망기당서」를 보면, 27～28세의 연소기예(年少氣銳)한 그의 논리가 활달하고 주밀(周密)했음을 알 수 있고, 또 당시 노성인(老成人)이었던 조한보의 주장이 점차 이언적에게 밀려 마침내 굴복하게 되었음을 엿볼 수 있다. 이언적의 논변은 실로 한국 성리학사상 처음으로 정통 주자학의 관점에서 성리학의 본지를 발휘한 것이다. 특히 '태극'의 개념에 관한 논쟁은 본격적인 개념 논쟁으로는 최초였다. 이후 성리학시대를 여는 데 끼친 공이 지대하다고 하겠다.

이언적의 경세사상(經世思想)은 『구인록』·『중용구경연의』·『대학장구보유』 등에 집중되어 있고, 실제 정치 이론은 「일강십목소(一綱十

---

23) 『회재집』 권5, 21b-22a, 「答忘機堂第三書」

目疏」·「진수팔규(進修八規)」를 비롯한 여러 소(疏)·차(箚)에서 잘 드러난다. 『구인록』 등을 보면, 그는 인정(仁政)을 이상으로 하여 제왕(帝王)을 성왕(聖王)이 되도록 익찬(翊贊)하는 것을 당연한 일로 여겼다. 매양 성학(聖學: 聖王之學)을 강조하였는데, 그가 제왕학(帝王學)에 깊이 유의하고 성학의 천명에 힘썼음을 알 수 있다.

「일강십목소」에서는 '일강' 으로 군주의 심술(心術)을, 십목으로 엄가정(嚴家政)·양국본(養國本)·정조정(正朝廷)·신용사(愼用舍)·순천도(順天道)·정인심(正人心)·광언로(廣言路)·계치욕(戒侈欲)·수군정(修軍政)·심기미(審幾微)를 들었다. 진실로 일강에 종사하여 그 도를 다하면 구체적 실천 조목이요 시행 방법인 십목이 베풀어지지 않을 수 없다고 하였다. 그리고 「진수팔규」에서는, 진덕수업(進德修業)의 뜻을 부연하여 성학에 도움이 되도록 한다고 하면서, 그 구체적 실현 방법을 명도리(明道理)·입대본(立大本)·체천덕(體天德)·법왕성(法往聖)·광총명(廣聰明)·시인정(施仁政)·순천심(順天心)·치중화(致中和)의 여덟 가지로 나누어 설명하고, 제왕의 존심출치(存心出治) 요령과 계천입극(繼天立極)의 도가 여기에 갖추어져 있다고 하였다. 군주의 일심(一心)을 제왕학의 근본으로 삼은 것은 조광조를 비롯한 지치주의파 학자들에 이르러 두드러진다. 여기서 이언적이 '존심출치' 를 강조한 것은 지치주의파의 영향이 큰 것으로 보인다.

한편, 이언적은 천리·인사와 관련하여 군주가 외천(畏天)·경천(敬天)·사천(事天)·체천도(體天道)해야 함을 강력히 주장하였다. 이와 같은 '천' 에 대한 의지는 '천인합일' 이라는 성리학의 이론 체계에서 말미암은 것이기는 하지만, 성리학에 대한 종교적 차원의 접근을 엿볼 수 있다.

사림파의 관점에서 왕도의 실천과 천도의 체현을 부르짖은 그는 권귀(權貴) 지향적인 훈구세력에 맞서 그들의 횡포와 비리 · 부정을 비판, 공격하였다.

> 대개 군자는 살리기를 좋아하고 소인은 죽이기를 좋아한다. 군자는 제자리를 얻으면 임금을 인도, 도에 합당하도록 하여 인(仁)에 뜻을 두도록 하는 까닭에 혜택이 민물(民物)에 미친다. 그러나 소인이 뜻을 얻으면 임금을 살육으로 이끌어, 힘써 개인감정을 풀고 그 위세를 펴려 하기 때문에 화가 국가에 미치게 된다.[24)]

이는 기묘사화 · 을사사화를 조정에서 몸소 겪은 그가 한 말이기에 절실한 감이 있다. 이미 조한보와의 논쟁에서 뚜렷이 드러났듯이, 그는 주리철학으로 조선 성리학의 정통을 세우고자 하였다. 이 주리철학은 사회 · 정치사적 시각에서 볼 때, 사림파가 당시의 훈구세력에 대항하여 새로운 정치 질서를 이끌어 가는 이론적 바탕이 되었다는 데 그 의의가 크다. 그리하여 사림이 정권을 완전히 장악한 선조 때부터는 명실공히 국가와 사회의 지도이념이 되어 조선 사회를 이끌어 가게 되는 것이다.

〔3〕 이언적이 조정에 있을 때만 하더라도 그 학문적 명성이 널리 알려지지 못했다. 그 뒤에도 그가 위기지학(爲己之學)에 힘써 학문적 성과를 외부에 드러내지 않았으므로, 세상에서는 그의 진면목을 제대로 인식하지 못했다. 퇴계 이황 역시 이언적이 세상을 떠난 뒤 그의 서자(庶子) 이전인(李全仁)의 부탁으로 행장을 지으면서 비로소 그의 학문이 어

---

24) 『中庸九經衍義別集』 권5, 14a-14b, 「體天道(五)」 "盖君子好生, 小人好殺. 君子在位, 則引君當道而志於仁, 故澤流於民物. 小人得志, 則導君以殺戮, 而務快私憤, 以張其威勢, 故禍及於宗社."

떠했는지 알게 되었다. 조한보와의 논변 내용을 보고는 찬탄을 금치 못하였다고 한다. 이황은 「회재 이선생 행장」에서

> 그의 정예(精詣)한 견해와 독득(獨得)한 묘처(妙處)는 「답망기당서」 4~5편에 가장 잘 나타나 있다. 그 글은 우리 도의 본원을 천명하였고 이단의 사설(邪說)을 물리친 것으로, 정미한 곳을 꿰뚫었고 상하를 통철(通徹)하였으며, 수연(粹然)하게 바른 데서 나왔다. 그 뜻을 깊이 완미해보면 송대 제유(諸儒)의 서여(緖餘)가 아닌 것이 없지만, 그 가운데 고정(考亭: 주자)으로부터 얻은 것이 더욱 많다.[25)]

고 칭송하였다. 또 심조정미(深造精微)한 저술로 후학을 계도한 공이 큰 동방희유(東方稀有)의 학자로 평가하였다. 이황이 이언적을 동방사현(東方四賢)의 한 사람으로 추앙한 것은 그의 입언수후(立言垂後)의 공을 높이 평가한 데서 연유한다. 광해군 2년(1610)에 이르러 문묘에 종사된 것도 이황의 이와 같은 표장(表章)에 힘입은 것이라 하겠다.[26)]

그런데 이언적에 대한 율곡 이이의 평은 이와 사뭇 다르다.

> 이언적은 박학하고 문장을 잘하였으며, 어버이를 지극한 효도로 섬겼다. 성리서(性理書)를 호완(好玩)하여 손에서 책을 놓지 않았다. 몸가짐을 장중히 하고 말을 신중히 하여 허물 잡힐 것이 없었다. 많은 저술 역시 심조정미(深造精微)하여 학자들이 도학으로써 추중(推重)하였다. 그러나 경제(經濟)

---

25) 『퇴계문집』 권49, 12b-13a, 「晦齋李先生行狀」

26) 후일 澤堂 李植은 "퇴계가 회재를 동방사현의 한 분으로 표창한 뒤부터, 당시 학자들이 감히 다른 말을 하지 못하고 국론이 정해졌다" 고 했다(『택당별집』 권15, 15a-15b, 「追錄」).

의 대재(大才)와 입조(立朝)의 대절(大節)은 없었다. 을사사화 때 사류들을 몰래 구원하고자 주선했던 까닭에 직언으로 광구(匡救)하지 못하고, 권간(權奸)들에게 핍박을 당하여 추관(推官)이 되었으며, …… 뒤에 뉘우치고 점차 권간들과 이견을 세워 마침내 죄를 얻었다.[27]

조문정(趙文正: 光祖)의 학문은 비록 지극하지 못한 바가 있지만, 그가 입조(立朝)했던 것을 보면 오직 도를 행하는 것으로써 임무를 삼았다. …… 그가 도학으로 이름을 얻은 것은 진실로 마땅하다고 하겠다. 그러나 이문원(李文元: 彥迪)은 단지 충효지인(忠孝之人)으로, 옛글을 많이 읽고 저술을 잘하였을 뿐이다. 그가 거가(居家)한 것을 보면 부정한 여색(女色)을 멀리하지 못했으며, 도로써 자임(自任)하는 책무를 제대로 행하지 못했다. 을사년의 화란(禍亂) 때에는 직언으로써 절의를 세우지 못하고 여러 번 추관이 되어 위훈(僞勳)에 참록(參錄)하였다. 비록 마지막에 죄를 얻었다고는 하나 이마에 땀이 날 일이다. 어찌 도학으로 추대할 수 있겠는가.[28]

이이는 이언적을 대유로 인정하지 않았다. 학문의 경지가 높고 저술이 풍부한 것만으로는 진유라 할 수 없고, 그 밖에 경제(經濟)의 재(才)와 출처(出處)의 의(宜)를 겸해야 진유로 인정할 수 있다는 것이다. 이이는 선조 6년(1573) 성균관 유생들이 김굉필 · 정여창 · 조광조 · 이언적 · 이황(東方五賢)의 문묘종사를 청했을 때도, 김 · 정 양현은 언론풍지(言論風旨)가 미약하고, 이언적은 출처에 자못 의심되는 바가 있다면서 이들의 문묘종사에 이의를 제기하였다.[29] 또 후일 송시열 역시 "회재가 창

27) 『율곡전서』 권28, 23a, 「경연일기(一)」
28) 『율곡전서』 권28, 23b-24a, 「경연일기(一)」
29) 『율곡전서』 권29, 12b-13a, 「경연일기(二)」

기(娼妓)를 여럿 거느린 것은 실로 현자(賢者)의 한 흠이나 이것을 가지고 그의 대덕(大德)을 덮을 수는 없다. 그러므로 퇴계는 그를 지극히 존상(尊尙)했던 것이다. 그러나 이는 후학이 가볍게 의논해도 될 것은 아니다"[30]고 하여, 그의 거가(居家)에 문제가 있음을 은연중 제기하였다. 그러나 서애 류성룡은 이이의 평에 대해 강하게 비판하기도 했다.

> 지난날 이숙헌(李叔獻)이 회재를 평하면서 불만스러운 의사를 표시했다는 말을 듣고 나는 탄식하였다. 지금 사람들이 평지상(平地上)에서 옛사람의 잘잘못을 따지기는 아주 쉽지만, 막상 자기가 일을 당하면 어찌 옛사람의 뒤를 한두 발자국이라도 따라갈 수 있으랴.[31]

이황이 주로 '입언수후'의 학문적 공로에 평가의 초점을 맞추었다면, 이이는 자신의 진유관(眞儒觀)이나 도학자상에 비추어 진유의 엄격한 자격을 논하였다. 이이가 지적한 바와 같이 이언적이 을사간흉(乙巳奸兇)들의 핍박에 눌려 그 사건의 추관(推官)까지 된 것은 오점이 아닐 수 없다. 그러나 "대절(大節)이 한계를 넘지 않으면 소절은 출입하여도 무방하다"[32]고 한 말이 있듯이 한때의 과오를 가지고 고매한 인격과 평생의 업적을 깎아내릴 수는 없을 듯하다. 조선 성리학사에서 이언적이 차지하는 선구자적 위치는 움직일 수 없는 것이요, 특히 영남학파에 끼친 학문적 영향 역시 크다고 할 것이다.

---

30) 『송자대전』 권102, 32b, 「答沈德昇 別紙」
31) 『서애집』 권18, 22a, 「恭書答太學諸生疏御札後」
32) 『논어』, 「子張」 "大德不踰閑, 小德出入, 可也."

제13부

穆陵盛世의 文運과 성리학의 융성

제1장

明宣年間의 文運과 儒界의 動向

1. 明宣之際의 右文興儒策과 聖學의 振興

명종 20년(1565) 문정왕후(文定王后)가 죽고 이어 윤원형(尹元衡)이 방축(放逐)되었다가 죽자 세상은 일변하였다. 그해 12월에는 을사사화 때 죄를 입은 사람들을 소방(疏放)하기 시작하였다. 이듬해에는 양종선과(兩宗禪科)를 폐지하였고, 또 정여창(鄭汝昌)을 모신 함양(咸陽) 남계서원(灆溪書院)에 사액(賜額)하기도 하였으며, 이항(李恒)・성운(成運)・임훈(林薰)・김범(金範)・한수(韓脩)・남언경(南彦經) 등 6명의 유현을 경명행수(經明行修)로 등용하였다. 한편 윤원형이 죽은 뒤 온 사림이 지치(至治)를 바라고 있던 터에, 당시 사림이 태산북두처럼 받들던 퇴계 이황이 명종의 부름을 받자 온 나라 사람들이 기뻐하였다. 이처럼 명종은 말년에 이르러 우문흥유(右文興儒)의 기치를 내세우고 유학과 선비를 중시하였으나, 얼마 있지 않아 세상을 떠나고 말았다.

이어 선조 임금이 즉위하여 유술(儒術)을 높이고 권장하며 초야의 유일지사(遺逸之士)들을 다수 등용하니, 당시의 선비들이 다투어 학문에 힘썼고, 향학열이 높아 상서(庠序)와 여항간(閭巷間)에서 성리학이 성행함과 동시에 한문학도 높은 수준에 이르렀다. 실로 우리나라 역사상 다시 만나기 어려운 가회(嘉會)였다고 할 수 있다. 대개 선조의 즉위로부터 임진왜란 이전까지를 '목릉성세(穆陵盛世)' 라고 일컫는데,[1] 택당 이식은 문운이 홍성했던 당시를 다음과 같이 말하였다.

> 선조가 즉위한 이후로 정암(靜庵)의 풍도가 크게 떨쳤다. 어진 임금이 위에 있어 숭유중도(崇儒重道)하고, 대신들이 그 뜻을 이어받아 보좌하며, 모두 어진 사람을 예로써 대접하였다. 선비에게 굽히는 것으로 명분을 삼았으니, 징벽(徵辟: 徵召)하는 것이 암혈(巖穴)에 두루 미칠 뿐 아니라, 이전부터 있어온 음직(蔭職)에도 특별히 추천된 유사(儒士)를 발탁하여 대헌(臺憲)에 이르고, 문과에 오른 자도 학자의 이름이 있지 않으면 제일(第一)의 청현(淸顯)을 할 수 없었다. 이때부터 학문을 하는 자가 거의 집집마다 있게 되었다.[2]

이와 같은 우문홍유책(右文興儒策)에 힘입어 선조 연간에는 조선 개국 이래 가장 많은 인재들이 배출되었다.[3] 이는 기수(氣數)가 마침 그러하였기 때문이라고 할 수도 있지만, 국가에서 유술을 장려하고 인재의 배양에 힘쓴 데 연유한 것이다. 이와 관련하여, 이황은 「무진육조소(戊辰六條疏)」에서

---

1) '泰治' 라고도 하였다 한다. 『南溪集』 권69, 9b, 「書外王父甲子收議後」 "往在宣廟之世, 號稱泰治, 賢材林立."

2) 『澤堂別集』 권15, 7a-8b, 「示兒代筆」

3) 梅泉 黃玹은 어느 시에서 "돌이켜보면 선조 때에는 인물이 하도 많아(追想穆陵人物盛), 기생도 그 이름을 천추에 전하네(千秋妓籍一輝光)"라고 읊었다. 『매천집』 권3, 4a, 「義妓論介碑」

> 지금 주상 전하께서 요순의 자질로 몸소 제왕학을 하시어 고도(古道)에 뜻을 두시고 성치(盛治)를 구하기를 목마르듯 하신데, 장차 사문(斯文)을 일으켜 일세를 당우삼대(唐虞三代)의 융세(隆世)에 올려놓으려고 한다. 진실로 우리 동방에서는 천재일시(千載一時)의 기회로서 조야(朝野)가 기뻐하여 눈을 비비며 서로 기뻐하지 않은 사람이 없다.[4)]

고 하였다. 또 송시열은 일찍이 선조가 차천로(車天輅: 1556~1615)를 귀양보내면서도 감사에게 음식물을 넉넉히 공급해주도록 지시한 사실을 들면서 "임금께서 인재를 아끼심이 이러한데, 어찌 인재가 나오지 않겠느냐"고 하였다.

한편, 지봉 이수광도 『지봉유설(芝峯類說)』에서

> 선왕(선조)께서 왕업을 계승하면서부터, 학문에 유의하여 날마다 경연(經筵)에 납시고, 사현(四賢: 김굉필 · 정여창 · 조광조 · 이언적)을 표창, 증직(贈職)하였다. 이름난 퇴계 선생이 『성학십도』를 올렸고, 노소재(盧穌齋: 守愼)가 「숙흥야매잠주(夙興夜寐箴註)」를 올렸으며, 이율곡이 『성학집요』를 올리니, 특별히 칭상(稱賞)하고 모두 간행, 반포하도록 하였다. 또 유신(儒臣)들에게 명하여 삼경과 사서 및 『소학』 등을 언해(諺解)하도록 하였는바, 후학을 인도, 권유하는 그 뜻이 진정 대단하였다. 그런 까닭에 성학(聖學)의 방향으로 추향(趨向)하는 선비가 잇따라 나오게 되어, 거의 염락(濂洛: 程朱)과 같은 모습을 보였다.[5)]

고 하면서, 선조의 흥유정책(興儒政策)에 힘입어 조선의 유학이 성학(聖

---

4) 『퇴계문집』 권6, 47b, 「戊辰六條疏」

5) 『지봉유설』 권3, 「君道部」, 〈政治〉

學)의 방향으로 발전하기에 이르렀다고 하였다. '성학' 이란 '성인이 가르치는 학문' 즉 넓은 의미에서 유학을 지칭하는 말이지만, '성왕(聖王)을 배우는 학문' 또는 '성왕이 되는 학문' 으로도 풀이된다. 여기서 '성왕' 이란 서양철학에서 말하는 '철인(哲人)의 왕자(王者)' 라는 의미라 할 수 있다. 당시에는 대체로 성학이 후자의 의미로 인식되고 강조되었다. 이황 · 이이 같은 명유가 선조에게 올린 『성학십도』 · 『성학집요』 등에서도 '성왕지학(聖王之學)' 의 의미로 사용되었다. 당시에 고조된 성학은 바로 제왕학이라 할 수 있다. 유교에서 말하는 제왕학은 '성인의 덕을 갖춘 왕자(王者)' 를 양성하는 데 궁극적인 목표가 있고, 그 근본은 '격군심(格君心)' 즉 임금의 마음을 바로잡는 데 있다. 성학은 곧 심법지학(心法之學: 心學)이다. 조광조 등에 의해 지치주의 왕도정치가 주창된 이래 심학이 성학의 방향으로 발전된 것은 우연이 아니다.

이황 · 이이를 비롯한 조선시대 많은 성리학자들은 군주의 한 마음이 치란(治亂)과 직결되는 것으로 보았다. 물론 정치 · 사회의 현실 문제에서 치란의 중요한 변수를 찾을 수도 있다. 그러나 성리학자들은 군주야말로 천명(天命)을 받아 국가의 최고 권력을 행사하기 때문에, 결국 군주는 사회질서의 중심이고, 군주의 한 마음은 인간사회의 크고 작은 모든 일에 영향력을 미치는 것으로 여겼다. 군심(君心)이 바르면 도심(道心)이 드러나, 반드시 천리의 절문(節文)인 예(禮)에 따라 일을 합당하게 처리함으로써 하정(下情)이 상달(上達)되어 상하가 일체가 되며, 해결되지 않은 일이 없어 국가가 홍성하게 된다고 보았다. 당시 학자들이 남긴 저술 문자들을 보면, 격군심(格君心) · 법성현(法聖賢) 등 임금의 심학과 관계된 내용을 언급하지 않음이 없을 정도였다. 이황은 『성학십도』를 올리면서 인주(人主)의 한 마음은 만기(萬機)가 나오는 곳이요, 백 가지 책임이 모이는 곳이다. 중욕(衆欲)이 서로 침해하면 군사(群邪)가 번갈아 모이게 된다. 한 가지라도 태만하고 소홀함이 있어서 방종이 이를 따르면, 산이 무너지고 바다가 들끓는 모양이 될 것이니, 이를 누가 막으리오. 옛날의 성제(聖帝)·명왕(明王)들이 이러한 점을 걱정하였다. …… 성문(聖門)의 학(學)은 마음에서 구하지 않으면 어두워져 얻는 것이 없다.[6]

라고 하였다.

그러나 오래지 않아 동서로 당파가 갈려 서로 헐뜯고 비방하는 풍조가 생겨났다. 완인(完人)으로 대접을 받는 이가 드물게 되었다. 또한 학계의 기숙(耆宿)들이 차례로 세상을 떠나자 시대의 숭상하던 바가 점차로 변하여, 전일에 향학(向學)하던 선비들이 차차 게으르게 됨으로써 처음에 먹었던 마음을 계속하여 지키지 못했다. 또 헛된 이름만 숭상하여 세상 사람들에게 비웃음을 사기에 이르렀다.[7] 그러나 목릉성세의 문운은 영·정조 시대의 문예부흥으로 한때나마 다시 그 위관(偉觀)을 보게 되는 듯하였다.

2. 『困知記』가 조선 성리학계에 끼친 영향

〔1〕 명종·선조 연간에 중국 명나라에서 많은 성리학 서적이 들어왔다. 이들 서적은 성리학 발전에 크게 기여하였다. 그 가운데 하나가 조선 학계에 많은 영향을 끼쳤던 『곤지기』다. 일찍이 명유(明儒) 정암(整

6) 『퇴계전서』 권7, 5a-7b, 「進聖學十圖箚」

7) 『西厓集』 권15, 「釣名說」 참조.

庵) 나흠순(羅欽順: 1465~1547)이 『곤지기』(상·하권, 1528)를 지었다. 전인미발(前人未發)의 경지를 발명한 것이 있고 그 말이 정밀, 참신하였다. 정주의 설과 달리 리의 실재 또는 실체화에 반대하고 기에 내재한 법칙성으로 이해한 나머지 '리는 모름지기 기를 통해 인취(認取)해야 한다'[8]고 함으로써 기중시적 관점에서 리기혼융일체설(理氣渾融一體說)을 주장하였다. 이 때문에 리기일물설로 오해받기도 하였다.

> 생각건대 천지에 통하고 고금에 걸쳐서 일기(一氣)가 아닌 것은 없다. 기는 본래 일(一)이나, 일동일정(一動一靜), 일왕일래(一往一來), 일합일벽(一闔一闢), 일승일강(一升一降)하여 순환이 끝이 없다. 미(微)한 것이 쌓여서 나타나고, 드러난 것으로부터 또 다시 미(微)한 것이 되어, 사철의 온량한서(溫凉寒暑)가 되고 만물의 생장수장(生長收藏)이 되며, 이 백성의 일용이륜(日用彝倫)이 되고, 인사(人事)의 성패득실(成敗得失)이 된다. 천조만서(千條萬緖)가 어지럽게 뒤섞여 있으나 끝내 어지러울 수는 없다. 그러한 까닭을 알지 못하지만 그러한 것이 있으니 이것이 곧 이른바 '리'이다. 처음부터 별개의 일물(一物)이 있어, 기에 기대어 서거나 기에 붙어서 행해지는 것은 아니다.[9]

또한 도심은 미발(未發)의 체(體)로서 성(性)이며 인심은 이발(已發)의

8) 『困知記』 권하, 제35칙 "理須就氣上認取. 然認氣爲理, 便不是. 此處間不容髮, 最爲難言. 要在人善觀而默識之. 只就氣認理, 與認氣爲理, 兩言明有分別. 若於此看不透, 多說亦無用也."

9) 『곤지기』 권상, 제11칙 "蓋通天地, 亘古今, 無非一氣而已. 氣本一也, 而一動一靜, 一往一來, 一闔一闢, 一升一降, 循環無已. …… 千條萬緖, 紛紜膠轕, 而卒不克亂, 有莫知其所以然而然, 是卽所謂理也. 初非別有一物依於氣而立, 附於氣而行也."; 『곤지기』 續卷上, 제38칙 "理只是氣之理. 當於氣之轉折處觀之, 往而來, 來而往, 便是轉折處也. 夫往而不能不來, 來而不能不往, 有莫知其所以然而然. 若有一物主宰乎其間而使之然者, 此理之所以名也. …… 愚故曰: 理須就氣上認取, 然認氣爲理便不是, 此言殆不可易哉."

용(用)으로서 정(情)이라고 하여[10] 인심도심체용설을 주장하였다. 이는 궁극적으로 '리기합일지묘(理氣合一之妙)'를 염두에 둔 것이었다. 그러나 정주의 설과는 사뭇 달랐다. 정주의 경우 도심·인심을 모두 정(情)으로 본다. 순선순리(純善純理)의 도심 역시 '성'이 아니고 '정'이라 한다. 그러나 나흠순은 도심을 정으로 보지 않고 성으로 간주하여 마침내 도심을 체라고 하는 데 도달하였다. 출발점부터 정주의 설과 그 전제를 달리하였던 것이다. 종래 정주설을 따르던 일부 학자들은 이와 같은 참신성[11]에 매료되어 그의 학설을 수용하였다. 반면에 대다수의 학자들이 그의 설을 정주의 설과 배치된 것이라 하여 비판, 배척하고 나섬으로써, 조선 성리학계에 상당한 파문을 일으켰다.

『곤지기』가 조선에 전래, 수용된 시기는 정확히 알 수 없다. 대개 소재 노수신에 의해 그 학설이 공개적으로 수용되었다고 볼 수 있다. 그것은 곧 『곤지기』의 영향을 받아 「인심도심변(人心道心辨)」(1559)과 「곤지기발(困知記跋)」(1560) 등을 지은 것을 보면 대강 짐작할 수 있다. 노수신은 「곤지기발」에서 "수신이 늦게야 『곤지기』를 얻어 보니, 그 말이 정대(正大)하고 정미(精微)하며 전배(前輩)가 발명하지 못한 것을 많이 발명하여 정주학에 큰 공이 있었다"고 하였다. 노수신이 나흠순의 설에 신복(信服)하였음을 짐작케 한다.

노수신의 두 논고가 발표된 것을 전후하여, 일재(一齋) 이항(李恒)과 옥계(玉溪) 노진(盧禛)으로부터 공격이 있었다. 이항은 노수신의 인심도

10) 『곤지기』 권상, 제4칙 "道心性也, 人心情也. 心一也, 而兩言之者, 動靜之分, 體用之別也"; 同 제3칙 "道心, 寂然不動者也, 至靜之體不可見, 故微. 人心, 感而遂通者也, 至變之用不可測, 故危."

11) 그러나 黃宗羲 같은 학자는 그의 심성론과 리기론이 서로 모순된다고 지적하였다. 『明儒學案』 권47, 「文莊羅整菴先生欽順」 "第先生之論心性, 頗與其論理氣, 自相矛盾." (中華書局本 권3, 440쪽)

심설을 비판하면서 "요즈음 사대부들이 『곤지기』에 현혹된 나머지 모두 휩쓸려 그것을 따른다. 감히 옳고 그름을 따지지 못하니 탄식함을 이길 수 있으랴"[12]고 하였다. 이어 논쟁이 확대되어 이황 · 기대승 · 김인후 같은 명유들이 나서서 힘써 변척하였으며, 윤주(尹澍) · 남언경(南彦經) · 김계(金啓) 등의 비판도 있었다. 그 비판의 요지는 한마디로 '용(用)을 체(體)로 여기고 동(動)으로써 정(靜)을 삼는다'는 것이었다. 『곤지기』가 조선 학계에 수용되어 활발히 논의되었던 것은 1560년대를 전후한 시기로 보는 것이 타당할 듯하다.

기대승은 『곤지기』에 대하여 "세속에서 참신하고 기이한 것을 좋아하여 그 내용을 들춰보지도 않은 채 그 책을 존상(尊尙)해야 될 것처럼 한다"고 비판하면서,[13] 나아가 나흠순의 학문을 선학(禪學)이라고 공격하기도 하였다.[14]

〔2〕 이 시기에 전개되었던 심성리기 논쟁에서 노수신 등 극히 일부를 제외한 대다수 학자들이 표면적으로는 이와 같은 나흠순의 설을 비판, 배척하였다. 그렇지만 기실 내심으로는 기대승 · 이항 · 이이 등 많은 학자들이 공감하고 수용한 듯한 감이 있으니,[15] 실제로 이들의 문집을 보면 알 수 있다. 기대승은 『곤지기』에 대하여 "세상에서 나정암의 『곤지기』를 많이들 높이 평가한다. 나도 일찍이 그 글을 보았는데, 굉박(宏

12) 『一齋集』 권1, 14a, 「與盧寡悔」
13) 『高峯集』 권2, 45a, 「論困知記」
14) 이에 대해 농암 김창협의 반론이 있다. 그는 程朱 이후로 유 · 불의 異同을 분명하게 밝혀 聖門에 공이 있는 것으로는 『곤지기』 만큼 갖추어진 것이 없다고 하면서, 기대승의 의론은 斷案이 될 수 없다고 주장하였다. 『농암집』 권32, 30b-31a, 「雜識 - 內篇(二)」 참조.
15) 리의 실재 또는 실체화를 부정하는 것에 대한 반응이나 수용 양상은 일정하지 않다.

博)한 학문 범위, 정밀하고 심오한 내용, 돌연히 뚝 꺾어지는 문장의 변화가 거의 그 한계를 짐작할 수 없게 하였다"[16]면서 일단 그 장처(長處)를 인정하였다. 더욱이 나흠순의 리기혼융일체설을 리기일물설로 몰아붙이며 공격의 선봉에 섰던 퇴계 이황까지도 "나정암이 학문에 대하여 한 점 엿본 것이 없지는 않다. 다만 대원두처(大源頭處)에서 잘못 안 것이다"[17]라고 하여, 논리의 참신성만은 인정하는 태도를 보이기도 했다.

이항은 나흠순과 노수신의 '도심인심체용설'을 배척하였지만, 리기혼융일체설은 전폭적으로 수용하다시피 하였다. 기대승의 경우는 리기의 부잡성(不雜性)을 중시하여 준별(峻別)을 강조하는 이황과의 논변에서, 상대적으로 불리성(不離性)을 중시하는 논지를 전개함으로써, 이황에게서 "내가 앞서 그대의 소견이 나정암의 리기가 둘이 아니라는 설과 비슷한 점이 있다고 하였다"[18] 운운하는 평을 듣기도 하였다. 사실 기대승은 노수신에게 보낸 편지에서, 노수신이 '칠정 중의 사단'이라고 한 데 대하여 자신의 견해와 상합(相合)한다고 한 바 있었다. 노수신의 이와 같은 생각은 나흠순이 "무릇 정(情)의 발동은 성(性)에 근거를 두나 그 선이 되고 악이 되는 것은 중절(中節)과 부중절에 달렸을 뿐이다. ……『맹자』에서는 성선(性善)이라 하였기 때문에 사단만을 들었으나, 주의(主意)는 선일변(善一邊)에 있다"[19]고 한 데서 비롯된 것으로 보인다. 기대승이 비록 노수신의 설이 자기의 견해와 상합한다고 하였지만, 사실 내면적으로는 나흠순의 『곤지기』를 읽고 그의 설에 상당히 영향

16) 『고봉집』 권2, 45a, 「論困知記」
17) 『퇴계문집』 권17, 25a, 「重答奇明彦 別紙」
18) 『퇴계문집』 권16, 41b, 「答奇明彦 後論」
기대승의 『곤지기』에 대한 비판은 『고봉집』 권2, 「論困知記」와 권3 「答金晦叔書」 등에 중점적으로 보인다.
19) 『곤지기』, 續卷下.

을 받은 것이 아닌가 한다.

이와 같이 겉으로는 비판하면서 내심 수용하는 경우는 율곡 이이에게서 대표적으로 나타난다. 나흠순에 대한 이이의 평을 몇 가지 들어본다.

요즈음 나정암 · 퇴계 · 화담 세 선생의 설을 보니, 정암이 최고요 퇴계가 다음이요 화담이 그 다음이다. 그중에서 정암과 화담은 자득한 맛이 많고 퇴계는 모방〔依樣〕한 맛이 많다. 나정암은 전체를 바라보았으나 다 밝지 못한 것이 조금 있으며, 또 주자를 깊이 믿지 않아 그 의견을 잘 파악하지 못하였다. 기질이 탁월하기 때문에 말이 혹 지나친 것이 있어 리기를 일물로 보는 병통이 조금 있는 듯하나, 실은 리기를 일물이라 하지는 않았다. 소견이 다 밝지 못하므로 말이 간혹 지나친 것이다.[20]

나정암은 식견이 고명(高明)한 근세에 우뚝한 유자(儒者)이다. 대본(大本)을 본 바가 있어 도리어 "주자의 말이 리기를 두 갈래로 본 것이 아닌가" 하고 의혹을 품었으니, 이는 주자를 잘못 알기는 하였지만 도리어 대본은 옳게 본 것이 있다. 다만 인심 · 도심을 체와 용이라 하여 명의상(名義上)의 잘못을 범하였으니 안타까운 노릇이다. 그러나 정암의 실수는 명목상에 있지만 퇴계의 (리기호발의) 실수는 성리상(性理上)에 있으니, 비교하면 퇴계의 실수가 더 크다.[21]

꼭 인심 · 도심으로 구실을 삼아서 리기호발을 주장하고자 할 때, 차라리 정암과 같이 인심 · 도심을 체 · 용으로 나눈다면, 비록 명의(名義)는 잘못되었을지라도 근본상에서 아주 틀린 것만은 아니다.[22]

---

20) 『율곡전서』 권10, 37a-37b, 「答成浩原」
21) 『율곡전서』 권10, 13b, 「답성호원」

이이는 나흠순의 설에 대해 그 하자(瑕疵)를 인정하면서도 그 탁월성과 참신성에 감복하여 이황보다 높이 평가하였다.[23] 인심·도심의 설과 리기호발의 설이 관계없다고 보는 그로서는, 이황의 리기호발설에 대한 반대의 근거를 나흠순의 설에서 이끌어 강조하고자 하는 감이 있다.

'기' 중시적 경향이 강한 이이가 나흠순과 서경덕의 학설 중에서 나흠순의 설을 높이 평가하는 것은, 리기의 불가분리(不可分離)를 강조하는 그로서는 어쩌면 당연할지도 모르겠지만 사실상 중요한 의미를 지닌다. 이는 곧 이이를 중심으로 한 기호학파의 기중시적 경향에, 서경덕보다도 오히려 나흠순의 영향이 월등히 컸던 것으로 평가될 수 있기 때문이다. 실제 나흠순의 리기일체설과 인심도심체용설은 기호학파에 큰 영향을 끼쳤으며, 특히 인심도심체용설은 영남의 거유(鉅儒) 여헌(旅軒) 장현광(張顯光)의 리기경위설(理氣經緯說)에도 상당한 시사와 영향을 끼쳤다. 장현광은 「리기경위설」에서 다음과 같이 말하였다.

> 或問: 만약 과연 '도심은 성(性)이고 인심은 정(情)이다' 고 한다면, 성은 미발(未發)이고 정은 이발(已發)이다. 그런데도 도심을 인심과 함께 말하는 것은 결국 모두 '리발' 을 가지고서 말한 것이 아니겠는가.
>
> 答: 발하기 이전에는 인심이 있을 수 없으니, 인심·도심의 구별은 모름지기 발한 이후에 진실로 그러하다. 생각건대 도심은 이미 성(性)이다. 그런데 발한 뒤에도 말할 수 있는 것은, 이른바 '리발' 은 곧 성(性)이 발한 것인데, 발하는 것이 늘 형기(形氣)와 관련되므로 인심이라 이름

22) 『율곡전서』 권10, 9a, 「답성호원」

23) 박세채는 "율곡 이이가 나정암의 리기설이 자기의 견해와 합치되기 때문에 그를 '高明超卓' 하다고 일컬었으나 그것이 과연 옳은지는 모르겠다" 고 하였다. 『남계집』 속집 권19, 3b, 「手錄」 참조.

> 하는 것이다. 그러나 인심 중에는 천리(天理)가 사실상 그 주체가 된즉, 천리는 곧 도심인 것이다. 그러므로 도심 역시 이미 발한 뒤에도 통언(通言)할 수 있다는 것이다.[24)]

이것은 나흠순이 '도심성야(道心性也), 인심정야(人心情也)' 라고 한 말을 부연 설명한 것이다. 또한 이이의 기중시적 경향을 비판적으로 계승하여 독특한 기철학으로 체계화하였던 녹문(鹿門) 임성주(任聖周)의 경우도 나흠순의 설에서 지대한 영향을 받았다. 후일 노주(老洲) 오희상(吳熙常)은 임성주의 주기설에 대하여 "녹문의 이론은 나정암을 능가하였으니, 나정암의 설이 한 번 옮겨져 녹문의 이론이 되었다"[25)]고 평하였다.

나흠순의 주기철학은 『곤지기』를 통해 조선을 거쳐 일본에도 큰 영향을 끼쳤다. 임진왜란 때 조선의 성주본(星州本) 『곤지기』를 약탈한 일본은 그를 매개로 주기학을 발흥시키는 계기를 마련하였다. 하야시 라잔(林羅山), 안도우 세이앙(安東省庵: 1622~1701), 가이바라 에키켄(具原益軒: 1630~1714) 등은 주기학의 대표적인 학자들이다.[26)]

---

24) 『旅軒性理說』 권4, 40a-40b, 「論理氣經緯」 "或曰: 如果道心是性, 人心是情, 則性是未發, 情是已發也. 而其以道心竝言於人心者, 不是俱以已發爲言耶. 若非已發, 豈有人心道心之可分哉. 曰: 未發之前, 不容有人心, 則人心道心之別, 須在已發之後者固然矣. 顧道心旣是性也. 而亦可言於已發之後者, 所謂已發卽是性之發也. 而發之者, 須關形氣, 故名之以人心. 然人心之中, 天理實爲之主焉, 則天理卽道心也. 故道心可通言於已發之後矣. 蓋體得兼用, 而用不得兼體. 故理可兼言於氣, 而氣不可兼言於理, 性可兼言於情, 而情不可兼言於性. 此所以道心雖以性言, 而亦可言於已發爲情之後矣."

25) 『老洲集』 권21, 14a-14b, 「論鹿盧雜識一則示趙中植」

26) 阿部吉雄, 『日本朱子學と朝鮮』, 東京 - 東京大出版會, 1965, 502-534쪽 참조. 가아바라는 에도시대의 유학자 · 박물학자로 『大和本草』라는 저술을 남겼다.

〔주요 참고논문〕
유명종, 「나정암 氣哲學의 영향」 『철학연구』 제20집, 1975.
______, 「나정암의 기철학과 이조유학」 『인문과학』 제3 · 4집, 성균관대 1973~1974.

3. 학파의 성립과 발전

조선유학사를 통관(通觀)할 때, 대체로 성종대 이전까지는 학파의 구별이 없었다고 할 수 있다. 학계와 정계는 관학에 기반을 둔 훈구파가 주도하였으며, 이에 대해 길재와 같은 고려 유신(遺臣)의 학맥을 이은 일군의 학자들은 재야세력을 형성하였을 뿐 드러난 활동이 없었다. 그러다가 성종 때 영남의 사림파가 정계에 진출함으로써 학계도 자연히 관학파(훈구파)와 사림파의 양대 학파로 나누어졌으며, 선조 즉위 이후 사림파가 완전히 집권하고 나서는 사림파가 다시 학연 · 지연 · 혈연 및 경세관의 차이에 따라 영남학파와 기호학파로 양분하여, 영남 · 기호의 두 학파는 조선 말까지 학계의 양대 세력으로 성장 · 발전하였다. 호남은 원래 김인후 · 이항 · 기대승 등 몇몇 학자를 빼놓고는 걸출한 인재들이 배출되지 못하였고, 게다가 정여립(鄭汝立)의 모반사건(1589) 이후 '반역향(叛逆鄕)' 으로 낙인이 찍혀 인재가 거의 등용되지 못했던 까닭에, 학문 또는 정치와 인연이 없는 것으로 인식되었다.[27)]

1) 嶺南學派

〔1〕 성종 때 김종직(金宗直)을 영수로 한 사림파가 정계에 진출하여

27) 『택당별집』 권15, 7a-7b, 「示兒代筆」 참조.

참신한 기풍을 불러일으켰다. 이들 사림파의 근거지는 바로 영남지방이었다. 김종직을 도사(導師)로 하고 길재에 연원하는 사림파가 영남학파의 기원이라 할 수 있다. 사림파는 정계에 진출한 뒤 성리학의 공도론(公道論)에 입각하여, 온갖 권귀(權貴)를 누리는 훈구파의 부정과 비리를 신랄하게 비판하고 그 시정을 요구함으로써 저들과 반목, 대립하였고, 결국 몇 차례의 사화(士禍)를 당하여 정치적으로 큰 타격을 입기도 하였다. 그렇지만 공도를 추구하는 그들의 도학 정신은 이후 학자들에게 계승되었다. 사림파의 학맥은 김굉필의 수제자인 정암 조광조를 통하여 기호지방으로 전해졌고, 다른 한 갈래는 영남 출신의 회재 이언적을 거쳐 퇴계 이황과 남명 조식으로 이어졌다.

이황과 조식은 같은 해에 태어난 영남학파의 양대 지주였다. 이황은 영남좌도에서, 조식은 영남우도에서 사림의 종장(宗匠)으로 추앙을 받았고, 많은 제자를 배출하였다. 학문상의 교류도 활발하여 조식의 문도들이 이황의 문하에 출입하거나, 이황의 문도들이 조식의 문도들과 교유하기도 하였다.

그러나 이황과 조식의 학문경향은 차이가 있었다. 이황은 인(仁)을 숭상하여 학문·덕행이 깊고 높았으며, 연구·사색·저술을 통하여 천도를 밝히는 데 주력하였다. 이에 비해 조식은 고고강의(孤高剛毅)한 기절(氣節)로 반궁체험(反躬體驗)의 실천을 통해 낙선호의(樂善好義)하는 기풍을 진작하는 데 힘썼다. 영남에서 절의지인(節義之人)이 다수 배출된 것은 실로 조식에게 힘입은 바 크다고 할 것이다.[28] 성호 이익은 이에 대하여

28) 『弘齋全書』 권171, 3b, 「日得錄」, 〈人物〉 "曺南冥, …… 嶺南節義之輩出, 實賴此人之力, 後世安得中行之士, 此等人亦自不易矣."

> 퇴계는 소백산(小白山) 밑에서 태어나고 남명은 두류산(頭流山) 동편에서 태어나니 이 모두 영남의 땅이다. 같은 영남에서도 상도(좌도)에서는 인(仁)을 숭상하고 그 하도(우도)에서는 의(義)를 숭상하여, 유화(儒化)와 기절(氣節)이 바다처럼 넓고 산같이 높아서 이에 문명(文明)의 절정에 이르렀다.[29]

고 하였다. 이와 같은 성향은 대체로 그들의 문인들에게도 계승되었다.

한편, 당파상으로는 이황과 조식의 문인들은 처음에는 다 같이 동인(東人)에 속하였으나, 선조 24년(1591) 세자책봉 문제로 파직된 정철(鄭澈)의 처벌을 놓고 온건·강경파로 대립하여 남인·북인으로 갈리었다. 조식의 문도 및 종유자들은 이미 정여립의 모반사건(1589)에 상당수가 연루되어 희생당하였으나, 광해군이 즉위한 이후 정계의 주도권을 잡고 대북(大北) 정권을 유지하였다.

그러나 동방오현(東方五賢)의 문묘종사를 둘러싸고 논란이 있었던 가운데, 조식의 수제자인 정인홍(鄭仁弘)이 이언적·이황을 비방하는 상소를 하여 성균관 유생들에게 『청금록(青襟錄)』(儒籍)에서 삭제되는 파문(破門)을 당하였고, 또 인목대비(仁穆大妃: 宣祖繼妃)를 서궁(西宮)에 유폐하는 패륜행위에 관여하는 등 사회적으로 지탄을 받았다. 이로써 지난날의 청망(淸望)을 완전히 상실, 학파의 이미지가 퇴색되었다가 인조반정으로 대북파가 몰락함에 따라 결정적인 타격을 입었다. 후일 신흠과 김창협은 조식과 정인홍에 대하여 '순경(荀卿)의 문하에서 이사(李斯)가 나온 격' 이라거나 '양구산(楊龜山)의 문도에 육당(陸棠)이 있

---

29) 『성호사설』 권1, 天地門, 〈東方人文〉 "退溪生於小白之下, 南冥生於頭流之下, 皆嶺南之地也. 上道主仁, 下道主義, 儒化氣節, 如海濶山高, 於是乎文明之極矣." ; 同 〈白頭正幹〉 "退溪生於大小白之下, 爲東方之儒宗. 其流深涵濃郁, 揖遜退讓, 文彩彪映, 有洙泗之風. 南冥生於頭流之下, 爲東方氣節之最. 其流苦心力行, 樂義輕生, 利不能屈, 害不能移, 有特立之操焉. 此嶺南上下道之有別也."

는 꼴' 이라고 각각 평하였다.

이후 후기로 내려올수록 남명학파는 그 학맥이 쇠잔해지고 퇴계학파는 날로 번성해지면서 좌 · 우도의 구별이 흐려졌다. 영남의 학자들이 퇴계학파에 대거 흡수되어 사실상 퇴계학파가 영남학파를 대표하는 대명사가 되기에 이르렀다. 택당 이식은 퇴계 · 남명학파에 대하여 다음과 같이 논평한 바 있다.

> 영남은 퇴계와 남명의 문맥(門脉)이 자못 다르다. 퇴계 문하에는 서애(西厓) · 학봉(鶴峯) · 백담(栢潭: 具鳳齡)이 가장 유명한데, (이들은) 벼슬한 뒤로 다시 강학하지 않았다. 덕계(德溪) 오건(吳健)은 학행이 가장 높고 두 선생의 문하에 출입하였으나 일찍 죽어서 전하는 것이 없으며, 월천(月川) 조목(趙穆)은 한가하게 물러가서 늙도록 오래 살았지만 사심(士心)이 따르지 않았고 제자도 없었다. 남명의 고제(高弟)로는 한강(寒岡) · 동강(東岡: 金宇顒)이 으뜸인데 성가(聲價)는 모두 정인홍에 미치지 못하였다. 한강 · 동강은 겸하여 퇴계를 높였기 때문에 정인홍과는 조금 다르다. 정인홍의 죄악은 그 주륙(誅戮)을 기다리지 않고 날로 드러나서 그 문도(門徒)가 모두 도올(檮杌: 惡人)에 빠졌다. 이로 말미암아 영남의 하도(下道)에도 학자가 없다. 오직 한강이 완전한 사람이고 여헌(旅軒: 張顯光)이 그 수제자인데, 여헌이 죽은 뒤 역시 제자에게 전술(傳述)한 자 없었으니, 영남의 학문은 여기에서 그친 것이다.[30]

한편, 하겸진은 「덕산학안(德山學案)」에서 다음과 같이 말하기도 하였다.

30) 『택당별집』 권15, 7a, 「示兒代筆」 참조.

국조유학(國朝儒學)이 명종·선조의 즈음에 가장 성하였다. 퇴계·남명 두 분 선생이 영중(嶺中)에서 나란히 굴기(崛起)하여 …… 울연(蔚然)히 백세도학(百世道學)의 종사(宗師)가 되었다. 퇴계는 정연역색(精硏力索)하여 천인성명지리(天人性命之理)에 여온(餘蘊)을 남겨두지 않았고, 남명은 반궁실천(反躬實踐)하여 경의협지(敬義夾持)의 공(功)에 저절로 성법(成法)이 있었으니, 이는 그분들의 기상과 학문 규모에 조금의 차이가 없지 않은 것이다. 그러므로 후세의 논자들이 가다가다 그 본말은 궁구하지 않고 간혹 함부로 우열을 가하여 어지럽게 치의(置議)가 그치지 아니한다. …… 그러나 퇴계는 도를 밝히는 데 급하였고, 남명은 구시(救時)에 돈독하였으니 그 마음 씀이 같고 도를 실천함이 하나같다. 이런 까닭에 당시 현자들이 두 분 선생의 문하에 출입하여 지의(旨義)를 전수한 것을 지금에도 모두 칭송한다.[31)]

이는 대체로 이황·조식에 대해 세상에서 우열을 논하거나, 아전인수 격으로 학통을 대는 것에 대해 비판한 것으로서, 이황과 그 계열에 비해 상대적으로 조명을 받지 못하는 조식과 그 계열의 위치를 제대로 평가해야 한다는 의지를 담은 것이다. 하겸진 자신이 면우(俛宇) 곽종석(郭鍾錫: 1846~1919)의 문인으로 퇴계학통을 이었으면서도, 진주(晉州) 출신으로 조식의 영향을 받았기 때문이 아닌가 한다. 하겸진이 이황과 조식의 학문 성향 또는 치중점을 '명도(明道)'와 '구시(救時)'로 간명하게 요약한 것이 돋보인다.

〔2〕 영남학파의 주된 관심은 윤리강상(倫理綱常)을 부식하여 도의사회(道義社會)를 구현하는 데 있었다. 그러므로 성리학에서도 자연 주리

---

31) 『東儒學案』 中篇, 「第十一 德山學案」(1쪽)

적 경향을 띠게 되었다. 영남학파 학인들은 리기이원론 · 리기호발설을 근간으로 하는 이황의 학설을 계승, 발전시키면서, 동시에 기호학파의 비판으로부터 사설(師說)을 변호하며 기호학파의 학설을 역비판하였다. 뒷날 이황 문하의 두 고족(高足)인 류성룡과 김성일의 위차(位次) 문제로 말미암아 병파(屛派)와 호파(虎派)로 갈라졌으나, 학설에서는 거의 주리적 관점으로 귀일되었다.[32] 주리적 경향은 후대로 내려올수록 점차 농후해져서, 종래의 리선기후(理先氣後) · 리활물론(理活物論) 등 리우위설(理優位說)에서 나아가 리생기(理生氣) · 리주기자(理主氣資) 등의 설로 발전하였으며, 또 성(性)을 리(理)라 한 데서 나아가 심까지도 리라 하기에 이르렀다(心卽理). 조선성리학사상 영남학파를 주리파라 한 까닭이 여기에 있다.

한편, 영남학파는 본고장인 영남지방뿐만 아니라 근기(近畿)지방으로도 확대되어 한 갈래를 형성하였다. 근기 남인의 학조(學祖)는 이황 · 조식이고 학문적 가교자는 정구(鄭逑)의 학통을 이은 허목(許穆)이다. 이황 · 조식 양문(兩門)에 사사(師事)한 정구는 성리학에 일가를 이루었을 뿐 아니라 영남예학을 대표하였다. 또한 응용구시(應用救時)의 학문에 유의하여 실제 생활과 관련이 있는 분야에 대하여 여러 저술을 남겼다. 그의 '응용구시' 적 학문경향은 근기지방의 남인학자들에게 계승, 발전되었으며, 특히 이익 · 안정복 · 정약용 등 이른바 경세치용학파의 사상 형성에 큰 영향을 끼쳤다. 근세의 학자 심재(深齋) 조긍섭(曺兢燮: 1873~1933)은 영남학파의 학통을 영남과 근기 두 파로 나누고, 학풍의 다른 점과 그 특색을 다음과 같이 말하였다.

---

32) 理氣經緯說을 주장한 張顯光 등 약간 경향을 달리하는 학자도 없지 않았다.

대개 퇴계 이후 그 학통을 이은 학자들로 영남과 근기 두 파가 있었다. 영남의 학문은 정엄(精嚴)하여 항상 수경(守經: 원리로 회귀함)과 반약(反約: 수렴하여 요약함)으로 주를 삼았고, 근기의 학문은 굉박(宏博)하여 응용 위주로 시대를 구제(救濟)하는 데 중점을 두었다. 영남의 학은 금양(錦陽: 갈암 이현일)과 소호(蘇湖: 대산 이상정)를 거쳐 정재(定齋) 류치명(柳致明)에 이르고, 근기의 학은 성호 이익에서 순암 안정복을 거쳐 성재(性齋) 허전(許傳)에 이르렀으니, 파류(派流)가 더욱 커지고 문정(門庭)이 점차 넓어졌다.[33]

그러나 이는 남명학파를 완전히 배제한 데다, 퇴계학파 역시 호파(虎派) 중심으로 인식하고 있어서 문제가 없지 않다.

〔3〕 영남학파는 퇴계 이황이 세상을 떠난 뒤 약 50년 만에 병파와 호파로 갈리는 계기를 맞이한다. 그 계기가 이른바 병호시비(屛虎是非: 虎屛是非) 또는 애학시비(厓鶴是非: 鶴厓是非)라고 하는 사건이다. 사건의 전말을 간략히 서술하면 다음과 같다.[34]

서애 류성룡과 학봉 김성일은 안동 출신으로, 퇴계 이황의 문인이다. 두 동문 사이에는 학설상의 이견이 거의 없었다고 해도 과언이 아니다. 임진왜란 때는 양현 모두 국난극복을 위해 남다른 노력을 하였고, 왜적의 침입이 없을 것이라고 복명(復命)했던 김성일이 곤경에 빠졌을 때에는 류성룡이 적극 변호하여 무사하도록 돕기도 했다. 그러나 그들의 사후에 자손과 후학들이 가문의 명예와 학통의 적전(嫡傳) 여부를 놓고 서로 다투게 됨으로써, 마침내 류성룡파(屛派)와 김성일파(虎派)로 갈리게 되었다. 원래 안동에는 이황을 향사(享祀)하기 위해 세운 호계서원(虎溪

33) 『巖棲集』 권31, 10b-11a, 「朴晩醒先生墓碣銘」(문집총간 350, 471-472쪽)
34) 이하 申奭鎬, 「屛虎是非に就いて」, 『靑丘學叢』 제1·3집, 1930~1931 참조.

書院: 원명은 廬江書院)이 있었다. 광해군 12년(1620)에 류성룡과 김성일을 이 서원에 종사(從祀)하게 되었는데, 이때 위판(位版)의 좌차(座次) 문제로 시비가 일어났다. 위차의 선후를 정함에, 류성룡 계열에서는 관작(官爵)이 우선되어야 한다고 하였고, 김성일 계열에서는 연치(年齒)를 비교하여 정해야 한다고 주장하였다.[35] 논란은 상당 기간 계속되었다. 이때 류성룡의 문인이며 당시 영남유림 사이에 중망(衆望)이 있었던 정경세(鄭經世)가 연치보다도 관작을 우선하는 것이 옳다고 주장하였고, 이 주장에 따라 중론이 대강 수렴됨으로써, 김성일 계열에서도 부득이 이를 따르기에 이르렀다.

그러나 이 시비는 이것으로 일단락되지 않고 오랫동안 계속되었다. 순조 5년(1805)에 영남유생들이 류성룡·김성일·정구·장현광 사현(四賢)의 문묘종사를 청했을 때, 위차의 문제를 놓고 시비가 재연되어 논란이 심했기 때문에, 조정에서는 가볍게 정할 수 없다 하여 허락하지 않았다. 이로부터 두 계열의 시비와 대립은 더욱 격화되었다. 류성룡 계열에서는 1613년에 세운 병산서원(屛山書院)을 본거지로 하고 김성일 계열에서는 호계서원을 독점하여 서로 대치하였다. 이에 류성룡 계열을 '병파', 김성일 계열을 '호파'라 일컫게 되었다. 이후 이 시비는 양파의 후손과 후학들에게 판가름 나지 않은 채 이어져 내려와, 지금까지도 완전히 해소되지 않은 상태에 있다.

한편, 기호학파 내에서도 이와 비슷한 예가 일어났다. 송시열과 송준길의 위차문제로 빚어진 '우춘시비(尤春是非: 春尤是非)' 바로 그것이다.

---

35) 관작으로 볼 때 류성룡은 영의정, 김성일은 경상우도 관찰사를 지냈으며, 나이로 볼 때 김성일이 류성룡보다 4년 연상이다.

2) 畿湖學派

기호지방은 경기도 일원을 중심으로 해서(海西: 황해도)·호서(湖西: 충청도) 지방을 아우르는 지역이다. 이곳에서 기호학파의 도사(導師)인 율곡 이이와 그의 도우(道友)인 우계 성혼의 성리설을 추종, 계승하는 학자들이 많이 배출되었고, 후기에 이르면서 그 학통을 전수하여 학파적 성격을 띠게 되었다. 기호학파의 학풍은 이이와 그의 동학인 성혼·송익필 등에 의하여 형성되었다고 할 수 있다.

기호학파의 연원을 살펴보면 그 뿌리가 사실상 영남학파에 있다. 초기 영남학파의 중심인물인 김굉필이 무오사화로 평안도 희천(熙川)에 유배당하였을 때 조광조가 적소(謫所)에 나아가 그에게 수학함으로써 기호학파가 형성되는 단서를 열었던 것이다. 기호학파의 대표적 학자로는 김장생·조헌(趙憲)·정엽(鄭曄)·안방준(安邦俊)·김집(金集)·송시열·송준길·윤증(尹拯)·박세채·권상하(權尙夏) 등을 들 수 있다. 김장생·조헌·정엽·이귀(李貴) 등은 이이와 성혼의 양문(兩門)에 출입한 학자들이다. 그 이유는 두 학자가 같은 파주(坡州) 출신으로 가까운 거리에 살았고, 또 일찍부터 도우(道友)로서 돈독한 관계를 유지하였으며, 이이가 먼저 세상을 떠난 뒤 성혼에게 급문(及門)하였기 때문이다. 이러한 관계 때문에 후일 숙종 8년(1682)에 양현이 문묘에 함께 종사되기에 이르렀다. 기호학파를 일명 '율우학파(栗牛學派: 牛栗學派)'라고 부르는 까닭이 여기에 있다.

기호학파는 영남학파로부터 주기파로 지목을 당하였으나 이것은 기호학파 전체에 해당하는 학문적 특색은 아니다. 물론 기호학파에서 권상하 → 한원진(韓元震)으로 이어지는 호론 계열과 임성주(任聖周) 계열 등 기 중시적 경향 또는 종기관리(從氣觀理)의 견해를 지닌 학인들이 적지 않은 세력을 형성하였던 것이 사실이다. 그러나 율곡학파에서는 '주기'를 학문적 가치로 표방하지 않았다. 이이가 이황의 호발설을 비판한 뒤, 이황의 학설을 옹호하는 영남의 학자들은 리발설(理發說)을 변명하고 주장하였으며, 나아가 율곡계 학인들이 이이의 '심시기(心是氣)' 설을 학설의 소의(所依)로 삼았던 점을 이끌어 저들을 주기파로 지목하였고, 이후 점차 '율곡학파=주기파'로 굳어지게 되었던 것이다.

한편, 율곡계 학인들 중에는 이황과 이이의 학설을 절충하려는 일군(一群)의 학자들이 있었다. 김창협 · 김창흡(金昌翕) · 김원행(金元行) · 오희상(吳熙常) 등, 주로 김창협 연원의 학자들이다. 이들을 편의상 '농암문파(農巖門派)'라고 한다. 이들 농암문파는 율곡 성리설의 대강령인 기발리승일도설(氣發理乘一途說)을 인정하면서도 다른 한편으로는 이황이 주리 · 주기의 분개(分開)를 주장하였던 것에 대해서도 지지하였다.[36] 이와 같이 기호학파 내에서 호론 계열과 김창협 계열, 임성주 계열로 나뉘게 된 것은, 율곡 학설에서 기인한다고 본다. 즉, 이이의 학설이 영남학파보다 상대적으로 '기'를 중시하는 경향을 보이면서도 기본적으로 리우위설을 견지하였기 때문이었다. 분파의 가능성은 원초적으로 배태(胚胎)되어 있었던 것이다. 후일 18세기 기호학파 내에서 호(湖) · 락(洛)의 제유(諸儒)들에 의해 크게 논란이 되었던 '인물성동이(人物性同異)' 문제에서도 두 파가 대립하는 데 이론적 기초가 되었다.

기호학파는 후일 당파와도 연결되어 서인(西人)이 되었으며, 인조반정 이후에는 주로 이이 계통의 서인(후에 老論)이 집권, 정계와 학계를 주도하였다. 그런데, 퇴계학파와 비교하면 상대적으로 '기' 중시적 경향이 강한 율곡학파 계열의 집권 세력은 율곡철학에서 나타나는 진보

---

36) 현상윤, 『조선유학사』(1977), 396쪽.

적이고 개혁적인 경향을 상실하고, 대체로 자신들의 이익과 기존의 도덕질서 · 정치질서를 옹호하고 대변하는 보수적 관점을 견지하였다. 나중에는 개혁과 진보를 저해하는 성향마저 보였다. 이와 관련하여 성호 이익의 다음과 같은 지적은 새겨볼 만하다.

> 근세 이율곡 같은 분은 경장(更張)에 대한 말씀을 많이 하였다. 그러나 당시의 논자들은 옳지 않게 생각하였다. 지금에 와서 그의 의론을 생각해보니, 명쾌하고 절실하여 십중팔구는 시행될 만한 것이었다. 대개 개국 이후 지금까지 때에 맞추어 해야 할 일을 아는 사람으로는 율곡이 으뜸이었다. 애석하다. 지금은 그 분을 높인다는 것이, 그 사람만 존상(尊尙)할 뿐이고 그 실상은 숭상하지 않고 있어, 국폐(國弊)를 고칠 수 있는 방도가 묻혀버리고 시행되지 못하였다.[37)]

이와 반면에, 율곡학파나 그 계열 중에서도 집권하지 못한 부류에서는 여전히 기 중시적 철학사상에서 제기될 수 있는 진보적이고 개혁적인 측면을 보유하고 있었다.

그러다가 서인 세력은 마침내 노론 · 소론으로 분당하게 된다. 윤증 · 박세채를 중심으로 한 소론은 우계 성혼의 학설을 바탕으로, 일부는 이황의 학설에도 호의를 보이지만 이이에 대하여 비판적이기도 하여, 성리학의 이해에 탄력성을 보여주었다. 또한 송시열에 의해 사문난적(斯文亂賊)으로 지목된 윤휴의 학설을 변호하고 두둔하는가 하면, 양명학에도 관심을 보이는 등 성리학 위주인 학계의 단조로움을 극복하려 했다. 그러나 양파는 비록 당파를 달리하기는 했지만, 대체로 이이와

---

37) 『星湖全集』 권46, 20a, 「論更張」(문집총간 199, 345쪽)

성혼을 함께 존숭하였다. 마침내 숙종 때 양현이 문묘에 종사되기에 이르렀는데, 김장생 계열에서 제기한 이이 · 성혼의 반열 문제는 이때까지 계속되어 왔던 미묘한 문제이기도 했다.[38)]

노론 가운데서도 정치이념은 노론의 것을 따르면서도 학설상으로는 이황과 이이의 학설을 절충하려는 일군의 학파가 있었다. 또한 정통 기호학파를 자처하는 노론 내에서도 후일 송시열과 송준길의 문도와 후손들 사이에서 양현의 위차(位次) 문제 때문에 '우춘시비(尤春是非)' 가 일어나 서로 반목하였지만, 영남학파의 '애학시비(厓鶴是非)' 에 비해 그 정도가 심한 편은 아니었다.

기호학파는 학설상 호락논쟁, 예학과 대명의리(大明義理), 북벌론(北伐論) 등 의리학으로 발전시켜 왔다. 흔히 영남학파를 주리파, 기호학파를 주기파로 대별하는 경향이 있다. 기호학파를 주기파라고 한 것은 연원을 따져볼 때, 멀리는 퇴계학파의 백졸암(百拙庵) 유직(柳稷: 1602~1662), 갈암(葛庵) 이현일(李玄逸: 1627~1704) 등이 이황의 리기호발설을 옹호하기 위하여 이이의 학설을 따르는 기호학파를 주기파 또는 기학파라고 지목한 데서 비롯되고, 가깝게는 일제 때 어용관학자(御用官學者)인 다카하시 도오루가 「이조유학사에 있어서 주리파 · 주기파의 발달」(1929)이라는 논문에서 조선 성리학파를 주리파 · 주기파의 양대 학파로 나누고 퇴계학파를 주리파, 율곡학파를 주기파라 규정한 데서 비롯된다. 유직 · 이현일과 다카하시가 끼친 영향이 크다.

유직은 효종 1년(1650), 조정에서 이이 · 성혼의 문묘종사가 논의될 때 경상도 유생 900여 명과 함께 그에 반대하는 격렬한 소(疏)를 올렸다. 소두(疏頭)인 그는 상소에서 이이의 인품과 학술에 대해 신랄하게

38) 『송자대전』 권96, 19a, 「答李同甫 別紙」 "蓋文元公(金長生)先生, 自少嘗以爲栗谷牛溪, 若是其班乎. 故大爲坡門所怒, 及壬辰以後, 又不無所疑."

비판하면서 이이의 이른바 '심시기(心是氣)' 를 겨냥하여 '심시리(心是理)' 를 주장, 파문을 일으켰는데, 이후 기호학파에서 유직은 선정(先正)을 모욕하는 불순한 인물을 가리키는 대명사가 되었다. 한편, 유직의 상소가 있은 뒤로 '심시리' 의 논의가 점차 치열해졌으며, 나중에 이진상에 이르러서는 '심즉리' 를 주장하기에 이르렀다.

3) 조선조 학파에 대한 긍정적 인식

조선조 500년 내내 주류를 이루었던 성리학은 단순히 철학의 영역에 머무는 것이 아니었다. 철학을 '체', 경세(經世)를 '용' 으로 하는 사상체계였다.[39] 성리학이 정치와 불가분의 관계에 있음은 더 말할 나위 없다. 애초 사단 · 칠정의 개념 정의 문제로 대두된 주리(主理) · 주기(主氣)의 문제는 인간심성을 설명하는 데서 머물지 않았다. '리' 와 '기' 는 현실 문제를 해결하는 데 중요한 이념적 개념으로 승화하였다. 그러나 그것은 오늘날 우리가 흔히 말하는 보수와 진보로 단정하여 말할 수 있는 것이 아니었다. 집권 여부에 따라 리 · 기는 180도 다른 개념으로 원용되기도 하였다. 한 예로 리를 중시하는 학파에서 말하는 개혁이 '원리로의 복귀' 차원에서 전면적인 것으로 이어진 데 비해, 기를 중시하는 학파에서의 개혁은 '현실적 가능성' 을 염두에 둔 점진적인 것으로 연결되었다. 전자는 유형원의 『반계수록』에서, 후자는 율곡 이이의 변법경장론(變法更張論)에서 그 예를 찾을 수 있다. 조선 말기 척사위정운동이 비등했을 때도 주리파가 대개 '원리로의 복귀' 를 호소한 데 비해, 주기파는 '호연지기' 에서 대응 이론을 끌어왔다. 이것은 조선의 성리학파

39) 이것은 『성리대전』의 體例를 보면 짐작할 수 있다.

가 늘 현실 문제에 관심을 가졌고, 현실 문제에 대처하기 위해 나름대로 대응 논리를 적극 개발하였음을 보여주는 사례라 할 수 있다.

16세기 이후 성리학이 철학논쟁에 몰두하면서 현실 문제를 소홀히 하자, 일군의 학자들이 경제 문제의 해결을 슬로건으로 내세워 실학운동을 전개하였다. 18세기 성리학계가 허위와 가식, 사대주의로 흐르는 경향을 보이자, 양명학이 진가론(眞假論)으로 그 폐단을 공격하며 학계의 일신을 외쳤다. 홍대용·박지원·박제가 등은 북벌론의 허구성을 비판하며 북학론으로 사상적 전환을 주창하였다. 조선의 학파는 늘 정치를 선도하였다. 현실을 새롭게 이끌기 위해 노력하였다. 자파의 이익을 대변하거나 정치 노선을 뒷받침하는 데서 머문 것은 아니었다. 학술과 사상으로 정치를 이끌어 나가려고 했던 조선의 학파에 대한 긍정적인 이해와 평가가 필요하다. 또 이를 통해 오늘날의 바람직한 학파의 모습을 이끌어 내는 것은 의미 있는 일이 될 것이다.

4. 書院과 鄕約의 발달

1) 서원의 창설과 발전

성리학이 융성하게 된 기반 가운데 하나가 서원이었다. 선유(先儒)에 대한 봉사(奉祀)와 후진 양성을 목적으로 한 서원은 명실상부한 사설교육기관이었다. 서원의 설립·발달은 당시의 학계는 물론 더 나아가 사회와도 불가분의 관계가 있었다. 본래 서원은 중국 송나라 때 세워지기 시작하여 원나라 말기에 성하였다. 우리나라에서는 중종 38년(1543)에 당시 풍기군수(豊基郡守)이던 주세붕(周世鵬: 1495~1554)이 고려 말의 명유(名儒) 문성공(文成公) 안향(安珦)을 향사하고자 경상도 풍기군 죽계(竹溪: 현 영주시 順興面)에 세운 백운동서원(白雲洞書院)으로부터 비롯된다.[40] 서원은 고려시대의 사학(私學)과 별로 다를 바 없었으나 선현을 봉사하는 사묘(祠廟)의 기능을 겸했다는 점이 다르니, 선현의 봉사는 서원의 권위를 정신적으로 뒷받침해주는 것이었다.

서원이 발전한 배경을 간단히 살펴보면 다음과 같다. 명종 5년(1550) 퇴계 이황의 건의에 따라 임금이 백운동서원에 '소수서원(紹修書院)' 이라는 편액을 내리고 서적 · 전토 · 노비 등을 하사하여 인재양성과 향촌교화를 장려했다. 이것이 사액서원(賜額書院), 곧 국가에서 공인하는 서원의 시초가 되었으며, 그로부터 사액서원에는 정부의 보조가 뒤따르고 면세 · 면역의 특전이 주어지는 것이 관례였다. 이처럼 정부의 장려책이 있자 사화기(士禍期) 이래 쇠퇴한 향교를 대신하여 많은 서원들이 생겨나 급속도로 발전하였다. 특히 이황 등의 서원 창설 · 보급운동에 힘입어 크게 발전하였다. 이황은 서원의 중요성에 대해 다음과 같이 말하였다.

> 저 국학(國學)이나 향교를 보면, 중앙 또는 지방 도시의 성곽 안에 있어서, 한편으로 학령(學令)에 구애됨이 있고, 다른 한편으로는 번화한 환경이 유혹하거나 뜻을 바꾸게 하여 정신을 빼앗는 것이 있다. 어찌 그 공효를 서원과 같이 비교할 수 있겠는가? 이로써 말한다면 선비가 학문을 함에 오직 서원에서 힘을 얻을 뿐 아니라, 나라에서 현명한 인재를 얻는 것도 반드시 이 서원에서 구하니, 저 국학이나 향교보다 우월할 것이다.[41]

---

40) 선현을 향사하는 祠와 학생을 교육하는 齋를 함께 갖춘 양식의 서원은 백운동서원이 효시이다. 이 서원 이전에도 丹城의 道川書院(1401), 星州의 川谷書院(1528), 扶安의 道東書院(1534)이 있었으나, 祠의 기능이 주였고 齋의 기능은 뚜렷하지 않았다.

당시 관학으로 중앙에 성균관, 지방에 향교가 있었음에도 서원 창설 운동이 주도되었던 원인을 살펴보면, 첫째로 향교와 성균관은 지방 도시나 서울의 번화가에 위치하고 있어 항상 사람들이 붐비는 반면, 서원은 대체로 계산(溪山)이 청유(淸幽)한 곳에 자리 잡고 있어서 조용하고 차분하게 공부할 수 있으며, 둘째로 향교와 성균관은 과거나 법령의 규제에 얽매여 위기지학(爲己之學)에 잠심할 수 없는 반면, 서원에서는 출세와 공리(功利)를 떠나 자유로운 분위기 속에서 순수 학문과 수양으로 이상적인 인간상을 구현할 수 있다는 것이다. 여기서 후자는 서원의 가치를 결정적으로 끌어올린 것이다. 이는 이황 등이 서원을 통한 성리학의 토착화에 큰 기대를 걸고 있었기 때문이다.[42] 한편 이황은 이러한 이유 이외에도, 향촌의 교화를 담당할 주체 세력인 사림이 교화의 실효를 거두기 위해서는 무엇보다도 도학을 강명(講明), 실천할 수 있는 도량(道場)인 서원이 필요하다고 생각하였다.

이와 같은 창설 · 보급운동에 의해 서원은 임진왜란 이후 급속히 발전하였다. 서원의 발전은 무엇보다도 사화로 인해 의기(意氣)가 저상(沮喪)된 사림에게 활로를 개척해주었다는 점에서 중요한 의의가 있다. 서원은 존현처(尊賢處) · 장수처(藏修處)이면서 동시에 향촌 사림의 집회소이자 향촌 사회의 운영기구로서 정치 · 사회적 성격도 강하게 지녔다. 향촌 사회에서 세력기반 확충을 위해 사창제(社倉制) · 향사례(鄕射禮) · 향음주례(鄕飮酒禮) 등 일련의 운동을 전개해온 사림 측이 구심점으로 삼을 대상을 서원으로 바꾼 것은 사림세력 자체를 위해서도 그만큼 유리한 일이었다. 서원은 명목상 어디까지나 교육기관이므로 정치

---

41) 『퇴계문집』 권9, 5b, 「上沈方伯」

42) 李佑成, 「이퇴계의 서원 창설운동」, 『퇴계학보』 제19집, 1978 ; 宋兢燮, 「이퇴계의 敎學思想」, 『동양문화』 제13집, 1972 참조.

〈강세황의 도산서원도〉

적 반대세력으로부터 그만큼 견제를 덜 받을 수 있었기 때문이었다. 을사사화 이후 사림이 세력을 잃었음에도 서원제도가 발전을 계속할 수 있었음은 우연한 일이 아니다.

그런데 점차 시간이 흐름에 따라 서원은 양적으로 엄청나게 팽창하고,[43] 본래의 기능과는 달리 향촌 사회를 지배하는 주요 지방조직의 하나로 변질되었다. 마침내 타락의 길로 들어서 마치 고려시대 사원(寺院)에서 볼 수 있었던 여폐(餘弊)와 비슷한 각종 폐단을 초래하였다.[44] 서원에 부속된 토지의 조세 및 유생들의 군역을 면제하는 특권을 부여한

43) 후일에 이를수록 당쟁 및 家門意識과 결부되어 인물 위주로 濫設되었고, 祠宇와 구별이 모호해지면서 질적 저하가 수반되었다. 祠宇를 포함하여 명종 이전에 29개이던 것이 선조 때는 124개로 늘어났고, 숙종~영조 때까지의 濫設期를 거쳐 정조 때에는 7백여 개소에 이르렀다. 고종 때 서원을 철폐하기 이전에는 1천여 개소에 육박하였고, 이 가운데 사액서원이 약 3분의 1에 해당할 정도였다고 한다.

44) 서원경제의 폐단은 개개의 규모가 큰 데 있다기보다는, 수적 증가에 따라 집적되는 양이 많아져서 문제가 되었던 것이다.

결과, 서원은 국가재정을 좀먹는 큰 요인이 됨과 동시에 군역을 기피하는 소굴이 되었다. 또 서원에서 공부하는 유생들이 혈연과 학연을 바탕으로 당파적 결속을 강화함으로써, 붕당의 온상이 되어 정쟁을 조장하였을 뿐 아니라,[45] 민폐를 끼치는 일이 빈번하였다. 특히 대명의리(大明義理) 정신 고취의 본거지인 화양동서원(華陽洞書院)의 작폐(作弊)는 심하였다.

화양동서원에서는 원임자(院任者)가 도내의 무단자제(武斷子弟)들을 이끌고 묵패(墨牌)를 돌려 평민을 잡아다가 때리는 일이 많아서, 가죽을 뚫고 골수를 빨아먹는 남방의 좀〔蠹〕이 되었다. 그러한 것이 100년이나 되었지만 수령들은 성사(城社)와 같은 서원의 존재를 두려워하여 감히 죄를 묻지 못하였다.[46]

이미 조정에서는 인조 22년(1644)에 서원의 설치를 허가제로 하고 효종 8년(1657)에는 서원의 첩설(疊設)을 처벌하는 규정을 마련하였으나 제대로 지켜지지 않았다. 그 뒤 숙종 말기에 서원의 첩설을 금지하는 강력한 조치가 발표되고, 영조 17년(1741)에는 서원철폐를 논의하기에 이르는 등 여러 차례 서원 정비책이 시행되었지만 근본적인 정비에는 실패함으로써, 여전히 큰 두통거리로 남아 있었다. 그러다가 고종 초에 이르러 흥선대원군의 특단의 조치로 서원철폐가 대규모로 단행되어 전국에 47개소만 남기고 모두 철폐하였다. 이때 남은 서원은 대개 문묘(文廟)에 종사(從祀)된 동국십팔현(東國十八賢)과 국가에 큰 공헌을 한 충

45) 이 밖에 서원 때문에 빚어진 폐단이라고 단정하기는 어렵지만, 서원이 융성함으로써 官學이 쇠퇴하였던 것이 사실이었다.

46) 黃玹, 『梅泉野錄』 권1(上) 참조.

신·절사(節士)를 모신 곳뿐이었다.

2) 향약의 발달

서원과 함께 사림의 세력기반을 이루고 상민층(常民層)에까지 유교의 예속을 침투시켜 민중 교화에 이바지한 것이 바로 향약이다. 중종반정으로 연산군 때의 악폐들이 점차 시정되는 가운데 사림은 향촌 사회를 교화하고, 더 나아가 훈구파의 부정과 비리를 배제하기 위해 향약을 보급, 실시하고자 했다. 향촌 사회를 재정비하여 사회적 안정을 기하려 했던 사림파의 노력이 더 적극적으로 표출된 것이 중종대 이후의 향약 보급운동이었다.

본래 향촌 사회에서는 마을 단위로 공동체를 이루어 신앙생활도 같이하고 서로 좋은 일을 권장하며 재난과 어려운 일이 있을 때는 단결하여 도와주는 미풍양속이 있었다. 향약은 이러한 전통적 공동체와 미풍양속을 계승하면서, 여기에 삼강오륜을 중심으로 한 유교 윤리를 가미하여 교화 및 질서유지에 알맞도록 구성한 것이었다.

우리나라 향약의 모태가 된 것은 중국 북송 말기 여대림(呂大臨) 형제가 만든 「여씨향약(呂氏鄕約)」이었다. 이 「여씨향약」은 주자에 의해 완비되었다. 이를 「주자증손여씨향약(朱子增損呂氏鄕約)」이라고 한다.[47] 「증손여씨향약」이 우리나라에 소개된 것은 주자학의 전래와 거의 같은 시기로 짐작된다. 주자학 전래 초기부터 학자들 사이에 알려져 있었던 것으로 보인다. 문헌상으로는 조선 태조 이성계가 자신의 향리인 함경도 영흥부(永興府) 풍패향(豊沛鄕)의 향헌(鄕憲) 41조를 제정하여 향읍

---

47) 『주자대전』 권74 所收.

에 반포, 실시하였다고 한다. 이때의 향헌이 우리나라 최초의 향약이었다고 할 수 있다.

이후 향약의 보급과 실시는 별 진전이 없었다. 그러다가 선초에 악리(惡吏)를 규찰(糾察)하고 향풍(鄕風)을 바로잡고자 하는 목적으로 설치되어 혁파와 부활을 반복하다가 성종 19년(1488)에 다시 설치된 유향소(留鄕所)[48]가 자체 내의 모순으로 크게 변질되자, 이를 대신할 향약의 실시가 불가피해졌다. 특히 중종반정 이후 조광조 일파가 중용되면서부터 지치주의 도학정치의 실천책으로서 널리 실시되고, 「주자증손여씨향약」에 대한 언해서(諺解書)까지 보급되는 등 활성화되기 시작하였다.[49] 그러나 조광조 일파의 실각과 함께 정지되어 얼마 동안 시행되지 못하다가 사림정치가 구현된 선조대에 이르러 이황 · 이이 등의 노력으로 다시 전국적인 시행을 보게 되었고, 이후 상당 기간 비교적 순탄하게 효과를 거둘 수 있었다. 이황과 이이는 우리의 고유한 풍습과 실제의 사정에 알맞은 향약을 만들어 보급, 실시하는 데 힘썼다. 이황의 예안향약(禮安鄕約)은 이러한 향약의 선구로 꼽히며, 이이의 서원향약(西原鄕約) · 해주향약(海州鄕約)은 우리나라 향약 가운데 완비된 것으로 평가받는다.[50]

---

48) 지방 수령을 보좌하는 자문기관. 일종의 지방자치단체다. 향촌질서의 확립 및 鄕風振作에 기여한 면도 있고 상당한 행정적 효과도 있었다. 그러나 실시 초기부터 훈구파에 의해 장악되어 그들의 지방통제 수단으로 역이용되었다. 이에 사림 측에서는 다시 司馬所를 세워 대항하거나 유향소의 폐지를 주장하게 되는데, 이러한 움직임이 중종대의 향약 보급운동으로 이어진다. 유향소는 본래 지방의 유력자들로 구성된 까닭에, 후기로 내려갈수록 수령과 결탁하여 민폐를 끼치는 등 폐단이 많아져 백성들의 원성을 사기도 하였다.

49) 「여씨향약」이 주자에 의해 완비되었다는 점에서 큰 권위를 갖게 되었다.

50) 이이의 향약은 후세에 큰 영향을 끼쳤다. 실제로 숙종 이후 영 · 정조 때에 이르기까지 각지에서 실시된 향약의 대부분이 이이의 향약에 의한 것이었다.

향약은 지역에 따라 내용상 얼마간 차이가 있었으나, 그 기본 정신은 여씨향약의 4대 덕목인 덕업상권(德業相勸)·과실상규(過失相規)·예속상교(禮俗相交)·환난상휼(患難相恤)을 바탕으로 향민들에게 권선징악(勸善懲惡)과 상호부조(相互扶助) 등 유교정신을 근본으로 하는 윤리·도덕을 가르치고 주민자치의 정신을 북돋우는 것이었다. 특히 향약의 실천운동으로서 『소학』이 중시되었던 것도 간과할 수 없다. 향약은 실시 초기부터 조선사회의 풍교(風教)에 적지 않은 공을 끼쳤다. 향촌사회의 질서는 물론 치안까지도 유지함으로써 향촌의 자치적 기능을 발휘하였다. 사림은 향약을 통해 지방자치를 구현하고자 했다. 여기에는 지방 사림이 농민에 대한 통제를 한층 강화하여 자신들의 지위를 견고하게 구축하고자 하는 의도 또한 깔려 있었다. 이것은 결국 사림을 결속토록 하여, 여러 차례의 사화(士禍)가 있었음에도 계속해서 성장할 수 있는 원동력이 되었던 것이다.

향약이 보급되고 면(面) 단위의 강력한 조직이 구축됨에 따라 유교윤리가 뿌리를 내리게 되고 지방 사림의 지위가 강화되었다. 그러나 후기에 이르러 토호(土豪)와 향반(鄕班) 등 지방 유력자들이 주민들을 위협, 수탈할 뿐 아니라, 향청(鄕廳)의 간부들이 서로 불목(不睦)하여 다투고 모함함으로써 오히려 풍속과 질서를 해치고 문란하게 하는 일이 빈번하였다. 정약용 같은 이는 "향약의 해독이 도적보다 심하다"[51]고 할 정도였다. 한편 탐관오리들은 향약이 활발하게 시행될수록 부정행위를 할 수 없었으므로, 향약의 성장을 억제하는 경우가 많았다. 이런 까닭에 조선 말기에 이르러서는 향약이 유명무실해졌던 것이다.

51) 『목민심서』 권7, 44a, 「禮典六條」, 〈教民〉 "鄕約之害, 甚於寇盜."

〔주요 참고문헌〕

金斗憲, 『한국 가족제도 연구』, 서울대학교출판부, 1980.
국사편찬위원회, 『韓國史論』 제8집(조선전기 서원과 향약), 1981.
李泰鎭, 『朝鮮儒敎社會史論』, 지식산업사, 1989.

제2장

退溪 · 栗谷學의 成立

1. 李滉의 主理哲學과 敎學思想

〔1〕 이황(연산군 7년~선조 3년, 1501~1570)의 자는 경호(景浩), 호는 퇴계(退溪) · 퇴도(退陶) · 도수(陶叟), 시호는 문순(文純), 본관은 진성(眞城)이다. 경상도 예안(禮安)에서 태어났다. 타고난 자질이 수미(粹美)하고 재식(才識)이 영오(穎悟)하여 소년 시절부터 글 읽기와 정심사색(靜心思索)하기를 좋아하였다. 19세 때는 『성리대전』을 보고 학문의 단서를 깨쳤으며, 우주의 본질에 대한 그 첫머리를 이해하였다. 특히 『주역』에 침잠하느라고 침식을 잊어 극히 쇠약한 지경에 이르기도 하였다. 중종 23년(1528) 진사가 되고 동 28년 성균관에 들어가 하서(河西) 김인후(金麟厚) 등과 사귀었으며, 이듬해 문과에 급제하여 벼슬이 판중추부사에 이르렀다.

그러나 천성이 전원을 동경하고 염퇴(恬退)를 좋아하여 벼슬이 높아질수록 사양하거나, 마지못해 응하더라도 곧 사퇴하고 이내 향리로 돌

〈퇴계 이황과 그의 글씨〉

아가 안거(安居)하면서 도술(道術)을 밝히고 후생을 교회(敎誨)하는 것을 자기의 임무로 삼아 위기지학(爲己之學)에 전념하였다. 그의 거취에서 전후가 서로 다르게 보이는 것은 대개 '지위가 낮으면 책임이 가벼우니 한번 나아갈 수 있겠지만, 벼슬이 높으면 책임이 중한데 어찌 분의(分義)를 생각하지 않고 그저 나아가기만 하겠는가' 라는 신조 때문이었다. 특히 을사사화는 그로 하여금 벼슬살이의 화망(禍網)에서 벗어나 구원(邱園)에서 구도(求道)하고자 하는 뜻을 굳히는 결정적인 계기가 되었다. 그는 형 이해(李瀣)가 사화를 입은 이후로는 주어지는 벼슬에 부득이 응하더라도 번번이 용퇴(勇退)하곤 하였다.

향리인 예안으로 돌아온 그는 폐문정거(閉門靜居)하고 주야로 『주자전서』에 몰두하여 성리학의 새로운 경지를 개척하는 것으로써 소일하였다. 주자를 사숙(私淑)하여 그 학문의 본령을 체득하기는 대개 이때부터였다고 할 수 있다. 늘그막에 들수록 주자서(朱子書)에 온 힘을 기울였다. 평생의 득력처(得力處)는 바로 주자서였다. 그는 온유돈후(溫柔敦厚)한 인품으로 진지실천(眞知實踐)과 후학에게 전도(傳道)하는 것을 임무로 삼았다. 명종 10년(1555)부터는 벼슬살이의 멍에를 벗어던지고 퇴계(退溪)와 도산(陶山)에 서당을 세워 사방에서 모여든 문인과 생도를 가르치는 데 전력을 다하였다. 이때의 정경은 주자의 무이정사(武夷精舍)의 생활을 방불케 하는 감이 있었다.

그는 조선조 성리학을 찬연히 밝혀 송학이 우리나라에서 꽃을 피우게 하였을 뿐 아니라, 후학을 성리학의 학해(學海)로 인도하여 이후의 유자(儒者)들에게 태산북두와 같은 존재로 받들어졌다. 김굉필 · 정여창 · 조광조 · 이언적과 함께 동방오현으로 추숭되었으며, 선조 때 영의정에 추증되고 뒤에 다시 선조의 묘정(廟庭) 및 문묘(文廟)에 종사되었다.

〔2〕 이황은 조선에서 첫손에 꼽히는 대표적 성리학자다. 그가 본격적으로 성리학에 몰두한 것은 대개 50세가 넘어서부터라고 할 수 있지만, 성리학에 대한 관심과 조예, 특히 주리적(主理的) 사고는 약관 이전에 지은 시에서도 나타난다.

露草夭夭繞水涯 이슬 맞은 풀 무성하게 물가를 둘렀는데
小塘淸活淨無沙 작은 못은 맑고 맑아 모래 한 점 없구나.
雲飛鳥過元相管 구름 날고 새 스쳐 감은 원래 서로 상관되나
只怕時時燕蹴波 때때로 제비 와서 물결 찰까 두려워라.

이것은 대개 천리가 유행(流行)하는 데 혹시 인욕이 끼일까 두려워한 것이라 하겠다.[1)]

이황은 의리가 정밀하였고, 한결같이 주자의 가르침을 독실하게 믿

고 따랐다. 문인 김성일(金誠一)은 스승의 학문 대강에 대하여 다음과 같이 요약하였다.

> 시험 삼아 그 학문의 대강을 들어보면, 주경공부(主敬工夫)는 시종(始終)을 일관하고 동정(動靜)을 겸하였으며, 그윽이 혼자 있거나 제멋대로일 수 있는 경우에 더욱 엄하였다. 또 궁리공부(窮理工夫)에서는 체용(體用)을 하나로 하고 본말(本末)을 두루 갖추어, 진지실득(眞知實得)의 경지에까지 깊이 나아갔다.[2]

이황은 학문의 목적을 '자아의 완성'에 두었다. 그는 이를 위해 송대의 도학을 인성론적 성리학으로 전개하였다. 퇴계학은 사칠론(四七論)이라는 인간학적 형이상학, 나아가 도덕적 형이상학을 추구하였다는 데 특징이 있다. 사실 판단보다도 가치의 문제, 즉 최고선(最高善)을 추구하는 도덕적 가치체계의 문제에 목표를 두었다고 할 수 있다. 주자학의 체계에 따른 논리적 정합성을 추구하는 것보다 인간 본성의 확립과 그 실현에 힘썼으니,[3] 성덕군자(成德君子)로 표현되는 이상적 인간상의 완성을 위한 실천 윤리의 확립을 궁극적인 목표로 하였다.

퇴계 성리학의 특징은 ① 리기론에서는 리동설(理動說)을 주장하였고, ② 사칠론에서는 리발설(理發說)을, ③ 격치설(格致說)에서는 리도설(理到說)을 주장한 데 있다.[4] 주리론으로 일관되어 있다. 그는 '리'에

1) 『퇴계전서』, 「言行錄(一)」, 類編, 〈學問〉
2) 『퇴계전서』, 「言行錄」 부록, 〈實記〉 "試擧其學之大槩, 則主敬之功, 貫始終兼動靜, 而尤嚴於幽獨肆之地, 窮理之功, 一體用該本末, 而深造於眞知實得之境."
3) 류승국, 『동양철학연구』, 槿域書齋, 1983, 126쪽.
4) 李東熙, 『주자학의 철학적 특성과 그 전개 양상에 관한 연구』, 성균관대학교 박사학위논문, 1989, 158-168쪽.

대해 체인(體認)하는 것이 무엇보다 중요하다고 하였다. 리기지묘(理氣之妙)를 강조하는 이이와 입각점이 다르다.

> 고금인(古今人)의 학문과 도술(道術)이 다른 까닭은 단지 이 '리' 자를 알기 어렵기 때문이다. 이른바 '리' 자를 알기 어렵다고 한 것은 대략 아는 것을 어렵다고 함이 아니라, 진지묘해(眞知妙解)하여 십분처(十分處)에 이르는 것을 어렵다고 한 것이다.[5]

그의 성리설에서 가장 중요한 명제는 바로 '리' 다. 그의 많은 언설(言說)이 모두 '리' 를 명변(明辨), 체인하고 실천하는 데 초점이 맞추어져 있다. 그는 또 가치론적 관점에서 "이 리는 지극히 높아서 상대가 없는 것으로, 만사 · 만물에 대하여 명령할지언정 어느 것에도 명령받지 않는다"[6]고 하여, 리를 실체화 절대화하였다. 여기서 존리적(尊理的) · 주리적 경향을 여실히 볼 수 있다.

이황이 말하는 '리' 의 개념은 무형무위(無形無爲)한 리만이 아니라, 천리로서의 실리(實理)를 이름이요, 체용이 겸비된 리를 이른다. 즉 리에는 무형무위한 본체뿐만 아니라 지허이지실(至虛而至實)하고 지무이지유(至無而至有)한 작용성이 있다는 것이다. 그는 "정의(情意)가 없고 조작(造作)이 없는 것은 리의 본연지체(本然之體)요, 그 기우(寄寓)함을 따라 발현하여 이르지 아니함이 없는 것은 이 리의 지극히 신묘한 작용이다"[7]고 하여, 리가 활물(活物)이요, 능발능생(能發能生)하는 지묘(至

---

5) 『퇴계문집』 권16, 46b, 「答奇明彦別紙」

6) 『퇴계문집』 권13, 17a, 「答李達李天機」 "理其尊無對, 命物而不命於物, 非氣所當勝也."

7) 『퇴계문집』 권18, 31b, 「答奇明彦別紙」 "無情意造作者, 此理本然之體也. 其隨寓發見, 而無不到者, 此理至神之用也. 向也但有見於本體之無爲, 而不知妙用之能顯行, 殆若認理爲死物, 其去道不亦遠甚矣乎."

妙)한 작용이 있는 것임을 강조하였다. 이는 주자가 리의 동정(動靜)을 인정했던 데 근거하는 것이기도 하다.[8]

이황은 주자의 이른바 '리와 기는 결코 이물(二物)이다'[9]고 한 말을 몹시 중시하여, 리와 기를 나누지 않고 뒤섞어 보는 것을 힘써 경계하였다.

> 무릇 학문을 함에, 분석하기를 싫어하고 합쳐서 하나로 하는 설에 힘쓰는 것을 옛사람들은 송골매가 대추를 그냥 삼키는 것〔鶻圇呑棗〕과 같다고 하였다. 그것은 작은 병통이 아니다. 이와 같은 태도를 끊임없이 계속한다면, 자신도 모르는 사이에 쉽사리 '기(氣)로써 성(性)을 논하는' 폐단에 빠지게 되고, 또한 '인욕을 천리로 여기는' 병통에 떨어진다. 어찌 옳다고 하겠는가.[10]

여기서 리와 기를 준별(峻別)하여 이원론적으로 보려는 확고한 의지와 주리론의 당위성을 엿볼 수 있다.

이황은 53세에 정지운(鄭之雲)을 만났다. 이때 정지운의 「천명도(天命圖)」에서 '사단발어리(四端發於理), 칠정발어기(七情發於氣)'라고 한 것을 '사단리지발(四端理之發), 칠정기지발(七情氣之發)'로 수정하였다. 사단과 칠정을 리기에 분속(分屬)시켜 이원적인 호발설을 주장한 것이다. 이에 대하여 26세 연하인 고봉 기대승이 불만을 품고 드디어 이황에게 질의하였는데, 59세부터 사칠리기분속(四七理氣分屬)의 문제로 8년 동안 기대승과 논변을 벌였다. 이는 우리나라 유학사상 처음 있는 모범적인 학술논쟁이요 철학논쟁이었다고 할 수 있다.

---

8) 『주자대전』 권56, 「答鄭子上」 "理有動靜, 故氣有動靜. 若理無動靜, 氣何自而有動靜乎."
9) 『주자대전』 권46, 「答劉叔文」 "理與氣, 決是二物."
10) 『퇴계문집』 권16, 11b-12a, 「答奇明彦」

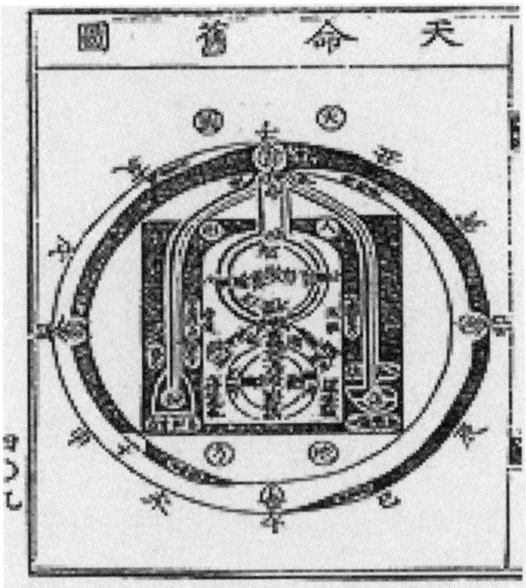
〈정지운의 천명도(천명구도)〉

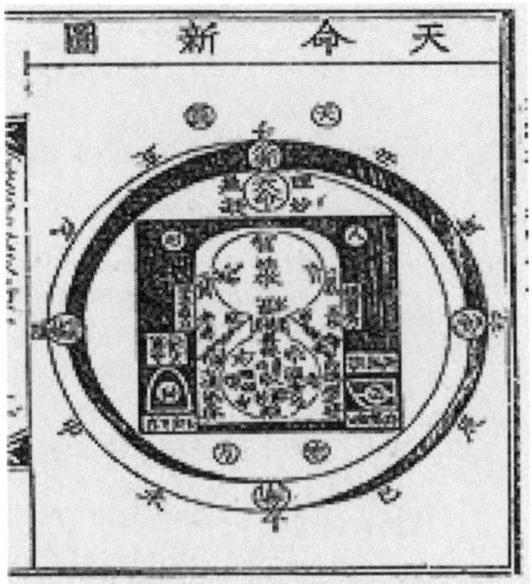
〈이황의 천명도(천명신도)〉

이황과 기대승이 끝까지 서로 양보하지 않았던 각자의 주장을 요약, 소개하면 대개 다음과 같다. 먼저 기대승의 논지는 다음과 같다.

1. 사단 · 칠정은 다 같이 정(情)이다.
2. 정(情)은 성(性)이 발한 것이니, 사단이나 칠정은 다 같이 '성' 에서 발한 것이다.
3. 단 사단은 발한 정(情) 가운데서 선(善)한 일변(一邊)을 끄집어내서 말한 것이요, 칠정은 중절(中節) · 부중절(不中節)한 것을 혼합해서 말한 것이다. 사단은 순선(純善)하지만, 칠정은 유선유악(有善有惡)하다.
4. 사단은 리만이 발한 것이요, 칠정은 기만이 발한 것이라고 할 수는 없다. 왜냐하면 리와 기는 비록 다르지만 불상리(不相離)의 관계에 있으므로, 발한다고 할 때 리만 발한다거나 기만 발한다고 하는 것은 모순이 되기 때문이다.
5. 칠정만 외감내응(外感內應)한 것이 아니다. 외감내응하는 점에서는 사단도 칠정과 크게 다를 것이 없다. 사단이나 칠정은 모두 리와 기가 겸발(兼

發)함으로써 이루어진다.

이에 대한 이황의 논지는 다음과 같다.

1. 사단이나 칠정이 다 같이 정임은 사실이다. 사단이 리만의 발이 아님도, 칠정이 기만의 발이 아님도 사실이다.
2. 그러나 그렇다고 해서 사단과 칠정을 같은 것으로 보아서는 안 된다.
3. 사단과 칠정은 각각 그 소주(所主)와 소종래(所從來)가 다르기 때문이다.
4. 사단은 비록 리가 발함에 기가 따르지만 주로 하여 말하는 것은 리에 있고 기에 있지 않다. 칠정은 비록 리를 겸했지만 주로 하여 말하는 것은 기에 있고 리에 있지 않다.
5. 사단은 그 소종래가 본연지성(本然之性)에서 온 것이요, 칠정은 그 소종래가 기질지성(氣質之性)에서 온 것이다.[11]

이황은 이 논변에서 리기불상리(理氣不相離)를 강하게 내세우는 기대승의 논리에 몰려, 애초에 '사단리지발, 칠정기지발'이라고 했던 것을 제이서(第二書)에서 '사단리발이기수지(四端理發而氣隨之), 칠정기발이리승지(七情氣發而理乘之)'라고 수정하였다. 그의 사칠설을 '리기호발설(理氣互發說)'이라고 하는 까닭이 여기에 있다. 이에 대하여 기대승이 '정지발야(情之發也), 혹리동이기구(或理動而氣俱), 혹기감이리승(或氣感而理乘)'이라고 하면 어떻겠냐고 물었으나, 이황은 더 이상 수용하지 않았다. 그러다가 이황은 『주자어류』에서 '사단은 리가 발한 것이요 칠정은 기가 발한 것이다'(四端是理之發, 七情是氣之發)고 한 대목을 우연

11) 이상은, 『퇴계의 생애와 학문』, 瑞文堂, 1974, 236-237쪽.

히 발견하고는, 이에 자기의 초견(初見)이 틀림없다는 확신을 얻은 나머지 "옛사람이 이르지 않았던가. 감히 자신을 믿지 말고 그 스승을 믿으라고. 주자는 내가 스승으로 여기는 분이시며, 또한 천하 고금의 종사(宗師)가 되는 분이시다"[12]고 하였던 것이다.

이황은 또 『주자어류』에 기록상 착오가 있을 가능성을 완전히 부정하지는 않으면서도, 이 기록이야말로 주자 문하의 제일급 제자인 보한경(輔漢卿)이 기록한 것이므로, 오록(誤錄)이라 볼 수 없다고 주장하였다.[13]

이황과 기대승의 논점이 서로 갈라진 근본적인 이유는 사단 · 칠정의 소종래가 다르냐, 같으냐 하는 것에 있다. 이황은 본연지성을 기질지성과 대거(對擧)하여 그 차별성을 부각하고자 하였으나, 기대승은 본연지성이 기질지성에 포함된 것으로 보았다. 이황은 정의(情意)도 없고 조작(造作)도 없는 리가 어떻게 발할 수 있느냐는 지적에 대하여 "대개 리가 발하여 사단이 되는 것이니, 바탕〔資〕이 되어 발하는 것은 기이지만 능히 그렇게 하는 소이(所以: 所以能然)는 실리(實理)인 것이다"[14]고 하여,

12) 『퇴계문집』 권16, 12a, 「答奇明彦」
'사단칠정 리기호발설' 의 선구는 黃榦(勉齋) · 程復心(林隱)이라 할 수 있다. 이황은 논변 당시 이들의 설을 미처 보지 못하였고 나중에 보았던 것 같다. 황간은 李公晦에게 보낸 서한에서 "及其感物而動, 則或氣動而理隨之, 或理動而氣挾之. 由是至善之理聽命於氣, 善惡由之而判矣"(『勉齋集』 권8, 「復李公晦書」)라 하였고, 정복심은 「理氣說」에서 沈毅齋의 말을 빌어 "四端者, 理之發, 七情者, 氣之發也"라 하고, 또 "理發爲四端, 氣發爲七情" 이라 하기도 하였다. 柳崇祖, 『性理淵源撮要』, 「論性氣」(54쪽) ; 同 「心性情意志氣理命」(13쪽) 참조. 『성리연원촬요』는 『大學三綱八目箴 · 性理淵源撮要 · 眞一齋先生遺集 合本』(아세아문화사, 1973)을 저본으로 하였다.

13) 『퇴계문집』 권16, 38a-38b, 「答奇明彦」 참조. 이것은 誤錄의 가능성을 강력히 시사한 율곡 이이와는 대조를 보인다. 『율곡전서』 권12, 23a-23b, 「答安應休」 참조.

14) 『퇴계문집』 권36, 4b, 「李宏仲問目」 "蓋理發爲四端, 所資以發者氣耳. 其所以能然, 實理之爲也."

리발에 대한 주장을 꺾지 않았다.

이황은 또 "인심은 칠정이 이것이요, 도심은 사단이 이것이다"[15]고 하여 칠정과 사단을 인심과 도심에 배정하고는, 다시 "인심은 칠정이 되고 도심은 사단이 된다. 「중용장구서문」의 주자설(朱子說)이나 허동양(許東陽)의 설(人心發於氣, 道心發於理)로 보면 인심과 도심을 칠정·사단으로 보는 것은 불가함이 없다"[16]고 하였다. 이처럼 사단·칠정, 인심·도심을 리기에 분속하는 데서는 변경하거나 양보함이 없었다. 그러나 사칠리기(四七理氣)를 나누어 보는 것을 적극 주장하기는 했지만, 리와 기가 이물(二物)로 인식됨을 피하기 위해 많은 노력을 하였다. 즉 리발기수(理發氣隨)는 리를 주로 하여 말한 것일 뿐 기를 떠난 리를 말하는 것이 아니요, 기발리승(氣發理乘)은 기를 주로 하여 말한 것일 뿐 리를 떠난 기를 말하는 것이 아니라고 누누이 역설하였다.[17] 사단에 기가 없는 것이 아니요, 칠정에 리가 없는 것은 아니지만, 그 주로 하는 바에 따라 분별해서 말할 수 있다는 것이다. 여기서 주리·주기라는 용어가 등장하였다.

이황의 사칠론은 논리적 타당성 여부를 떠나 도덕 실천자로서의 이황의 생각을 엿보게 한다.

> 천하에 리 없는 기가 있을 수 없고 기 없는 리가 있을 수 없다. 그러므로 사단은 리가 발하고 기가 따르며 칠정은 기가 발하고 리가 타는 것이다. 만약 기가 따르지 않는 리는 주출(做出)이 불가능하고, 리가 타지 않는 기는 곧 이욕(利欲)에 빠져서 금수가 되니, 이것은 변할 수 없는 정리(定理)이다.[18]

---

15) 『퇴계문집』 권36, 2a, 「李宏仲問目」
16) 『퇴계문집』 권37, 27a, 「答李平叔」
17) 『퇴계문집』 권16, 36a, 「答奇明彦」

여기서 리의 가치는 궁극적으로 인간이 금수로 타락하지 않도록 하는 데 있다. 이황이 '리발'을 강조한 것은 결국 인간의 본래성을 회복하여, 타락하지 않고 선의지(善意志)를 발휘할 수 있게 하는 것이라 하겠다.

리와 기는 주어진 경우에 따라 여러 개념으로 설명된다. 이황이 리를 존귀한 것으로 기를 비천한 것으로 보며 리기불상잡(理氣不相雜)을 강조했던 것은, 무엇보다도 리의 질서와 기의 흐름을 구별하려는 데 의의가 있다. 순수성 · 고귀성 · 존엄성 등으로 상징되는 리의 우위성을 확보함으로써 기의 불완전성을 극복하고 더 나아가 이욕으로 타락할 가능성을 제거하여 순수한 도덕적 가치를 실현하기 위한 것이라 할 수 있다. 이런 이유에서 '존천리(存天理), 알인욕(遏人欲)'이라는 수양방법이 요청되는 것이다.

이 '리존적(理尊的)' 논리는 사화(士禍)와 권력쟁탈로 윤리 · 도덕의 타락이 극심하고 국가의 기강이 해이하며 민생이 피폐했던 당시에, 이를 구제하기 위한 이념적 근거로 제시되었다. 따라서 그 당시 시대 상황을 도외시하고는 특성을 제대로 이해할 수 없다. 귀왕천패(貴王賤覇) · 존군억신(尊君抑臣), 이것이 그의 존리설이 갖는 시대적 의미라 할 수 있다. 이런 의미에서, 그가 말한 '리본존무대(理本尊無對)'가 '왕극존무대(王極尊無對)'라는 통치이념의 이론적 기초를 대변하였던 것이 사실이다.[19] 이이가 이황과 달리 기를 수양론적 차원에서 보고 현실과의 긴밀한 관련 선상에서 이해했던 것도, 이미 수성기(守成期)를 지나 경장기(更張期)에 접어들었던 당시의 시대 상황과 연관해 파악할 때 의미가 있다고 본다.

이황의 학문 본령은 심학에 있고 치심(治心)의 방법은 경(敬)에 있다.

---

18) 『퇴계문집』 권36, 2a, 「答李宏仲問目」

19) 『퇴계문집』 권13, 18a, 「答李達李天機」

> 요컨대 리·기를 겸하고 성·정을 통괄하는 것이 심(心)이다. 그런데 성이 발하여 정이 될 즈음이 곧 일심의 기미(機微)이고 만화의 추요(樞要)이며 선악의 분기점이다. 배우는 사람들이 참으로 지경(持敬)에 전일(專一)하여 이욕(利欲)에 어둡지 않고 더욱 여기에 삼감을 극진히 함으로써, 미발시(未發時)에는 존양(存養)의 공부가 깊어지고 이발시(已發時)에는 성찰(省察)의 습관이 몸에 익도록 하되, 진적역구(眞積力久)하여 마지않는다면, 이른바 '정일집중(精一執中)'의 성학(聖學)과 '존체응용(存體應用)'의 심법(心法)을 모두 밖에서 구하기를 기다리지 않고 여기서 얻게 될 것이다.[20]

그는 일생토록 『심경』을 중시하고 표장(表章)하였다. 「심경후론(心經後論)」에 의하면, 그는 23세 때 진덕수(眞德秀)가 찬한 『심경』을 얻어 본 뒤 이 책을 평생토록 애독하였는데, "나는 『심경』을 얻은 뒤로 비로소 심학의 근원과 심법의 정미함을 알았다. 이 책을 평생 신명(神明)처럼 믿었고, 엄부(嚴父) 같이 공경하였다"고 술회한 바 있다.

이황은 수양방법으로서 인간의 내면적 경건성, 즉 '경(敬)'을 가장 중시하였다.

> 어떤 이가 묻기를 "경은 어떠한 방법으로 힘을 써야 합니까" 하니, 주자가 말하기를 "정자(程子)는 일찍이 마음을 오로지하여 다른 생각을 가지지 않는 데〔主一無適〕 있다"고 하였고, 또 "다스려 가지런하고 엄숙하게 하는 데〔整齊嚴肅〕 있다"고 하였다. 그리고 문인 사씨(謝氏: 謝上蔡)의 말에 이른바 '항상 경계하여 깨어 있는 법'〔常惺惺〕이라는 것이 있으며, 윤씨(尹氏: 尹和靖)의 말에는 "그 마음을 단속하여 일물이라도 (그 속에) 용납하지 아니한

20) 『성학십도』 第六, 「心統性情圖」

다" 고 한 것 등이 있으니, 경이라는 것은 일심의 주재(主宰)요 만사의 근본이다. …… 그러니 경이라는 한 글자가 어찌 성학의 시(始)와 종(終)을 이루는 요법(要法)이 아니라 하겠는가.[21]

여기에는 경의 중요성과 경의 수양방법이 잘 나타나 있다. 이황의 철학사상의 핵심은 '경' 이다. 이황의 성리학은 이 '경' 철학이 밑바탕에 깔려 있다. 거의 종교적 경지까지 승화되었다. 이황에 의하면

대개 '경' 은 철두철미(徹頭徹尾)해야 한다. 진실로 능히 지경(持敬)하는 방법을 알면 이치가 분명해지고 마음이 안정된다. 이것으로 격물(格物: 窮理)하면 사물이 내 마음의 거울을 피할 수 없고, 이것으로 일에 응하면 일이 마음의 누(累)가 될 수 없다.[22]

고 한다. 흔히 이황을 주리론자라고 한다. 기실 이 경철학을 이해한다면 필연적으로 주리론이 전개되는 맥락을 이해할 수 있을 것이다. 위와 같이 이황의 성리학 이론은 리와 경으로 집약된다. 이 리와 경은 조선에서 성리학이 정립되는 데 결정적 기여를 하였다.

한편, 이황은 순유(醇儒)로서 한결같이 주자학을 준거(準據)로 삼아 준봉(遵奉)하였다. 유학 이외의 학문에 대해서는 통렬히 배척하였고, 유학 가운데서도 주자학 이외의 상산학이나 양명학 · 기학(氣學) 등을 비정통으로 몰아 철저히 비판하였다. 「전습록논변(傳習錄論辯)」을 지어 양명학을 배척하였으며, 「비리기위일물변증(非理氣爲一物辨證)」 · 「심무체용변(心無體用辨)」 등을 지어 서경덕 계열의 주기론자와 명유(明儒)

21) 『聖學十圖』 第四, 「大學圖」

22) 『퇴계문집』 권28, 6a-6b, 「答金惇敍」

나흠순 일계(一系)의 리기합일론자 및 오징(吳澄: 草廬)과 같은 주육절충론자(朱陸折衷論者)들을 공박하였다. 또 노수신이 나흠순의 『곤지기』를 지나치게 높이고 받드는 것을 보고는 힘써 배척하였다. 다만 학문의 순정성(醇正性)을 추구하는 그의 본래 의도와는 달리, 이후 학계가 경직되고 편협해졌던 데 적지 않은 영향을 끼쳤던 점도 사실이라 하겠다.

〔3〕 이황은 성품이 고결하여 탈속(脫俗)한 기상을 가졌으며 지조가 굳건하였다. 기묘사화 · 을사사화의 여파로 선비들의 의기(意氣)가 저상(沮喪)하고, 시문과 사장(詞章)에 탐닉하는 경박한 풍조가 학계를 풍미하는 가운데, 도저(到底)한 학문과 독실한 행의(行誼)로써 유학의 새로운 경지를 개척하여 사풍(士風)을 바꾸어 놓는 데 선도적 구실을 하였다. 예부터 선비들은 벼슬과 학문을 겸하는 문제를 놓고 심각하게 고민해 왔다. 이황 역시 예외일 수 없었다. 그는 중년 이후로, 정계에 나아가 도를 행하는 것보다 향리에 은거하면서 진리를 탐구하고 후진을 교도(教導)하여 뒷날을 기약하는 쪽을 택하였다. 여기에는 당시의 정치 · 사회적 여건과 분위기가 크게 작용하였을 것이지만, 염퇴(恬退)를 좋아하는 그의 천성에 기인하는 바도 적지 않았으리라 생각된다.

이황은 사암 박순에게 보낸 서한에서 다음과 같이 말하였다.

> 바둑은 한 수만 헛놓으면 온 판을 망치게 됩니다. …… 근세 사림의 화(禍)는 대부분 바둑을 헛놓은 것과 같은 데서 연유합니다. …… 기묘 영수인(領袖人: 趙光祖 등)은 도를 배움이 이루어지기도 전에 갑자기 큰 명성을 얻어 성급히 경세제민(經世濟民)으로 자임함으로써, 성주(聖主)가 그 명성을 좋아하고 그 책임을 두텁게 하였으니, 이는 수를 잘못 두어 실패를 자초한 원인입니다.[23)]

이황이 평생토록 출처(出處)와 사수(辭受)에 신중을 거듭하였던 이유를 짐작케 한다. 이황의 출처 · 사수는 바로 기묘사화, 특히 조광조를 징계(懲戒)한 것이다. 이와 같은 진퇴관은 당시 및 후세의 사자(士子)들에게 중대한 영향을 끼쳤다.

그런데 나아가기를 어렵게 하고 물러나기를 쉽게 하는〔難進易退〕 이황의 출처관은 오해가 없지 않았다. 동고(東皐) 이준경(李浚慶)은 이황에 대해 '산금야수(山禽野獸)' 처럼 길들이기 어렵다고 지척(指斥)한 바 있으며, 현상윤은 "조광조 당시의 사류(士類)들에게서 볼 수 있었던, 시국을 자임하는 열성과 용기를 이황 이후 다시 볼 수 없게 된 것은 이황의 소극적 태도와 십분 관련이 있다"[24]고 지적하기도 했다. 이황은 34세에 벼슬길에 나아가 네 조정을 거치면서 적지 않은 벼슬을 받았으나, 한결같이 출처(出處)를 분명히 하였고 대의(大義)에 따랐다. 물러나는데 용감했던 것은 '독선기신(獨善其身)' 하기 위함이 아니라 학문을 연마하고 후학들을 교도하여 후일을 기약하기 위함이었다. 더 큰 진보와 발전을 위한 것이라 하겠다.

〔4〕 이황은 조선 성리학의 태두(泰斗)요 위대한 교육자였다. 그의 고매한 인품과 덕망은 학문상의 업적에 못지않게 후세의 사표(師表)가 되었다. 그는 평생토록 자기 자신을 높이거나 애써 드러내는 일이 없었다. 문인 문봉(文峯) 정유일(鄭惟一)은 「언행통술(言行通述)」에서 다음과 같이 기술하였다.

선생께서 처음엔 자기를 감추기에 힘써 학문을 가지고 남과 가볍게 말하

23) 『퇴계문집』 권9, 41a-41b, 「答朴參判」

24) 현상윤, 『조선유학사』(1977), 99쪽.

지 않았기 때문에 당시 사람들은 그를 잘 알지 못했고, 안다고 하는 사람들도 혹은 선생을 시인으로 지목하거나 혹은 속세를 떠난 방외지인(方外之人)처럼 여겼다. 그 배운 것이 바르고 그 얻은 것이 참되어 모르는 사이에도 날로 드러남이 있는 줄은 몰랐다. 벼슬에서 물러나고부터, 나이가 더욱 많아지고 덕이 더욱 높아지며, 완심(玩心)함이 더욱 고명해지고 행도(行道)가 더욱 친절해지며 자득한 것이 날로 더 깊어지고 종유(從遊)하는 이들이 날로 더욱 많아진 다음에야 사람들이 비로소 동방에 진유(眞儒)가 났다는 것을 알게 되어, 아는 이나 모르는 이 할 것 없이 다 퇴계 선생이라고 불렀다.

위의 사실로 미루어보더라도 그는 확실히 성덕(盛德)을 갖춘 대현이었다고 할 수 있다.

한편, 이황은 '학지불염(學之不厭), 회인불권(誨人不倦)' 의 교학정신으로 후학을 교도하기에 온 힘을 기울였다. 김성일은 다음과 같이 말하였다.

> 후배들을 가르침에 싫어하지도 게을리 하지도 않았고, 친구처럼 대접하여 끝까지 스승으로 자처하지 않았다. 젊은 선비들이 멀리서 찾아와 묻거나 가르침을 청하면 그 깊고 얕음에 따라 가르치되, 반드시 뜻을 세우는 것으로써 공부하는 첫머리로 삼아서, 다정스레 타일러 알게 한 뒤라야 그만두었다.[25)]

이황의 위대한 스승상은 임종 몇 시간을 앞둔 순간까지 제자들에게 보여준 굳은 의지와 진지한 교육자의 자세를 통해 확인할 수 있다. 그는 임종에 앞서 제자들과 결별의 말을 나누면서 "내 평생 그릇된 식견을

25) 『퇴계전서』, 「言行錄(一)」, 〈敎人〉 참조.

가지고 제군들과 종일토록 학문을 강론했으나, 이 또한 쉬운 일은 아니다”(『연보』)고 회고한 바 있다.

이황은 의리(義理)에 몹시 정밀하면서도, 자기의 의견만을 고집하거나 사견(私見)에 치우치지만은 않았다. 한 예로 격물물격설(格物物格說)에서는 기대승 및 그 밖의 여러 사람과 수년을 두고 논변하다가, 세상을 떠나기 한 달 전(1570년 11월)에 기대승과의 문변(問辨)을 통해 전설(前說)이 잘못됨을 깨달았고, 마침내 초견(初見)을 고쳐 ‘리자도설(理自到說)’을 주장하기에 이르렀다.[26] 이와 같은 그의 인격과 덕망과 학문은 후생을 크게 감발시켰으며, 그의 교화가 끼친 영향은 결코 얕지 않았다.

〔5〕 고려 말에 주자학이 전래된 이후 이를 연구하는 학자가 점차로 많아졌으나, 그 오의(奧義)를 완전히 이해하고 다시 그 미지(微旨)와 여온(餘蘊)을 발휘하여 새로운 진전과 발명을 보인 것은 이황이 그 첫손에 꼽힌다. 특히 이황 · 기대승 양현의 사칠논변은 조선유학계에 큰 자극과 영향을 끼쳤다. 영남학파 · 기호학파의 출발은 사실상 사칠논변에서 시작되었다고 할 수 있다.[27]

이황의 학문적 온축은 대개 50대에서 60대에 걸쳐 그 광채를 발하였다. 변론 · 저술 · 편찬 가운데 중요한 것은 거의 이 시기에 이루어졌다. 저술로는 문집 수십 권과 『성학십도』 · 『주자서절요』 · 『자성록(自省錄)』 · 『역학계몽전의(易學啓蒙傳疑)』 · 『송계원명리학통록(宋季元明理學通錄)』 · 『심경석의(心經釋疑)』 · 『삼경사서석의(三經四書釋疑)』 · 『사단칠정분리기왕복서(四端七情分理氣往復書)』 · 『상례문답(喪禮問答)』

26) ‘格物’과 ‘物理之極處無不到’의 설에 대한 晩年定論은 『퇴계문집』 권18, 30a-31b, 「答奇明彥別紙」 참조.

27) 현상윤, 『조선유학사』, 80 · 94쪽.

등이 있다. 이 많은 저술 가운데서 『성학십도』·『천명도설』·『주자서절요』·『자성록』은 퇴계 저술 가운데 4대 저술로 꼽힌다.

택당 이식은 이황의 저술과 관련하여 "저술을 가지고 논할 때 만일 『퇴계집』으로 주자의 뒤를 잇게 한다면, 비록 서산 진씨(西山眞氏: 眞德秀)나 난계 범씨(蘭溪范氏: 范浚)라도 거의 이보다 나을 수는 없을 것이다"[28]고 전제한 뒤 다음과 같이 평한 바 있다.

> 우리나라 선유들은 한결같이 저술이 없다. 권양촌이 경(經)을 말하고 학(學)을 논하면서 비로소 저술이 있었지만 정미한 의론(議論)에서는 논저(論著)가 없다. 그러다가 회재(이언적)에게서 시작되었으나 퇴계처럼 크게 해비(該備)하지는 못하였다. 배우는 자를 이끌어주고 붙들어주며, 병통에 따라 약을 베풀어 사방으로 응하되 궁색하지 않아서 정박(精博)·지도(至到)·간측(懇惻)하고, 절차탁마(切磋琢磨)하여 사의(詞意) 사이로 사람을 능히 감동시키니, 더욱 그 덕성이 깊고 두터움을 알겠다.[29]

> 우리나라 학자들이 경전에 종사하는 이외에는 모름지기 『퇴계집』을 보아서 사자(師資)로 삼아야 할 것이니, 시기적으로 가깝고 지역적으로 같기 때문에 모범으로 삼기에 더욱 절실할 것이다.[30]

또 농암 김창협은 "퇴계의 논학문자(論學文字)는 우리 동방에 일찍이 없었던 것일 뿐 아니라, 중국에서도 흔히 보기 어렵다"[31]고 평하였으

28) 『택당별집』 권15, 11a, 「追錄」
29) 『택당별집』 권15, 10b-11a, 「追錄」
30) 『택당별집』 권15, 11a, 「追錄」
31) 『농암집』 권32, 34a, 雜識, 「內篇(二)」

며, 노주 오희상은 김창협의 말을 더욱 부연하여 다음과 같이 평하였다.

> 아조(我朝)의 유선(儒先) 가운데 퇴계가 위학(爲學)의 법문(法門)이니, 준승(準繩)과 규구(規矩: 준칙)를 성실하게 지키고 계제(階梯)가 질서정연하여 학문이 가장 의거함이 있다. 그가 학문을 논한 문자는 비록 발명지취(發明之趣)는 없으나 깊이 자득한 맛이 있으며, 또 한 점의 한기(閒氣)가 없다. 이런 까닭에 사람을 감발(感發)케 하는 곳이 있다.[32)]

이황은 평생 실로 많은 저술을 남겼다. 입언수후(立言垂後)를 몸소 실현한 대학자요 교육자로 평가된다. 그는 세쇠도미(世衰道微)하여 공도(公道)가 행해지지 않고 혼란에 빠질 때는 천리와 인욕을 판별하는 준극(準極)을 세우고 의(義)와 리(利)를 엄격히 구별해야 한다고 하였는데, 주로 생애 후반에 나온 저술들에는 후진양성을 통해 사회의 기풍을 본원적으로 바로잡으려는 목적이 있었다. 그의 저술 밑바닥에는, 일찍이 송유(宋儒) 범중엄(范仲淹: 989~1052)이 "선비는 마땅히 천하가 근심하기에 앞서서 근심하고 천하가 즐긴 뒤에 즐겨야 할 것이다"(「岳陽樓記」)고 한 바와 같이 세상을 걱정하는 우환의식(憂患意識)이 짙게 깔려 있다.

선조 1년(1568) 이황은 대제학 · 판중추부사 겸 지경연(知經筵)에 제수되자, 지치(至治)를 바라는 임금의 지우(知遇)에 감격하여, 「무진육조소」와 『성학십도』를 제진(製進)하여 노신(老臣)의 진충보국(盡忠報國)하는 성의를 다하였다. 특히 『성학십도』는 이황이 50년 동안 연찬(研鑽)한 학문을 총결산하여 집약한 마지막 저술로서, 이이의 『성학집요』와 함

---

32) 『老洲集』 권24, 15b, 「雜識(二)」

께 성학(聖王之學)의 시단(始端)을 여는 중요한 것이었다. 특히 『성학십도』의 경우 제일(第一) 「태극도(太極圖)」로부터 제오(第五) 「백록동규도(白鹿洞規圖)」까지의 전반 다섯 그림은 천도에 근본하여 인륜을 밝히고 힘쓰는 데 공이 있으며, 제육(第六) 「심통성정도(心統性情圖)」로부터 제십(第十) 「숙흥야매잠도(夙興夜寐箴圖)」까지의 후반 다섯 그림은 심성에 근원하여 일용(日用)에 힘쓰고 경외(敬畏)를 숭상하는 데 요점이 있다. 유학의 체와 용을 간요(簡要)하게 잘 설명하였다. 이 십도의 전체를 통관(通貫)하는 주된 원리는 곧 '경(敬)' 사상이다.[33] 십도 가운데 「심통성정도」는 조선 성리학의 최대 명제였던 천명 · 심성 · 선악의 문제를 도설로 종합한 결정체라 할 수 있다.

이황의 문집을 보면 학문에 대해 논한 것은 많지만, 시사(時事)나 경세(經世)에 관해 논한 문자는 그다지 많지 않다. 이는 대개 자기의 포부를 펼 수 있는 때를 만나지 못해 온축된 학문이나 경세적 역량을 펼칠 수 없었기 때문일 것이다. 그러나 이에 대한 후학의 아쉬움도 적지 않았다. 기호남인 계열의 실학자로 이황을 사숙(私淑)하여 『이자수어(李子粹語)』를 엮었던 성호 이익은

> 퇴계의 글은 도의(道義)의 본원과 윤리 행위에 관해서만 전공(專功)하고 정사(政事)에 대해서는 언급하지 않았다. 당시로 말하면 법령이 문란해지고 폐단이 많아 장차 변통해야 할 형세였고, 조정의 대우도 거의 천고에 유일한 것이었으니, 가령 몸소 담당할 수는 없다 하더라도 유독 말로써 조정에 보답하는 것조차 옳지 않다고 하겠는가. 말을 하고 안 하고는 자신에게 있으나, 그 말을 채택하여 시행하느냐 안 하느냐는 다른 사람에게 맡길 일이다. 『성

---

33) 『성학십도』 第四 「大學圖」, 〈附言〉 "今玆十圖, 皆以敬爲主焉."

> 학십도』로 임금을 섬김은 출치(出治)의 본(本)이 되는 것이나, 시무(時務)의 대강만이라도 대략 말하여 5년, 7년의 성과를 기약하였더라면 바야흐로 유감이 없었을 터인데 선생께서는 그렇게 하지 않았다. 생각하건대 반드시 생각하는 바가 있었으리라.[34)]

라고 하였다. 비록 말미에서 이황을 변호하는 듯한 어조가 풍기기는 하지만, 역시 경세에 대한 시책이 별로 많지 않은 데 대한 아쉬움이 사의간(詞意間)에 담겨 있다.

〔6〕 이황은 당시 사림의 사표(師表)로서 한 시대의 모범이었으며, 이후에도 당파를 떠나 전 유림의 추앙을 받았다. 그는 대개 당론 이전의 인물이었으므로 완인(完人)의 대접을 받았다. 이것은 이이의 경우와 다른 점이다. 일찍이 율곡 이이는 이황에 대하여 "이황은 일세의 유종(儒宗)이 되어 조광조 이후로는 겨룰 사람이 없었다. 그 재주와 기국(器局)은 비록 조광조에 미치지 못하나, 의리를 깊이 연구하여 정미함을 다한 점에서는 조광조가 그에게 미치지 못할 것이다"[35)]고 평한 바 있다. 이이는 또한 이황이 주자 학설의 규구(規矩)에서 벗어남이 없음을 예로 들면서

> 대저 퇴계는 의양(依樣: 모방)한 맛이 많으므로 그 말이 구속(拘束)되어 신중하였으며, 화담은 스스로 터득한 맛이 많으므로 그 말이 즐겨 방종하였다.

---

34) 『星湖僿說類選』 권10(上), 〈退溪〉 "今退溪之書, 專功於本源倫行之間, 未及於政事. 當時法令靡弊, 亦窮變將通之會, 而朝廷之待遇, 殆隻千古也, 縱不可以身擔荷, 獨不宜言以報答耶. 語默在躬, 用捨付人. 十圖事君, 爲出治之本, 略言時務之大者, 庶幾五年七年之效, 方是無憾, 而先生不然. 意必有所在耳." (明文堂 영인본, 361쪽)

35) 『율곡전서』 권28, 55a, 「경연일기(一)」

삼감으로써 실수가 적고 방종함으로써 실수가 많으니, 차라리 퇴계의 의양을 할지언정 반드시 화담의 자득을 본받지는 않을 것이다.36)

고 하였다. 기본적으로 의양보다 자득을 중시하지만, 자득한 내용에 오류가 있는 것보다는 차라리 의양을 하는 편이 낫다는 것이다. 그러나 이이의 이 평으로 말미암아 후일 기호학파 학인들이 이황을 과소평가하며, 영남학파에서는 이이를 적극적으로 비난하기도 하였다. 이에 대해 서인계의 택당 이식은 다음과 같이 변론하였다.

율곡의 이른바 '의양' 이라고 하는 것은 양웅(揚雄)의 『태현경(太玄經)』이나 『법언(法言)』과 같이 표절하거나 모방했다는 것이 아니다. 주자가 백가를 절충(折衷)하여 만세에 정론(定論)을 내렸다면, 퇴계는 주자의 말을 잘 학습하고 심융신회(心融神會)하여 그 여온(餘蘊)을 잘 발휘하였다. 율곡이 한때 화담과 비교하여 개괄적으로 평한 것인데도 후인들이 이를 트집 잡아서 효시로 삼았으니, 율곡의 뜻은 아니다.37)

한편, 이황은 '동방의 주부자(朱夫子)' 요 '주자 이후의 제일인(第一人)' 이라는 평을 받는다. 그러나 이이는 이황이 한결같이 주자를 독실하게 믿고 따르기는 하였으나, 학문상으로 밝지 못한 데가 있다고 하여 다음과 같이 평하였다.

요사이 나정암 · 이퇴계 · 서화담 세 선생의 설을 보니, 정암이 최고요 퇴계가 그다음이며 화담이 또 그다음이었다. 세 분 가운데 정암 · 화담은 자득

---

36) 『율곡전서』 권10, 38a, 「答成浩原」

37) 『택당별집』 권15, 11b, 「追錄」

(自得)한 맛이 많고 퇴계는 의양(依樣)한 맛이 많다. …… 퇴계는 주자를 깊이 믿어 그 뜻을 깊이 탐구하고 기질이 정상신밀(精詳愼密)하며 용공(用功) 또한 깊어서, 주자의 뜻에 계합(契合)치 않는다고 할 수 없고 전체에 대하여 본 것이 없다고 할 수 없다. 그러나 활연관통(豁然貫通)한 경지에는 아직 이르지 못하였으므로 견해에 밝지 않은 것이 있고 말에 간혹 약간의 차오(差誤)가 있으니 '리기호발(理氣互發)' '리발기수(理發氣隨)'의 설은 도리어 지견(知見)의 누(累)가 되었다.[38]

한편, 송시열은 이황의 학문에 대하여 "퇴계의 학문은 가장 폐가 없으나 그 작처(作處)는 주자와 같지 않다"[39]고 하였다. 이황이 주자의 설을 충실히 계승하지만은 않았다는 것이다. 송시열의 이 평이야말로 이황이 주자의 설을 높이고 받들면서도, 이를 한 차원 높이 발전시켜 독자적인 경지를 개척했다는 말로 해석할 수 있다.

이황은 만년에 한거(閑居)하면서 제자 양성에 힘을 쏟아 문제자가 300명을 넘었다고 한다. 당시의 유명한 재상 · 학자 · 문인치고 그의 문하에 출입하거나 영향을 받지 않은 이가 드물 정도였다. 그러나 학문상으로 의발(衣鉢)을 전해 받은 사람을 논하자면 꼽을 만한 이가 거의 없다고 할 수 있다.[40] 다만 이황 · 조식 양문(兩門)에 출입하였던 한강 정구가 이황이 체계화한 경철학(敬哲學)을 계승, 발전시켰던 것은 다행이라 할 것이다.

---

38) 『율곡전서』 권10, 37a-37b, 「答成浩原」

39) 『송자대전』 권131, 22a, 「看書雜錄」 "退溪之學, 最爲無弊, 而其作處, 與朱子不同."

40) 『老洲集』 권24, 15b, 「雜識(二)」 "退溪閒居授徒, 門下儘多賢雋. 然苟論傳先生衣鉢者, 則殆其無之矣."

2. 李珥의 성리학과 經世思想

〔1〕 이이(중종 31년~선조 17년, 1536~1584)의 자는 숙헌(叔獻), 호는 율곡(栗谷)·석담(石潭), 시호는 문성(文成). 본관은 덕수(德水)이다. 16세 때 모부인 사임당 신씨(師任堂申氏)의 상을 당한 뒤 우연히 불경을 보다가 사생설(死生說)에 깊은 감명을 받고 19세 때 금강산에 들어가 선학(禪學)을 공부하였으나 곧 이단임을 깨닫고 하산하였다. 이후 성리학에 전심, 독신역행(篤信力行)하여 사승(師承)을 기다리지 않고 도체(道體)의 대원(大原)을 통견(洞見)하였다.

23세 때 예안(禮安)의 도산(陶山)으로 이황을 방문하여 도를 물었고, 그해 겨울 별시문과(別試文科)에서 「천도책(天道策)」으로 장원하였다. 전후 9차례의 과거에서 잇달아 장원급제하여 '구도장원공(九度壯元公)'이라 불렸다. 한편, 우계 성혼과는 19세 때(1554) 도의지교(道義之交)를 맺은 이래 학문을 교류하였다. 37세부터 6년 동안 사칠왕복논변(四七往復論辨)을 벌인 것은 유명한 일이다. 만년에는 동서당쟁의 조정(調停)에 힘쓰고 당면한 시폐(時弊)를 바로잡는 데 힘을 기울였으나 뜻을 이루지 못한 채 세상을 떠났다.

그의 학문은 제자인 김장생·조헌(趙憲)·정엽(鄭曄) 등에 의해 계승되어 율곡학파를 형성함으로써 퇴계학파와 더불어 조선조 유학계의 쌍벽을 이루었다. 현실을 중시한 그의 학문경향은 경세론으로 이어져 조선조 중기 개혁사상의 선하(先河)를 이루었다. 숙종 8년(1682) 문묘에 종사된 뒤 동 15년(1689) 당쟁의 여파로 출향(黜享)되었다가 갑술환국(1694) 때 다시 종사되었다.

주요 저술로는 『율곡집』·『성학집요』·『동호문답(東湖問答)』·『경연일기(經筵日記)』·『격몽요결(擊蒙要訣)』 등이 있으며, 이 밖에 『노자도덕경』의 주석서인 『순언(醇言)』도 있다. 『성학집요』는 군성(群聖)의 정화(精華)를 모은 것으로서 후학들의 지남(指南)이 된다. 진덕수(眞德秀)의 『대학연의(大學衍義)』보다 낫다는 평도 있다.[41] 또 이황의 『성학십도』가 '상달천리(上達天理)' 의 정신을 계승한 것이라면, 이 『성학집요』는 '하학인사(下學人事)' 의 정신을 계승해서 엮은 것이라 볼 수 있다.[42] 『동호문답』은 사회개혁안을 문답식으로 엮은 것이다. 『경연일기』는 이이의 역사관을 엿볼 수 있는 저술로 '동방의 춘추(春秋)' 라는 극찬과 함께 '율곡의 사필(史筆) 앞에 성한 사람이 아무도 없다' 는 평을 아울러 받는다. 『격몽요결』은 '우리나라의 소학(小學)' 으로 일컬어지기도 한다.

〈율곡 이이〉

〔2〕 이이는 정주(程朱)의 정맥을 계승하였으며, 성리학에서 리우위(理優位)의 관점을 견지하였다. 그는 "내 다행히도 주자 뒤에 태어나 학문이 거의 차오(差誤)가 나지 않았다"[43]고 늘 말하곤 하였다. 그러나 기

41) 『南溪集』 권54, 17a, 「隨筆錄」 "栗谷聖學輯要, 綱領甚宏, 節目甚密, 我東諸書之所未有. 雖未免一二疏漏, 恐終勝於西山衍義."

42) 李相殷, 「李晦齋 無極太極辨의 학술사적 의의」, 『國譯晦齋全書』, 192쪽.

실 정주의 설을 묵수하지는 않았으며, 독창성이 있어 창견처(創見處)가 적지 않았다.

'태극'을 어떻게 해석하느냐, 성리학에서 가장 중요하면서도 어려운 문제다. '태극'을 어떻게 해석하고 '음양'과의 관계를 어떻게 정립하느냐에 따라 성리학에 대한 견해가 달라진다. 태극·음양에 대한 이이의 견해는 박순(朴淳)과의 왕복 논변에서 잘 드러났다. 박순은 서경덕의 사상을 계승하여, 담일청허(湛一淸虛)한 태허(太虛)가 음양을 낳는다고 생각하였다. 그는 '충막무짐(冲漠無朕)'을 선천의 기로 규정하고 이것이 음양을 생성한다는 견해를 가졌다. 그러나 이이는 정주의 설에 입각, 충막무짐은 기중(氣中)에 내재한 리, 즉 태극을 가리킨 것이라는 견해를 표명하였다.[44] 음양은 태극과 함께 시종(始終)이 없는 것으로 보았다.

이이는 태극과 음양의 관계에 대하여 먼저 "성현의 말씀에도 과연 미진한 곳이 있다. '태극이 양의(兩儀)를 낳았다'고만 말하고 '음양은 본래부터 있는 것이요, 처음으로 생긴 때가 있는 것이 아니다'는 것을 말하지 않았다"[45]고 하여, '태극생양의(太極生兩儀)'를 문자대로만 풀이해서는 안 된다고 강조하였다. 문자대로 풀이할 경우, 마치 태극의 동정(動靜)으로 음양이 발생하는 것으로 이해하기 쉬운데, 그렇다면 음양은 유시(有始)로서 유종(有終)이 될 것이므로 음양의 무시무종(無始無終: 시간상), 무외(無外: 공간상)의 대전제에 어긋난다는 것이다. 그는 음양은 태극과 함께 본래부터 있는 것이라 역설해 마지않았다. 또 "기가 생기기 전에는 리만 있었을 뿐이라고 하는 주장도 하나의 병통이요, 또 태허가 음양을 낳는다고 하는 것도 일변(一邊)에 떨어져 음양이 본래부터

---

43) 『율곡전서』 권32, 14b, 「어록(下)」 "栗谷常曰: 余幸生朱子後, 學問庶幾不差矣."
44) 『율곡전서』 권9, 17a-17b, 「答朴和叔」; 『율곡전서』 권9, 19b-20a, 「答朴和叔」 참조.
45) 『율곡전서』 권9, 18b-19a, 「答朴和叔」

있는 줄을 모르는 것이니 역시 하나의 병통이다"[46]고 비판하였다. 일찍이 정명도는 "동정(動靜)은 끝이 없고 음양은 시작이 없다. 도를 아는 사람이 아니라면 누가 이런 이치를 알 수 있겠는가"[47]라고 한 바 있다. 이 논리를 충실히 계승한 이이는 '음양미생시(陰陽未生時)'와 '태극독립시(太極獨立時)'를 인정하지 않고,[48] "음양이 변역(變易)하는 가운데 태극의 리가 있다"[49]고 규정하였다.

음양이 순환불이(循環不已)하여 본래 시작이 없다는 것은 담일허정(澹一虛靜)한 기가 음양의 근원이 된다고 주장하는 화담학파의 주장을 비판할 수 있는 중요한 근거다. 이이는 음기(陰氣), 즉 음양이 미분화한 상태의 기가 기의 시초라는 박순의 주장에 대해서도, 음양의 무시무종(無始無終), 순환불이(循環不已)의 논거 위에서 비판을 가하였다.[50] 이이는 무방소(無方所) · 무정체(無定體)한 리를 만화(萬化) · 만품(萬品)의 근원으로 보았다. '기'는 형이하의 것에 속하므로 만화 · 만품의 추뉴(樞紐)와 근저(根柢)가 될 수 없다는 것이다. 이와 아울러 그는, 박순이 '천지가 생기기 전에 음이 양을 내포한다'는 논리를 가지고 음기가 음양을 생성한다는 주장을 전개한 데 대하여 "천지가 무궁하게 생멸(生滅)하였다고 한다면, 이 천지가 생기기 이전에 음이 양을 내포하고 있는 것은 바로 전천지(前天地)가 이미 소멸한 나머지인 셈이다. 어찌 이것을 우주의 본원을 추구하는 논법을 삼을 수 있겠는가"[51]라고 비판하면서

46) 『율곡전서』 권9, 19a, 「答朴和叔」

47) 『근사록』, 「道體類」 "動靜無端, 陰陽無始, 非知道者, 孰能識之."

48) 『율곡전서』 권9, 18a-18b, 「答朴和叔」 "嗚呼, 陰陽無始也, 無終也, 無外也. 未嘗有不動不靜之時, 一動一靜, 一陰一陽, 而理無不在. 故聖賢極本窮源之論, 不過以太極爲陰陽之本, 而其實本無陰陽未生, 太極獨立之時也."

49) 『율곡전서』 권31, 52a-52b, 「어록(상)」 "於陰陽變易之中, 有太極之理, 是生兩儀云爾."

50) 『율곡전서』 권9, 17a, 「答朴和叔」; 『율곡전서』 권9, 19a-19b, 「答朴和叔」 참조.

'천지는 유한하다' 고 보는 주장의 모순점을 논박하였다.

이이의 태극 · 음양관은 형이하의 기일변(氣一邊)이나, 태극이 음양을 떠나 현공독립(懸空獨立)해 있는 리일변에 떨어지지 않았다. 이이가 말하는 태극은 음양 · 동정의 근본이다. 음양의 동정 가운데 내재하면서 그 동정을 가능케 하는 소이연지리(所以然之理)다. 음양무시(陰陽無始)와 동정무단(動靜無端)을 가능케 하는 가운데 현현(顯現)되는 '관념적 실재' 다. 비록 방소(方所)도 없고 정체(定體)도 없는 것이지만, 만화의 추뉴(樞紐)요 만물의 근저(根柢)로서 시간 · 공간을 초월하면서 동시에 기의 시간 · 공간 속에서 그 자신을 드러내는 비감각적이고 비경험적인 것이다.

이이가 말하는 태극과 음양의 관계는 이와 같은 것으로, 결국 그는 리기론의 전개에서도 이 태극 · 음양론을 근거로 삼았다. 이이는 정명도의 '동정무단' · '음양무시' 의 논리에 입각하여 서경덕의 기일원론을 비판하였다.

> 화담의 연구가 깊지 않은 것은 아니지만, 사색함이 중도(中道)에 지나쳐 도리어 기로써 음양의 근본을 삼아 끝내 한쪽으로 돌아가 머물고 말았다. 리와 기가 얽혀 분간할 수 없게〔雜糅無辨〕되어, 성현의 본지에 묘합(妙合)되지 못하였으니 어찌 안타깝지 않으랴.[52]

음양의 순환불이(循環不已)라는 현상적 차원에서 음양을 파악하는 이이는, 서경덕의 일기장존설(一氣長存說: 氣不滅說) 및 기의 본연인 담일청허지기(湛一淸虛之氣)의 무소부재(無所不在)를 인정하지 않고 '리

51) 『율곡전서』 권9, 18a, 「答朴和叔」
52) 『율곡전서』 권9, 20a, 「答朴和叔」

통기국설(理通氣局說)'로 극복하였다. 그러나 리통기국설은 리의 본연인 리일(理一)의 의착처(依着處: 氣一)가 없다는 난점이 문제로 남는다.[53] 이 문제는 18세기에 녹문 임성주의 '기일분수론(氣一分殊論)'을 통하여 지양되기에 이른다.

〔3〕 리기가 불상리(不相離) · 불상잡(不相雜)의 관계에 있다는 것은 성리학의 기본 명제다. 이이는 이것을 '리기지묘(理氣之妙)'로 표현하였다. 리기지묘는 율곡 철학사상의 본령이다. 이이는 리기지묘에 대하여 '리기지묘는 보기도 어렵고 말하기도 어렵다'(理氣之妙, 難見亦難說)고 전제하면서 다음과 같이 말하였다.

> 리와 기는 혼연무간(渾然無間)하여 원래부터 떨어져 있지 않는 것이니 이물(二物)이라 할 수 없다. 그러므로 정자는 '기(器)가 또한 도(道)요 도가 또한 기이다'고 했다. 그러나 비록 서로 떨어질 수는 없지만 혼연한 가운데 실은 서로 섞여 있지 않으니 일물이라 할 수 없다. 그러므로 주자는 '리는 리일 뿐이요 기는 기일 뿐 서로 섞여 있지 않다'고 했다. 이 두 설을 합하여 완색(玩索)한다면 리기의 묘를 알 수 있게 될 것이다.[54]

다만 리기지묘를 전제로 하면서도 리기불상리를 더욱 강조하여 "리기를 나누어 보려는 사람은 도를 아는 사람이 아니다"[55]고 말하였다. 즉, 리기는 혼융(渾融)하여 원불상리(元不相離)한 것이니, 만약 이합(離

53) 宋錫球, 『율곡의 철학사상』, 중앙일보사, 1984, 71-72쪽.

54) 『율곡전서』 권20, 59b, 「聖學輯要(二)」

55) 『율곡전서』 권10, 22a, 「答成浩原」, 〈理氣詠〉 小註 "理氣本合也, 非有始合之時, 欲以理氣二之者, 皆非知道者也."

合)이 있다면 동정유단(動靜有端)이요 음양유시(陰陽有始)가 된다는 것이다. 이이의 리기지묘와 리통기국의 설은 바로 리기불상리의 기본 논리에서 나왔다고 할 수 있다.

이이의 성리설은 한마디로 요약하면, '리는 무형(無形)이요 기는 유형이기 때문에 리통기국이요, 리는 무위(無爲)요 기는 유위이기 때문에 기발리승이다' 라고 할 수 있다. 그의 리통기국설에 의하면, 리는 조금도 구애됨이 없이 만사만물에 통하여 어디서나 그 본연의 묘(妙)를 지니고 있지만, 기는 그렇지 못하여 편(偏)·정(正)·청(淸)·탁(濁) 등등의 차별상을 드러내고 있으므로 국애(局礙)가 많다는 논리다.[56] 이 설은 그가 창견(創見)이라고 자부하였지만,[57] 불교 화엄철학에 이른바 리사(理事)와 통국(通局)의 논리에서 영향을 받은 것으로 지적되기도 한다.[58] 그러나 이는 정주(程朱)의 리일분수설(理一分殊說)을 받아들여 자기 나름대로 발전시킨 측면이 많다.

이제 율곡 성리학의 대강령의 하나인 '기발리승(氣發理乘)' 에 대하여 살펴보자. 그는 먼저 '발(發)' 에 대한 문제를 놓고 "대저 발하는 것은 기요, 발하게 하는 소이(所以)는 리이다. 기가 아니면 능히 발하지 못하고 리가 아니면 발하는 것이 없다"[59]하고, 이어 자주(自註)에서 " '발지(發之)' 이하 13자는 성인이 다시 나와도 이 말을 고치지 못하리라"[60]고 굳게 자부하였다.

---

56) 『율곡전서』 권10, 25a-26b, 「答成浩原」 참조.

57) 『율곡전서』 권10, 25a, 「答成浩原」 "理通氣局四字, 自謂見得, 而又恐珥讀書不多, 先有此等言, 而未之見也." ; 吳道一, 『西坡集』 권27, 5b, 「困知編」 "理通氣局四字, 先儒未嘗言之, 而栗谷始言之, 可謂發前人之所未發."

58) 이병도, 『율곡의 생애와 사상』, 서문당, 1974, 68-69쪽.

59) 『율곡전서』 권10, 5a, 「答成浩原」 "大抵發之者氣也, 所以發者理也. 非氣則不能發, 非理則無所發."

60) 『율곡전서』 권10, 5a, 「答成浩原」 "發之以下二十三字, 聖人復起, 不易斯言."

이이는 기발리승일도설(氣發理乘一途說)에 대하여 다음과 같이 말하였다.

> 기가 발함에 리가 거기에 탄다는 것은 무엇을 말함인가. 음이 정(靜)하고 양이 동(動)함은 그 기틀이 저절로 그럴 뿐이요, 시킨 자가 있는 것이 아니다. 양이 동하면 리가 동에 타는 것이지 리가 동하는 것은 아니며, 음이 정하면 리가 정에 타는 것이지 리가 정하는 것이 아니다. 그러므로 주자가 태극은 본연(本然)의 묘(妙)요 동정은 타는 바의 기틀이라고 했다. …… 이른바 (태극이) 동하여 양을 생(生)하고 정하여 음을 생한다는 것은 그렇지 아니한 때를 추원(推原)하여 말한 것이며, 동정은 소승지기(所乘之機)라는 것은 이미 그러한 때를 보고서 말한 것이다. 동정무단(動靜無端)이요 음양무시(陰陽無始)니 리기의 유행(流行)이 모두 이미 그러할 뿐 어찌 그렇지 않을 때가 있겠는가. 그러므로 천지의 변화와 내 마음의 움직임 모두가 기발리승 아님이 없다.[61)]

그리고 기발과 리승에는 선후가 없다고 하여 "이른바 기가 발함에 리가 탄다는 것은 기가 리보다 앞선다는 것이 아니다. 기는 유위(有爲)하고 리는 무위(無爲)하므로 그 말이 그렇지 않을 수 없을 뿐이다"[62)]고 하였다. 그의 기발리승일도설은 인간의 다양성을 하나의 마음에서 포괄적으로 파악하려는 사고방식의 소산이라 하겠다. 이이는 기발리승일도설에 대하여 강한 확신을 가졌다.

> 만약 '기발리승일도'가 아니고, 리도 역시 작용함이 있다면, 이를 무위

61) 『율곡전서』 권10, 26b-27a, 「答成浩原」
62) 『율곡전서』 권10, 27a, 「答成浩原」

(無爲)라고 할 수 없다. 공자가 무엇 때문에 "사람이 도를 넓히는 것이지, 도가 사람을 넓히는 것은 아니다"라고 하였겠는가. 이와 같이 간파하면 '기발리승일도'가 분명하고 환하여 '혹원혹생(或原或生)'의 설과 '인신마족(人信馬足), 마순인의(馬順人意)'의 설에도 널리 통하여 각각 그 뜻을 다 알 수 있을 것이다.[63)]

그는 늘 "퇴계의 병통은 '호발' 두 글자에 있다"고 단언하였으며, 기발리승에 대한 확신이 넘친 나머지 "만약 주자가 진실로 리기가 상호 발용(發用)하여 상대적으로 각출(各出)한다고 생각했다면, 이는 주자 또한 잘못이다. 어떻게 주자가 될 수 있겠는가"(若朱子眞以爲理氣互有發用, 相對各出, 則是朱子亦誤也, 何以爲朱子乎)라고까지 하였다. 그는 이황의 리발이기수지(理發而氣隨之)는 분명 리기에 선후가 있는 것이라고 하였으며, 또 리발기수에 대하여 '막 발할 즈음에는 기의 간섭(干涉)이 없다가 발하고 난 뒤에 따라서 발하는 것'이라고 곡해하기도 하였다. 이는 이황의 입설(立說) 취지와 같지 않다. 한 후학의 지적대로, 이이는 총명이 남보다 앞서고 기상이 쇄락(灑落)한 탓으로 강론(講論)할 즈음에 간혹 남이 말한 것을 완전히 이해하지 못한 점이 없지 않았던 것 같다.[64)]

이이는 '발어리(發於理)'와 '리지발(理之發)'을 엄격히 구별하였다. '발어리'에 대해서는 굳이 반대하지 않았다. '발어리'는 성즉리(性卽理)의 차원에서 '성발위정(性發爲情)'의 논법에 따라 말할 수 있지만 '리지발'은 리가 능발(能發)한다는 것이니 받아들일 수 없기 때문이다.[65)]

63) 『율곡전서』 권10, 27a-27b, 「答成浩原」
64) 『노주집』 권24, 4a, 「雜識(二)」 "…… 講論之際, 或有不盡人言處."
65) 『율곡전서』 권10, 6a, 「答成浩原」 "且所謂發於理者, 猶曰性發爲情也."

그는 또 사단칠정 리기분속(理氣分屬) 문제에서는 "사단은 주리로 말할 수 있으나, 칠정은 주기로 말할 수 없다. 칠정은 리기를 포괄해서 말한 것이니 주기가 아니다"[66]고 하였다. 이것은 리기호발설을 반대하는 논거이기도 하다. 이러한 논리는 기대승으로부터 영향을 받은 것으로 보인다. 이이는 기대승이 비록 리기겸발(理氣兼發: 理氣共發)을 주장하기는 했지만, 사단 · 칠정이 원래 두 정(情)이 아니요, 칠정 가운데 리에서 발한 것이 사단일 뿐이라고 했던 점에서는 자신의 견해와 꼭 들어맞는다고 평한 바 있다.[67]

사단칠정론에서 보여준 이이의 논리는 인심도심설에는 적용되지 않았다. 이이는 "인심과 도심은 주리 · 주기로 나누어 말할 수 있지만, 사단과 칠정은 이렇게 말할 수 없다. 사단은 칠정에 포함되어 있고 칠정은 리기를 겸한 까닭이다"[68]고 하여, 사단칠정론과 인심도심설의 논리가 같을 수 없다고 강조하였다.[69] 왜냐하면 인심과 도심은 사단 · 칠정과 달리 정(情)에다 의(意)를 겸한 것으로서, 계교상량(計較商量)하는 의사(意思) 작용으로 말미암아 갈라지기 때문이다.[70] 결국 인심과 도심을 서로 포섭(包攝)할 수 없는 반대의 개념으로 보았다. 이이의 인심도심 상대설은 구봉 송익필이 "인심 · 도심으로 지각(知覺)이 같지 않은 데에서는 형기(形氣: 氣)와 성명(性命: 理)으로 나누어 보지 않을 수 없다"고 한

---

66) 『율곡전서』 권10, 8a, 「答成浩原」

67) 『율곡전서』 권14, 32b, 「論心性情」 참조.

68) 上 同, 〈自註〉 "人心道心, 可作主理主氣之說, 四端七情, 則不可如此說. 以四端在七情中, 而七情兼理氣故也"

69) 『율곡전서』 권9, 35a, 「答成浩原」 "四端則就七情中, 擇其善一邊而言也. 固不如人心道心之相對說下矣."

70) 이에 대해서는 金榦의 말을 참조할 것. 『厚齋集』 권39, 7a, 「隨錄」 "情無計較, 而意則已有計較. 故意能運情, 而情不能運意. 盖情是性之發, 故無計較, 意是心之發, 故便有計較."

말과 같은 차원의 입론이라 하겠다. 그러나 의사 작용 이전부터 상대적인 것은 아니고, 의사의 여하(如何)에 따라 처음에 인심이었던 것이 도심으로 변하기도 하고, 도심이었던 것이 인심으로 바뀌기도 한다는 것이다. 이것이 '인심도심 상대종시설(人心道心相對終始說)' 또는 '인심도심 양변설(人心道心兩邊說)' 이다.[71] 사단칠정은 모두 정이지만 인심도심은 여기에 심의 비교 · 측량 기능인 '의(意)' 가 보태져 정과 의를 총괄한다는 점에 차이가 있다.[72] 그 입론의 취지는 의사 작용에 따라 인심을 절제하고 도심을 확충하는 데 있다고 하겠다.

일견 논리적 모순이 없지 않은 듯하다. 이이는 도심을 칠정 가운데 선일변(善一邊)인 사단과 같은 것으로 보았다. 그의 「인심도심도설」에서, 도심과 함께 인심의 선한 부분까지 사단에 포함시켰다. 인심 가운데 선일변이 있다고 인정한다면 그 선일변은 바로 도심과 다름이 없다. 그런데 그는 결국 "인심은 인심이니 도심일 수 없고 도심은 도심이니 인심일 수 없다" 고 하여, 인심과 도심이 서로 포섭할 수 없는 상대적인 개념이라고 규정하였다. 이처럼 기본적으로 인심포도심(人心包道心)의 논리에 입각하면서도 인심도심 상대종시설을 주장하였으므로 송익필 · 성혼 · 김장생 등에게 자주 질문과 지적을 받았다.

이이의 성리설에는 이해가 쉽지 않은 일면이 없지는 않다. 한 가지 예

---

71) 다카하시 도오루는 이 人心道心相對終始說에 착안, "율곡이 퇴계의 리발기발설을 부정한 것은 '發' 자의 의미를 어떻게 보느냐의 차이에 불과한 것이요, 그 원리를 거부할 이유는 없다" 라 하고, 또 "이이는 사단과 칠정에서는 리발과 기발을 인정하지 않았으나, 인심과 도심에서는 하나는 形氣에서 발하고 하나는 性命에서 발하는 것을 거부하지 않았으며, 사람의 心 가운데 지각의 두 가지 양상을 인정하지 않을 수 없었다. 여기서 논리적 모순이 드러났다" 고 하였다(「李朝儒學史に於ける主理派主氣派の發達」, 200, 257쪽).

72) 『율곡전서』 권20, 59b, 「聖學輯要(二)」 "問人心道心, 是情是意? 答曰, 通情意而言也. 發出底是情, 商量底是意, 四端偏指道心, 七情人心道心之總稱也."

를 들면, 그는 '소이발자리야(所以發者理也)' 라 하고, 또 '소이음정양동자리야(所以陰靜陽動者理也)' 라 하여 '소이(所以)' 라는 두 글자를 가지고 존재 근거인 리의 본분을 규정하면서도, 한편으로 '음이 정하고 양이 동함은 그 기틀이 저절로 그러할 뿐이요, 시킨 자가 있는 것이 아니다' (陰靜陽動, 其機自爾, 非有使之)라 하였다. 이는 '소이' 두 글자가 아무런 의미도 없는 허명사(虛名詞)에 불과함을 드러낸 것이라고 생각할 소지가 있다. 조선 말기의 노사(蘆沙) 기정진(奇正鎭) 같은 학자는 「외필(猥筆)」에서, 이이가 말한 리의 존재를 '살에 붙은 혹이나 말에 따르는 파리' (肉疣驥蠅)라는 비유를 통해 신랄히 비판한 바 있다.

한편, 이이는 『중용』과 『통서(通書)』에서 득력(得力)하여 '성(誠)' 을 철학사상의 핵심으로 삼았다. '성' 은 그의 전 사상체계를 일관하는 기본 사상이다. 주성사상(主誠思想)은 『대학』에서 득력하여 '경(敬)' 을 주안(主眼)으로 하였던 이황과 차이가 있다. '경' 이 공부(工夫)의 요법(要法)이라면 '성' 은 공부의 효과라고도 할 수 있는 것이다.

> 성(誠)이란 것은 하늘의 실리(實理)요 마음의 본체이다. 사람이 그 본심을 회복하지 못한 것은 사사(私邪)가 있어 가려졌기 때문이다. 경(敬)을 주로 삼아 '사사' 를 다 없애면 곧 본체는 완전하게 된다. '경' 은 용공(用功)에 긴요한 것이요, '성' 은 수공(收功)하는 밑바닥이므로, 경에 말미암아 성으로 이른다.[73]

> 하늘은 실리(實理)로써 화육(化育)의 공(功)을 이루고 사람은 실심(實心)으

73) 『율곡전서』 권21, 35b-36a, 「聖學輯要(三)」 〈正心章〉 "誠者天之實理, 心之本體, 人不能復其本心者, 由有私邪之蔽也. 以敬爲主, 盡去私邪, 則本體乃全. 敬是用功之要, 誠是收功之地, 由敬而至於誠矣."

로써 감통(感通)의 효(效)를 이루니, 이른바 실리 · 실심이라는 것은 '성' 을 말한 것에 불과할 뿐이다.[74]

그는 또 실심이 있은 뒤라야 실공이 있으니, 실공이 있으면 어찌 실효가 없겠느냐고 하였다. 그의 성사상(誠思想)은 허위를 배격하고 실질을 중시하는 무실역행(務實力行) 사상으로 전개된다. 무실사상은 수기(修己)와 행도(行道)에 일관된다. 그러나 이러한 사상체계는 율곡학파 후학들에게 제대로 전승되지 못하였다. 이이의 철학사상에서 중심인 '성(誠)' 과 '명(明)' 은 이론적으로 계승, 발전되지 못하고, 다만 사칠리기설이나 기발리승 방면만 전수되었다. 김장생 · 송시열의 학문 방법 역시 주자의 『소학』 · 『가례』와 『대학』의 '주경(主敬)' 등에 집중되었던 것이다.[75]

〔4〕 이이의 성리학이 서경덕의 주기론과 이황의 주리론을 절충 또는 종합한 것이라는 견해가 있다.[76] 그러나 이는 사실과 다르다. 서경덕과 이황의 관점은 대조적이다. 입론의 출발점이 다르다. 이황은 서경덕의 사상에 대하여 '그의 한 마디 말에도 병통 없는 것이 없고',[77] 또 '성현의 설과 부합되는 곳이 하나도 없다' 고 극론하였다.[78]

이이의 사상은 형이하인 '기' 와 형이상인 '리' 가 성격상 전혀 다른

---

74) 『율곡전서』 拾遺 권6, 15a, 「誠策」 "天以實理, 而有化育之功, 人以實心, 而致感通之效. 所謂實理實心者, 不過曰誠而已矣."

75) 蔡茂松, 『退栗性理學의 비교연구』, 성균관대학교 박사학위 논문, 1972, 99쪽.

76) 이병도, 『한국유학사』, 238쪽 참조.

77) 『退溪言行通錄』 권5, 〈崇正學〉 "今花潭其著述存, 無一語無病痛, 其人品學術, 只此可知."

78) 『퇴계문집』 권41, 22a-22b, 「非理氣爲一物辨證」

이원적인 관계에 있으면서도 서로 분리되지 않는 데 그 특징이 있다. 이이는 리기지묘를 역설하면서 "리기지묘는 알기도 어렵지만 말하기도 어렵다. 대저 리의 근원은 하나이니, 기의 근원도 하나일 뿐이다"[79]고 하였다. 이이에 이르러 주관적 성실성에 치중하였던 리학파와 객관적 실재성에 치중하였던 기학파의 학설이 종합, 지양되었다. 그러나 이이는 근본적으로 리학파의 대열에 서는 학자다. 그가 기의 존재를 중시한 것은 사실이지만, 그것을 곧 '주기적' 경향 또는 '주기파' 로 인식하여서는 안 된다. 그가 기를 중시한 것은 리에 치중하는 학자들에 비해 상대적으로 그렇다는 것이다.

이이는 일찍이 중국의 나흠순과 조선의 이황 · 서경덕의 학설을 비교하면서, 나흠순이 가장 높고 이황이 그다음이 되며, 서경덕이 또 그다음이 된다고 평하였다. 또 이황과 서경덕에 대하여는 각각 다음과 같이 말하였다.

> 퇴계는 주자를 깊이 믿어 그 뜻을 철저히 궁구하였다. 또 그 기질이 정상(精詳), 신밀(愼密)하고 용공(用功) 또한 깊었으므로 주자의 뜻에 맞지 않는다고 할 수 없고, 그 대체에서도 본 것이 없다고 할 수 없다. 그러나 활연관통(豁然貫通)한 경계에는 이르지 못했으므로 보는 바가 다 밝지 못하고 말에 틀린 것이 조금 있다. 예를 들어 '리기호발' 이니 '리발이기수지' 니 하는 설은 도리어 지견(知見)의 누(累)가 되었다.[80]

> 화담은 리기가 서로 떨어지지 않는다는 미묘한 곳까지 명료히 간파하였다. 다른 사람들이 옛글만 읽고 모방하는 것과는 같지 않다. 그러므로 문득

79) 『율곡전서』 권10, 17b, 「答成浩原」
80) 『율곡전서』 권10, 37b, 「답성호원」

> 지극한 즐거움으로 삼아 '담일청허(湛一淸虛)한 기가 어느 물건에고 있지 않음이 없다' 고 하여, 스스로 성현이 다 전하지 못한 묘리(妙理)를 홀로 얻었다고 자신하고, 그 위에 다시 리통기국의 일절(一節)이 있어서 '리는 만물에 있지 않음이 없으나 담일청허한 기는 있지 않은 데가 많이 있다' 는 것을 알지 못하였다. 대저 리는 변함이 없으나 기는 변함이 있는 것이니, 원기(元氣)가 생생불식(生生不息)하여 간 것은 지나갔고 오는 것은 계속할 따름이다. 지나간 기는 이미 있는 곳이 없는데도 화담은 '일기(一氣)가 장존(長存)하여 간 것도 지나가지 않고 오는 것도 계속하지 않는다' 고 생각하였으니, 이것은 화담이 기를 리인 양 여긴 병통 때문이다. …… 대저 퇴계는 모방한 맛이 많으므로 그 말이 신중하였으며, 화담은 스스로 터득한 맛이 많으므로 그 말이 즐겨 방종하였다. 삼감으로써 실수가 적고 방종함으로써 실수가 잦다. 차라리 퇴계를 모방할지언정, 반드시 화담의 자득을 본받지는 않을 것이다.[81)]

여기서 이이는 서경덕의 자득지묘(自得之妙)와 창견처(創見處)를 높이 평가하였다. 문자 · 언어의 학문이 아니라고도 하였다. 그러나 "화담은 보는 바가 있되 한 모퉁이만 본 사람이다"[82)]라고 하면서, 서경덕의 자득보다는 차라리 이황의 모방〔依樣〕을 본받겠노라고 하였다. 서경덕이 리를 기에 내재한 법칙성 또는 정제성(整齊性: 不失其所以然之正者)으로 여기는 이상, 서경덕과 이이는 학문의 대체에서 끝내 귀일할 수 없었던 것이다. 이이는 이황에 대해 비평하면서 학문적으로 활연관통한 경지에 이르지는 못했다고 했을 뿐, 학문상으로 크게 이견을 표하지는 않았다. 그러나 서경덕의 경우, 그의 주장 가운데 두뇌가 되는 '담일청허한 기의 무소부재(無所不在)' 와 '일기장존(一氣長存)' 에 견해를 달리

81) 『율곡전서』 권10, 37b-38a, 「답성호원」
82) 『율곡전서』 권31, 60a, 「어록(상)」

하였다. 이이는 서경덕의 학설을 성현의 지의(旨義)에 합치되지 않는 것으로 의심하는 경향마저 없지 않았던 것 같다.[83] 이이가 서경덕의 학문을 기수지학(氣數之學)으로 단정하였는지, 정륜사상(正倫思想)에 대하여 의심하였는지는 자세하지 않다. 다만, 정주학의 정통을 계승한 것으로 보지 않은 것만은 분명하다고 하겠다.

요컨대, 이이가 서경덕과 통하는 점이 있는 것 같지만 종국에는 일치하기 어려운 점이 생기며, 또 이황과 리기관(理氣觀)에서 대립하는 것 같지만 종국에는 귀일할 가능성이 있다. 이것은 일찍이 우계 성혼에게 술회한 데서도 드러난다.

> 퇴계는 자상하고 치밀함이 근대에 다시 없는 분이지만 '리발이기수지'의 설은 역시 리와 기를 선후(先後)로 보는 병통이 조금 있다. 노선생(퇴계)이 돌아가시기 전에 내가 이런 말을 듣고 속으로는 그것이 그릇됨을 알았지만, 나이 어리고 공부가 얕은지라 감히 문난(問難)하여 귀일(歸一)하지 못하였다. 생각이 이에 미칠 때마다 통탄하지 않은 적이 없었다.[84]

이이가 서경덕과 이황의 학문을 종합, 집대성하였다는 것은 재고의 여지가 있다. 이이를 서경덕의 영향을 받은 주기파라 함은 더욱 타당하지 않다. 다카하시 도오루는 정이천이 '리'를 중시하였다면 정명도는 '기'를 중시하였다고 하면서, 이이의 학문이 정이천이 아닌 정명도를 계승하였다고 하였다. 즉 '리기불상리'를 강조한 정명도의 '성즉기(性卽氣), 기즉성(氣卽性)' '기역도(器亦道), 도역기(道亦器)' 사상, 그리고 선과 악을 전적으로 기의 청탁(淸濁)에 관계된 것으로 본 것 등을 그 예

83) 『율곡전서』 권33, 52a, 「연보(상)」, 40세(乙亥) 5월조.
84) 『율곡전서』 권10, 8b, 「답성호원」

중으로 들었다.[85] 문제가 있는 논단이라 하겠다.

〔5〕 이이는 조광조와 이황의 학문을 겸하여 성리학에 정통하였을 뿐 아니라 경세지재(經世之才)가 출중하였다. 또한 불교・노장철학을 비롯하여 제자백가의 학설과 유가에서 이단의 학설로 지목을 받았던 양명학 등에 대해서도 대체를 이해하였다. 특히 리기론・심성론 등에서는 불교의 철학사상에서 적지 않은 영향을 받기도 하였다.[86] 율곡의 성리학은 불교적 지식과 체험에서 다른 유학자들보다 뚜렷이 부각된다. 그의 학문은 진리에 대한 자유로운 탐구정신 및 이론과 실사(實事)가 긴밀하게 연결되는 실학정신에 그 특징이 있다.

이이가 19세 때 선학(禪學)에 들었다가 1년 만에 유학으로 돌아와서 이황을 찾아뵙고 문학(問學)하니 이황이 후생가외(後生可畏)라 하였다. 23세 때에도 이이에게, 잘못을 고치는 데 용감하고 도를 향하는 데 급급하였음을 칭찬하면서 "그대와 더불어 도에 나아갈 수 있음을 알겠도다"[87] 라고 격려하였다. 그리고 거경궁리에 힘쓸 것을 절실히 권면하였다.

두려운 것은 새로 좋아하는 것(儒學)이 달게 느껴지지 않고 익숙한 곳(禪

85) 高橋亨, 「李朝儒學史に於ける主理派主氣派の發達」, 204, 262-263쪽 ; 『다카하시 도루의 조선유학사』, 178-179, 253쪽 참조.

86) 이이는 『능엄경』을 좋아하였다고 한다. 『능엄경』은 物我・心身・體用 등의 상대관계가 둘이 아닌 하나의 妙融한 관계임을 설한 경전이다. 고려 중기 이래 성리학이 전래, 수용되는 과정에서 그 자양분으로서 기능하였다. 율곡 성리학에 끼친 불교의 영향에 대해서는 일찍이 송시열이 『송자대전』 권19, 11a, 「進文元公遺稿仍辨師友之誣又乞許孫疇錫歸田讀書疏」에서 논급한 이래, 여러 학자가 논한 바 있다.

87) 『퇴계문집』 권14, 18a-18b, 「答李叔獻」 "往聞人言足下讀釋氏書, 而頗中其毒, 心惜之久矣. 日者之來見我也, 不諱其實, 而能言其非, 今見兩書之旨又如此, 吾知足下之可與適道也."

學)을 잊기 어려우며, 오곡의 열매가 익기도 전에 가라지와 돌피 세상이 될까 함이다. 이를 면하고자 하면 다른 것을 기다려 구할 것이 없고, 오직 궁리(窮理)와 거경(居敬) 공부에 십분 면력(勉力)해야 할 것이다.[88]

즉, 이이가 총명이 과인(過人)하여 학식의 뛰어남은 타의 추종을 불허할 것이나, 천리(踐履)에는 부족함이 있을 것임을 예견한 것이다. 여기에 이어 "자기 밭은 묵혀 두고 남의 밭을 맨다"[89]고 하는 『맹자』의 고사를 이끌어, 이이가 남에 대한 평가에 인색하고 요구하는 것은 무겁다고 경계한 것은 노대가(老大家)다운 규계(規戒)라 하겠다.

이이는 당시 학자들이 성리학을 논하면서 이론에만 치중하고 실천을 소홀히 하는 데 대하여 자계 황씨(慈溪黃氏)의 말을 인용하여 다음과 같이 말하였다.

물을 퍼내려는 사람은 반드시 그 근원을 깊게 하며, 그 근원을 깊게 하는 것은 물을 퍼내기 위한 것인데, 도리어 그 물을 버리고 퍼내지 않음은 무슨 뜻인가. 열매를 먹으려는 이는 반드시 그 뿌리를 북돋아 주며, 그 뿌리를 북돋아 주는 것은 그 열매를 먹기 위함인데, 도리어 그 열매를 버리고 먹지 않음은 무슨 뜻인가. 몸소 바르게 실천하려는 이는 반드시 성리학을 정묘하게 하며, 성리학을 정묘하게 하는 것은 몸소 바르게 실천하기 위한 것인데, 도리어 몸소 실천하는 것을 불문(不問)에 부치는 것은 무슨 뜻인가.[90]

그러나 이이가 천리(踐履)를 염두에 두고 항상 이에 힘을 썼지만 다소

88) 『퇴계문집』 권14, 18b, 「答李叔獻」
89) 『맹자』, 「盡心下」 "人病舍其田而芸人之田, 所求於人者重, 而所以自任輕也."
90) 『율곡전서』 권20, 68a-68b, 「聖學輯要(二)」

부족한 점이 없지 않다는 것이 그와 가까웠던 인사들의 공통된 평이다. 우계 성혼은 이이의 학문 태도에 대하여, 영명한 나머지 손지문학(遜志問學)하는 기상이 부족하고, 함양천리(涵養踐履)의 공을 달갑게 여기지 않으며, 또 필세(筆勢)가 너무 시원한 나머지 잃는 것이 적지 않다고 비판하기도 하였다.[91] 그의 문인 김장생 역시 스승에 대하여 "율곡은 박문의 공(功)이 가장 많지만, 약례에서는 지극하지 못한 바가 있다"[92]고 한 바 있다. 가편(加鞭)과 책비(責備)의 의미가 짙은 평이라 하겠다.

한편, 그는 진유(眞儒)야말로 도학지사(道學之士)라고 하면서 자신의 진유관(眞儒觀)을 밝혔다.

> 이른바 진유란 나아가서는 한 시대에 도를 행하여 백성들이 태평의 즐거움을 누리게 하고, 물러가서는 만세에 가르침을 내려주어 배우는 이로 하여금 큰 잠에서 깨어나게 하는 것이다. 나아가서 도를 행하지 않고 물러 나와서도 가르침을 드리우지 못한다면, 비록 진유라 하더라도 나는 믿지 않는다.[93]

이처럼 도학을 행도(行道)와 수교(垂教: 垂世立教)의 차원에서 볼 때, 조광조가 '행도' 적이라면 이황은 '수교' 적이고 이이는 행도와 수교를 겸했다고 할 수 있다. 이는 삼현(三賢)의 기질과 학문관에 차이가 있으며, 그 시대의 여건이나 배경과도 밀접한 관계가 있다. 특히 이이는 왕좌지재(王佐之才)를 갖춘 학자로서, 도학에 밝았을 뿐만 아니라 경세제민(經世濟民)의 역량까지 겸하여 후일의 실학사상을 선도함으로써, 성

---

91) 『우계집』 續集 권5, 35a, 「與人書」 참조.

92) 『沙溪遺稿』 권10, 7b, 「어록」

93) 『율곡전서』 권15, 9a-9b, 「東湖問答」, 〈論東方道學不行〉

호 이익에게서 "국조(國朝) 이래 시무(時務)를 아는 분으로는 이율곡과 반계 유형원 두 분이 있을 뿐이다"라는 기림을 받기도 하였다.

이이는 당시까지의 학자들이 관념론적 차원에서 시비(是非)의 문제만을 중시한 나머지 현실적인 이해(利害)의 문제를 도외시한 데 대하여 이를 비판하고, 시비와 이해의 상호 모순관계를 주체적인 판단 능력에 따라 능동적이고 조화 있게 처리할 수 있는 논리를 제시하였다.

> 병립할 수 없는 것은 도에서의 시비(是非)요, 함께 존재할 수 없는 것은 일에서의 이해(利害)이다. 한갓 이해만 따지고 시비의 소재를 돌아보지 않는다면 일을 처리하는 의(義)에 어긋나고, 한갓 시비만 따지고 이해의 소재를 강구하지 않는다면 변화에 대응하는 권(權)에 어긋나는 것이다. 그러나 '권'이란 정규(定規)가 있는 것이 아니라 알맞음〔中〕을 얻는 것이 중요하고, '의'도 상제(常制)가 있는 것이 아니라 마땅함〔宜〕에 합치되는 것이 중요하다. 알맞음을 얻고 마땅함에 합치된다면 의(義)와 이(利)는 그 속에 있는 것이다.[94]

이이가 논한 바는 언제나 실사(實事)와 실공(實功)에 토대를 두고 있다. 성리(性理)와 실사(實事), 의리(義理)와 공리(功利), 인간과 사회, 이념과 현실, 사실과 원리 등 형이상하(形而上下)와 내외본말(內外本末)을 성리학으로 집약하였다. 특히 그의 '리기지묘' 철학에는 이념적 정신적 측면과 현실적 물질적 측면, 또 의리와 공리가 괴리하지 않고 높은 차원에서 조화되었다.[95] 그의 성리학이 실학으로 발전할 수 있는 소지

94) 『율곡전서』 拾遺 권5, 26a-26b, 「時弊七條策」 참조.
95) 이동준, 『16세기 한국성리학파의 역사의식에 관한 연구』, 성균관대학교 박사학위 논문, 1975, 211쪽.

가 여기에 있다.

일찍이 주자도 "대저 법은 제정하면 반드시 폐단이 있게 마련이다. 폐단이 없는 법이란 있은 적이 없다"[96]고 한 바 있지만, 그는 당시를 개혁이 필요한 경장기(更張期)로 보고, 저술과 상소 등을 통해 인시제의(因時制宜)와 변법경장(變法更張)을 부르짖었다. 이러한 사상의 밑바탕에는 변역사상(變易思想)과 변화기질론이 자리 잡고 있다. 그는 민생의 안정을 해치는 폐법(弊法)을 개혁하고 백성을 안정시켜 나라의 기초를 굳건히 해야 한다고 역설하였다. 특히 "백성을 부유하게 하고 난 다음에 교육하는 것이 당연한 이치다"고 하여, 교육보다 민생안정을 더 우선시하였다.[97] '안민후교화(安民後教化)'는 『서경』이나 『논어』 등에서 말하는 바다. 그는 『성학집요』「위정(爲政) 하」에서 안민장(安民章) 다음에 명교장(明教章)을 두었다. 이것은 그의 사회·경제관에서 중요한 의미를 지닌다. 사실 예학과 실학은 임진왜란 이후, 무너진 윤리강상과 질서를 재건하는 문제, 그리고 피폐해진 민생을 구제하는 문제를 놓고 대두되었던 두 가지 학문 갈래이다. 예학이 교민(教民)에 중점을 둔 것이라면 실학은 안민(安民)에 중점을 둔 것이라고 할 수 있겠다.

이이는 『동호문답』에서 당시의 가장 큰 폐법(弊法)으로, 일가절린(一家切隣)의 폐단, 진상번중(進上煩重)의 폐단, 공물방납(貢物防納)의 폐단, 역사불균(役事不均)의 폐단, 이서주구(吏胥誅求)의 폐단 등 다섯 가지를 들고 신속한 개혁을 부르짖었다(〈論安民之術〉條). 이는 당시의 시대상과 민중의 질고(疾苦)를 잘 대변한 것이었다. 이 밖에도 그의 구폐

---

96) 『朱子語類』 권108, 「論治道」 "大抵立法必有弊, 未有無弊之法."

97) 『율곡전서』 권15, 27a, 「東湖問答」 "養民然後, 可施教化." 이와 같은 시각은 鄕約 시행에 대한 견해에서도 잘 나타난다. 『율곡전서』 권29, 35b-36a, 「경연일기(二)」 참조.

책(救弊策)은 여러 방면에 걸쳐 적절하게 제기되었는데, 근본적으로 뜯어고치려는 종본적(從本的) 개혁보다도, 일의 선후 · 경중 · 완급에 따라 현실적인 실현성을 감안한 종사적(從事的) 개혁안을 주로 제기하였다. 이 개혁안은 시의(時宜)를 중시하는 점진적 성향을 띤다. 그는 대변혁이 요구되는 시기에는 변혁을 크게 하면 할수록 이익이 크다고 강조하였다.[98)]

그의 일련의 변법경장론은 당파를 초월하여 양식 있는 학자들의 기림을 받았지만, 한편으로는 공격을 받기도 하였다. 어떤 이는 그를 왕안석(王安石)에 비유하기도 했다. 동인인 허균은 선조(宣祖) 때를 회고하면서, 임금이 권애(眷愛)해서 서로 믿던 자는 이이였고 전임(專任)해서 일을 맡긴 자는 류성룡이었다고 하며, 그들이 여러 사람의 방해 때문에 포부를 펴지 못한 것이 몹시 안타깝다고 술회한 바 있다.[99)] 이이는 당론(黨論)이 비등하던 시기에 살았다. 타고난 품성과 학식이 조광조나 이황에 뒤지지 않았음에도 상대적으로 완인(完人) 대접을 받지 못하였다. 그와 성혼의 문묘종사 문제가 제기되었을 때 영남 남인의 강력한 반대에 부딪쳤으며, 종사된 뒤에도 당동벌이(黨同伐異)의 극심한 당쟁의 여파로 한 때 출향(黜享)을 당하기도 했던 것이다. 조선의 학술사에서 유감스러운 일이라 하겠다.

3. 퇴율성리학의 비교 고찰

이황과 이이는 조선 성리학의 양대 지주라 할 수 있다. 양현은 많은

98) 『율곡전서』 권25, 10a, 「聖學輯要(七)」 참조.

99) 『惺所覆瓿藁』 권11, 3a-3b, 「政論」 참조.

공통점을 지닌다. 학문의 목표가 '성성성덕(成聖成德)'에 있음도 다르지 않고 도학 정신에도 다른 점이 있는 것은 아니다. 다만 성품과 기질이 다르므로 학풍에 차이점과 특성이 있는 것도 사실이다. 농암 김창협은 양현에 대해 "퇴계는 학(學)을 잘 말하고 율곡은 리(理)를 잘 말한다"[100]고 하여 각각 '위학(爲學)'과 '견도(見道)'의 차원에서 평하였다. 즉, 퇴계는 도덕 수양의 공부상에서, 율곡은 이론적 논리적 측면에서 특성을 보인다는 말일 것이다. 또한 서파(西坡) 오도일(吳道一) 역시 "퇴계·율곡 두 선생의 말씀을 보건대, 퇴계는 학문을 함에 축적을 극진히 한 까닭에 언사와 안색〔辭氣〕이 간독안상(懇篤安詳)하여 크게 조리(條理)가 있고, 율곡은 도를 본 것이 지극히 분명한 까닭에 논의(論議)가 잘 통하고 시원시원하여 막히거나 걸린 곳이 아예 없다. 퇴계의 말씀을 통해서는 의당 공부의 정밀함을 체인(體認)할 것이요, 율곡의 말씀을 통해서는 자품의 고명함을 볼 수 있을 것이다"[101]라고 하였다. 이황의 장점은 무엇보다도 학문에 대한 충후독실(忠厚篤實)한 자세와 정밀한 탐구라 할 수 있고, 이이의 장처는 무엇보다도 활연명예(豁然明銳)한 견식(見識)과 논리적인 체계에 있다고 할 수 있다. 이제 양현의 특성을 몇 가지 들어 비교 고찰하기로 한다.

일찍이 연천(淵泉) 홍석주(洪奭周)가 이황의 기상을 안자(顔子)에 비하고 이이의 기상을 맹자에 견준 바 있다. 양현은 기상부터 다른 것 같다. 또 양현의 시호인 '문순(文純)'과 '문성(文成)'이 말해주듯이, 이황이 순유(純儒)의 기질을 지녔다면 이이는 통유(通儒) 기질의 소유자였다. 이황은 심지(心地)가 질실독후(質實篤厚)하고 이이는 타고난 자품과 기상이 '청통쇄락(淸通灑落)'하여 '광풍제월(光風霽月)'에 비유될 정도

---

100) 『농암집』 권32, 34b, 「雜識」, 〈內篇(二)〉 "退溪善言學, 栗谷善言理."

101) 『西坡集』 권27, 8b, 「困得編」(문집총간 152, 523쪽)

였으므로 이와 같은 성격상, 기질상의 차이가 있었던 것이다.

학설을 비롯하여 정치사상에서도 그 견해에 차이를 보였다. 리기설에 대해서 정약용은 "대개 퇴계가 논한 리기는 오인(吾人)의 성정상(性情上)에 나아가 이론을 세운 것이요, 율곡이 논한 리기는 천지만물을 총괄하여 입설(立說)한 것이다"[102]고 하여 양현의 설에 차이가 있음을 밝혔다 그는 또 퇴율 리기설의 요점을 다음과 같이 정리하였다.

퇴계는 '사단은 리발이기수지(理發而氣隨之)요 칠정은 기발이리승지(氣發而理乘之)' 라 하였고, 율곡은 '사단 · 칠정이 모두 기발리승이라' 하였다. 후세의 학자들은 각기 자기가 들은 것만을 존중하여 취송(聚訟)이 어지럽고, 연(燕)나라와 월(越)나라처럼 아득하여 귀일할 수가 없었다. 나는 일찍이 두 분 선생의 책을 구해 읽고 그분들의 견해가 나누어진 것을 연구해보았다. 두 분 선생께서 말씀하시는 '리' 나 '기' 는 글자가 비록 같기는 하지만, 그 가리키는 바에는 '전(專)' 이 있고 '총(總)' 이 있다. 즉 퇴계는 자기대로 한 리기를 논했고, 율곡도 나름대로 한 리기를 논한 것이니, 율곡이 퇴계의 리기를 취해 가지고 이를 어지럽혀 놓은 것은 아니다.

대개 퇴계는 오로지 인심상(人心上)에 나아가 팔자타개(八字打開: 明明白白)하였으니, 그가 말하는 리는 본연지성이요 도심이요 천리지공(天理之公)이며, 그가 말하는 기는 기질지성이요 인심이요 인욕지사(人欲之私)이다. 그러므로 사단 · 칠정이 발함에 공사(公私)의 구분이 있어, 사단은 리발이 되고 칠정은 기발이 됨을 이른다. 율곡은 태극 이래 리기를 총집(總執)하여 이를 공적(公的)으로만 논하였으니, 무릇 천하의 사물은 발하기 이전에 비록 먼저 리가 있다 하더라도 바로 그것이 발함에는 기가 반드시 리보다 앞선다

102) 『여유당전서』 제1집 권21, 25a-25b, 「西巖講學記」

고 이르며, 비록 사단 · 칠정이라도 오직 공례(公例)로써 이를 예시하였다. 그러므로 '사단 · 칠정이 모두 기발' 이라고 한 것이니, 그가 말한 리는 형이상이요 물(物)의 본칙(本則)이며, 그가 말한 기는 형이하요 물(物)의 형질(形質)이다. 본래 절절(切切)하게 심 · 성 · 정으로 리기를 말한 것이 아니다.

퇴계의 말은 비교적 정밀하고 자세하며, 율곡의 말은 비교적 활달하고 간결하다. 그러나 그들이 주의(主意)하여 그것을 지위(指謂)하는 바는 각각 다르니, 두 선생께서 어찌 일찍이 하나의 잘못이라도 있겠는가. 하나의 잘못도 없는데 구태여 어느 한쪽을 그르다 하고 홀로 옳다고만 하려 하니, 의논이 분분하여 정론(定論)이 없는 것이다. 요점을 구한다면 '전(專)' 이요 '총(總)' 이라 하겠다.[103)]

'전' 이라 함은 분석적인 연구방법과 통하고 '총' 이라 함은 종합적인 연구방법이라 할 수 있을 듯하다. 여기서 '그것이 발함에는 기가 반드시 앞선다' 운운한 것은 이이의 본지를 잘못 알기는 하였으되, 전체적으로 요점은 잘 파악한 듯하다. 정약용은 또 「이발기발변(二)」에서 "퇴계는 일생 치심양성(治心養性)의 일에 힘썼다. 그러므로 리발, 기발로 나누어 말하여, 오직 그것이 분명하지 않을까 염려했던 것이다"[104)]라 하였고, 『중용강의보(中庸講義補)』에서는 "사단 · 칠정뿐만 아니라 풀 한 포기가 싹트고 나무 한 그루가 자라나는 것과 한 마리 새가 날고 한 마리 짐승이 뛰는 것까지 그 어느 것이든 '기가 발함에 리가 타는 것' 아님이 없다"[105)]라고 하였다. 이를 볼 때 이황의 설은 인간의 본성을 중심으로 리기를 파악하고, 이이의 설은 도리상 근본 원리를 중심으로 리

103) 『여유당전서』 第1集, 권12, 17a-17b, 「理發氣發辨(一)」
104) 『여유당전서』 제1집 권12, 18a, 「理發氣發辨(二)」
105) 『여유당전서』 제2집 권4, 65b, 『中庸講義補』

기를 파악한 것이라 할 수 있다. 그러므로 이황의 설은 윤리적 성격이 강하고 이이의 설은 철학적 성격이 강하다. 결과적으로 그 입론의 출발점이 서로 달랐음에도, 사설(師說)이나 학파에 구애되어 이를 분석하지 않고 혼동하여 파악함으로써 허다한 모순과 논쟁을 빚어냈다고 할 것이다.

한편, 수양론에서도 리발을 인정하는 이황과 기발만을 인정하는 이이의 설이 서로 방법상의 차이를 보인다.[106] 우선 리귀기천(理貴氣賤)의 리우위설을 고수하는 이황의 경우

> 사람의 한 몸은 리기를 겸비(兼備)하며 리는 귀하고 기는 천하다. 그러나 리는 무위(無爲)이고 기는 유욕(有欲)이다. 그러므로 리를 실천하는〔踐理〕데 주안을 두면 양기(養氣)는 그 가운데 있으니 성현이 이것이다. 기를 기르는〔養氣〕데 치우치면 반드시 성(性)을 해치게 되니 노장(老莊)이 이것이다.[107]

고 한다. 그러나 이이는 리무위(理無爲) · 기유위(氣有爲)의 관점에서

> '본연지성을 가리는 것도 기이고, 본래의 모습을 회복시키는 것도 기입니까' 라고 물으니 '리는 작용이 없고 기는 작용이 있으니 군(君)의 말이 옳다' 고 하였다.[108]

106) '리' 에 대한 인식에서 이황은 所當然之理, 이이는 所以然之理에 각각 중점을 두었다.

107) 『퇴계문집』 권12, 24a-24b, 「與朴澤之」

108) 『율곡전서』 권31, 6a, 「어록(상)」

> 대저 리에는 한 글자도 다른 것을 더할 수 없으며, 털끝만큼의 수양〔修爲〕도 더할 수 없다. 리는 본래 선하니 무슨 수양이 필요하겠는가. 성현의 천언만언이 단지 사람들로 하여금 그 기를 단속하게 하고, 그 기의 본연을 회복하게 할 뿐이다. 기의 본연이라는 것은 호연지기(浩然之氣)이다. 호연지기가 천지에 가득 차면 본래 선한 리가 조금도 가려짐이 없다. 맹자의 양기론(養氣論)이 성문(聖門)에 공이 있음은 이 때문이다.[109]

고 하였다. 이상에서 제기된 이황·이이의 수양론의 근본적인 차이점은 다음과 같이 요약할 수 있다.

이황은 선정(善情)의 근원을 리에 두었다. 도덕 수양, 다시 말해서 존양성찰(存養省察)의 공부는 리(理性)를 왕성하게 하여 언제 어디서라도 기(감성 또는 기질)를 지배하도록 함으로써, 인간이 하늘로부터 받은 선한 본성이 제대로 발현되도록 해야 한다는 것이다.[110] 이성(理性)의 주동적(主動的) 기능이 그 핵심이다. 여기서 중요한 수양방법이 바로 격물치지(格物致知)다. 격물치지를 통해 리를 궁구하고 체득하여 적점순숙(積漸純熟)하게 실천하는 것이다.

그러나 이이의 경우, 리는 무위(無爲)·무조작(無造作)한 것이요 기의 존재를 규정하는 소이연(所以然)의 근거라고 본다. 따라서 심(心)의 작용(情)에서 선악이 발생하는 것은 리로 인한 것이 아니고, 리를 싣고서 이것을 구체화하는 기의 성질에 관계된다. 도덕 수양에서 가장 중요한 대상이 기인 만큼, 기질을 변화시켜 청명하고 순수한 본연의 기를 회복해야 한다고 강조한다. '기질지성' 이란 말을 처음 사용하고 '변화기

109) 『율곡전서』 권10, 27a, 「答成浩原」
110) 물론 이황 역시 제자들을 薰陶함에 '心氣의 患' 을 치유하는 것이 중요하다고 자주 말하면서 '氣質의 矯揉' 를 중시하기도 한다.

질' 을 부르짖은 사람은 다름 아닌 장횡거다.[111] '변화기질' 이 넉 자가 율곡사상의 특질을 보여주는 중요한 명제임을 감안할 때 장횡거가 끼친 영향은 실로 지대하다.[112] 퇴율 양현은 다 같이 '복기초(復其初)' 의 공부를 강조하였지만, 이황이 '본연지성' 의 회복을 강조한 데 비해 이이는 '기의 본연', 본연지기(本然之氣)의 회복을 강조하는 점이 중요한 차이이다.[113] 한국 성리학의 양대 산맥인 퇴계학파와 율곡학파의 분기(分岐)는 따지고 보면 여기에 근거한다고 할 수 있다.

111) 『張子全書』 권6, 「經學理窟」, 〈義理〉 "爲學大益, 在自能變化氣質."

112) 장횡거는 『정몽』과 『통서』를 통해 '氣' 와 '誠' 을 善言한 것으로 유명하다. 율곡사상에 끼친 장횡거의 영향은 지대하다고 본다.

113) 高橋亨, 「李朝儒學史に於ける主理派主氣派の發達」, 202쪽 ; 『다카하시 도루의 조선유학사』, 176쪽 참조.

찾아보기

ㄴ

ㄷ

◎

ㅈ

ㅊ

ⓔ

ⓕ